PREVIDÊNCIA COMPLEMENTAR ABERTA E FECHADA

De acordo com a Constituição Federal, as Leis Complementares nº 108/2001 e 109/2001 (leis básicas da previdência complementar), Lei nº 12.618/2012 que disciplina a previdência complementar do servidor público federal, Lei nº 13.135/2015, Portaria Interministerial MPS/MF nº 13/2015, legislação dos órgãos reguladores e fiscalizadores, e jurisprudência dos tribunais, Lei nº 13.183/2015.

COLEÇÃO PRÁTICA PREVIDENCIÁRIA

COORDENADORES:
FREDERICO AMADO | MARCELO BORSIO

AUTOR
ALLAN LUIZ OLIVEIRA BARROS

PREVIDÊNCIA COMPLEMENTAR ABERTA E FECHADA

De acordo com a Constituição Federal, as Leis Complementares nº 108/2001 e 109/2001 (leis básicas da previdência complementar), Lei nº 12.618/2012 que disciplina a previdência complementar do servidor público federal, Lei nº 13.135/2015, Portaria Interministerial MPS/MF nº 13/2015, legislação dos órgãos reguladores e fiscalizadores, e jurisprudência dos tribunais, Lei nº 13.183/2015.

COLEÇÃO PRÁTICA PREVIDENCIÁRIA

2016

www.editorajuspodivm.com.br

www.editorajuspodivm.com.br

Rua Mato Grosso, 175 – Pituba, CEP: 41830-151 – Salvador – Bahia
Tel: (71) 3363-8617 / Fax: (71) 3363-5050 • E-mail: fale@editorajuspodivm.com.br

Conselho Editorial: Antonio Gidi, Eduardo Viana, Dirley da Cunha Jr.,
Leonardo de Medeiros Garcia, Fredie Didier Jr., José Henrique Mouta, José Marcelo Vigliar,
Marcos Ehrhardt Júnior, Nestor Távora, Robério Nunes Filho, Roberval Rocha Ferreira Filho,
Rodolfo Pamplona Filho, Rodrigo Reis Mazzei e Rogério Sanches Cunha.

Fechamento desta edição: 11.11.2015.

Capa: Rene Bueno e Daniela Jardim *(www.buenojardim.com.br)*

Diagramação: Caetê Coelho *(caete1984@gmail.com.br)*

Todos os direitos desta edição reservados à Edições *Jus*PODIVM.

Copyright: Edições JusPODIVM

É terminantemente proibida a reprodução total ou parcial desta obra, por qualquer meio ou processo, sem a expressa autorização do autor e da Edições *Jus*PODIVM. A violação dos direitos autorais caracteriza crime descrito na legislação em vigor, sem prejuízo das sanções civis cabíveis.

SOBRE O AUTOR

ALLAN LUIZ OLIVEIRA BARROS

- Procurador Federal da Advocacia-Geral da União.

- Atuou na Procuradoria Federal junto à Superintendência Nacional de Previdência Complementar – Previc e como Conselheiro da Câmara de Recursos da Previdência Complementar (CRPC/MPS).

- Mestrando em Direito e Políticas Públicas pela UNICEUB/DF.

- Mestre em Direção e Gestão de Planos e Fundos de Pensão pela Universidade de Alcalá (Madri-Espanha).

- Pós-Graduado em Direito Constitucional e Direito Previdenciário.

- Professor em Cursos de Pós-Graduação em Direito Previdenciário.

LIVROS DO AUTOR

- Juizados Especiais da Fazenda Pública – Uma visão sistêmica da Lei nº 12.153/2009 (Coletânea de artigos). Belo Horizonte: Fórum, 2011, v. 1.

- O Patrocínio Público na Previdência Complementar Fechada (Livro em coautoria). Salvador: Editora Juspodivm, 2013.

- Previdência Complementar (Coleção Leis Especiais para Concursos. Volume 21). Salvador: Editora Juspodivm, 2014.

AGRADECIMENTOS

Agradeço a Deus e a todos aqueles que contribuíram diretamente para a minha formação pessoal e profissional, especialmente:

Aos meus pais, Luiz e Maria, a quem tudo devo, por transmitirem os valores que me fazem seguir com tranquilidade a caminhada da vida.

À minha esposa Renata e aos meus filhos, Allan e João Vítor, com amor infinito.

Às minhas irmãs, Aline e Adriana, amigas e companheiras de todas as horas, mesmo nas ausências.

NOTA DO AUTOR

O livro *Previdência Complementar Aberta e Fechada* é o resultado de reflexões empreendidas pelo autor diariamente nos últimos quatro anos, seja no assessoramento jurídico da Superintendência Nacional de Previdência Complementar – Previc, seja como membro da Câmara de Recursos da Previdência Complementar – CRPC, o que o levou a escrever artigos e livros, ministrar palestras e aulas na matéria de previdência complementar.

Os entendimentos defendidos na obra não necessariamente representam o entendimento dos órgãos públicos reguladores e fiscalizadores do sistema de previdência complementar, mas quando presente a divergência sempre serão colocados os pontos de vista e devidamente justificada a posição jurídica que o autor entende ser a mais adequada.

O livro abrange a análise da legislação e da jurisprudência nacional (regimes aberto e fechado de previdência complementar), com a citação de casos concretos e da jurisprudência que contribuem para facilitar o entendimento da matéria.

A obra trata de explicar o sistema previdenciário brasileiro e seus subsistemas público e privado, introduzindo o leitor na matéria por meio da análise do texto constitucional, donde se extraem os princípios básicos da previdência privada complementar, bem como elencando alguns princípios infraconstitucionais importantes para a compreensão do tema.

Discorre-se sobre os elementos da relação jurídica previdenciária e as fases por que passa o seu principal instrumento, o contrato previdenciário (regulamento), dispondo sobre os conceitos aplicáveis e a regulamentação da matéria pela legislação em vigor.

No desenvolvimento do trabalho, busca-se transmitir a ideia de inteireza do fenômeno da previdência complementar, como relação jurídica de conteúdo obrigacional que nasce, desenvolve-se e extingue-se (plano da existência, da validade e da eficácia).

Outros temas são devidamente enfrentados, como a previdência complementar com patrocínio público, incluindo a previdência complementar do servidor público; a regulação, supervisão e fiscalização do Estado; os regimes especiais de administração (diretor-fiscal, administrador especial, intervenção e liquidação extrajudicial); o direito administrativo sancionador e o regime tributário das entidades de previdência complementar e dos planos de benefícios.

Agradeço ao amigo Frederico Amado, estudioso do direito previdenciário e companheiro dos bons debates, pelo constante incentivo e pela oportunidade de poder contribuir com a *Coleção Prática Previdenciária,* da qual é seu Coordenador com o professor Marcelo Borsio, ao qual também transmito meus agradecimentos.

Espero que a leitura da obra seja tão prazerosa como foi sua elaboração.

Saudações de Brasília.

O AUTOR

APRESENTAÇÃO DA COLEÇÃO

Eis a *Coleção Prática de Direito Previdenciário*, inédita no país, que foi idealizada para trazer ao mundo jurídico todo o arcabouço técnico, teórico, jurisprudencial e prático sobre Previdência, pontualmente em todas as áreas e setores que o tema pode alcançar.

Numa sequência ordenada de títulos, diversos livros foram concebidos para oferecer aos pesquisadores previdenciários, concurseiros, estudantes de graduações e de pós-graduações (especialização, mestrado, doutorado e pós-doutorados), advogados, juízes, procuradores federais e da fazenda nacional, membros do *parquet*, delegados de polícia federal, serventuários da justiça e do MP, integrantes de setores de recursos humanos, contadores e despachantes previdenciários, um conteúdo teórico bem estruturado, aliado às questões práticas, com peças processuais e extrajudiciais, que orientarão esses profissionais em suas rotinas de trabalho.

A Coleção está comprometida com a melhor dogmática e jurisprudência atualizada das Cortes Superiores do país e das demais instâncias. Todo o trabalho tem a preocupação de ser simples e, ao mesmo tempo, profundo em diversos pontos, buscando atender aos anseios dos leitores iniciantes, que sentem dificuldade comum inicial, e, ainda, atingir aqueles que almejam profundidade na matéria previdenciária, para terem progresso em suas carreiras profissionais, qualquer que seja.

O caráter pragmático da Coleção, com seus volumes individualizados por temas, garante um dos diferenciais da obra, que possui autores renomados na seara jurídica, entre eles advogados, procuradores, juízes, promotores, delegado de polícia federal, especialistas técnicos etc. Todos professores de escol em seus temas, discorrendo com extrema propriedade.

Enfim, o mercado editorial jurídico recebe o que faltava: a Coleção Prática de Direito Previdenciário! Bem estruturada e completa – não pode faltar em sua biblioteca.

Trata-se de material decisivo para o enfrentamento dos desafios profissionais e de estudos.

Tenham excelente leitura e desejamos sucesso!

FREDERICO AMADO

MARCELO BORSIO

SUMÁRIO

LISTA DE SIGLAS.. **17**

CAPÍTULO I
O SISTEMA PREVIDENCIÁRIO BRASILEIRO **19**
1. Considerações iniciais... 19
2. Princípios constitucionais da previdência complementar................ 33
   2.1. Natureza jurídica de direito privado...................................... 35
   2.2. Complementaridade.. 37
   2.3. Autonomia em relação aos regimes públicos previdenciários.... 37
   2.4. Facultatividade na filiação ao regime 40
   2.5. Regime de capitalização.. 47
   2.6. Independência em relação ao contrato de trabalho 49
   2.7. Paridade contributiva nas entidades fechadas de previdência
        complementar com patrocínio público.................................. 51
   2.8. Reserva de lei complementar 62
   2.9. Transparência na gestão.. 62
   2.10. Princípio da representatividade.. 65
3. Princípios infraconstitucionais da previdência complementar 66
   3.1. Proteção dos interesses dos participantes e assistidos............ 66
   3.2. Proteção do direito adquirido e do direito acumulado 67
   3.3. Independência patrimonial.. 71
   3.4. Inaplicabilidade do Código de Defesa do Consumidor (CDC) para os
        planos fechados... 74
   3.5. Impenhorabilidade das prestações previdenciárias e dos recursos
        garantidores.. 78

CAPÍTULO II
O PLANO DE BENEFÍCIOS E OS ELEMENTOS DA RELAÇÃO JURÍDICA
PREVIDENCIÁRIA... **81**
1. Conceitos iniciais da relação jurídica previdenciária...................... 81
2. Características do contrato previdenciário...................................... 87
3. A formação do contrato previdenciário.. 90
4. Sujeitos da relação jurídica.. 93
   4.1. Entidades Fechadas e Entidades Abertas de Previdência Complementar... 94
   4.2. Participantes, assistidos e beneficiários................................. 108
   4.3. Patrocinadores, instituidores, averbadores e estipulantes....... 113

5. O objeto da relação jurídica e os planos de benefícios. 114

6. A existência de submassas nos planos de benefícios 124

7. A proteção patrimonial dos planos de benefícios 125

8. Principais benefícios oferecidos na previdência complementar aberta 138

9. Cláusulas ou institutos obrigatórios do contrato previdenciário (resgate, portabilidade, benefício proporcional diferido e autopatrocínio) 140

10. Plano de custeio. Regimes financeiros. Contribuições normais, extraordinárias e facultativas. Resseguro e fundo de solvência 149

11. Desequilíbrios financeiros do plano de benefícios (superávits e déficits) 156

12. Atualização monetária das prestações previdenciárias contratadas 161

13. A extinção da obrigação previdenciária 165

    13.1. Extinção ordinária e extraordinária da obrigação previdenciária. 165

    13.2. A extinção do contrato previdenciário ou do plano de benefícios 167

    13.3. A retirada de patrocínio 168

    13.4. A morte da pessoa física e a extinção da pessoa jurídica. 169

    13.5. A prescrição .....: 173

14. A nulidade dos atos e negócios jurídicos na previdência complementar 173

15. A competência para julgamento das ações de previdência complementar 176

CAPÍTULO III

A PREVIDÊNCIA COMPLEMENTAR COM PATROCÍNIO PÚBLICO **179**

1. A Lei Complementar nº 108/2001 que disciplina as atividades e os planos de benefícios oferecidos pelas entidades fechadas com patrocínio público 179

    1.1. Planos de benefícios – regras específicas aplicadas aos planos administrados pelas entidades sujeitas à LC 108/2001 183

    1.2. Regras de governança das entidades com patrocínio público 186

    1.3. A quarentena dos ex-dirigentes da entidade fechada 191

2. A previdência complementar do servidor público efetivo e a Lei nº 12.618/2012 196

CAPÍTULO IV

REGULAÇÃO, SUPERVISÃO E FISCALIZAÇÃO DO ESTADO **225**

1. Introdução à atuação do Estado na previdência complementar 225

2. Entidades e órgãos públicos reguladores e fiscalizadores 231

3. Controles interno e externo das entidades de previdência complementar 237

CAPÍTULO V

REGIMES ESPECIAIS DE ADMINISTRAÇÃO DAS ENTIDADES DE PREVIDÊNCIA COMPLEMENTAR **249**

1. Introdução 249

SUMÁRIO

15

2. Regime jurídico aplicável 250
3. Disposições comuns aos regimes especiais de administração 253
4. Regimes especiais de administração em espécie 254
5. Efeitos da decretação da intervenção e da liquidação extrajudicial 258
6. Aspectos gerais relacionados à liquidação extrajudicial das entidades fechadas 263

CAPÍTULO VI
DIREITO ADMINISTRATIVO SANCIONADOR NA PREVIDÊNCIA COMPLEMENTAR 269

1. Introdução 269
2. Ato ilícito na previdência complementar e esferas de responsabilização (cível, criminal e administrativa) 272
3. Responsabilidade administrativa no regime de previdência complementar 275
   3.1. Considerações gerais 275
   3.2. Fontes formais 277
   3.3. Princípios constitucionais aplicáveis ao direito administrativo sancionador 280
      3.3.1. Legalidade ou reserva legal. Criação de infrações por ato normativo 281
      3.3.2. Devido processo legal. Contraditório e ampla defesa. Proporcionalidade das sanções administrativas 286
      3.3.3. Segurança jurídica. Proteção ao ato jurídico perfeito, ao direito adquirido e à coisa julgada. Irretroatividade da lei nova.... 288
      3.3.4. Princípio da culpabilidade 291
      3.3.5. Pessoalidade da sanção administrativa 292
      3.3.6. Sigilo das informações pessoais 292
      3.3.7. Princípios da Administração Pública 293
   3.4. Aplicação por analogia dos princípios e normas do direito penal no processo administrativo sancionador 293
      3.4.1. A retroatividade da norma mais benéfica. Ultratividade das normas excepcionais e temporárias. Infrações continuadas e permanentes 294
      3.4.2. Princípio do *non bis in idem* 298
      3.4.3. Princípio do *in dubio pro reo* 300
      3.4.4. Proibição da *reformatio in pejus* 301
   3.5. Elementos da infração administrativa 302
      3.5.1. Bem jurídico tutelado 302
      3.5.2. O tipo administrativo 303
      3.5.3. Conduta dolosa ou culposa 303
      3.5.4. Sujeito ativo e sujeito passivo 305

3.6. Penalidades ou sanções administrativas 309

3.7. Dosimetria das penalidades 313

3.8. Efeitos secundários da condenação administrativa definitiva 317

3.9. Causa excludente da punibilidade (§ 2º, art. 22 do Decreto nº 4.942/2003) 318

3.10. Causas que extinguem a punibilidade (morte do autor e prescrição) 319

3.11. Rito procedimental do processo administrativo sancionador nas entidades fechadas (Decreto nº 4.942/2003) 321

3.12. Rito procedimental do processo administrativo sancionador nas entidades abertas (Resolução CNSP nº 243/2011) 328

3.13. Cobrança administrativa e judicial das multas aplicadas pelo órgão fiscalizador (Previc e Susep). Parcelamento do crédito da autarquia 333

CAPÍTULO VII
REGIME TRIBUTÁRIO 339

1. Evolução histórica da matéria 339

2. A atual regra tributária dos planos de previdência complementar 342

3. A Súmula 730 do Supremo Tribunal Federal imunidade tributária dos planos de benefícios não-contributivos administrados pelas entidades fechadas. 349

ANEXO I – LEGISLAÇÃO DE PREVIDÊNCIA COMPLEMENTAR 355

ANEXO II – MODELOS CONTRATUAIS 375

ANEXO III – MODELOS CONTRATUAIS 379

REFERÊNCIAS BIBLIOGRÁFICAS 417

LISTA DE SIGLAS

CC – Código Civil.
CDC – Código de Defesa do Consumidor.
CF – Constituição Federal.
CGPC – Conselho de Gestão da Previdência Complementar.
CMN – Conselho Monetário Nacional.
CNPC – Conselho Nacional de Previdência Complementar.
CNSP – Conselho Nacional de Seguros Privados.
CPC – Código de Processo Civil.
CRPC – Câmara de Recursos da Previdência Complementar.
CSLL – Contribuição Social Sobre o Lucro Líquido.
CVM – Comissão de Valores Mobiliários.
EAPC – Entidades Abertas de Previdência Complementar.
EFPC – Entidades Fechadas de Previdência Complementar.
EPC – Entidade de Previdência Complementar.
FUNPRESP – Fundação de Previdência Complementar do Servidor Público Federal.
IRPF – Imposto de Renda Sobre a Pessoa Física.
LC nº 108/2001 – Lei Complementar nº 108/2001.
LC nº 109/2001 – Lei Complementar nº 109/2001.
OIT – Organização Internacional do Trabalho.
PREVIC – Superintendência Nacional de Previdência Complementar.
RGPS – Regime Geral de Previdência Social.
RAPC – Regime Aberto de Previdência Complementar.
RFPC – Regime Fechado de Previdência Complementar
RPC – Regime de Previdência Complementar.
RPPS – Regime Próprio de Previdência Social.
STF – Supremo Tribunal Federal.
STJ – Superior Tribunal de Justiça.
SUSEP – Superintendência de Seguros Privados.

CAPÍTULO I
O SISTEMA PREVIDENCIÁRIO BRASILEIRO

1. CONSIDERAÇÕES INICIAIS

A utilização da expressão *sistema* no ambiente jurídico vem sendo utilizada de forma polissêmica, podendo representar vários significados.

O mais comum, e que se mostra aplicável para aquilo que se quer evidenciar neste trabalho, é o sentido de unidade interna do ordenameno jurídico brasileiro na matéria previdenciária que, mesmo proliferando de uma diversidade de fontes formais produtoras de normas jurídicas, são estas consideradas compatíveis entre si[1], eventualmente harmonizadas pelos métodos de hermenêutica jurídica.

O sistema previdenciário brasileiro compõe-se por dois subsistemas, um de natureza pública, outro de natureza privada, que se complementam e buscam tornar mais efetiva a proteção social daqueles que residem no país, nacionais (natos ou naturalizados) e não-nacionais (estrangeiros)[2].

O presente estudo partirá da Constituição Federal de 1988, norma fundamental do ordenamento jurídico brasileiro, irradiando desta preceitos estruturantes direcionados às normas infraconstitucionais previdenciárias.

Pela importância do tema, a Previdência Social recebeu do legislador constituinte atenção especial, fazendo parte de Seção específica (Seção III), do Capítulo da Seguridade Social (CAPÍTULO II) do título da ordem social (TÍTULO VIII), além da inserção do tema em outras passagens da carta constitucional, quando disciplinou o regime previdenciário específico dos servidores públicos (art. 40).

Da Constituição Federal de 1988 (CF/88) irradia uma infinidade de normas jurídicas previdenciárias produzidas pelos entes políticos que compõem o Estado federal brasileiro (União, Estados, Municípios e Distrito Federal).

---

1 BOBBIO, Norberto. Teoria do ordenamento jurídico. Brasília: Editora Universidade de Brasília, 10ª edição, 1999. Nesta obra o autor discorre sobre o sistema jurídico e sua integração com sua norma fundamental.

2 A Convenção da OIT nº 118 sobre Igualdade de Tratamento dos Nacionais e Não-Nacionais em Matéria de Previdência Social foi aprovada pelo Decreto Legislativo nº 31, de 20 de agosto de 1968, entrou em vigor, para o Brasil, em 24 de março de 1970, e foi promulgada pelo Decreto nº 66.467, de 27 de abril de 1970.

O art. 21, VIII fixa a competência exclusiva da União para fiscalizar as operações de natureza financeira, especialmente as de crédito, câmbio e capitalização, bem como as de seguros e de *previdência privada*. Já o art. 24, XII traz a competência concorrente da União, dos Estados e do Distrito Federal para legislar sobre previdência social, proteção e defesa da saúde, devendo a União limitar-se a estabelecer normas gerais e aos Estados e Distrito Federal exercer a competência suplementar. Nestes casos, inexistindo lei federal sobre normas gerais, os Estados exercem a competência legislativa plena.

Sobre o tema da competência para edição das normas previdenciárias, o Supremo Tribunal Federal tem reafirmado a competência da União para editar normas gerais, preservando a competência estadual suplementar:

> A matéria da disposição discutida é previdenciária e, por sua natureza, comporta norma geral de âmbito nacional de validade, que à União se facultava editar, sem prejuízo da legislação estadual suplementar ou plena, na falta de lei federal (CF/1988, arts. 24, XII, e 40, § 2º): se já o podia ter feito a lei federal, com base nos preceitos recordados do texto constitucional originário, obviamente não afeta ou, menos ainda, tende a abolir a autonomia dos Estados- -membros que assim agora tenha prescrito diretamente a norma constitucional sobrevinda. (ADI 2.024, Rel. Min. Sepúlveda Pertence, julgamento em 3-5-2007, Plenário, *DJ* de 22-6-2007). No mesmo sentido: RE 356.328-AgR, Rel. Min. Cármen Lúcia, julgamento em 1º-2-2011, Primeira Turma, *DJE* de 25-2-2011; RE 597.032-AgR, Rel. Min. Eros Grau, julgamento em 15-9-2009, Segunda Turma, *DJE* de 9-10-2009.

> A par da controvérsia de fundo, de índole material, há a problemática alusiva à competência para dispor sobre a revisão dos proventos. Se, de um lado, é certo que a Constituição de 1988, ao referir-se a lei, remete, de regra, à federal, de outro, não menos correto, é que, a teor do disposto no art. 24, XII, dela constante, surge a competência concorrente da União, dos Estados e do Distrito Federal para legislar sobre previdência social, proteção e defesa da saúde. Então, forçoso é concluir que a regência federal deve ficar restrita, como previsto no § 1º do citado art. 24, ao estabelecimento de normas gerais. Ora, não se pode concluir que, no âmbito destas últimas, no âmbito das normas gerais, defina-se o modo de revisão dos proventos. Sob esse ângulo, tenho como relevante a articulação do Estado do Rio Grande do Sul no que aponta o vício formal quanto à observância do art. 15 da Lei 10.887/2004 relativamente aos respectivos servidores. (...) Os citados arts. 1º e 2º versam o cálculo dos proventos no âmbito não só da União como também dos Estados, do Distrito Federal e dos Municípios. (...) Cumpre ter presente, então, que da mesma forma que normatização da revisão geral do pessoal da ativa cabe ao próprio Estado, compete à unidade da Federação legislar sobre a revisão do que percebido pelos inativos e pensionistas, sob pena de o sistema ficar capenga, ou seja, ter-se a regência da revisão do pessoal da ativa mediante lei estadual e dos inativos e pensionistas via lei federal. Nada justifica esse duplo enfoque, cumprindo a uniformização de tratamento. (ADI 4.582-MC, voto do Rel. Min. Marco Aurélio, julgamento em 28-9-2011, Plenário, *DJE* de 9-2-2012.)

O SISTEMA PREVIDENCIÁRIO BRASILEIRO

A União tem exercido sua competência legislativa editando normas previdenciárias com abrangência nacional, como a Lei nº 8.212/91 e a Lei nº 8.213/91 que tratam do Regime Geral de Previdência Social – RGPS (plano de custeio e de benefícios, respectivamente), a Lei nº 9.717/98 que dispõe sobre regras gerais para a organização e o funcionamento dos regimes próprios de previdência social dos servidores públicos e as Leis Complementares nº 108/2001 e 109/2001 que tratam do Regime de Previdência Complementar – RPC, leis básicas dos respectivos regimes previdenciários.

O exercício do poder normativo em matéria previdenciária pelos Estados, Municípios e Distrito Federal tem se produzido na edição de normas previdenciárias destinadas a regulamentar a relação jurídica estabelecida entre esses entes políticos e seus servidores públicos, seja no chamado Regime Próprio de Previdência Social – RPPS, seja no Regime de Previdência Complementar – RPC, este último objeto de reforma constitucional empreendida pela Emenda Constitucional nº 20/98 e que ainda vem sendo paulatinamente implementado.

A estruturação dos regimes públicos previdenciários considerou a natureza jurídica da relação de trabalho (no seu sentido amplo) que se estabelece entre o trabalhador e seu empregador. Sendo a relação de trabalho dos trabalhadores da iniciativa privada regulada pelas normas do direito do trabalho, de natureza contratual (contrato de trabalho), disciplinada pela Consolidação das Leis do Trabalho – CLT (Decreto-Lei nº 5.452/43), estarão estes trabalhadores submetidos às normas previdenciárias do RGPS. Já os servidores públicos, em razão do regime jurídico estatutário (disciplinado por lei), estarão submetidos ao RPPS criado pelos entes políticos com o qual mantém vínculo laboral (Administração Direta e Administração Indireta, sendo a primeira composta pelo ente central – União, Estados, Municípios e Distrito Federal, e a segunda pelos entes que possuem personalidade jurídica de direito público – as autarquias e as fundações públicas)[3].

Mas há exceções à definição do regime público previdenciário considerando o regime de trabalho aplicável ao trabalhador. O RPPS, desde a Emenda Constitucional nº 20/98, somente será o regime jurídico previdenciário aplicável ao servidor público *efetivo*, aquele que ingressou em cargo público mediante concurso, não sendo aplicável aos servidores ocupantes de cargos comissionados, aos servidores temporários e aos empregados públicos, sendo estes regidos pelo RGPS que disciplina a relação previdenciária dos trabalhadores da iniciativa privada.

---

3   No direito brasileiro, embora as empresas públicas e as sociedades de economia mista integrem a administração indireta dos entes federados, em razão da natureza jurídica dessas entidades, personalidade jurídica de direito privado, seus servidores são regidos pelo Regime Geral de Previdência Social ofertado aos demais trabalhadores.

Mesmo sendo os ocupantes de cargos comissionados e temporários considerados *servidores estatutários*, pois tem sua relação de trabalho regida por leis que definem um regime de direito administrativo, os mesmos são regidos, sob o aspecto previdenciário, pelo RGPS.

Essa a dicção do § 13, art. 40 da Constituição Federal:

> § 13 – Ao servidor ocupante, exclusivamente, de cargo em comissão declarado em lei de livre nomeação e exoneração bem como de outro cargo temporário ou de emprego público, aplica-se o regime geral de previdência social.

Caso o ente político não tenha criado seu RPPS, como ocorre com os pequenos municípios brasileiros, os servidores efetivos serão disciplinados pelo RGPS.

Em relação ao RGPS a competência legislativa da União se apresenta plena, não sendo possível a regulamentação suplementar pelos demais entes federativos, considerando que esse regime público previdenciário é aplicável a todos os trabalhadores não abrangidos pelos regimes próprios previdenciários (RPPS). É simples explicar. A competência suplementar dos Estados e Municípios somente será possível quando estes entes possuam competência legislativa para dispor sobre normas que regulem a relação de trabalho com seus servidores. Como as normas de direito do trabalho, a exemplo da CLT, são de competência privativa da União (art. 21, I da CF/88[4]), não há espaço para a regulamentação do RGPS pelos demais entes federativos.

É importante essa contextualização dos poderes normativos na matéria previdenciária, pois contribui para elucidar como se estrutura o *sistema previdenciário* brasileiro.

Sobre a sistemática constitucional, BALERA pontifica [5]:

> As reformas constitucionais de 1998, 2003 e 2005 demonstraram, dentre outros aspectos, a quantidade de obstáculos que se interpõem e impedem a desejável superação das profundas diferenças entre os planos de proteção dos trabalhadores em geral e dos agentes públicos.
>
> Assim é que o art. 40 da Constituição, objeto de inúmeras alterações, seguiu consagrando essenciais diferenças entre os regimes de previdência dos trabalhadores em geral e dos trabalhadores públicos.
>
> Constata-se, destarte, que os ingentes trabalhos que resultaram na promulgação daquelas Emendas não foram aptos a engendrar um plano básico, universal e igualitário, que protegesse a todos os brasileiros.
>
> Já se cogita de novas reformas constitucionais intentando implementar mais uma etapa da meta de uniformização dos programas de proteção social, eliminando certas diferenças que já não encontram nenhuma justificativa.

---

4   CF/88: Art. 22. Compete privativamente à União legislar sobre: I – direito civil, comercial, penal, processual, eleitoral, agrário, marítimo, aeronáutico, espacial e do trabalho;

5   BALERA, Wagner. Sistema de seguridade social. 4ª edição. São Paulo: LTr, 2006, p.14.

O SISTEMA PREVIDENCIÁRIO BRASILEIRO

> Seguem existindo dois programas de seguridade social, no Brasil. O que ampara os trabalhadores em geral, sob exame aqui, e o que cuida dos agentes públicos.
>
> Todavia, são atraídos para o interior do sistema em estudo, entendemos, os regimes privados de proteção social.

É salutar a abordagem realizada pelo ilustre professor de direito previdenciário acerca das diferenças existentes entre os regimes previdenciários do servidor público e dos demais trabalhadores da iniciativa privada, considerando que atualmente ainda existem nos regimes próprios de previdência social dos servidores públicos algumas *"ilhas de privilégios previdenciários"*, com leis específicas que conferem benefícios com requisitos diferenciados para algumas categorias profissionais, como os militares, os magistrados, os parlamentares, os membros do Ministério Público, etc., esperando que para o futuro também sigam a tendência atual de alinhamento dos direitos e das obrigações previdenciárias aplicáveis a todos os trabalhadores.

Visto o sistema previdenciário sob o aspecto formal da competência para edição de normas jurídicas, passa-se à sua análise sob o ponto de vista material, segundo a posição axiológica da matéria no texto constitucional.

A Constituição de 1988 mencionou em várias passagens a expressão "previdência social". Elencou-a no art. 6º como direito social, juntamente com a educação, a saúde, a alimentação, o trabalho, a moradia, o lazer, a segurança, a proteção à maternidade e à infância, a assistência aos desamparados. No art. 10 assegurou a participação dos trabalhadores e empregadores nos colegiados dos órgãos públicos em que seus interesses profissionais ou previdenciários sejam objeto de discussão e deliberação. Já o art. 40 traz as diretrizes, no caput e parágrafos, para a elaboração das normas previdenciárias dos servidores públicos titulares de cargos efetivos da União, dos Estados, do Distrito Federal e dos Municípios, incluídas suas autarquias e fundações, assegurando regime de previdência de caráter contributivo e solidário, mediante contribuição do respectivo ente público, dos servidores ativos e inativos e dos pensionistas, observados critérios que preservem o equilíbrio financeiro e atuarial, bem como a criação de previdência privada complementar para esses servidores.

Será nos artigos 40, 201 e 202 da Constituição que a previdência social abriga seu regime jurídico básico que permeia e serve de fundamento de validade para a edição de todas as normas jurídicas concretizadoras do sistema.

E qual seria a posição da previdência social dentre os direitos e garantias constitucionais?

O Estado brasileiro ao tempo em que possui como fundamento o valor social do trabalho e da livre iniciativa (art. 1º da CF), o que uma leitura apressada abriria ensanchas a considerá-lo um Estado Liberal preocupado unicamente com a propriedade privada e a defesa dos interesses econômicos individuais dos particulares, valora como objetivo constitucional a construção de uma sociedade livre, justa e solidária, a garantia do desenvolvimento nacional, a erradicação da pobreza e da marginalização, e a redução das desigualdades nacionais e regionais (art. 3º da CF), caracterizando-o como verdadeiro Estado Social Democrático de Direito.

Essas normas constitucionais principiológicas, somadas a uma série de outras passagens do direito positivo constitucional, demonstram a preocupação do constituinte com o bem-estar da coletividade, exigindo do Estado brasileiro uma participação mais afirmativa, a fim de garantir efetivamente os direitos dos cidadãos a uma vida digna.

A carta constitucional visando garantir esse *estado de bem estar social* (*welfare state*) estabeleceu um modelo de ordem social que impõe deveres ao Estado e à Sociedade em relação às pessoas que fazem parte do seu substrato humano.

Em artigo publicado tivemos a oportunidade de defender a natureza jurídica de direito fundamental de 2ª geração da previdência complementar (direito social) [6], concluindo na oportunidade[7]:

- a Previdência Social está incluída dentre os direitos sociais de segunda geração, consistindo prestações positivas materiais proporcionadas pelo Estado aos cidadãos para concretização da justiça e do bem-estar sociais;

- a previdência pública obrigatória (RGPS e RPPS) e a previdência privada complementar (previdência aberta e fechada) são mecanismos de proteção da Previdência Social, catalogadas como direito fundamental, essenciais à concretização do princípio da dignidade da pessoa humana, destinadas à manutenção do status social do segurado quando acometido das contingências sociais protegidas por lei ou pelo contrato previdenciário;

- o fato dos serviços de previdência complementar serem executados por pessoas jurídicas de direito privado, denominadas entidades de previdência complementar, não retira a natureza de direito fundamental dessa técnica de

---

6   SARLET, Ingo Wolfgang. A eficácia dos direitos fundamentais. 2ª edição. Porto Alegre: Livraria do Advogado, 2001, p.51. O autor estuda com profundidade as três gerações ou dimensões dos direitos fundamentais, sendo a primeira geração a dos direitos individuais do cidadão em relação ao Estado, de cunho negativo ou de abstenção do poder público em relação aos indivíduos (ex: direito à vida, à liberdade, à propriedade e à igualdade); os de segunda geração os direitos sociais, econômicos e culturais, que, como acima afirmado, exigiu do Estado uma posição ativa a fim de materializar e garantir o efetivo usufruto dos direitos individuais pelo cidadão, como indutor de uma justiça social eqüitativa. E os de terceira geração são os direitos coletivos que saem do aspecto individual de cada cidadão e mantém a titularidade na coletividade, indeterminável subjetivamente (ex: direito à paz, ao meio ambiente sadio e à qualidade de vida).

7   BARROS, Allan Luiz Oliveira. Previdência complementar como direito fundamental. **Jus Navigandi**, Teresina, ano 17, nº 3443, 4 dez. 2012. Disponível em: <http://jus.com.br/artigos/23151>. Acesso em: 28 ago. 2013.

O SISTEMA PREVIDENCIÁRIO BRASILEIRO

proteção social, à semelhança do que ocorre com os serviços de saúde, assistência social e educação, os quais também são executados pelos particulares e não perdem a categorização de direito fundamental;

- a técnica de proteção social executada mediante as ações de Previdência Social destinam-se não exclusivamente à proteção do trabalhador, ou seja, aquele que mantém relação empregatícia com empregador pessoa física ou jurídica, mas também à proteção daqueles que, embora não mantenham na atualidade vínculo laboral, como é o caso dos segurados facultativos do RGPS e dos participantes dos planos de benefícios ofertados por entidades abertas de previdência complementar, potencialmente podem vir a exercer atividade profissional remunerada e também estão sob a tutela estatal previdenciária.

A Constituição Federal de 1988 incluiu no art. 194 a Seguridade Social dentre os direitos fundamentais que compõem a ordem social[8], compreendendo um conjunto integrado de ações de iniciativa dos poderes públicos e da sociedade, destinadas a assegurar os direitos relativos à *saúde, à previdência social e à assistência social,* tendo como objetivos a universalidade da cobertura e do atendimento; a uniformidade e equivalência dos benefícios e serviços às populações urbanas e rurais; a seletividade e distributividade na prestação dos benefícios e serviços; a irredutibilidade do valor dos benefícios; a eqüidade na forma de participação no custeio; a diversidade da base de financiamento; o caráter democrático e descentralizado da gestão administrativa, com a participação da comunidade, em especial de trabalhadores, empresários e aposentados.

E o Estado realiza essa proteção social em colaboração com a sociedade através de ações de saúde, previdência social e assistência social, cada qual guardando características e campo de atuação específicos.

A proteção social realizada pelo Estado tem por fim precípuo afastar as situações de necessidade material dos cidadãos, conferindo-os a segurança social necessária frente às denominadas contingências ou riscos sociais (doença, invalidez, morte, idade avançada, maternidade, desemprego, etc.).

A proteção social na área de saúde destina-se à redução do risco de doença e de outros agravos a ela relacionados, através de medidas preventivas ou reparadoras, asseguradas a todos os cidadãos, indistintamente (universalidade), independente de qualquer contraprestação financeira pela pessoa beneficiária. As ações e serviços públicos de saúde integram uma rede regionalizada e hierarquizada e constituem um sistema único, sendo franqueada sua execução também à iniciativa

---

8   Ao lado da Seguridade Social também se encontram arrolados como direitos fundamentais da ordem social: a educação, a cultura, o desporto, a ciência e tecnologia, a comunicação social, o meio ambiente, a proteção da família, da criança, do adolescente, do jovem, do idoso e dos índios.

privada. O acesso é universal e igualitário, cujos serviços são financiados com recursos do orçamento da seguridade social, da União, dos Estados, do Distrito Federal e dos Municípios, e por toda a sociedade, por meio do recolhimento da contribuição social prevista no art. 195 da Constituição[9].

Os serviços de assistência social serão prestados àquele que necessitar, independentemente de qualquer contraprestação financeira, criando uma rede de proteção à família, à maternidade, à infância, à adolescência e à velhice; medidas de promoção da integração ao mercado de trabalho; habilitação e reabilitação das pessoas portadoras de deficiência e a promoção de sua integração à vida comunitária; a garantia de um salário mínimo de benefício mensal à pessoa portadora de deficiência e ao idoso que comprovem não possuir meios de prover à própria manutenção ou de tê-la provida por sua família. Permite-se que tais ações sejam executadas por entidades beneficentes e de assistência social de natureza privada, não somente pelo poder público diretamente. As ações governamentais na área da assistência social serão realizadas com recursos do orçamento da seguridade social, além de outras fontes previstas em lei.

Já a Previdência Social consiste técnica de proteção social direcionada ao trabalhador, mas não somente a este, pois também alcança aqueles que tenham interesse na proteção social (exemplo, os segurados facultativos do RGPS e os participantes de planos de benefícios oferecidos por entidades abertas de previdência complementar), protegendo os segurados das contingências ou riscos sociais que afetam sua capacidade laborativa e os impedem do normal exercício de seu trabalho.

BALERA[10], ao analisar o tema, visualizou na estruturação das ações de proteção social proposta pelo texto constitucional um *sistema de seguridade social*, como *"um conjunto normativo integrado por sem-número de preceitos de diferente hierarquia e configuração"* e que tem como objetivo tornar concreto o bem-estar e a justiça social, conceitos jurídicos abertos e indeterminados que não dispensam ações efetivas a serem praticadas pelo poder público, pelos segurados e pela sociedade de uma maneira geral, cada qual no seu âmbito de responsabilidade e atuação.

Com a edição da Emenda Constitucional nº 20/98, que alterou integralmente o art. 202 da Constituição, a previdência complementar passou a fazer parte *formalmente* da Previdência Social, embora antes mesmo dessa modificação topológica a doutrina reconhecesse esse posicionamento constitucional do subsistema

---

9 BARROS, Allan Luiz Oliveira. Previdência complementar como direito fundamental. **Jus Navigandi**, Teresina, ano 17, nº 3443, 4 dez. 2012. Disponível em: <http://jus.com.br/artigos/23151>. Acesso em: 28 ago. 2013.

10 BALERA, Wagner. Sistema de seguridade social. São Paulo: LTr, 4ª edição, 2006, p.11.

O SISTEMA PREVIDENCIÁRIO BRASILEIRO

de previdência complementar. Deu-se apenas uma melhora na sistematização constitucional da matéria previdenciária.

Desde o século XIX operavam no Brasil entidades de previdência privada, a exemplo do Montepio Geral de Economia dos Servidores do Estado – MONGERAL, criado em 1835. Na legislação infraconstitucional também existia disciplina jurídica das entidades de previdência complementar, com o surgimento do Decreto--Lei nº 73/66 (previdência complementar aberta) e da Lei nº 6.435/77 (previdência complementar fechada), esta posteriormente revogada pela Lei Complementar nº 109/2001.

O que se produziu com a Emenda Constitucional nº 20/98 foi a melhor sistematização da matéria previdenciária, passando a disciplina constitucional da previdência complementar da ordem econômica (art. 192 da CF, revogado) para seu habitat natural na ordem social (art. 202 da CF), dentre as técnicas de proteção social previdenciária.

PULINO[11], ao enfrentar o tema, discorre:

> Resta-nos, portanto, saber se tais diferenças, entre a previdência social pública, básica e obrigatória e a previdência privada, complementar e facultativa, são tão marcantes a ponto de descaracterizar a pertinência a um mesmo sistema (o sistema de seguridade social) de distintos grupos de ações de uma mesma matéria (previdência) de seguridade social ou se, diversamente, e sem que seja permitido desprezar aquelas diferenças de regime, possa-se, ainda assim, encontrar pontos comuns, elementos que as relacionem dentro de uma lógica comum e que permitam então agrupá-las num mesmo sistema.

Para, ao final, concluir o mesmo autor, em cores fortes, que a *"previdência complementar fechada há de integrar-se ao sistema de seguridade social brasileiro – sendo isso vinculante inclusive para o legislador infraconstitucional, na forma e nos limites que logo estaremos habilitados a enunciar –, mas com absorção mitigada, ponderada, adaptada dos princípios da seguridade social, que se refletirão no setor com intensidade diversa daquela com a qual se refletem na previdência pública"*[12].

Concordamos com o autor quando afirma que os objetivos da seguridade social do art. 194 da CF/88[13] devem ser observados com alguns temperamentos

---

11 PULINO, Daniel. Previdência Complementar: natureza jurídico-constitucional e seu desenvolvimento pelas entidades fechadas. São Paulo: Conceito Editorial, 2011, p.316.

12 Idem. Página 323.

13 Art. 194. A seguridade social compreende um conjunto integrado de ações de iniciativa dos Poderes Públicos e da sociedade, destinadas a assegurar os direitos relativos à saúde, à previdência e à assistência social.

Parágrafo único. Compete ao Poder Público, nos termos da lei, organizar a seguridade social, com base nos seguintes objetivos:

I – universalidade da cobertura e do atendimento;

II – uniformidade e equivalência dos benefícios e serviços às populações urbanas e rurais;

no setor de previdência complementar, no sentido de que seu conteúdo jurídico sirva como fundamento para a criação e interpretação das normas jurídicas na matéria, considerando o caráter sistemático da previdência social brasileira.

Por tudo dito até o momento, para a concretização da proteção social, a legislação brasileira de Previdência Social põe à disposição dos cidadãos um sistema previdenciário de caráter contributivo e paralelo, em que coexistem subsistemas públicos e privados, complementares e não excludentes entre si.

O *sistema previdenciário brasileiro*, em breve resumo, é composto por dois *subsistemas*[14], os quais se desdobram em regimes previdenciários:

a) *Subsistema previdenciário público, composto por:*

* *Regime Geral de Previdência Social,* destinado a todos os trabalhadores que exercem atividade remunerada (filiação obrigatória), correspondendo a um regime público, administrado por ente estatal (Instituto Nacional do Seguro Social – INSS, autarquia federal que integra a administração indireta da União) e obrigatório, aplicável independentemente do concurso da vontade do trabalhador, utilizando o regime financeiro de repartição simples (pacto solidário intergeracional), tendo como marco legal básico o art. 201 da Constituição Federal, a Lei nº 8.213/91 que regula o plano de benefícios e a Lei nº 8.212/91, que disciplina o plano de custeio.

* *Regimes Próprios de Previdência Social,* destinados aos servidores públicos efetivos[15] da União, Estados, Municípios e Distrito Federal, também com

---

III – seletividade e distributividade na prestação dos benefícios e serviços;

IV – irredutibilidade do valor dos benefícios;

V – eqüidade na forma de participação no custeio;

VI – diversidade da base de financiamento;

VII – caráter democrático e descentralizado da administração, mediante gestão quadripartite, com participação dos trabalhadores, dos empregadores, dos aposentados e do Governo nos órgãos colegiados. (Redação dada pela Emenda Constitucional nº 20, de 1998)

14 Preferimos neste trabalho utilizar a denominação de "subsistemas", em vez de "pilares", como usualmente utilizado no Brasil pela doutrina especializada em previdência complementar, por entender a ausência de rigor científico deste critério, bem como por inexistir uma uniformidade de critérios que justifique a adoção dessa expressão por aqueles que adotam tal nomenclatura. Alguns autores utilizam o primeiro pilar como sendo o nível assistencial não-contributivo, outros como sendo o regime público previdenciário. Outros separam (ou não) em "pilares" diferenciados a previdência complementar aberta da previdência complementar fechada. Entendemos que a utilização da expressão subsistema público e subsistema privado, reforça o sentido de unidade que deve se dar à Previdência Social brasileira, exigindo dos estudiosos um esforço metodológico para compreendê-la como um fenômeno integrado de ações de iniciativa dos Poderes Públicos e da Sociedade (utilizando a expressão do art. 194 da CF/88).

15 A referência de *servidores públicos efetivos* é em contraposição aos servidores que ocupam cargos ou funções em comissão, de livre nomeação e exoneração, e os servidores temporários, haja vista que os primeiros ingressaram no serviço público através de concurso público,

O SISTEMA PREVIDENCIÁRIO BRASILEIRO

características de um regime público e obrigatório, administrado por órgão ou entidade vinculada à pessoa política estatal, utiliza o regime financeiro de repartição simples, disciplinado no art. 40 da Constituição Federal, cabendo observar que sua instituição ou criação depende de lei específica de cada ente federativo (ex: Leis Federais nº 8.112/90 e 9.717/98). Neste subsistema também está incluída a previdência do servidor público militar, dos parlamentares, dos membros do Judiciário e do Ministério Público, os quais se submetem a leis específicas editadas por cada ente da federação.

Atualmente, os regimes previdenciários que estão incluídos no subsistema público possuem como característica a limitação dos valores mínimo e máximo das prestações pagas, correspondendo o valor-base ou valor-teto aqueles fixados aos benefícios concedidos pelo Regime Geral de Previdência Social, atualizado anualmente por Portaria Conjunta do Ministro da Previdência Social e do Ministro da Fazenda[1617].

b) *Subsistema previdenciário privado, composto por:*

- *Regime Fechado de Previdência Complementar* é um regime previdenciário privado, pois administrado por pessoas jurídicas de direito privado (fundações privadas) denominadas Entidades Fechadas de Previdência Complementar – EFPC[18], que recebem autorização do Estado para oferecer planos previdenciários a participantes vinculados ao patrocinador ou ao instituidor; de caráter facultativo, já que os possíveis participantes não são obrigados a aderir aos planos de benefícios oferecidos pelas EFPC; aplicando o regime financeiro de capitalização, em que as contribuições vertidas pelos participantes e pelos patrocinadores do plano são convertidas em ativos financeiros que, somados aos rendimentos obtidos pela aplicação desses ativos no mercado financeiro ou em razão da valorização do bem adquirido, passam a integrar os recursos que serão destinados para o pagamento

---

submetendo-se a regime estatutário, enquanto que os demais ou foram escolhidos e nomeados livremente pelo gestor público ou prestaram processo seletivo simplificado sabedores da temporalidade de seu vínculo com a Administração.

16 Atualmente em vigor a Portaria Interministerial MPS/MF nº nº 13, de 9 de janeiro de 2015 (DOU 12 de janeiro de 2015 (...) Art. 2º A partir de 1º de janeiro de 2015, o salário-de-benefício e o salário-de-contribuição **não poderão ser inferiores a R$ 788,00 (setecentos e oitenta e oito reais), nem superiores a 4.663,75 (quatro mil seiscentos e sessenta e três reais e setenta e cinco centavos).**

17 Esta afirmação merece apenas uma ressalva. É que para os servidores públicos a fixação do limite máximo do valor dos benefícios pagos pelo RGPS somente será realizada se o ente político ao qual esteja vinculado o servidor tenha editado lei criando a previdência complementar do servidor público, como ocorreu no âmbito da União, com a edição da Lei nº 12.618/2012, conforme preconiza o § 14, art. 40 da CF.

18 No Brasil, essas EFPC também ficaram conhecidas como fundos de pensão, certamente sob a influência do *pension funds* do direito norte-americano.

dos benefícios contratados. As fontes normativas primárias são o art. 202 da Constituição Federal e as Leis Complementares nº 108/2001 e nº 109/2001.

*   *Regime Aberto de Previdência Complementar*, também de caráter privado e facultativo, que é aquele oferecido a quaisquer pessoas físicas, indistintamente, por entidades de direito privado (sociedades anônimas) denominadas Entidades Abertas de Previdência Complementar – EAPC, que possuem autorização do Estado para operar planos de benefícios previdenciários, sem a necessidade da existência de prévio vínculo jurídico entre o pretenso participante do plano e a entidade aberta. Tem o caráter facultativo, aplicando-se o regime financeiro de capitalização. As normas básicas que regulamentam o regime de previdência complementar aberto constam na Lei Complementar nº 109/2001 e no Decreto-lei nº 73/66.

E dentro dessa perspectiva quadripartite das técnicas de proteção previdenciária é que deve ser entendido o sistema previdenciário brasileiro.

Além da proteção previdenciária citada, o Estado brasileiro concede prestações de natureza assistencial (não-contributivas) às pessoas com necessidades materiais, a exemplo dos valores pagos aos beneficiários do Programa Bolsa Família, com transferência direta de renda que beneficia famílias em situação de pobreza e de extrema pobreza (Lei nº 10.836/2004) e do benefício assistencial no valor de um salário-mínimo concedido ao Idoso maior de 65 anos e ao deficiente impossibilitado de exercer atividade laborativa (Lei nº 8.742/93), que comprovem não possuir meios de prover a própria manutenção e nem de tê-la provida por sua família, hipossuficiência econômica esta presumida se comprovada renda familiar *per capita* inferior a ¼ do salário-mínimo legal.

LINHA DO TEMPO DA LEGISLAÇÃO PREVIDENCIÁRIA NO BRASIL
1835 – É criado o Montepio Geral de Economia dos Servidores do Estado – MONGERAL, primeira entidade fechada de previdência complementar brasileira.
1888 – O Decreto n° 9.912-A/1888 regulou o direito à aposentadoria dos empregados dos Correios. A Lei n° 3.397/1888 criou a Caixa de Socorros em cada uma das Estradas de Ferro do Império.
1889 – O Decreto n° 10.269/1889 criou o Fundo de Pensões do Pessoal das Oficinas de Imprensa Nacional.
1890 – O Decreto n° 221/1890 instituiu a aposentadoria para os empregados da Estrada de Ferro Central do Brasil, benefício depois ampliado a todos os ferroviários do Estado (Decreto n° 565/ 1890). O Decreto n° 942-A/1890 criou o Montepio Obrigatório dos Empregados do Ministério da Fazenda.
1892 – A Lei n° 217/1892 instituiu a aposentadoria por invalidez e a pensão por morte dos operários do Arsenal da Marinha do Rio de Janeiro.
1911 – O Decreto n° 9.284/11 criou a Caixa de Pensões dos Operários da Casa da Moeda.
1912 – O Decreto n° 9.517/12 criou uma Caixa de Pensões e Empréstimos para o pessoal das Capatazias da Alfândega do Rio de Janeiro.
1919 – A Lei n° 3.724/19 tornou compulsório o seguro contra acidentes do trabalho em certas atividades.
1923 – O Decreto n° 4.682/23 (conhecido como Lei Elói Chaves, em homenagem ao autor do projeto legislativo) determinou a criação de uma Caixa de Aposentadoria e Pensões para os empregados de cada empresa ferroviária, considerada o marco legal inaugural da Previdência Social.

O SISTEMA PREVIDENCIÁRIO BRASILEIRO

LINHA DO TEMPO DA LEGISLAÇÃO PREVIDENCIÁRIA NO BRASIL

1930 – O Decreto nº 19.433/30 criou o Ministério do Trabalho, Indústria e Comércio, tendo como uma das atribuições orientar e supervisionar a Previdência Social, inclusive como órgão de recursos das decisões das Caixas de Aposentadorias e Pensões.

1931 – O Decreto nº 20.465/31 estendeu o Regime da Lei Elói Chaves aos empregados dos demais serviços públicos concedidos ou explorados pelo Poder Público, além de consolidar a legislação referente às Caixas de Aposentadorias e Pensões.

1933 – O Decreto nº 22.872/33 criou o Instituto de Aposentadoria e Pensões dos Marítimos, considerado "a primeira instituição brasileira de previdência social de âmbito nacional, com base na atividade genérica da empresa".

1954 – O Decreto nº 35.448/54 expediu o Regulamento Geral dos Institutos de Aposentadoria e Pensões.

1960 – A Lei nº 3.807/60 criou a Lei Orgânica de Previdência Social – LOPS que unificou a legislação referente aos Institutos de Aposentadorias e Pensões. O Decreto nº 48.959-A/60 aprovou o Regulamento Geral da Previdência Social. A Lei nº 3.841/60 dispôs sobre a contagem recíproca, para efeito de aposentadoria, do tempo de serviço prestado à União, autarquias e sociedades de economia mista.

1963 – A Lei nº 4.214/63 criou o Fundo de Assistência ao Trabalhador Rural (FUNRURAL).

1966 – O Decreto-lei nº 73/66 dispõe sobre o Sistema Nacional de Seguros Privados, regula as operações de seguros e resseguros e dá outras providências (previdência complementar aberta).

1967 – A Lei nº 5.316/67 integrou o seguro de acidentes do trabalho na Previdência Social.

1968 – O Decreto-Lei nº 367/68 dispôs sobre a contagem de tempo de serviço dos funcionários públicos civis da União e das autarquias.

1969 – O Decreto-Lei nº 564/69 estendeu a Previdência Social ao trabalhador rural, especialmente aos empregados do setor agrário da agroindústria canavieira, mediante um plano básico.

1970 – A Lei Complementar nº 7/70 criou o Programa de Integração Social-PIS. A Lei Complementar nº 8/70 instituiu o Programa de Formação do Patrimônio do Servidor Público – PASEP.

1971 – A Lei Complementar nº 11/71 institui o Programa de Assistência ao Trabalhador Rural – PRÓ-RURAL, em substituição ao plano básico de Previdência Social Rural. O Decreto nº 69.014/71 estruturou o Ministério do Trabalho e Previdência Social-MTPS.

1973 – O Decreto nº 72.771/73 aprovou o Regulamento do Regime de Previdência Social, em substituição ao Regulamento Geral da Previdência Social. A Lei nº 5.939/73 instituiu o salário-de-benefício do jogador de futebol profissional.

1974 – A Lei nº 6.036/74 criou o Ministério da Previdência e Assistência Social, desmembrado do Ministério do Trabalho e Previdência Social. A Lei nº 6.125/74 autorizou o Poder Executivo a constituir a Empresa de Processamento de Dados da Previdência Social – DATAPREV. A Lei nº 6.168/74 criou o Fundo de Apoio ao Desenvolvimento Social. A Lei nº 6.179/74 instituiu o amparo previdenciário para os maiores de 70 anos ou inválidos, também conhecido como renda mensal vitalícia. A Lei nº 6.195/74 estendeu a cobertura especial dos acidentes do trabalho ao trabalhador rural.

1975 – A Lei nº 6.226/75 dispôs sobre a contagem recíproca para efeito de aposentadoria do tempo de serviço público federal e de atividade privada. A Lei Complementar nº 26/75, unificou o Programa de Integração Social e o Programa de Formação do Patrimônio do Servidor Público e criou o Fundo de Participação – PIS/PASEP.

1976 – O Decreto nº 77.077/76 veiculou a Consolidação das Leis da Previdência Social. O Decreto nº 77.514/76 regulamentou a lei que instituiu benefícios e serviços previdenciários para os empregadores rurais e seus dependentes. A Lei nº 6.367/1976 ampliou a cobertura previdenciária de acidente do trabalho. O Decreto nº 79.037/76 aprovou o novo Regulamento do Seguro de Acidentes do Trabalho.

1977 – A **Lei nº 6.435/77** dispõe sobre previdência, privada aberta e fechada (complementar). A Lei nº 6.439/77 instituiu o Sistema Nacional de Previdência e Assistência Social – SINPAS, orientado, coordenado e controlado pelo Ministério da Previdência e Assistência Social, responsável "pela proposição da política de previdência e assistência médica, farmacêutica e social, bem como pela supervisão dos órgão que lhe são subordinados" e das entidades a ele vinculadas.

LINHA DO TEMPO DA LEGISLAÇÃO PREVIDENCIÁRIA NO BRASIL

1978 – O Decreto n° 81.240/78 regulamentou a Lei n° 6.435/77, na parte referente à Secretaria de Previdência Complementar.

1979 – O Decreto n° 83.080/79 aprovou o Regulamento de Benefícios da Previdência Social. O Decreto n° 83.081/79 aprovou o Regulamento de Custeio da Previdência Social. O Decreto n° 83.266/79 aprovou o Regulamento de Gestão Administrativa, Financeira e Patrimonial da Previdência Social.

1984 – O Decreto n° 89.312/84 aprovou nova Consolidação das Leis da Previdência Social.

1990 – A Lei nº 8.029/90 autoriza a União a instituir o Instituto Nacional do Seguro Social – INSS, como autarquia federal, mediante fusão do Instituto de Administração da Previdência e Assistência Social – IAPAS, com o Instituto Nacional de Previdência Social – INPS.

1991 – A Lei n° 8.212/91 dispôs sobre a organização da Seguridade Social e instituiu seu novo Plano de Custeio. A Lei n° 8.213/91 instituiu o Plano de Benefícios da Previdência Social. O Decreto n° 357/91 aprovou o Regulamento dos Benefícios da Previdência Social.

1993 – A Lei n° 8.647/93 dispôs sobre a vinculação do servidor público civil, ocupante de cargo em comissão ao Regime Geral de Previdência Social. A Lei nº 8.689/93 dispôs sobre a extinção do INAMPS. A Lei nº 8.742/93 que dispõe sobre a organização da Assistência Social e prevê a concessão de benefício de prestação continuada no valor de um salário-mínimo mensal à pessoa com deficiência e ao idoso com 65 (sessenta e cinco) anos ou mais que comprovem não possuir meios de prover a própria manutenção nem de tê-la provida por sua família.

1997 – O Decreto nº 2.172/97 aprovou o regulamento dos benefícios da Previdência Social. O Decreto nº 2.173/97 aprovou o regulamento da organização e do custeio da seguridade social. Lei 9.506/97 extinguiu o Instituto de Previdência dos Congressistas – IPC.

1998 – A Lei 9.717/98 dispõe sobre regras gerais para a organização e o funcionamento dos regimes próprios de previdência social dos servidores públicos da União, dos Estados, do Distrito Federal e dos Municípios, dos militares dos Estados e do Distrito Federal. A **Emenda Constitucional nº 20**, de 15 de dezembro de 1998, estabelece o eixo da Reforma da Previdência Social. As principais mudanças no RGPS foram: limite de idade nas regras de transição para a aposentadoria integral no setor público, fixado em 53 anos para o homem e 48 anos para a mulher, novas exigências para as aposentadorias especiais, mudança na regra de cálculo de benefício, com introdução do fator previdenciário. Na previdência complementar seguiram as seguintes alterações: inclui parágrafos ao art. 40 da CF/88 prevendo a possibilidade dos entes federativos criarem previdência complementar para seus servidores públicos efetivos e altera o art. 202 da Constituição Federal para fixar os princípios gerais da previdência complementar.

1999 – O Decreto n° 3.048/99 aprovou o Regulamento da Previdência Social (RGPS).

2001 – A **Lei Complementar nº 109/2001** dispõe sobre as normas gerais do regime de Previdência Complementar. A **Lei Complementar nº 108/2001** dispõe sobre a relação entre a União, os Estados, o Distrito Federal e os Municípios, suas autarquias, fundações, sociedades de economia mista e outras entidades públicas e suas respectivas entidades fechadas de previdência complementar, lei especial que regula o patrocínio público desses entes nos planos de benefícios da previdência complementar fechada.

2003 – A Emenda Constitucional nº 41/03 altera as regras para concessão de aposentadoria dos servidores públicos e aumenta o teto dos benefícios previdenciários do RGPS. O Decreto nº 4.942/03 regulamenta o processo administrativo para apuração de responsabilidade por infração à legislação no âmbito do regime fechado de previdência complementar.

2004 – A Lei nº 11.053/04 dispõe sobre a tributação dos planos de benefícios de caráter previdenciário (previdência complementar).

2009 – A Lei nº 12.154/09 cria a Superintendência Nacional de Previdência Complementar – PREVIC e o Conselho Nacional de Previdência Complementar – CNPC, autarquia fiscalizador e órgão regulador do regime fechado de previdência complementar, respectivamente. Cria a Câmara de Recursos da Previdência Complementar na estrutura básica do Ministério da Previdência Social como órgão de segunda instância de revisão das decisões da PREVIC.

O SISTEMA PREVIDENCIÁRIO BRASILEIRO

33

LINHA DO TEMPO DA LEGISLAÇÃO PREVIDENCIÁRIA NO BRASIL
2010 – O Decreto nº 7.075/10 aprova a Estrutura Regimental e o Quadro Demonstrativo dos Cargos em Comissão e das Funções Gratificadas da Superintendência Nacional de Previdência Complementar – PREVIC, revoga o Decreto nº 606, de 20 de julho de 1992, e dá outras providências.
2012 – A Lei nº 12.618/12 institui o regime de previdência complementar para os servidores públicos federais titulares de cargo efetivo. O Decreto nº 7.808/12 cria a Fundação de Previdência Complementar do Servidor Público Federal do Poder Executivo – Funpresp-Exe. A Resolução STF nº 496/2012 cria a Fundação de Previdência Complementar do Servidor Público Federal do Poder Judiciário – Funpresp-Jud.
2013 – A Lei Complementar nº 142/13 regulamenta o § 1º do art. 201 da Constituição Federal, no tocante à aposentadoria da pessoa com deficiência segurada do Regime Geral de Previdência Social – RGPS. A Emenda Constitucional nº 72/2013 passou a garantir aos trabalhadores domésticos os mesmos direitos sociais previstos no art. 7º da CF/88 para os trabalhadores em geral, cujo parágrafo único do texto constitucional originário retirava vários direitos trabalhistas e previdenciários que já eram reconhecidos a todos os trabalhadores.
2015 – A Lei Complementar nº 150, de 1º de junho de 2015 disciplinou os direitos sociais do trabalhador doméstico, reconhecendo o direito aos benefícios acidentários, ao auxílio-acidente e ao salário-família e a obrigatoriedade do depósito do FGTS. Lei nº 13.134, de 16 de junho de 2015 altera as regras do seguro-desemprego, fixa a competência do INSS para processar o benefício do seguro defeso. A Lei nº 13.135, de 17 de junho de 2015 altera a Lei nº 8.213/91 para modificar as regras de concessão da pensão por morte, criando regra de temporalidade da duração do benefício, de acordo com a idade do cônjuge ou companheiro na data do óbito do instituidor.

2. PRINCÍPIOS CONSTITUCIONAIS DA PREVIDÊNCIA COMPLEMENTAR.

Princípios são normas jurídicas que possuem características mais generalizantes e abstratas[19], reproduzindo valores da sociedade e do Estado. Servem, muitas vezes, a despeito de possuir força normativa apta a gerar efeitos jurídicos concretos, regulando as relações sociais, como elemento fundante para a construção das demais normas jurídicas e que, por isso, possuem como habitat natural a Constituição, norma fundamental do ordenamento jurídico.

Vale à pena a transcrição da doutrina de BANDEIRA DE MELLO[20], pela clareza conceitual que exprime:

> Cumpre, pois, inicialmente, indicar em que sentido estamos a tomar o termo *princípio*, tal como vimos fazendo desde 1971, quando pela primeira vez enunciamos a acepção que lhe estávamos a atribuir. À época dissemos: "Princípio é, pois, por definição, mandamento nuclear de um sistema, verdadeiro alicerce dele, disposição fundamental que se irradia sobre diferentes normas, compondo-lhes o espírito e servindo de critério para exata compreensão e inteligência delas, exatamente porque define a lógica e a racionalidade do sistema normativo, conferindo-lhe a tônica que lhe dá sentido harmônico". Eis porque: "violar um princípio é muito mais grave que transgredir uma norma. A desatenção ao princípio implica ofensa não apenas a um específico mandamento obrigatório, mas a todo o sistema de comandos. É a mais grave forma de

---

19 FERREIRA FILHO, Manoel Gonçalves. Curso de direito constitucional. 38ª edição. São Paulo: Saraiva, 2012, p.758-769.

20 BANDEIRA DE MELLO, Celso Antônio. Curso de direito administrativo. 28ª edição. São Paulo: Malheiros, 2011, p.53-54.

ilegalidade ou inconstitucionalidade, conforme o escalão do princípio violado, porque representa insurgência contra todo o sistema, subversão de seus valores fundamentais, contumélia irremissível a seu arcabouço lógico e corrosão de sua estrutura mestra".

A previdência complementar no texto originário da Constituição de 1988 não mereceu atenção especial do poder constituinte, fazendo-se apenas algumas referências pontuais à *previdência* de forma esparsa em dispositivo voltado para estabelecer as bases do sistema financeiro nacional (art. 192), juntamente com outros serviços do sistema financeiro nacional (seguro, resseguro e capitalização).

Com a Emenda Constitucional nº 20/98, conhecida como *a Reforma da Previdência*, foi reconstruído integralmente o art. 202 da CF para definir as características ou princípios básicos para a elaboração das normas de previdência privada.

Sempre salutar a lembrança que, embora a CF/88 tenha preferido utilizar a expressão *previdência privada,* ao invés de *previdência complementar,* como o faz na maioria das vezes a atual legislação infraconstitucional (LC 109/2001 e LC 108/2001), uma ou outra deve ser entendida como sinônimas, sendo também usual a utilização pela doutrina da expressão *previdência suplementar,* mas em menor ocorrência.

Dentro de uma perspectiva constitucional passaremos a detalhar o sentido e o alcance do art. 202 da Constituição, encarregado de traçar os princípios básicos desse regime previdenciário, grifando as expressões que qualificam e definem a relação jurídica de previdência complementar.

> Art. 202. O regime de previdência **privada**, de caráter **complementar** e organizado de forma **autônoma** em relação ao regime geral de previdência social, será **facultativo**, baseado na **constituição de reservas** que garantam o **benefício contratado**, e **regulado por lei complementar**.
>
> § 1º A lei complementar de que trata este artigo **assegurará** ao participante de planos de benefícios de entidades de previdência privada o pleno **acesso às informações** relativas à **gestão de seus respectivos planos**.
>
> § 2º As contribuições do empregador, os benefícios e as condições contratuais previstas nos estatutos, regulamentos e planos de benefícios das entidades de previdência privada **não integram o contrato de trabalho** dos participantes, assim como, à exceção dos benefícios concedidos, não integram a remuneração dos participantes, nos termos da lei.
>
> § 3º É **vedado o aporte de recursos a entidade de previdência privada** pela União, Estados, Distrito Federal e Municípios, suas autarquias, fundações, empresas públicas, sociedades de economia mista e outras entidades públicas, **salvo na qualidade de patrocinador**, situação na qual, **em hipótese alguma, sua contribuição normal poderá exceder a do segurado**.
>
> § 4º **Lei complementar disciplinará** a relação entre a União, Estados, Distrito Federal ou Municípios, inclusive suas autarquias, fundações, sociedades de economia mista e empresas controladas direta ou indiretamente, enquanto

O SISTEMA PREVIDENCIÁRIO BRASILEIRO

patrocinadoras de entidades fechadas de previdência privada, e suas respectivas entidades fechadas de previdência privada.

§ 5º A lei complementar de que trata o parágrafo anterior aplicar-se-á, no que couber, às empresas privadas permissionárias ou concessionárias de prestação de serviços públicos, quando patrocinadoras de entidades fechadas de previdência privada.

§ 6º A lei complementar a que se refere o § 4° deste artigo estabelecerá os requisitos para a **designação dos membros das diretorias das entidades fechadas de previdência privada e disciplinará a inserção dos participantes nos colegiados e instâncias de decisão** em que seus interesses sejam objeto de discussão e deliberação.

É importante frisar que o *caput* do art. 202 e parágrafos 1º e 2º destinam-se a disciplinar tanto a previdência complementar aberta quanto a previdência complementar fechada, enquanto que os parágrafos 3º ao 6º são destinados a disciplinar apenas o regime fechado de previdência complementar.

2.1. Natureza jurídica de direito privado

O regime de previdência complementar é disciplinado por normas de direito privado, embora com forte regulação (dirigismo contratual) do Estado[21], que impõe algumas restrições à autonomia da vontade dos particulares, em algumas situações até mesmo indicando o conteúdo de cláusulas contratuais obrigatórias, a exemplo da exigência legal da presença no regulamento dos planos dos denominados institutos (portabilidade, resgate, benefício proporcional diferido e autopatrocínio).

Não por acaso a utilização pela Constituição (art. 202) da referência às expressões *"regime de previdência privada", "benefício contratado"* e *"condições contratuais".*

Como princípio de hermenêutica jurídica não haveria o legislador constitucional utilizado dessas expressões se não quisesse realçar a natureza privada desse regime previdenciário.

As EPC são constituídas como pessoas jurídicas de direito privado (fundações, no caso das entidades fechadas, e sociedades anônimas[22], no caso das entidades abertas), submetendo-se sua criação aos requisitos legais previstos na legislação

---

21 Mais adiante teremos item específico para discorrer sobre a forma como o Estado exerce a regulação do regime de previdência complementar. As Leis Complementares nº 108 e 109/2001 preveem uma série de limitações à autonomia da vontade no contrato previdenciário.

22 LC 109/2001: Art. 31. As entidades fechadas são aquelas acessíveis, na forma regulamentada pelo órgão regulador e fiscalizador, exclusivamente: (...) § 1º As entidades fechadas organizar-se-ão sob a forma de fundação ou sociedade civil, sem fins lucrativos. (...) Art. 36. As entidades abertas são constituídas unicamente sob a forma de sociedades anônimas e têm por objetivo instituir e operar planos de benefícios de caráter previdenciário concedidos em forma de renda continuada ou pagamento único, acessíveis a quaisquer pessoas físicas. Parágrafo único. As

para essas instituições (registro no cartório de pessoas jurídicas e juntas comerciais, respectivamente[23]).

O estudo da relação jurídica de previdência complementar gira em torno do conceito de *contrato previdenciário*, sendo este o instrumento jurídico formalizador que disciplinará a relação previdenciária, confundindo-se com o regulamento do plano de benefícios, local onde estarão contemplados os direitos e as obrigações dos sujeitos do contrato (EFPC/EAPC, patrocinador, participante/assistido[24]).

Também possui natureza contratual o convênio de adesão celebrado entre o patrocinador e a EFPC, instrumento que vincula o empregador ao plano de benefícios oferecido aos seus empregados, obrigando-o a contribuir para seu custeio e a participar da gestão da entidade responsável pela administração dos planos de benefícios previdenciários.

Como todo contrato, aplicam-se as regras do direito civil, derrogadas parcialmente pelas normas especiais da previdência complementar, especialmente as Leis Complementares nº 108 e nº 109/2001 e atos normativos dos órgãos reguladores[25].

Desse modo, além dos princípios estabelecidos pela Constituição, também são aplicáveis à relação jurídica de previdência complementar os princípios gerais dos contratos, dentre os quais, o da autonomia privada negocial, da força obrigatória (*pacta sunt servanda*), da relatividade dos efeitos do contrato (efeitos subjetivos do contrato aos sujeitos da relação jurídica previdenciária), da função social do contrato, da boa-fé objetiva e da equivalência material das prestações.

---

sociedades seguradoras autorizadas a operar exclusivamente no ramo vida poderão ser autorizadas a operar os planos de benefícios a que se refere o caput, a elas se aplicando as disposições desta Lei Complementar.

23   Código Civil: Art. 985. A sociedade adquire personalidade jurídica com a inscrição, no registro próprio e na forma da lei, dos seus atos constitutivos (arts. 45 e 1.150). Art. 967. É obrigatória a inscrição do empresário no Registro Público de Empresas Mercantis da respectiva sede, antes do início de sua atividade. Art. 1.150. O empresário e a sociedade empresária vinculam-se ao Registro Público de Empresas Mercantis a cargo das Juntas Comerciais, e a sociedade simples ao Registro Civil das Pessoas Jurídicas, o qual deverá obedecer às normas fixadas para aquele registro, se a sociedade simples adotar um dos tipos de sociedade empresária.

24   Na previdência complementar aberta não há a figura do patrocinador, mas do instituidor, o qual não realiza, como regra, aporte de contribuições ao plano de benefícios.

25   Conselho Nacional de Previdência Complementar, no regime fechado de previdência complementar (CNPC – Lei nº 12.154/2009), e Conselho Nacional de Seguros Privados (CNSP – art. 74 da LC 109/2001 e art. 32 do Decreto-lei nº 73/66), no regime aberto de previdência complementar. Esses órgãos reguladores editam Resoluções que dão concretude à função regulamentar de forma bastante acentuada, considerando que as leis na matéria de previdência complementar estabelecem diretrizes ao sistema, não disciplinando questões importantes, já que a dinâmica social e do mercado impedem a rápida disciplina em nível legal.

O SISTEMA PREVIDENCIÁRIO BRASILEIRO

2.2. Complementaridade

Como vimos, a característica constitucional da complementaridade (ou suplementaridade) dos planos de benefícios da previdência complementar diz respeito à sua atuação em um nível de cobertura superior àquele oferecido pelo regime geral de previdência social e pelo regime próprio de previdência social (regimes públicos previdenciários).

Busca, justamente, ampliar a proteção social e oportunizar aos trabalhadores um planejamento financeiro que lhe garanta um padrão de renda que satisfaça suas necessidades materiais, em nível igual ou superior àquele que possuía no momento em que ficou impossibilitado de trabalhar, por motivo de doença, invalidez, maternidade, desemprego involuntário, idade avançada, etc.

2.3. Autonomia em relação aos regimes públicos previdenciários

O regime de previdência privada é organizado de forma autônoma em relação aos regimes públicos previdenciários.

A Constituição, por falha de sistematização da Emenda Constitucional nº 20/98, apenas fez menção à autonomia em relação ao RGPS, por força do hábito histórico da previdência complementar apenas se aplicar aos trabalhadores da iniciativa privada, o que com a inserção do § 14 do art. 40 no texto constitucional[26], incluindo a possibilidade da criação da previdência complementar do servidor público efetivo, não é mais uma realidade exclusiva dos trabalhadores celetistas.

Essa autonomia na organização pode ser entendida sob dois aspectos: a) Quanto à governança e administração do sistema previdenciário. Enquanto os regimes públicos previdenciários são administrados por entes públicos vinculados ao Estado (ex: o Instituto Nacional do Seguro Social – INSS no RGPS – autarquia federal), as entidades de previdência privada são administradas por pessoas jurídicas de direito privado (fundações ou sociedades anônimas) que se organizam segundo as normas do direito civil e do direito comercial, derrogadas parcialmente por leis especiais, Leis Complementares nº 108 e 109/2001, que, no caso das entidades fechadas, impõem uma organização interna para essas entidades[27], composta por uma estrutura de Conselho Deliberativo, Conselho Fiscal e Diretoria Executiva. Nas entidades abertas, a estruturação segue a lei das sociedades

---

26 Art. 40. (...) § 14 – A União, os Estados, o Distrito Federal e os Municípios, desde que instituam regime de previdência complementar para os seus respectivos servidores titulares de cargo efetivo, poderão fixar, para o valor das aposentadorias e pensões a serem concedidas pelo regime de que trata este artigo, o limite máximo estabelecido para os benefícios do regime geral de previdência social de que trata o art. 201.

27 LC 109/2001: Art. 35. As entidades fechadas deverão manter estrutura mínima composta por conselho deliberativo, conselho fiscal e diretoria-executiva.

anônimas (Lei nº 6.404/76), composta por uma Assembleia-Geral, o Conselho de Administração (ou Diretoria) e o Conselho Fiscal. b) Quanto aos requisitos para a concessão dos benefícios previdenciários, não há qualquer vinculação obrigatória entre os benefícios previstos nos regimes públicos previdenciários (RGPS e Lei nº 8.213/91) e aqueles previstos nos regulamentos dos planos ofertados pelas EPC.

Nem sempre foi assim. No regime da lei anterior que regulamentava a previdência privada (Lei nº 6.435/77) a concessão de benefícios da previdência complementar encontrava-se muitas vezes associada ao benefício concedido pelo RGPS, o que retirava a autonomia das EPC quanto à criação de modelos previdenciários específicos, de acordo com as possibilidades financeiras e necessidades materiais das partes contratantes. Senão vejamos pela transcrição do revogado art. 42 da Lei nº 6.435/77:

> Art. 42. Deverão constar dos regulamentos dos planos de benefícios, das propostas de inscrição e dos certificados dos participantes das entidades fechadas, dispositivos que indiquem:
>
> (...)
>
> § 5º – Não será admitida a concessão de benefícios sob a forma de renda vitalícia que, **adicionada à aposentadoria concedida pela previdência social**, exceda a média das remunerações sobre as quais incidirem as contribuições para a previdência privada nos 12 (doze) meses imediatamente anteriores à data da concessão, ressalvadas as hipóteses dos §§ 6º e 7º seguintes. (Redação dada pela Lei nº 6.462, de 09/11/77)
>
> § 6º – Observada a vedação do parágrafo anterior, é permitida a fixação, a título complementar, de um percentual, **desde que não supere a 25% (vinte e cinco por cento) do valor correspondente ao teto do salário de contribuição para a previdência social**, a ser adicionado ao benefício concedido. (Redação dada pela Lei nº 6.462, de 09/11/77)
>
> (...)
>
> § 8º **Os pecúlios instituídos pelas entidades fechadas não poderão exceder ao equivalente a 40 (quarenta) vezes o teto do salário de contribuição para a Previdência Social**, para cobertura da mesma pessoa, ressalvada a hipótese de morte por acidente do trabalho, em que o valor do pecúlio terá por limite a diferença entre o dobro desse valor máximo e o valor do pecúlio instituído pela Lei nº 6.367, de 19 de outubro de 1976.
>
> (...) *(grifamos)*

O STJ já teve a oportunidade de reconhecer a independência entre os regimes previdenciários público e privado, em ação movida por participante que requeria a revisão do valor do benefício de previdência complementar, pleiteando o cômputo de tempo de serviço exercido em condições especiais de trabalho. Como esse período laboral tinha sido reconhecido pelo RGPS, entendeu o segurado que também deveria sê-lo no RPC.

A Corte decidiu:

O SISTEMA PREVIDENCIÁRIO BRASILEIRO

> (...)TEMPO DE SERVIÇO ESPECIAL. RECONHECIMENTO PELO INSS. UTILI-
> ZAÇÃO NA PREVIDÊNCIA COMPLEMENTAR. INADMISSIBILIDADE. SISTEMA
> FINANCEIRO DE CAPITALIZAÇÃO. AUTONOMIA EM RELAÇÃO À PREVIDÊNCIA
> OFICIAL.
>
> 1. Ação de revisão de benefício de previdência privada em que se postula o
> aproveitamento de tempo de serviço especial (tempo ficto), devidamente reco-
> nhecido pelo INSS, para fins de cálculo da renda mensal inicial.
>
> 2. A aposentadoria especial é uma espécie de benefício previdenciário do
> regime geral de previdência social (RGPS), devida ao trabalhador que exerce
> atividade em condições prejudiciais à saúde ou à integridade física. Assim, ele
> pode se aposentar mais cedo como forma de se compensar o desgaste físico
> resultante do tempo de serviço prestado em ambiente insalubre, penoso ou
> perigoso (tempo de serviço especial). Ademais, quanto maior o grau de nocivi-
> dade, menor será o tempo de trabalho.
>
> **3. A previdência privada possui autonomia em relação ao regime geral de
> previdência social. Além disso, é facultativa, regida pelo Direito Civil, de
> caráter complementar e baseada na constituição de reservas que garan-
> tam o benefício contratado, sendo o regime financeiro de capitalização.**
>
> 4. A previdência social é um "seguro coletivo", público, de cunho estatutário,
> compulsório, ou seja, a filiação é obrigatória para diversos empregados e traba-
> lhadores rurais ou urbanos (art. 11 da Lei nº 8.213/91), destinado à proteção
> social, mediante contribuição, proporcionando meios indispensáveis de subsis-
> tência ao segurado e à sua família na ocorrência de certa contingência prevista
> em lei (incapacidade, desemprego involuntário, idade avançada, tempo de ser-
> viço, encargos familiares e prisão ou morte do segurado), sendo o sistema de
> financiamento o de caixa ou de repartição simples.
>
> 5. A concessão de benefício oferecido pelas entidades abertas ou fechadas de
> previdência privada não depende da concessão de benefício oriundo do regime
> geral de previdência social, haja vista as especificidades de cada regime e a
> autonomia existente entre eles.
>
> 6. Pelo regime de capitalização, o benefício de previdência complementar será
> decorrente do montante de contribuições efetuadas e do resultado de investi-
> mentos, não podendo haver, portanto, o pagamento de valores não previstos
> no plano de benefícios, sob pena de comprometimento das reservas financei-
> ras acumuladas (desequilíbrio econômico-atuarial do fundo), a prejudicar os
> demais participantes, que terão que custear os prejuízos daí advindos.
>
> 7. O tempo ficto ou o tempo de serviço especial, próprio da previdência social,
> é incompatível com o regime financeiro de capitalização, ínsito à previdência
> privada.
>
> 8. Recurso especial parcialmente provido. (RECURSO ESPECIAL Nº 1.230.046
> – PB – 2010/0224652-5. RELATOR: MINISTRO RICARDO VILLAS BÔAS CUEVA)

É importante registrar que a lei reconhece a autonomia entre os regimes previdenciários, não havendo, como regra, qualquer vinculação obrigatória dos requisitos estabelecidos em contrato para a concessão dos benefícios do regime privado em relação ao regime geral de previdência social. Essa autonomia pode ser entendida como uma faculdade, pois nada impede que o regulamento do plano de benefícios da previdência privada preveja cláusula que, por exemplo, vincule a concessão do benefício à prévia concessão de benefício similar pela previdência pública.

Há pelo menos uma exceção ao princípio da autonomia na organização do plano de benefícios de previdência complementar. É na situação descrita pelo art. 3º da LC 108/2001 que condiciona a concessão do benefício da previdência complementar à prévia concessão de benefício pelo RGPS ou pelo RPPS ao qual o participante esteja filiado, nos planos com patrocínio de entidades públicas, quando se tratar de plano na modalidade benefício definido, instituído depois da publicação da LC 108/2001[28].

2.4. Facultatividade na filiação ao regime

A facultatividade da relação jurídica de previdência complementar contrapõe--se à obrigatoriedade da filiação nos regimes previdenciários públicos. Significa dizer a necessidade da manifestação expressa e livre de vontade das partes da relação contratual para configurar validamente a relação jurídica de previdência complementar.

Se nos regimes públicos previdenciários a relação jurídica decorre automaticamente e por força da incidência direta da lei previdenciária sobre a pessoa que exerce atividade laborativa[29] (filiação), na relação jurídica de previdência complementar há a necessidade do concurso da vontade do segurado (participante) para o aperfeiçoamento da relação jurídica.

Na previdência complementar, por sua natureza jurídica contratual, há de ser respeitada a vontade das partes para o início e desenvolvimento válido da relação jurídica.

Essa relação jurídica é facultativa em relação ao participante, pois é necessária sua concordância para aderir ou para se desligar do plano de benefícios oferecido pela entidade (art. 8º, I da LC 109/2001).

---

28 LC 108/2001: Art. 3º Observado o disposto no artigo anterior, os planos de benefícios das entidades de que trata esta Lei Complementar atenderão às seguintes regras:

   I – carência mínima de sessenta contribuições mensais a plano de benefícios e cessação do vínculo com o patrocinador, para se tornar elegível a um benefício de prestação que seja programada e continuada; e

   II – concessão de benefício pelo regime de previdência ao qual o participante esteja filiado por intermédio de seu patrocinador, quando se tratar de plano na modalidade benefício definido, instituído depois da publicação desta Lei Complementar.

29 LEITÃO, André Studart. Teoria Geral da Filiação Previdenciária – Controvérsia sobre a filiação obrigatória e a filiação facultativa. São Paulo: Conceito Editorial, 2012. Nessa obra, o autor enfrenta com muita propriedade todas as nuances da relação jurídica previdenciária do RGPS.

O SISTEMA PREVIDENCIÁRIO BRASILEIRO

41

Desse modo, a assinatura do termo de adesão (inscrição) ao plano de benefícios é condição essencial para a criação de direitos e obrigações do participante em relação ao plano ofertado pela entidade de previdência complementar.

A jurisprudência dos tribunais superiores, ao fundamentar a facultatividade do regime de previdência complementar, insere a liberdade contratual nas dimensões positiva e negativa do direito à associação, fazendo alusão ao princípio da liberdade associativa do art. 5º, XVII da CF/88, o que, embora se mostre, no nosso entendimento, um fundamento jurídico equivocado, pois a previdência complementar não decorre do direito constitucional de associação, serve como precedente jurisprudencial para realçar a liberdade contratual dos participantes quanto a filiação ou desfiliação ao regime de previdência complementar.

O STF decidiu no RE 482.207 (Rel. Min. Eros Grau, julgamento em 12-5-2009, Segunda Turma, DJE de 29-5-2009) que *"a faculdade que tem os interessados de aderirem a plano de previdência privada decorre de norma inserida no próprio texto constitucional art. 202 da CB/1988. Da não obrigatoriedade de adesão ao sistema de previdência privada decorre a possibilidade de os filiados desvincularem-se dos regimes de previdência complementar a que aderirem, especialmente porque a liberdade de associação comporta, em sua dimensão negativa, o direito de desfiliação, conforme já reconhecido pelo Supremo em outros julgados"*. No mesmo sentido: RE 603.891-AgR, rel. min. Joaquim Barbosa, julgamento em 26-6-2012, Segunda Turma, DJE de 13-8-2012; RE 600.392-ED, Rel. Min. Ricardo Lewandowski, julgamento em 8-11-2011, Segunda Turma, DJE de 29-11-2011.

Admite-se o ingresso tácito dos participantes nos planos não-contributivos, ou seja, naqueles em que não há previsão no regulamento do plano de benefícios de ônus ou obrigação de natureza financeira para o participante quanto ao custeio do plano. Uma empresa pode criar um plano de previdência privada para o seu empregado, sem exigência do repasse de contribuições, como instrumento de política empresarial na área de recursos humanos, de forma a atrair trabalhadores mais qualificados aos quadros da empresa[30].

De outro lado, a relação jurídica também é facultativa para o patrocinador/instituidor, já que seu vínculo jurídico com o plano de benefícios nasce com a celebração do instrumento contratual denominado *convênio de adesão*, sendo possível a rescisão desse contrato por ato do patrocinador, e, por sua vez, a extinção das obrigações do patrocinador com o plano, com o procedimento de *retirada de patrocínio*, desde que o patrocinador garanta o cumprimento da totalidade dos compromissos assumidos com a entidade gestora do plano relativamente aos direitos dos participantes, assistidos e obrigações legais, até a data da retirada ou extinção do plano, na forma disciplinada pelo órgão regulador.

---

30 A criação desses planos não-contributivos está vedada para os planos fechados com patrocínio público, considerando o princípio da paridade contributiva, necessidade de previsão de contribuição do participante como forma de legitimar o aporte de contribuições pelo patrocinador público.

Os patrocinadores e instituidores também exteriorizam sua vontade quando atuam na criação da pessoa jurídica responsável por administrar os planos de benefícios, as EPC, sendo-lhes permitido, posteriormente, promover a extinção dessa mesma pessoa jurídica, com o encerramento de suas atividades.

Tem sido discutida, no âmbito do sistema de previdência complementar, com base em experiências do direito estrangeiro, a possibilidade de *filiação ou inscrição automática* ou, para alguns, *inscrição simplificada,* como forma de fomentar o crescimento do sistema previdenciário, ampliando o número de adesões dos trabalhadores aos planos de benefícios.

A inscrição automática foi instituída recentemente no Reino Unido cujos resultados tem demonstrado taxa de retenção do participante no plano previdenciário de mais de 90% (noventa por cento). Pelo formato criado em terras britânicas, o *"governo criou o NEST (National Employment Savings Trust), um super-truste sem fins lucrativos e de baixo custo que administra um plano CD que pode ser utilizado por qualquer empregador. O NEST é gerido por um conselho independente e tem por objetivo preencher as lacunas de oferta de planos de pensão de baixo custo pelo mercado".* O NEST foi lançado em 1º de outubro de 2012 e pretende, até 2018, que todos os empregadores que ainda não oferecem planos de pensão aos funcionários elegíveis terão que inscrevê-los num programa de aposentadoria. *"A inscrição automática é obrigatória para os trabalhadores com idades entre 22 e 65 anos e renda anual superior a £10.000 (cerca de R$ 42.000). A adesão é facultativa para empregados com 16 a 21 anos e ganhos anuais acima de £10.000, e com idades entre 65 e 74 anos e rendimento de £5.772 a £10.000 por ano"*[31].

No Brasil, os defensores da mitigação do princípio da facultatividade do contrato previdenciário argumentam que há uma inércia inconsciente nas pessoas quando o assunto é poupança individual, o que mereceria um impulso de agente externo para que o interessado passe a refletir sobre a vontade em aderir ou não a contratos de longo prazo de natureza financeira ou previdenciária.

Na inscrição automática a filiação previdenciária não dependeria da prévia manifestação da vontade do trabalhador. Bastaria a criação de planos de benefícios patrocinados pelo empregador para que todos os seus empregados passem a estar vinculados automaticamente ao plano de benefícios.

Já a ideia da inscrição simplificada deriva da inversão do momento em que o desejo de contratar (aceitação) é exteriorizado pelo possível segurado. A entidade de previdência complementar, no momento em que se inicia o vínculo laboral ou associativo do participante com o patrocinador/instituidor, realiza a inscrição do participante ao plano, concedendo prazo para sua manifestação, que, se não exteriorizada formalmente, importaria em sua permanência no plano de benefícios.

---

31 FUNDOS DE PENSÃO. Revista da ABRAPP-ICSS-SINDAPP. Ano XXXIII. Número 395. Novembro--Dezembro de 2014. Os números da Inscrição Automática no Reino Unido. Página 151 a 156.

O SISTEMA PREVIDENCIÁRIO BRASILEIRO

A questão é polêmica e, no nosso entendimento, não se adequaria à disciplina constitucional da previdência complementar, em razão da expressa referência no texto constitucional da facultatividade do contrato de previdência complementar.

Alguns poderiam defender a possibilidade da anuência tácita nos contratos previdenciários sob o argumento da desnecessidade de manifestação expressa da vontade nos contratos de massa (de adesão) em que os efeitos jurídicos independem da manifestação expressa da vontade ou da capacidade civil do contratante. Nestes casos, uma simples conduta espontânea do usuário do serviço importaria na aceitação do contrato posto a sua disposição, servindo como exemplo os contratos de transporte público fornecidos a menores incapazes, de estacionamento de veículos, e outros fornecimentos de serviços em que o aceitante não possui outra opção senão utilizar os serviços, como no serviço de água e energia com fornecedor único.

Seguem as lições de LÔBO[32]:

> O desequilíbrio contratual inerente às principais atividades econômicas da atualidade é potencializado quando se aplica o esquema tradicional da oferta e da aceitação, que pressupõe a existência de manifestações de vontades livres. Exemplifique-se com o uso disseminado de condições gerais dos contratos, predispostas unilateralmente pelo contratante utilizador, principalmente empresas e fornecedores de produtos e serviços. A teoria tradicional do contrato, consequentemente, é inadequada a tais situações.
>
> Se as novas figuras contratuais, hoje prevalecentes, prescindem ou ignoram o poder de escolha; se não há, em muitas situações, autodeterminação livre dos seus próprios interesses; se os direitos, pretensões, deveres e obrigações são fortemente limitados ou até mesmo prefixados pela lei ou pelo contratante com poder negocial dominante; se o contrato pode ser celebrado sem a identificação ou a manifestação de qualquer espécie do outro contratante, em virtude da automação ou da informatização, a teoria do contrato teve de se transformar, em igual medida.
>
> No moderno tráfico de massa, os bens e serviços são oferecidos a todos, sob condições fixas, podendo ser utilizados por qualquer pessoa. Exemplo muito comum são as prestações de transporte, consignadas em tarifas autorizadas e fiscalizadas pelo poder público, sem que para elas se exija declaração ou manifestação de vontade do usuário, dirigida a concluir o contrato. A utilização efetiva da prestação realiza a relação contratual.

Nos exemplos citados, os contratos se caracterizam pela oferta geral ao público e pela imediata prestação dos serviços, não se assemelhando às obrigações de longo prazo da previdência complementar.

Embora seja compreensível e louvável a preocupação do sistema de previdência complementar em ampliar o número de participantes dos planos de benefícios, o que reduziria o custo operacional para manutenção desses planos pelo ganho de escala, é bastante temerária a adoção do mecanismo da filiação automática.

---

32   LÔBO, Paulo. Direito Civil: contratos. São Paulo: Saraiva, 2011, p.20.

O sistema de previdência complementar brasileiro é desenhado no intuito da ampliação da proteção social dos cidadãos, sendo objetivo a ser perseguido pelo Estado a proteção dos interesses dos participantes e assistidos dos planos de benefícios, conforme previsão do art. 3º, VI da LC 109/2001.

Assim, padeceria de nulidade cláusulas do contrato previdenciário que dispensassem a prévia e expressa manifestação da vontade dos participantes e assistidos para a adesão aos planos de benefícios. Essa a melhor interpretação da força normativa do art. 202 da Constituição que estabelece a facultatividade do regime de previdência complementar.

Quanto ao tema da inscrição simplificada, entendemos juridicamente possível se no prazo fixado para opção (aceitação contratual) não haja ônus financeiro para custeio do plano pelos participantes, não se aplicando, em todo o caso, aos planos fechados com patrocínio público, considerando que nesses planos o que legitima o aporte de contribuições por organismos estatais é a contrapartida do participante, o que dará a medida da contribuição paritária.

Sobre o tema, interessante a medida inicialmente adotada pelo Governo Federal em relação aos planos de benefícios oferecidos e administrados pela Funpresp--Exe, destinados ao servidor público federal efetivo. Segundo a disciplina normativa do Ministério do Planejamento, Orçamento e Gestão (Orientação Normativa nº 2/2015), tanto a adesão quanto a não adesão ao plano de benefícios exigem a manifestação expressa do servidor público, através do preenchimento e da assinatura de formulário a ser entregue ao setor de recursos humanos da Administração, o que exigirá uma reflexão do servidor sobre sua adesão ao plano de benefícios desde o momento da posse no cargo público.

Mas tal orientação no âmbito administrativo certamente sofrerá mudanças.

Recentemente foi editada a **Lei nº 13.183/2015** que alterou a redação do art. 1º da Lei nº 12.618/2012 (institui o regime de previdência complementar dos servidores públicos federais titulares de cargo efetivo), promovendo significativo câmbio na inscrição previdenciária no âmbito da Previdência Complementar do Servidor Público Federal[33], com o objetivo de inserir no âmbito da previdência complementar o instituto da **inscrição automática ou simplificada**.

Vejamos o teor da alteração legislativa, com especial consideração aos parágrafos 2º ao 6º, art. 1º da Lei nº 12.618/2012:

---

33   A inscrição previdenciária é a formalidade administrativa que faz iniciar o vínculo jurídico previdenciário (filiação). A filiação nos regimes públicos previdenciários é automática e obrigatória, bastando o exercício de atividade laboral do trabalhador para que ele se submeta à proteção social perante o RGPS ou RPPS, com o respectivo recolhimento das contribuições previdenciárias. Já na previdência complementar, por força do art. 202 da CF, a filiação é facultativa, exigindo manifestação de vontade do participante-segurado para iniciar a relação jurídica previdenciária.

O SISTEMA PREVIDENCIÁRIO BRASILEIRO

Lei nº 13.183/2015

Art. 1º É instituído, nos termos desta Lei, o regime de previdência complementar a que se referem os §§ 14, 15 e 16 do art. 40 da Constituição Federal para os servidores públicos titulares de cargo efetivo da União, suas autarquias e fundações, inclusive para os membros do Poder Judiciário, do Ministério Público da União e do Tribunal de Contas da União.

§ 1º Os servidores e os membros referidos no caput deste artigo que tenham ingressado no serviço público até a data anterior ao início da vigência do regime de previdência complementar poderão, mediante prévia e expressa opção, aderir ao regime de que trata este artigo, observado o disposto no art. 3o desta Lei.

§ 2º Os servidores e os membros referidos no caput deste artigo com remuneração superior ao limite máximo estabelecido para os benefícios do Regime Geral de Previdência Social, que venham a ingressar no serviço público a partir do início da vigência do regime de previdência complementar de que trata esta Lei, serão automaticamente inscritos no respectivo plano de previdência complementar desde a data de entrada em exercício. (Incluído pela Lei nº 13.183, de 2015)

§ 3º Fica assegurado ao participante o direito de requerer, a qualquer tempo, o cancelamento de sua inscrição, nos termos do regulamento do plano de benefícios. (Incluído pela Lei nº 13.183, de 2015)

§ 4º Na hipótese do cancelamento ser requerido no prazo de até noventa dias da data da inscrição, fica assegurado o direito à restituição integral das contribuições vertidas, a ser paga em até sessenta dias do pedido de cancelamento, corrigidas monetariamente. (Incluído pela Lei nº 13.183, de 2015)

§ 5º O cancelamento da inscrição previsto no § 4º não constitui resgate. (Incluído pela Lei nº 13.183, de 2015)

§ 6º A contribuição aportada pelo patrocinador será devolvida à respectiva fonte pagadora no mesmo prazo da devolução da contribuição aportada pelo participante. (Incluído pela Lei nº 13.183, de 2015)

In limine, é importante o registro de que a referida alteração na Lei da Funpresp foi o resultado de uma emenda parlamentar realizada no momento da tramitação da Medida Provisória nº 676, de 17 de junho de 2015, que tinha por escopo a criação da regra 95/85 para fins de concessão do benefício de aposentadoria por tempo de contribuição no âmbito do RGPS (Lei nº 8.213/91), afastando a aplicação do fator previdenciário. A MP 676/2015 não tratava de previdência complementar. Aproveitou-se a tramitação da medida provisória para realizar uma alteração legislativa que era do interesse da Administração Pública Federal, para a criação da previsão da inscrição automática nos planos administrados pela Funpresp. O interesse governamental estaria relacionado à necessidade da criação de mecanismos que ampliassem os níveis de adesão dos servidores públicos ao plano de benefícios da Funpresp.

A primeira conclusão que extraímos da alteração realizada pela Lei nº 13.183/2015 (MP 676/2015) à Lei nº 12.618/2012 é que a autorização legal para a inscrição automática somente é aplicável aos planos de benefícios administrados pela Funpresp, nos termos da sua lei de regência (Lei nº 12.618/2012). Ou seja, a inscrição automática não pode ser adotada nos demais planos de benefícios administrados pelas entidades fechadas ou abertas regidas pelas Leis Complementares nº 108 e 109/2001, pelo menos até a eventual publicação de lei complementar alterando esses diplomas normativos. Por ser lei especial, a Lei da Funpresp apenas será aplicável aos planos administrados pelo referido fundo de pensão, interpretação em sintonia com o princípio *lex specialis derogat generalis* encampado pelo §2º, art. 2º do Decreto-Lei nº 4.657/42 (Lei de Introdução às normas do Direito Brasileiro).

E por que a alteração legislativa também não foi realizada nas Leis Complementares 108 e 109/2001 para prever desde logo a inscrição automática a todos os planos de benefícios? A resposta é simples: como não se admite veicular em medida provisória matéria reservada a lei complementar (art. 62, §1º, III da CF), como o é a previdência complementar (art. 202 da CF), então preferiu-se atender de imediato o interesse da Administração Pública Federal e tornar a medida aplicável ao plano de benefícios administrado pela Funpresp. Certamente virão outras iniciativas legislativas para a aplicação da inscrição automática para os demais planos de benefícios.

Um primeiro vício de inconstitucionalidade vislumbra-se: por ser a previdência complementar matéria que somente pode ser regulamentada por meio de lei complementar, por exigência do próprio texto constitucional (art. 202, *caput*), então não poderia lei ordinária dispor sobre a matéria.

A nova redação do art. 1º da Lei que criou a Funpresp prevê a inscrição automática no plano de benefícios por ela administrado para aqueles servidores públicos federais efetivos que ingressarem no serviço público a partir do início da vigência da mencionada lei e que recebem salários superiores ao teto do RGPS. Na prática, aqueles servidores públicos que entrarem em exercício no cargo público a partir de 05/11/2015 serão inscritos automaticamente no plano de benefícios da Funpresp-Exe ou da Funpresp-Jud.

O texto vai mais além: após dispensar a prévia manifestação de vontade do participante para a adesão ao plano de benefícios, manifestação de vontade esta exigida para aqueles servidores que já se encontravam em exercício antes do início da vigência do regime de previdência complementar do servidor público federal (§1º), dispõe que será garantido, a qualquer tempo, o cancelamento da inscrição, e a devolução integral das contribuições aportadas entre a data do exercício no cargo público (*dies a quo* da inscrição previdenciária) até a data do pedido de cancelamento da inscrição, desde que o requerimento seja formulado em até 90 (noventa) dias da data da inscrição.

As contribuições vertidas pelo participante serão devolvidas em até sessenta dias do pedido de cancelamento, corrigidas monetariamente, não se caracterizando

O SISTEMA PREVIDENCIÁRIO BRASILEIRO

como resgate[34]. As contribuições aportadas pelo patrocinador público também serão devolvidas com correção monetária, caso o participante efetive o pedido de cancelamento da inscrição previdenciária.

Além de considerarmos presente o vício de inconstitucionalidade da inscrição automática ou simplificada, com base nos argumentos jurídicos apresentados anteriormente no presente tópico (violação ao caput do art. 202 da CF), seja pela veiculação da matéria por lei ordinária, seja por dispensar a prévia e expressa manifestação de vontade do participante para a inscrição e filiação previdenciária, o que desaguaria na nulidade do contrato previdenciário, causa espécie a fixação do prazo reduzido de 90 dias para o participante exercer o direito subjetivo à devolução das contribuições previdenciárias aportadas no período compreendido entre o início do exercício no cargo púbico e a data do cancelamento da inscrição no plano de benefícios.

Pela novel lei, caso o participante não realize o pedido de cancelamento no prazo de 90 dias estaria aperfeiçoada a relação jurídica previdenciária, não sendo possível a devolução dos valores depositados, seguindo as regras gerais contratuais para o desfazimento da relação previdenciária.

O interesse da União na ampliação do número de participantes do plano de benefícios, de fato, favorece a consolidação do sistema de previdência complementar, atraindo um maior número de servidores públicos e ampliando os resultados financeiros do plano, em razão do aumento da escala de participantes e de recursos disponíveis para serem investidos no mercado financeiro.

Ocorre que a alteração legislativa realizada no curso da discussão de medida provisória, sem o necessário debate na sociedade sobre a conveniência de sua implementação, certamente resultará em enorme insegurança jurídica para os contratos previdenciários, afetando o direito dos participantes e do próprio sistema previdenciário, o que é indesejável para relações jurídicas de longo prazo.

Quanto ao assunto, sugere-se a leitura do tópico relacionado à *formação do contrato previdenciário*.

2.5. Regime de capitalização

O custeio do regime de previdência complementar é realizado através do acúmulo de recursos financeiros na poupança individual de cada participante ou no patrimônio coletivo dos participantes do plano, direcionando estes valores para o pagamento do benefício futuro.

---

34 A devolução dos valores será integral, o que não ocorre no resgate. Sugerimos a leitura do tópico que dispõe sobre o instituto obrigatório do resgate.

Esses recursos garantidores ao pagamento dos benefícios contratados correspondem aos valores vertidos à conta individual pelo participante e pelo patrocinador do plano de benefícios.

Esse o sentido prático do regime de capitalização no custeio dos benefícios contratados. Após o levantamento atuarial dos recursos necessários ao pagamento dos benefícios contratados, considerando as características do plano e do grupo de pessoas físicas seguradas, somam-se as contribuições vertidas pelo participante e pelo patrocinador (este quando houver), recursos estes que são convertidos em ativos financeiros (mobiliários ou imobiliários), negociados no mercado ou expostos à valorização pelas regras de mercado. O produto resultante da valorização desses ativos garante o pagamento futuro dos benefícios contratados[35].

Quando a dicção do texto constitucional ressalta ser o sistema de previdência complementar *"baseado na constituição de reservas que garantam o benefício contratado"* busca, justamente, diferenciá-lo dos regimes públicos obrigatórios que se utilizam do regime financeiro de repartição (ou regime de caixa), em que os recursos arrecadados dos contribuintes (trabalhadores, empregadores), da sociedade e do Estado (arrecadação tributária e repasse orçamentário) são utilizados para o pagamento dos atuais beneficiários das prestações previdenciárias, sem poupança prévia.

Importante colacionar estudo de Flávio Martins Rodrigues[36] em que diferencia didaticamente os regimes de repartição e capitalização:

> O regime de repartição simples é um método que funciona em regime de caixa, ou seja, o que se arrecada é imediatamente gasto, sem que haja, por regra, um processo de acumulação. Esse meio de custeio é tradicionalmente utilizado nos regimes de Primeiro Pilar, inclusive no Brasil pelo INSS.
>
> A vantagem desse método está na capacidade de diluir seus custos por todo o grupo abrangido. Em se tratando de um regime público, o custo é distribuído por toda a sociedade de forma proporcional à capacidade contributiva de seus integrantes, gerando forma solidária de proteção. Contudo, como se trata de um método que vai buscar recursos para o custeio de acordo com a necessidade

---

35 O plano de custeio e a política de investimentos são dois instrumentos de gestão das entidades que são revistos anualmente pela entidade fechada. O volume de recursos vertidos à conta individual do participante destina-se não só para o custeio dos benefícios programáveis (ex: renda mensal vitalícia – aposentadoria), mas também para os benefícios de risco (auxílio-doença, aposentadoria por invalidez, etc.) ou outros benefícios previstos contratualmente. Quando existentes benefícios de risco no plano, pode o regulamento prever a destinação de um percentual das contribuições para seu custeio, formando-se um fundo específico, ou destinar um percentual das receitas para a contratação de um seguro perante uma instituição financeira. Um percentual do valor arrecadado a título de contribuições também é direcionado ao custeio das despesas administrativas da entidade de previdência.

36 RODRIGUES, Flávio Martins. Previdência complementar: conceitos e elementos jurídicos fundamentais. Revista da Previdência nº 3. Rio de Janeiro: Gramma, 2005, p.4-5.

O SISTEMA PREVIDENCIÁRIO BRASILEIRO

imposta pelos pagamentos, pode ocorrer que essa diluição de custos se torne extremamente gravosa para todo o grupo, gerando a necessidade de ajustes nos gastos, isto é, nas próprias prestações previdenciárias no momento em que são devidas.

Já o sistema de capitalização pressupõe a acumulação de valores durante a fase ativa do trabalhador para que esse montante possa suportar os custos de seu benefício futuro. O acúmulo de reservas, como a formiga da fábula de *La Fontaine*, evita os dissabores da escassez do inverno.

Não há um planejamento financeiro prévio no modelo de repartição. A alteração gradual das bases demográficas da sociedade (natalidade, mortalidade, migração e envelhecimento populacional) repercute diretamente no equilíbrio do sistema previdenciário e seu custeio é absorvido por toda a sociedade. Eventuais insuficiências financeiras para o pagamento dos benefícios são custeadas pela sociedade em razão da solidariedade desse modelo financeiro, o que provoca uma forte pressão sobre as contas públicas, repercutindo negativamente nos índices da economia do país.

Em razão dos aspectos relatados, podemos dizer que há uma tendência dos países adotarem o sistema de repartição para o primeiro nível de cobertura previdenciária, deixando o modelo de capitalização individual para um segundo nível de cobertura previdenciária.

Esse segundo nível complementar de proteção previdenciária, por não envolver a utilização de recursos financeiros da sociedade e do Estado (repasses orçamentários), exceto quando este figure como patrocinador, tende a ser mais sustentável no longo prazo, ficando seu equilíbrio financeiro apenas na dependência do pagamento das contribuições e da adequada gestão desses recursos pelas entidades de previdência complementar.

2.6. Independência em relação ao contrato de trabalho

A Constituição também assentou que o contrato previdenciário e o contrato de trabalho são instrumentos que derivam de relações jurídicas distintas.

Nesse mesmo sentido, a Consolidação das Leis do Trabalho que, no inciso VI, § 2º, art. 458, não considera salário a utilidade concedida pelo empregador a seu empregado a título de previdência privada.

É verdade que os empregadores criam os planos de benefícios como estratégia de recursos humanos para atrair e manter na empresa os melhores empregados.

Ocorre que os empregados da empresa não têm a obrigação legal ou contratual de aderir ao plano de benefícios criado por esta. E mesmo que venha a aderir ao plano de benefícios esta nova relação jurídica que se inicia é estabelecida entre o participante e a EPC, entidade esta que possui personalidade jurídica distinta do empregador (patrocinador) e das pessoas físicas que aderem ao plano de benefícios.

Podemos elencar, ainda, os seguintes argumentos pela defesa da independência dessas espécies contratuais (contrato previdenciário e contrato do trabalho):

- a rescisão do contrato de trabalho permite a continuidade da relação jurídica de previdência complementar, através do autopatrocínio (participante assume a parcela da contribuição que cabia ao empregador)[37];

- os benefícios da previdência complementar não se caracterizam como salário indireto;

- não há incidência de contribuições sociais (INSS e FGTS) sobre as contribuições feitas nos planos de previdência complementar;

- eventuais acréscimos ou reduções nas verbas salariais do contrato de trabalho não repercutem, necessariamente, no cálculo do valor do benefício de previdência complementar;

- os benefícios da previdência complementar não se submetem às garantias sociais dos trabalhadores, tais como o piso/teto no valor da prestação. O valor do benefício de previdência complementar tem relação direta com as contribuições vertidas ao plano pelo participante e pelo patrocinador, e ao rendimento desses recursos quando aplicados no mercado financeiro.

A ideia de vinculação dessas espécies contratuais, que influenciou até recentemente a jurisprudência para declarar competente para o julgamento das causas de previdência complementar a Justiça do Trabalho, certamente partia da premissa de que, por ter o empregador contribuído para a criação da entidade de previdência complementar e dos planos de benefícios previdenciários, essa entidade faria parte da estrutura de negócio ou do grupo econômico daquele.

A jurisprudência vacilava em relação a qual juízo seria o competente para julgar a matéria de previdência complementar[38], até o momento do Supremo Tribunal Federal julgar a Repercussão Geral no Recurso Extraordinário 586.453-SE (de 20/02/2013), relator Ministro Dias Toffoli, para fixar a competência da Justiça Comum para processar e julgar ações de previdência complementar.

O STJ tem decidido sobre algumas matérias relacionadas ao princípio da independência do contrato previdenciário em relação ao contrato de trabalho, dentre as quais:

---

37   AVENA, Lygia. A relação civil-previdenciária entre as Entidades Fechadas de Previdência Complementar e os seus participantes. A incompetência da Justiça do Trabalho. Revista da Previdência nº 5. Rio de Janeiro: 2006, p.93-104.

38   Exemplo, julgados do STF nos Agravos de Instrumento 728.143 e 732.170.

O SISTEMA PREVIDENCIÁRIO BRASILEIRO

51

- A competência da Justiça Comum Estadual, e não da Justiça do Trabalho, para processar e julgar ação de indenização por danos materiais e de compensação por danos morais que teriam sido causados ao autor em razão de sua destituição da presidência de entidade de previdência privada, a qual teria sido efetuada em desacordo com as normas do estatuto social e do regimento interno do conselho deliberativo da instituição. Isso porque, nessa hipótese, a lide tem como fundamento o descumprimento de normas estatutárias relativas ao exercício de função eletiva, de natureza eminentemente civil, não decorrendo de relação de trabalho entre as partes (CC 123.914-PA, Relator Ministro Raul Araújo. Julgamento em 26/6/2013).

- Verbas (abono único) previstas em acordo ou convenção coletiva de trabalho não possuem natureza salarial e não é extensivo à complementação de aposentadoria paga a inativos por entidade privada de previdência complementar (3ª turma. EDcl no AgRg no Ag 1417033/RS. Relator Ministro João Otávio de Noronha. Data do Julgamento: 06/08/2013).

- Impossibilidade de extensão do auxílio cesta-alimentação aos proventos de complementação de aposentadoria pagos por entidade fechada de previdência privada, em razão de sua natureza eminentemente indenizatória (e não salarial), da ausência de inclusão prévia no cálculo do valor da contribuição para o plano de custeio do benefício e da vedação expressa contida no artigo 3º da Lei Complementar 108/2001 (REsp 1.207.071/RJ. Rel. Ministra Maria Isabel Gallotti. Segunda Seção. Julgado em 27/06/2012. DJe 08.08.2012).

2.7. Paridade contributiva nas entidades fechadas de previdência complementar com patrocínio público

O instituto jurídico da paridade contributiva possui como fonte primária o § 3º, art. 202 da Constituição que cria para os entes públicos regra limitadora do repasse de recursos públicos para entidades de previdência complementar, permitindo a transferência de recursos financeiros apenas quando o ente público figura como patrocinador do plano de benefícios.

Nessas situações, a contribuição da entidade pública como patrocinadora não poderá ser superior à contribuição prevista no regulamento do plano de benefícios para os participantes do plano.

> CF. Art. 202. (...)
>
> § 3º É vedado o aporte de recursos a entidade de previdência privada pela União, Estados, Distrito Federal e Municípios, suas autarquias, fundações, empresas públicas, sociedades de economia mista e outras entidades públicas, salvo na qualidade de patrocinador, situação na qual, em hipótese alguma, sua contribuição normal poderá exceder a do segurado.

O dispositivo tem um significado conservador e moralizador, pois busca evitar que recursos públicos sejam indiscriminadamente repassados para os fundos de pensão, além do percentual vertido pelos participantes, evitando que tais entes públicos assumam exclusivamente, como no passado, eventuais desequilíbrios financeiros (*déficits*) existentes no plano de benefícios.

A paridade contributiva não impede que os participantes do plano venham a realizar aportes de contribuições facultativas, além daqueles valores ou percentuais previstos para o seu patrocinador. Há limites do aporte de contribuições apenas para o patrocinador público.

A Constituição também sinalizou que a lei complementar que disciplina as EFPC com patrocínio público, LC 108/2001, seria aplicável aos fundos de pensão criados por empresas privadas permissionárias ou concessionárias de serviços públicos.

> **Constituição Federal:**
>
> Art. 202.
>
> (...)
>
> § 5º A lei complementar de que trata o parágrafo anterior aplicar-se-á, **no que couber**, às empresas privadas permissionárias ou concessionárias de prestação de serviços públicos, quando patrocinadoras de entidades fechadas de previdência privada. (Incluído pela Emenda Constitucional nº 20, de 1998) **(grifamos)**

As empresas concessionárias e permissionárias de serviço público são pessoas jurídicas de direito privado, vencedoras em licitação pública para executar serviço que originariamente pertence ao ente público licitante, não fazendo parte da administração direta ou indireta da Administração Pública[39], vinculando-se à entidade pública contratante mediante contrato administrativo.

A LC nº 108/2001 apenas reproduziu no art. 26 a regra da paridade contributiva do texto constitucional para as concessionárias e permissionárias, sem especificar como se realizaria sua aplicação. Coube ao parágrafo único, II do art. 7º da Resolução CGPC nº 07/2002 do órgão regulador da previdência complementar fechada (extinto Conselho de Gestão da Previdência Complementar, atual Conselho Nacional de Previdência Complementar, vinculado ao Ministério da Previdência Social) disciplinar a matéria, submetendo os planos de benefícios patrocinados pelas concessionárias e permissionárias à regra da paridade quando as contribuições repassadas pelo patrocinador (concessionária ou permissionária de

---

39 DI PIETRO, Maria Sylvia Zanella. Direito Administrativo. 23ª edição. São Paulo: Atlas, 2010, p. 422. A autora entende que as concessionárias e permissionárias de serviços públicos deveriam também ser enquadradas como integrantes da administração indireta, posição que discordamos.

O SISTEMA PREVIDENCIÁRIO BRASILEIRO

serviço público) à EFPC influenciar na fixação do valor das tarifas cobradas dos usuários do serviço.

Considerou o órgão regulador que se as contribuições vertidas pelo patrocinador (concessionárias e permissionárias de serviço público) à EFPC repercutir no preço final da tarifa cobrada dos usuários, o que somente pode ser demonstrado através da planilha descritiva dos critérios utilizados para a formação do preço do serviço, essas EFPC passariam a se submeter à paridade contributiva.

Outra dúvida que pode surgir quanto à paridade contributiva seria a definição do alcance subjetivo para *outras entidades públicas*, como assinalado no § 3º, art. 202 da CF.

> § 3º É vedado o aporte de recursos a entidade de previdência privada pela União, Estados, Distrito Federal e Municípios, suas autarquias, fundações, empresas públicas, sociedades de economia mista e **outras entidades públicas**, salvo na qualidade de patrocinador, situação na qual, em hipótese alguma, sua contribuição normal poderá exceder a do segurado. *(grifamos)*

O questionamento se justifica, e é necessária a definição do alcance da regra, já que o legislador constituinte após arrolar as entidades públicas que compõem a administração direta e indireta dos entes federativos (União, Estados, Distrito Federal e Municípios, suas autarquias, fundações, empresas públicas, sociedades de economia mista), estabeleceu cláusula aberta para a inclusão de *"outras entidades públicas".*

Como a Constituição trata no § 3º do art. 202 da aplicação da paridade contributiva para a União, Estados, Distrito Federal e Municípios, suas autarquias, fundações, empresas públicas, sociedades de economia mista e **outras entidades públicas**, existindo ainda dispositivo constitucional que autoriza a extensão às empresas privadas permissionárias ou concessionárias de prestação de serviços públicos (§ 5º do art. 202 da CF) fica o questionamento da legalidade da aplicação dessa regra a entidades privadas que recebem recursos públicos, mas que não integram a administração pública direta ou indireta.

No nosso sentir, o *numerus apertus* (cláusula aberta) *"outras entidades públicas"* foi criado para abarcar além das pessoas jurídicas de direito público e de direito privado que integram a chamada administração direta e indireta da União, Estados, Municípios e Distrito Federal, outros entes públicos que, pela evolução natural do direito e das relações sociais, venham a integrar a administração indireta, mesmo com denominação inovadora.

Além das autarquias, fundações públicas, sociedades de economia mista e empresas públicas, também integram a administração indireta, e também estariam sujeitos ao princípio da paridade contributiva, os consórcios públicos da Lei nº 11.107/2005[40][41], criados para a realização de objetivos de interesse comum dos entes da federação, possuindo a natureza jurídica de associação pública ou de pessoa jurídica de direito privado.

Considerando que a própria Constituição Federal permitiu a aplicação da LC nº 108/2001 às concessionárias e permissionárias de serviço público, entidades estas que não integram a administração direta ou indireta, teria o texto constitucional aberto a possibilidade da aplicação do regime jurídico específico dos patrocinadores públicos a outras entidades privadas enquanto patrocinadoras de planos de benefícios?

Acreditamos que a resposta deve ser positiva desde que fique comprovado que o patrimônio da entidade patrocinadora seja constituído por recursos públicos, de forma integral ou parcial, e que esses recursos públicos sejam utilizados para custear as contribuições a cargo do patrocinador.

Na prática, a ampliação do alcance da regra da paridade contributiva é adotada no âmbito do órgão fiscalizador do regime de previdência complementar (Previc) para as entidades que integram os serviços sociais autônomos[42], também conhecidas como "Sistema S" (Serviço Social do Comércio – SESC, Serviço Social do Transporte – SEST, Serviço Social da Indústria – SESI, Serviço Nacional de Aprendizagem Industrial – SENAI, Serviço Nacional de Aprendizagem Comercial – SENAC, Serviço Brasileiro de Apoio às Micro e Pequenas Empresas – SEBRAE,

---

40 Art. 6º O consórcio público adquirirá personalidade jurídica:

I – de direito público, no caso de constituir associação pública, mediante a vigência das leis de ratificação do protocolo de intenções;

II – de direito privado, mediante o atendimento dos requisitos da legislação civil.   § 1º O consórcio público com personalidade jurídica de direito público integra a administração indireta de todos os entes da Federação consorciados.

§ 2º No caso de se revestir de personalidade jurídica de direito privado, o consórcio público observará as normas de direito público no que concerne à realização de licitação, celebração de contratos, prestação de contas e admissão de pessoal, que será regido pela Consolidação das Leis do Trabalho – CLT.

41 Consórcio público criado recentemente foi a Autoridade Pública Olímpica – APO (autarquia em regime especial) destinada a planejar e executar as ações necessárias à organização dos jogos olímpicos de 2016 na cidade do Rio de Janeiro. A Lei nº 12.396/2011 ratificou os termos do Protocolo de Intenções celebrado entre a União, o Estado do Rio de Janeiro e o Município do Rio de Janeiro para criação do referido consórcio público.

42 DI PIETRO, Maria Sylvia Zanella. Direito Administrativo. 23ª edição. São Paulo: Atlas, 2010, p. 492. A autora, transcrevendo ensinamento de Hely Lopes Meirelles, conceitua o serviço social autônomo como "todos aqueles instituídos por lei, com personalidade de Direito Privado, para ministrar assistência ou ensino a certas categorias sociais ou grupos profissionais, sem fins lucrativos, sendo mantidos por dotações orçamentárias ou por contribuições parafiscais. São entes paraestatais, de cooperação com o Poder Público, com administração e patrimônio próprios, revestindo a forma de instituições particulares convencionais (fundações, sociedades civis ou associações) ou peculiares ao desempenho de suas incumbências estatutárias".

O SISTEMA PREVIDENCIÁRIO BRASILEIRO

Serviço Nacional de Aprendizagem Rural – SENAR, etc.), já que o patrimônio dessas entidades é formado basicamente pelo repasse de recursos públicos.

Nesse sentido, jurisprudência do TRF da 1ª região:

> CONSTITUCIONAL E ADMINISTRATIVO. SERVIÇOS SOCIAIS AUTÔNOMOS. PLANO DE PREVIDÊNCIA COMPLEMENTAR. PARIDADE DE CONTRIBUIÇÃO. ART. 202, § 3º, DA CONSTITUIÇÃO FEDERAL. APLICABILIDADE. 1. Na sentença, foi indeferida a segurança para "afastar a determinação da Secretaria de Previdência Complementar – SPC (Ofício nº 2518/05) no sentido de que se observasse a regra de paridade de contribuição entre participante e patrocinador prevista no art. 6º da LC nº 108/01 e no § 3º do art. 202 da CF/88". 2. A apelante alega que "as entidades do 'Sistema S', suas patrocinadoras, não podem ser inseridas na categoria de 'outros entes públicos', pelo que não há fundamento jurídico que reclame o ajuste do Regulamento da CASFAM". 3. "Os serviços sociais autônomos, como no caso, o Serviço Nacional de Aprendizagem Comercial – SENAC, denominados pessoas de cooperação governamental, embora integrantes do setor público não estatal e com personalidade jurídica de Direito Privado, caracterizam-se, na determinação dos serviços prestados, pelo interesse público, enquadrando-se no conceito de "outras entidades públicas", inserido no art. 202, § 3º, da Constituição Federal, devendo, pois, o fundo de previdência privada por eles instituído submeter-se à regra da paridade contributiva, ali estabelecida, no texto magno" (TRF – 1ª Região. AC 2007.34.00.012623-1/DF. Rel. Desembargador Souza Prudente, 6ª Turma, e-DJF1 de 24/11/2008 p.431). 4. Apelação a que se nega provimento. (TRF 1ª região. 5ª turma. AMS 200734000390060. Relator: Juiz Federal Convocado Evaldo de Oliveira Fernandes. e-DJF1 30/09/2011).

Outras entidades privadas também podem se submeter ao princípio da paridade contributiva, a exemplo daquelas que integram o *terceiro setor*, conhecidas também como entidades paraestatais, desde que estas entidades recebam recursos públicos e estes recursos sejam destinados ao pagamento das contribuições a cargo do patrocinador, para o custeio de plano de benefícios de seus empregados.

Um questionamento recorrente afeto ao tema paridade contributiva é se a regra seria aplicável somente às contribuições normais ou também às chamadas de contribuições extraordinárias vertidas ao plano de benefícios, e se a paridade também abrangeria o custeio das despesas administrativas do plano, e não somente as despesas para pagamento dos benefícios contratados.

Quanto ao primeiro ponto, a confusão se instalou quando o § 3º, art. 202 da CF/88 previu que o aporte de recursos de entidades públicas em planos de benefícios se daria "salvo na qualidade de patrocinador, situação na qual, em hipótese alguma, sua **contribuição normal** poderá exceder a do segurado". Utilizou-se a expressão "contribuição normal" para se referir à paridade contributiva.

A regra da paridade contributiva foi inserida no texto constitucional pela Emenda Constitucional nº 20/98. Até então, eventuais desequilíbrios financeiros nos planos de benefícios poderiam ser equacionados pelo patrocinador público integralmente, o que ocorria com certa frequência e repercutia negativamente com a maior pressão sobre as contas públicas quando decretada a liquidação extrajudicial das EPC.

Somente com a edição da LC nº 109/2001 (art. 19[43]) houve a distinção conceitual do que seria contribuição normal, aquelas destinadas ao custeio dos benefícios, e contribuições extraordinárias, aquelas destinadas ao custeio de déficits, serviço passado e outras finalidades não incluídas na contribuição normal[44].

Dessa forma, ficou a dúvida se a paridade também abrangeria as denominadas contribuições extraordinárias.

Entendemos que a resposta merece ser afirmativa para as duas situações.

A regra da paridade foi editada logo após momento histórico em que o Brasil lutava por sua estabilidade econômica, a partir da criação do Plano Real de 1994. O controle dos gastos públicos, e a necessidade da utilização mais eficiente dos recursos públicos teve como marco legal a Lei de Responsabilidade Fiscal (Lei Complementar nº 101/2000), que reforçou o dever de responsabilidade do gestor em relação ao dinheiro público.

Desse modo, se o objetivo principal da regra da paridade é controlar os valores repassados pelo patrocinador público ao plano, limitando-os à mesma medida de valor das contribuições vertidas pelos participantes, não haveria razão para limitar a aplicação da paridade contributiva apenas para as contribuições normais e não àquelas destinadas aos serviços passados (encargos correspondentes ao período anterior à implantação do plano) e para o equacionamento de déficits (insuficiência financeira para cobertura dos compromissos do plano).

No que pertine à inclusão das despesas administrativas na paridade contributiva, entendemos que, por serem custeadas pela contribuição normal, apenas existindo uma separação contábil interna nas EPC entre despesas administrativas e despesas para pagamento dos benefícios, também estaria inserida no dever de paridade contributiva dos planos com patrocínio público.

Ademais, como o custeio das despesas administrativas é algo que se faz presente de forma habitual, constante e periódico, não haveria como tratá-lo como

---

43   LC 109/2001: Art. 19. As contribuições destinadas à constituição de reservas terão como finalidade prover o pagamento de benefícios de caráter previdenciário, observadas as especificidades previstas nesta Lei Complementar.

Parágrafo único. As contribuições referidas no caput classificam-se em:

I – normais, aquelas destinadas ao custeio dos benefícios previstos no respectivo plano; e

II – extraordinárias, aquelas destinadas ao custeio de déficits, serviço passado e outras finalidades não incluídas na contribuição normal.

44   Na legislação também há previsão da contribuição facultativa (§ 2º, art. 6º da LC 108/2001) que é aquela realizada pelo participante e assistido sem previsão de recolhimento obrigatório no regulamento do plano de benefícios e sem contrapartida do patrocinador público.

algo excepcional ou extraordinário para fins de custeio pelos participantes e patrocinadores do plano.

No âmbito administrativo dos órgãos vinculados ao Ministério da Previdência Social havia divergência de entendimentos entre a Superintendência Nacional de Previdência Complementar – Previc, órgão fiscalizador das EFPC, e a Câmara de Recursos da Previdência Complementar – CRPC, órgão recursal de julgamento dos autos de infração, sobre a natureza jurídica dos recursos que compõem o custeio das despesas administrativas e se esse tipo de despesa submete-se à regra da paridade contributiva aplicável às entidades regidas pela LC nº 108/2001 (fundos de pensão com patrocínio público). A Previc sempre entendeu que as despesas administrativas são custeadas por parcela das contribuições normais e a Câmara de Recursos da Previdência Complementar – CRPC, em julgamento realizado em 2014, defendeu, por maioria, a desnecessidade da obediência da paridade contributiva no custeio das despesas administrativas, considerando ser essa despesa custeada por um terceiro tipo de contribuição denominada de *"contribuição para o custeio de despesa administrativa"*, que não se enquadraria no conceito de contribuição normal ou de contribuição extraordinária, segundo a leitura do art. 19 da LC nº 109/2001. O entendimento foi uniformizado com a aprovação pelo Ministro da Previdência Social do Parecer nº 156/2014/CONJUR-MPS/CGU/AGU (publicado no DOU de 08/04/2014), com efeito vinculante perante os órgãos e entidades vinculados ao Ministério da Previdência Social, nos termos do art. 42 da Lei Complementar nº 73/93 (Lei Orgânica da Advocacia-Geral da União)[45], no sentido de considerar que as despesas administrativas são custeadas por contribuição normal e submetida à paridade contributiva.

Mas a casuística do assunto paridade contributiva é fértil para debates jurídicos.

O Tribunal de Contas da União – TCU decidiu nos autos da TC 030.230/2010-1 que o patrocinador público não estaria obrigado a obedecer ao princípio da paridade em relação às contribuições pagas pelos beneficiários do plano de benefícios (dependentes), considerando ilegal a transferência de recursos públicos sob tal título. Segundo a corte de contas, o patrocinador público estaria obrigado apenas a contribuir para o custeio dos benefícios destinados aos *participantes ativos ou inativos* do plano de benefícios, leia-se "empregados do patrocinador", que aderiram ao plano de benefícios, e não em relação aos beneficiários (pensionistas) indicados pelos participantes como dependentes aptos ao recebimento da prestação previdenciária prevista contratualmente.

---

45 LC 73/93: Art. 42. Os pareceres das Consultorias Jurídicas, aprovados pelo Ministro de Estado, pelo Secretário-Geral e pelos titulares das demais Secretarias da Presidência da República ou pelo Chefe do Estado-Maior das Forças Armadas, obrigam, também, os respectivos órgãos autônomos e entidades vinculadas.

Com a devida vênia, não assiste razão à Egrégia corte de contas.

A Lei Complementar nº 109/2001, lei geral da previdência complementar, é bastante clara e didática ao conceituar quais seriam os destinatários da proteção social previdenciária privada. Denomina de participante aquele que adere ao regulamento do plano de benefícios criado pelo patrocinador ou instituidor, e de assistido o participante (ativo ou inativo) ou seu beneficiário que se encontra em gozo de benefício previdenciário.

LC 109/2001:

Art. 8° Para efeito desta Lei Complementar, considera-se:

I – participante, a pessoa física que aderir aos planos de benefícios; e

II – assistido, o participante ou seu beneficiário em gozo de benefício de prestação continuada.

No regulamento do plano de benefícios poderá haver previsão de benefícios a serem concedidos ao próprio participante (e somente a este, se houver previsão contratual nesse sentido), que aderiu contratualmente ao plano previdenciário, ou a um terceiro indicado por ele para que usufrua da proteção social, como ocorre em relação ao dependente previsto no Regime Geral de Previdência Social. O beneficiário nada mais é que um terceiro incluído no contrato privado previdenciário que receberá a proteção social, sem a necessidade de anuir com essa cláusula de cobertura previdenciária, consistindo em verdadeira *estipulação em favor de terceiro* prevista no Código Civil pátrio[46].

Ou seja, denomina-se *participante* (ou participante ativo) aquele segurado que ainda não recebe prestação previdenciária, cujo contrato de previdência complementar ainda está na fase contributiva de acúmulo de poupança; e *assistido* aquele participante ou beneficiário que está usufruindo do benefício previdenciário previsto no contrato de previdência complementar, em decorrência de ter satisfeito integralmente as condições de elegibilidade para recebimento do benefício contratado.

Nesse sentido, a doutrina especializada[47]:

---

46 Código Civil: Art. 436. O que estipula em favor de terceiro pode exigir o cumprimento da obrigação. Parágrafo único. Ao terceiro, em favor de quem se estipulou a obrigação, também é permitido exigi-la, ficando, todavia, sujeito às condições e normas do contrato, se a ele anuir, e o estipulante não o inovar nos termos do art. 438. Art. 437. Se ao terceiro, em favor de quem se fez o contrato, se deixar o direito de reclamar-lhe a execução, não poderá o estipulante exonerar o devedor. Art. 438. O estipulante pode reservar-se o direito de substituir o terceiro designado no contrato, independentemente da sua anuência e da do outro contratante. Parágrafo único. A substituição pode ser feita por ato entre vivos ou por disposição de última vontade.

47 Weintraub, Arthur Bragança de Vasconcellos – Previdência Privada – Doutrina e Jurisprudência da. São Paulo. Quartier Latin. 2005. Página 90.

O SISTEMA PREVIDENCIÁRIO BRASILEIRO

> Participante é a pessoa física que adere a um plano previdenciário privado, por meio de contrato de adesão, devendo se submeter ao regulamento específico do plano. É o equivalente ao segurado da Previdência Social.
>
> Não se confunde participante com assistido.
>
> O termo participante advém do cognato em inglês "participant"; mais uma influência forte norte-americana.
>
> Assistida é a pessoa física que está recebendo o benefício da Previdência Privada; é o participante ou seu beneficiário em gozo de benefício de prestação continuada (pode ser participante ou beneficiário por ele escolhido).

A expressão "beneficiário" é reconhecida pelo Poder Judiciário como podemos observar pela redação da Súmula 290 do Superior Tribunal de Justiça – STJ que dispõe *"nos planos de previdência privada, não cabe ao beneficiário a devolução da contribuição efetuada pelo patrocinador".*

Vê-se que o STJ reconhece tanto o conceito de beneficiário como prevê a possibilidade de sua participação no custeio do plano de benefícios da previdência privada complementar.

A Constituição Federal estabeleceu regra de responsabilidade fiscal e de moralidade administrativa[48] ao criar a paridade contributiva, ao afirmar que *"É vedado o aporte de recursos a entidade de previdência privada pela União, Estados, Distrito Federal e Municípios, suas autarquias, fundações, empresas públicas, sociedades de economia mista e outras entidades públicas, salvo na qualidade de patrocinador, situação na qual, em hipótese alguma, sua contribuição normal poderá exceder a do segurado".*

Observe que a Constituição utilizou a expressão "segurado" para definir o destinatário da proteção social.

Embora a expressão "segurado" possa ser considerada por alguns como uma atecnia jurídica empregada no texto constitucional, pois é uma expressão somente utilizada pela legislação nos regimes públicos previdenciários (RGPS e RPPS), ela quando empregada na previdência complementar possui um significado mais amplo, que abrange todos os destinatários da proteção social (participante, assistido e beneficiário).

Como visto, o art. 8º da LC nº 109/2001 inclui como destinatários da proteção social tanto os *participantes* quanto os *assistidos*.

A LC 108/2001 é clara ao dispor que o custeio dos planos de benefícios patrocinados por entidades públicas será realizado pelos participantes e pelos assistidos, além do patrocinador público.

---

48 No passado era bastante comum, por ausência do dever de paridade contributiva, do patrocinador público assumir integralmente déficits financeiros dos planos de benefícios, o que acarretava forte pressão sobre os gastos públicos previstos em orçamento, repercutindo negativamente na economia do país.

LC 108/2001:

> Art. 6º O custeio dos planos de benefícios será responsabilidade do patrocinador e dos participantes, *inclusive assistidos.*

Se os assistidos são os participantes ativos (empregado em atividade) e inativos (aposentados), bem como os seus beneficiários (dependentes), não há porque considerar ilegal o aporte de recursos públicos pelo patrocinador em favor dos beneficiários.

Nos autos do Recurso Especial nº 1.111.077 – DF (2009/0015355-6) o Superior Tribunal de Justiça enfrentou, de passagem, ao analisar a aplicação da paridade contributiva em relação aos planos de benefícios em vigor quando do advento da EC 20/98 que criou a regra da paridade contributiva no texto constitucional, o repasse de contribuições do patrocinador público para o custeio de benefícios oferecidos aos beneficiários. O relator do *leading case*, Ministro João Otávio de Noronha, ao fundamentar a decisão no sentido de inexistir direito adquirido a regime jurídico em face da Constituição Federal, reconheceu como legítimo o repasse de recursos públicos para o patrocínio dos benefícios concedidos aos beneficiários do plano (pensionistas), nos seguintes termos:

> Embora não me alie à tese defendida pelo ilustre representante do Ministério Público, de que cabe invocar, no caso, a teoria da imprevisão para embasar as alterações efetuadas no estatuto da Centrus, o fato é que houve, sim, a incidência de ato excepcional sobre a relação contratual inicialmente celebrada entre os assistidos e o fundo de pensão a justificar a redefinição dos percentuais devidos por cada parte a título de contribuição. Ressalto ainda que o aumento das contribuições, na forma do disposto no art. 6º da Lei Complementar nº 108/2001, que veio regulamentar o § 3º do art. 202 da Constituição Federal, com a redação dada pela Emenda Constitucional nº 20/1998, aplica-se tanto aos participantes da ativa quanto aos aposentados.
>
> De fato, em parecer constante da obra "Fundos de Pensão: temas jurídicos" (Rio de Janeiro: Renovar, 2003, p. 212/214), FLÁVIO MARTINS RODRIGUES anotou:
>
> "Dúvida que também foi colacionada diz respeito às contribuições dos assistidos (participantes aposentados e pensionistas). É indagado se as mesmas poderiam, ou não, ser computadas conjuntamente com as contribuições dos participantes ativos, para fins de observância da regra da paridade contributiva com os aportes do 'patrocinador público'. Veja-se que o Constituinte Derivado utilizou, no § 3º do art. 202, a expressão 'segurado' para identificar os destinatários da previdência complementar. De fato, a expressão é pouco técnica. Planos de previdência possuem participantes e assistidos, dividindo-se estes em participantes em gozo de benefícios e beneficiários, expressões trazidas com precisão pelo legislador infraconstitucional. É o que dispõe o art. 8º da Lei Complementar nº 109/01, lei orgânica da previdência complementar, que convém transcrever:
>
> 'Art. 8º – Para o efeito desta Lei Complementar, considera-se:
>
> I – participante, a pessoa física que aderir aos planos de benefícios;

O SISTEMA PREVIDENCIÁRIO BRASILEIRO

II – assistido, o participante ou seu beneficiário em gozo de benefício de prestação continuada.'

Teve-se a oportunidade de expor que o esforço contributivo dos participantes, sob o ponto de vista de custeio atuarial, pode concentrar-se durante a fase ativa da vida do trabalhador ou ser financiado no tempo, de forma a que o participante assistido (aposentado) e seu beneficiário (pensionista) arquem com parte do custo que lhe poderia ser imputado. O que importa é o valor presente dessas contribuições para fins de aferição do custeio do plano. A ratio do art. 202, § 3º da Constituição Federal é, portanto, a moderação dos aportes realizados pelos 'patrocinadores públicos'.

No mesmo sentido, seguiu a Lei Complementar nº 108/01, diploma normativo especialmente voltado para as entidades fechadas de previdência patrocinadas por entes públicos, ao tratar do custeio dos planos de benefícios, estabeleceu-se no art. 6º e no seu § 1º, verbis:

'Art. 6º – O custeio dos planos de benefícios será de responsabilidade do patrocinador e dos participantes, inclusive assistidos.

§ 1º. A contribuição normal do patrocinador para o plano de benefícios, em hipótese alguma excederá à do participante, observado o disposto no art. 5º da Emenda Constitucional nº 20, de 15 de dezembro de 1998, e as regras específicas emanadas do órgão regulador e fiscalizador.'

Veja-se que o caput do transcrito art. 6º traz a regra da contributividade compulsória. Em outras palavras, as entidades de previdência complementar que contam com 'patrocinadores públicos' deverão possuir, obrigatoriamente, o esforço contributivo dos destinatários dos benefícios. Disse mais o dispositivo, que os aportes deverão ser 'do patrocinador e dos participantes, inclusive assistidos'. Estes, como se viu na regra expressa do art. 8º da Lei Complementar nº 109/01, contemplam dois agrupamentos: o participante em gozo de benefício de prestação continuada e o beneficiário em gozo de benefício de prestação continuada.

Prosseguindo-se, o referido art. 6º da Lei Complementar nº 108, em seu § 1º, traduz com mais precisão a regra constitucional limitadora das contribuições patronais, dispondo que a contribuição do ente estatal, 'em hipótese alguma, excederá à do participante'. A resposta deverá compor-se com a regra contida no caput do dispositivo, ou seja, 'participante, inclusive assistido'. A regra compõe-se com absoluta racionalidade. Desta feita, o esforço contributivo do 'empregador público' não poderá exceder o esforço contributivo do destinatário do benefício, seja verificado na fase laboral ativa, seja financiado posteriormente. **Em outras palavras, resta claro que o art. 6º da Lei Complementar nº 108/01 admite, para fins de observância da regra constitucional da paridade contributiva, que se utilize as contribuições dos participantes adicionadas aos aportes realizados pelos assistidos participantes e assistidos beneficiários."**

O acórdão recorrido, portanto, violou tanto o art. 6º da LICC, uma vez que reconheceu a existência de direito adquirido em situação na qual efetivamente não havia, como o art. 6º da Lei Complementar nº 108/2001, ao proibir a majoração das contribuições dos aposentados do Banco Central do Brasil vinculados à Centrus, contrariando a determinação legal que atribui a **responsabilidade**

> **pelo custeio do plano de benefício ao patrocinador e a todos os partici-pantes, inclusive aos assistidos (aposentados e pensionistas).**
>
> Pelo exposto, dou provimento ao recurso para julgar improcedente o pedido inicial, extinguindo o processo com resolução de mérito, na forma do disposto no art. 269, I, do Código de Processo Civil. Ficam invertidos os ônus de sucumbência. Fixo os honorários advocatícios em R$ 50.000,00 (cinquenta mil reais), com base no art. 20, § 4º, do CPC.

Desse modo, não há qualquer fundamento jurídico para que seja afastada a paridade contributiva em relação às contribuições pagas ou devidas pelo patrocinador público em favor dos beneficiários do plano.

2.8. Reserva de lei complementar

O texto constitucional exigiu a edição de lei complementar para disciplinar o regime de previdência privada e para disciplinar a relação das entidades públicas quando patrocinadoras dos planos de benefícios.

As leis complementares citadas correspondem à LC nº 109/2001 que estabelece as normas gerais do regime de previdência complementar (aberto e fechado) e à LC nº 108/2001 que trata da relação entre as entidades públicas e as EFPC que administram planos de benefícios com patrocínio público (previdência complementar fechada).

A mesma LC nº 108/2001 também estabeleceu os requisitos para a designação dos membros das diretorias das EFPC e a inserção dos participantes nos colegiados e instâncias de decisão da EFPC, exigência do § 6º, art. 202 da CF/88.

O disciplinamento jurídico da matéria por meio de lei complementar evidencia a importância da previdência complementar para o regramento constitucional. Ao exigir que a matéria seja disciplinada por essa espécie normativa, e não através de lei ordinária, dá-se uma maior estabilidade jurídica ao sistema, considerando que para aprovação de qualquer proposta de alteração das regras que afetam os planos de benefícios ou da organização das entidades de previdência complementar será exigido quórum qualificado de votação da maioria absoluta dos membros das casas do parlamento (Câmara dos Deputados e Senado), o que dificulta a aprovação de eventuais propostas de alteração do texto normativo.

Para a regulamentação dos regimes públicos previdenciários (RGPS e RPPS) basta a edição de lei ordinária.

2.9. Transparência na gestão

A Constituição assegura aos participantes e assistidos do plano de benefícios o *pleno acesso às informações relativas à gestão de seus respectivos planos*.

O SISTEMA PREVIDENCIÁRIO BRASILEIRO

Sempre salutar a lembrança de que as EPC administram recursos de terceiros, pertencentes aos participantes e assistidos, devendo seus gestores atuar com elevado padrão de zelo, prudência e transparência no repasse das informações relacionadas a sua atividade previdenciária.

A garantia do acesso à informação é um instrumento conferido aos participantes e assistidos para o exercício do controle dos atos praticados pelos gestores das entidades de previdência, seja em relação à política de investimentos da entidade e aos resultados financeiros dos planos, seja em relação aos gastos realizados para o custeio administrativo, seja em relação à composição dos órgãos estatutários das entidades gestoras.

Algumas ferramentas institucionais auxiliam na efetivação da transparência da gestão, de modo a facilitar a obtenção dos dados e informações da atividade previdenciária. Conforme o art. 10 da LC nº 109/2001, devem as EPC disponibilizar aos participantes quando da sua inscrição, ou aos interessados em aderir ao plano: certificado onde estarão indicados os requisitos que regulam a admissão e a manutenção da qualidade de participante, bem como os requisitos de elegibilidade e forma de cálculo dos benefícios; cópia do regulamento atualizado do plano de benefícios e material explicativo que descreva, em linguagem simples e precisa, as características do plano; cópia do contrato, no caso de plano coletivo; e outros documentos que vierem a ser especificados pelo órgão regulador e fiscalizador.

Além da disponibilização obrigatória dos documentos relacionados ao plano de benefícios, devem as EPC prestar contas da gestão dos planos de benefícios por ela administrados, ao final de cada exercício, coincidente com o ano civil, levantando as demonstrações contábeis e as avaliações atuariais de cada plano de benefícios, devendo os resultados ser encaminhados aos participantes e assistidos, e ao órgão regulador e fiscalizador do sistema previdenciário.

Alguns atos normativos do órgão regulador das entidades fechadas evidenciam a preocupação quanto à transparência na gestão do plano de benefícios:

> **Resolução CGPC nº 13/2004 – aplicável às EFPC:**
>
> Art. 16. Observado o disposto em normas específicas, as políticas de investimento, as premissas e hipóteses atuariais estabelecidas para períodos de tempo determinados devem ser divulgadas aos patrocinadores, instituidores e empregados da EFPC e aos participantes e assistidos dos planos de benefícios, de modo a propiciar o empenho de todos para a realização dos objetivos estabelecidos.
>
> (...)
>
> Art. 17. Sem prejuízo do disposto em normas específicas, a comunicação com os participantes e assistidos deve ser em linguagem clara e acessível, utilizando--se de meios apropriados, com informações circunstanciadas sobre a saúde financeira e atuarial do plano, os custos incorridos e os objetivos traçados, bem

como, sempre que solicitado pelos interessados, sobre a situação individual perante o plano de benefícios de que participam.

Parágrafo único. A divulgação dos custos a que se refere o caput deve abranger os gastos referentes à gestão de carteiras, custódia, corretagens pagas, acompanhamento da política de investimentos, consultorias, honorários advocatícios, auditorias, avaliações atuariais e outras despesas relevantes.

Resolução CGPC nº 23/2006 – aplicável às EFPC:

Art. 3º As EFPC deverão elaborar relatório anual de informações, que deverá conter, no mínimo:

I – demonstrações contábeis consolidadas, por plano de benefícios, os pareceres e as manifestações exigidas, previstos no item 17 do Anexo "C" da Resolução CGPC nº 28, de 26 de janeiro de 2009.

II – informações referentes à política de investimentos referida no art. 3º da Resolução CGPC nº 7, de 4 de dezembro de 2003, aprovada no ano a que se refere o relatório.

III – relatório resumo das informações sobre o demonstrativo de investimentos;

IV – parecer atuarial do plano de benefícios, com conteúdo previsto em normas específicas, incluindo as hipóteses atuariais e respectivos fundamentos, bem como informações circunstanciadas sobre a situação atuarial do plano de benefícios, dispondo, quando for o caso, sobre superávit e déficit do plano, bem como sobre suas causas e equacionamento;

V – informações segregadas sobre as despesas do plano de benefícios, referidas no parágrafo único do art. 17 da Resolução CGPC nº 13, de 1º de Outubro de 2004;

VI – informações relativas às alterações de Estatuto e Regulamento ocorridas no ano a que se refere o relatório; e

VII – outros documentos previstos em ato da PREVIC.

Art. 4° O relatório anual mencionado no art. 3º será encaminhado, na forma de resumo impresso, aos participantes e assistidos até o dia 30 de abril do ano subsequente ao que se referir, no qual deverá conter informações que permitam a análise clara e precisa da situação patrimonial da entidade, da política e dos resultados dos investimentos, das despesas administrativas e com investimentos e da situação atuarial do plano de benefícios.

Eventuais solicitações realizadas pelos interessados à EFPC devem ser atendidas no prazo de 30 (trinta) dias[49], sob pena de infração à legislação de previdência complementar e aplicação das sanções administrativas ao gestor responsável, conforme previsto no art. 81 do Decreto nº 4.942/2003[50].

---

49 Art. 6º da Resolução CGPC nº 23/2006.

50 Art. 81. Deixar de divulgar aos participantes e aos assistidos, na forma, no prazo ou pelos meios determinados pelo Conselho de Gestão da Previdência Complementar e pela Secretaria de Previdência Complementar, ou pelo Conselho Monetário Nacional, informações contábeis,

O dever de transparência das informações relativas aos planos de benefícios não dispensa o dever de sigilo das informações previdenciárias em relação a terceiros, pois a EPC custodia informações pessoais, tributárias, bancárias e financeiras dos sujeitos da relação jurídica (participantes, assistidos, patrocinadores e entidades gestoras), de interesse restrito destes e do órgão fiscalizador, sendo permitida a quebra do sigilo apenas por determinação judicial ou por requisição de comissão parlamentar de inquérito para apuração de fato determinado e do Ministério Público no exercício de suas funções[51].

2.10. Princípio da representatividade

A Constituição prevê que norma infraconstitucional fixará a forma de composição dos membros dos órgãos de governança das entidades de previdência complementar fechada, garantindo, por sua vez, aos participantes e assistidos a participação nos colegiados e instâncias de decisão dessas entidades.

> Art. 202. (...)
>
> § 6º A lei complementar a que se refere o § 4° deste artigo estabelecerá os requisitos para a **designação dos membros das diretorias das entidades fechadas de previdência privada e disciplinará a inserção dos participantes nos colegiados e instâncias de decisão** em que seus interesses sejam objeto de discussão e deliberação.

A regulamentação desse dispositivo veio com a LC nº 109/2001 e a LC nº 108/2001.

Nas entidades fechadas que administram planos sem patrocínio público foi fixada uma estrutura organizacional mínima composta por Conselho Deliberativo, Conselho Fiscal e Diretoria Executiva, o que não impediria a criação de outros órgãos de governança, segundo as necessidades administrativas dessas entidades, como ocorre com a criação de Comitês Internos de Investimento. Nestas entidades, a composição da representação dos participantes e assistidos será de 1/3 das vagas existentes no Conselho Deliberativo e no Conselho Fiscal.

Nas EPC com patrocínio público, a LC nº 108/2001 previu que a estrutura organizacional da entidade seria formada pelos mesmos órgãos (Conselho Deliberativo, Conselho Fiscal e Diretoria Executiva), sem a possibilidade de ampliação da estrutura diretiva, com o objetivo de evitar a ampliação demasiada da estrutura organizacional, ampliando as despesas com manutenção dessas entidades. Também diferenciou

---

atuariais, financeiras ou de investimentos relativas ao plano de benefícios ao qual estejam vinculados. Penalidade: multa de R$ 15.000,00 (quinze mil reais), podendo ser cumulada com suspensão de até sessenta dias.

51 O acesso às informações pelas Comissões Parlamentares de Inquérito decorre do poder investigatório próprio das autoridades judiciais, conforme previsão do § 3º, art. 58 da Constituição Federal.

o tratamento quando previu o assento obrigatório e igualitário (50%) das vagas existentes nos órgãos de direção (Conselho Deliberativo e Conselho Fiscal) a serem divididas entre os representantes dos participantes e assistidos, e dos patrocinadores, conferindo maior equilíbrio nas discussões que direcionam a gestão da EFPC.

Os representantes dos participantes e assistidos nas entidades fechadas com patrocínio público serão escolhidos através de eleição de seus pares, não se aplicando essa regra obrigatória para os representantes dos patrocinadores. Nas entidades fechadas sem patrocínio público não há a previsão de eleição para escolha dos representantes dos participantes e assistidos, embora nada impeça sua adoção com previsão no estatuto, por ser medida que democratiza a gestão e amplia o controle dos resultados financeiros das EFPC.

É princípio de extrema importância, pois abre espaço para que os representantes dos participantes e assistidos atuem na defesa dos interesses dos seus representados nos órgãos internos de governança da EPC, influenciando no processo decisório.

Não há previsão legislativa da participação obrigatória de representantes dos participantes e assistidos nas entidades abertas de previdência complementar, obedecendo essas entidades à organização administrativa prevista na Lei nº 6.404/76 que disciplina a sociedade por ações (S/A).

3. PRINCÍPIOS INFRACONSTITUCIONAIS DA PREVIDÊNCIA COMPLEMENTAR

A legislação de previdência complementar apresenta algumas características que lhe confere identidade própria, as quais se revelam como verdadeiros princípios orientadores. Esses princípios infraconstitucionais são extraídos da legislação que regula a matéria e irradiam valores no âmbito dos atos praticados pelos sujeitos da relação jurídica previdenciária e pelos órgãos estatais reguladores e fiscalizadores.

Passemos a expô-los.

3.1. Proteção dos interesses dos participantes e assistidos

Um dos motivos da presença do Estado na regulação da atividade econômica decorre da necessidade de evitar o abuso do poder econômico, reduzindo o natural desequilíbrio de forças existente entre os interesses dos atores econômicos e os interesses da sociedade.

No âmbito da previdência complementar a regulação estatal na matéria possui como elemento central a proteção dos interesses dos participantes e assistidos, de modo a exigir dos órgãos reguladores e fiscalizadores, e das entidades de previdência complementar, uma postura ativa com o fim único de garantir a proteção social contratada.

O SISTEMA PREVIDENCIÁRIO BRASILEIRO

Nesse sentido, o art. 421 do Código Civil brasileiro em que *"a liberdade de contratar será exercida em razão e nos limites da função social do contrato".* Ou seja, a autonomia da vontade das partes do contrato previdenciário deve ceder lugar a regras de interesse social, de modo a equilibrar o jogo de forças.

LÔBO[52] enfrentou o tema expondo que *"as vicissitudes por que tem passado o contrato após o advento do Estado social refletiram-se nos limites da autonomia da vontade, tanto negativos quanto positivos. A doutrina tradicional e liberal do contrato aludia apenas e genericamente aos bons costumes e à ordem pública. Todavia, o imperativo de justiça social, predominantemente nas chamadas constituições sociais, fez com que crescessem técnicas jurídicas de limitação da liberdade de contratar, mediante normas cogentes. Por outro lado, os princípios sociais do contrato (função social, boa-fé objetiva e equivalência material) passaram a conformar a autonomia da vontade, a qual chega a ser desconsiderada em situações de natural desequilíbrio de direitos e obrigações, como se dá com os contratos de adesão a condições gerais".*

O contrato da previdência complementar é um contrato de adesão, com cláusulas pré-estabelecidas aprovadas por entidades do Estado que fiscalizam o funcionamento dessa atividade econômica, sem que os destinatários da proteção social previdenciária participem da elaboração do conteúdo contratual. Em razão do interesse social presente na atividade de previdência complementar cabe aos organismos do Estado atuar para preservar a adequada proteção previdenciária, não privilegiando os executores ou promotores da política previdenciária em relação aos destinatários finais da regra de proteção social (os participantes, assistidos e beneficiários).

O princípio da proteção dos interesses dos participantes e assistidos do plano de benefícios encontra-se positivado no art. 3º, inciso VI da LC 109/2001 *(a ação do Estado será exercida com o objetivo de proteger os interesses dos participantes e assistidos dos planos de benefícios)*, e deve permear o processo de interpretação das normas de previdência complementar sobre os contratos dessa natureza, tendo como fim último a efetiva proteção previdenciária dos segurados.

Significa dizer que: quando existentes mais de uma interpretação possível sobre a aplicação da norma de previdência complementar deve o intérprete privilegiar aquela que melhor atenda à proteção social do participante do plano.

3.2. Proteção do direito adquirido e do direito acumulado

O fenômeno jurídico, incluindo as normas e os fatos jurídicos, possui um caráter dinâmico, por vezes exigindo do aplicador do direito a utilização de métodos de hermenêutica para definir a lei aplicável a determinado fato social.

---

52 LÔBO, Paulo. Direito civil: contratos. São Paulo: Saraiva, 2011, p.39-40.

Como regra de segurança jurídica foi adotado pelo sistema jurídico brasileiro o princípio da irretroatividade das normas jurídicas, em que as normas são criadas para vigorar para o futuro, aplicando-se, como regra, também aos fatos pendentes, preservando os direitos subjetivos constituídos sob a vigência da lei antiga.

Além da utilização do princípio da irretroatividade da lei nova, o conflito intertemporal de leis pode ser solucionado através da previsão de *disposições transitórias*[53], em que a disciplina das relações sociais ainda pendentes de conclusão recebe um tratamento diferenciado no próprio corpo da lei nova, recebendo um regramento jurídico que contemple a situação especial daqueles sujeitos que não adquiriram o direito, mas estavam próximos de adquiri-lo.

Exemplo bem ilustrativo é o do art. 142 da Lei nº 8.213/91 que disciplina o RGPS, que fixou uma tabela progressiva para cumprimento do período de carência para a concessão dos benefícios de aposentadoria por idade, por tempo de serviço e especial, para os segurados que estavam inscritos na Previdência Social Urbana até 24 de julho de 1991, bem como para o trabalhador e o empregador rural cobertos pela Previdência Social Rural, fixando um prazo de 60 a 180 meses, de acordo com o ano em que o segurado atingisse o requisito etário para a concessão do benefício. Foi uma regra que objetivou exigir períodos de carência mais curtos para a concessão do benefício aos trabalhadores que já eram filiados ao RGPS quando do advento da Lei nº 8.213/91.

O princípio da irretroatividade normativa busca a segurança e o respeito às relações jurídicas consolidadas.

A proteção do ato jurídico perfeito, do direito adquirido e da coisa julgada que, inicialmente, no ordenamento jurídico brasileiro, positivou-se na conhecida Lei de Introdução às Normas do Direito Brasileiro (Decreto-Lei nº 4.657/42), tradicionalmente sempre recebeu guarida nos textos constitucionais pátrios[54], atualmente com *status* de direito fundamental (cláusula pétrea) consoante art. 5º, XXXVI da CF *(a lei não prejudicará o direito adquirido, o ato jurídico perfeito e a coisa julgada).*

O ordenamento jurídico brasileiro adotou a teoria subjetiva de Gabba[55], para proteger as situações jurídicas consolidadas pela égide da lei anterior, de modo que a lei nova não produza efeitos sobre o ato jurídico perfeito (o já consumado segundo a lei vigente ao tempo em que se efetuou), o direito adquirido (aquele

---

53 DINIZ, Maria Helena. Lei de Introdução ao Código Civil Brasileiro Interpretada. 9ª edição. São Paulo: Saraiva, 2002, p.179.

54 § 3º, art. 153 da CF/1967; § 3º, art. 141 da CF/1946; e item 3, art. 113 da CF/1934.

55 GONÇALVES, Carlos Roberto. Direito civil brasileiro, volume I: parte geral. 10ª edição. São Paulo: Saraiva, 2012, p.163.

em que seu titular, ou alguém por ele, possa exercer) e à coisa julgada (a decisão judicial de que já não caiba recurso).

Na previdência complementar, de uma forma peculiar, quando o segurado (participante do plano de benefícios) satisfaz todas as condições para o recebimento da prestação diz-se que ele é *elegível* ao benefício. *Ser elegível* significaria, pois, possuir direito adquirido para o recebimento do benefício. O participante elegível pode exercer o direito subjetivo à prestação previdenciária e, caso tenha sua pretensão resistida, poderá exigir judicialmente o cumprimento da obrigação.

Nesse sentido, o § 1º, do art. 68 da LC 109/2001 quando fala que *"os benefícios serão considerados direito adquirido do participante quando implementadas todas as condições estabelecidas para elegibilidade consignadas no regulamento do respectivo plano".* No mesmo sentido o parágrafo único, art. 17 da referida lei ao dispor que *"ao participante que tenha cumprido os requisitos para obtenção dos benefícios previstos no plano é assegurada a aplicação das disposições regulamentares vigentes na data em que se tornou elegível a um benefício de aposentadoria".*

As normas jurídicas da previdência complementar têm seguido a regra da irretroatividade. Somente em relação às situações jurídicas ainda não consolidadas, quando não preenchidos todos os requisitos para o exercício do direito, é que seria admitida a incidência da nova norma jurídica, já que nestas situações os segurados e os beneficiários apenas teriam *expectativa de direito* ao gozo do benefício, não integrando ainda o benefício seu patrimônio jurídico.

Essas normas não produziriam efeitos sobre o direito subjetivo do segurado quando editadas após satisfeitos os requisitos para o recebimento do benefício, mesmo que o segurado não tenha exercido, por qualquer motivo, o seu direito, deixando, por exemplo, de requerê-lo formalmente perante a entidade gestora.

Conforme dizer do próprio art. 17 da LC 109/2001, *"as alterações processadas nos regulamentos dos planos aplicam-se a todos os participantes das entidades fechadas, a partir de sua aprovação pelo órgão regulador e fiscalizador, observado o direito acumulado de cada participante".*

Situação recorrente no âmbito da previdência complementar é a da edição pelo órgão regulador de atos normativos (Resoluções) que passam a produzir efeitos imediatamente sobre os contratos previdenciários em vigor, exigindo a alteração dos regulamentos dos planos de benefícios.

Podemos citar duas situações em que tal situação ocorre com frequência. A primeira, nas situações de crise econômica dos Estados, quando necessária a revisão das taxas de juros utilizadas nas projeções atuariais do plano de benefícios, diante da forte repercussão dos índices negativos do mercado financeiro em relação aos investimentos realizados pelas entidades gestoras dos planos. Nessas situações, o órgão regulador edita ato normativo fixando parâmetros razoáveis de taxa de juros atuarial, sobre a qual deve a entidade realizar o seu plano de investimentos, pois, caso mantidos os parâmetros iniciais, poderia levar o plano de benefícios a um desequilíbrio financeiro de tal ordem que o conduziria ao descumprimento dos compromissos previdenciários assumidos.

Outra situação recorrente é a da modificação da tábua de mortalidade utilizada no planejamento atuarial. Quando o órgão regulador determina a adoção de uma tábua de mortalidade mais contemporânea, busca uma maior aderência do plano de benefícios às características da massa de participantes e assistidos que integra o plano[56], considerando a constante alteração das hipóteses atuariais (natalidade, mortalidade, expectativa de vida, migração populacional, etc.), permitindo uma correta mensuração dos recursos necessários ao pagamento dos benefícios contratados.

Em ambas as situações devem as normas recém-editadas ser aplicadas imediatamente aos planos de benefícios, com aprovação do órgão fiscalizador das alterações realizadas no regulamento do plano de benefícios e no seu respectivo plano de custeio.

Em matéria de previdência complementar não somente o direito adquirido merece a tutela jurídica, mas também o *direito acumulado,* que corresponde ao direito de propriedade que os participantes exercem sobre os recursos financeiros vertidos em seu nome, com a atualização monetária prevista contratualmente.

Seria o direito acumulado um *plus* em relação à expectativa de direito. Enquanto o direito adquirido possibilita ao sujeito o exercício do direito subjetivo ao recebimento do benefício previdenciário, por já ter satisfeito todos os requisitos previstos em lei para a sua concessão, na expectativa de direito esses requisitos ainda não foram integralmente atendidos pelo sujeito de direito. O direito acumulado, embora não repercuta necessariamente no direito subjetivo ao recebimento do benefício previdenciário contratado, garante ao participante, ainda não elegível, o direito de propriedade sobre os recursos financeiros vertidos em seu nome para constituir sua reserva pessoal de natureza previdenciária.

Nas situações de *resgate* e *portabilidade* dos recursos financeiros do plano a legislação é cristalina ao proteger, não o direito adquirido à concessão do benefício, mas o direito subjetivo do participante de levantar os valores das contribuições por ele realizadas e vertidas ao plano de benefícios ou de transferir esses recursos para outro plano de benefícios administrado por EPC, respectivamente.

---

56 As características da massa de participantes do plano alteram-se com o passar dos anos, seja por movimentos bruscos de entrada e saída de participantes no plano, seja pela alteração das taxas de natalidade, mortalidade e da expectativa de vida do grupo populacional, o que exigirá ajustes constantes para o custeio dos benefícios.

O SISTEMA PREVIDENCIÁRIO BRASILEIRO

71

WALD[57], ao tratar de questionamentos levantados sobre a não aplicação das disposições da EC 20/98 em face da até então vigente Lei nº 6.435/77, defendeu a ausência de direito adquirido a regime jurídico enquanto não satisfeitos pelo segurado (participante, assistido, beneficiário) os requisitos de elegibilidade à concessão do benefício contratado:

> Tratando-se, pois, do regime jurídico a ser adotado e aplicado no campo de previdência complementar, a lei nova se aplica imediatamente, não se admitindo a chamada retroatividade mínima em virtude da qual se consagra, em alguns casos, a ultra-atividade da lei antiga.
>
> Quando há modificação do regime jurídico, o novo diploma legal só encontra barreira nos direitos que, efetivamente, já entraram no patrimônio do titular, sem dependerem de condição ou termo.

Os tribunais brasileiros têm adotado a tese da ausência de direito adquirido ao regime jurídico da lei anterior revogada, quando não implementados todos os requisitos para a concessão do benefício, como se observa da seguinte decisão do Superior Tribunal de Justiça:

> (...) No tocante ao normativo aplicável ao participante do plano de previdência privada para fins de cálculo da renda mensal inicial do benefício previdenciário complementar, a jurisprudência do STJ é no sentido de que o direito adquirido a determinado regime regulamentar somente se perfaz com o preenchimento dos requisitos para sua percepção. Incidência da Súmula 83/STJ. 4. Agravo regimental desprovido. (STJ. AgRg no AREsp 10503/DF. Relator Ministro Marco Buzzi. Órgão Julgador: 4ª turma. Data do Julgamento: 04/12/2012).

3.3. Independência patrimonial

O princípio da independência patrimonial do plano de benefício busca garantir que os recursos vertidos ao plano de benefícios, decorrentes das contribuições realizadas pelos participantes, assistidos e patrocinadores, bem como os frutos decorrentes dos investimentos realizados sobre esses recursos, sejam direcionados unicamente para o pagamento dos benefícios contratados, formando um patrimônio de afetação protegido por lei.

Mas a proteção jurídica sobre esse patrimônio não se apresenta incontroversa na jurisprudência nacional, surgindo situações em que essa universalidade de direito (plano de benefícios) sofre tentativas de direcionamento diverso, para o cumprimento de outras obrigações que não aquelas previstas no regulamento do plano.

A relação jurídica de previdência complementar envolve a participação de pessoas físicas e jurídicas distintas, bem como um patrimônio jurídico afetado a

---

57   WALD, Arnold. A reforma da previdência privada (a constitucionalidade do Decreto 3.721, de 08.01.2001). São Paulo: Revista dos Tribunais, Vol. 791, p.11. Set / 2001.

um fim específico – o pagamento das prestações previstas no contrato previdenciário. O patrimônio do plano de benefícios é composto pelos recursos garantidores pertencentes individualmente aos participantes e assistidos, na medida das contribuições vertidas por estes e pelos patrocinadores, deduzidas as despesas administrativas para manutenção do plano e da EPC.

A LC nº 109/2001 padeceu de certa timidez ao prever apenas no art. 34[58] que, nas entidades multiplano, aquelas que administram plano ou conjunto de planos de benefícios para diversos grupos de participantes, existiria a independência patrimonial entre planos, quando é sabido que o risco jurídico da comunicação patrimonial não somente se apresenta na assunção de obrigações de um plano de benefícios em relação a outro plano de benefícios administrado pela mesma entidade, retirando parcela dos recursos da poupança previdenciária de uma coletividade para um ou alguns participantes de outro plano, mas também em eventuais obrigações contraídas pela EPC e demais pessoas físicas que compõem a relação jurídica previdenciária (participantes, assistidos e patrocinadores) [59].

A mesma Lei, em outra passagem, prescreveu que (art. 22) *"ao final de cada exercício, coincidente com o ano civil, as entidades fechadas deverão levantar as demonstrações contábeis e as avaliações atuariais **de cada plano de benefícios**, por pessoa jurídica ou profissional legalmente habilitado, devendo os resultados ser encaminhados ao órgão regulador e fiscalizador e divulgados aos participantes e aos assistidos"*, o que evidencia que cada plano de benefícios é visualizado isoladamente para fins de registro contábil e avaliação atuarial. E não poderia ser diferente já que cada plano de benefícios possui características populacionais específicas que levarão a análises técnicas e atuariais diversas, o que permitirá uma

---

58 Art. 34. As entidades fechadas podem ser qualificadas da seguinte forma, além de outras que possam ser definidas pelo órgão regulador e fiscalizador:

I – de acordo com os planos que administram:

a) de plano comum, quando administram plano ou conjunto de planos acessíveis ao universo de participantes; e

b) com multiplano, quando administram plano ou conjunto de planos de benefícios para diversos grupos de participantes, **com independência patrimonial;**

II – de acordo com seus patrocinadores ou instituidores:

a) singulares, quando estiverem vinculadas a apenas um patrocinador ou instituidor; e

b) multipatrocinadas, quando congregarem mais de um patrocinador ou instituidor.

59 A individualização patrimonial das pessoas físicas que aderem ao plano de benefícios é uma realidade que, na prática atual, apenas está sendo aplicada nos planos de benefícios com modelagem de *contribuição definida*, em que os valores das poupanças individuais são individualizados. Em relação aos planos de benefícios modelados como *benefício definido*, em razão do verniz mutualista, em que os recursos são carreados para um fundo de socialização dos riscos, não é feita essa individualização das reservas, embora entendemos seja possível, considerando que assim ocorre nas situações de saída do participante do plano, quando resgata a sua reserva de poupança.

O SISTEMA PREVIDENCIÁRIO BRASILEIRO

73

estruturação financeira (custeio) aderente ao perfil dos participantes, permitindo um futuro financeiro sustentável ao plano.

Na tentativa de promover a separação patrimonial dos recursos pertencentes às pessoas físicas e jurídicas envolvidas na relação jurídica de previdência complementar fechada foi criado o Cadastro Nacional de Planos de Benefícios – CNPB (Resolução CGPC nº 14/2004) que vem individualizar os planos de benefícios administrados pela EFPC, separando os recursos garantidores pertencentes a cada participante e assistido em relação ao plano de benefício como um todo, promovendo-se uma separação patrimonial sob a perspectiva contábil e administrativa.

O art. 3º do referido ato normativo previu que *"cada plano de benefícios possui independência patrimonial em relação aos demais planos de benefícios, bem como identidade própria quanto aos aspectos regulamentares, cadastrais, atuariais, contábeis e de investimentos, cujos recursos de um plano de benefícios não respondem por obrigações de outro plano de benefícios operado pela mesma EFPC".*

A criação do Cadastro Nacional de Planos de Benefícios das Entidades Fechadas de Previdência Complementar – CNPB foi um avanço sob o aspecto da gestão operacional dos recursos garantidores, já que permitiu uma melhor individualização de recursos de origens diversas, principalmente se considerado o crescente mercado de fundos multipatrocinados, em que uma única EPC é responsável pela gestão de vários planos de benefícios oferecidos a empregados vinculados a diversos patrocinadores.

O STJ reconheceu a independência patrimonial em recente julgado:

> **DIREITO PROCESSUAL CIVIL E PREVIDENCIÁRIO. DENUNCIAÇÃO DA LIDE AO PATROCINADOR DE PREVIDÊNCIA COMPLEMENTAR.**
>
> É descabida a litisdenunciação da entidade pública patrocinadora de plano de previdência fechada complementar no caso de litígio envolvendo participantes e a entidade de previdência privada em que se discuta a revisão de benefício previdenciário. Isso porque não se trata de hipótese em que o litisconsórcio necessário é imposto pela lei, tampouco se cuida de uma única relação jurídica indivisível (art. 47 do CPC), tendo a entidade de previdência privada personalidade jurídica própria, não se confundindo com o patrocinador. Ademais, consoante dispunham os arts. 14 e 39 da Lei 6.435/1977, regra reiterada nos arts. 32 e 36 da LC 109/2001, as entidades de previdência privada operam os planos, por isso têm inequívoca legitimidade para compor o polo passivo de ações relativas aos planos de benefícios que administram. **Além disso, o art. 34 da LC 109/2001 deixa claro que as referidas entidades fechadas apenas administram os planos, sendo os participantes e assistidos os verdadeiros detentores do fundo acumulado. Assim, a eventual sucumbência da entidade de previdência será suportada pelo patrimônio acumulado, não havendo cogitar em pretensão a ensejar o ajuizamento de ação de regresso em face do patrocinador.** (REsp 1.406.109-SP, Rel. Min. Luis Felipe Salomão, julgado em 21/11/2013).

3.4. Inaplicabilidade do Código de Defesa do Consumidor (CDC) para os planos fechados

Em razão da natureza privada do regime jurídico de previdência complementar surgiu na doutrina e na jurisprudência o debate sobre a aplicação do Código de Defesa do Consumidor (Lei nº 8.078/90) nos contratos previdenciários.

A Lei nº 8.078/90 revolucionou as relações estabelecidas entre os fornecedores de bens e serviços e seus consumidores, em quadro histórico que o Brasil abria definitivamente o mercado nacional para os produtos estrangeiros, o que, por consequência, promoveu uma concorrência comercial que, a par de ter aprimorado a indústria nacional, com melhoria significativa da qualidade dos bens e serviços comercializados no país, também intensificou o tráfego jurídico de compra e venda de bens e serviços.

Com a lei foi criada a Política Nacional das Relações de Consumo, com o objetivo do atendimento das necessidades dos consumidores, o respeito à sua dignidade, saúde e segurança, a proteção de seus interesses econômicos, a melhoria da sua qualidade de vida, bem como a transparência e harmonia das relações de consumo. Estabeleceu direitos básicos ao consumidor: a proteção da vida, saúde e segurança contra os riscos provocados por práticas no fornecimento de produtos e serviços considerados perigosos ou nocivos; a educação e divulgação sobre o consumo adequado dos produtos e serviços, asseguradas a liberdade de escolha e a igualdade nas contratações; a informação adequada e clara sobre os diferentes produtos e serviços, com especificação correta de quantidade, características, composição, qualidade, tributos incidentes e preço, bem como sobre os riscos que apresentem; a proteção contra a publicidade enganosa e abusiva, métodos comerciais coercitivos ou desleais, bem como contra práticas e cláusulas abusivas ou impostas no fornecimento de produtos e serviços; a modificação das cláusulas contratuais que estabeleçam prestações desproporcionais ou sua revisão em razão de fatos supervenientes que as tornem excessivamente onerosas; a efetiva prevenção e reparação de danos patrimoniais e morais, individuais, coletivos e difusos; o acesso aos órgãos judiciários e administrativos com vistas à prevenção ou reparação de danos patrimoniais e morais, individuais, coletivos ou difusos, assegurada a proteção jurídica, administrativa e técnica aos necessitados; a facilitação da defesa dos direitos do consumidor, inclusive com a inversão do ônus da prova, a seu favor, no processo civil, quando, a critério do juiz, for verossímil a alegação ou quando for ele hipossuficiente, segundo as regras ordinárias de experiência; a adequada e eficaz prestação dos serviços públicos em geral.

É uma lei que visa impor condições contratuais mínimas que protejam a parte mais vulnerável da relação jurídica – o consumidor, impedindo que o poder econômico se imponha sobre o bem estar das pessoas que compõem o corpo social.

A celeuma jurídica sobre a aplicação ou não do CDC aos contratos de previdência complementar iniciou-se no âmbito do Poder Judiciário, fortalecendo-se

O SISTEMA PREVIDENCIÁRIO BRASILEIRO

75

quando da publicação da Súmula 321 pelo Superior Tribunal de Justiça, corte máxima para a interpretação da legislação infraconstitucional, com o seguinte teor:

> **Súmula 321**: O Código de Defesa do Consumidor é aplicável à relação jurídica entre a entidade de previdência privada e seus participantes.

Aqueles que defendem a aplicação do CDC às relações jurídicas de previdência complementar argumentam que o contrato previdenciário nada mais é que um contrato de adesão de natureza bancária e securitária e que o participante seria o destinatário final dos bens e serviços previdenciários[60], estando, pois subsumido na referência prevista no § 2º, art. 3º do CDC.

> Art. 3° Fornecedor é toda pessoa física ou jurídica, pública ou privada, nacional ou estrangeira, bem como os entes despersonalizados, que desenvolvem atividade de produção, montagem, criação, construção, transformação, importação, exportação, distribuição ou comercialização de produtos ou prestação de serviços.
>
> § 1° Produto é qualquer bem, móvel ou imóvel, material ou imaterial.
>
> § 2° Serviço é qualquer atividade fornecida no mercado de consumo, mediante remuneração, inclusive as de natureza *bancária*, financeira, de crédito e *securitária*, salvo as decorrentes das relações de caráter trabalhista. *(grifamos)*

Aqueles que negam a aplicação das normas consumeristas em relação à previdência complementar fechada, admitindo-a nos planos administrados pelas entidades abertas, consideram que as fundações (EFPC) que administram os recursos previdenciários nos planos fechados não o fazem com finalidade lucrativa, ao contrário dos fornecedores de bens e de serviços que realizam atividade econômica com o objetivo de lucro[61], característica esta fundamental para se configurar a relação de consumo. Não seriam as EFPC, pois, fornecedoras de bens ou serviços.

Sobre a característica da finalidade lucrativa, as EAPC se organizam como sociedades anônimas que são entes tipicamente vocacionados à atuação comercial, objetivando o lucro, o que restaria justificada a aplicação do CDC aos planos administrados por estas entidades.

Outro ponto que fundamenta a não aplicação do CDC à previdência complementar fechada seria o fato da oferta contratual ser realizada a um grupo específico de pessoas (empregados do patrocinador ou membros de entidades associativas), e não ao público em geral como ocorre em relação às entidades abertas e aos fornecedores de bens e serviços.

---

60   CDC. Art. 2° Consumidor é toda pessoa física ou jurídica que adquire ou utiliza produto ou serviço como destinatário final. Parágrafo único. Equipara-se a consumidor a coletividade de pessoas, ainda que indetermináveis, que haja intervindo nas relações de consumo.

61   WEINTRAUB. Arthur Bragança de Vasconcellos. Previdência Privada – Doutrina e Jurisprudência. São Paulo: Quartier Latin, 2005, p.162-165.

Outros argumentos pela não aplicação do CDC são encontrados na doutrina[62], dentre os quais:

- a previdência complementar, por impositivo constitucional, deve ser disciplinada por lei complementar e não por lei ordinária como é o CDC;

- a LC nº 109/2001 é de natureza especial, criada especificamente para a disciplina dos contratos de previdência complementar, de hierarquia normativa superior e promulgada posteriormente, o que afastaria a aplicação do CDC;

- o CDC busca disciplinar a relação jurídica dos contratos da ordem econômica (art. 170 da CF), enquanto os contratos da previdência complementar fechada são disciplinados pela ordem social (art. 202 da CF);

- os regulamentos dos planos de benefícios podem ser alterados a pedido da EPC, desde que aprovados pelo órgão fiscalizador do Estado, por exemplo, nos casos em que ocorra desequilíbrio financeiro que comprometa o pagamento dos benefícios contratados, exigindo alteração do plano de custeio, indo de encontro com o que dispõe o inciso XI, do art. 51 que proíbe a alteração unilateral das cláusulas contratuais;

- o valor pago pelos participantes a título de contribuição não é considerado *preço* pela contraprestação de um serviço ou da aquisição de um bem, mas revertido em favor do próprio participante com a formação da poupança individual para o custeio dos benefícios.

Observa-se que quase todos os argumentos levantados contrariamente à tese da não aplicação do Código de Defesa do Consumidor às relações jurídicas de previdência complementar são enquadráveis tanto aos planos fechados, quanto aos planos abertos, com a diferença que nestes últimos a EAPC, por sua própria natureza jurídica comercial (sociedades anônimas), possuem autorização legal para a atividade lucrativa, embora a regulação do Estado reduza consideravelmente sua margem de lucro com a imposição de limites à obtenção de valores como contraprestação dos serviços[63].

---

62 BARRA, Juliano Sarmento. Fundos de pensão instituídos na previdência privada brasileira. São Paulo. LTr. 2008. Página 202 a 207.

63 A Resolução CNSP nº 139/2005 do Conselho Nacional de Seguros Privados, órgão regulador da previdência complementar aberta, dispõe que as EAPC podem cobrar taxa de carregamento para fazer face às despesas administrativas e de comercialização, ficando vedada a cobrança de inscrição e quaisquer outros encargos ou comissões incidentes sobre o valor das contribuições, inclusive a título de intermediação, no valor de que não poderá superar 10% da contribuição efetuada para a cobertura estruturada na modalidade de contribuição variável e 30% para a de benefício definido. Já o art. 6º da Resolução CGPC nº 29/2009, órgão regulador das EFPC (extinto e substituído por força da Lei nº 12.154/2009 pelo Conselho Nacional de Previdência Complementar – CNPC), fixa como limite anual de recursos destinados pelo conjunto dos planos de benefícios executados pela EFPC de que trata a Lei Complementar nº 108, de 2001,

O SISTEMA PREVIDENCIÁRIO BRASILEIRO

O contrato de adesão do CDC é colocado à comercialização de forma unilateral pelo fornecedor, enquanto na previdência complementar o contrato previdenciário submete-se ao dirigismo estatal, que impõe a presença obrigatória de uma série de cláusulas contratuais que buscam proteger os interesses dos participantes e assistidos, afastando-se dos contratos de consumo em que prevalece a vontade inicial dos fornecedores dos bens ou serviços[64].

A questão ainda não ganhou contornos de definitividade.

O STJ, ao que parece, inicia a trilha de um novo entendimento pela não aplicação da Súmula 321 às entidades fechadas. É o que se extrai da seguinte decisão:

> RECURSO ESPECIAL. CIVIL. PREVIDÊNCIA PRIVADA. PATROCINADOR. ILE-GITIMIDADE PASSIVA *AD CAUSAM*. ENTIDADE FECHADA DE PREVIDÊNCIA COMPLEMENTAR. CÓDIGO DE DEFESA DO CONSUMIDOR. INAPLICABILIDADE. CONCESSÃO DE APOSENTADORIA SUPLEMENTAR. REQUISITOS. CESSAÇÃO DO VÍNCULO EMPREGATÍCIO. ADESÃO AO PLANO DE BENEFÍCIOS. CONDIÇÃO INEXISTENTE. DIREITO ADQUIRIDO. AFASTAMENTO. MERA EXPECTATIVA DE DIREITO. EXIGÊNCIA INSTITUÍDA POR LEI. CARÁTER COGENTE. NORMAS APLICÁVEIS AO TEMPO DO CUMPRIMENTO DE TODOS OS REQUISITOS EXIGIDOS PARA A OBTENÇÃO DO BENEFÍCIO.
>
> 1. Ação ordinária que visa a concessão de suplementação de aposentadoria, visto que, apesar de o participante ter sido aposentado pelo Instituto Nacional do Seguro Social – INSS, a aposentadoria complementar lhe foi negada ao argumento de que também deveria promover o desligamento da empregadora, requisito inexistente ao tempo da adesão ao plano de benefícios.
>
> (...)
>
> 3. O Código de Defesa do Consumidor não é aplicável à relação jurídica mantida entre a entidade fechada de previdência privada e seus participantes, porquanto o patrimônio da entidade e respectivos rendimentos revertem-se integralmente na concessão e manutenção do pagamento de benefícios, prevalecendo o associativismo e o mutualismo, o que afasta o intuito lucrativo. Desse modo, o fundo

---

para o plano de gestão administrativa, observado o custeio pelo patrocinador, participantes e assistidos, de até 1% para taxa de administração (percentual incidente sobre o montante dos recursos garantidores dos planos de benefícios no último dia do exercício a que se referir) ou de até 9% para taxa de carregamento (incidente sobre a soma das contribuições e dos benefícios dos planos no exercício a que se referir).

64 Sobre essa questão é interessante notar que o CDC também prevê uma série de normas que protegem o consumidor e cujos contratos dos fornecedores de bens e serviços deveriam adequar-se plenamente a essas cláusulas protetivas (ex: desconsideração da personalidade jurídica para responsabilizar o sócio da empresa; inversão do ônus da prova em processos judiciais; dever de reembolso das quantias pagas pelo consumidor, etc.). Não obstante as normas protetivas do CDC, nada impede que o fornecedor venha formalizar a oferta do contrato ao público. Já no caso das entidades de previdência complementar o regulamento do plano de benefícios (contrato previdenciário) deve ser previamente aprovado pelo órgão fiscalizador estatal, antes de oferecido aos participantes (empregados ou associados), sob pena de nulidade do negócio jurídico.

de pensão não se enquadra no conceito legal de fornecedor, devendo a Súmula nº 321/STJ ser aplicada somente às entidades abertas de previdência complementar. (...)

(RECURSO ESPECIAL Nº 1.421.951 – SE – 2013/0394822-0. RELATOR: MINISTRO RICARDO VILLAS BÔAS CUEVA)

Existe forte resistência da doutrina especializada para afastar as regras do CDC à previdência complementar fechada, o que entendemos ser o mais adequado sob uma perspectiva jurídica, de modo que a proteção dos interesses dos participantes e assistidos seja realizada por meio dos próprios mecanismos legais previstos na LC 109/2001 e LC 108/2001, leis especiais em matéria de previdência complementar.

3.5. Impenhorabilidade das prestações previdenciárias e dos recursos garantidores

Outro aspecto importante e que reflete na proteção jurídica do patrimônio dos planos de benefícios é a impossibilidade da realização de constrição judicial sobre os recursos que garantem o pagamento dos benefícios de previdência complementar.

Enquanto no RGPS existe dispositivo expresso (art. 114 da Lei nº 8.213/91[65]) que garante a impenhorabilidade e indisponibilidade do benefício previdenciário, na previdência complementar, por ausência de previsão legal expressa, tem os operadores do direito utilizado a previsão geral do art. 649, IV do Código de Processo Civil que estabelece a impenhorabilidade dos proventos de aposentadoria, pensões, pecúlios e montepios, prestações estas de natureza previdenciária.

> **CPC:**
>
> Art. 649. São absolutamente impenhoráveis:
>
> (...)
>
> IV – os vencimentos, subsídios, soldos, salários, remunerações, ***proventos de aposentadoria, pensões, pecúlios e montepios***; as quantias recebidas por liberalidade de terceiro e destinadas ao sustento do devedor e sua família, os ganhos de trabalhador autônomo e os honorários de profissional liberal, observado o disposto no § 3° deste artigo; ***(grifamos)***

O novo Código de Processo Civil (Lei nº 13.105/2015) manteve a impenhorabilidade das prestações previdenciárias e do seguro de vida:

---

65 Lei nº 8.213/91: Art. 114. Salvo quanto a valor devido à Previdência Social e a desconto autorizado por esta Lei, ou derivado da obrigação de prestar alimentos reconhecida em sentença judicial, o benefício não pode ser objeto de penhora, arresto ou seqüestro, sendo nula de pleno direito a sua venda ou cessão, ou a constituição de qualquer ônus sobre ele, bem como a outorga de poderes irrevogáveis ou em causa própria para o seu recebimento.

O SISTEMA PREVIDENCIÁRIO BRASILEIRO

> Art. 833. São impenhoráveis:
>
> (...)
>
> IV – os vencimentos, os subsídios, os soldos, os salários, as remunerações, os proventos de aposentadoria, as pensões, os pecúlios e os montepios, bem como as quantias recebidas por liberalidade de terceiro e destinadas ao sustento do devedor e de sua família, os ganhos de trabalhador autônomo e os honorários de profissional liberal, ressalvado o § 2°;
>
> (...)
>
> VI – o seguro de vida;

O Código Civil brasileiro estabelece no art. 794, que disciplina o seguro de pessoas, aplicável subsidiariamente à previdência complementar, que *"no seguro de vida ou de acidentes pessoais para o caso de morte, o capital estipulado não está sujeito às dívidas do segurado, nem se considera herança para todos os efeitos de direito"*, criando regra específica de impenhorabilidade e afetação patrimonial no seguro privado.

É bom observar, no que se refere à previdência complementar, que a extensão da impenhorabilidade alcança tanto os recursos financeiros na fase de acumulação das reservas, quanto na fase de percepção dos benefícios previdenciários. Aceitar a proteção jurídica somente dos benefícios (prestações) seria um contrassenso e demandaria contra a lógica do sistema previdenciário, considerando que os recursos financeiros poupados por longo período de tempo o são para garantir o pagamento da prestação previdenciária.

A previsão do art. 649, IV do CPC impede a constrição do patrimônio dos planos de benefícios, considerando que, em última análise, os valores poupados durante longo período a título de previdência complementar são destinados a garantir a manutenção da qualidade de vida do trabalhador, como forma de compensar economicamente a ocorrência do risco social a ele acometido.

O Superior Tribunal de Justiça já teve a oportunidade de enfrentar o tema, para garantir a impenhorabilidade dos proventos de aposentadoria da previdência privada.

> DIREITO BANCÁRIO E PROCESSUAL CIVIL. CONTA-CORRENTE. PROVENTOS APOSENTADORIA. RETENÇÃO. IMPOSSIBILIDADE. DANO MORAL CONFIGURADO.
>
> – Não se confunde o desconto em folha para pagamento de empréstimo garantido por margem salarial consignável, prática que encontra amparo em legislação específica, com a hipótese desses autos, onde houve desconto integral dos proventos de aposentadoria depositados em conta corrente, para a satisfação de mútuo comum.
>
> – Os proventos advindos de aposentadoria privada de caráter complementar têm natureza remuneratória e se encontram expressamente abrangidos pela dicção do art. 649, IV, CPC, que assegura proteção a "vencimentos, subsídios, soldos, salários, remunerações, proventos de aposentadoria, pensões, pecúlios e montepios; as quantias recebidas por liberalidade de terceiro e destinadas

ao sustento do devedor e sua família, os ganhos de trabalhador autônomo e os honorários de profissional liberal".

– Não é lícito ao banco reter os proventos devidos ao devedor, a título de aposentadoria privada complementar, para satisfazer seu crédito. Cabe-lhe obter o pagamento da dívida em ação judicial. Se nem mesmo ao Judiciário é lícito penhorar salários, não será a instituição privada autorizada a fazê-lo.

– Ainda que expressamente ajustada, a retenção integral do salário de correntista com o propósito de honrar débito deste com a instituição bancária enseja a reparação moral. Precedentes. Recurso Especial provido. (STJ. 3ª turma. REsp 1012915 / PR. Ministra NANCY ANDRIGHI. DJe 03/02/2009).

O saldo de depósito em fundo de previdência privada complementar na modalidade Plano Gerador de Benefícios Livres (PGBL) é impenhorável, a menos que sua natureza previdenciária seja desvirtuada pelo participante. O regime de previdência privada complementar é, nos termos do art. 1º da LC 109/2001, "baseado na constituição de reservas que garantam o benefício, nos termos do caput do art. 202 da Constituição Federal", que, por sua vez, está inserido na seção que dispõe sobre a Previdência Social. Na aplicação em PGBL, o participante realiza depósitos periódicos, os quais são aplicados e transformam-se em uma reserva financeira, que poderá ser por ele antecipadamente resgatada ou recebida em data definida, seja em uma única parcela, seja por meio de depósitos mensais. Em qualquer hipótese, não se pode perder de vista que, em geral, o participante adere a esse tipo de contrato com o intuito de resguardar o próprio futuro ou de seus beneficiários, garantindo o recebimento de certa quantia, que julga suficiente para a manutenção futura do atual padrão de vida. A faculdade de "resgate da totalidade das contribuições vertidas ao plano pelo participante" (art. 14, III, da LC 109/2001) não tem o condão de afastar, de forma absoluta, a natureza essencialmente previdenciária e, portanto, alimentar, do saldo existente naquele fundo. Veja-se que a mesma razão que protege os proventos advindos da aposentadoria privada deve valer para a reserva financeira que visa justamente a assegurá-los, sob pena de se tornar inócua a própria garantia da impenhorabilidade daqueles proventos. Outrossim, se é da essência do regime de previdência complementar a inscrição em um plano de benefícios de caráter previdenciário, não é lógico afirmar que os valores depositados pelo participante possam, originalmente, ter natureza alimentar e, com o decorrer do tempo, justamente porque não foram utilizados para a manutenção do empregado e de sua família no período em que auferidos, passem a se constituir em investimento ou poupança. (EREsp 1.121.719-SP, Rel. Min. Nancy Andrighi, julgado em 12/2/2014).

O STJ, nos autos do EREsp 1.121.719, por maioria, entendeu no caso concreto em que ex-dirigente de instituição financeira sob intervenção do Banco Central estava com seus bens indisponíveis que *"a questão relativa à impenhorabilidade, obviamente decorrente da natureza alimentar do capital acumulado no plano de previdência, deve ser aferida pelo juízo mediante análise das provas trazidas aos autos, tendentes a demonstrar a necessidade financeira para a subsistência da parte, de acordo com as suas especificidades",* determinando o desbloqueio do saldo existente em fundo de previdência privada complementar (previdência complementar aberta – aplicação em PGBL).

CAPÍTULO II
O PLANO DE BENEFÍCIOS E OS ELEMENTOS DA RELAÇÃO JURÍDICA PREVIDENCIÁRIA

1. CONCEITOS INICIAIS DA RELAÇÃO JURÍDICA PREVIDENCIÁRIA

A noção fundamental do direito é a de fato jurídico; depois, a de relação jurídica; não a de direito subjetivo, que é já noção do plano dos efeitos; nem a de sujeito de direito, que é apenas termo da relação jurídica. Só há direitos subjetivos porque há sujeitos de direito; e só há sujeitos de direito porque há relações jurídicas. O grande trabalho da ciência jurídica tem sido o de examinar o que é que verdadeiramente se passa entre homens, quando se dizem credores, titulares ou sujeitos passivos de obrigações, autores e réus, proprietários, excipientes etc. O esforço de dois milênios conseguiu precisar conceitos, dar forma sistemática à exposição, pôr esses conhecimentos à disposição dos elaboradores de leis novas e aprimorar o senso crítico de algumas dezenas de gerações, até que, recentemente, se elevou a investigação ao nível da investigação das outras ciências, para maior precisão da linguagem e dos raciocínios. A subordinação dela à metodologia que resultou da lógica contemporânea inclusive no que concerne à estrutura dos sistemas, é o último degrau a que se atingiu[66].

A relação jurídica de previdência complementar é aquela que se estabelece entre o participante, a entidade gestora de previdência e o patrocinador (*sujeitos de direito*), que tem por *objeto* a concessão de uma prestação de conteúdo econômico, que pode ser paga de uma só vez ou mediante rendas periódicas, denominada *benefício*, e submetida a um regime jurídico de direito privado com acentuada regulação estatal.

É relação jurídica triangular contratual, disciplinada em contrato previdenciário, que obriga a entidade a pagar a prestação contratada, quando satisfeitos os requisitos para a concessão do benefício, e ao participante, assistido e patrocinador (este último, quando houver) a pagar as contribuições no valor fixado no regulamento do plano de benefícios. A entidade, como gestora do plano de benefícios, por sua vez, atuará para o cumprimento do plano de custeio, cobrando forçosamente, quando necessário, as contribuições não pagas na época própria pelo participante e pelo patrocinador.

---

66   MIRANDA, Pontes de. Tratado de direito privado. Tomo I. Campinas: Bookseller, 2000, p.20.

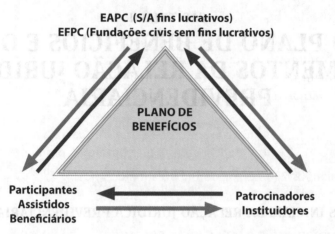

A entidade de previdência complementar recebe autorização de órgão estatal para atuar no ramo da previdência privada, cabendo a ela a gestão dos recursos financeiros vinculados ao pagamento do benefício contratado, devendo seus dirigentes atuar com grau máximo de probidade e eficiência na gestão dos recursos de terceiros, de modo que a programação financeira realizada nos cálculos atuariais seja estritamente cumprida, garantindo o pagamento dos benefícios contratados, obedecendo a regras internas de governança previstas no Estatuto da EPC, o qual disciplinará como será exercido o processo decisório para execução da política de investimentos e a gestão do patrimônio comum e individual dos participantes.

Dessa forma, diante da diversidade de direitos e obrigações que emergem do contrato previdenciário, podemos considerar que no âmbito da previdência complementar existem três tipos de relação jurídica:

- a *relação jurídica prestacional*, que envolve a concessão dos benefícios contratados;
- a *relação jurídica de custeio*, que trata da forma como os recursos financeiros (contribuições) ingressarão no plano de benefícios e serão utilizados ou investidos para ampliar o volume de recursos destinados ao pagamento dos benefícios previstos no regulamento do plano; e
- a *relação jurídica de patrocínio*, que consiste em estabelecer as obrigações financeiras e gerenciais do patrocinador perante o plano de benefícios.

Cada uma dessas relações jurídicas se inter-relacionam e obedecem a requisitos formais para sua constituição e desenvolvimento válido.

A relação jurídica de previdência complementar *lato sensu*, que abrange a prestacional, a de custeio e a de patrocínio, esta última quando houver (não há na previdência complementar aberta), produz efeitos jurídicos que se protraem por longo período de tempo, desde a fase de filiação do segurado e da adesão do patrocinador ao plano de benefícios (anuência em relação ao regulamento do

O PLANO DE BENEFÍCIOS E OS ELEMENTOS DA RELAÇÃO JURÍDICA PREVIDENCIÁRIA **83**

plano e ao convênio de adesão, respectivamente), passando pelo período de acumulação das reservas (período aquisitivo do direito ou período de diferimento), até a fase de pagamento do benefício (período de gozo do benefício).

Essas relações jurídicas são formalizadas através de instrumentos jurídicos disciplinados pelos órgãos reguladores estatais. A relação jurídica prestacional é formalizada através da aceitação pelo participante das condições gerais previstas no *regulamento*, com a assinatura do *termo de inscrição* do plano administrado pela entidade de previdência complementar e o recebimento do *certificado de participação* (equivalente à apólice do seguro de pessoas). No regulamento constarão os requisitos que os participantes e beneficiários devem atender para a manutenção e perda da qualidade de segurado, assim como os requisitos de elegibilidade e a forma de concessão, cálculo e pagamento dos benefícios; a relação jurídica de patrocínio estará disciplinada no *convênio de adesão*, instrumento este pactuado entre a entidade de previdência e os patrocinadores, quando estes manifestam sua vontade de participar do custeio do plano de benefícios. A relação jurídica de custeio estará definida no regulamento do plano, quando se discriminará o percentual da contribuição do participante e do patrocinador, e estabelecerá o nível de contribuição necessário à constituição das reservas garantidoras de benefícios, fundos, provisões e à cobertura das demais despesas do plano.

Essas expressões foram utilizadas pela LC nº 109/2001 ao dispor sobre a estruturação da relação jurídica de previdência complementar:

> Art. 10. Deverão constar dos *regulamentos* dos planos de benefícios, das propostas de inscrição e dos *certificados* de participantes condições mínimas a serem fixadas pelo órgão regulador e fiscalizador.
>
> § 1º A todo pretendente será disponibilizado e a todo participante entregue, quando de sua *inscrição* no plano de benefícios:
>
> I – certificado onde estarão indicados os requisitos que regulam a admissão e a manutenção da qualidade de participante, bem como os requisitos de elegibilidade e forma de cálculo dos benefícios;
>
> II – cópia do regulamento atualizado do plano de benefícios e material explicativo que descreva, em linguagem simples e precisa, as características do plano;
>
> III – cópia do contrato, no caso de plano coletivo de que trata o inciso II do art. 26 desta Lei Complementar; e
>
> IV – outros documentos que vierem a ser especificados pelo órgão regulador e fiscalizador.
>
> (...)
>
> Art. 13. A formalização da condição de patrocinador ou instituidor de um plano de benefício dar-se-á mediante *convênio de adesão* a ser celebrado entre o patrocinador ou instituidor e a entidade fechada, em relação a cada plano de benefícios por esta administrado e executado, mediante prévia autorização do órgão regulador e fiscalizador, conforme regulamentação do Poder Executivo. *(grifamos)*

Vejamos como a Resolução CGPC nº 08/2004, que disciplina a formalização desses instrumentos jurídicos no âmbito da previdência complementar fechada, individualizou os requisitos necessários para a aprovação desses atos perante o órgão fiscalizador.

Resolução CGPC nº 08/2004:

Seção II – Do Convênio de Adesão

Art. 3º O convênio de adesão deverá conter:

I – qualificação das partes e seus representantes legais;

II – indicação do plano de benefícios a que se refere a adesão;

Seção III – Do Regulamento do Plano de Benefícios

Art. 4º O regulamento de plano de benefícios deverá dispor sobre:

I – glossário;

II – nome do plano de benefícios;

III – participantes e assistidos e condições de admissão e saída;

IV – benefícios e seus requisitos para elegibilidade;

V – base e formas de cálculo, de pagamento e de atualização dos benefícios;

VI – data de pagamento dos benefícios;

VII – institutos do benefício proporcional diferido, da portabilidade, do resgate e do autopatrocínio;

VIII – fontes de custeio dos benefícios e das despesas administrativas;

IX – data certa dos repasses das contribuições e cláusula penal na hipótese de atraso.

§ 1º Os institutos referidos no inciso VII deverão estar disciplinados em capítulo específico do regulamento, cada instituto em uma seção, e uma seção para as disposições comuns a todos os institutos.

§ 2º O regulamento de plano de benefícios não deverá dispor sobre matéria estatutária, empréstimos e financiamentos a participantes e assistidos, planos assistenciais à saúde e outras matérias não relacionadas a plano de benefícios.

§ 3º O regulamento do plano de benefícios deverá observar a terminologia constante da Lei Complementar nº 109, de 2001, e, no que couber, da Lei Complementar nº 108, de 2001.

O certificado entregue ao participante que adere ao plano de benefícios é um resumo do contrato previdenciário, fazendo prova da sua celebração, onde estarão indicados os requisitos que regulam a admissão e a manutenção da qualidade de participante, bem como os requisitos de elegibilidade e a forma de cálculo dos benefícios.

Todos estes instrumentos jurídicos (regulamento, termo de inscrição e certificado) compõem uma única realidade obrigacional que é a do contrato previdenciário.

O PLANO DE BENEFÍCIOS E OS ELEMENTOS DA RELAÇÃO JURÍDICA PREVIDENCIÁRIA **85**

Instituto dos mais importantes no regime de previdência complementar é o *plano de benefícios*, expressão das mais reproduzidas na legislação de previdência complementar e centro por onde gravitam os direitos e obrigações contratuais. Dois são os significados usualmente utilizados pela doutrina e pela própria legislação para o plano de benefícios. O primeiro, no sentido de conjunto de direitos e obrigações ao qual se mantêm vinculados os participantes, os patrocinadores, os instituidores e a Entidade de Previdência Complementar, o que se confundiria às vezes com o próprio regulamento, que é instrumento do plano de benefícios, ou com o contrato previdenciário, que é formado, como visto em linhas anteriores, pelo conjunto dos instrumentos jurídicos que formalizam e disciplinam a relação contratual (regulamento, termo de inscrição e certificado). O segundo, o patrimônio coletivo (universalidade de direito), não dotado de personalidade jurídica, mas tutelado juridicamente, afetado ao pagamento dos benefícios previdenciários.

Ambos os sentidos empregados são imprescindíveis para estabelecer o alcance do instituto. No plano de benefícios estão incluídas todas as relações jurídicas previdenciárias (prestacional, custeio e patrocínio) e dele decorrem os instrumentos jurídicos que formalizam essas relações jurídicas (regulamento, termo de inscrição, certificado, plano de custeio e convênio de adesão), podendo-se afirmar ser o plano de benefícios o conceito mais importante para o estudo da previdência complementar, por congregar todos os liames obrigacionais de natureza previdenciária.

Assim, podemos definir plano de benefícios como a universalidade de direitos e obrigações de natureza previdenciária, composto por um patrimônio jurídico coletivo, mas individualizado ou individualizável em nome de cada participante, administrado por uma Entidade de Previdência Complementar e afetado ao pagamento das prestações previdenciárias contratadas.

É um conjunto de direitos e obrigações de caráter universal, pois não se refere somente ao contrato individualmente celebrado por cada participante e a EPC, ou entre um patrocinador e o plano patrocinado, mas um vínculo jurídico de maior extensão que vincula todos os sujeitos da relação previdenciária, cujo patrimônio coletivo garante o pagamento das prestações previdenciárias. Esse patrimônio jurídico ou essa universalidade de direito denominada *plano de benefícios* por vezes (nem sempre) apresenta características mutualísticas, próprias dos contratos de seguro do direito civil, o que permite a diluição dos riscos associados à cobertura previdenciária pelo grupo de pessoas a ele vinculado (ex: prestações estruturadas na modalidade de *benefício definido* e os denominados benefícios de risco). Mas também pode ser estruturado sem mutualismo nos resultados financeiros, aproximando-se dos contratos bancários de caráter individualista, em que as próprias reservas individuais dos segurados garantem o nível de proteção previdenciária, como ocorre nos planos de benefícios que oferecem prestações na modalidade de *contribuição definida*.

A legislação também utiliza duas expressões quando quer se referir ao planejamento financeiro para o cumprimento das obrigações do plano de benefícios. O **plano de custeio** é o instrumento responsável pelo levantamento das receitas e despesas relacionadas ao funcionamento do plano de benefícios, ficando a este vinculado e sendo revisto anualmente. Já a **nota técnica atuarial** é o estudo técnico de um profissional da atuária que auxilia a elaboração do plano de custeio, fazendo projeções financeiras com base nas características demográficas e biométricas da massa de participantes e assistidos, de modo a aferir a quantidade de recursos necessária para a cobertura dos benefícios concedidos e a conceder.

São, ambos, instrumentos vinculados ao plano de benefícios e que mereceram um tratamento regulamentar detalhado, considerando a dinâmica mais acentuada dos fenômenos econômicos, financeiros e atuariais representativos nesses estudos técnicos, seja sob o aspecto de eventuais mudanças no ambiente econômico nacional e mundial, seja quanto à dinâmica interna do plano (entrada e saída de participantes, p.ex.), alteração das premissas atuariais (alteração dos índices de expectativa de vida, mortalidade e natalidade, alteração da tábua de mortalidade, etc.), o que exige uma reanálise periódica para que o plano de custeio esteja sempre *aderente* às características da massa de participantes do plano de benefícios.

Nesse mesmo sentido, dicionário elaborado pelo Ministério da Previdência Social[67][68]:

> **PLANO DE CUSTEIO.** Documento elaborado, com periodicidade mínima anual, pelo atuário responsável pelo acompanhamento do Plano de Benefícios, no qual é estabelecido o nível de contribuição necessário à constituição das suas reservas garantidoras de benefícios, fundos e provisões, e à cobertura das demais despesas, em conformidade com os critérios fixados pelo órgão regulador e fiscalizador.

> **NOTA TÉCNICA ATUARIAL.** Documento técnico elaborado por atuário contendo as expressões de cálculo das provisões, reservas e fundos de natureza atuarial, contribuições e metodologia de cálculo para apuração de perdas e ganhos atuariais, de acordo com as hipóteses biométricas, demográficas, financeiras e econômicas, modalidade dos benefícios constantes do Regulamento, métodos atuariais e metodologia de cálculo.

Atualmente, o desenvolvimento da relação jurídica de previdência complementar parte do conhecimento de como se estruturam os planos de benefícios.

---

67 Fundos de Pensão: coletânea de normas. Brasília: MPS, SPPC, 2012. Acesso http://www.previdencia.gov.br/arquivos/office/1_121019-143715-068.pdf.

68 A Resolução CGPC nº 18/2006 estabelece parâmetros técnico-atuariais para estruturação de plano de benefícios de entidades fechadas de previdência complementar. No item 8 do anexo dispõe que "o plano de benefícios deverá prever o custeio dos benefícios por meio de contribuições de patrocinadores, participantes e assistidos, de forma isolada ou conjunta, cujo critério deverá ser definido no regulamento e respectiva nota técnica atuarial".

O PLANO DE BENEFÍCIOS E OS ELEMENTOS DA RELAÇÃO JURÍDICA PREVIDENCIÁRIA
87

Sob a égide da Lei nº 6.435/77, que introduziu no direito positivo brasileiro a disciplina sistematizada da previdência complementar aberta e fechada, a regulamentação da matéria partia da disciplina das entidades de previdência complementar (entidade gestora), ao invés de procurar explicar a estrutura jurídica dos planos de benefícios e dos instrumentos jurídicos que lhes dão concretude.

Essa opção normativa foi corrigida quando da edição das Leis Complementares nº 108/2001 e 109/2001, sendo o plano de benefícios objeto principal da regulamentação normativa, pois nele estarão dispostos os direitos e obrigações previdenciários, sendo a entidade de previdência complementar parte dessa relação jurídica.

Pela legislação atual, um plano de benefícios pode ser criado sem que lhe siga a criação de uma nova EPC, bastando, para tal, a celebração de convênio de adesão entre o patrocinador ou instituidor e uma EPC já em funcionamento[69].

As EPC são meras gestoras de patrimônio coletivo de terceiros, sendo possível aos sujeitos da relação jurídica, caso assim desejem, até mesmo transferir o gerenciamento dos recursos garantidores do plano para outra EPC que melhor atenda aos interesses previdenciários dos participantes e assistidos.

2. CARACTERÍSTICAS DO CONTRATO PREVIDENCIÁRIO

Utilizando-se dos conceitos da teoria geral dos contratos podemos afirmar que o contrato previdenciário apresenta algumas características que o identificam e servem de norte interpretativo para as fases de formação, execução e extinção contratual.

Podemos, resumidamente, apresentar as seguintes características do negócio jurídico *contrato previdenciário*:

- é *contrato típico*, porque possui modelagem legal rigorosamente disciplinada por leis especiais, com a integração regulamentar através de atos normativos infralegais editados por entes estatais que recebem competência dessas mesmas leis para aprovar ou até mesmo forçar a alteração do conteúdo dos instrumentos contratuais (regulamento, termo de inscrição, convênio de adesão e estatuto da entidade);

- é *plurilateral*, porque mais de duas partes (ou todas elas) assumem obrigações contratuais, diversas e nem sempre equivalentes sob o ponto de vista

---

69 A criação dos fundos multipatrocinados, ou seja, entidades de previdência complementar que administram vários planos de benefícios vinculados a vários patrocinadores, nada mais é que uma sinalização dessa tendência de criar novos planos de benefícios e vinculá-los a uma estrutura gerencial já existente. Com ganho de escala (aumento do número de planos, patrocinadores e participantes), reduzem-se os custos operacionais para manutenção das entidades de previdência.

econômico (ex: o patrocinador aporta contribuições cujos valores não retornam ao seu patrimônio na mesma proporção da contribuição realizada[70]);

- são também conhecidos como *sinalagmáticos*, por criar obrigações recíprocas entre as partes. A entidade gestora recebe taxas de administração porque administra o plano de benefícios; o participante paga as contribuições, mas recebe a proteção social e a expectativa de gozo do benefício; o patrocinador contribui para o plano, mas recebe incentivos tributários (Lei nº 11.053/2004) e participa diretamente da gestão das entidades, no caso das entidades fechadas, ou traz para si considerável número de potenciais clientes, no caso das entidades abertas, em que o instituidor, geralmente instituição financeira, ao atrair o participante para um plano de benefícios, espera fidelizá-lo para a celebração de negócios jurídicos bancários (ex: abertura de conta-corrente, empréstimos financeiros, etc.);

- é *oneroso*, pois gera vantagens econômicas para as partes contratuais[71]. A entidade gestora recebe parcela das contribuições para o custeio administrativo e, no caso das entidades abertas, pode reverter em seu favor os valores excedentes da sua atividade comercial; o participante recebe as prestações contratadas; o patrocinador deduz parte das contribuições vertidas ao plano para fins de determinação do lucro real e da base de cálculo da contribuição social sobre o lucro líquido – CSLL [72] (Lei nº 11.053/2004);

- é *consensual*, pois exige a manifestação de vontade das partes contratuais, mediante a oferta de contrato pela entidade gestora e a aceitação por parte dos destinatários da proteção social (participantes);

- é *aleatório*, quando a prestação contratada busca compensar a ocorrência de um evento futuro e incerto (risco ou contingência social), que não necessariamente ocorrerá no mundo dos fatos, a exemplo dos benefícios para a cobertura da incapacidade para o trabalho, ou *comutativo* quando as prestações contratadas acobertam eventos previsíveis e programáveis, como no caso da

---

70 Sob a perspectiva dos benefícios tributários auferidos pelo patrocinador, com a dedução de até 20% para fins de determinação do lucro real e da base de cálculo da contribuição social sobre o lucro líquido – CSLL.

71 FARIAS, Cristiano Chaves de; ROSENVALD, Nelson. Direito dos contratos. Rio de Janeiro: Lumen Juris, 2011, p.266.

72 As contribuições repassadas ao plano não geram, na mesma proporção, benefício financeiro ao patrocinador, já que apenas possibilita a dedução de parcela das contribuições da base de cálculo da CSLL. As vantagens econômicas das empresas que oferecem planos de previdência complementar aos seus empregados são indiretas. Essa oferta de plano de benefícios cria um diferencial competitivo da empresa-patrocinadora em relação às demais empresas que atuam no mesmo segmento econômico e que não oferecem tais benefícios, considerando que os planos ofertados agregam-se às vantagens econômicas salariais do seu empregado, criando as condições para atrair e manter bons profissionais no seu quadro funcional.

O PLANO DE BENEFÍCIOS E OS ELEMENTOS DA RELAÇÃO JURÍDICA PREVIDENCIÁRIA

aposentadoria, que objetiva a proteção social do risco da idade avançada ou velhice;

- é *contrato relacional*, expressão cunhada pelo professor Paulo Lobo[73], pois possui execução continuada no tempo e pode sofrer alterações no curso de sua execução, sem que isso implique em descumprimento contratual passível de sanção;

- é *contrato de adesão dirigido*, pois embora estabeleçam cláusulas gerais de contratação ao público, a sua formulação passa pelo crivo prévio de órgão do Estado, que pode vetar cláusulas ou até exigir a inclusão de cláusulas tidas como obrigatórias e necessárias à permanência do vínculo contratual;

- é *intuito personae*, pois a pessoa física do participante é essencial para a conclusão do contrato pela entidade gestora, cabendo somente ao participante anuir às condições contratuais, não se transferindo os direitos e obrigações nele previstos a terceiros, nem mesmo aos beneficiários inscritos no plano. O fato de terceiros constarem no plano de benefícios como beneficiários não desfaz essa característica do contrato previdenciário, considerando tratar-se de *estipulação em favor de terceiro*[74]. Na hipótese de óbito do participante, sem previsão do benefício de pensão por morte para seus dependentes, dá-se a rescisão contratual, ficando apenas o direito patrimonial dos herdeiros a reivindicarem a titularidade dos recursos que formavam a reserva individual pertencente ao participante, segundo as regras gerais da sucessão hereditária;

- é *formal*, pois, para sua validade jurídica, não basta o consenso oral ou tácito das vontades das partes envolvidas. Deve o contrato ser formalizado em papel ou meio eletrônico apropriado, com a anuência expressa das partes, deixando clara a LC nº 109/2001 (art. 10) tal característica quando afirma que *"a todo participante será entregue, quando de sua inscrição no plano de benefícios, certificado onde estarão indicados os requisitos que regulam a admissão e a manutenção da qualidade de participante, bem como os requisitos de elegibilidade, a forma de cálculo dos benefícios e cópia do contrato, no caso de plano coletivo administrado pelas entidades abertas"*;

---

73 LÔBO, Paulo Luiz Netto. Direito civil: Contratos. São Paulo: Saraiva, 2011, p.105.

74 Código Civil: Art. 436. O que estipula em favor de terceiro pode exigir o cumprimento da obrigação.

Parágrafo único. Ao terceiro, em favor de quem se estipulou a obrigação, também é permitido exigi-la, ficando, todavia, sujeito às condições e normas do contrato, se a ele anuir, e o estipulante não o inovar nos termos do art. 438. Art. 437. Se ao terceiro, em favor de quem se fez o contrato, se deixar o direito de reclamar-lhe a execução, não poderá o estipulante exonerar o devedor. Art. 438. O estipulante pode reservar-se o direito de substituir o terceiro designado no contrato, independentemente da sua anuência e da do outro contratante. Parágrafo único. A substituição pode ser feita por ato entre vivos ou por disposição de última vontade.

- é *contínuo,* ou de duração, por se cumprirem por uma sucessão de atos das partes, que envolve o aporte de contribuições, a gestão dos recursos e o pagamento das prestações por longo período de tempo.

3. A FORMAÇÃO DO CONTRATO PREVIDENCIÁRIO

Como espécie contratual, o contrato previdenciário tem um ciclo de vida definido: ele *existe,* produz *efeitos jurídicos* e *extingue.*

Entendamos melhor a estruturação da relação jurídica de previdência complementar, através das fases por que passa o contrato e seus elementos constitutivos.

A relação jurídica de previdência complementar possui uma fase pré-contratual (formação do contrato) e outra contratual propriamente dita (posterior à conclusão do contrato).

Em todas as fases devem os contratantes pautar-se pelos princípios de probidade e da boa-fé, como regra de lealdade contratual entre as partes.

Podemos assim dizer que a formação dos contratos previdenciários (fase pré-contratual) obedece às seguintes fases:

a) as *negociações preliminares;*

b) a *oferta* (ou proposta) do bem ou serviço;

c) a *aceitação;* e

d) a *conclusão* do contrato.

Antes mesmo do início do vínculo jurídico, mediante a assinatura do termo de inscrição pelo participante, várias negociações preliminares são estabelecidas entre o empregador (futuro patrocinador) ou a associação (futuro instituidor) para a criação da entidade de previdência complementar e para a estruturação do plano de benefícios. A fase pré-contratual abrange a criação da pessoa jurídica (entidade de previdência complementar), a elaboração do seu Estatuto, com registro no órgão competente (cartório de registro de pessoa jurídica ou junta comercial, nas entidades fechadas ou abertas, respectivamente), a criação do regulamento do plano de benefícios e do convênio de adesão, sendo todos estes atos submetidos à aprovação do órgão fiscalizador do Estado.

A fase contratual é aquela em que, efetivamente concluídas as providências preliminares de criação da entidade e dos instrumentos jurídicos, é possível realizar a oferta do plano de benefícios ao público-alvo (empregados ou servidores públicos do patrocinador, membros de associações, ou ao público em geral, no caso de planos administrados pelas entidades abertas). Aperfeiçoa-se a relação contratual com a adesão do participante ao plano de benefícios, manifestação da vontade esta que equivale à aceitação dos contratos.

O PLANO DE BENEFÍCIOS E OS ELEMENTOS DA RELAÇÃO JURÍDICA PREVIDENCIÁRIA **91**

A partir daí inicia a relação jurídica contratual previdenciária propriamente dita, produzindo-se efeitos jurídicos plurilaterais. A conclusão do contrato corresponde ao aperfeiçoamento dessa relação contratual, com a anuência das partes e o início da cobertura dos riscos sociais previstos no regulamento do plano de benefícios.

A oferta do plano de benefícios, nas entidades fechadas, deve abranger, obrigatoriamente, todos os empregados dos patrocinadores ou associados dos instituidores, sendo equiparáveis a estes os gerentes, diretores, conselheiros ocupantes de cargo eletivo e outros dirigentes de patrocinadores e instituidores. Somente quando os planos de benefícios estiverem em vias de extinção, o que na práxis denomina-se *fechamento do plano ou plano fechado*, assim considerados aqueles cujo acesso de novos participantes esteja vedado, não mais será exigida a oferta contratual aos potenciais participantes.

Essa a dicção do art. 16 da LC nº 109/2001:

> Art. 16. Os planos de benefícios devem ser, obrigatoriamente, oferecidos a todos os empregados dos patrocinadores ou associados dos instituidores.
>
> § 1º Para os efeitos desta Lei Complementar, são equiparáveis aos empregados e associados a que se refere o caput os gerentes, diretores, conselheiros ocupantes de cargo eletivo e outros dirigentes de patrocinadores e instituidores.
>
> § 2º É facultativa a adesão aos planos a que se refere o caput deste artigo.
>
> § 3º O disposto no caput deste artigo não se aplica aos planos em extinção, assim considerados aqueles aos quais o acesso de novos participantes esteja vedado.

Essa oferta do plano de benefícios a todos os empregados ou associados do patrocinador ou instituidor busca efetivar o princípio da universalidade da cobertura previdenciária (art. 194, parágrafo único, I da CF/88), de modo que não sejam criados planos de benefícios para determinado grupo de pessoas físicas, excluindo da proteção social, sem motivo razoável, pessoas físicas que se encontram na mesma situação laboral ou associativa com o patrocinador ou instituidor do plano.

Nas entidades abertas as prestações previstas no plano de benefícios são oferecidas ao público em geral (universalidade), sem identificação prévia daquele que pode figurar como participante, muito se assemelhando ao contrato de seguro de bens e pessoas regulados no Código Civil.

Um tema importante, e que vem sendo discutido nos tempos atuais como mecanismo de fomento ao sistema de previdência complementar, ampliando o número de participantes no sistema, é a dispensa da manifestação de vontade formal e escrita dos participantes para a filiação previdenciária.

A observação dos hábitos familiares revela que há uma tendência à inação quando o assunto é o acúmulo de poupança para utilização em necessidades futuras. Prefere o arrimo de família responsável pelo sustento familiar, como regra, utilizar os recursos para a satisfação de necessidades presentes a acumular para planejar o futuro financeiro do núcleo familiar[75].

O tema foi tratado no tópico em que enfrentamos o princípio constitucional da facultatividade da filiação ao regime de previdência complementar, sendo relevante refletir acerca da necessidade ou não da expressa manifestação da vontade do participante para a validade da aceitação contratual do participante no plano.

Em razão da impossibilidade da *filiação ou adesão automática* no sistema brasileiro, diante da literal previsão constitucional da facultatividade do regime de previdência complementar (art. 202)[76], outras soluções estão sendo discutidas no órgão regulador estatal para que o empregado ou o servidor público seja filiado ao sistema a partir do momento em que formaliza sua relação de trabalho, sendo *a posteriori* consultado para a manutenção ou não do seu vínculo previdenciário.

A ideia seria inverter a fase da aceitação contratual do participante, como forma de superar a *tendência à inércia* das pessoas quando o assunto é poupança de longo prazo.

Entendemos que a proposta somente estaria em conformidade com os princípios da previdência complementar se a inação ou o silêncio do participante importasse na negativa do seu interesse em manter-se filiado, bem como que não haja, entre a inscrição automática realizada pelo patrocinador e o momento em que este colhe a manifestação do participante, qualquer obrigação financeira do participante para o custeio do plano de benefícios.

Na realidade, caso atendidas essas observações, haveria apenas uma mudança no momento em que o participante estaria obrigado a expressar sua vontade livre e consciente, considerando que para os *planos não-contributivos*[77] já não se exige a adesão expressa do participante, por representar uma liberalidade do empregador, quando propõe ampliar o nível de proteção social dos seus empregados.

Tal interpretação da legislação previdenciária vem ao encontro da previsão do art. 107 do Código Civil que dispõe: *"a validade da declaração de vontade não*

---

75 GIANNETTI, Eduardo. O valor do amanhã: ensaio sobre a natureza dos juros. São Paulo: Companhia das Letras, 2005. Na obra o autor trata das escolhas presentes e futuras, e o impacto dos juros sobre a vida das pessoas.

76 MENESES, Fabrício Cardoso de. Considerações quanto à viabilidade jurídica de adoção da denominada filiação automática no âmbito da previdência fechada. Revista de Previdência nº 11. Rio de Janeiro: Gramma, 2012, p.165-176.

77 Planos não-contributivos são aqueles em que os benefícios previstos no regulamento, e o custeio do plano de benefícios como um todo, não são custeados por contribuições aportadas pelos participantes e assistidos. A cobertura previdenciária complementar consistiria uma liberalidade ou benesse do empregador em favor dos seus empregados, uma realidade cada vez mais distante nos dias atuais, mas que permanece em relação a alguns planos de benefícios.

O PLANO DE BENEFÍCIOS E OS ELEMENTOS DA RELAÇÃO JURÍDICA PREVIDENCIÁRIA

dependerá de forma especial, senão quando a lei expressamente a exigir". A Lei Complementar nº 109/2001 em diversas passagens deixou evidente a necessidade da manifestação expressa da vontade do participante, quando qualifica este como (art. 8º, I) a pessoa física que *aderir* aos planos de benefícios; e quando prevê a inscrição e o certificado (art. 10) como atos que formalizam a relação jurídica de previdência complementar.

Nesse sentido, a doutrina ao discorrer que *"conquanto diga respeito primordialmente aos aspectos atinentes à formalização do interesse de aquisição da qualidade de participante, o conceito jurídico de adesão a plano de benefícios de entidade fechada comporta, no sistema da lei, noção ampla, a abranger não só o ato de formalização do vínculo contratual, como, também, a feição dinâmica (própria à natureza precária) da manifestação da vontade de permanecer ostentando a qualidade de participante (interesse contínuo, presente, de conservar o regime jurídico contratado com a entidade)"[78].*

De todo modo, a filiação automática ou a inscrição simplificada não seriam possíveis nos planos com patrocínio público, disciplinados pela LC nº 108/2001, diante da necessária obediência ao princípio da paridade contributiva, que veda aos órgãos e entidades públicos realizarem aportes de contribuições ao plano sem contrapartida igualitária do participante[79].

O participante, concluído o contrato, com a assinatura do termo de inscrição, passará a receber a proteção social previdenciária assegurada no plano de benefícios, recebendo certificado que conterá um resumo das condições contratuais e servirá de prova da sua filiação ao regime de previdência complementar.

4. SUJEITOS DA RELAÇÃO JURÍDICA

> (...) Rigorosamente, só se devia tratar das pessoas, depois de se tratar dos sujeitos de direito; porque ser pessoa é apenas ter a possibilidade de ser sujeito de direito. Ser sujeito de direito é estar na posição de titular de direito. Não

---

78 CAZETTA, Luís Carlos. Previdência Privada: o regime jurídico das entidades fechadas. Porto Alegre: Sérgio Fabris, 2006, p.74-75.

79 Sobre o tema, consideramos que a dotação inicial orçamentária realizada pelo patrocinador público no momento em que cria a entidade de previdência possui a natureza jurídica de antecipação de receitas das contribuições futuras devidas em razão da sua qualidade de patrocinador, que deverão ser devidamente compensadas com o decorrer das atividades iniciadas pela EPC na administração do plano de benefícios. Dessa forma, procedeu a Lei nº 12.618/2012 quando instituiu o regime de previdência complementar dos servidores públicos federais, ao dispor: "art. 25. É a União autorizada, em caráter excepcional, no ato de criação das entidades fechadas de previdência complementar referidas no art. 4º, a promover aporte a título de adiantamento de contribuições futuras, necessário ao regular funcionamento inicial, no valor de: I – Funpresp-Exe: até R$ 50.000.000,00 (cinquenta milhões de reais); II – Funpresp-Leg: até R$ 25.000.000,00 (vinte e cinco milhões de reais); e III – Funpresp-Jud: até R$ 25.000.000,00 (vinte e cinco milhões de reais)".

> importa se esse direito está subjetivado, se é munido de pretensão e ação, ou de exceção. Mas importa que haja direito. Se alguém não está em relação de direito não é sujeito de direito: é pessoa; isto é, o que pode ser sujeito de direito, além daqueles direitos que o ser pessoa produz. (...)
>
> Sujeito de direito é a pessoa. Pessoa é apenas o conceito, o universal, com que se alude à possibilidade, no sistema jurídico, de ser sujeito. Pessoa é quem pode ser sujeito de direito: quem põe a máscara para entrar no teatro do mundo jurídico está apto a desempenhar o papel de sujeito de direito[80].

O direito subjetivo à proteção previdenciária complementar nasce com a filiação do participante ao regime que, como visto anteriormente, depende da celebração de negócio jurídico bilateral (ou plurilateral), em que a manifestação da vontade das partes (sujeitos de direito) é imprescindível.

Segue o estudo dos sujeitos de direito da relação jurídica de previdência complementar:

4.1. Entidades Fechadas e Entidades Abertas de Previdência Complementar

As entidades de previdência complementar são pessoas jurídicas de direito privado que operam planos de benefícios de natureza previdenciária, administrando patrimônio de terceiros (recursos garantidores) formado pelo acúmulo das contribuições realizadas pelo patrocinador e participantes ao plano, que se somam aos rendimentos obtidos pelos investimentos realizados com esses ativos, com vistas a custear os benefícios contratados.

Como toda pessoa jurídica, as entidades de previdência complementar submetem-se a requisitos para sua existência legal.

O início da personalidade jurídica, como dispõe o art. 45 do Código Civil em relação às pessoas jurídicas de uma forma geral, começa com *"a inscrição do ato constitutivo no respectivo registro, precedida, quando necessário, de autorização ou aprovação do Poder Executivo, averbando-se no registro todas as alterações por que passar o ato constitutivo"*.

A criação das EPC, aberta ou fechada, por força de dispositivo legal específico (art. 33 e art. 38 da LC 109/2001) está condicionada à *"prévia e expressa autorização do órgão fiscalizador"*[81].

---

80 MIRANDA, Pontes de. Tratado de direito privado: Tomo I. Campinas: Bookseller, 2000, p.207-215.

81 Veremos, quando tratarmos da atuação do Estado no subsistema previdenciário privado, que caberá a duas autarquias federais a concessão da licença para criação e funcionamento das Entidades de Previdência Complementar, entes fiscalizadores do sistema. No caso das entidades abertas, atuará a Superintendência de Seguros privados – SUSEP; no caso das entidades fechadas, a Superintendência Nacional de Previdência Complementar – PREVIC.

O PLANO DE BENEFÍCIOS E OS ELEMENTOS DA RELAÇÃO JURÍDICA PREVIDENCIÁRIA **95**

As *licenças* expedidas pelo órgão fiscalizador *(licenciamento previdenciário)* têm por finalidade verificar, em linhas gerais: a adequação da estrutura organizacional da entidade (análise do Estatuto); os direitos e obrigações que comporão o contrato previdenciário (análise do Regulamento do Plano de Benefícios); e as cláusulas que compõem a relação jurídica de patrocínio (análise do Convênio de Adesão).

Trata-se de *licença administrativa*, e não de autorização administrativa[82], por veicular um direito subjetivo dos participantes, patrocinadores e das entidades de previdência, caso estes atendam aos requisitos legais para sua concessão.

A doutrina de José dos Santos Carvalho Filho[83] auxilia a compreensão da atividade de licenciamento previdenciário:

> Podemos definir licença como o ato vinculado por meio do qual a Administração confere ao interessado consentimento para o desempenho de certa atividade. Não são todas as atividades que reclamam a licença do Poder Público. Há, no entanto, algumas atividades que o indivíduo só pode exercer de forma legítima se obtiver o necessário ato administrativo de licença. Através da licença, o Poder Público exerce seu poder de polícia fiscalizatório, verificando, em cada caso, se existem, ou não, óbices legais ou administrativos para o desempenho da atividade reivindicada.
>
> (...)
>
> Três são os aspectos de relevo que devem ser examinados em relação à licença. O primeiro deles é a sua natureza. Trata-se de ato vinculado, porque o agente não possui qualquer liberdade quanto à avaliação de sua conduta. Se o interessado preenche os requisitos legais para a concessão da licença, tem ele direito a obtê-la, e, se houver denegação, admissível será até mesmo mandado de segurança para superar o abuso (art. 5º, LXIX, CF).
>
> O segundo fator que merece exame reside na iniciativa. O Poder Público não age *ex officio* para outorgar licenças. Depende sempre da deflagração processada pelo interessado, que solicitada o consentimento.
>
> Por fim, deve ser realçado que o direito subjetivo do indivíduo à atividade que pretende desempenhar não se confunde com o desempenho em si. O direito preexiste à licença, mas o desempenho da atividade somente se legitima se o Poder Público exprimir o seu consentimento pela licença. (...)

---

82   Talvez a característica mais marcante da autorização, embora também possa ser classificada, assim como a licença, como ato administrativo de consentimento do Estado, é a ausência de direito subjetivo do interessado em receber a autorização do órgão estatal (discricionariedade administrativa). O Estado mesmo emitindo sua concordância quanto ao exercício da atividade pode, a seu talante (discricionariedade administrativa), revogar essa autorização sem gerar qualquer direito subjetivo de reparação econômica para o particular. Ex: autorização de porte de arma, autorização para a realização de festas populares, etc.

83   CARVALHO FILHO, José dos Santos. Manual de Direito Administrativo. 23ª Ed. Rio de Janeiro: Lumen Juris, 2010, p.155-156.

A constituição da EPC decorre de ato voluntário dos patrocinadores ou instituidores, cabendo a estes apresentar as minutas do Estatuto[84] e demonstrar a presença dos requisitos para receber a licença de funcionamento da entidade, segundo a norma do órgão regulador.

Se todas as exigências legais forem atendidas, o ente fiscalizador estatal faz publicar ato administrativo (Portaria) que é levado ao registro público para averbação, juntamente com o Estatuto.

A partir desse momento a entidade de previdência complementar passa a ter personalidade jurídica, podendo ser sujeito de direitos e obrigações na ordem jurídica previdenciária.

a) Entidades fechadas de previdência complementar (EFPC):

Embora a Lei Complementar nº 109/2001 trate no seu § 1º, art. 31 que as **entidades fechadas** serão constituídas sob a forma jurídica de *fundação ou sociedade civil*, sem fins lucrativos, com o advento do Código Civil (Lei nº 10.406/2002) apenas será possível sua criação sob a forma de *fundação*, considerando que a natureza jurídica das sociedades passou a ser tratada no art. 981 da lei civil como pessoas jurídicas que exercem atividade econômica (sociedades empresárias), o que contraria a ausência de finalidade lucrativa desses entes previdenciários. Então, consideremos que as entidades fechadas são constituídas como fundação de direito privado, sem fins lucrativos, com o traço diferencial de que a fiscalização e a supervisão não serão exercidas pelo órgão do Ministério Público como previsto no art. 66 do Código Civil, mas pelo órgão fiscalizador estatal (PREVIC), conforme art. 72 da Lei Complementar nº 109/2001[85].

Retornando ao momento de criação da pessoa jurídica, bem explicitou Sílvio de Salvo Venosa[86] que:

> Nas fundações, há de início um patrimônio despersonalizado, destinado a um fim. Ao contrário das sociedades e associações, que são uma reunião de pessoas, uma coletividade, as fundações assentam sua razão de ser no patrimônio para certa finalidade. Estatui o art. 62 do Código Civil: Para criar uma fundação, o seu instituidor fará, por escritura pública ou testamento, dotação especial de bens

---

84 A Resolução CGPC nº 08/2004 dispõe sobre normas procedimentais para a formalização de processos de estatutos, regulamentos de plano de benefícios, convênios de adesão e suas alterações nas entidades fechadas.

85 "Art. 72. Compete privativamente ao órgão regulador e fiscalizador das entidades fechadas zelar pelas sociedades civis e fundações, como definido no art. 31 desta Lei Complementar, não se aplicando a estas o disposto nos arts. 26 e 30 do Código Civil e 1.200 a 1.204 do Código de Processo Civil e demais disposições em contrário". Este artigo faz referência aos artigos do revogado Código Civil de 1916, razão pela qual deve o dispositivo ser interpretado segundo o novo panorama normativo do direito civil em vigor.

86 VENOSA, Sílvio de Salvo. Direito civil: parte geral. 10ª edição. São Paulo: Atlas, 2010, p.271.

O PLANO DE BENEFÍCIOS E OS ELEMENTOS DA RELAÇÃO JURÍDICA PREVIDENCIÁRIA **97**

> livres, especificando o fim a que se destina, e declarando, se quiser, a maneira de administrá-la.
>
> Trata-se, portanto, de acervo de bens que recebe personalidade para realizar fins determinados. O patrimônio se personaliza quando a fundação obtém sua existência legal. Não é qualquer destinação de bens que constitui uma fundação. É necessário o ato de personificação. (...)
>
> Para a constituição da fundação há dois momentos bem delineados: o ato de fundação propriamente dito, que é sua constituição emanada de vontade, e o ato de dotação de um patrimônio, que lhe dará vida. (...)

As entidades fechadas registram seus estatutos no Cartório de Registro de Pessoas Jurídicas. O patrimônio pode ser formado por uma dotação inicial, realizada pelo patrocinador ou instituidor, ou ir se constituindo na medida em que os planos de benefícios administrados pela entidade são executados, pelo repasse das contribuições realizadas pelos participantes, assistidos e patrocinadores.

As entidades fechadas podem ser criadas por empresas ou por entes estatais (fundos de pensão patrocinados), aos seus empregados ou servidores públicos[87], ou por associações e cooperativas (fundos de pensão instituídos, sem patrocínio ou aporte de recursos pelo instituidor), para os associados ou membros de pessoas jurídicas de caráter profissional, classista ou setorial (ex: associações, sindicatos, federações e confederações de trabalhadores ou empregadores, cooperativas de trabalho, etc.).

LC 109/2001:

> Art. 31. As entidades fechadas são aquelas acessíveis, na forma regulamentada pelo órgão regulador e fiscalizador, exclusivamente:
>
> I – aos empregados de uma empresa ou grupo de empresas e aos servidores da União, dos Estados, do Distrito Federal e dos Municípios, entes denominados patrocinadores; e
>
> II – aos associados ou membros de pessoas jurídicas de caráter profissional, classista ou setorial, denominadas instituidores. (...)

Da iniciativa de criação da pessoa jurídica surge uma primeira divisão conceitual. A das entidades fechadas patrocinadas (**fundos patrocinados**) e a das entidades fechadas instituídas (**fundos instituídos**), estas últimas uma novidade da LC nº 109/2001, pois no sistema anterior da Lei nº 6.435/77 não havia previsão dessa forma de estruturação jurídica dos fundos de pensão. Atualmente, os fundos

---

87 A criação de fundos de pensão para a concessão de benefícios de previdência complementar para os servidores públicos efetivos foi uma inovação da EC 20/98 que alterou o art. 40 da CF (inserção dos §§ 14, 15 e 16) para prever a possibilidade das entidades públicas limitarem o valor dos benefícios concedidos aos seus servidores ao valor-teto do salário-de-benefício pago pelo RGPS aos trabalhadores da iniciativa privada.

instituídos possuem grande potencial de crescimento, principalmente em relação ao oferecimento de planos instituídos por cooperativas de trabalho[88].

Quando a EFPC for criada por instituidor, deve esta, por força de disposição legal (art. 31, § 2º da LC 109/2001), terceirizar a gestão dos recursos garantidores das reservas técnicas e provisões mediante a contratação de instituição especializada autorizada a funcionar pelo Banco Central do Brasil e ofertar exclusivamente plano de benefícios na modalidade de contribuição definida.

Roberto Messina[89] justifica a existência dessa específica exigência legal para as entidades fechadas conhecidas como fundos instituídos argumentando:

> Já os §§ 2º e 3º do dispositivo em comento possuem o incontrastável intuito de assegurar maior controle e confiabilidade na gestão dos recursos reunidos nas entidades fechadas de previdência complementar de caráter associativo. Assim, no caso das entidades fechadas de previdência complementar com planos instituídos, por sua especial característica associativa desvinculada do mundo empresarial e também pela importante razão da contenção de custos, o legislador exigiu a separação da atividade de gestão dos ativos, determinando sua terceirização para pessoa jurídica autorizada pelo Banco Central do Brasil ou outro órgão competente.
>
> A razão disso é curial. A capitalização, na previdência complementar, é aspecto fundamental para o cumprimento do compromisso de pagar benefícios em tempo futuro. E, no mundo complexo em que vivemos, a gestão de recursos em investimentos é assunto que demanda o concurso de especialistas, o que nem sempre é possível obter em uma entidade fechada de previdência complementar composta por associações de pessoas, trabalhadores ou profissionais que, na maioria das vezes, não lidam com investimentos, institucionalmente. Tampouco faz sentido que entidades dessa natureza sejam obrigadas a alterar sua composição, ampliando seus custos para capacitarem-se em atividades altamente especializadas.

A exigência da constituição pelos fundos instituídos de planos de benefícios apenas na modalidade de contribuição definida deve-se ao fato da precaução do legislador em evitar o mutualismo no resultado financeiro deficitário inerente aos planos da modalidade de benefício definido. Como veremos mais adiante, nestes planos de contribuição definida o participante conhece apenas o valor de sua contribuição, sendo o valor da prestação resultado dos recursos acumulados durante o período contributivo, cabendo ao próprio participante absorver os resultados financeiros positivos (*superávits*) ou negativos (*déficits*), sem qualquer mutualismo financeiro entre os recursos pertencentes aos participantes.

---

88 MARTINS, Danilo Miranda Ribeiro; e COELHO, Fábio Henrique de Sousa. Cooperativas de Crédito e Entidades Fechadas de Previdência Complementar – Possibilidades Inexploradas. Revista de Previdência nº 11. Rio de Janeiro: Gramma, p.157-164.

89 MESSINA, Roberto Eiras. Lei da previdência complementar anotada. São Paulo: Saraiva, 2011, p.109-110.

O PLANO DE BENEFÍCIOS E OS ELEMENTOS DA RELAÇÃO JURÍDICA PREVIDENCIÁRIA

Nas entidades fechadas, como não poderia deixar de ser, os patrimônios do gestor dos recursos, do instituidor e da entidade fechada devem manter-se segregados, em respeito ao princípio da independência patrimonial.

O órgão regulador estabeleceu na Resolução CGPC nº 12/2002 (art. 4º) que, nos fundos instituídos, *"o instituidor que requerer a constituição de EFPC deverá comprovar que congrega, no mínimo, mil associados ou membros de categoria ou classe profissional, em seu âmbito de atuação, e que possui registro regular, na condição de pessoa jurídica de caráter profissional, classista ou setorial, há pelo menos três anos"*, atendendo à exigência do § 4º do art. 31 da LC 109/2001.

Estes requisitos mínimos buscam evitar que fundos de pensão sejam criados por associações que não possuem número de membros suficiente para tornar viável financeiramente o funcionamento da entidade fechada. Já a exigência de tempo mínimo de funcionamento para os instituidores (três anos) também busca evitar que associações recém-criadas, ainda não consolidadas no seu ramo de atividade, ofertem plano de benefícios através de entidades fechadas, sendo uma maneira encontrada pelo legislador de estimular a criação de entes previdenciários somente por aquelas pessoas jurídicas que, ao menos em tese, tenham porte e lastro institucional que torne possível a oferta responsável de planos de benefícios previdenciários.

Estes são os requisitos mínimos para a existência válida de EFPC criadas por instituidor.

A EFPC será conhecida como **singular**, quando estiver vinculada a apenas um patrocinador ou instituidor; e como **multipatrocinadas**, quando congregarem mais de um patrocinador ou instituidor. Essa a dicção do art. 34 da LC nº 109/2001.

Quanto à estrutura organizacional, também conhecida entre os especialistas da previdência complementar como *estrutura de governança*, as entidades fechadas deverão manter estrutura composta por **Conselho Deliberativo, Conselho Fiscal e Diretoria-Executiva**.

Como bem leciona Adacir Reis[90],

> Falar de governança é tratar do "governo interno" de uma entidade fechada de previdência complementar; é falar das formas de funcionamento dessa entidade, como se distribui e se exerce o poder em suas instâncias decisórias; é tratar de suas formas de relacionamento entre conselhos, diretoria, gerências e prestadores de serviços; é dispor sobre o relacionamento com os patrocinadores ou instituidores, participantes e assistidos dos planos de benefícios; é

---

90   REIS, Adacir. Curso Básico de Previdência Complementar. São Paulo: Editora Revista dos Tribunais. 2014. p.37-38.

ainda aferir seu nível de transparência, de comunicação, de profissionalismo e de controles.

(...)

A concepção de governança corporativa prevista nas Leis Complementares 108/2001 e 109/2001 é a de que a entidade fechada de previdência complementar deve ter uma engenharia de freios e contrapesos, em que cada órgão estatutário atue em sintonia com os demais, o que não quer dizer, porém, coincidência de posições. A sintonia, que se afirma até mesmo na divergência, pressupõe um permanente e pré-definido fluxo de informações entre as diversas instâncias. Trata-se de uma retroalimentação permanente. Todo órgão estatutário é receptor e produtor (emissor) de informações, praticando atos que repercutirão nos demais.

O Conselho Deliberativo é o órgão administrativo máximo das entidades fechadas, a quem cabe definir as diretrizes gerais de atuação da entidade e de seus planos de benefícios, como: a política geral de administração da entidade e de seus planos de benefícios; a alteração do estatuto e do regulamento do plano de benefícios, bem como a implantação e a extinção dos planos e a retirada de patrocinador; a gestão dos investimentos e o plano de aplicação dos recursos financeiros; a autorização dos investimentos; a contratação de auditor independente atuário e de avaliador de gestão; a nomeação e exoneração dos membros da Diretoria-Executiva; e o exame, em grau de recurso, das decisões da Diretoria-Executiva.

O Conselho Fiscal é o órgão de fiscalização interno da entidade fechada, a quem cabe uma das funções mais importantes sob o aspecto administrativo, que é verificar a regularidade da atuação dos membros da Diretoria Executiva e do Conselho Deliberativo, resguardando os interesses da própria entidade fechada, dos participantes, assistidos e patrocinadores, e dos planos de benefícios por ela administrados.

A Diretoria Executiva é órgão responsável pela administração da entidade, conforme as políticas fixadas pelo Conselho Deliberativo, dando operacionalidade e funcionamento à entidade fechada, realizando investimentos, contratando empregados e serviços terceirizados, analisando os pedidos de benefícios e concedendo-os, prestando informações dos planos aos interessados, etc.

O estatuto da EFPC deverá prever representação dos participantes e assistidos no Conselho Deliberativo e no Conselho Fiscal, assegurado a eles no mínimo um terço das vagas[91]. Na composição das vagas destinadas aos participantes e assistidos nos Conselhos Deliberativo e Fiscal das entidades qualificadas como multipatrocinadas, deverá ser considerada regra de proporcionalidade, reservando-se

---

91 Sobre como se estrutura a governança das EFPC, sugerimos a leitura do tópico que trata das regras de governança das entidades fechadas com patrocínio público.

O PLANO DE BENEFÍCIOS E OS ELEMENTOS DA RELAÇÃO JURÍDICA PREVIDENCIÁRIA

101

maior número de assentos para os patrocinadores com maior número de participantes e com maior patrimônio.

A LC nº 109/2001 estabeleceu requisitos mínimos para a nomeação dos membros dos órgãos estatutários. Os membros do Conselho Deliberativo ou do Conselho Fiscal deverão demonstrar (§ 3º, art. 35): I – comprovada experiência no exercício de atividades nas áreas financeira, administrativa, contábil, jurídica, de fiscalização ou de auditoria; II – não ter sofrido condenação criminal transitada em julgado; e III – não ter sofrido penalidade administrativa por infração da legislação da seguridade social ou como servidor público. Os membros da Diretoria-Executiva, além dos requisitos previstos para os membros dos Conselhos Deliberativo e Fiscal, deverão ter formação em nível superior.

Embora a LC nº 109/2001 seja rigorosa ao estabelecer requisitos para o provimento dos cargos de governança das EFPC, traz no § 8º, art. 35 regra de exceção para permitir, desarrazoadamente, em caráter excepcional, a ocupação de até trinta por cento dos cargos da Diretoria-Executiva por membros sem formação de nível superior, sendo assegurada a possibilidade de participação neste órgão de pelo menos um membro, quando da aplicação do referido percentual resultar número inferior à unidade. É um dispositivo que atenta contra a necessária qualificação técnica que devem possuir os dirigentes dos fundos de pensão, com maior razão aqueles dirigentes que realizam a gestão da entidade.

Os requisitos legais para provimento nos cargos da Diretoria-Executiva, Conselho Deliberativo e Conselho Fiscal devem estar presentes não somente no ingresso do dirigente no cargo estatutário, mas também durante o transcorrer do mandato ou do exercício do cargo pelo dirigente, sob pena de perda do cargo.

A EFPC deverá informar à Previc o responsável pelas aplicações dos recursos financeiros da entidade, escolhido entre os membros da Diretoria-Executiva, exigência esta destinada a facilitar a individualização do eventual responsável na apuração de irregularidades na aplicação dos recursos financeiros da entidade fechada, medida esta também exigida pelo art. 39, II da LC nº 109/2001 em relação às entidades abertas. A pessoa designada é conhecida como *administrador estatutário tecnicamente qualificado (AETQ)*, conforme a previsão do art. 7º da Resolução CMN nº 3.792/2009 que exige que o AETQ e os demais profissionais responsáveis pelo processo decisório na área de investimentos possuam certificação em entidade de reconhecido mérito pelo mercado financeiro nacional[92].

---

92 A Resolução CNPC Nº 19, de 30 de março de 2015, dispõe sobre os processos de certificação, habilitação e qualificação no âmbito das entidades fechadas de previdência complementar. Será exigida certificação para o exercício dos cargos e funções de membro da diretoria-executiva, do conselho fiscal e do conselho deliberativo; membro dos comitês de assessoramento que atuem na avaliação e aprovação de investimentos; e demais empregados da EFPC diretamente responsáveis pela aplicação dos recursos garantidores dos planos. O membro da diretoria-executiva,

Resolução CMN nº 3.792/2009:

Art. 7º. Nos termos do Art. 35, §§ 5º e 6º, da Lei Complementar nº 109, de 2001, a EFPC deve designar o administrador estatutário tecnicamente qualificado (AETQ), responsável pela gestão, alocação, supervisão, controle de risco e acompanhamento dos recursos garantidores de seus planos e pela prestação de informações relativas à aplicação desses recursos.

Art. 8º – A aplicação dos recursos dos planos da EFPC requer que seus administradores e demais participantes do processo decisório dos investimentos sejam certificados por entidade de reconhecida capacidade técnica.

§ 1º – O disposto no caput se aplica:

I – ao AETQ;

II – à diretoria-executiva;

III – à maioria dos membros do conselho deliberativo;

IV – aos membros dos comitês de assessoramento que atuem diretamente com investimentos; e

V – a todos os demais empregados da EFPC diretamente responsáveis pela aplicação dos recursos de que trata o Art. 1º desta Resolução.

§ 2º – A partir de 31 de dezembro de 2014, os membros elencados nos incisos II, III e IV do § 1º terão prazo de um ano, a contar da data de nomeação, para obter a certificação.

§ 3º – A certificação prevista no caput deve ser renovada em periodicidade não superior a quatro anos, contados da data da última certificação.

Os demais membros da Diretoria-Executiva responderão solidariamente com o AETQ nas infrações à legislação de previdência complementar e do Conselho Monetário Nacional apenas quando tenham concorrido para a ocorrência dos danos e prejuízos causados à entidade.

A LC nº 109/2001 permite que os membros da Diretoria-Executiva e dos Conselhos Deliberativo e Fiscal sejam remunerados pelas entidades fechadas, sendo regra comum a retribuição financeira pela atividade exercida no fundo de pensão.

b) Entidades abertas de previdência complementar (EAPC):

Quanto às **entidades abertas,** são constituídas sob a forma de sociedades anônimas (também conhecidas como *sociedades por ações* ou *companhias*), iniciando sua personalidade jurídica com o registro do seu Estatuto na Junta Comercial da

---

do conselho fiscal e do conselho deliberativo e o membro dos comitês de assessoramento que atuem na avaliação e aprovação de investimentos terão prazo de um ano, a contar da data da posse, para obterem certificação, exceto o AETQ, que deverá ser certificado previamente ao exercício no cargo. A certificação deve ser realizada por instituição autônoma, responsável pela emissão, manutenção e controle dos certificados e com capacidade técnica reconhecida pela Previc. O processo de certificação deve estar associado ao exercício da respectiva atividade. Os certificados terão validade máxima de quatro anos.

O PLANO DE BENEFÍCIOS E OS ELEMENTOS DA RELAÇÃO JURÍDICA PREVIDENCIÁRIA **103**

localidade em que é constituída, nos termos do art. 1.150 do Código Civil e art. 114, II da Lei nº 6.015/73:

> Código Civil:
>
> Art. 1.150. O empresário e a sociedade empresária vinculam-se ao Registro Público de Empresas Mercantis a cargo das Juntas Comerciais, e a sociedade simples ao Registro Civil das Pessoas Jurídicas, o qual deverá obedecer às normas fixadas para aquele registro, se a sociedade simples adotar um dos tipos de sociedade empresária.
>
> **Lei nº 6.015/73:**
>
> Art. 114. No Registro Civil de Pessoas Jurídicas serão inscritos:
>
> I – os contratos, os atos constitutivos, o estatuto ou compromissos das sociedades civis, religiosas, pias, morais, científicas ou literárias, bem como o das fundações e das associações de utilidade pública;
>
> II – as sociedades civis que revestirem as formas estabelecidas nas leis comerciais, **salvo as anônimas.** *(grifamos)*

A constituição e a forma de organização jurídica das entidades abertas não foram disciplinadas pela legislação de previdência complementar, sendo aplicável a Lei nº 6.404/76 que regula as sociedades anônimas (por ações).

Como bem asseverou WEINTRAUB[93], *"segundo o art. 36 da Lei Complementar 109, entidades abertas são obrigatoriamente sociedades anônimas. Bancos, instituições financeiras e seguradoras (que operam exclusivamente no ramo vida) são exemplos de pessoas jurídicas que podem oferecer tais planos, mas nada impede a criação de sociedade anônima com objetivo social exclusivo de oferecimento de planos abertos".*

A constituição das sociedades anônimas (entidades abertas) inicia-se com a subscrição, de pelo menos duas pessoas, conhecidas como sócios fundadores, de todas as ações em que divide o capital social fixado no estatuto.

O órgão máximo de deliberação da sociedade anônima é a Assembleia-Geral, que possui atribuições (art. 122 da Lei nº 6.404/76) para reformar o estatuto social; eleger ou destituir, a qualquer tempo, os administradores e fiscais da companhia; tomar, anualmente, as contas dos administradores e deliberar sobre as demonstrações financeiras por eles apresentadas; autorizar a emissão de debêntures; suspender o exercício dos direitos do acionista; deliberar sobre a avaliação de bens com que o acionista concorrer para a formação do capital social; autorizar a emissão de partes beneficiárias; deliberar sobre transformação, fusão, incorporação e cisão da companhia, sua dissolução e liquidação, eleger e destituir

---

93 WEINTRAUB, Arthur Bragança de Vasconcellos. Previdência Privada. Doutrina e Jurisprudência. São Paulo: Quartier Latin, 2005, p.100.

liquidantes e julgar-lhes as contas; e autorizar os administradores a confessar falência e pedir concordata.

A Assembleia-Geral, convocada e instalada de acordo com a lei e o estatuto, tem poderes para decidir todos os negócios relativos ao objeto da companhia e tomar as decisões que julgar convenientes à defesa e desenvolvimento da sociedade anônima.

A administração da companhia competirá, conforme dispuser o estatuto, ao Conselho de Administração e à Diretoria, ou somente à Diretoria, quando for o caso. O Conselho de Administração é órgão de deliberação colegiada, sendo a representação da companhia privativa dos diretores, cabendo ao referido órgão (art. 142 da Lei nº 6.404/76): fixar a orientação geral dos negócios da companhia; eleger e destituir os diretores da companhia e fixar-lhes as atribuições, observado o que a respeito dispuser o estatuto; fiscalizar a gestão dos diretores, examinar, a qualquer tempo, os livros e papéis da companhia, solicitar informações sobre contratos celebrados ou em via de celebração, e quaisquer outros atos; convocar a Assembleia-Geral quando julgar conveniente ou Assembleia Geral Ordinária; manifestar-se sobre o relatório da administração e as contas da Diretoria; manifestar-se previamente sobre atos ou contratos, quando o estatuto assim o exigir; deliberar, quando autorizado pelo estatuto, sobre a emissão de ações ou de bônus de subscrição; autorizar, se o estatuto não dispuser em contrário, a alienação de bens do ativo não circulante, a constituição de ônus reais e a prestação de garantias a obrigações de terceiros; e escolher e destituir os auditores independentes, se houver.

A entidade aberta também terá um Conselho Fiscal, a quem caberá (art. 163 da Lei nº 6.404/76): fiscalizar, por qualquer de seus membros, os atos dos administradores e verificar o cumprimento dos seus deveres legais e estatutários; opinar sobre o relatório anual da administração, fazendo constar do seu parecer as informações complementares que julgar necessárias ou úteis à deliberação da Assembleia-Geral; opinar sobre as propostas dos órgãos da administração, a serem submetidas à Assembleia-Geral, relativas à modificação do capital social, emissão de debêntures ou bônus de subscrição, planos de investimento ou orçamentos de capital, distribuição de dividendos, transformação, incorporação, fusão ou cisão; denunciar, por qualquer de seus membros, aos órgãos de administração e, se estes não tomarem as providências necessárias para a proteção dos interesses da companhia, à Assembleia-Geral, os erros, fraudes ou crimes que descobrirem, e sugerir providências úteis à companhia; convocar a Assembleia-Geral Ordinária, se os órgãos da administração retardarem por mais de 1 (um) mês essa convocação, e a extraordinária, sempre que ocorrerem motivos graves ou urgentes, incluindo na agenda das assembleias as matérias que considerarem necessárias; analisar, ao menos trimestralmente, o balancete e demais demonstrações financeiras elaboradas periodicamente pela companhia; examinar as demonstrações financeiras do

O PLANO DE BENEFÍCIOS E OS ELEMENTOS DA RELAÇÃO JURÍDICA PREVIDENCIÁRIA

exercício social e sobre elas opinar; e exercer essas atribuições, durante a liquidação, tendo em vista as disposições especiais que a regulam.

Essas entidades abertas terão o capital dividido em ações, e a responsabilidade dos sócios ou acionistas será limitada ao preço de emissão das ações subscritas ou adquiridas, exercendo, para os fins legais, atividade mercantil e regida pelas leis e usos do comércio.

Ou seja, enquanto nas entidades fechadas os riscos da atividade econômica são suportados pelos próprios participantes e patrocinadores, estes quando for o caso, nas entidades abertas os eventuais resultados financeiros negativos ou deficitários também são suportados pela pessoa jurídica, havendo verdadeira transferência dos riscos da atividade previdenciária do plano de benefícios para a entidade gestora dos recursos, não sendo aplicável nas abertas, por essas razões, o *princípio da independência patrimonial* quanto à responsabilidade financeira do patrimônio da pessoa jurídica em relação aos benefícios contratados.

A responsabilidade patrimonial dos sócios das entidades abertas apenas se daria se não tiverem integralizado as ações adquiridas perante a sociedade comercial, como bem aponta a doutrina[94]:

> O acionista contrai com a sociedade que passa a integrar uma obrigação – a de realizar, nas condições previstas no estatuto ou no boletim de subscrição, a prestação correspondente às ações subscritas ou adquiridas.
>
> Integralizadas estas, nenhuma responsabilidade subsiste, quer para com a sociedade, quer para com terceiros. Não integralizadas as ações, na forma do que prescrever o estatuto ou o boletim de subscrição, e, na omissão destes, por avisos de chamada, publicados por três vezes na imprensa, decorrido o prazo de 30 dias, estará o acionista de pleno direito constituído em mora, facultado à companhia haver seu crédito por processo de execução por título extrajudicial, na forma do que prescreve o art. 107, I, da Lei nº 6.404/76, combinado com o art. 585, VIII, do Código de Processo Civil: (...)

No tocante à escolha dos dirigentes das EAPC, coube à Resolução CNSP 136/2005 tratar da matéria. Dispõe o referido ato normativo que a posse e o exercício de cargos em órgãos estatutários das entidades abertas de previdência complementar são privativos de pessoas cuja eleição ou nomeação tenham sido homologadas pela Susep (art. 2º). Constituem condições básicas para o exercício dos cargos em órgãos estatutários: I – não estar impedido por lei geral ou especial; II – ter reputação ilibada; III – ser residente no País, nos casos de diretor ou de conselheiro fiscal; IV – não responder, nem qualquer empresa da qual seja controlador ou administrador, por pendências relativas a protesto de títulos, cobranças judiciais, emissão de cheques sem fundos, inadimplemento de obrigações e

---

94   ALMEIDA, Amador Paes de. Manual das sociedades comerciais (direito de empresa). 20ª edição. São Paulo: Saraiva, 2012, p.403.

outras ocorrências ou circunstâncias análogas; V – não estar declarado falido ou insolvente, ou ter participado da administração ou controlado firma ou sociedade falida, liquidada, em liquidação ou insolvente; e VI – não estar declarado inabilitado ou suspenso para o exercício de cargos estatutários em sociedades seguradoras, de capitalização e entidades abertas de previdência complementar ou em outras instituições sujeitas à autorização, ao controle ou à fiscalização de órgão ou entidade da administração pública direta ou indireta.

Além das condições básicas referidas, o exercício de qualquer cargo estatutário deverá obedecer aos seguintes requisitos de capacitação técnica, segundo o art. 4º da Resolução CNSP 136/2005:

> I – os membros de conselho de administração, deliberativo, consultivo e fiscal deverão ter exercido função de direção em sociedades anônimas, entidades públicas ou privadas ou órgãos da administração pública federal, estadual ou municipal, pelo prazo mínimo de dois anos, ou ser pessoa de notória capacidade e renome em suas atividades;

> II – os membros de diretoria deverão ter exercido função de direção ou gerência, em entidades públicas ou privadas, similar a do cargo que pretende ocupar, pelo período mínimo de dois anos, sendo exigível do responsável por área técnica experiência no setor de seguros, capitalização ou previdência, conforme o caso; e

> III – os membros do conselho fiscal deverão ser graduados em curso de nível superior, ou igualmente equiparados, realizado no País ou no Exterior, conforme dispõe a Lei das Sociedades por Ações.

A Resolução CNSP nº 166, de 2007 disciplina os requisitos e procedimentos para constituição, autorização para funcionamento, transferência de controle societário, reorganização societária e cancelamento de autorização para funcionamento das entidades abertas de previdência complementar.

Traço diferencial entre os regimes aberto e fechado de previdência complementar, talvez o mais importante quanto aos efeitos jurídicos produzidos, é a natureza jurídica das atividades desenvolvidas.

Como dito, para as entidades fechadas a legislação prevê sua organização como fundação civil, **sem fins lucrativos** (§ 1º, art. 31 da LC 109/2001[95]). Já as entidades abertas são constituídas unicamente sob a forma de sociedades anônimas

---

95 Este art. 31 da LC 109/2001 padeceu de técnica jurídica ao dispor que "as entidades fechadas são aquelas acessíveis (...) I – aos empregados de uma empresa ou grupo de empresas e aos servidores da União, dos Estados, do Distrito Federal e dos Municípios, entes denominados patrocinadores; e II – aos associados ou membros de pessoas jurídicas de caráter profissional, classista ou setorial, denominadas instituidores", pois os participantes e assistidos, tecnicamente, não *integram* a Entidade, mas aderem a plano de benefícios por ela administrado. As entidades fechadas, pois, são administradoras de recursos de terceiros.

O PLANO DE BENEFÍCIOS E OS ELEMENTOS DA RELAÇÃO JURÍDICA PREVIDENCIÁRIA **107**

(art. 36 da LC 109/2001), pessoa jurídica vocacionada ao tráfego comercial, atuando no mercado **com fins lucrativos**.

Desses dispositivos surge a diferença nodal da atuação das entidades abertas e fechadas: o exercício ou não de atividade lucrativa, permitido na primeira.

O **fim lucrativo** corresponde à possibilidade dessas entidades abertas distribuírem entre seus sócios os eventuais excedentes financeiros e não revertê-los em favor do próprio plano de benefícios, com a redução das contribuições, por exemplo, como ocorre nas entidades fechadas em eventuais resultados superavitários do plano de benefícios.

Não obstante serem as fundações e sociedades anônimas as formas naturais ou ordinárias que se revestem as entidades fechadas e abertas, respectivamente, encontram-se previstas na LC nº 109/2001 duas outras formas excepcionais de personalidade jurídica para operar planos de benefícios.

A primeira, consta no parágrafo único do art. 36, em que as sociedades seguradoras autorizadas a operar exclusivamente no ramo vida podem continuar a operar planos de benefícios de previdência complementar, devendo, nesse caso, adequar-se às disposições da LC nº 109/2001.

> **LC nº 109/2001:**
>
> Art. 36. As entidades abertas são constituídas unicamente sob a forma de sociedades anônimas e têm por objetivo instituir e operar planos de benefícios de caráter previdenciário concedidos em forma de renda continuada ou pagamento único, acessíveis a quaisquer pessoas físicas.
>
> *Parágrafo único. As sociedades seguradoras autorizadas a operar exclusivamente no ramo vida poderão ser autorizadas a operar os planos de benefícios a que se refere o caput, a elas se aplicando as disposições desta Lei Complementar. (grifamos)*

Sociedades seguradoras que atuam no ramo vida são aquelas disciplinadas pelo Decreto-Lei nº 73/66, também constituídas como sociedades anônimas, que comercializam contratos de seguro de pessoas ao público em geral, nos moldes dos artigos 789 a 802 do Código Civil.

A segunda situação é a do art. 77 da LC nº 109/2001 (entidades abertas *sem fins lucrativos*) que, em verdade, traça uma norma de caráter transitório para permitir a continuidade da atividade e da organização jurídica como sociedade civil dessas entidades gestoras de planos de benefícios da previdência complementar.

> **LC 109/2001:**
>
> Art. 77. As **entidades abertas sem fins lucrativos e as sociedades seguradoras** autorizadas a funcionar em conformidade com a Lei no 6.435, de 15 de julho de 1977, terão o prazo de dois anos para se adaptar ao disposto nesta Lei Complementar.

§ 1º No caso das entidades abertas sem fins lucrativos já autorizadas a funcionar, é permitida a manutenção de sua organização jurídica como sociedade civil, sendo-lhes vedado participar, direta ou indiretamente, de pessoas jurídicas, exceto quando tiverem participação acionária:

(...) (grifamos)

Como bem afirma MESSINA[96], *"o legislador foi sensível o suficiente para autorizar a manutenção de entidades que já se estruturavam sob aquela formatação, estabelecendo, entretanto, algumas regras que mais adequadamente permitissem o seu acompanhamento, como vedar sua participação direta ou indireta de sociedades anônimas de capital aberto, exceto na condição de minoritária e em caso de sociedade seguradora, ou de capitalização, exceto quando empresas de suporte ao seu funcionamento".*

4.2. Participantes, assistidos e beneficiários

Os participantes, assistidos e beneficiários são as pessoas físicas destinatárias da proteção social (segurados).

Somente as pessoas físicas podem figurar como sujeito de direitos previdenciários na previdência complementar.

Apenas por uma questão conceitual a legislação entendeu por bem diferenciá-los, conforme estejam ou não em gozo de benefícios, para considerar participantes aqueles que aderiram ao plano e ainda não satisfizeram os requisitos contratuais de elegibilidade para a concessão do benefício, por isso ainda se encontram na fase de acumulação das reservas, enquanto que assistidos aqueles que já estão em gozo de benefício, por terem cumprido todos os requisitos regulamentares para tanto.

Os beneficiários são as pessoas físicas designadas no contrato previdenciário que, quando ocorrida a situação de risco social protegida contratualmente, passam a receber as prestações contratadas, sendo a mais comum a pensão por morte em razão do falecimento do participante, quando os beneficiários também são chamados de *pensionistas*. Podemos compará-los aos dependentes do RGPS, embora sua qualidade de dependente seja fixada por força de contrato, não em decorrência de lei como ocorre naquele regime público previdenciário.

Uma questão que surge na doutrina é se o participante do plano possui liberdade irrestrita para a indicação do beneficiário ou se há a necessidade prévia deste manter uma relação de dependência econômica em relação ao participante do plano, como ocorre no RGPS[97].

---

96 MESSINA, Roberto Eiras. Lei da previdência complementar anotada. São Paulo: Saraiva, 2011, p.204.

97 CASSA, Ivy. Contrato de previdência privada. São Paulo: MP Ed, 2009, pg.116.

O PLANO DE BENEFÍCIOS E OS ELEMENTOS DA RELAÇÃO JURÍDICA PREVIDENCIÁRIA **109**

Entendemos que nada impede o participante indicar como beneficiária pessoa física diversa daquela que figura como herdeira, na forma da lei civil de sucessões, ou como dependente do regime público previdenciário ao qual faça parte, por serem relações jurídicas distintas e independentes. A designação do beneficiário no contrato de previdência complementar está inserida na tessitura da autonomia da vontade do participante que pode ou não optar por ampliar a proteção social dos dependentes previdenciários, exceto se no plano de benefícios tal vinculação esteja prevista contratualmente. Tudo dependerá de como estiver configurado o regulamento do plano de benefícios, que, se nada prevê, permite ao participante contemplar a proteção previdenciária para terceiros não herdeiros ou não arrolados como dependentes nos regimes públicos previdenciários.

O plano de previdência complementar é muito utilizado para destinar valores a terceiros que não figuram na linha sucessória do participante. A designação do beneficiário funda-se na previsão do art. 73 da LC 109/2001 que prevê a aplicação subsidiária da legislação sobre seguros de pessoas na previdência complementar, havendo dispositivo no Código Civil (Art. 794) que estabelece "no seguro de vida ou de acidentes pessoais para o caso de morte, o capital estipulado não está sujeito às dívidas do segurado, nem se considera herança para todos os efeitos de direito".

O STJ tem determinado a entidades de previdência privada a concessão de benefícios previdenciários para pessoas que não figuram formalmente como beneficiárias no regulamento do plano de benefícios, interpretando extensivamente o direito subjetivo dos companheiros em união estável ou em união homoafetiva.

> A previdência privada não perde o seu caráter social pelo só fato de decorrer de avença firmada entre particulares. Assim, incontroversa a união estável, como no caso, a companheira de participante de plano dessa natureza faz jus à pensão por morte, mesmo não estando expressamente inscrita no instrumento de adesão. (STJ. REsp 844522/MG. Relator Ministro César Asfor Rocha. Órgão Julgador: 4ª turma. Data do Julgamento: 05/12/2006).

> A proteção social ao companheiro homossexual decorre da subordinação dos planos complementares privados de previdência aos ditames genéricos do plano básico estatal do qual são desdobramento no interior do sistema de seguridade social" de modo que "os normativos internos dos planos de benefícios das entidades de previdência privada podem ampliar, mas não restringir, o rol dos beneficiários a serem designados pelos participantes". O direito social previdenciário, ainda que de caráter privado complementar, deve incidir igualitariamente sobre todos aqueles que se colocam sob o seu manto protetor. Nessa linha de entendimento, aqueles que vivem em uniões de afeto com pessoas do mesmo sexo, seguem enquadrados no rol dos dependentes preferenciais dos segurados, no regime geral, bem como dos participantes, no regime complementar de previdência, em igualdade de condições com todos os demais beneficiários em situações análogas. Incontroversa a união nos mesmos moldes em que a estável, o companheiro participante de plano de previdência privada faz jus à pensão por morte, ainda que não esteja expressamente inscrito no

instrumento de adesão, isso porque "a previdência privada não perde o seu caráter social pelo só fato de decorrer de avença firmada entre particulares". Mediante ponderada intervenção do Juiz, munido das balizas da integração da norma lacunosa por meio da analogia, considerando-se a previdência privada em sua acepção de coadjuvante da previdência geral e seguindo os princípios que dão forma à (sic) Direito Previdenciário como um todo, dentre os quais se destaca o da solidariedade, são considerados beneficiários os companheiros de mesmo sexo de participantes dos planos de previdência, sem preconceitos ou restrições de qualquer ordem, notadamente aquelas amparadas em ausência de disposição legal. Registre-se, por fim, que o alcance deste voto abrange unicamente os planos de previdência privada complementar, a cuja competência estão adstritas as Turmas que compõem a Segunda Seção do STJ. Recurso especial provido. (STJ. REsp 1026981/RJ. Relatora Ministra Nancy Andrighi. Órgão Julgador: 3ª turma. Data do Julgamento: 04/02/2010).

Embora reconheça o apelo social e inclusivo do entendimento firmado pelo STJ, sob o ponto de vista financeiro e atuarial a interpretação extensiva firmada pelo tribunal traz consigo o risco do desequilíbrio do custeio do plano de benefícios, considerando que a determinação judicial para que seja considerado como beneficiária pessoa com vínculo de parentesco ou afetivo não previsto no regulamento do plano impõe o acréscimo de custos que não foram considerados inicialmente na formação do contrato previdenciário. Há de se ter muito cuidado com esse tipo de decisão judicial, que muitas vezes simplesmente transporta o entendimento jurisprudencial firmado nos regimes públicos previdenciários obrigatórios (RPPS e RGPS) para a previdência privada. Naqueles, o próprio Estado assume eventuais insuficiências financeiras para o pagamento dos benefícios previdenciários, socializando as despesas de custeio previdenciário. Eventuais decisões judiciais que ampliem os direitos subjetivos previdenciários será, ao final, custeada pela própria sociedade e pelo Estado, como é bastante comum nas interpretações jurisprudenciais empreendidas em favor dos trabalhadores rurais. Na previdência privada complementar isso não ocorre. Eventuais acréscimos financeiros no custeio do plano terão sua cobertura realizada pelos próprios participantes e patrocinadores que integram aquele plano, sem qualquer solidariedade estatal, o que implica dizer que o grupo de participantes e assistidos do plano custeará o pagamento do benefício concedido judicialmente ao autor da ação, o que, sob a ótica do seguro privado, mostra-se inconcebível e financeiramente inviável, por importar na redução da poupança previdenciária pertencente ao participante ou ao grupo que não se utilizou da via judicial.

A qualidade de participante exige, como pressuposto de validade do contrato previdenciário, sob pena de nulidade, a capacidade para a prática dos atos da vida civil, que no direito brasileiro é de dezoito anos de idade (art. 5º do Código Civil).

É possível argumentar se a exigência da maioridade civil para a adesão do participante ao contrato previdenciário resultaria em possível contradição quanto

O PLANO DE BENEFÍCIOS E OS ELEMENTOS DA RELAÇÃO JURÍDICA PREVIDENCIÁRIA **111**

à maioridade para o exercício de atividade laboral prevista na Constituição Federal e nas Leis Trabalhistas, quando estas fixam a idade mínima para o exercício de atividade laboral aos dezesseis anos de idade, ou, a partir de quatorze anos, na condição de aprendiz (art. 7º, XXXIII da CF/88).

Esse conflito aparente de normas resolve-se com a interpretação da própria lei civil que considera emancipado o menor púbere, a partir dos dezesseis anos de idade, que exerce atividade laboral e, em função dessa atividade, tenha economia própria[98], adquirindo capacidade para a prática dos atos da vida civil, inclusive, para contratar planos de benefícios de previdência complementar. Quanto ao menor-aprendiz, entre 14 e 16 anos de idade, estaria vedada sua adesão ao plano de previdência complementar, por lhe faltar capacidade civil.

Não é demais a lembrança que, por não possuírem vinculação com o RGPS[99], o regulamento do plano de benefícios poderá não prever prestações aos beneficiários, mas apenas aos próprios participantes enquanto estiverem em vida (ex: benefício de aposentadoria ou renda por sobrevivência), sendo esta regra uma decorrência do princípio da autonomia da previdência complementar em relação aos regimes públicos previdenciários.

Nas entidades fechadas os participantes dos planos de benefícios serão as pessoas físicas que mantém relação de trabalho ou associativa com os patrocinadores ou instituidores, ou seja, os empregados de uma empresa ou grupo de empresas, servidores da União, dos Estados, do Distrito Federal e dos Municípios, e os associados ou membros de pessoas jurídicas de caráter profissional, classista ou setorial (ex: advogados vinculados à Ordem dos Advogados do Brasil de São Paulo podem filiar-se aos planos oferecidos pelo fundo de pensão OAB-PREV/SP).

---

98 Art. 5º A menoridade cessa aos dezoito anos completos, quando a pessoa fica habilitada à prática de todos os atos da vida civil. Parágrafo único. Cessará, para os menores, a incapacidade: I – pela concessão dos pais, ou de um deles na falta do outro, mediante instrumento público, independentemente de homologação judicial, ou por sentença do juiz, ouvido o tutor, se o menor tiver dezesseis anos completos; II – pelo casamento; III – pelo exercício de emprego público efetivo; IV – pela colação de grau em curso de ensino superior; V – *pelo estabelecimento civil ou comercial, **ou pela existência de relação de emprego, desde que, em função deles, o menor com dezesseis anos completos tenha economia própria***. (grifamos)

99 A autonomia da previdência privada fechada em relação ao RGPS é apenas uma faculdade legal, o que não impede a presença no regulamento do plano de benefícios de exigência contratual que condicione a concessão do benefício complementar à concessão prévia do benefício pelo regime público previdenciário. Em uma situação específica essa relação de dependência realiza-se obrigatoriamente, no caso previsto no art. 3º, II da LC 108/2001, o qual condiciona a concessão do benefício pela EFPC com patrocínio público a anterior concessão de benefício pelo regime de previdência ao qual o participante esteja filiado por intermédio de seu patrocinador, quando se tratar de plano na modalidade benefício definido, instituído depois da publicação da referida Lei Complementar.

Além desses possíveis participantes, a legislação também tem permitido que os empregados de entidades fechadas sejam participantes de planos de benefícios administrados pela própria entidade, devendo esta assinar convênio de adesão em relação a plano por ela administrado, na qualidade de patrocinador ou instituidor, criando, a partir daí, dupla posição jurídica – de entidade gestora (EPC) e de patrocinadora ou instituidora do plano de benefícios[100] administrado por ela própria.

Nestes termos, o Decreto nº 4.942/2003:

> Art. 61. A formalização da condição de patrocinador ou instituidor de plano de benefícios dar-se-á por meio de convênio de adesão celebrado com a entidade fechada de previdência complementar, em relação a cada plano de benefícios, mediante prévia autorização da Secretaria de Previdência Complementar.
>
> (...)
>
> *§ 3º A entidade fechada de previdência complementar, quando admitida na condição de patrocinador de plano de benefício para seus empregados, deverá submeter previamente à Secretaria de Previdência Complementar termo próprio de adesão a um dos planos que administra, observado o estabelecido pelo Conselho de Gestão da Previdência Complementar. (grifamos)*

Nas entidades abertas a legislação, como regra geral, não exige que os participantes possuam qualquer vínculo jurídico prévio com o instituidor da entidade gestora do plano, por isso são os planos oferecidos ao público indistintamente. Essa afirmação é regra nos planos individuais, em que o vínculo jurídico contratual é celebrado entre a pessoa física (participante) e a entidade de previdência complementar. Nos planos coletivos, o contrato é celebrado entre uma pessoa jurídica e a entidade previdenciária para garantir benefícios previdenciários a pessoas físicas vinculadas, direta ou indiretamente, à pessoa jurídica contratante.

Nos planos coletivos administrados pelas entidades abertas, o instituidor (estipulante ou proponente) pessoa jurídica pode celebrar contrato com a EPC e oferecer, mediante custeio próprio ou conjunto com os participantes, planos de benefícios aos seus empregados (e a seus cônjuges, companheiros e dependentes econômicos), aos empregados de empresas filiadas, de empresas coligadas, controladas ou subsidiárias, sendo equiparados aos empregados os diretores, conselheiros ocupantes de cargos eletivos e outros dirigentes ou gerentes da pessoa jurídica contratante. Nesses planos coletivos, os destinatários da proteção social são denominados também de *segurados*.

---

100 SILVA, Dirlene Gregório Pires da. A possibilidade da entidade fechada de previdência privada constituir-se como patrocinadora de plano de benefícios ofertados a seus empregados. Revista de Previdência nº 11. Rio de Janeiro: Gramma, p.289-312.

O PLANO DE BENEFÍCIOS E OS ELEMENTOS DA RELAÇÃO JURÍDICA PREVIDENCIÁRIA

4.3. Patrocinadores, instituidores, averbadores e estipulantes

Na previdência fechada, o *patrocinador* é aquele que, além de promover, como regra, a criação da EFPC, vincula-se ao plano de benefícios por ela administrado, realizando aportes financeiros direcionados aos seus empregados. Nada impede que o patrocinador realize aportes financeiros em EFPC já existente e criada por outras pessoas jurídicas, celebrando com essa entidade fechada *convênio de adesão* para patrocínio de plano de benefícios específico para seus empregados. Um mesmo plano de benefício pode ter mais de um patrocinador, permitindo a legislação que entre estes patrocinadores seja fixada solidariedade na responsabilidade pelo custeio do plano, desde que prevista no convênio de adesão.

Instituidores são aqueles que criam as entidades fechadas para que esta ofereça plano de benefícios para seus associados ou membros de pessoas jurídicas de caráter profissional, classista ou setorial, sem possuir obrigação contratual contributiva para o custeio do plano.

Na previdência aberta, a legislação denomina de *averbadores* aqueles que instituem o plano de benefícios, mas não participa do seu custeio, enquanto que os *instituidores* são aqueles que participam do custeio do plano, de forma total ou parcial, nos planos coletivos (quando tenham por objetivo garantir benefícios previdenciários a pessoas físicas vinculadas, direta ou indiretamente, a uma pessoa jurídica contratante), divergindo, nesse ponto, o conceito de instituidor utilizado na previdência complementar fechada em relação à previdência aberta.

Para os fins de planos de benefícios oferecidos por entidades abertas podem ser encontradas algumas outras definições de pessoas jurídicas que participam do regime previdenciário complementar, a saber:

> **Resolução CNSP nº 117/2004:**
>
> Art. 5º Considerar-se-ão, para efeitos desta Resolução, os conceitos abaixo:
>
> (...)
>
> XIV – consignante: pessoa jurídica responsável, exclusivamente, pela efetivação de descontos em folha de pagamento e pelo respectivo repasse em favor da sociedade seguradora, correspondentes aos prêmios devidos pelos segurados;
>
> XV – estipulante: pessoa física ou jurídica que propõe a contratação de plano coletivo, ficando investida de poderes de representação do segurado, nos termos da legislação e regulação em vigor, sendo identificado como estipulante-instituidor quando participar, total ou parcialmente, do custeio do plano, e como estipulante-averbador quando não participar do custeio;

O *consignante* pode ou não integrar a relação jurídica previdenciária. O instituidor que realiza aporte de contribuições nos planos coletivos também poderá ser consignante, por ficar responsável por reter as contribuições da sua folha de pagamento, quando for empregador do participante. Ou poderá ser um terceiro que tenha a obrigação de reter na fonte e repassar as contribuições ao plano de benefícios.

A expressão *estipulante* é utilizada quando se quer designar que o plano de benefícios é coletivo, sendo estipulante-instituidor, a pessoa jurídica que participa do custeio, e estipulante-averbador, quando não participar do custeio do plano.

Importante notar que a legislação apenas faz menção aos patrocinadores, instituidores e averbadores como pessoa jurídica, não sendo permitido que pessoa física figure nessa qualidade em planos de benefícios da previdência complementar[101].

5. O OBJETO DA RELAÇÃO JURÍDICA E OS PLANOS DE BENEFÍCIOS.

A atividade de previdência complementar tem por objeto a proteção social dos participantes, assistidos e beneficiários, mediante a concessão de prestação de conteúdo econômico de natureza previdenciária conhecida como *benefício previdenciário*.

Não obstante o objeto da atividade das EPC seja a oferta de benefícios previdenciários, há na legislação a permissão para que as **entidades fechadas** executem, excepcionalmente, dois outros serviços não previdenciários:

* a possibilidade das entidades fechadas que na data da edição da LC nº 109/2001 ofereciam serviços assistenciais à saúde a seus participantes, assistidos e beneficiários, continuarem oferecendo esse tipo de serviço, mesmo após o início da vigência do referido diploma normativo;

* a possibilidade da oferta de programas de natureza financeira aos seus participantes, desde que o retorno financeiro seja, no mínimo, superior à taxa mínima de juros atuarial fixada para o plano de benefícios.

Nessas situações, em que a legislação permitiu a execução dos serviços não previdenciários, deve a entidade fechada garantir a segregação contábil e financeira dos recursos relacionados às despesas dos programas assistenciais à saúde e financeiro.

A permissão das entidades fechadas oferecerem empréstimos financeiros aos seus participantes é uma interpretação, *contrario sensu*, da literalidade do art. 76 da LC nº 109/2001, ao afirmar:

---

101 BERBEL, Fábio Lopes Vilela. Teoria Geral da Previdência Privada. Florianópolis. Conceito editorial: 2012, p.146. O autor propõe, de forma diversa da defendida neste trabalho, que é possível pessoa física figurar como patrocinadora de plano de benefícios de previdência complementar.

O PLANO DE BENEFÍCIOS E OS ELEMENTOS DA RELAÇÃO JURÍDICA PREVIDENCIÁRIA **115**

LC nº 109/2001:

Art. 76. As entidades fechadas que, na data da publicação desta Lei Complementar, prestarem a seus participantes e assistidos serviços assistenciais à saúde poderão continuar a fazê-lo, desde que seja estabelecido um custeio específico para os planos assistenciais e que a sua contabilização e o seu patrimônio sejam mantidos em separado em relação ao plano previdenciário.

§ 1º Os programas assistenciais de natureza financeira deverão ser extintos a partir da data de publicação desta Lei Complementar, permanecendo em vigência, até o seu termo, apenas os compromissos já firmados.

§ 2º Consideram-se programas assistenciais de natureza financeira, para os efeitos desta Lei Complementar, aqueles em que o rendimento situa-se abaixo da taxa mínima atuarial do respectivo plano de benefícios. (grifamos)

Ou seja, o ser "serviço financeiro **assistencial**" está vedado. O caráter assistencial, segundo a legislação, estaria configurado se a entidade fechada oferecer aos participantes dos planos programas financeiros com a cobrança de juros iguais ou inferiores à taxa de juros atuarial prevista para a evolução financeira do plano de benefícios[102].

Coube à Resolução CMN nº 3.792/2009 do Conselho Monetário Nacional, que dispõe sobre as diretrizes de aplicação dos recursos garantidores dos planos administrados pelas entidades fechadas de previdência complementar, disciplinar a forma como os recursos do plano de benefícios seriam utilizados em operações financeiras contraídas com os participantes do plano.

No referido ato do órgão regulador do sistema financeiro reconhece-se a possibilidade da EFPC fornecer esses serviços financeiros aos participantes e assistidos, correspondendo a operações de empréstimos pessoais e financiamentos imobiliários, classificando contabilmente essa espécie de ativo financeiro como "operações com participantes e assistidos", desde que: a) os encargos financeiros das operações com participantes sejam superiores à taxa mínima atuarial, para planos constituídos na modalidade de benefício definido, ou ao índice de referência estabelecido na política de investimentos, para planos constituídos em outras modalidades, acrescidos de taxa referente à administração das operações (art. 38); e b) que os contratos de empréstimo contenham cláusula de consignação da reserva de poupança e os financiamentos imobiliários contenham cláusulas de alienação fiduciária do imóvel objeto do financiamento

---

102 Segundo a citada publicação do Ministério da Previdência Social "Fundos de Pensão – Coletânea de Normas", *taxa de juros atuariais* é a hipótese utilizada na avaliação atuarial destinada a projetar o comportamento, a longo prazo, dos retornos dos investimentos dos recursos garantidores, excluído o efeito da inflação, e também para determinar o valor atual de qualquer compromisso diferido do Plano de Benefícios.

e contratação de seguro com cobertura de morte, invalidez permanente e danos físicos ao imóvel (art. 22).

No nosso entendimento, a permissão da legislação para que as entidades fechadas ofereçam empréstimos financeiros aos seus participantes tem se apresentado como um risco financeiro desnecessário para o plano de benefícios, considerando a real possibilidade de inadimplência do participante e a impenhorabilidade dos recursos garantidores.

Algumas decisões judiciais já afastaram a cláusula de consignação na reserva de poupança previdenciária como garantia do contrato de empréstimo contraído pelo participante junto a EFPC em razão da impenhorabilidade dos recursos garantidores, resultando no adimplemento contratual com prejuízo para o plano de benefícios.

No tocante à possibilidade da prestação de serviços de saúde pelas entidades fechadas que já o forneciam na época da edição da LC nº 109/2001, a lei apenas vem respeitar o ato jurídico perfeito e o princípio da força obrigatória dos contratos.

Em linhas atrás definimos o plano de benefícios como a universalidade de direitos e obrigações de caráter universal e de natureza previdenciária, composto por um patrimônio jurídico coletivo, mas individualizado ou individualizável em nome de cada participante, administrado por uma Entidade de Previdência Complementar e afetado ao pagamento das prestações previdenciárias contratadas.

O plano de benefícios produz efeitos jurídicos em duas fases distintas: a fase de capitalização, de acumulação das reservas financeiras, conhecida também como período aquisitivo do direito, período contributivo ou período de diferimento, e o período de gozo do benefício (fase de recebimento das prestações contratadas). Na fase de diferimento os participantes e os patrocinadores realizam o aporte de contribuições, que serão convertidas em ativos financeiros (bens móveis ou imóveis) e, somadas aos rendimentos dos ativos, formam o patrimônio de afetação para o pagamento dos benefícios contratados.

São as prestações previdenciárias previstas no regulamento do plano de benefícios que constituem o objeto da relação jurídica previdenciária, bem jurídico sobre o qual o sujeito ativo pretende exercer sua titularidade, quando satisfeitos os requisitos legais para tanto (elegibilidade), ou sobre o direito acumulado quando não satisfeitos os requisitos para a concessão, mas com a possibilidade do exercício do direito ao resgate ou à portabilidade dos valores acumulados.

Ao se inscrever em um plano de benefícios o participante pretende obter, em benefício próprio ou de terceiro, bem jurídico denominado benefício previdenciário (prestação), de valor econômico, podendo exigir, no prazo de cinco anos, o

O PLANO DE BENEFÍCIOS E OS ELEMENTOS DA RELAÇÃO JURÍDICA PREVIDENCIÁRIA

117

pagamento das rendas contratadas e não quitadas a tempo e modo pela entidade gestora (EPC)[103].

Não há na previdência complementar, como ocorre nos regimes do subsistema previdenciário público, rol rígido de prestações previdenciárias, embora as situações de risco social por ela tutelada assemelhem-se aos riscos protegidos de uma maneira geral pela previdência pública, conforme a previsão do art. 201 da Constituição Federal.

Constituem os principais riscos sociais cobertos pela previdência complementar a idade avançada, a morte e a invalidez, deixando a legislação para que o regulamento de cada plano de benefícios disponha aqueles que receberão a cobertura previdenciária.

Também os benefícios ofertados não guardam qualquer relação de dependência em relação aos benefícios oferecidos pelos regimes públicos previdenciários, considerada a autonomia da previdência complementar. O que não significa que os regulamentos dos planos complementares não prevejam essa vinculação entre os regimes previdenciários, podendo ocorrer tal vinculação, embora não obrigatória.

Em relação a planos patrocinados por entidades públicas, há uma exceção à regra da autonomia da previdência complementar em relação à previdência pública na definição dos requisitos para a concessão dos benefícios. O art. 3º da LC 108/2001 exige os seguintes requisitos: a) o atendimento da carência mínima de sessenta contribuições mensais a plano de benefícios e a cessação do vínculo laboral com o patrocinador, para que o participante se torne elegível a um benefício de prestação que seja programada e continuada; e b) a concessão de benefício pelo regime de previdência ao qual o participante esteja filiado por intermédio de seu patrocinador, quando se tratar de plano na modalidade benefício definido, instituído depois da publicação da LC nº 108/2001.

Como registro histórico, é importante a lembrança que no regime anterior da Lei nº 6.435/77 havia uma regulamentação mais detalhada dos requisitos para a concessão dos benefícios, o que engessava a construção de espécies contratuais mais condizentes com as necessidades do grupo de participantes e das possibilidades financeiras dos patrocinadores, evoluindo a regulamentação atual para permitir uma maior liberdade na construção dos regulamentos dos planos.

Definidos quais os eventos ou contingências sociais que constituirão suporte fático para a proteção previdenciária, devem ser estabelecidos os requisitos para a concessão do benefício, os quais constarão descritos no regulamento do plano.

---

103 LC nº 109/2001: Art. 75. Sem prejuízo do benefício, prescreve em cinco anos o direito às prestações não pagas nem reclamadas na época própria, resguardados os direitos dos menores dependentes, dos incapazes ou dos ausentes, na forma do Código Civil.

Assim, nas aposentadorias, também conhecidas como renda para a cobertura de sobrevivência, costuma-se exigir o pagamento de contribuições por determinado período de tempo, algumas vezes somado ao cumprimento de requisito etário. Nas pensões por morte, a comprovação do óbito do participante do plano e a comprovação da qualidade de beneficiário (dependente).

O certo é que, na previdência complementar, em razão da sua natureza contratual, há uma maior liberdade para a eleição dos requisitos que devem ser atendidos para a concessão dos benefícios previdenciários, não se submetendo aos padrões rígidos dos subsistemas previdenciários públicos, onde impera o princípio da estrita legalidade (*não se concede benefício sem lei que o preveja, com a respectiva indicação prévia da fonte de custeio*).

A título ilustrativo, apresentamos os benefícios oferecidos pela PREVI aos empregados do Banco do Brasil participantes do *Plano 1*[104]:

Tipo de benefício	Requisitos para concessão
Complemento de Aposentadoria por Tempo de Contribuição	– Ter cumprido a carência de 180 contribuições mensais; – Estar aposentado, por tempo de contribuição, pela Previdência Oficial; – Ter rescindido o vínculo empregatício com o Banco do Brasil.
Complemento Antecipado de Aposentadoria	– Ter cumprido a carência de 180 contribuições mensais; – Ter no mínimo 50 anos de idade; – Ter rescindido o vínculo empregatício com o Banco do Brasil e requerer o benefício. * O participante pode requerer esse benefício mesmo que ainda não tenha satisfeito as condições exigidas pela Previdência Oficial para se aposentar.
Complemento Aposentadoria por Invalidez	– Estar aposentado por invalidez pela Previdência Oficial (INSS). * Não existe carência para a concessão desse benefício, que será pago enquanto a aposentadoria por invalidez for mantida pelo INSS. Após o recebimento do comunicado do INSS a concessão é automática e terá data de implantação idêntica a do benefício do INSS.
Complemento de Aposentadoria por Idade	– Ter cumprido a carência de 180 contribuições mensais; – Estar aposentado, por idade, pela Previdência Oficial; – Ter rescindido o vínculo empregatício com o Banco do Brasil.
Complemento de Pensão por Morte	É concedido aos beneficiários habilitados pela PREVI em decorrência do falecimento do participante, quer aposentado ou em atividade.
Renda Mensal Vitalícia	– Ter cumprido a carência de 60 contribuições mensais; – Estar aposentado pela Previdência Oficial ou ter no mínimo 50 anos de idade. * É concedido ao participante que rompe o vínculo empregatício com o Banco do Brasil e opta pelo Benefício Proporcional Diferido.
Renda Mensal de Pensão por Morte	– É concedida aos beneficiários habilitados pela PREVI, em decorrência do falecimento do participante que tenha optado pelo Benefício Proporcional Diferido ou esteja recebendo a Renda Mensal Vitalícia.

---

104 Informações extraídas do site da EFPC (www.previ.com.br).

O PLANO DE BENEFÍCIOS E OS ELEMENTOS DA RELAÇÃO JURÍDICA PREVIDENCIÁRIA

Tipo de benefício	Requisitos para concessão
Renda Mensal Temporária por Desligamento do Plano	É concedida ao participante que cancela a inscrição na PREVI, sem que tenha cumprido as condições para receber benefícios. É calculada sobre a diferença entre a Reserva Matemática de Aposentadoria Programada (RMAP), limitada a 80% das contribuições patronais, e o saldo da Reserva de Poupança (RP). Apurada a diferença de reserva matemática (DRM), deduzem-se as obrigações junto à PREVI, relativas ao empréstimo simples e ao financiamento imobiliário. A Renda Mensal Temporária é paga em até 120 parcelas mensais.

As denominações dos tipos de benefícios oferecidos aos participantes e beneficiários podem ser alteradas, de acordo com a classificação prevista no regulamento do plano de benefícios.

Fala-se também em benefícios *programáveis ou benefícios não programáveis* (ou de risco), quanto à maior ou menor certeza da ocorrência da contingência social e à possibilidade de dimensionar os recursos necessários ao custeio dos benefícios contratados. A proteção previdenciária dos benefícios programáveis, a exemplo das aposentadorias, permite uma perfeita descrição dos elementos necessários à concessão do benefício e os recursos financeiros que devem ser acumulados no período de diferimento para o pagamento do benefício. Sabe-se que se o participante contribuir por determinado período, quando estiver com a idade "x" terá direito à renda mensal no valor "y". Se um dos requisitos corresponder a evento futuro e incerto (álea imprevisível), então seria classificado como *benefício não programável ou de risco*, a exemplo da pensão por morte em que, embora o óbito do participante seja fato jurídico certo, não se pode determinar com exatidão quando o evento irá ocorrer, o que repercute na programação financeira para o custeio dos benefícios contratados. Da mesma forma, nos benefícios por incapacidade ou por invalidez, em que não é possível determinar o momento do agravamento da doença geradora de incapacidade para o trabalho.

Em virtude desse grau de incerteza, o custeio dos benefícios de risco quase sempre vem associado a instrumentos de garantia do pagamento dos benefícios, como o resseguro (seguro do seguro) ou a constituição de um fundo de solvência. Nos planos que oferecem benefícios de risco, parcela das contribuições são destinadas para fundos específicos, ou para a contratação de resseguros, a fim de garantir o pagamento dos benefícios contratados[105].

Os benefícios contratados podem ser pagos mediante uma única prestação (geralmente, denominados de pecúlios) ou mediante rendas periódicas que cessam com a morte do seu titular, caso não prevista a transmissão da prestação a terceiros (beneficiários).

---

105 A Resolução CNPC nº 17, de 30 de março de 2015, dispõe sobre a contratação de seguro para planos de benefícios operados pelas entidades fechadas de previdência complementar.

Os benefícios podem ser *vitalícios* ou *temporários,* de acordo com o tempo de duração do pagamento da prestação, enquanto estiver em vida o assistido (ex: aposentadorias) ou durante a permanência da situação de risco social (ex: auxílio--doença), respectivamente.

Os planos de benefícios devem ser oferecidos a todos os empregados ou associados do patrocinador ou instituidor nas entidades fechadas, enquanto nas entidades abertas os destinatários são indeterminados, sendo as condições gerais do contrato oferecidas a público indefinido, com exceção dos planos coletivos.

Os planos de benefícios instituídos por entidades abertas poderão ser *individuais*, quando acessíveis a quaisquer pessoas físicas, ou *coletivos*, quando tenham por objetivo garantir benefícios previdenciários a pessoas físicas vinculadas, direta ou indiretamente, a uma pessoa jurídica contratante (o estipulante).

Uma EFPC poderá administrar um ou vários planos de benefícios, quando passa a denominar-se entidade de *plano comum* ou de *multiplano*, respectivamente. Neste último caso, nas entidades *multiplano*, o patrimônio de cada plano de benefícios permanecerá contabilmente segregado dos demais planos administrados pela entidade.

Embora a legislação mantenha-se silente quanto ao assunto, é possível o participante aderir a mais de um plano de benefício oferecido por seu empregador, conforme percuciente observação de CAZETTA[106]:

> Embora a legislação não cuide da hipótese, considera-se possível a adesão, por interessado, a mais de um plano de benefícios instituído e mantido por patrocinador, se essa possibilidade for-lhe facultada formalmente. Não há nas normas aplicáveis ao sistema fechado de previdência complementar qualquer vedação a essa hipótese, que, de resto, não traduz qualquer heresia técnica ou jurídica (é possível cogitar, por exemplo, da instituição de planos de benefícios que confiram tratamento segmentado à cobertura de benefícios de risco e a benefícios de renda).

Vimos que, quanto ao mérito do objeto dos planos de benefícios, os patrocinadores e instituidores receberam da legislação ampla liberdade contratual para criarem programas previdenciários que se amoldem às necessidades dos seus empregados ou associados.

Realidade diversa verifica-se em relação ao aspecto financeiro do plano de benefícios, quando a legislação estabelece uma série de normas jurídicas que buscam o equilíbrio econômico-financeiro dos planos e, em última análise, garantir o pagamento dos benefícios contratados.

---

106 CAZETTA, Luís Carlos. Previdência Privada: o regime jurídico das entidades fechadas. Porto Alegre: Sérgio Fabris, 2006, p.74.

O PLANO DE BENEFÍCIOS E OS ELEMENTOS DA RELAÇÃO JURÍDICA PREVIDENCIÁRIA

121

Dispõe o art. 7º da LC 109/2001 que *"os planos de benefícios atenderão a padrões mínimos fixados pelo órgão regulador e fiscalizador, com o objetivo de assegurar transparência, solvência, liquidez e equilíbrio econômico-financeiro e atuarial".*

E para cumprir o nível de segurança jurídica e financeira pretendido pelo legislador, devem os planos de benefícios, por força de lei, estruturar-se nas modalidades de **benefício definido (BD), contribuição definida (CD) e contribuição variável (CV)**, ou por outras formas que reflitam a evolução técnica e possibilitem flexibilidade ao regime de previdência complementar, na forma disciplinada pelos órgãos reguladores.

Na modalidade de *benefício definido*, o participante conhece o montante da prestação que receberá após o período de diferimento, geralmente relacionado ao salário recebido de seu empregador, sendo as contribuições ajustadas no período de acumulação das reservas financeiras para se obter o volume de recursos necessários ao pagamento do benefício contratado. Na modalidade de *contribuição definida*, diversamente, o participante conhece apenas o valor da contribuição que deve verter ao plano, sendo que o valor da prestação a receber após o período de diferimento dependerá da reserva financeira acumulada na sua conta individual. A modalidade de *contribuição variável* seria a adotada pelos planos que intercalam características da modalidade de benefício definido e de contribuição definida, geralmente possuindo a característica de contribuição definida na fase de acumulação das reservas e de benefício definido após a concessão do benefício, para preservar o valor da prestação contratada.[107]

GUSHIKEN, FERRARI e FREITAS trazem à lume importantes pontos de diferenciação entre as modalidades de planos de benefícios, com um olhar mais relacionado ao aspecto técnico-financeiro do plano, quando afirmam[108]:

> Benefício Definido
>
> O benefício tem o seu valor contratado no instante da filiação ao plano, o qual pode ser determinado em qualquer momento;
>
> O Custo dos Benefícios é permanentemente financiado de maneira adequada (Contribuições = Custo dos Benefícios), caso contrário há formação de déficits ou superávits. Vale dizer que as contribuições são automaticamente alteradas quando o Custo dos Benefícios se altera;
>
> O segurado nunca responde individualmente por qualquer resultado negativo do plano e nem se apropria individualmente dos resultados positivos. Tudo é absorvido pelo próprio plano, que depois efetua a respectiva diluição entre

---

107 Vide Resolução CGPC nº 16/2005 e Resolução CNSP nº 139/2005.

108 GUSHIKEN, Luiz; FERRARI, Augusto Tadeu; FREITAS, Wanderley de. Previdência complementar e regime próprio: complexidade e desafios. Indaiatuba/SP: Instituto Integrar, 2002, p.36-37.

todos os seus integrantes, de acordo com critérios previamente estabelecidos (caráter solidário e mutualista);

É o único modelo que pode, de forma absoluta, ser apresentado como plano previdenciário, uma vez que permite assegurar o pagamento de benefícios vitalícios através de uma estrutura mutualista e de um valor predeterminado;

Permite o surgimento de "mutualismos perversos", através dos quais os segurados de menor renda subsidiam indiretamente os segurados que têm maiores salários e, ainda, os segurados que tiverem uma carreira menos privilegiada, igualmente, estarão custeando os benefícios daqueles mais bem-sucedidos;

Apresenta uma estrutura de Custeio altamente complexa e volátil, por exigir inúmeras e difíceis projeções atuariais.

Contribuição Definida

O benefício não tem seu valor predeterminado, o qual somente será conhecido na data da sua concessão e será função da reserva constituída individualmente;

O benefício absorve, de forma direta, os impactos de qualquer variação nas reservas em constituição;

O segurado sempre responde individualmente por qualquer resultado negativo do plano e sempre se apropria individualmente dos resultados positivos. Tudo é suportado pelo próprio segurado, que depois poderá aumentar ou diminuir as suas contribuições para buscar manter o mesmo valor para o benefício projetado (benefício almejado, mas não contratado);

É muito mais um plano de renda do que um plano previdenciário;

Apresenta estrutura de Custeio absolutamente simples, devido ao seu individualismo exacerbado e a inexistência de preocupação com o Custo dos Benefícios.

Observa-se que o ponto diferencial fundamental para a escolha de uma ou outra modalidade de plano de benefícios é o nível de sujeição ao risco financeiro dos participantes e patrocinadores. Se no passado a modelagem de benefício definido era a mais usual, considerando que se apresenta como verdadeiro contrato de seguro social, com solidariedade no custeio do plano em relação a eventuais desequilíbrios financeiros, atualmente tem se preferido a adoção da modalidade de contribuição definida, em que as responsabilidades pelo custeio estão bem delimitadas, protegendo as partes contratuais de eventuais déficits financeiros do plano, evitando a assunção de eventuais dívidas pelos participantes e patrocinadores além daquela obrigada contratualmente pelo pagamento das contribuições vertidas ao plano de benefícios.

A definição de qual modelagem de plano de benefícios será utilizada nem sempre vem especificada em nível legal, deixando-se a matéria para o nível regulamentar do plano de benefícios, como decisão interna da entidade gestora e dos participantes e patrocinadores.

O PLANO DE BENEFÍCIOS E OS ELEMENTOS DA RELAÇÃO JURÍDICA PREVIDENCIÁRIA

Uma exceção à liberdade de escolha da modelagem do plano de benefícios, e que contrariou frontalmente a dispositivo expresso da Constituição Federal, é a previsão contida na recém editada Lei nº 12.618/2012 que autorizou os entes públicos federativos (União, Estados, Distrito Federal e Municípios, suas autarquias e fundações públicas) a criarem regime de previdência complementar para seus servidores públicos ocupantes de cargo efetivo.

O § 15, art. 40 da Constituição foi taxativo ao prever que o regime de previdência complementar será oferecido aos respectivos servidores públicos com planos de benefícios somente na modalidade de *contribuição definida*[109]. Ocorre que os artigos 12 e 17 da Lei nº 12.618/2012 previram que parcela dos recursos das contribuições vertidas pelos participantes e patrocinadores irá para um fundo denominado Fundo de Cobertura de Benefícios Extraordinários (FCBE) que, além de custear benefícios de risco não programáveis, também custeará prestações de participantes cujo tempo de contribuição para a concessão de aposentadoria no Regime Próprio Previdenciário é reduzido (mulheres, professores, portadores de deficiência, aqueles que exercem atividades de risco e aqueles cujas atividades sejam exercidas sob condições especiais que prejudiquem a saúde ou a integridade física).

Inseriu-se na lei da previdência complementar do servidor público, inconstitucionalmente, uma solidariedade ou mutualismo perversos, em que um grupo de participantes terá que contribuir para o custeio de benefícios a serem concedidos a outro grupo de participantes, característica esta intrínseca à modelagem do plano de benefício definido, em desacordo, repita-se, com a disciplina constitucional da matéria que impõe a modelagem de contribuição definida para os benefícios oferecidos aos servidores públicos.

Vários foram os planos de benefícios que tiveram seus regulamentos alterados para permitir a migração dos participantes de planos de benefício definido para outros planos criados pelo patrocinador de contribuição definida, tendo em vista o risco financeiro envolvido, com incentivos financeiros do patrocinador para que essa migração se apresentasse interessante aos olhos dos participantes, sob o ponto de vista econômico. Dentre os incentivos mais comuns para a migração entre planos surgiu a assunção pelo patrocinador do plano de benefícios de todo o custeio administrativo para funcionamento da entidade e do plano, desonerando os participantes e assistidos em relação a esse tipo de despesa da entidade.

---

109 CF/88: Art. 40. (...) § 15. O regime de previdência complementar de que trata o § 14 será instituído por lei de iniciativa do respectivo Poder Executivo, observado o disposto no art. 202 e seus parágrafos, no que couber, por intermédio de entidades fechadas de previdência complementar, de natureza pública, que oferecerão aos respectivos participantes planos de benefícios somente na modalidade de contribuição definida.

A dinâmica da vida econômica dos mercados e a má gestão dos recursos garantidores são os dois principais fatores propulsores de desequilíbrios financeiros dos planos de benefícios, exigindo uma constante vigilância dos entes fiscalizadores das entidades gestoras quanto ao cumprimento dos contratos previdenciários, seja criando normas que afastem ou mitiguem os riscos jurídicos, atuariais, financeiros e econômicos, seja fiscalizando rigorosamente a atuação das entidades abertas e fechadas de previdência complementar na gestão dos planos de benefícios.

6. A EXISTÊNCIA DE SUBMASSAS NOS PLANOS DE BENEFÍCIOS

No âmbito do regime fechado de previdência complementar historicamente tem se admitido a criação de regras previdenciárias específicas para determinados grupos de participantes e assistidos dentro de um mesmo plano de benefícios. É o que se costuma denominar de *submassas*.

É o que acontece nos casos em que é realizada reorganizações societárias entre empresas que oferecem planos de benefícios e veem-se obrigadas a fundir os planos de benefícios ou na migração de participantes para outros planos de benefícios administrados pela mesma EPC.

A existência dessas "submassas" implica na oferta de regras previdenciárias diversas a grupos distintos de participantes que integram um mesmo plano de benefícios.

Foi a forma encontrada pelo patrocinador de oferecer vantagens previdenciárias a determinado grupo de participantes, sem a necessidade de criar um plano de benefícios específico para essa coletividade, certamente com a finalidade da redução dos custos de manutenção do plano de benefícios, pois agrega a submassa a um outro grupo maior de participantes, com ganho de escala.

Embora a legislação previdenciária permita no art. 34, I, *b* da LC nº 109/2001 a existência das entidades fechadas com multiplano, aquelas que administram plano ou conjunto de planos de benefícios para diversos grupos de participantes, com independência patrimonial, entendemos que um mesmo plano de benefícios não poderá veicular direitos previdenciários diversos de acordo com o grupo de participantes eleito pelo patrocinador, se estes participantes pertencem a uma mesma coletividade.

É que o art. 16 da mesma LC nº 109/2001 prevê que *"os planos de benefícios devem ser, obrigatoriamente, oferecidos a todos os empregados dos patrocinadores ou associados dos instituidores"*, não se admitindo tratamento jurídico diverso para aqueles participantes que mantém vínculo jurídico trabalhista ou associativo com o patrocinador ou instituidor. Esta é uma regra de isonomia de cumprimento obrigatório nos planos de benefícios.

O PLANO DE BENEFÍCIOS E OS ELEMENTOS DA RELAÇÃO JURÍDICA PREVIDENCIÁRIA

7. A PROTEÇÃO PATRIMONIAL DOS PLANOS DE BENEFÍCIOS

O principal desafio de todo sistema previdenciário, seja qual for o tratamento jurídico dado aos modelos previdenciários adotados, é garantir que todos os benefícios e serviços previstos por lei ou contrato, e prometidos aos segurados e a seus dependentes, sejam efetivamente fornecidos aos seus destinatários.

A credibilidade do sistema previdenciário perante a sociedade é diretamente proporcional ao efetivo cumprimento das regras estabelecidas na lei ou no contrato previdenciário.

E como toda relação jurídica de longo prazo várias são as vicissitudes que podem incidir sobre as regras postas, que põem sob ameaça o cumprimento dos direitos subjetivos previdenciários dos cidadãos – são os *riscos* da proteção previdenciária.

Os riscos podem ser interpretados como o nível de incerteza associado a um acontecimento (evento) previsível ou não previsível[110].

Merece transcrição a análise da matéria realizada por Flávio Martins Rodrigues:

> O tema, de imediato, remete a saber o que, afinal, é risco sob uma perspectiva de índole mais geral e também com o foco jurídico. A palavra "risco" se origina da expressão italiana *riscare* (essa, de sua vez, derivada do baixo latim *risicu, riscu*) que significa *ousar*, ou seja, ter uma atitude (comissiva ou omissiva) capaz de colocar-se em perigo. Essa dimensão da expressão demonstrou-se limitada, pois os riscos não derivam de atos ousados, muitos riscos são suportados em função de fatos externos, que não se pode controlar.
>
> (...)
>
> Como se disse, temos tido a oportunidade de refletir sobre esse tema, sobretudo com suas vinculações com os regimes de previdência. É curioso, porque as prestações previdenciárias compõem regimes voltados para atender as pessoas em situações de "risco social". Assim, por exemplo, quando não se pode trabalhar em função de um acidente (percebe-se o auxílio-doença ou aposentadoria por invalidez) ou de idade avançada (percebe-se a aposentadoria por idade), as prestações previdenciárias atuam como "seguradoras" desses riscos. Deve-se perceber que os regimes previdenciais também suportam riscos, que precisam ser aferidos e controlados.
>
> Deve-se perceber que o risco não é um destino traçado pelos deuses, mas uma dimensão que pode ser medida, com alguma dose de acerto[111]. (...)

---

110 ASSAF NETO, Alexandre. Mercado Financeiro. 10ª Ed. São Paulo. Atlas. 2011. Página 238.

111 RODRIGUES, Flávio Martins. Previdência Complementar e os Riscos de Natureza Jurídica. In Revista de Previdência nº 9. Universidade Estadual do Rio de Janeiro. Faculdade de Direito. Centro de Estudos e Pesquisas no Ensino do Direito (CEPED). Rio de Janeiro. Gramma. 2010. Páginas 95 a 114.

Na previdência complementar não é diferente. Os riscos incidentes sobre o contrato previdenciário são de diversas ordens e matizes, e põem sob ameaça a sustentabilidade financeira do plano de benefícios, sendo possível destacar como os principais entraves para o cumprimento das obrigações de natureza previdenciária:

- *riscos jurídicos*: são os riscos derivados da tributação, riscos judiciais (prestação jurisdicional), riscos decorrentes da própria legislação, etc.

- *riscos econômicos*: associados às alterações nos índices da economia dos países, níveis de emprego, renda, inflação, câmbio, produção, exportação e importação, etc.

- *riscos atuariais*: relacionados ao cálculo matemático prévio realizado para dimensionar o montante necessário para o custeio dos benefícios e serviços previdenciários.

- *riscos demográficos*: ligados aos fatores de crescimento populacional, natalidade, mortalidade, envelhecimento e migração populacional[112].

O Dicionário de Termos e Conceitos mais usados no Regime de Previdência Complementar elaborado pelo Ministério da Previdência Social[113] traz alguns conceitos de riscos que expõem o contrato previdenciário, entre os quais:

- RISCO BIOMÉTRICO. Consiste na probabilidade passível de cálculo atuarial de perda ou ganho numa decisão de investimento ou de desvio em relação à meta atuarial.

- RISCO DE CONTRAPARTE. Risco de um devedor ou tomador deixar de cumprir os termos de qualquer contrato com a entidade ou de outra forma deixar de cumprir o que foi acordado.

- RISCO DE CRÉDITO. Associado à possibilidade de inadimplência por parte do agente devedor em uma operação de crédito.

- RISCO DE LIQUIDEZ. Risco de perda resultante da falta de recursos necessários ao cumprimento de uma ou mais obrigações da entidade em função do descasamento de atribuições e aplicações.

- RISCO DE MERCADO. Risco de que o valor de um instrumento financeiro ou de uma carteira de instrumentos financeiros se altere, em função da volatilidade

---

112 Na verdade, esses riscos demográficos influenciam diretamente no cálculo atuarial elaborado em relação a cada plano de benefícios ou, no caso do subsistema público, os próprios regimes previdenciários. Exemplo ilustrativo é o do envelhecimento da população e sua repercussão nos regimes previdenciários que adotam o modelo financeiro de repartição. Nesses casos, com o passar do tempo, menor número de pessoas passará a contribuir para o sistema, o que exigirá, com o passar dos anos, um maior aporte no custeio pelo Estado.

113 Acesso pelo endereço eletrônico http://www.mpas.gov.br/arquivos/office/3_111006-094552-172.pdf

O PLANO DE BENEFÍCIOS E OS ELEMENTOS DA RELAÇÃO JURÍDICA PREVIDENCIÁRIA **127**

das variáveis existentes no mercado, causada por fatores adversos, políticos ou outros.

* RISCO LEGAL. Possibilidade de perdas decorrentes da inobservância de disposições legais, estatutárias e regulamentares e de procedimentos necessários à formalização de operações desenvolvidas, bem como da insolvência da contraparte em negócios realizados.

* RISCO OPERACIONAL. Risco de perda resultante de falhas de processos internos, de pessoas ou de sistemas inadequados, ou ainda da ocorrência de eventos externos.

A presença dessas situações de risco no contrato previdenciário impõe como desafio a constante realização de estudos técnicos e a elaboração de instrumentos jurídicos de proteção patrimonial dos recursos destinados ao pagamento dos benefícios, para prevenir sua ocorrência ou, no caso de resultado financeiro deficitário, a promoção de medidas visando readequar o montante de recursos garantidores disponíveis a níveis de integral cobertura dos compromissos previdenciários assumidos pelo plano.

Contornar esses riscos, superando quaisquer obstáculos que repercutam negativamente para o cumprimento das cláusulas do contrato previdenciário, é o objetivo que se busca em todo sistema de previdência complementar.

O importante é a presença constante nas EPC da cultura da prevenção de riscos, há muito enraizada na iniciativa privada, criando instrumentos de controle interno baseados em informações atuariais, financeiras e contábeis que contribuam com o processo decisório da entidade na área de investimentos, sendo também relevante a atuação preventiva das instituições de controle externo do plano de benefícios, como a Superintendência Nacional de Previdência Complementar – Previc[114] e a Superintendência de Seguros Privados – Susep.

---

114 A Previc tem atuado na área de fiscalização com base na Supervisão Baseada em Riscos. A SBR "verifica a exposição a riscos e os controles sobre eles exercidos, atua de forma prudencial sobre as origens dos riscos e induz uma gestão proativa das entidades. A análise e avaliação das adversidades e das oportunidades, observadas em cenários futuros, contribuem para a formação de uma visão ampla do sistema de previdência complementar fechado e do ambiente em que este se insere, visando assim a estabilidade e a solidez do sistema" (*in* Guia Previc – Melhores Práticas em Fundos de Pensão). Acesso http://www.previdencia.gov.br/arquivos/office/3_101112-163932-055.pdf. Em 2015 foi editada a Instrução Previc nº 20, de 20 de março de 2015, que classifica as entidades fechadas de previdência complementar (EFPC) em perfis, para fins de supervisão no âmbito da autarquia. Segundo o ato normativo as EFPC passam a ser classificadas, conforme o Anexo, por meio de perfil, definido segundo o porte, complexidade e riscos inerentes aos planos de benefícios por elas administrados, para fins de supervisão e fiscalização. A partir de 2016, a PREVIC divulgará anualmente a atualização da classificação dos perfis das EFPC até 30 de setembro de cada ano.

O patrimônio dos planos de benefícios de previdência complementar é submetido a uma série de riscos jurídicos, cabendo destaque aqueles relacionados a decisões judiciais equivocadas que põem em ameaça a solvência financeira dos planos.

Importa, neste momento, tecer algumas considerações sobre o risco jurídico da utilização dos recursos que compõem as reservas de poupanças individuais dos participantes para a satisfação de outras obrigações, sejam aquelas contraídas pela EPC que administra o plano de benefícios, sejam obrigações outras contraídas pelos participantes, assistidos, patrocinadores ou por outro plano de benefícios administrado pela mesma entidade gestora.

É o que a doutrina especializada tem chamado de *independência patrimonial dos planos de benefícios*[115][116] ou, como preferimos, por representar um objeto de análise mais abrangente, de *proteção ou blindagem patrimonial dos planos de benefícios*, que envolve, além da separação patrimonial, a efetiva proteção legal dos recursos financeiros destinando-os a sua finalidade contratual.

O professor Wagner Balera tingiu com cores fortes a necessidade da preservação da destinação específica dos recursos financeiros vertidos aos planos de benefícios da previdência complementar:

> Em consonância com os aspectos que se entrelaçam, devem, os recursos alocados ao plano, a um só tempo, garantir a renda que cumpra a sua finalidade institucional e, também, proporcionar equilíbrio financeiro ao patrimônio coletivo.
>
> Disso decorre que a importância vertida para o plano pertence, concomitantemente, à coletividade dos participantes e a cada pessoa individualmente considerada, nos termos contratuais, constituindo verdadeiro bem comum[117].

A doutrina clássica, representada por Orlando Gomes, há muito reconhece a possibilidade da existência de um patrimônio especial afetado a uma finalidade específica e sobre o qual se estabelecerão as relações jurídicas.

> A tese da unidade do patrimônio confunde duas noções distintas: a de patrimônio e a de personalidade. O patrimônio seria a aptidão para ter direitos e contrair obrigações, tornando-se, assim, um conceito inútil.

---

115 TÔRRES, Maurício Corrêa Sette e FILHO, Ivan Jorge Bechara Filho. Independência Patrimonial dos Planos de Previdência Complementar. In Revista de Previdência nº 5. Universidade Estadual do Rio de Janeiro. Faculdade de Direito. Centro de Estudos e Pesquisas no Ensino do Direito (CEPED). Rio de Janeiro. Gramma. 2006. Páginas 03 a 30.

116 MESSINA, Roberto Eiras. Independência Patrimonial dos planos de benefícios das entidades fechadas de previdência complementar: uma realidade! Fundos de Pensão – aspectos jurídicos fundamentais (Organizador: Adacir Reis). São Paulo. ABRAPP/ICSS/SINDAPP. 2009. Páginas 137 a 159.

117 BALERA, Wagner. Sistema da seguridade social. 4ª edição. São Paulo: Ltr, 2006, p.80.

O PLANO DE BENEFÍCIOS E OS ELEMENTOS DA RELAÇÃO JURÍDICA PREVIDENCIÁRIA

129

> Contra esse subjetivismo, nascido de preocupações lógicas, levanta-se a doutrina moderna, que justifica a coesão dos elementos integrantes de uma universalidade de direito pela sua destinação comum. O vínculo é objetivo. Patrimônio será, desse modo, o conjunto de bens coesos pela afetação a fim econômico determinado. Quebra-se o princípio da unidade e indivisibilidade do patrimônio, admitindo-se um patrimônio geral e patrimônios especiais.
>
> No patrimônio geral, os elementos unem-se pela relação subjetiva comum com a pessoa. No patrimônio especial, a unidade resulta objetivamente da unidade do fim para o qual a pessoa destacou, do seu patrimônio geral, uma parte dos bens que o compõem, como o dote e o espólio.
>
> A ideia de afetação explica a possibilidade da existência de patrimônios especiais. Consiste numa restrição pela qual determinados bens se dispõem, para servir a fim desejado, limitando-se, por este modo, a ação dos credores[118].

No âmbito das fundações, aplicável às EFPC, esse conceito de afetação patrimonial é algo inerente, considerando a própria expressão do Código Civil (art. 62) que *"para criar uma fundação, o seu instituidor fará, por escritura pública ou testamento, dotação especial de bens livres, especificando o fim a que se destina, e declarando, se quiser, a maneira de administrá-la".*

No direito civil, não é necessário que o patrimônio seja designado no ato da instituição da fundação, mas deve haver a promessa da destinação em momento futuro, como leciona Pontes de Miranda[119]:

> 5. Patrimônio. A dotação de bens somente é pressuposto quanto à segurança de que esses bens podem ser aumentados e bastariam à mantença da fundação, ou quanto a virem a pertencer, com segurança, à fundação. Essa a razão por que o pressuposto está satisfeito se há promessa, que as circunstâncias tenham por promessa de adimplemento seguro.

No caso específico das fundações criadas para administrar os planos de benefícios de previdência complementar fechada, a maior parte dos recursos vertidos pelos patrocinadores e participantes é direcionada para a constituição das reservas matemáticas para pagamento de benefícios, sendo destinada apenas uma pequena parcela para o custeio do funcionamento administrativo da pessoa jurídica.

Para o custeio de outras despesas, que não as despesas de natureza previdenciária, são destinados recursos que compõem o Plano de Gestão Administrativa – PGA. Esses recursos do PGA, embora não afetados ao pagamento de benefícios, não são atualmente registrados contabilmente como patrimônio da fundação (EFPC), embora esta seja, no nosso entendimento, a medida mais adequada sob o aspecto formal-contábil e jurídico, considerando que não existe fundação, conforme dizer do próprio Código Civil, sem patrimônio que garanta o seu funcionamento.

---

118 GOMES, Orlando. Introdução ao Direito Civil. 11ª edição. Rio de Janeiro: Forense, 1995, p.203.

119 MIRANDA, Pontes de. Tratado de direito privado. Tomo I. Campinas: Bookseller, 2000, p.528.

Assim, podemos, em resumo, identificar na estruturação da previdência complementar fechada, um patrimônio das entidades fechadas, formado pelo PGA e/ou demais receitas e despesas não afetadas ao pagamento dos benefícios, e o patrimônio especial pertencente ao plano de benefícios que, ao final e ao cabo, pertencem individualmente aos participantes e assistidos na proporção dos valores vertidos às contas individuais.

E essa individualização patrimonial das reservas matemáticas deve ser considerada independentemente de como se mantém estruturados os benefícios ofertados (benefício definido, contribuição definida, contribuição variável ou outras formas criadas pela legislação), já que o titular final do direito de propriedade, ou seja, quem possui personalidade jurídica para ser sujeito de direitos e obrigações em relação às prestações previdenciárias, é a pessoa física (participante, beneficiário ou assistido) e não o plano de benefícios, que é uma universalidade de direito criada para congregar subjetivamente os interesses de várias pessoas físicas que se encontram ligadas a uma relação jurídica comum (plano de benefícios), disciplinada pelo regulamento.

No estágio atual da previdência complementar busca-se solidificar a proteção dos recursos das reservas individuais para que estas não fiquem suscetíveis a decisões judiciais ou administrativas que venham a realizar atos de constrição patrimonial para pagamento de dívidas de outra natureza.

Elencamos as seguintes situações hipotéticas que podem repercutir negativamente no equilíbrio financeiro do contrato previdenciário:

- a utilização da reserva de poupança individual dos participantes para pagamento de valores pleiteados por outros participantes do mesmo ou de plano de benefícios diverso administrado pela mesma entidade;

- a utilização da reserva de poupança individual dos participantes para pagamento de dívidas contraídas pela entidade fechada; e

- a utilização da reserva de poupança individual dos participantes para pagamento de dívidas contraídas pelo patrocinador.

Em todas as situações descritas parcela dos recursos afetados ao pagamento dos benefícios será direcionada ao adimplemento de obrigação de natureza diversa, reduzindo a reserva matemática individual do participante e, por consequência, o valor da futura prestação a ser concedida ao participante prevista no regulamento do plano de benefícios.

No âmbito da previdência complementar o que garantirá o pagamento desses benefícios, com a concretização do princípio do *pacta sunt servanda*, é o planejamento atuarial e a boa gestão dos recursos que integram o plano de benefícios, com a criação de mecanismos legais e contratuais que garantam o cumprimento dos compromissos previdenciários assumidos pela EPC.

O PLANO DE BENEFÍCIOS E OS ELEMENTOS DA RELAÇÃO JURÍDICA PREVIDENCIÁRIA

131

De nada adiantaria a boa gestão dos planos de benefícios se não existisse um marco legal adequado para incentivar o crescimento da atividade de previdência complementar.

Para a segurança jurídica do sistema de previdência complementar é indispensável a existência de ambiente normativo que proteja os recursos garantidores destinados ao pagamento dos benefícios contratados.

A proteção patrimonial dos planos de benefícios deve ser realizada sobre os recursos contabilizados em nome de cada participante, afastando qualquer tentativa de destinação patrimonial para adimplemento de outras obrigações, de qualquer natureza que seja, a não ser para o pagamento das prestações contratadas.

A relação jurídica de previdência complementar envolve a participação de pessoas físicas e jurídicas distintas, bem como um patrimônio jurídico afetado a um fim específico, destinado ao pagamento das prestações previstas no contrato previdenciário. O patrimônio do plano de benefícios é composto pelas reservas matemáticas pertencentes individualmente aos participantes e assistidos, na medida das contribuições vertidas por estes e pelos patrocinadores, deduzidas as despesas administrativas para manutenção do plano.

Parte dos recursos vertidos ao plano de benefícios é destinada à formação do patrimônio da EFPC, compondo o Plano de Gestão Administrativa – PGA, para custeio das despesas administrativas, separado do custeio das despesas previdenciárias. Das contribuições vertidas a legislação permite que até 1% do montante dos recursos garantidores do plano de benefícios, existentes no último dia do exercício a que se referir, sejam recolhidos à entidade fechada a título de *taxa de administração* e até 9% (nove por cento), percentual incidente sobre a soma das contribuições e dos benefícios dos planos no exercício a que se referir, a título de *taxa de carregamento*.

Segundo a Resolução CGPC nº 29/2009, as despesas administrativas envolvem os gastos realizados pela EFPC na administração de seus planos de benefícios e as despesas de investimentos. Integra o PGA, como possíveis fontes de custeio administrativo, além da contribuição dos participantes, assistidos e dos patrocinadores e instituidores, outras receitas como o reembolso dos patrocinadores e instituidores, o resultado dos investimentos, as receitas administrativas, o fundo administrativo, a dotação inicial, e eventuais doações.

Sempre salutar a lembrança que as EFPC, por não possuírem finalidade lucrativa, devem mensurar as fontes de custeio administrativo na proporção do seu custo operacional, sem distribuição de eventuais excedentes para seus dirigentes, invertendo eventuais sobras de caixa para a redução dos custos de funcionamento dos planos de benefícios que administra.

No tocante a essa matéria, a legislação ainda é omissa em vários pontos. Primeiro, em relação à própria possibilidade das fundações criadas para administrar planos de benefícios poderem ter patrimônio próprio contabilizado, separado dos planos de benefícios que administra. Segundo, quais seriam os limites para a formação desse patrimônio da EFPC, evitando a destinação de montante considerável para a entidade que traduzisse em atividade lucrativa, ou destinando eventuais excessos financeiros para fins diversos que não para a redução do custeio de funcionamento da entidade. Terceiro ponto, a inexistência de regramento sobre qual seria a destinação de eventuais sobras financeiras nos casos em que a EFPC não mais administre planos de benefícios, como ocorre nos casos de extinção da pessoa jurídica pelo esgotamento do seu objetivo estatutário. Sobre essas questões é fundamental a criação de uma norma pelo ente regulador para disciplinar a matéria.

Alguns autores veem no patrimônio dos planos de benefícios um condomínio especial, a exemplo da estruturação jurídica dos fundos de investimento. Temos certa resistência em admitir a natureza condominial para essa universalidade de bens despersonalizada denominada *plano de benefícios*. É que, segundo o Código Civil e a doutrina[120], o condomínio pode ser formado em decorrência de lei ou da vontade das partes (condomínio necessário ou voluntário), presumindo a existência de um patrimônio comum e um patrimônio individual de cada condômino. Ocorre que há, por força de lei, limitações ao exercício dos direitos de propriedade (uso, gozo e disposição) no caso de condomínio, quando os condôminos não podem transferi-lo a terceiros sem a anuência dos demais condôminos (*nenhum dos condôminos pode alterar a destinação da coisa comum, nem dar posse, uso ou gozo dela a estranhos, sem o consenso dos outros* – parágrafo único, art. 1.314 do CC), o que não ocorre nos planos de benefícios em que é possível a destinação dos recursos em favor de terceiros (beneficiários) e até mesmo realizar a movimentação das reservas matemáticas individuais para outro plano de benefício (portabilidade) ou alterar sua destinação mediante o resgate dos valores, independentemente do concurso da vontade dos demais participantes do plano.

Definida a separação dos patrimônios da EFPC e do plano de benefícios (universalidade de bens que reúne os patrimônios individuais dos participantes e assistidos), passa-se a discorrer sobre o atual estágio de proteção legal desse patrimônio de afetação dos planos de benefícios.

A necessidade de proteção do patrimônio formado nos planos de benefícios de previdência complementar deriva da própria Constituição Federal ao descrever no art. 202 que o regime de previdência privada será baseado na *constituição de reservas que garantam o benefício contratado*, não possuindo tais reservas

---

120 VENOSA, Sílvio de Salvo. Direito civil: direitos reais. Volume V. 10ª ed. São Paulo. Atlas. 2010. Página 339.

O PLANO DE BENEFÍCIOS E OS ELEMENTOS DA RELAÇÃO JURÍDICA PREVIDENCIÁRIA

133

financeiras qualquer vinculação com o contrato de trabalho eventualmente vigente entre o participante e o patrocinador do plano de benefícios[121].

Nesse sentido, precedente do Superior Tribunal de Justiça – STJ:

> PREVIDÊNCIA PRIVADA. RECURSO ESPECIAL. PLANO DE PREVIDÊNCIA PRIVADA. ADESÃO FACULTATIVA. PAGAMENTO DE VERBA NÃO PREVISTA NO REGULAMENTO DO PLANO E SOBRE A QUAL INCIDIA CONTRIBUIÇÃO APENAS PARA A PREVIDÊNCIA OFICIAL. DESCABIMENTO, TENDO EM VISTA SER DESPESA NÃO ABRANGIDA PELO PLANO CONTRATADO E SEM A NECESSÁRIA E CORRESPONDENTE FONTE DE CUSTEIO.
>
> 1. As entidades de previdência privada administram os planos, mas não lhes pertence o patrimônio acumulado, que é constituído com o objetivo de assegurar o custeio das despesas comuns. Portanto, a
>
> concessão de verba não prevista no contrato de adesão, em prejuízo de terceiros, é providência vedada pelos artigos 3º, I, da Lei 6.435/77 e 3º, VI, da Lei Complementar 109/2001, que impõem ao Estado proteger os interesses dos participantes e assistidos dos planos de benefícios.
>
> 2. *De fato, em relação às verbas da denominada "gratificação de produtividade" recebidas pelos trabalhadores em atividade, incidia apenas contribuição para a previdência oficial, sendo certo que não há dependência da previdência privada, que constitui regime jurídico próprio, com regramento específico.* Desse modo, como o sistema de capitalização constitui pilar do regime de previdência privada, evidentemente a eventual inobservância ao equilíbrio atuarial, em contrariedade ao pactuado, colocará em risco o interesse de terceiros.
>
> 3. A imposição, pelas instâncias ordinárias, da extensão da intitulada "gratificação de produtividade", sem que houvesse a sua previsão no contrato de adesão e, por conseguinte, fosse contemplada nos cálculos atuariais – efetuados por ocasião da instituição do plano de benefício –, resultou em violação aos artigos 3º, 40 e 43 da Lei 6.435/77.
>
> 4. Recurso especial provido.
>
> (STJ. 4ª turma. REsp 1006153 / SP. 2007/0268004-2. Relator: Ministro Luis Felipe Salomão. Decisão: 02/04/2013). *(Grifamos)*

De nada adiantaria a legislação prever a separação patrimonial dos bens da EFPC e dos participantes se não houvesse na legislação limitações ao uso, gozo e disposição desse patrimônio de afetação para garantir que esses recursos financeiros sejam direcionados para o fim colimado na carta magna.

Surge como premissa necessária firmar o entendimento de que a proteção patrimonial deve envolver tanto os recursos vertidos pelo patrocinador e participante na fase de acumulação dos recursos (contribuições + rendimentos dos

---

121 Essa ausência de vinculação entre o contrato previdenciário e o contrato de trabalho em algumas situações é apenas parcial, já que a própria legislação exige que para a retirada ou transferência dos recursos (resgate, portabilidade e benefício proporcional diferido) haja a rescisão do vínculo laboral. Vide Resolução CGPC nº 06/2003.

ativos financeiros), quando ainda não há benefício concedido, quanto às prestações previdenciárias.

A LC nº 109/2001 padeceu de certa timidez ao prever apenas no art. 34[122] que, nas entidades multiplano, aquelas que administram plano ou conjunto de planos de benefícios para diversos grupos de participantes, existiria a independência patrimonial entre planos, quando sabemos que o risco jurídico da comunicação patrimonial não somente se encontra na assunção de obrigações de um plano de benefícios em relação a outro plano de benefícios, retirando parcela dos recursos da poupança individual de uma coletividade de pessoas para um ou alguns participantes de outro plano, mas também em eventuais obrigações contraídas pela EFPC e demais pessoas físicas que compõem a relação jurídica previdenciária (participantes, assistidos e patrocinadores).

A mesma Lei, em outra passagem, prescreveu que (art. 22) *"ao final de cada exercício, coincidente com o ano civil, as entidades fechadas deverão levantar as demonstrações contábeis e as avaliações atuariais **de cada plano de benefícios**, por pessoa jurídica ou profissional legalmente habilitado, devendo os resultados ser encaminhados ao órgão regulador e fiscalizador e divulgados aos participantes e aos assistidos"*, o que evidencia que cada plano de benefícios é visualizado isoladamente para fins de registro contábil e avaliação atuarial. E não poderia ser diferente já que cada plano de benefícios possui características populacionais específicas que levarão a análises técnicas e atuariais diversas, que permitirão uma estruturação financeira aderente ao perfil dos participantes, permitindo um futuro financeiro sustentável ao plano.

Em relação a eventuais outros serviços prestados pela EFPC, quando autorizados pela legislação (vide art. 76 da LC 109/2001), também é indispensável que o patrimônio previdenciário seja mantido segregado dos recursos destinados ao custeio dos serviços assistenciais à saúde e dos programas assistenciais de natureza financeira.

Na tentativa de promover a separação patrimonial dos recursos pertencentes às pessoas físicas e jurídicas envolvidas na relação jurídica de previdência

---

122 Art. 34. As entidades fechadas podem ser qualificadas da seguinte forma, além de outras que possam ser definidas pelo órgão regulador e fiscalizador:

I – de acordo com os planos que administram:

a) de plano comum, quando administram plano ou conjunto de planos acessíveis ao universo de participantes; e

b) com multiplano, quando administram plano ou conjunto de planos de benefícios para diversos grupos de participantes, **com independência patrimonial;**

II – de acordo com seus patrocinadores ou instituidores:

a) singulares, quando estiverem vinculadas a apenas um patrocinador ou instituidor; e

b) multipatrocinadas, quando congregarem mais de um patrocinador ou instituidor.

O PLANO DE BENEFÍCIOS E OS ELEMENTOS DA RELAÇÃO JURÍDICA PREVIDENCIÁRIA **135**

complementar fechada foi criado o Cadastro Nacional de Planos de Benefícios – CNPB (Resolução CGPC nº 14/2004) que permitiu separar os planos de benefícios administrados pela EFPC e individualizar as reservas matemáticas pertencentes a cada participante e assistido em relação ao plano de benefício como um todo, promovendo-se uma separação patrimonial sob a perspectiva contábil e administrativa.

O art. 3º do referido ato normativo previu que *"cada plano de benefícios possui independência patrimonial em relação aos demais planos de benefícios, bem como identidade própria quanto aos aspectos regulamentares, cadastrais, atuariais, contábeis e de investimentos, cujos recursos de um plano de benefícios não respondem por obrigações de outro plano de benefícios operado pela mesma EFPC".*

A criação do Cadastro Nacional de Planos de Benefícios das Entidades Fechadas de Previdência Complementar – CNPB foi um avanço sob o aspecto da gestão operacional dos recursos garantidores, já que permitiu uma melhor individualização quanto a recursos de origem diversas, principalmente se considerado o crescente mercado de fundos multipatrocinados, em que uma única EPC é responsável pela gestão de vários planos de benefícios oferecidos a empregados vinculados a diversos patrocinadores ou instituidores.

Outro aspecto importante, e que reflete na proteção jurídica do patrimônio dos planos de benefícios, é a impossibilidade da realização de constrição judicial sobre os recursos garantidores para o adimplemento de outras obrigações que não o pagamento de benefícios.

Enquanto no RGPS existe dispositivo expresso (art. 114 da Lei nº 8.213/91[123]) que garante a impenhorabilidade e indisponibilidade do benefício previdenciário, na previdência complementar, por ausência de previsão legal expressa em lei especial, tem sido utilizada a previsão geral do art. 649, IV do Código de Processo Civil (art. 833 do Novo CPC) que estabelece a impenhorabilidade dos proventos de aposentadoria, pensões, pecúlios e montepios, prestações de natureza previdenciária.

> CPC:
>
> Art. 649. São absolutamente impenhoráveis:
>
> (...)
>
> IV – os vencimentos, subsídios, soldos, salários, remunerações, proventos de aposentadoria, pensões, pecúlios e montepios; as quantias recebidas por

---

123 Lei nº 8.213/91: Art. 114. Salvo quanto a valor devido à Previdência Social e a desconto autorizado por esta Lei, ou derivado da obrigação de prestar alimentos reconhecida em sentença judicial, o benefício não pode ser objeto de penhora, arresto ou seqüestro, sendo nula de pleno direito a sua venda ou cessão, ou a constituição de qualquer ônus sobre ele, bem como a outorga de poderes irrevogáveis ou em causa própria para o seu recebimento.

liberalidade de terceiro e destinadas ao sustento do devedor e sua família, os ganhos de trabalhador autônomo e os honorários de profissional liberal, observado o disposto no § 3º deste artigo;

O Código Civil prescreve no art. 794 quando trata do seguro de pessoas, aplicável subsidiariamente à previdência complementar, que *"no seguro de vida ou de acidentes pessoais para o caso de morte, o capital estipulado não está sujeito às dívidas do segurado, nem se considera herança para todos os efeitos de direito"*, criando regra específica de impenhorabilidade e afetação patrimonial no seguro privado.

Observa-se, assim, a existência de previsão legal que impede a constrição do patrimônio dos planos de benefícios, considerando que, em última análise, os valores poupados durante longo período a título de previdência complementar é destinado a garantir a manutenção da qualidade de vida do cidadão, após acometido dos riscos sociais protegidos pelo contrato previdenciário.

É bom frisar que essa característica da impenhorabilidade protege tanto os recursos acumulados na fase de diferimento do plano de benefícios, quando o participante ainda não está recebendo a prestação previdenciária, quanto a fase de gozo, quando o participante está recebendo o benefício contratado.

Em decisão recente o STJ (EREsp 1121719) entendeu pela impenhorabilidade de recursos de previdência privada aberta (PGBL – Plano Gerador de Benefício Livre), admitindo, porém, o afastamento da impenhorabilidade quando o magistrado verificar a ausência da finalidade alimentar dos recursos financeiros, devendo-se analisar cada caso concreto[124].

Algumas decisões judiciais do STJ, órgão jurisdicional responsável pela uniformização da legislação infraconstitucional, têm reconhecido a impenhorabilidade sobre os recursos garantidores do plano de benefícios:

> PROCESSO CIVIL. PENHORA. DEPÓSITO BANCÁRIO DECORRENTE DE PENSÃO. IMPOSSIBILIDADE.
>
> Os depósitos bancários provenientes exclusivamente da pensão paga pelo INSS e da respectiva complementação pela entidade de previdência privada são a própria pensão, por isso mesmo que absolutamente impenhoráveis quando destinados ao sustento do devedor ou da sua família.
>
> Recurso conhecido e provido.

---

124 Segundo a relatora do EREsp 1121719, ministra Nancy Andrighi, "se as provas dos autos revelarem a necessidade de utilização do saldo de previdência privada complementar para a subsistência do participante e de sua família, estará caracterizada a sua natureza alimentar e, portanto, a impenhorabilidade dos valores". A relatora, considerou desproporcional a indisponibilidade imposta a ex-diretor do Banco Santos submetido a liquidação pelo Banco Central do Brasil. Com a decisão, foi determinado o desbloqueio do saldo existente em seu fundo de previdência privada complementar.

O PLANO DE BENEFÍCIOS E OS ELEMENTOS DA RELAÇÃO JURÍDICA PREVIDENCIÁRIA **137**

(STJ. 4ª turma. REsp 536760 / SP. 2003/0062329-9. Relator Ministro Cesar Asfor Rocha. Decisão: 07/10/2003).

DIREITO BANCÁRIO E PROCESSUAL CIVIL. CONTA-CORRENTE. PROVENTOS APOSENTADORIA. RETENÇÃO. IMPOSSIBILIDADE. DANO MORAL CONFIGURADO.

– Não se confunde o desconto em folha para pagamento de empréstimo garantido por margem salarial consignável, prática que encontra amparo em legislação específica, com a hipótese desses autos, onde houve desconto integral dos proventos de aposentadoria depositados em conta corrente, para a satisfação de mútuo comum.

– Os proventos advindos de aposentadoria privada de caráter complementar têm natureza remuneratória e se encontram expressamente abrangidos pela dicção do art. 649, IV, CPC, que assegura proteção a "vencimentos, subsídios, soldos, salários, remunerações, proventos de aposentadoria, pensões, pecúlios e montepios; as quantias recebidas por liberalidade de terceiro e destinadas ao sustento do devedor e sua família, os ganhos de trabalhador autônomo e os honorários de profissional liberal".

– Não é lícito ao banco reter os proventos devidos ao devedor, a título de aposentadoria privada complementar, para satisfazer seu crédito. Cabe-lhe obter o pagamento da dívida em ação judicial. Se nem mesmo ao Judiciário é lícito penhorar salários, não será a instituição privada autorizada a fazê-lo.

– Ainda que expressamente ajustada, a retenção integral do salário de correntista com o propósito de honrar débito deste com a instituição bancária enseja a reparação moral. Precedentes. Recurso Especial provido.

(STJ. 3ª turma. REsp 1012915 / PR. 2007/0288591-9. Relatora Ministra Nancy Andrighi. DJe 03/02/2009).

A distinção dos patrimônios das pessoas físicas e jurídicas também tem sido reconhecida pelo STJ, como se observa pela seguinte transcrição jurisprudencial:

PROCESSUAL CIVIL. ENTIDADE DE PREVIDÊNCIA COMPLEMENTAR. INSTITUIÇÃO PATROCINADORA. LITISCONSÓRCIO NECESSÁRIO. INEXISTÊNCIA. PATRIMÔNIO E PERSONALIDADE JURÍDICA. AUTONOMIA. QUESTÕES SUSCITADAS NO RECURSO ESPECIAL. AUSÊNCIA DE PREQUESTIONAMENTO.

1. Não há litisconsórcio passivo necessário do fundo de previdência complementar com a instituição patrocinadora, em face da autonomia de patrimônio e de personalidade jurídica própria do ente previdenciário. Precedentes.

2. Aplica-se o óbice previsto na Súmula nº 282/STF quando as questões suscitadas no recurso especial não tenham sido debatidas no acórdão recorrido.

3. Agravo regimental desprovido.

(STJ. 4ª turma. AgRg no Ag 1030415 / SC. 2008/0064272-5. Ministro João Otávio de Noronha. Decisão: 06/08/2009).

PREVIDÊNCIA PRIVADA. RECURSO ESPECIAL. EXTENSÃO DE ISENÇÃO DE CONTRIBUIÇÃO DE APOSENTADOS E PENSIONISTAS DA PREVIDÊNCIA PÚBLICA A BENEFICIÁRIOS DE PLANO DE PREVIDÊNCIA PRIVADA QUE, DESDE A ADESÃO DOS PARTICIPANTES, PREVIA A CONTRIBUIÇÃO. INVIABILIDADE. APLICAÇÃO

AO REGIME DE PREVIDÊNCIA COMPLEMENTAR DO DISPOSTO NO ART. 1º DA LEI 7.485/86. IMPOSSIBILIDADE. PREVIDÊNCIA PÚBLICA E PRIVADA COMPLEMENTAR. VÍNCULOS JURÍDICOS DE NATUREZA DISTINTA. 1. O artigo 1º, da Lei 7.485/86, restringe seu comando normativo aos "aposentados e pensionistas do Sistema Nacional de Previdência e Assistência Social – SINPAS", daí porque incabível a pretendida isenção de contribuição para o âmbito do sistema de previdência privada. 2. Embora as regras aplicáveis ao sistema de previdência social oficial possam, eventualmente, servir como instrumento de auxílio à resolução de questões relativas à previdência privada complementar, na verdade são regimes jurídicos diversos, com regramentos específicos, tanto de nível constitucional, quanto infraconstitucional. 3. *As entidades de previdência privada fechada administram os planos, mas não são as detentoras de seu patrimônio, que é constituído com o objetivo de assegurar o custeio das despesas comuns, de sorte que a indevida isenção de contribuição, em prejuízo de terceiros, é providência vedada pelo artigo 3º, VI, da Lei Complementar 109/2001, que impõe ao Estado proteger os interesses dos participantes e assistidos dos planos de benefícios. 4. Recurso especial improvido.* (STJ. 4ª turma. RESP 200600200485 – 814465. Relator: Luis Felipe Salomão. Decisão: 17/05/2011).

8. PRINCIPAIS BENEFÍCIOS OFERECIDOS NA PREVIDÊNCIA COMPLEMENTAR ABERTA

Os planos de benefícios administrados pelas entidades abertas podem prever a cobertura de vários riscos sociais, sendo o mais comum o pagamento de um benefício pela sobrevivência do participante ao prazo final do período contributivo ou de diferimento.

A Resolução CNSP nº 139/2005 consolida as regras de funcionamento e os critérios para operação da cobertura por sobrevivência oferecida em plano de previdência complementar aberta.

A cobertura por sobrevivência utiliza o regime financeiro de capitalização e tem por finalidade a concessão de benefício, pagável de uma única vez ou sob forma de renda, a pessoas físicas vinculadas ou não a uma pessoa jurídica, sendo o evento gerador do pagamento do benefício a sobrevivência do participante ao período de diferimento contratualmente previsto.

São previstas as seguintes espécies de benefícios para a cobertura de sobrevivência:

a) Plano Gerador de Benefício Livre – PGBL: quando, durante o período de diferimento, a remuneração da provisão matemática de benefícios a conceder for baseada na rentabilidade da carteira de investimentos de FIE[125], no qual esteja

---

125 FIE: o fundo de investimento especialmente constituído ou o fundo de investimento em quotas de fundos de investimento especialmente constituídos, cujos únicos quotistas sejam, direta ou indiretamente, sociedades seguradoras e entidades abertas de previdência complementar ou, no caso de fundo com patrimônio segregado, segurados e participantes de planos VGBL – Vida

O PLANO DE BENEFÍCIOS E OS ELEMENTOS DA RELAÇÃO JURÍDICA PREVIDENCIÁRIA **139**

aplicada a totalidade dos respectivos recursos, sem garantia de remuneração mínima e de atualização de valores e sempre estruturados na modalidade de contribuição variável;

b) Plano com Remuneração Garantida e "Performance" – PRGP: quando garantir aos participantes, durante o período de diferimento, remuneração por meio da contratação de índice de atualização de valores e de taxa de juros e a reversão, parcial ou total, de resultados financeiros;

c) Plano com Remuneração Garantida e "Performance" sem Atualização – PRSA: quando garantir aos participantes, durante o período de diferimento, remuneração por meio da contratação de taxa de juros e a reversão, parcial ou total, de resultados financeiros e sempre estruturados na modalidade de contribuição variável;

d) Plano com Atualização Garantida e Performance – PAGP: quando garantir aos participantes, durante o período de diferimento, por meio da contratação de índice de preços, apenas a atualização de valores e a reversão, parcial ou total, de resultados financeiros; e

e) Plano de Renda Imediata – PRI: quando, mediante contribuição única, garantir o pagamento do benefício por sobrevivência, sob a forma de renda imediata.

É muito comum o questionamento sobre qual o melhor benefício de previdência privada aberta, se **PGBL ou VGBL,** os quais buscam conferir uma renda pela sobrevivência do segurado. O VGBL (Vida Gerador de Benefícios Livres) é um plano classificado pela legislação como *seguro de pessoas,* não como um plano previdenciário. Difere do PGBL principalmente em relação à disciplina tributária. O VGBL e o PGBL sofrem incidência tributária apenas no momento do recebimento do benefício ou no resgate. O participante do PGBL pode deduzir até 12% das contribuições realizadas no exercício sobre a renda bruta tributável, sendo mais recomendável para o contribuinte que se utiliza do modelo completo da declaração do IRPF. No VGBL o imposto de renda incide apenas sobre os rendimentos, mas não admite a dedução das contribuições da base de cálculo do IRPF, sendo mais recomendável para aqueles contribuintes que se utilizam do modelo simplificado da declaração do IRPF. No PGBL o imposto de renda incide sobre o valor total a ser resgatado ou recebido sob a forma de renda.

São características dos planos administrados pelas entidades abertas:

- não garantem rentabilidade mínima;

- possibilitam, além do resgate, a conversão em benefício temporário ou vitalício, ou destinação para um terceiro em razão do óbito do participante;

Gerador de Benefício Livre ou PGBL – Plano Gerador de Benefício Livre.

- direito à portabilidade e ao resgate;

- escolha do perfil de investimento (conservador, moderado ou agressivo);

- acompanhamento diário da evolução da rentabilidade;

- valor do benefício será calculado em função da provisão matemática de benefícios a conceder;

- não incidência de IR sobre rendimentos no período de acumulação, incidindo a tributação no momento do recebimento do benefício ou do resgate; e

- Além da cobertura da renda por sobrevivência (aposentadoria), há a possibilidade da concessão de renda por invalidez, pensão por morte, pecúlio por morte e pecúlio por invalidez.

9. CLÁUSULAS OU INSTITUTOS OBRIGATÓRIOS DO CONTRATO PREVIDENCIÁRIO (RESGATE, PORTABILIDADE, BENEFÍCIO PROPORCIONAL DIFERIDO E AUTOPATROCÍNIO)

A legislação de previdência complementar criou alguns institutos ou cláusulas contratuais de presença obrigatória nos regulamentos dos planos de benefícios, traço característico da regulação estatal, limitando a autonomia da vontade dos particulares nessas espécies contratuais.

Esses institutos permitem disciplinar a dinâmica existente na relação jurídica de previdência complementar, a qual perdura por longo lapso temporal, sendo suscetível a mudanças quanto ao vínculo laboral ou associativo do participante com o patrocinador ou instituidor do plano, bem como quanto à satisfação do participante e do patrocinador em relação à forma como os recursos do plano de benefícios estão sendo administrados pela entidade previdenciária. São obrigatórias porque criadas para garantir direitos mínimos aos participantes em relação ao seu patrimônio previdenciário.

Adacir Reis justifica a existência dos institutos[126]:

> Nas décadas de setenta e oitenta do século passado as relações profissionais no âmbito das empresas eram mais estáveis. Por essa razão, a quebra do vínculo empregatício, com consequentes mudanças nas relações com as entidades fechadas de previdência complementar, não era frequente. Nos últimos anos, houve uma grande flexibilização das relações de trabalho. Atualmente, o contrato de trabalho não tem vocação de longo prazo. Considerando que a previdência complementar, embora se constitua em relação autônoma e civil, interage com as relações trabalhistas, houve a necessidade de se promover a flexibilização dos planos de benefícios operados pelas entidades fechadas de previdência complementar, mantida sua vocação de longo prazo.

---

126 REIS, Adacir. Curso básico de previdência complementar. São Paulo: RT, 2014, p.73.

O PLANO DE BENEFÍCIOS E OS ELEMENTOS DA RELAÇÃO JURÍDICA PREVIDENCIÁRIA **141**

Para os planos administrados pelas entidades fechadas foram previstos os institutos obrigatórios do *resgate*, da *portabilidade*, do *benefício proporcional diferido (vesting)* e do *autopatrocínio*.

O *resgate* seria, conforme o próprio sentido literal da palavra, a possibilidade do participante se desligar do plano de benefícios e receber sua reserva de poupança individual, mas tão somente quanto aos recursos por ele depositados, não aquelas contribuições vertidas pelo patrocinador, descontados os valores das despesas administrativas e das contribuições destinadas ao custeio dos benefícios de risco, encerrando, assim, seu compromisso contratual (e dos seus beneficiários) com o plano de benefícios.

A Resolução CGPC nº 6/2003 regulamentou os institutos obrigatórios e, em relação ao resgate, condicionou sua utilização à rescisão do contrato de trabalho com o patrocinador, sendo o pré-requisito da extinção do vínculo laboral uma forma de desestímulo da saída do participante do sistema de previdência complementar.

Seguem as regras para o resgate dos recursos garantidores administrados pelas entidades fechadas de previdência complementar:

- O exercício do resgate implica a cessação dos compromissos do plano administrado pela entidade fechada de previdência complementar em relação ao participante e seus beneficiários;

- O regulamento do plano de benefícios deverá facultar o resgate de recursos, oriundos de portabilidade, constituídos em plano de previdência complementar aberta, administrado por entidade aberta de previdência complementar ou sociedade seguradora. É vedado o resgate de recursos, oriundos de portabilidade, constituídos em plano de benefícios administrado por entidade fechada de previdência complementar;

- No caso de plano de benefícios instituído por patrocinador, o regulamento deverá condicionar o pagamento do resgate à cessação do vínculo empregatício;

- No caso de plano de benefício instituído por instituidor, o regulamento deverá prever prazo de carência para o pagamento do resgate, de seis meses a dois anos, contado a partir da data de inscrição no plano de benefícios. Em relação a cada uma das contribuições efetuadas por pessoas jurídicas ao plano instituído, somente será admitido o resgate após o cumprimento de prazo de carência de dezoito meses, contado da data do respectivo aporte. Em relação às contribuições efetuadas pelo empregador do plano instituído (não é patrocinador do plano), poderão ser estabelecidas condições adicionais, observadas as condições previstas no regulamento do plano de benefícios;

- O resgate não será permitido caso o participante esteja em gozo de benefício;

- O regulamento do plano de benefício deverá prever o pagamento do resgate em quota única ou, por opção exclusiva do participante, em até doze parcelas mensais e consecutivas;

- O valor do resgate corresponde, no mínimo, à totalidade das contribuições vertidas ao plano de benefícios pelo participante, descontadas as parcelas do custeio administrativo que, na forma do regulamento e do plano de custeio, sejam de sua responsabilidade. Poderá ser deduzida também a parcela destinada à cobertura dos benefícios de risco que, na forma do regulamento e do plano de custeio, seja de responsabilidade do participante[127].

Sobre o tema do resgate existe farta construção jurisprudencial que merece ser analisada.

A Súmula 289 do STJ define que *"a restituição das parcelas pagas a plano de previdência privada deve ser objeto de correção plena, por índice que recomponha a efetiva desvalorização da moeda".* Tal entendimento consolidado na Egrégia corte tem proporcionado que os magistrados, no momento de analisar as querelas relacionadas ao resgate dos recursos dos planos de previdência complementar, determinem a incidência sobre os valores depositados de índices de atualização monetária diversos daqueles previstos no regulamento do plano de benefícios de previdência complementar, índices estes que foram considerados no momento da elaboração do plano de custeio. Ou seja, a depender de como seja aplicado o referido entendimento, poderá aqueles ex-participantes que ajuizaram ação perante o Poder Judiciário obter a atualização monetária de sua conta de poupança previdenciária utilizando índice mais favorável que aquele previsto no regulamento do plano de benefícios, causando prejuízo ao patrimônio individual e coletivo dos participantes que permaneceram no plano, pois estes absorvirão o impacto financeiro da saída dos recursos que foram reconhecidos judicialmente ao autor da ação.

Sobre o valor a ser objeto de resgate, é importante ressaltar que a regra é o levantamento das contribuições realizadas pelo próprio participante ao plano, excluindo aquelas realizadas pelo patrocinador.

Ocorre que, por se tratar de direito patrimonial disponível, nada impede que o patrocinador concorde, anua, em incluir no valor do resgate as contribuições por ele realizadas ao plano de benefícios, sendo legítimo o levantamento desses

---

127 No regulamento do plano de benefícios pode estar prevista a destinação de parcela das contribuições aportadas pelo participante e pelo patrocinador para um fundo específico para o custeio dos benefícios de risco (ex: cobertura de doença, invalidez, morte, etc.), fundo este de característica mutualística para a cobertura previdenciária dos participantes do plano em relação a contingências sociais imprevistas e não programáveis. Esses valores integram o fundo e não são considerados no cálculo dos benefícios programáveis (ex: aposentadorias), nem integrarão o montante objeto de resgate.

O PLANO DE BENEFÍCIOS E OS ELEMENTOS DA RELAÇÃO JURÍDICA PREVIDENCIÁRIA

valores pelo participante no momento do resgate, desde que o regulamento do plano de benefícios tenha previsão nesse sentido.

Trata-se de direito disponível do patrocinador privado, o mesmo não ocorrendo em relação ao patrocinador enquanto *ente público*, regido pela LC 108/2001, que se submete a regras mais rígidas para disposição do seu patrimônio (indisponibilidade do patrimônio público, exceto quando existente autorização legal para tanto). Não havendo lei que autorize o patrocinador público a dispor das contribuições vertidas ao plano de benefícios, não seria possível incluí-las no valor do resgate. Essa a interpretação mais consentânea com a ordem jurídica nacional, pois o resgate representa a desafetação do direito acumulado de origem previdenciária, não merecendo os recursos resgatados a mesma proteção e incentivo que o Estado, através de sua ordem jurídica, atribui a essas reservas financeiras destinadas ao pagamento das prestações previdenciárias.

Podemos extrair outras decisões judiciais do STJ sobre o tema "resgate":

- Súmula STJ nº 290: "nos planos de previdência privada, não cabe ao beneficiário a devolução da contribuição efetuada pelo patrocinador". Nos casos de desligamento do participante do plano de benefícios o valor objeto de resgate somente abrangerá as contribuições aportadas pelo participante ao plano e não aquelas realizadas pelo patrocinador.

- O STJ vem reiterando a aplicação de suas Súmulas na matéria de previdência complementar ao afirmar que "é devida a restituição integral das contribuições vertidas pelo ex-associado à entidade de previdência complementar, por ocasião de seu desligamento, devendo a restituição das parcelas pagas a plano de previdência privada ser objeto de correção plena, por índice que recomponha a efetiva desvalorização da moeda (Súmula 289/STJ)". (STJ. AgRg no Ag 766447/RN. Relator Ministro Paulo de Tarso Sanseverino. Órgão Julgador: 3ª turma. Data do Julgamento: 28/09/2010).

- Segundo o STJ, "é de cinco anos o prazo de prescrição para cobrar eventuais diferenças no montante devolvido ao beneficiário de previdência privada, em virtude de seu desligamento do plano". (STJ. REsp 567164/PB. Relator Ministro Fernando Gonçalves. Órgão Julgador: 4ª turma. Data do Julgamento: 16/03/2004).

- O STJ fixou algumas premissas sobre resgate dos recursos do plano de benefícios: a) a restituição das contribuições destinadas às entidades de previdência privada alcança apenas as parcelas efetivadas diretamente pelo ex-associado, com exclusão dos valores relativos à contribuição patronal, os quais não possuem natureza salarial. b) os valores pagos a título de pecúlio por invalidez ou morte não são passíveis de restituição, uma vez que a entidade suportou o risco. E, embora não tenha ocorrido o sinistro, nem por isso deixaram os associados de usufruir da prestação do serviço na vigência do contrato, que é, por natureza, oneroso. c) a restituição das contribuições destinadas às entidades de previdência privada deve se dar de forma plena, utilizando-se no cálculo da atualização monetária índice que reflita a real desvalorização da moeda no período, ainda que outro tenha sido avençado. Recurso especial parcialmente provido. (STJ. REsp 440850/DF. Relator Ministro Castro Filho. Órgão Julgador: 3ª turma. Data do Julgamento: 04/11/2003).

A **portabilidade**[128] é a possibilidade da transferência do direito acumulado do participante para outro plano administrado por entidade fechada, entidade aberta ou sociedade seguradora, devendo o participante comprovar a cessação do vínculo empregatício com o patrocinador e o cumprimento da carência de até três anos de vinculação ao plano de benefícios. Este último requisito (carência de até três anos) não se aplica quando a portabilidade se referir a recursos de planos patrocinados portados para outro plano de previdência complementar.

Denomina-se *plano originário* aquele cujos recursos financeiros são transferidos e de *plano receptor* aquele que recebe os recursos previdenciários.

MARTINEZ[129] define a portabilidade como:

> Procedimento técnico, ela é distinta do resgate ou do *vesting*, e não se confunde com qualquer tipo de complementação continuada, antecipada ou não, assumindo caráter econômico-financeiro, criada para facilitar a rotatividade da mão-de-obra, de um empregador para outro ou apenas se desligar do provedor e do seu fundo de pensão, pela qual importâncias originais acrescidas durante a relação jurídica de contribuição, sem dispor de acesso pessoal a elas, depois de algum tempo mínimo aportando, com destino legalmente definido, sejam encaminhadas juridicamente de uma para outra entidade previdenciária complementar.

A portabilidade não caracteriza resgate, não podendo os participantes, após a transferência dos recursos das reservas acumuladas, pleitear a retirada dos valores da EPC que passa a administrar os recursos. É vedado pela legislação, da mesma forma, que os recursos financeiros objeto da portabilidade transitem pelos participantes dos planos de benefícios, sendo a transferência dos recursos realizada entre as próprias entidades gestoras dos planos de benefícios.

A Resolução CGPC nº 6/2003 disciplina a portabilidade nos seguintes termos:

- A portabilidade é direito inalienável do participante, vedada sua cessão sob qualquer forma, sendo exercido na forma e condições estabelecidas pelo regulamento do plano de benefícios, em caráter irrevogável e irretratável;

---

128 Instrução Conjunta Previc/Susep nº 1/2014 dispõe sobre as regras de portabilidade de recursos de planos de benefícios de Entidades Abertas para planos de benefícios de Entidades Fechadas de Previdência Complementar, e vice-versa, e dá outras providências.

129 MARTINEZ, Wladimir Novaes. Portabilidade na previdência complementar. São Paulo: LTr, 2004, p.22.

O PLANO DE BENEFÍCIOS E OS ELEMENTOS DA RELAÇÃO JURÍDICA PREVIDENCIÁRIA **145**

- Para os recursos portados de outro plano de previdência complementar, o plano de benefícios receptor deverá manter controle em separado, desvinculado do direito acumulado do participante no plano de benefícios originário;

- A portabilidade do direito acumulado pelo participante no plano de benefícios originário implica a portabilidade de eventuais recursos portados anteriormente e a cessação dos compromissos deste plano em relação ao participante e seus beneficiários;

- A portabilidade exige a demonstração simultânea da cessação do vínculo empregatício do participante com o patrocinador, nos planos instituídos por patrocinador, e do cumprimento da carência de até três anos de vinculação do participante ao plano de benefícios, exceto, neste último caso, se a portabilidade se referir a recursos portados de plano originário patrocinado para outro plano de previdência complementar;

- Não será possível o exercício da portabilidade pelo participante que esteja em gozo de benefício;

- O direito acumulado pelo participante no plano de benefícios originário, para fins de portabilidade corresponde:

  I – nos planos instituídos até 29 de maio de 2001, ao valor previsto no regulamento para o caso de desligamento do plano de benefícios, conforme nota técnica atuarial, observado como mínimo o valor equivalente ao resgate;

  II – nos planos instituídos a partir de 30 de maio de 2001:

a) em plano cuja modelagem de acumulação do recurso garantidor do benefício pleno programado seja de benefício definido, às reservas constituídas pelo participante ou reserva matemática, o que lhe for mais favorável, na forma regulamentada e conforme nota técnica atuarial do plano de benefícios, assegurado no mínimo o valor do resgate nos termos desta Resolução;

b) em plano cuja modelagem de acumulação do recurso garantidor do benefício pleno programado seja de contribuição definida, à reserva matemática constituída com base nas contribuições do participante e do patrocinador ou empregador.

- É vedado que os recursos financeiros transitem pelos participantes dos planos de benefícios, sob qualquer forma;

- O regulamento do plano de benefícios deverá dispor sobre a data base de apuração e a atualização do valor a ser portado.

A portabilidade diferencia-se da *"migração de planos"*. Enquanto na portabilidade a reserva de poupança pertencente ao participante é transferida para outro plano administrado por outra entidade previdenciária, na migração de planos os recursos são transferidos, como regra, para um plano administrado pela mesma entidade gestora, realizando-se a transferência do participante para outro plano disciplinado por regulamento diverso, em que os direitos e obrigações também podem ser total ou parcialmente diversos do originariamente previstos no plano de origem.

Percuciente a observação de REIS[130]:

> Não se pode confundir a portabilidade com a migração entre planos de previdência, pois a portabilidade é facultada ao participante, individualmente considerado, sem o concurso de vontade do patrocinador ou do instituidor, posto tratar-se de um direito, isto é, de um instituto obrigatoriamente previsto em regulamento, tendo como premissa a cessação do contrato de trabalho.

> Já a migração do participante de um plano de benefícios para outro, na forma hoje conhecida, é facultada aos participantes, e até mesmo aos assistidos, num contexto de amplo redesenho da relação previdenciária, com o concurso de vontades do patrocinador, da entidade fechada de previdência complementar, por meio de seu conselho deliberativo, e autorização prévia da Previc. Com a migração, opera-se a transferência de reservas de um plano de benefícios para outro, geralmente no interior da mesma entidade fechada de previdência complementar, mediante uma novação contratual. Em tal situação, não há quebra do vínculo empregatício com o patrocinador.

Essa migração de planos ocorreu com bastante frequência no passado quando vários fundos de pensão que ofertavam planos estruturados na modalidade de benefício definido passaram a oferecer a oportunidade de migração dos participantes para novos planos de contribuição definida, destinado ao mesmo grupo de participantes, com nova regulamentação dos direitos e obrigações previdenciários, criando os patrocinadores e a entidade algumas regras de estímulo para que o participante optasse por aderir ao novo plano, desvinculando-se do plano originário.

A migração entre planos é um negócio jurídico engendrado com frequência para salvar planos de benefícios não sustentáveis financeiramente no longo prazo, seja em razão do plano originário prever regras bastante pródigas para a concessão dos benefícios, seja por não possuir número de participantes suficiente para garantir o equilíbrio financeiro do plano, dentre outras situações.

Autopatrocínio é a possibilidade de o participante manter o valor de sua contribuição e a do patrocinador, no caso de perda parcial ou total da remuneração recebida, para assegurar a percepção dos benefícios nos níveis inicialmente contratados. A redução da base de cálculo[131] sobre a qual incidem as contribuições previdenciárias pode ocorrer em razão da rescisão do contrato de trabalho ou da redução do salário do participante junto a seu empregador (desligamento de

---

130 REIS, Adacir. Curso básico de previdência complementar. São Paulo: RT, 2014, p.76.

131 No RGPS essa base de cálculo sobre a qual incidem os percentuais da contribuição é denominada de salário-de-contribuição.

O PLANO DE BENEFÍCIOS E OS ELEMENTOS DA RELAÇÃO JURÍDICA PREVIDENCIÁRIA **147**

cargo ou função de chefia provisória, por exemplo). Este instituto busca garantir ao participante custear, mediante esforço financeiro próprio, as contribuições que deixaram de ser vertidas ao plano em razão da redução salarial ou rescisão do contrato de trabalho, para que ao final do período de diferimento seja mantido o valor estimado do benefício contratado. As contribuições vertidas ao plano de benefícios, em decorrência do autopatrocínio, serão entendidas, em qualquer situação, como contribuições do participante, fazendo parte dos recursos que serão revertidos em eventual pedido de resgate.

A Resolução CGPC nº 6/2003 disciplina o instituto do autopatrocínio nos seguintes termos:

- O regulamento do plano de benefícios deverá prever prazo para opção pelo autopatrocínio;

- A opção do participante pelo autopatrocínio não impede posterior opção pelo benefício proporcional diferido, portabilidade ou resgate;

- As contribuições devidas pelo participante que optar pelo autopatrocínio não poderão ser distintas daquelas previstas no plano de custeio, mediante a utilização de critérios uniformes e não discriminatórios;

- As contribuições vertidas ao plano de benefícios, em decorrência do autopatrocínio, serão entendidas, em qualquer situação, como contribuições do participante, inclusive para fins de posterior pedido de resgate.

O *benefício proporcional diferido (BPD) ou vesting* é a cláusula contratual que permite ao participante, mesmo após a cessação do vínculo empregatício com o patrocinador ou associativo com o instituidor, antes da aquisição do direito ao benefício pleno previsto contratualmente, permanecer no plano e aguardar o cumprimento dos requisitos de elegibilidade, recebendo no futuro valor correspondente ou proporcional às reservas matemáticas vertidas em seu nome. O ato normativo do órgão regulador (art. 2º da Resolução CGPC nº 6/2006) exige o cumprimento da carência de até três anos de vinculação do participante ao plano de benefícios para o exercício da opção do *vesting*, bem como ressalta que essa opção não impede posterior pedido de portabilidade ou resgate. A opção pelo benefício proporcional diferido implicará, a partir da data do requerimento, a cessação das contribuições para o benefício pleno programado, cabendo ao participante optante custear as despesas administrativas de funcionamento do plano.

No BPD há um "congelamento" da situação jurídica do participante em relação ao plano, podendo haver ou não novos aportes de contribuições, de acordo com o regulamento do plano.

O benefício proporcional diferido diferencia-se do instituto do resgate. No resgate, subtraem-se da reserva de poupança o valor dos aportes das contribuições realizadas pelo patrocinador, o valor das despesas administrativas do plano e as contribuições destinadas ao custeio dos benefícios de risco, reduzindo-se o volume de recursos que efetivamente é colocado à disposição do participante. No BPD não. As contribuições realizadas pelo patrocinador permanecem na reserva individual de poupança, sendo o BPD mais benéfico ao participante sob o ponto de vista econômico.

A Resolução CGPC nº 6/2003 disciplina o instituto do benefício proporcional diferido nos seguintes termos:

- A opção do participante pelo benefício proporcional diferido não impede posterior opção pela portabilidade ou resgate;

- Ao participante que não tenha preenchido os requisitos de elegibilidade ao benefício pleno é facultada a opção pelo benefício proporcional diferido na ocorrência simultânea das seguintes situações: I – cessação do vínculo empregatício do participante com o patrocinador ou associativo com o instituidor; II – cumprimento da carência de até três anos de vinculação do participante ao plano de benefícios;

- A concessão do benefício pleno sob a forma antecipada, conforme previsto no regulamento do plano, impede a opção pelo benefício proporcional diferido;

- A opção pelo benefício proporcional diferido implicará, a partir da data do requerimento, a cessação das contribuições para o benefício pleno programado;

- No caso de opção do participante pelo BPD, o regulamento do plano de benefícios deverá dispor sobre o custeio das despesas administrativas e de eventuais coberturas dos riscos de invalidez e morte do participante, oferecidas durante a fase de diferimento, cabendo ao participante optante suportar os respectivos custeios;

- O regulamento do plano de benefícios poderá facultar o aporte, com destinação específica, de contribuições do participante que tenha optado pelo benefício proporcional diferido.

- O benefício decorrente da opção pelo instituto do benefício proporcional diferido será devido a partir da data em que o participante tornar-se-ia elegível ao benefício pleno, na forma do regulamento, caso mantivesse a sua inscrição no plano de benefícios na condição anterior à opção por este instituto;

- O benefício decorrente da opção pelo benefício proporcional diferido será atuarialmente equivalente à totalidade da reserva matemática do benefício pleno programado na data da opção, observado como mínimo o valor equivalente ao resgate.

Em relação às entidades abertas, a LC nº 109/2001 (art. 27) assegura aos participantes apenas o direito à portabilidade, inclusive para plano de benefícios

O PLANO DE BENEFÍCIOS E OS ELEMENTOS DA RELAÇÃO JURÍDICA PREVIDENCIÁRIA **149**

de entidade fechada, e o resgate de recursos das reservas técnicas, provisões e fundos, total ou parcialmente.

Não há previsão legal para a adoção dos institutos do benefício proporcional diferido e do autopatrocínio na previdência complementar aberta.

Os conceitos utilizados anteriormente para os institutos do resgate e da portabilidade são aplicáveis às entidades abertas, sendo que cabe ao órgão regulador (Conselho Nacional de Seguros Privados – CNSP) definir eventuais normas específicas aplicáveis aos planos abertos.

10. PLANO DE CUSTEIO. REGIMES FINANCEIROS. CONTRIBUIÇÕES NORMAIS, EXTRAORDINÁRIAS E FACULTATIVAS. RESSEGURO E FUNDO DE SOLVÊNCIA

O custeio dos planos de previdência complementar compreende as reservas garantidoras de benefícios, fundos, provisões e à cobertura das despesas administrativas de funcionamento do plano.

O dimensionamento do custo de um plano de benefícios levará em consideração os valores necessários para a cobertura dos benefícios contratados, cabendo ao atuário realizar uma estimativa de gastos com base nos seguintes fatores[132]:

- *Base normativa dos benefícios* – são as regras jurídicas fixadas no regulamento do plano, onde estarão definidos os critérios de cálculo e de atualização do benefício, bem como os demais requisitos de elegibilidade para a concessão do benefício;

- *Base cadastral* – características individuais de cada participante, dentre as quais, a idade de ingresso no sistema, a idade em que estará elegível ao benefício, informações sobre os seus beneficiários (ex: participante com filhos de idade reduzida produzirá, em tese, uma maior duração da cobertura previdenciária mediante o pagamento da pensão por morte);

- *Base atuarial* – hipóteses atuariais adotadas nos cálculos, como o tempo estimado de duração dos benefícios (expectativa de vida dos participantes e beneficiários) e perspectivas econômicas (inflação, taxa de juros, etc.).

O plano de custeio deve ser revisto, no mínimo, anualmente, de modo que eventuais alterações na conjuntura econômica, financeira e atuarial sejam logo adequadas, permitindo que os gestores dos recursos estejam sempre com um planejamento financeiro atual e aderente às características da massa de participantes e assistidos que integram o plano.

---

132 GUSHIKEN, Luiz; FERRARI, Augusto Tadeu; FREITAS, Wanderley de. Previdência complementar e regime próprio: complexidade e desafios. Indaiatuba/SP: Instituto Integrar, 2002, p.20-21.

Sobre o tema das hipóteses atuariais que influenciam no levantamento do custo do plano de benefícios, apropriada a observação de REIS[133]:

> Existem hipóteses que dependem de estudos do atuário, como a taxa de longevidade. Há também hipóteses que dependem do patrocinador, como aumento real de salários. Há ainda hipóteses que dependem de análises macroeconômicas, como a taxa de juros.
>
> Portanto, a responsabilidade pela adoção das hipóteses atuariais recai sobre o atuário, o analista econômico, os dirigentes da entidade fechada de previdência complementar e os administradores dos patrocinadores.
>
> A elaboração de um plano de custeio com base em hipóteses atuariais não condizentes com a realidade fatalmente levará o plano de benefícios a uma situação de desequilíbrio, o que poderá gerar até mesmo sua liquidação extrajudicial.

Os recursos garantidores dos planos de benefícios deverão observar a **meta atuarial** fixada no plano de custeio, que corresponde ao valor que deverá ser anualmente acrescido ao patrimônio do plano de benefícios para que este cumpra seus compromissos previdenciários.

A meta atuarial corresponderá à taxa de juros fixada para o plano de benefícios mais a taxa de inflação para o período. O crescimento do patrimônio do plano de benefícios é possível mediante a elaboração de uma política de investimentos condizente com as regras de mercado, considerando as características do plano de benefícios, bem como uma boa execução das diretrizes estabelecidas pelos órgãos estatutários da entidade de previdência complementar.

O dimensionamento do valor necessário para a cobertura dos compromissos do plano de benefícios deve considerar o método de cálculo adotado. Esses métodos de cálculo são denominados de *regimes financeiros* e obedecem a padrões matemáticos universais estabelecidos pela ciência da atuária[134].

Os regimes financeiros clássicos dos sistemas previdenciários são os seguintes:

- *Repartição simples;*

- *Capitalização; e*

---

133 REIS, Adacir. Curso Básico de Previdência Complementar. São Paulo: Editora Revista dos Tribunais, 2014, p.86.

134 CHAN, Betty Lilian; SILVA, Fabiana Lopes da; MARTINS, Gilberto de Andrade Martins. Fundamentos da previdência complementar: da atuária à contabilidade. 2ª edição. São Paulo: Atlas, 2010, p.47. Na obra, os autores enfrentam o tema dos cálculos atuariais asseverando: "a ciência atuarial dedica-se ao estudo de eventos econômicos-sociais envolvendo riscos e incertezas. O atuário, com base em observações e em sua experiência, constrói modelos para auxiliar na avaliação das consequências associadas a determinado fenômeno. Nessa perspectiva, o atuário é um profissional que deve mergulhar em vários campos do conhecimento humano para investigar o seu objeto de estudo".

O PLANO DE BENEFÍCIOS E OS ELEMENTOS DA RELAÇÃO JURÍDICA PREVIDENCIÁRIA **151**

- *Repartição de capital de cobertura.*

Na repartição simples (ou regime de caixa) não há formação de reservas ou poupança prévia. Os recursos são arrecadados para custear as despesas do plano de benefícios daquele exercício financeiro. Há um pacto entre as gerações de segurados, em que os atuais contribuintes em atividade suportam o custeio dos atuais beneficiários do sistema. Neste regime financeiro há a necessidade de número maior de pessoas em atividade laboral em relação ao número de beneficiários (bônus demográfico), como condição para garantir sustentabilidade de longo prazo ao sistema previdenciário. As alterações nas taxas de natalidade, expectativa de vida, informalidade laboral, migração populacional e desemprego influenciam diretamente no cálculo do custo dos benefícios contratados, via de regra exigindo aumento das contribuições para o cumprimento dos compromissos previdenciários. Esse é o regime financeiro adotado pelos regimes públicos previdenciários no Brasil (RGPS e RPPS), havendo uma solidariedade social do custeio, pois eventuais déficits financeiros costumam ser equacionados pelo Estado, mediante a transferência de recursos orçamentários para a cobertura das despesas previdenciárias.

No regime de capitalização há a constituição prévia de reservas financeiras para o custeio dos benefícios concedidos e a conceder, distribuindo as contribuições necessárias para o custeio do plano durante longo período de tempo. Esse o regime financeiro adotado na previdência complementar brasileira, em que os participantes, assistidos e patrocinadores do plano de benefícios suportam o ônus financeiro dos benefícios previstos no regulamento, sem que a sociedade e o Estado assumam solidariamente o custeio em caso de insuficiência de recursos financeiros para pagamento dos benefícios.

O regime de repartição de capital de cobertura associa métodos do regime de repartição simples com o de capitalização. Há formação de reservas para pagar os benefícios de determinado período ou exercício. Mas a reserva que garantirá o pagamento dos benefícios é paga por aqueles participantes em atividade, contribuintes do sistema (característica do regime de repartição simples).

A legislação previdenciária é quem vai determinar qual o regime financeiro adotado para cada regime previdenciário.

Na previdência complementar a Constituição Federal impõe no seu art. 202 que *"o regime de previdência privada será baseado na constituição de reservas que garantam o benefício contratado"*, optando taxativamente pelo regime de capitalização para o custeio dos planos de benefícios desse regime previdenciário, verdadeiro princípio orientador da estruturação do subsistema previdenciário privado.

É importante o registro de que os regimes financeiros não se confundem com a modelagem dos planos de benefícios da previdência complementar (benefício definido, contribuição definida e contribuição variável). Aqueles correspondem à forma como será realizado o levantamento matemático dos custos do plano de benefícios, utilizando-se do trabalho dos técnicos da atuária. Estes correspondem à estruturação jurídica de como os benefícios previdenciários serão concedidos aos participantes e sua relação quanto aos resultados financeiros do plano, dispondo, dentre outras matérias, se haverá ou não solidariedade no custeio entre os participantes do plano (mutualismo).

Nas entidades fechadas o plano de custeio, com periodicidade mínima anual, estabelecerá o nível de contribuição necessário à constituição das reservas garantidoras de benefícios, fundos, provisões e à cobertura das demais despesas, em conformidade com os critérios fixados pelo órgão regulador e fiscalizador.

As reservas ou recursos garantidores, os fundos, as provisões são conceitos contábeis que são empregados para definir um conjunto de valores que são segregados para o custeio de uma despesa específica, a exemplo do fundo previdencial, fundo administrativo (Plano de Gestão Administrativa – PGA), fundo assistencial, etc.

Nos termos do § 1º, art. 18 da LC 109/2001, o regime financeiro de capitalização é obrigatório para os benefícios de pagamento em prestações que sejam programadas e continuadas. A leitura literal do dispositivo legal poderia levar ao entendimento de que nos benefícios não programáveis (ex: benefícios de risco) estaria dispensada a capitalização de recursos. Não é o que ocorre. Em relação a essa espécie de benefício dois são os fatores que impossibilitam dimensionar com exatidão o *quantum* necessário para a cobertura da despesa previdenciária: o momento da ocorrência da contingência social e o tempo de duração ou de gozo do benefício pelo segurado. Nesses casos, o regulamento do plano de benefícios ou prevê a contratação de um seguro para a cobertura desse risco social ou destina parcela das contribuições para um fundo específico com características mutualísticas para que, na medida da ocorrência do risco, sejam estes recursos utilizados para o custeio dos benefícios não programáveis, havendo, nesses casos, capitalização de recursos financeiros.

Para o custeio dos planos das entidades fechadas a legislação criou espécies de contribuições, denominando de *contribuições normais* aquelas destinadas ao custeio dos benefícios previstos no respectivo plano e *contribuições extraordinárias*, aquelas destinadas ao custeio de déficits[135], serviço passado[136] e outras finalidades não incluídas na contribuição normal. Ou seja, por raciocínio lógico, tudo que não for contribuição normal, ordinariamente destinada às reservas para pagamento de benefícios, será contribuição extraordinária.

Nesse sentido, a LC nº 109/2001:

---

135 Insuficiência de recursos para pagamento dos benefícios contratados.

136 Período anterior à implantação do plano de previdência complementar.

O PLANO DE BENEFÍCIOS E OS ELEMENTOS DA RELAÇÃO JURÍDICA PREVIDENCIÁRIA **153**

> Art. 19. As contribuições destinadas à constituição de reservas terão como finalidade prover o pagamento de benefícios de caráter previdenciário, observadas as especificidades previstas nesta Lei Complementar.
>
> Parágrafo único. As contribuições referidas no caput classificam-se em:
>
> I – normais, aquelas destinadas ao custeio dos benefícios previstos no respectivo plano; e
>
> II – extraordinárias, aquelas destinadas ao custeio de déficits, serviço passado e outras finalidades não incluídas na contribuição normal.

As contribuições normais, além do custeio dos benefícios contratados, são utilizadas como fonte de custeio das despesas administrativas da entidade gestora. A fonte de recursos para a cobertura das despesas de custeio de benefícios e para o custeio das despesas administrativas é única – as contribuições normais dos participantes e patrocinadores. O que diferencia é a forma de escrituração contábil. Após o ingresso dos recursos das contribuições normais, parcela vai para o fundo de custeio das despesas previdenciais e parcela para um fundo de custeio das despesas administrativas.

Não procede o argumento dos defensores que tentam dissociar as despesas administrativas das contribuições normais, com o único fim de permitir uma alternativa jurídica para a não aplicação do princípio da paridade contributiva nas entidades fechadas com patrocínio público, de modo a permitir que o patrocinador público custeie, integralmente, as despesas administrativas do plano.

O que é normal e rotineiro (custeio de despesas administrativas), não pode ser classificado como algo extraordinário ou eventual.

A legislação também traz as *contribuições facultativas*, que seriam aquelas cujos aportes realizados pelos participantes consistiriam mera liberalidade, não decorrendo de obrigação contratual prevista no regulamento do plano. Nesse sentido, o § 2º, art. 6º da LC 108/2001 que disciplina os fundos de pensão que administram planos patrocinados com recursos públicos. Nestes planos, não seria permitida a realização de contribuição facultativa pelo patrocinador público, apenas pelo participante.

Embora o referido dispositivo legal refira-se à possibilidade do aporte de contribuições facultativas pelo participante quando existente previsão no regulamento do plano entende-se que o exercício de tal prerrogativa nada mais é que um *direito potestativo* dos sujeitos da relação jurídica, nada impedindo que o participante, ou mesmo o patrocinador, este exceto nos planos com patrocínio público, mesmo sem previsão em regulamento realize aportes financeiros suplementares para ampliar seu nível de cobertura previdenciária.

Sobre direito potestativo, é sempre salutar a transcrição da doutrina do saudoso Orlando Gomes[137], ao discorrer que:

> A todo direito corresponde, em tese, uma obrigação. Há direitos nos quais, entretanto, a faculdade de agir do titular não se correlaciona a uma prestação de outrem. São denominados direitos potestativos.
>
> (...)
>
> Os direitos potestativos não se confundem com as simples faculdades da lei, porque o exercício destas não acarreta, como naqueles, qualquer sujeição de outra pessoa. É certo, porém, que o direito potestativo não contém pretensão. Seu titular não tem realmente o poder de exigir de outrem um ato ou omissão. O titular realiza seu interesse sem necessidade de cooperação do sujeito passivo (Santoro Passarelli), exerce o direito independentemente da vontade de quem deve sofrer as consequências do exercício.
>
> O direito potestativo não é, propriamente falando, direito subjetivo, por lhe não ser correlata uma obrigação.

Essa prerrogativa do aporte suplementar de contribuições pode ser exercitada em qualquer momento e em qualquer espécie de plano de benefícios, administrado por entidades fechadas ou abertas, com ou sem patrocínio público, desde que o regulamento não disponha de forma contrária, vedando o aporte expressamente.

Nos planos *sem patrocinador público*, o próprio patrocinador privado poderá fazer os aportes suplementares de contribuições.

Os planos instituídos da previdência fechada (sem patrocinador) também podem receber recursos como contribuição facultativa de pessoas jurídicas ou do empregador do participante, que não figuram na relação jurídica previdenciária como patrocinadores, mas voluntariamente podem realizar aporte de recursos em favor do participante, interpretação que se extrai do art. 23 da Resolução CGPC nº 06/2003.

Resolução CGPC nº 06/2003:

> Art. 23. No caso de plano de benefício instituído por instituidor, o regulamento deverá prever prazo de carência para o pagamento do resgate, de seis meses a dois anos, contado a partir da data de inscrição no plano de benefícios.
>
> **§ 1º Em relação a cada uma das contribuições efetuadas por pessoas jurídicas ao plano de benefícios de que trata o caput, somente será admitido o resgate após o cumprimento de prazo de carência de dezoito meses, contado da data do respectivo aporte.**
>
> **§ 2º Sem prejuízo do disposto no caput e no § 1º, em relação às contribuições efetuadas pelo empregador, poderão ser estabelecidas condições**

---

137 GOMES, Orlando. Introdução ao direito civil. 11ª edição. Rio de Janeiro: Forense, 1995, p.118-119.

O PLANO DE BENEFÍCIOS E OS ELEMENTOS DA RELAÇÃO JURÍDICA PREVIDENCIÁRIA

155

adicionais no instrumento contratual de que trata a Resolução MPS/CGPC nº 12, de 17 de setembro de 2002, observadas as condições previstas no regulamento do plano de benefícios. *(grifamos)*

Em busca de assegurar o adimplemento dos compromissos dos planos de benefícios a legislação permitiu que as EPC realizem a contratação de *resseguro*[138], seja voluntariamente, seja por determinação do órgão regulador e fiscalizador, instituto de natureza contratual, utilizado, geralmente, para a cobertura de benefícios de risco. O resseguro nada mais é que um seguro sobre o seguro social complementar, contratado junto à empresa autorizada pelo Estado a funcionar nesse ramo da atividade econômica.

Segundo o STJ, a entidade seguradora (leia-se entidade de previdência complementar) possui o prazo de 1 (um) ano para promover qualquer tipo de pretensão em face da entidade resseguradora.

> DIREITO CIVIL. PRESCRIÇÃO DA PRETENSÃO FUNDADA EM CONTRATO DE RESSEGURO.
>
> Prescreve em 1 ano a pretensão de sociedade seguradora em face de ressegurador baseada em contrato de resseguro. O CC prevê que, para qualquer pretensão decorrente do contrato de seguro privado, o prazo de prescrição é de 1 ano. No STJ, há muito já se firmou jurisprudência quanto à prescrição ânua da pretensão do segurado contra a seguradora. Nisso se inclui o seguro do segurador, isto é, o resseguro. A qualificação jurídica do resseguro como um contrato de seguro decorre do fato de o ressegurador obrigar-se, mediante o pagamento de um prêmio, a proteger o patrimônio da "cedente" do risco consistente na responsabilidade desta perante seu segurado, presentes, portanto, as características principais da relação securitária: interesse, risco, importância segurada e prêmio. Embora a LC 126/2007 aparentemente confunda o contrato de resseguro com a figura da cessão disciplinada no CC, é evidente que, à diferença da cessão de posição jurídica, no contrato de resseguro a assim chamada "cedente", ou seja, a sociedade seguradora ressegurada, em regra, não se retira, mas antes permanece na relação jurídica, não havendo sub-rogação pelo cessionário nas obrigações da cedente. Nesse sentido, a maior parte da doutrina sustenta que o contrato de resseguro insere-se, de modo geral, no tipo securitário. Desde o Decreto-Lei 73/1966, o resseguro, o cosseguro e a retrocessão já eram partes integrantes da operação de seguro. Em reforço a isso, o art. 5º da LC 126/2007 manda aplicar "aos resseguradores locais, observadas as peculiaridades técnicas, contratuais, operacionais e de risco da atividade e as disposições do órgão regulador de seguros: (I) o Decreto-Lei 73, de 21 de novembro de 1966, e as demais leis aplicáveis às sociedades seguradoras, inclusive as que se referem à intervenção e liquidação de empresas, mandato e responsabilidade de administradores; e (II) as regras estabelecidas para as sociedades seguradoras". É de se concluir que, apesar de formalmente acessório e autônomo, o resseguro é

---

138 A política de resseguro é disciplinada pela Lei Complementar nº 126/2007, que abriu o mercado de resseguros para empresas estrangeiras, cessou o monopólio da área de resseguros anteriormente exclusiva do Instituto de Resseguros do Brasil (IRB), sociedade de economia mista federal.

um verdadeiro contrato de seguro atípico. (REsp 1.170.057-MG, Rel. Min. Villas Bôas Cueva, julgado em 17/12/2013).

Outro instituto que busca garantir o pagamento dos compromissos assumidos pelo plano de benefícios é o *fundo de solvência*, cuja regulamentação por lei encontra-se pendente desde a edição da LC 109/2001 e não tem sido utilizado pelas EPC por falta de marco regulatório.

Nas entidades abertas, a LC nº 109/2001 previu no art. 28 que os ativos garantidores das reservas técnicas, das provisões e dos fundos ficariam vinculados à ordem do órgão fiscalizador (Susep), podendo ter sua livre movimentação suspensa pelo referido órgão, a partir do qual não poderão ser alienados ou prometidos alienar sem sua prévia e expressa autorização, sendo nulas, de pleno direito, quaisquer operações realizadas com violação daquela suspensão, prevendo ainda que: sendo imóvel, o vínculo será averbado à margem do respectivo registro no Cartório de Registro Geral de Imóveis competente, mediante comunicação do órgão fiscalizador; e que os ativos garantidores e os direitos deles decorrentes, não poderiam ser gravados, sob qualquer forma, sem prévia e expressa autorização do órgão fiscalizador, sob pena de nulidade.

Foi a maneira encontrada pela legislação para proteger os recursos garantidores dos benefícios contratados, evitando sua utilização para outras finalidades, que não o pagamento de benefícios.

11. DESEQUILÍBRIOS FINANCEIROS DO PLANO DE BENEFÍCIOS *(SUPERÁVITS E DÉFICITS)*.

Os planos de benefícios são estruturados sob o aspecto atuarial, financeiro e jurídico para que os compromissos firmados com os participantes e patrocinadores no contrato previdenciário e no convênio de adesão sejam cumpridos em sua integralidade.

Por ser uma relação jurídica de longo prazo é natural que sejam realizados constantes ajustes no planejamento do custeio do plano de benefícios, a fim de adequá-los às mudanças ocorridas durante a fase de execução contratual.

A natureza dinâmica da relação jurídica de previdência complementar foi muito bem identificada por CAZETTA, quando afirmou[139]:

> A execução do regime a que corresponde a relação jurídica que se forma entre a entidade fechada de previdência, o patrocinador e o participante é marcada por duas características jurídicas peculiares: a natureza dinâmica da quantificação financeira das obrigações e a possibilidade de extinção, a qualquer tempo, da relação jurídica, por retirada de patrocínio, transferência de reservas ou resgate.

---

139 CAZETTA, Luís Carlos. Previdência privada: o regime jurídico das entidades fechadas. Porto Alegre: Sérgio Antônio Fabris, 2006, p.97-98.

O PLANO DE BENEFÍCIOS E OS ELEMENTOS DA RELAÇÃO JURÍDICA PREVIDENCIÁRIA

157

> Embora se estruture nos direitos, deveres e obrigações especificados no respectivo regulamento (e no estatuto da entidade, sobretudo no que respeita ao exercício dos direitos políticos perante a entidade), a execução do contrato de previdência privada fechada fica permanentemente sujeita aos efeitos tanto da mudança da realidade atuarial e econômica que deu suporte à relação original quanto ao juízo de conveniência, por parte do patrocinador e do participante, acerca do interesse (presente) no sentido da continuidade da relação contratual.

O custeio dos planos de benefícios deve ser dimensionado na medida exata das necessidades financeiras para a cobertura das despesas com pagamento de benefícios e das despesas administrativas decorrentes da gestão do plano pelas entidades, utilizando-se as EPC de instrumentos técnicos adequados de mensuração, como o plano de custeio e a nota técnica atuarial. Mas em algumas situações esse dimensionamento, por inúmeras razões, poderá apresentar desequilíbrios, positivos (quando existirem excedentes de recursos financeiros) ou negativos[140] (quando faltarem recursos financeiros para saldar as obrigações contratadas).

Nesses casos, a legislação procurou disciplinar essas situações de superávits e de déficits dos planos de benefícios, sendo este, mesmo com a forte regulação estatal, campo fértil de contendas administrativas e judiciais, em que se discute, a quem se destina ficar com eventuais excedentes financeiros ou como serão resolvidas as insuficiências financeiras dos planos de benefícios.

O *superávit* do plano seria a situação em que a diferença entre os ativos e os compromissos do plano de benefícios é positiva[141].

O *déficit* atuarial do plano corresponderia à insuficiência de recursos para cobertura dos compromissos do plano de benefícios, registrando a diferença negativa entre os bens e direitos (ativos) e as obrigações (passivos) apuradas ao final de um período contábil[142].

Passaremos a expor como as situações de déficit e de superávit são tratadas pela legislação nas **entidades fechadas**.

---

140 As situações de déficit geralmente estão associadas à má-gestão dos recursos garantidores pelos administradores do plano ou à ausência de repasse das contribuições pelo patrocinador, proporcionando prejuízo financeiro ao patrimônio coletivo. São investimentos realizados no mercado financeiro de forma inadequada, sem avaliação de riscos, em desacordo com as regras de prudência estabelecidas pelo órgão regulador (Conselho Monetário Nacional – CMN e Conselho Nacional de Previdência Complementar) e pela política de investimentos da entidade; por não realizar a cobrança de valores devidos pelos patrocinadores ao plano de benefícios; ou quando esses mesmos gestores se omitem em realizar medidas saneadoras que evitem que o plano de benefícios alcance uma situação de total insolvência financeira.

141 Idem.

142 Fundos de Pensão. Coletânea de Normas. Brasília. MPS. SPPC. 2012.

Nos planos administrados por entidades fechadas[143], o resultado superavitário obedecerá a um procedimento específico. Primeiro, os recursos excedentes serão destinados à constituição de **reserva de contingência**, *para garantia do pagamento dos benefícios* contratados em face de eventos futuros e incertos, até o limite de 25% das reservas matemáticas[144]. A reserva de contingência seria um "colchão de solvência" garantidor do pagamento dos benefícios, sendo contabilizada separadamente dos demais direitos e obrigações do plano.

Caso superado o percentual de 25%, os valores que excederem tal percentual serão destinados à constituição de uma **reserva especial,** independente da reserva de contingência, *para revisão do plano de benefícios.* A revisão do plano de benefícios consiste na sua readequação visando restabelecer o equilíbrio econômico-financeiro e atuarial. A não utilização da reserva especial por três exercícios consecutivos determinará a revisão obrigatória do plano de benefícios da entidade, sendo possível a revisão voluntária em momento anterior a esse período.

Observa-se que enquanto os recursos da reserva de contingência são destinados a garantir o pagamento dos benefícios contratados, a reserva especial é destinada a revisar o plano de benefícios.

Nas situações de superávit é indispensável que a situação de excedente patrimonial esteja atestada em parecer técnico de atuário.

Cabe ao Conselho Deliberativo ou a outra instância competente para a decisão, como estabelecido no estatuto da EFPC, deliberar, por maioria absoluta de seus membros, acerca das medidas, prazos, valores e condições para a utilização da reserva especial, admitindo-se, em relação aos participantes e assistidos e ao patrocinador, as seguintes formas de destinação do superávit, a serem sucessivamente adotadas: a) redução parcial de contribuições; b) redução integral ou suspensão da cobrança de contribuições no montante equivalente a, pelo menos, três exercícios; c) ou melhoria dos benefícios e/ou reversão de valores de forma parcelada aos participantes, aos assistidos e ao patrocinador. Essa a disciplina da Resolução CGPC nº 26/2008.

Se a revisão do plano de benefícios resultar na redução de contribuições, deverá ser levada em consideração a proporção existente entre as contribuições dos patrocinadores e dos participantes, inclusive dos assistidos.

Essa mesma proporcionalidade será considerada no momento de realizar, com os recursos da reserva especial, a reversão dos valores excedentes em favor dos

---

143 A Resolução CGPC nº 26/2008 disciplina a matéria no âmbito do regime fechado de previdência complementar.

144 Reserva matemática é a diferença entre o valor atual dos benefícios futuros (custo dos benefícios) e o valor atual das contribuições futuras, considerando um cenário específico que se reporta à data-base escolhida no cálculo matemático.

O PLANO DE BENEFÍCIOS E OS ELEMENTOS DA RELAÇÃO JURÍDICA PREVIDENCIÁRIA **159**

participantes, assistidos e patrocinadores, sendo permitido, nos planos fechados sem patrocínio público, que o patrocinador autorize a distribuição do superávit exclusivamente aos participantes e assistidos, na forma prevista no regulamento do plano.

Algumas ações judiciais foram ajuizadas alegando que seria ilegal a destinação de superávit aos patrocinadores, considerando que a legislação não previu essa possibilidade.

Sobre o tema, a LC nº 109/2001 não disciplinou a forma como seriam utilizados os recursos da reserva especial, ficando a disciplina para ato do órgão regulador.

> **LC nº 109/2001:**
>
> Art. 20. O resultado superavitário dos planos de benefícios das entidades fechadas, ao final do exercício, satisfeitas as exigências regulamentares relativas aos mencionados planos, será destinado à constituição de reserva de contingência, para garantia de benefícios, até o limite de vinte e cinco por cento do valor das reservas matemáticas.
>
> § 1º Constituída a reserva de contingência, com os valores excedentes será constituída reserva especial para revisão do plano de benefícios.
>
> § 2º A não utilização da reserva especial por três exercícios consecutivos determinará a revisão obrigatória do plano de benefícios da entidade.
>
> § 3º Se a revisão do plano de benefícios implicar redução de contribuições, deverá ser levada em consideração a proporção existente entre as contribuições dos patrocinadores e dos participantes, inclusive dos assistidos.

Observe que o § 3º, art. 20 da LC nº 109/2001, prevê que se a revisão do plano de benefícios implicar redução de contribuições, deverá ser levada em consideração a proporção existente entre as contribuições dos patrocinadores e dos participantes, fazendo-nos concluir que aos patrocinadores também serão destinados os valores eventualmente distribuídos em razão do resultado superavitário.

Nas situações de **déficit**, as causas do resultado deficitário devem estar identificadas em parecer atuarial, devendo a EFPC realizar imediatamente o seu equacionamento, mediante a revisão do plano de benefícios. A revisão do plano de benefícios nada mais é que um rearranjo das obrigações do plano, tendo em vista as insuficiências de recursos para sua cobertura.

Nas situações de déficit conjuntural (transitório), demonstrada tal situação no parecer atuarial, desde que a insuficiência de recursos seja inferior a 10% do exigível atuarial e haja estudos que concluam ser o fluxo de caixa do plano suficiente para a cobertura das obrigações, pode a EFPC aguardar para analisar as providências necessárias mediante o levantamento das demonstrações contábeis e da avaliação atuarial relativa ao exercício imediatamente subsequente à apuração inicial do resultado deficitário. O déficit deve ser imediatamente equacionado se ocorrer situação deficitária por dois exercícios consecutivos, independentemente do seu valor e das causas que o originaram.

O resultado deficitário nos planos ou nas entidades fechadas será equacionado por patrocinadores, participantes e assistidos, na proporção das suas contribuições regulamentares, devendo a entidade buscar o ressarcimento dos prejuízos financeiros, pelas vias administrativa e judicial, responsabilizando aquele que deu causa a esses prejuízos.

O equacionamento do déficit pode ser resolvido, dentre outras formas, pelo aumento do valor das contribuições, instituição de contribuição adicional ou redução do valor dos benefícios a conceder, observadas as normas estabelecidas pelo órgão regulador e fiscalizador.

A redução dos valores dos benefícios não se aplica aos assistidos, sendo cabível, nesse caso, a instituição de contribuição adicional para cobertura do acréscimo ocorrido em razão da revisão do plano.

Se a entidade conseguir recuperar recursos em razão de procedimentos administrativos ou judiciais de responsabilização dos autores do prejuízo financeiro, tais recursos deverão ser aplicados necessariamente na redução proporcional das contribuições devidas ao plano ou em melhoria dos benefícios.

Nas **entidades abertas**, a distribuição de resultados financeiros positivos (reversão de superávit) ou negativos (equacionamento de déficit) depende do arranjo contratual do benefício, considerando que há várias modelagens contratuais em que a reversão não é prevista em favor do participante.

Conforme o tratamento normativo adotado pela Resolução CNSP nº 139/2005, que altera e consolida as regras de funcionamento e os critérios para operação da cobertura por sobrevivência oferecida em plano de previdência complementar aberta, os resultados financeiros são resolvidos para essa espécie de benefício da seguinte forma:

Resolução CNSP nº 139/2005:

Art. 14. Apurado excedente ao final do último dia útil de cada mês, o valor correspondente ao percentual de reversão deverá ser incorporado à pertinente provisão técnica de excedentes financeiros, observadas as condições fixadas pela SUSEP, deduzindo-se eventuais déficits calculados de acordo com o percentual (ou percentuais) contratado, relativos a períodos anteriores e cobertos pela EAPC, na forma do artigo 17 desta Resolução.

Parágrafo único. O critério de reversão não poderá admitir redução de percentual, ficando a elevação por conta da EAPC.

Art. 15. Apurado déficit no último dia útil de cada mês, deverá este ser totalmente coberto pela EAPC, na mesma data, mediante aporte de recursos à parcela do patrimônio líquido do FIE, onde estejam aplicados diretamente os respectivos recursos, correspondente à PMB.

O PLANO DE BENEFÍCIOS E OS ELEMENTOS DA RELAÇÃO JURÍDICA PREVIDENCIÁRIA

161

A legislação prevê a reversão do *superávit* para uma provisão técnica específica que servirá para compensar eventuais déficits custeados pela entidade aberta. Ou seja, caberá à EAPC absorver eventuais *déficits* financeiros do plano, o que demonstra uma característica desse regime de previdência complementar, cujos riscos da atividade são suportados pela própria pessoa jurídica, ao invés de serem distribuídos entre os participantes, assistidos e patrocinadores, como ocorre na previdência complementar fechada.

O equacionamento de ambas as situações de *déficit* e *superávit* depende de prévia autorização (licença administrativa) do órgão fiscalizador, que irá verificar a adequação das providências realizadas pela entidade gestora quanto à situação de desequilíbrio financeiro do plano, aprovando ou requerendo providências adicionais, conforme o caso.

12. ATUALIZAÇÃO MONETÁRIA DAS PRESTAÇÕES PREVIDENCIÁRIAS CONTRATADAS

A atualização monetária das prestações previdenciárias contratadas é matéria que deve constar no regulamento do plano de benefícios, cujo impacto financeiro deve ser corretamente dimensionado na elaboração do plano de custeio dos benefícios contratados.

Difere, portanto, o regime jurídico da previdência complementar dos regimes públicos previdenciários (RGPS e RPPS), considerando que nestes a revisão do valor dos benefícios depende da edição de lei específica editada pelo Poder Legislativo[145].

Na seara da previdência privada, o aumento do valor do benefício depende de prévia cláusula contratual inserida no regulamento do plano de benefícios, de modo que seja preservado o equilíbrio financeiro do plano.

A LC nº 108/2001 (parágrafo único, art. 3º) que regula as EFPC com patrocínio público prevê que *"os reajustes dos benefícios em manutenção serão efetuados de acordo com critérios estabelecidos nos regulamentos dos planos de benefícios, vedado o repasse de ganhos de produtividade, abono e vantagens de qualquer*

---

145 A Lei nº 12.382, de 25 de fevereiro de 2011, ao estabelecer a política de valorização do salário mínimo para os exercícios de 2012 e 2015 definiu no art. 2º que os reajustes para a preservação do poder aquisitivo do salário mínimo corresponderão à variação do INPC (índice que mede a inflação oficial) somado ao percentual equivalente ao PIB de dois anos anteriores. Já o art. 41-A da Lei nº 8.213/91 (lei do plano de benefícios do regime geral de previdência social) fixa que o valor dos benefícios em manutenção será reajustado, anualmente, na mesma data do reajuste do salário mínimo, *pro rata*, com base no mesmo INPC. Anualmente o Ministério da Previdência Social e o Ministério da Fazenda editam Portaria Interministerial aplicando o índice de reajuste dos benefícios.

natureza para tais benefícios", sendo tal regra também aplicável aos demais planos de benefícios.

Nesse sentido, recente decisão do STJ:

> RECURSO ESPECIAL. CIVIL. PREVIDÊNCIA PRIVADA. REVISÃO DE RENDA MENSAL INICIAL. REAJUSTE DE BENEFÍCIO SUPLEMENTAR. PARIDADE COM OS ÍNDICES DO INSS. EXTENSÃO DE AUMENTOS REAIS. INADMISSIBILIDADE. AUSÊNCIA DE FONTE DE CUSTEIO. PREJUÍZO AO EQUILÍBRIO ATUARIAL DO FUNDO PREVIDENCIÁRIO.
>
> 1. Ação de cobrança de diferenças de suplementação de aposentadoria, em que a controvérsia consiste em saber se a previsão normativa de reajuste das complementações de aposentadoria segundo os índices de reajustamento incidentes sobre os benefícios mantidos pelo INSS somente referem-se aos concernentes a perdas inflacionárias ou se abrangem também os relativos a aumentos reais.
>
> 2. O índice de correção total periodicamente aplicado pela Previdência Social nos seus benefícios, sob determinação do Ministério da Previdência e Assistência Social (MPAS), nem sempre corresponde apenas à inflação apurada no período, podendo haver outros componentes, como o ganho real.
>
> Deve-se garantir a irredutibilidade do benefício suplementar contratado, ou seja, o poder aquisitivo que possuía antes de ser desgastado pela inflação, não a concessão de ganhos reais ao participante, sobretudo se isso comprometer o equilíbrio atuarial do fundo de previdência privada. Logo, na falta de fonte de custeio correspondente, não se revela possível haver a extensão dos aumentos reais concedidos pela previdência oficial ao benefício suplementar.
>
> 4. O objetivo do fundo de previdência complementar não é propiciar ganho real ao trabalhador aposentado, mas manter o padrão de vida para o assistido semelhante ao que desfrutava em atividade, devendo, para tanto, gerir os numerários e as reservas consoante o plano de benefícios e os cálculos atuariais.
>
> 5. Se a entidade de previdência privada aplicou a seus assistidos o reajuste correspondente à perda inflacionária nos termos da previsão normativa estatutária que atrelou o reajustamento aos índices aplicados pelo INSS nos benefícios da previdência social, não podem ser estendidos os aumentos reais, ante a ausência de previsão no plano contratado.
>
> 6. Recurso especial não provido.
>
> *(RECURSO ESPECIAL Nº 1.510.689 – MG – 2011/0216147-4. RELATOR: MINISTRO RICARDO VILLAS BÔAS CUEVA. Decisão: 10/03/2015).*

Não obstante ser a atualização do valor das contribuições e das prestações matéria que deve constar no regulamento do plano de benefícios, algumas decisões judiciais são emitidas determinando a aplicação de índices de reajuste diversos dos acordados contratualmente.

Assim, a Súmula 289 do STJ ao dispor que *"a restituição das parcelas pagas a plano de previdência privada deve ser objeto de correção plena, por índice que recomponha a efetiva desvalorização da moeda".*

O PLANO DE BENEFÍCIOS E OS ELEMENTOS DA RELAÇÃO JURÍDICA PREVIDENCIÁRIA

Essas decisões judiciais têm causado grande insegurança jurídica e econômica na gestão dos planos de benefícios, ao permitir que índices diversos do previsto no regulamento do plano, e que não faziam parte do plano de custeio, sejam aplicados para a atualização dos valores dos benefícios concedidos pela EPC, o que, se realizado em favor de grande quantidade de participantes, poderá levar o plano a desequilíbrios financeiros de difícil equacionamento.

O STJ, embora não tenha enfrentado diretamente a vedação da utilização de índices de revisão diversos do previsto no regulamento do plano de benefícios, asseverou que não seria aplicável a Súmula 289 do STJ nos casos de migração entre planos de benefícios administrados por uma mesma entidade, pois, nestes casos, não haveria rompimento contratual como ocorre no resgate. Os participantes ajuizaram ação condenatória requerendo a aplicação de índices que reflitam a desvalorização da moeda, no tocante às contribuições vertidas ao plano de benefícios de previdência privada que integravam anteriormente a migração para outro plano administrado pela mesma entidade de previdência, não tendo o seu direito subjetivo reconhecido.

Estes os termos da decisão da Egrégia Corte:

> AGRAVO REGIMENTAL NO AGRAVO EM RECURSO ESPECIAL. PREVIDÊNCIA PRIVADA FECHADA E DIREITO CIVIL. JULGAMENTO AFETADO À SEGUNDA SEÇÃO PARA PACIFICAÇÃO DA MATÉRIA NO ÂMBITO DO STJ. RESGATE. INSTITUTO JURÍDICO QUE NÃO SE CONFUNDE COM OS INSTITUTOS JURÍDICOS DA MIGRAÇÃO, OU DA SIMPLES PORTABILIDADE. A SÚMULA 289/STJ LIMITA-SE A DISCIPLINAR O INSTITUTO JURÍDICO DO RESGATE, QUE É INSTITUTO MEDIANTE O QUAL HÁ DESLIGAMENTO DO PARTICIPANTE DO REGIME JURÍDICO DE PREVIDÊNCIA COMPLEMENTAR, ANTES MESMO DE AUFERIR OS BENEFÍCIOS PACTUADOS. HIPÓTESE QUE NÃO SE CONFUNDE COM MIGRAÇÃO PARA OUTRO PLANO DE BENEFÍCIOS, FACULTADA ATÉ MESMO AOS ASSISTIDOS. PACTUAÇÃO DE TRANSAÇÃO PREVENDO A MIGRAÇÃO PARA OUTRO PLANO DE BENEFÍCIOS ADMINISTRADO PELA MESMA ENTIDADE DE PREVIDÊNCIA PRIVADA. MIGRAÇÃO QUE OCORRE EM UM CONTEXTO DE AMPLO REDESENHO DA RELAÇÃO PREVIDENCIÁRIA, CONTANDO COM A PRÉVIA ANUÊNCIA DO PATROCINADOR, CONSELHO DELIBERATIVO (ÓRGÃO INTERNO INTEGRADO POR PARTICIPANTES, ASSISTIDOS E REPRESENTANTES DO PATROCINADOR DO PLANO) E DO ÓRGÃO PÚBLICO FEDERAL FISCALIZADOR. TRANSAÇÃO. NEGÓCIO JURÍDICO DE DIREITO CIVIL QUE ENVOLVE A CONCESSÃO DE VANTAGENS RECÍPROCAS. ANULAÇÃO DA TRANSAÇÃO. NÃO PODE SE DAR POR MERO ARREPENDIMENTO UNILATERAL DE PACTUANTE DOTADO DE PLENA CAPACIDADE CIVIL. NECESSIDADE, DE TODO MODO, DE DESFAZIMENTO DO ATO E RESTITUIÇÃO AO STATU QUO ANTE, NÃO PODENDO RESULTAR EM ENRIQUECIMENTO A NENHUMA DAS PARTES. CDC. REGRAS, PRINCÍPIOS E VALORES QUE BUSCAM CONFERIR IGUALDADE FORMAL-MATERIAL AOS INTEGRANTES DA RELAÇÃO JURÍDICA, E NÃO A COMPACTUAÇÃO COM EXAGEROS. AINDA QUE AS INSTÂNCIAS ORDINÁRIAS TENHAM ENTENDIDO PELA INCIDÊNCIA DAS REGRAS DO CDC, DEVEM SER SEMPRE OBSERVADAS AS NORMAS ESPECIAIS QUE REGEM A RELAÇÃO CONTRATUAL DE PREVIDÊNCIA COMPLEMENTAR, NOTADAMENTE O DISPOSTO NO ART. 202 DA CF E NAS LEIS COMPLEMENTARES N. 108 E 109,

AMBAS DO ANO DE 2001. ADEMAIS, PARA O DESFAZIMENTO DA TRANSAÇÃO, POR SER MODALIDADE CONTRATUAL DISCIPLINADA PELO CÓDIGO CIVIL, AINDA QUE SE TRATE DE RELAÇÃO DE CONSUMO, DEVE SER SEMPRE OBSERVADA A PECULIAR DISCIPLINA DETERMINADA PELO DIPLOMA CIVILISTA. ALEGAÇÃO DE QUE, EM JULGAMENTO DE RECURSO REPETITIVO, A SEGUNDA SEÇÃO TERIA FIRMADO TESE QUE DIVERGE DA REGRA DA INDIVISIBILIDADE – INERENTE À ESPÉCIE CONTRATUAL DA TRANSAÇÃO. MANIFESTA IMPROCEDÊNCIA DA AFIRMAÇÃO.

1. A migração – pactuada em transação – do participante de um plano de benefícios para outro administrado pela mesma entidade de previdência privada, facultada até mesmo aos assistidos, ocorre em um contexto de amplo redesenho da relação contratual previdenciária, com o concurso de vontades do patrocinador, da entidade fechada de previdência complementar, por meio de seu conselho deliberativo, e autorização prévia do órgão público fiscalizador, operando-se não o resgate de contribuições, mas a transferência de reservas de um plano de benefícios para outro, geralmente no interior da mesma entidade fechada de previdência complementar. (REIS, Adacir. Curso básico de previdência complementar. São Paulo: Revista dos Tribunais, 2014, p. 76).

2. A Súmula 289/STJ, ao prescrever que a restituição das parcelas pagas pelo participante a plano de previdência privada deve ser objeto de correção plena, por índice que recomponha a efetiva desvalorização da moeda, deixa límpido que se cuida de hipótese em que há o definitivo rompimento do participante com o vínculo contratual de previdência complementar; não se tratando de situação em que, por acordo de vontades, envolvendo concessões recíprocas, haja migração de participantes ou assistidos de plano de benefícios de previdência privada para outro plano, auferindo, em contrapartida, vantagem.

3. Em havendo transação, o exame do juiz deve se limitar à sua validade e eficácia, verificando se houve efetiva transação, se a matéria comporta disposição, se os transatores são titulares do direito do qual dispõem parcialmente, se são capazes de transigir – não podendo, sem que se proceda a esse exame, ser simplesmente desconsiderada a avença.

4. Quanto à invocação do diploma consumerista, é de se observar que "o ponto de partida do CDC é a afirmação do Princípio da Vulnerabilidade do Consumidor, mecanismo que visa a garantir igualdade formal-material aos sujeitos da relação jurídica de consumo, o que não quer dizer compactuar com exageros" (REsp 586.316/MG, Rel. Ministro HERMAN BENJAMIN, SEGUNDA TURMA, julgado em 17/04/2007, DJe 19/03/2009). É bem de ver que suas regras, valores e princípios são voltados a conferir equilíbrio às relações contratuais, de modo que, ainda que fosse constatada alguma nulidade da transação, evidentemente implicaria o retorno ao statu quo ante (em necessária observância à regra contida no art. 848 do Código Civil, que disciplina o desfazimento da transação), não podendo, em hipótese alguma, resultar em enriquecimento a nenhuma das partes.

5. Com efeito, é descabida a aplicação do Código de Defesa do Consumidor alheia às normas específicas inerentes à relação contratual de previdência privada complementar e à modalidade contratual da transação, negócio jurídico disciplinado pelo Código Civil, inclusive no tocante à disciplina peculiar para o seu desfazimento.

O PLANO DE BENEFÍCIOS E OS ELEMENTOS DA RELAÇÃO JURÍDICA PREVIDENCIÁRIA

6. Agravo regimental não provido.

(STJ. AgRg no AGRAVO EM RECURSO ESPECIAL Nº 504.022 – SC – 2014/0093367-1. RELATOR: MINISTRO LUIS FELIPE SALOMÃO)

No voto vencedor, que uniformizou o entendimento das Turmas que compõem a 2ª Seção Cível do STJ, afirmou o Relator: *"Por outro lado, muito embora a Corte local não tenha determinado a revisão do benefício, a título de registro, é conveniente esclarecer que, conforme a iterativa jurisprudência do STJ, não cabe a simples aplicação da inteligência da Súmula 289/STJ para revisão de benefício pago por entidade de previdência privada, segundo critérios diversos dos pactuados no contrato, visto ser imprescindível resguardar o equilíbrio financeiro e atuarial do plano de custeio. (...) Desse modo, data venia, evidentemente, não cabe a aplicação do CDC alheia às normas específicas inerentes à relação contratual de previdência privada complementar e à modalidade contratual da transação – negócio jurídico disciplinado pelo Código Civil, inclusive no tocante à disciplina peculiar para o seu desfazimento".*

Ou seja, além de afastar a aplicação da Súmula 289 do STJ, o Relator dos autos não seguiu a Súmula 321 da Corte que diz aplicável o Código de Defesa do Consumidor nas relações de previdência complementar, o que demonstra o avanço da Jurisprudência nacional, reconhecendo aplicável as normas especiais de previdência complementar em detrimento à legislação comum civil.

13. A EXTINÇÃO DA OBRIGAÇÃO PREVIDENCIÁRIA

13.1. Extinção ordinária e extraordinária da obrigação previdenciária.

O modo natural ou normal de extinção de toda obrigação é o adimplemento integral pelo devedor do objeto contratual avençado. Caso clássico dos contratos bilaterais e sinalagmáticos em que o devedor tem a obrigação de pagar o valor devido em dinheiro e o credor de receber a prestação pecuniária dando-lhe quitação.

Como leciona Fábio Ulhoa Coelho[146],

> O destino da obrigação é extinguir-se. Sua transitoriedade, aliás, é assinalada em diversos conceitos clássicos, como, por exemplo, o de Clóvis Beviláqua: "a obrigação é a relação transitória de direito, que nos constrange a dar, fazer ou não fazer alguma coisa, em regra economicamente apreciável, em proveito de alguém que, por ato nosso ou de alguém conosco juridicamente relacionado, ou em virtude de lei, adquiriu o direito de exigir de nós essa ação ou omissão" (1895:14).

---

146 COELHO, Fábio Ulhoa. Curso de Direito Civil. Volume 2. 5ª edição. São Paulo: Saraiva, 2012, p.338-339.

> (...)
>
> Devem-se distinguir duas hipóteses de extinção das obrigações. De um lado, aquela normalmente aguardada pelas partes, que corresponde à vontade por elas declarada na constituição do vínculo obrigacional ou à previsão do direito positivo. Chama-se extinção ordinária e verifica-se com o pagamento direto e voluntário (Cap. 16).
>
> (...)
>
> De outro lado, há a hipótese de extinção extraordinária da obrigação. Nela se compreendem fatos, atos ou negócios jurídicos que importam o fim do vínculo obrigacional por um modo diferente do pagamento direto e voluntário.

Como dito alhures, a relação jurídica de previdência complementar é formada por obrigações de natureza contratual que se desdobram em três relações jurídicas distintas: a relação jurídica prestacional, que é a obrigação da EPC pagar os benefícios contratados quando o participante se encontrar elegível ao recebimento do benefício; a relação jurídica de custeio, em que o participante e o patrocinador se obrigam a pagar as contribuições que formarão os recursos garantidores para o pagamento do futuro benefício; e a relação jurídica de patrocínio, que é o vínculo entre o patrocinador, quando houver, e o plano de benefício por ele patrocinado.

Como essas prestações ou contribuições se realizam durante longo período de tempo, a extinção da relação jurídica operar-se-ia com o pagamento de todas as parcelas devidas durante a fase de acumulação ou de gozo do benefício.

No caso dos benefícios previdenciários, a causa extintiva das obrigações dependerá da espécie do benefício que o segurado está usufruindo. Assim, para o benefício de aposentadoria ou renda com cobertura de sobrevivência enquanto o assistido estiver em vida permaneceria a obrigação da EPC de pagar a prestação, se inexistente previsão regulamentar do desdobramento desse benefício em pensão por morte. Já a pensão por morte, perduraria a obrigação contratual enquanto estiver em vida o beneficiário.

Além da forma de *extinção ordinária* da obrigação previdenciária, pelo pagamento das prestações devidas pelas partes contratuais, podemos citar a existência de algumas outras formas de *extinção extraordinária* da obrigação contratual, que são situações jurídicas supervenientes que repercutem no cumprimento das cláusulas contratuais, a saber:

- a extinção do contrato previdenciário ou do plano de benefícios;

- a retirada de patrocínio;

- a morte da pessoa física e a extinção da pessoa jurídica; e

- a prescrição.

Vejamos cada uma delas.

O PLANO DE BENEFÍCIOS E OS ELEMENTOS DA RELAÇÃO JURÍDICA PREVIDENCIÁRIA

167

13.2. A extinção do contrato previdenciário ou do plano de benefícios

A LC nº 109/2001 prevê no seu corpo algumas hipóteses de extinção das obrigações previdenciárias nos planos administrados pelas entidades de previdência complementar.

As primeiras duas hipóteses de extinção extraordinária ou atípica do plano de benefícios constantes na LC 109/2001 são as situações estudadas da portabilidade e do resgate, na forma disciplinada no art. 14. Na **portabilidade**, com a transferência das reservas individuais do participante para outro plano de benefícios, há a extinção da relação jurídica previdenciária no plano originário, nascendo uma outra relação jurídica previdenciária no plano receptor, para onde são transferidos os recursos financeiros. A portabilidade resulta, assim, na cessação dos compromissos do plano em relação ao participante e seus beneficiários. No **resgate**, também há a quebra da afetação previdenciária dos recursos financeiros, no momento em que o participante levanta os valores em razão da cessação do vínculo empregatício com seu patrocinador.

Outros dois casos de extinção da obrigação previdenciária são trazidos pelo art. 25 da LC 109/2001: a **extinção do plano de benefícios** e a **retirada de patrocínio**.

> **LC nº 109/2001:**
>
> Art. 25. O órgão regulador e fiscalizador poderá autorizar **a extinção de plano de benefícios ou a retirada de patrocínio**, ficando os patrocinadores e instituidores obrigados ao cumprimento da totalidade dos compromissos assumidos com a entidade relativamente aos direitos dos participantes, assistidos e obrigações legais, até a data da retirada ou extinção do plano. *(grifamos)*

Nessas situações, o pedido de encerramento do plano de benefícios é encaminhado ao órgão fiscalizador, ficando os patrocinadores e instituidores obrigados ao cumprimento da totalidade dos compromissos assumidos com a entidade relativamente aos direitos dos participantes, assistidos e obrigações legais, até a data em que o órgão fiscalizador publicar a Portaria de extinção do plano ou da retirada de patrocínio.

No caso da extinção do plano de benefícios, esse procedimento administrativo é o que tem se chamado de *planos saldados* ou *saldamento do plano* que *"consiste em um plano em extinção cujo benefício pleno programado foi proporcionalizado na data-base do saldamento, com cessação das contribuições normais correspondentes, condicionado ao referido benefício, sendo assegurado o direito acumulado até a data base do saldamento"*[147].

Segundo o Guia Previc Melhores Práticas em Licenciamento[148]:

---

147 Fundos de Pensão: coletânea de normas. Brasília: MPS, SPPC, 2012.

148 Guia Previc Melhores Práticas em Licenciamento. 1ª edição. Brasília: 2012. Acesso: http://www.previdencia.gov.br/arquivos/office/29_130913-100936-289.pdf.

73 O saldamento é a alteração do regulamento que resulta na proporcionalização do benefício programado dos participantes ativos não elegíveis até a data-base da alteração, com a cessação das contribuições normais correspondentes ao referido benefício.

74 É assegurado o direito acumulado até a data base, a partir da qual fica vedado o acesso de novos participantes ao plano de benefícios. O custeio administrativo deve ser considerado na proposta de alteração regulamentar.

O plano saldado não se confunde com os *planos fechados,* correspondendo estes às situações em que a patrocinadora requer à EFPC o fechamento do plano de benefícios, colocando-o em extinção, o que implica a vedação da entrada de novos participantes, mantidos os direitos e obrigações daqueles participantes já inscritos e dos assistidos em gozo de benefício.

Tanto nas situações de planos saldados como nos planos fechados a efetiva extinção do plano de benefícios somente se realiza com o cumprimento das obrigações contratuais e a autorização de encerramento do plano por ato do órgão fiscalizador (Previc/Susep).

13.3. A retirada de patrocínio

A retirada de patrocínio também surge como uma das causas de extinção das obrigações previdenciárias. Atualmente, a Resolução CNPC nº 11/2013 disciplina a retirada de patrocínio no âmbito do regime fechado de previdência complementar.

Pelo art. 3º do referido ato normativo *"considera-se retirada de patrocínio o encerramento da relação contratual existente entre o patrocinador que se retira e a respectiva entidade fechada, formalizada no termo de retirada de patrocínio e aprovada pela Previc, relativamente a determinado plano de benefícios de natureza previdenciária e aos respectivos participantes e assistidos, seja o plano estabelecido na modalidade de benefício definido, contribuição definida, contribuição variável ou outra que venha a ser regulamentada".*

O plano de benefícios alcançado pela retirada de patrocínio será mantido em funcionamento, com o cumprimento de todas as suas obrigações, até a data do cálculo que determinará os direitos e obrigações das partes, devendo ser garantidos: a concessão e o pagamento de benefícios e dos institutos da portabilidade, benefício proporcional diferido, autopatrocínio e resgate; e o aporte de contribuições pelos participantes, assistidos e patrocinador que se retiram, cabendo a estes o cumprimento da totalidade dos seus compromissos assumidos com a entidade fechada e com o plano de benefícios relativamente aos direitos dos participantes, assistidos e obrigações legais, inclusive no tocante à quitação de dívidas e contribuições em atraso.

Com a finalidade de evitar o encerramento do plano, será possível à entidade fechada responsável pela gestão do plano de benefícios em processo de retirada

O PLANO DE BENEFÍCIOS E OS ELEMENTOS DA RELAÇÃO JURÍDICA PREVIDENCIÁRIA

169

de patrocínio requerer ao órgão fiscalizador a criação de um plano instituído (sem patrocínio), desde que presente viabilidade técnica para tanto. Nesse caso, deve ser colhida a anuência (direito de opção) dos participantes e assistidos para adesão ao plano instituído criado.

Além da possibilidade da adesão do participante ao plano instituído, outras opções são facultadas aos participantes e assistidos em relação aos recursos da sua poupança individual, conforme art. 16 da Resolução CNPC nº 11/2013: a transferência desses recursos para outro plano de benefícios de caráter previdenciário (portabilidade); o seu recebimento em parcela única (resgate); ou combinar as duas situações anteriores (portabilidade e resgate).

Concluídas as providências administrativas da retirada de patrocínio, sem a criação de plano instituído, extingue-se a relação jurídica de previdência complementar.

13.4. A morte da pessoa física e a extinção da pessoa jurídica.

Em linhas atrás caracterizamos o contrato previdenciário como contrato *intuito personae*, em que a pessoa física do participante é essencial para a validade jurídica do contrato.

Como bem expõe Carlos Roberto Gonçalves[149]:

> A morte de um dos contratantes só acarreta a dissolução dos contratos personalíssimos (intuito personae), que não poderão ser executados pela morte daquele em consideração do qual foi ajustado. Subsistem as prestações cumpridas, pois o seu efeito opera-se *ex nunc*.
>
> Nesses casos, a impossibilidade da execução do contrato sem culpa tem como consequência a sua resilição automática, dado que é insubstituível a parte falecida. Esta cessação, segundo expressa Caio Mário, citando os irmãos Mazeaud, pode-se dizer resilição convencional tácita, por entender-se que os contratantes o avençaram com a cláusula implícita de extinção.

A pessoa do participante é essencial para a higidez e validade do vínculo contratual, seja em planos de benefícios oferecidos por entidades fechadas, em que seu vínculo empregatício ou associativo prévio é condição indispensável para a qualidade de participante, ou nos planos administrados por entidades abertas, em que, embora inexistente a necessidade do vínculo prévio com o patrocinador ou instituidor, suas características pessoais integram-se às características da massa de participantes, assistidos e beneficiários para a apuração dos *custos do plano de benefícios*, sendo estas indispensáveis ao planejamento financeiro e atuarial realizado para o correto dimensionado do plano de custeio.

---

149 GONÇALVES, Carlos Roberto. Direito civil brasileiro. Volume 3. 9ª edição. São Paulo: Saraiva, 2012, p.426.

Em caso de **morte do participante, assistido ou beneficiário**, o seu direito acumulado ou direito subjetivo ao patrimônio previdenciário individual, não havendo previsão no regulamento do plano de benefícios de desdobramento do benefício concedido em outro benefício (ex: pensão por morte desdobrada de aposentadoria), os recursos financeiros pertencentes ao falecido perdem a característica da proteção legal de patrimônio afetado ao pagamento de benefícios, passando a integrar a herança do falecido, que será transmitida aos seus herdeiros de acordo com as regras do direito das sucessões.

A **extinção da pessoa jurídica** gestora dos recursos (entidade de previdência complementar) poderá dar fim ao vínculo obrigacional, desde que os participantes e assistidos não optem pela transferência de gerenciamento dos recursos para outra entidade de previdência complementar.

Na *transferência de gerenciamento* ficam mantidas as regras regulamentares e o mesmo patrocinador ou instituidor, sendo resultante, via de regra, de alteração no controle societário ou apenas por simples opção do patrocinador ou instituidor pela mudança de EFPC gestora do plano de benefícios[150], não havendo, em tese, extinção de obrigações previdenciárias, preservando-se os direitos dos participantes e assistidos.

As pessoas jurídicas são criadas para existir, em regra, por período indeterminado.

A doutrina reconhece como hipóteses dissolutivas das pessoas jurídicas: a) dissolução convencional (com o distrato promovido pela maioria dos membros); b) dissolução administrativa (na hipótese de cassação da autorização de funcionamento); c) dissolução legal (se prevista hipótese em lei específica); e d) dissolução judicial (quando extinta por força de decisão judicial)[151].

Para as fundações, o Código Civil prevê como hipóteses de extinção (art. 69): quando se tornar ilícita, impossível ou inútil a finalidade a que visa a fundação; ou quando vencido o prazo de sua existência. Neste último caso, o órgão do Ministério Público, ou qualquer interessado, lhe promoverá a extinção, incorporando-se o seu patrimônio, salvo disposição em contrário no ato constitutivo, ou no estatuto, em outra fundação, designada pelo juiz, que se proponha a fim igual ou semelhante.

Já a extinção das sociedades anônimas (EAPC) regula-se pela Lei nº 6.404/76 que prevê sua dissolução:

---

150 Guia Previc Melhores Práticas em Licenciamento. 1ª edição. Brasília: 2012. Acesso: http://www.previdencia.gov.br/arquivos/office/29_130913-100936-289.pdf.

151 FARIAS, Cristiano Chaves de; ROSENVALD, Nelson. Direito Civil: teoria geral. 9ª edição. Rio de Janeiro: Lumen Juris, 2011, p.430.

O PLANO DE BENEFÍCIOS E OS ELEMENTOS DA RELAÇÃO JURÍDICA PREVIDENCIÁRIA **171**

Art. 206. Dissolve-se a companhia:

I – de pleno direito:

a) pelo término do prazo de duração;

b) nos casos previstos no estatuto;

c) por deliberação da assembléia-geral (art. 136, X);

d) pela existência de 1 (um) único acionista, verificada em assembléia-geral ordinária, se o mínimo de 2 (dois) não for reconstituído até à do ano seguinte, ressalvado o disposto no artigo 251;

e) pela extinção, na forma da lei, da autorização para funcionar.

II – por decisão judicial:

a) quando anulada a sua constituição, em ação proposta por qualquer acionista;

b) quando provado que não pode preencher o seu fim, em ação proposta por acionistas que representem 5% (cinco por cento) ou mais do capital social;

c) em caso de falência, na forma prevista na respectiva lei;

III – por decisão de autoridade administrativa competente, nos casos e na forma previstos em lei especial.

A extinção das pessoas jurídicas divide-se em duas fases: a da dissolução e a da liquidação dos bens. A dissolução seria o atendimento de uma das situações previstas em lei como justificantes da extinção da pessoa jurídica. A liquidação "refere-se ao patrimônio e concerne ao pagamento das dívidas e à partilha entre os sócios"[152] ou, em relação às entidades fechadas, à destinação do patrimônio da fundação.

A entidade permanece em funcionamento até que promovida sua liquidação, devendo o ato de dissolução ser averbado no registro público competente. Apenas quando encerrada a liquidação será promovido o cancelamento da inscrição da pessoa jurídica (art. 51 do Código Civil).

Quanto às EFPC, por constituírem-se como fundações privadas, somente manterá sua personalidade jurídica enquanto existir um patrimônio afetado ao pagamento de benefícios previdenciários. Quando não mais existente o patrimônio não mais haveria motivo jurídico para a continuidade da existência da pessoa jurídica. A entidade perderia o seu objeto institucional, devendo o patrocinador ou instituidor promover sua extinção, com anuência do órgão fiscalizador (Previc).

Interessante notar que a extinção da entidade fechada será possível se a mesma administrar um único plano, não em relação àquelas que administram

---

152 GONÇALVES, Carlos Roberto. Direito civil brasileiro. Volume I. Parte geral. 10ª edição. São Paulo: Saraiva, 2012, p.551.

vários planos de benefícios, permanecendo sua atuação em relação aos demais planos, quando extinto um ou alguns deles.

As EAPC, por serem sociedades anônimas, seguirão as regras estabelecidas para esse tipo societário, como acima transcrito (art. 206 da Lei nº 6.404/76).

As entidades de previdência complementar também podem ser extintas por ato administrativo praticado pelo órgão fiscalizador (Previc/Susep), quando é decretada a **liquidação extrajudicial** da entidade. Essa forma de extinção não se confunde com a liquidação do patrimônio do Código Civil, mas decorre da prática de irregularidades nas EPC que impossibilitam a continuidade da sua atividade como ente operador de previdência complementar.

A liquidação extrajudicial é o regime especial decretado pelo órgão fiscalizador quando constatada a inexistência de condições para o funcionamento da entidade ou a inviabilidade de sua recuperação, mediante a nomeação de liquidante com amplos poderes de representação, administração e liquidação, com a finalidade básica de organizar o quadro geral de credores, realizar o ativo e liquidar o passivo da entidade.

A liquidação extrajudicial geralmente é precedida da intervenção. Pode ser levantada a qualquer tempo, desde que constatados fatos supervenientes que viabilizem a recuperação da entidade de previdência complementar[153].

Segundo o art. 53 da LC nº 109/2001, a liquidação extrajudicial das entidades fechadas encerrar-se-á com a aprovação, pelo órgão regulador e fiscalizador, das contas finais do liquidante e com a baixa nos devidos registros. Comprovada pelo liquidante a inexistência de ativos para satisfazer a possíveis créditos reclamados contra a entidade, deverá tal situação ser comunicada ao juízo competente e efetivados os devidos registros, para o encerramento do processo de liquidação.

Encerrado o processo de liquidação extrajudicial, não sendo possível a recuperação da EPC, deve a pessoa jurídica ser extinta, com o registro dessa situação nos assentamentos cartoriais respectivos.

As operações relativas à transferência do controle acionário, fusão, cisão, incorporação[154] ou qualquer outra forma de **reorganização societária** do patro-

---

153 BARROS, Allan Luiz Oliveira Barros. Aspectos jurídicos relacionados aos regimes de administração especial, intervenção e liquidação extrajudicial das entidades fechadas de previdência complementar. Revista de Previdência. Rio de Janeiro: Gramma, 2012, p.211-233.

154 Os conceitos de fusão, cisão e incorporação na previdência complementar nem sempre se referem a uma reestruturação da pessoa jurídica (EPC), mas como essas reorganizações societárias repercutem no plano de benefícios. Vejam os conceitos utilizados na obra citada FUNDOS DE PENSÃO. Coletânea de normas. Brasília. MPS-SPPC. 2012. Acesso http://www.previdencia.gov. br/arquivos/office/1_121019-143715-068.pdf. FUSÃO. União ou junção de dois ou mais planos de benefícios previdenciais, dando origem a um novo plano de benefício, que lhes sucedem

O PLANO DE BENEFÍCIOS E OS ELEMENTOS DA RELAÇÃO JURÍDICA PREVIDENCIÁRIA **173**

cinador ou da EPC não necessariamente impõem a extinção da entidade aberta ou fechada, conforme o caso (art. 33, II e 38, IV da LC 109/2001), cabendo ao órgão fiscalizador disciplinar como se realizarão essas mudanças organizacionais e como serão preservados os interesses dos participantes e assistidos.

Em qualquer situação a extinção da pessoa jurídica dependerá de autorização prévia do órgão fiscalizador.

13.5. A prescrição

A prescrição também seria uma das formas de extinção das obrigações previdenciárias, correspondendo esta à perda do direito de ação ou da exigibilidade das prestações previdenciárias pertencentes ao participante, deixando transcorrer lapso temporal previsto em lei para o exercício do seu direito de crédito[155].

Na seara da previdência complementar o art. 75 da LC nº 109/2001 dispõe que *"sem prejuízo do benefício, prescreve em cinco anos o direito às prestações não pagas nem reclamadas na época própria, resguardados os direitos dos menores dependentes, dos incapazes ou dos ausentes, na forma do Código Civil".*

Ao falar em "sem prejuízo do benefício", a legislação quer preservar o próprio direito ao benefício, este irrenunciável. Prescrevem-se tão somente as prestações periódicas, cuja inércia do titular do direito impediu a cobrança diligente e tempestiva. Não haveria, na hipótese, a prescrição *"do fundo do direito",* mas a prescrição das rendas mensais anteriores ao quinquênio legal, considerando-se a obrigação previdenciária como de trato sucessivo.

Sobre a matéria, seguem Súmulas do Superior Tribunal de Justiça:

> STJ. Súmula 291 – A ação de cobrança de parcelas de complementação de aposentadoria pela previdência privada prescreve em cinco anos. (Súmula 291, SEGUNDA SEÇÃO, julgado em 28/04/2004, DJ 13/05/2004 p. 201).

> STJ. Súmula 427 – A ação de cobrança de diferenças de valores de complementação de aposentadoria prescreve em cinco anos contados da data do pagamento. (Súmula 427, SEGUNDA SEÇÃO, julgado em 10/03/2010, DJe 13/05/2010)

14. A NULIDADE DOS ATOS E NEGÓCIOS JURÍDICOS NA PREVIDÊNCIA COMPLEMENTAR

Na atividade de previdência complementar vários atos e negócios jurídicos são praticados. Para iniciar a atividade previdenciária deve ser criada a pessoa

---

em todos os seus direitos e obrigações. CISÃO. Segregação de parcela do patrimônio (bens, direitos e obrigações), de participantes e patrocinadores ou instituidores de um plano de benefícios previdencial para a criação de um novo ou mais planos de benefícios previdenciais, extinguindo-se o atual plano no caso de transferência total (cisão total) ou mantendo-se no caso de transferência parcial (cisão parcial). INCORPORAÇÃO. É absorção de um plano de benefícios previdencial por outro que assume todos os seus direitos e obrigações.

155 VENOSA, Sílvio de Salvo. Direito civil: parte geral. 10ª edição. São Paulo: Atlas, 2010, p.562.

jurídica responsável pela gestão dos recursos financeiros do plano de benefícios, elaborando um Estatuto e submetendo-o à aprovação do órgão fiscalizador. O participante adere a um contrato de adesão para poder figurar como sujeito de direitos e obrigações, de acordo com as regras estabelecidas em um regulamento (contrato previdenciário). O empregador para ser incluído na relação jurídica previdenciária deve pactuar com a entidade de previdência complementar um convênio de adesão, que nada mais é que um contrato estabelecendo os direitos e obrigações do patrocinador em relação ao plano de benefícios previdenciário. No curso da execução do plano de benefícios são firmados acordos privados entre a entidade de previdência complementar e o patrocinador/instituidor, como nos casos de reconhecimento de dívida relacionada a contribuições previdenciárias não pagas ou não repassadas pelo patrocinador no prazo estipulado contratualmente. Nas migrações entre planos de benefícios, quando a EPC cria um novo plano e incentiva os participantes a aderirem (migrarem) para esse novo plano, abrindo mão das regras do plano anterior (geralmente a passagem de um plano da modalidade de benefício definido para de contribuição definida), também com frequência são estabelecidas contratualmente regras que incentivam a migração, a exemplo da assunção integral pelo patrocinador do pagamento das despesas administrativas do plano de benefícios.

Nessas situações, esses atos e negócios jurídicos devem sempre atender aos dispositivos constitucionais e legais vigentes no momento da celebração do ato ou negócio jurídico privado, sob pena de nulidade.

A validade do negócio jurídico requererá agente capaz, objeto lícito, possível, determinado ou determinável e forma prescrita ou não defesa em lei (art. 104 do CC). Será nulo o negócio jurídico quando celebrado por pessoa absolutamente incapaz; for ilícito, impossível ou indeterminável o seu objeto; o motivo determinante, comum a ambas as partes, for ilícito; não revestir a forma prescrita em lei; for preterida alguma solenidade que a lei considere essencial para a sua validade; tiver por objetivo fraudar lei imperativa; a lei taxativamente o declarar nulo, ou proibir-lhe a prática, sem cominar sanção (art. 166 do CC).

As nulidades podem ser alegadas por qualquer interessado, ou pelo Ministério Público, quando lhe couber intervir. As nulidades devem ser pronunciadas pelo juiz, quando conhecer do negócio jurídico ou dos seus efeitos e as encontrar provadas, não lhe sendo permitido supri-las, ainda que a requerimento das partes (art. 168 do CC).

O negócio jurídico nulo não é suscetível de confirmação, nem convalesce pelo decurso do tempo (art. 169 do CC).

Assim, será nulo o ato ou o negócio jurídico realizado quando vigente dispositivo da Constituição Federal ou da legislação previdenciária dispondo em sentido contrário.

O PLANO DE BENEFÍCIOS E OS ELEMENTOS DA RELAÇÃO JURÍDICA PREVIDENCIÁRIA **175**

Em relação à contrariedade dos atos e negócios jurídicos previdenciários praticados em face da Constituição, estes não se sustentam sequer frente a normas constitucionais editadas posteriormente pelo poder constituinte derivado (emendas constitucionais).

O Supremo Tribunal Federal tem reafirmado, com frequência, a ausência de direito aquirido em face de dispositivo constitucional, como podemos depreender dos seguintes julgados:

> DIREITO ADMINISTRATIVO E PREVIDENCIÁRIO. SERVIDORES OCUPANTES DE CARGO EM COMISSÃO. ART. 40, § 13, DA CONSTITUIÇÃO FEDERAL. EMENDA CONSTITUCIONAL 20/1998. VINCULAÇÃO AO REGIME GERAL DA PREVIDÊNCIA SOCIAL. AS RAZÕES DO AGRAVO NÃO SÃO APTAS A INFIRMAR OS FUNDAMENTOS QUE LASTREARAM A DECISÃO AGRAVADA. ACÓRDÃO RECORRIDO PUBLICADO EM 08.7.2009. As razões do agravo não são aptas a infirmar os fundamentos que lastrearam a decisão agravada alicerçada na jurisprudência do Supremo Tribunal Federal. Jurisprudência firmada no âmbito deste Supremo Tribunal Federal, no sentido de que não há direito adquirido a regime jurídico, inclusive o previdenciário, razão pela qual não se divisa a alegada ofensa aos dispositivos constitucionais suscitados. Precedentes. Agravo regimental conhecido e não provido. (STF. AI 803861. Relatora Min. Rosa Weber. Julgamento: 12/11/2013).

> Agravo regimental no recurso extraordinário com agravo. Servidor militar. Transferência para reserva remunerada. Adicional de inatividade. Direito adquirido a regime jurídico. Inexistência. Legislação local. Reexame de fatos e provas. Impossibilidade. Precedentes. 1. É pacífica a jurisprudência da Corte de que não há direito adquirido a regime jurídico, inclusive o previdenciário, aplicando-se à aposentadoria a norma vigente à época do preenchimento dos requisitos para sua concessão. 2. O Tribunal de origem concluiu, com fundamento na Lei pernambucana nº 10.426/90, na Constituiçaoestadual e nos fatos e nas provas dos autos, que o adicional de inatividade pago aos militares que se transferiam para a reserva já havia sido revogado quando o ora agravante preencheu os requisitos para a aposentadoria. 3. Inadmissível, em recurso extraordinário, a análise da legislação local e o reexame de fatos e provas dos autos. Incidência das Súmulas nºs 280 e 279/STF. 4. Agravo regimental não provido. (ARE 744672. Relator Min. Dias Toffoli. Julgamento: 03/09/2013).

Sobre o tema da paridade contributiva *(CF/88: art. 202. § 3º É vedado o aporte de recursos a entidade de previdência privada pela União, Estados, Distrito Federal e Municípios, suas autarquias, fundações, empresas públicas, sociedades de economia mista e outras entidades públicas, salvo na qualidade de patrocinador, situação na qual, em hipótese alguma, sua contribuição normal poderá exceder a do segurado)*, regra instituída com o advento da Emenda Constitucional nº 20/98 e disciplinada pela LC nº 109/2001, o Superior Tribunal de Justiça reconheceu a ausência de direito adquirido ao regime de contribuições anterior disciplinado por regulamento de plano de benefícios.

> PROCESSUAL CIVIL. PREVIDÊNCIA PRIVADA FECHADA. EC N. 20/1998. LEI COMPLEMENTAR N. 108/2001. PARIDADE CONTRIBUTIVA. AUSÊNCIA DE

LITISCONSÓRCIO NECESSÁRIO ENTRE PATROCINADOR E FUNDO DE PENSÃO. IDEM COM RELAÇÃO À UNIÃO. DIREITO ADQUIRIDO A DETERMINADO PERCENTUAL DE CONTRIBUIÇÃO. INEXISTÊNCIA. 1. Não há relação jurídica entre o fundo de pensão e o patrocinador que exija a presença deste em processo em que se discute a respeito da paridade contributiva instituída pela EC nº 20/98. 2. A atuação meramente normativa e fiscalizadora da Secretaria de Previdência Complementar não gera, por si só, interesse jurídico em relação a lide entre particulares, de modo a atrair a presença da União como litisconsorte necessário. 3. A decisão que reconhece, no caso concreto, a ocorrência de direito adquirido, do ato jurídico perfeito e da coisa julgada situa-se no campo do direito infraconstitucional, devendo ser impugnada por recurso especial. 4. Nos planos previdenciários de benefício definido, não há direito adquirido a determinado regime de contribuições, as quais podem ser alteradas para manter o equilíbrio atuarial do plano sempre que ocorrerem situações que o recomendem ou exijam. 5. Recurso especial provido. (STJ. 4ª turma. RESP 1111077. Relator João Otávio de Noronha. DJE DATA: 19/12/2011).

15. A COMPETÊNCIA PARA JULGAMENTO DAS AÇÕES DE PREVIDÊNCIA COMPLEMENTAR

A competência para o julgamento das ações em matéria de previdência complementar até pouco tempo se apresentava um tema jurídico indefinido, apresentando-se como um risco jurídico para o sistema. Ações tramitavam aleatoriamente na Justiça do Trabalho e na Justiça Comum (Estadual e Federal) sem haver um entendimento uniforme na jurisprudência, inclusive em parte da doutrina, de qual seria o foro competente para o julgamento das ações de previdência complementar[156].

O Supremo Tribunal Federal encerrou a controvérsia ao julgar a Repercussão Geral no Recurso Extraordinário 586.453-SE (de 20/02/2013), relator Ministro Dias Toffoli, para fixar a competência da Justiça Comum para processar e julgar ações de previdência complementar.

Segue a ementa do julgado:

> EMENTA: Recurso extraordinário – Direito Previdenciário e Processual Civil – Repercussão geral reconhecida – Competência para o processamento de ação ajuizada contra entidade de previdência privada e com o fito de obter complementação de aposentadoria – Afirmação da autonomia do Direito Previdenciário em relação ao Direito do Trabalho – Litígio de natureza eminentemente constitucional, cuja solução deve buscar trazer maior efetividade e racionalidade ao sistema – Recurso provido para afirmar a competência da Justiça comum para o processamento da demanda – Modulação dos efeitos do julgamento, para manter, na Justiça Federal do Trabalho, até final execução, todos os processos dessa espécie em que já tenha sido proferida sentença de mérito, até o dia da conclusão do julgamento do recurso (20/2/13).

---

156 Exemplo, julgados do STF nos Agravos de Instrumento 728.143 e 732.170.

O PLANO DE BENEFÍCIOS E OS ELEMENTOS DA RELAÇÃO JURÍDICA PREVIDENCIÁRIA **177**

> 1. A competência para o processamento de ações ajuizadas contra entidades privadas de previdência complementar é da Justiça comum, dada a autonomia do Direito Previdenciário em relação ao Direito do Trabalho. Inteligência do art. 202, § 2º, da Constituição Federal a excepcionar, na análise desse tipo de matéria, a norma do art. 114, inciso IX, da Magna Carta.
>
> 2. Quando, como ocorre no presente caso, o intérprete está diante de controvérsia em que há fundamentos constitucionais para se adotar mais de uma solução possível, deve ele optar por aquela que efetivamente trará maior efetividade e racionalidade ao sistema.
>
> 3. Recurso extraordinário de que se conhece e ao qual se dá provimento para firmar a competência da Justiça comum para o processamento de demandas ajuizadas contra entidades privadas de previdência buscando-se o complemento de aposentadoria.
>
> 4. Modulação dos efeitos da decisão para reconhecer a competência da Justiça Federal do Trabalho para processar e julgar, até o trânsito em julgado e a correspondente execução, todas as causas da espécie em que houver sido proferida sentença de mérito até a data da conclusão, pelo Plenário do Supremo Tribunal Federal, do julgamento do presente recurso (20/2/2013).
>
> 5. Reconhecimento, ainda, da inexistência de repercussão geral quanto ao alcance da prescrição de ação tendente a questionar as parcelas referentes à aludida complementação, bem como quanto à extensão de vantagem a aposentados que tenham obtido a complementação de aposentadoria por entidade de previdência privada sem que tenha havido o respectivo custeio.

A corte superior reconheceu, de forma reflexa, a separação do regime jurídico previdenciário da relação jurídica trabalhista ao fixar a competência da Justiça Comum.

Quando se fala em competência da Justiça Comum deve-se entender a Justiça Comum Estadual, com a possibilidade do deslocamento da competência para a Justiça Comum Federal, caso demonstrado interesse de algum órgão ou entidade pública federal, seja a intervenção na lide da Superintendência Nacional de Previdência Complementar – Previc ou da Superintendência de Seguros Privados – Susep (entes públicos fiscalizadores), seja de algum patrocinador público que demonstre a qualidade de parte ou terceiro interessado.

A Súmula 505 do STJ reafirmou o entendimento ao dispor que *"a competência para processar e julgar as demandas que têm por objeto obrigações decorrentes dos contratos de planos de previdência privada firmados com a Fundação Rede Ferroviária de Seguridade Social – REFER é da Justiça estadual".* A Egrégia Corte utilizou como precedente o CC 22.656, ressaltando que a REFER por ser pessoa jurídica de direito privado (fundação privada), de fins assistenciais, filantrópicos, previdenciários e não lucrativos, com autonomia administrativa e financeira, tendo como patrocinadora a Rede Ferroviária Federal S/A (RFFSA), sociedade de economia mista federal, não gozaria do direito de se defender perante a Justiça Federal.

CAPÍTULO III
A PREVIDÊNCIA COMPLEMENTAR COM PATROCÍNIO PÚBLICO

1. A LEI COMPLEMENTAR Nº 108/2001 QUE DISCIPLINA AS ATIVIDADES E OS PLANOS DE BENEFÍCIOS OFERECIDOS PELAS ENTIDADES FECHADAS COM PATROCÍNIO PÚBLICO

Os parágrafos 3º ao 6º do art. 202 da CF/88 previram um regime jurídico específico, mais conservador, para disciplinar a relação jurídica de previdência complementar quando presente patrocinador público nos planos de benefícios, ou seja, quando para o financiamento do plano de benefícios de entidades fechadas forem direcionadas contribuições cuja origem dos recursos pertence a entidades públicas ou entes a elas equiparadas.

CF/88:

> Art. 202. O regime de previdência privada, de caráter complementar e organizado de forma autônoma em relação ao regime geral de previdência social, será facultativo, baseado na constituição de reservas que garantam o benefício contratado, e regulado por lei complementar.
>
> (...)
>
> § 3º É vedado o aporte de recursos a entidade de previdência privada pela União, Estados, Distrito Federal e Municípios, suas autarquias, fundações, empresas públicas, sociedades de economia mista e outras entidades públicas, salvo na qualidade de patrocinador, situação na qual, em hipótese alguma, sua contribuição normal poderá exceder a do segurado.
>
> § 4º Lei complementar disciplinará a relação entre a União, Estados, Distrito Federal ou Municípios, inclusive suas autarquias, fundações, sociedades de economia mista e empresas controladas direta ou indiretamente, enquanto patrocinadoras de entidades fechadas de previdência privada, e suas respectivas entidades fechadas de previdência privada.
>
> § 5º A lei complementar de que trata o parágrafo anterior aplicar-se-á, no que couber, às empresas privadas permissionárias ou concessionárias de prestação de serviços públicos, quando patrocinadoras de entidades fechadas de previdência privada.
>
> § 6º A lei complementar a que se refere o § 4° deste artigo estabelecerá os requisitos para a designação dos membros das diretorias das entidades fechadas de previdência privada e disciplinará a inserção dos participantes nos colegiados e instâncias de decisão em que seus interesses sejam objeto de discussão e deliberação.

Pelo texto constitucional, foram estabelecidos alguns princípios aplicáveis especificamente às EFPC com patrocinador público, dentre eles: a) a vedação de aporte dos entes estatais, salvo na condição de patrocinador, exigida a paridade contributiva das contribuições aportadas pelos participantes e patrocinadores; b) a criação de lei específica para regular a participação das EFPC com patrocinador público; c) a presença de representantes dos participantes e assistidos nos órgãos deliberativos das EFPC.

A paridade contributiva, tema enfrentado quando tratamos dos princípios constitucionais da previdência complementar, pode ser considerada o grande avanço da nova legislação, por impor limites de gastos públicos para o custeio dos benefícios administrados pelos fundos de pensão, afastando-se de um passado histórico, o da Lei nº 6.435/77, em que eventuais despesas adicionais ou necessidade de equacionamento de déficits financeiros dos planos de benefícios eram suportados exclusivamente com dinheiro do erário.

Os males que o princípio da paridade contributiva buscou combater, endividamento público para programas previdenciários privados e facultativos, que beneficiam pequena parcela da população, ainda hoje assombram por meio de noticiários de liquidação extrajudicial de entidades de previdência complementar que não conseguiram honrar os compromissos previdenciários dos participantes e assistidos, vez ou outra surgindo pressão sindical ou associativa para que o erário assuma as obrigações previdenciárias, com o repasse de recursos públicos para o reequilíbrio do custeio do plano.

A lei complementar referida pelo texto constitucional é a LC nº 108/2001, que prevê como âmbito subjetivo de aplicação as EFPC que administram planos de benefícios patrocinados pelas seguintes pessoas jurídicas:

a) União, Estados, Municípios e Distrito Federal;

b) entidades que compõem a administração pública indireta (fundações, autarquias, sociedades de economia mista e empresas públicas);

c) empresas controladas direta ou indiretamente por esses entes públicos;

d) empresas privadas permissionárias e concessionárias de serviços públicos; e

e) outras entidades públicas que, não obstante arroladas expressamente no art. 202 da Constituição Federal, também utilizam recursos públicos para patrocinar planos de previdência privada para pessoas físicas a elas vinculadas.

A aplicação da LC nº 108/2001 para as pessoas jurídicas que compõem a administração direta e indireta dos entes federativos não gera maiores questionamentos, considerando o regime jurídico especial previsto pela Constituição para essas entidades, estabelecido, dentre outros dispositivos, no art. 37 que exige obediência aos princípios de legalidade, impessoalidade, moralidade, publicidade e eficiência.

A PREVIDÊNCIA COMPLEMENTAR COM PATROCÍNIO PÚBLICO

As empresas controladas por entidades públicas também recebem recursos de origem pública quando da aquisição pelo controlador das ações da sociedade. Considera-se empresa controlada, segundo o dizer do § 2º, art. 243 da Lei nº 6.404/76 (lei das sociedades anônimas ou por ações), *"a sociedade na qual a controladora, diretamente ou através de outras controladas, é titular de direitos de sócio que lhe assegurem, de modo permanente, preponderância nas deliberações sociais e o poder de eleger a maioria dos administradores".*

Em relação às concessionárias e permissionárias de serviço público a legislação criou um requisito adicional para a aplicação da LC nº 108/2001. A Resolução CGPC nº 07/2002 do órgão regulador da previdência complementar fechada (extinto Conselho de Gestão da Previdência Complementar, atual Conselho Nacional de Previdência Complementar, vinculado ao Ministério da Previdência Social) disciplinou que seria aplicável a LC nº 108/2001 às EFPC patrocinadas por permissionárias e concessionárias de serviços públicos quando as contribuições repassadas pelo patrocinador (concessionária ou permissionária de serviço público) à EFPC influenciar na fixação do valor das tarifas cobradas dos usuários do serviço público.

Resolução CGPC nº 07/2002:

Art. 9º Com relação à estrutura organizacional das entidades patrocinadas por pessoas jurídicas de Direito Privado predominantemente permissionárias ou concessionárias de serviço público aplicar-se-á a Lei Complementar nº 109/2001.

Parágrafo único. Estarão sujeitos ao limite da contribuição paritária, estabelecido na Lei Complementar nº 108/2001, o seguinte Patrocinador:

I – o que seja pessoa jurídica de direito público; e

II – o que seja pessoa jurídica de direito privado, concessionária ou permissionária de serviço público, *cuja contribuição à entidade fechada de previdência complementar tenha influência na fixação do valor de suas tarifas. (grifamos)*

Na prática, a comprovação da repercussão das contribuições patronais vertidas pelas concessionárias e permissionárias ao plano de benefícios sobre o preço cobrado pelos serviços concedidos mostra-se de difícil demonstração, o que tem dificultado a exigência pelo órgão fiscalizador (Previc) das normas mais conservadoras da LC nº 108/2001 em relação aos respectivos planos de benefícios.

Mas, de fato, mostra-se bastante razoável a norma do órgão regulador, pois se há uma transferência de custos do plano de benefícios do patrocinador (concessionária) para o usuário do serviço público (população), coerente se apresenta a aplicação do regramento dos planos com patrocínio público quando essas concessionárias e permissionárias figurarem como patrocinadoras de plano de benefícios.

Em relação à última hipótese de aplicação da LC nº 108/2001, embora a norma do órgão regulador (Resolução CGPC nº 07/2002) não tenha disciplinado quais seriam as situações de aplicação da lei especial, dando concretude à expressão "outras entidades públicas", conforme a previsão do § 3º, art. 202 da CF/88, entendemos que a incidência da LC nº 108/2001 também seria aplicável a todas as entidades que se utilizam de recursos públicos para patrocinar o custeio de planos de benefícios de previdência complementar, a exemplo dos consórcios públicos (Lei nº 11.107/2005[157][158]) e das entidades que congregam o *sistema S* (Serviço Social do Comércio – SESC, Serviço Social do Transporte – SEST, Serviço Social da Indústria – SESI, Serviço Nacional de Aprendizagem Industrial – SENAI, Serviço Nacional de Aprendizagem Comercial – SENAC, Serviço Brasileiro de Apoio às Micro e Pequenas Empresas – SEBRAE, Serviço Nacional de Aprendizagem Rural – SENAR, etc.), já que o patrimônio dessas entidades é formado, basicamente, pelo repasse de recursos públicos.

Podemos citar a seguinte passagem doutrinária em defesa da tese da submissão das EFPC patrocinadas pelo sistema S às regras da LC nº 108/2001:

> Seria o caso, por exemplo, e segundo nossa particular compreensão, de eventual patrocínio de planos de previdência complementar fechada a seus empregados por entidades que compõem o chamado sistema "S" – SESI, SESC, SENAI, etc. –, as quais, cumpre observar, sendo mantidas por tributos (contribuições do art. 149 da Constituição), originárias de receitas públicas, devem se sujeitar, portanto, às regras constitucionais específicas dos chamados patrocinadores governamentais (contidas no art. 202 e na Lei Complementar nº 108, de 2001), na exata medida em que tais regras têm por finalidade, em última análise, a contenção de recursos públicos que possam onerar excessivamente a sociedade com o custeio de planos privados de previdência. É exatamente esta a razão, aliás, que preside as regras tanto de proibição de destinação de recursos, por tais patrocinadoras às respectivas entidades fechadas, senão na própria condição de patrocinador (vale dizer, senão a título de contribuição ao plano), quanto

---

157 Art. 6º O consórcio público adquirirá personalidade jurídica:
I – de direito público, no caso de constituir associação pública, mediante a vigência das leis de ratificação do protocolo de intenções;
II – de direito privado, mediante o atendimento dos requisitos da legislação civil.   § 1º O consórcio público com personalidade jurídica de direito público integra a administração indireta de todos os entes da Federação consorciados.
§ 2º No caso de se revestir de personalidade jurídica de direito privado, o consórcio público observará as normas de direito público no que concerne à realização de licitação, celebração de contratos, prestação de contas e admissão de pessoal, que será regido pela Consolidação das Leis do Trabalho – CLT.

158 Consórcio público criado recentemente foi a Autoridade Pública Olímpica – APO (autarquia em regime especial) destinada a planejar e executar as ações necessárias à organização dos jogos olímpicos de 2016 na cidade do Rio de Janeiro. A Lei nº 12.396/2011 ratificou os termos do Protocolo de Intenções celebrado entre a União, o Estado do Rio de Janeiro e o Município do Rio de Janeiro para criação do referido consórcio público.

A PREVIDÊNCIA COMPLEMENTAR COM PATROCÍNIO PÚBLICO **183**

a de imposição do chamado limite de paridade contributiva entre patrocinador público de plano fechado e respectivos participantes (ambas as regras previstas diretamente no art. 202, § 3º, da Constituição) e por isso mesmo passíveis de serem estendidas, como vimos acima (art. 202, § 5º, da Constituição), nos termos da regulamentação infraconstitucional dessa hipótese, às empresas concessionárias de serviços públicos que, por meio de tarifas (não de tributos), indiretamente, também poderiam onerar excessivamente (e assim, indevidamente) o público (ou usuários dos serviços concedidos, em particular) repassando a estes (por meio daquelas tarifas) gastos anormais com contribuições previdenciárias destinadas a planos complementares, de natureza privada, destinados a seus empregados[159] (...)

O Tribunal de Contas da União – TCU (Acórdão 559/2003. Relator Ministro Guilherme Palmeira) também decidiu no mesmo sentido do excerto doutrinário:

> Superada a questão relativa à contribuição da entidade, realizada no exercício em exame, revela importante ressaltar a improcedência da alegação do SESI/DN de não estar o PREVIND2 subordinado ao comando do art. 202 da Constituição Federal. A Emenda Constitucional nº 20/1998 introduziu disciplinamento que fixa, de forma objetiva, os limites de repasse para as entidades fechadas de previdência privada, estendendo sua aplicabilidade às empresas privadas permissionárias ou concessionárias de prestação de serviços públicos.
>
> Com o advento da Lei Complementar nº 108/01, disciplinando as matérias a que se referem os §§ 3º, 4º, 5º e 6º do mencionado artigo 202, inquestionavelmente os serviços sociais autônomos, como pessoas jurídicas de direito privado prestadoras de serviço público, estão sob a égide dos citados dispositivos legais, e portanto, obrigados a adequar as suas contribuições às entidades de previdência privada aos limites de paridade fixados.

1.1. Planos de benefícios – regras específicas aplicadas aos planos administrados pelas entidades sujeitas à LC 108/2001

O art. 3º da LC nº 108/2001 prevê algumas regras especiais que devem constar nos regulamentos dos planos de benefícios com patrocinador público:

> Art. 3º Observado o disposto no artigo anterior, os planos de benefícios das entidades de que trata esta Lei Complementar atenderão às seguintes regras:
>
> I – carência mínima de sessenta contribuições mensais a plano de benefícios e cessação do vínculo com o patrocinador, para se tornar elegível a um benefício de prestação que seja programada e continuada; e
>
> II – concessão de benefício pelo regime de previdência ao qual o participante esteja filiado por intermédio de seu patrocinador, quando se tratar de plano na modalidade benefício definido, instituído depois da publicação desta Lei Complementar.

---

159 PULINO, Daniel. Previdência Complementar: natureza jurídico-constitucional e seu desenvolvimento pelas Entidades Fechadas. São Paulo: Conceito Editorial, 2011, p. 242.

Parágrafo único. Os reajustes dos benefícios em manutenção serão efetuados de acordo com critérios estabelecidos nos regulamentos dos planos de benefícios, vedado o repasse de ganhos de produtividade, abono e vantagens de qualquer natureza para tais benefícios.

Deve o participante demonstrar ter cumprido a carência mínima de sessenta contribuições mensais a plano de benefícios e ter cessado o vínculo com o patrocinador, para se tornar elegível a um benefício de prestação que seja programada e continuada. Benefícios programáveis são aqueles em que é possível prever o momento da ocorrência do evento gerador do pagamento do benefício. Prestação continuada é uma referência à forma do pagamento das prestações previdenciárias, quando se realiza de modo contínuo (trato sucesso). Nesses benefícios, programáveis e com pagamento continuado, deve o participante demonstrar o cumprimento do recolhimento da carência de sessenta contribuições (tempo de contribuição) e a rescisão do contrato de trabalho ou do vínculo estatutário com o patrocinador público.

Como requisito adicional, nos planos estruturados na modalidade benefício definido (aqueles em que o participante sabe o valor final da prestação que irá receber da entidade de previdência), criados após a LC nº 108/2001, deve o participante comprovar que também foi concedido o benefício pelo regime público ao qual está vinculado (RGPS ou RPPS). Tal exigência legal mitiga o princípio da autonomia em relação aos regimes públicos previdenciários, ao vincular a concessão do benefício da previdência privada à prévia concessão do benefício correlato pelo regime público de previdência ao qual estão vinculados, obrigatoriamente, os servidores ou empregados do patrocinador público (RPPS ou RGPS).

Nos planos com patrocínio público, para a criação ou adesão a plano de benefícios, ou para o aumento das contribuições previstas no regulamento como obrigação do patrocinador público, a legislação prevê disciplina especial.

Como visto anteriormente, em geral, os planos de benefícios são elaborados pela EFPC e pelo patrocinador e apresentados para aprovação (licença administrativa) do órgão fiscalizador das entidades fechadas (Previc). Nos planos com patrocinador público há a necessidade, quando o patrocinador for sociedade de economia mista e empresa controlada direta ou indiretamente pela União, pelos Estados, pelo Distrito Federal e pelos Municípios, que a proposta de instituição ou adesão a plano de benefícios em execução, e as alterações no plano de benefícios que implique elevação da contribuição de patrocinadores, deverá ser submetida à manifestação favorável do órgão responsável pela supervisão, pela coordenação e pelo controle do patrocinador.

Essa a dicção do art. 4º da LC 108/2001:

> Art. 4° Nas sociedades de economia mista e empresas controladas direta ou indiretamente pela União, pelos Estados, pelo Distrito Federal e pelos Municípios, a proposta de instituição de plano de benefícios ou adesão a plano de

A PREVIDÊNCIA COMPLEMENTAR COM PATROCÍNIO PÚBLICO

> benefícios em execução será submetida ao órgão fiscalizador, acompanhada de manifestação favorável do órgão responsável pela supervisão, pela coordenação e pelo controle do patrocinador.
>
> Parágrafo único. As alterações no plano de benefícios que implique elevação da contribuição de patrocinadores serão objeto de prévia manifestação do órgão responsável pela supervisão, pela coordenação e pelo controle referido no caput.

O sistema de controle das atividades das entidades fechadas de previdência complementar com patrocínio público foi ampliado pela LC nº 108/2001, ao prever no art. 4º a presença de um elemento externo à relação jurídica previdenciária – a figura do *"órgão responsável pela supervisão, pela coordenação e pelo controle do patrocinador"*.

A proposta de instituição de plano de benefícios ou a adesão a plano de benefícios em execução, bem como nas situações em que a alteração do regulamento do plano de benefícios implique aumento no valor da contribuição devida pelo patrocinador público, exige que as respectivas minutas das propostas venham acompanhadas de prévia manifestação favorável do órgão supervisor do patrocinador público, condição de validade para a aprovação dos referidos instrumentos jurídicos contratuais pela Previc.

A indicação do órgão responsável pela supervisão, coordenação e controle do patrocinador dependerá da estrutura organizacional da entidade pública (administração direta) ao qual esteja vinculada a sociedade de economia mista ou empresa pública (administração indireta), mas geralmente é fixada como atribuição do Ministério ou Secretaria de Estado da área de planejamento ou fazenda.

No âmbito do Poder Executivo Federal a designação do órgão de coordenação e supervisão é da competência do Ministério do Planejamento, Orçamento e Gestão, através do Departamento de Coordenação e Governança das Empresas Estatais – DEST, conforme dispõe o Decreto nº 7.675/2012[160].

A finalidade da regra é ampliar o controle externo das atividades previdenciárias da EFPC com patrocínio público. Além da fiscalização externa realizada pela Previc e pelo TCU, caberá ao supervisor do patrocinador verificar a adequação das obrigações previdenciárias e financeiras do patrocinador público em relação à legislação como um todo.

---

160 Decreto nº 7.675/2012: Art. 6º Ao Departamento de Coordenação e Governança das Empresas Estatais compete: (...) IV-manifestar-se sobre os seguintes assuntos relacionados às empresas estatais: (...) f) patrocínio de planos de benefícios administrados por entidades fechadas de previdência complementar, no que diz respeito à assunção de compromissos e aos convênios de adesão a serem firmados pelas patrocinadoras, aos estatutos das entidades, à instituição e adesão a planos de benefícios, assim como aos respectivos regulamentos e planos de custeio e à retirada de patrocínio;

1.2. Regras de governança das entidades com patrocínio público

No Estatuto das entidades com patrocínio público deverão constar algumas diferenças estruturais na organização do fundo de pensão.

A LC nº 108/2001 inovou ao fixar expressamente quais seriam as competências institucionais dos órgãos estatutários das EFPC com patrocínio público (Conselho Deliberativo, Conselho Fiscal e Diretoria Executiva), diferentemente da LC nº 109/2001 que não fez menção expressa às atribuições, não obstante as competências descritas sejam aplicáveis a qualquer tipo de entidade fechada.

A LC nº 108/2001 assim fixou as competências dos órgãos estatutários:

> **LC 108/2001:**
>
> Art. 10. O conselho deliberativo, órgão máximo da estrutura organizacional, é responsável pela definição da política geral de administração da entidade e de seus planos de benefícios. (...)
>
> (...)
>
> Art. 13. Ao conselho deliberativo compete a definição das seguintes matérias:
>
> I – política geral de administração da entidade e de seus planos de benefícios;
>
> II – alteração de estatuto e regulamentos dos planos de benefícios, bem como a implantação e a extinção deles e a retirada de patrocinador;
>
> III – gestão de investimentos e plano de aplicação de recursos;
>
> IV – autorizar investimentos que envolvam valores iguais ou superiores a cinco por cento dos recursos garantidores;
>
> V – contratação de auditor independente atuário e avaliador de gestão, observadas as disposições regulamentares aplicáveis;
>
> VI – nomeação e exoneração dos membros da diretoria-executiva; e
>
> VII – exame, em grau de recurso, das decisões da diretoria-executiva.
>
> Parágrafo único. A definição das matérias previstas no inciso II deverá ser aprovada pelo patrocinador.
>
> Art. 14. O conselho fiscal é órgão de controle interno da entidade.
>
> (...)
>
> Art. 19. A diretoria-executiva é o órgão responsável pela administração da entidade, em conformidade com a política de administração traçada pelo conselho deliberativo.

O Conselho Deliberativo é o órgão superior administrativo que define as políticas administrativa, financeira e de investimentos da entidade, balizando a atuação da diretoria executiva, a qual cabe operacionalizar as diretrizes fixadas nas deliberações do colegiado.

O Conselho Fiscal é órgão de controle interno que busca fiscalizar as atividades da entidade fechada, analisando as contas anuais elaboradas pela Diretoria-Executiva.

Já a Diretoria-Executiva é o órgão responsável pela administração da entidade. É composta por diretores que executam a política de administração traçada pelo Conselho Deliberativo.

A organização administrativa das EFPC apresenta-se com algumas diferenças, a depender da existência ou não de patrocínio público nos planos de benefícios (se a entidade também é regida pela LC nº 108/2001), a saber:

	Conselho Deliberativo		Conselho Fiscal
	LC 108/2001	LC 109/2001	LC 108/2001
Composição	Máximo de 6 membros	Conforme previsão em estatuto.	Máximo de 4 membros
Mandato	4 anos, com uma recondução.	Conforme previsão em estatuto.	4 anos, sem previsão de recondução.
Participação dos representantes dos participantes e assistidos	Paridade (50%) do número de vagas. Representante dos patrocinadores será o presidente do conselho.	Conforme previsão em estatuto, assegurado, no mínimo, um terço das vagas.	Paridade (50%) do número de vagas. Representante dos participantes e assistidos será o presidente do conselho.
Escolha dos representantes dos participantes e assistidos	Por eleição.	Conforme previsão em estatuto.	Conforme previsão em estatuto.
Renovação dos membros	A cada dois anos, de forma alternada.	Conforme previsão em estatuto.	A cada dois anos, de forma alternada.
Estabilidade no cargo?	Sim. Somente perdendo o mandato em virtude de renúncia, de condenação judicial transitada em julgado ou processo administrativo disciplinar.	Não.	Não
Requisitos de ingresso no cargo	Comprovada experiência no exercício de atividade na área financeira, administrativa, contábil, jurídica, de fiscalização, atuarial ou de auditoria; não ter sofrido condenação criminal transitada em julgado; não ter sofrido penalidade administrativa por infração da legislação da seguridade social, inclusive da previdência complementar ou como servidor público.	Comprovada experiência no exercício de atividades nas áreas financeira, administrativa, contábil, jurídica, de fiscalização ou de auditoria; não ter sofrido condenação criminal transitada em julgado; e não ter sofrido penalidade administrativa por infração da legislação da seguridade social ou como servidor público.	Comprovada experiência no exercício de atividade na área financeira, administrativa, contábil, jurídica, de fiscalização, atuarial ou de auditoria; não ter sofrido condenação criminal transitada em julgado; e não ter sofrido penalidade administrativa por infração da legislação da seguridade social, inclusive da previdência complementar ou como servidor público.
Vedações aos membros	Sem previsão legal.	Sem previsão legal.	Sem previsão legal.

A PREVIDÊNCIA COMPLEMENTAR COM PATROCÍNIO PÚBLICO

	Diretoria-Executiva	
LC 109/2001	LC 108/2001	LC 109/2001
Conforme previsão em estatuto.	Máximo de 6 membros	Conforme previsão em estatuto.
Conforme previsão em estatuto.	Conforme previsão em estatuto.	Conforme previsão em estatuto.
Conforme previsão em estatuto, assegurado, no mínimo, um terço das vagas.	Não há previsão de representantes nos cargos da diretoria.	Não há previsão de representantes nos cargos da diretoria.
Conforme previsão em estatuto.	Conforme previsão em estatuto.	Conforme previsão em estatuto.
Conforme previsão em estatuto.	Conforme previsão em estatuto.	Conforme previsão em estatuto.
Não.	Não.	Não.
Comprovada experiência no exercício de atividades nas áreas financeira, administrativa, contábil, jurídica, de fiscalização ou de auditoria; não ter sofrido condenação criminal transitada em julgado; e não ter sofrido penalidade administrativa por infração da legislação da seguridade social ou como servidor público.	Comprovada experiência no exercício de atividade na área financeira, administrativa, contábil, jurídica, de fiscalização, atuarial ou de auditoria; não ter sofrido condenação criminal transitada em julgado; não ter sofrido penalidade administrativa por infração da legislação da seguridade social, inclusive da previdência complementar ou como servidor público; e ter formação de nível superior.	Comprovada experiência no exercício de atividades nas áreas financeira, administrativa, contábil, jurídica, de fiscalização ou de auditoria; não ter sofrido condenação criminal transitada em julgado; não ter sofrido penalidade administrativa por infração da legislação da seguridade social ou como servidor público; formação de nível superior.
Sem previsão legal.	Exercer simultaneamente atividade no patrocinador; integrar concomitantemente o conselho deliberativo ou fiscal da entidade e, mesmo depois do término do seu mandato na diretoria-executiva, enquanto não tiver suas contas aprovadas; e ao longo do exercício do mandato prestar serviços a instituições integrantes do sistema financeiro.	Sem previsão legal.

Como visto, as principais diferenças entre as regras de governança das entidades regidas pela LC 108/2001, em relação àquelas disciplinadas unicamente pela LC 109/2001, diz respeito à previsão da limitação do número de integrantes que compõe os órgãos diretivos (6 membros no Conselho Deliberativo e na Diretoria Executiva, e 4 membros no Conselho Fiscal); a fixação de mandato de 4 anos para os membros do Conselho Deliberativo e do Conselho Fiscal; e a previsão de paridade na distribuição e ocupação das vagas destinadas ao Conselho Deliberativo e ao Conselho Fiscal, cujos membros representantes dos participantes e assistidos seriam escolhidos mediante eleição, com renovação dos mandatos a cada 2 anos. Tais matérias nas EPC regidas pela LC 109/2001 são disciplinadas no estatuto da entidade, estando incluídas na margem discricionária de autonomia da vontade dos entes privados.

As entidades de previdência complementar patrocinadas por empresas controladas, direta ou indiretamente, pela União, Estados, Distrito Federal e Municípios, que possuam planos de benefícios definidos com responsabilidade da patrocinadora, não poderão exercer o controle ou participar de acordo de acionistas que tenha por objeto a formação de grupo de controle de sociedade anônima, sem prévia e expressa autorização da patrocinadora e do seu respectivo ente controlador. A finalidade da regra é evitar a assunção de maiores responsabilidades financeiras por parte do patrocinador público, considerando que nos planos de benefício definido eventuais resultados deficitários também são equacionados com contribuições extraordinárias do patrocinador público.

Os membros dos Conselhos Deliberativo e Fiscal devem possuir os mesmos requisitos técnicos exigidos dos membros da Diretoria-Executiva, sendo requisito adicional para este último cargo a formação acadêmica em nível superior. Os demais requisitos para ingresso no cargo de conselheiro são os seguintes: a) comprovada experiência no exercício de atividade na área financeira, administrativa, contábil, jurídica, de fiscalização, atuarial ou de auditoria; b) não ter sofrido condenação criminal transitada em julgado; e c) não ter sofrido penalidade administrativa por infração da legislação da seguridade social, inclusive da previdência complementar ou como servidor público.

Os requisitos fixados por lei são para o provimento e a permanência dos dirigentes no cargo. Os membros devem atender aos requisitos elencados pelos artigos 18 e 20 da LC nº 108/2001 no momento inicial do provimento do cargo, bem como conservá-los durante o exercício do mandato, sob pena de destituição da função. Embora a legislação não seja clara quanto ao dever do dirigente manter tais requisitos durante o exercício do mandato, essa é a conclusão lógica que se extrai da legislação, por não se mostrar razoável exigir do gestor critérios técnicos e perfil idôneo no ato da admissão, mas não sua permanência enquanto perdurar no exercício do cargo de direção.

A PREVIDÊNCIA COMPLEMENTAR COM PATROCÍNIO PÚBLICO

Nessas entidades, como em todas as EFPC, deverá ser indicado ao órgão fiscalizador o responsável pelas aplicações dos recursos da entidade, escolhido entre os membros da Diretoria-Executiva, profissional este conhecido como Administrador Estatutário Tecnicamente Qualificado (AETQ), nos termos da Resolução CMN nº 3.792/2009, § 5º, art. 35 da LC nº 109/2001 e art. 22 da LC nº 108/2001:

> **Resolução CMN nº 3.792/2009.**
>
> Art. 7º A EFPC pode designar um administrador estatutário tecnicamente qualificado (AETQ) para cada segmento de aplicação previsto nesta Resolução.

A intenção da indicação do responsável pelos investimentos financeiros é tornar claro quem deverá ser responsabilizado em caso de irregularidades na utilização dos recursos financeiros pertencentes aos participantes e assistidos, definindo de forma clara o eventual sujeito ativo da infração administrativa descrita no art. 64 do Decreto nº 4.942/2003:

> Art. 64. Aplicar os recursos garantidores das reservas técnicas, provisões e fundos dos planos de benefícios em desacordo com as diretrizes estabelecidas pelo Conselho Monetário Nacional.

Penalidade: multa de R$ 20.000,00 (vinte mil reais), podendo ser cumulada com suspensão pelo prazo de até cento e oitenta dias ou com inabilitação pelo prazo de dois a dez anos.

Para essas pessoas a legislação fixou uma culpa presumida, no caso de aplicação irregular dos recursos financeiros da EFPC, sendo responsabilizados solidariamente os demais membros da Diretoria-Executiva pelos danos e prejuízos causados à entidade apenas quando tiverem concorrido para o ato ilícito.

Por fim, a entidade fechada poderá contratar servidores cedidos pelo patrocinador, desde que realize o ressarcimento dos custos correspondentes ao patrocinador. Essa regra evita a burla indireta ao princípio da paridade contributiva, considerando que, se não houvesse tal proibição da cessão onerosa dos servidores ou empregados do patrocinador, arcaria este com despesas de pessoal da EFPC que não seriam contabilizadas para os fins da paridade contributiva.

1.3. A quarentena dos ex-dirigentes da entidade fechada

O art. 23 da LC 108/2001 criou o instituto da quarentena para ex-membros da Diretoria-Executiva de EFPC com patrocínio público, impedindo que estes venham, nos doze meses seguintes ao término do exercício do cargo, prestar, direta ou indiretamente, independentemente da forma ou natureza do contrato, qualquer tipo de serviço às empresas do sistema financeiro que impliquem a utilização das informações a que teve acesso em decorrência do cargo exercido, sob pena de responsabilidade civil e penal.

Dispõe o art. 23 da LC nº 108/2001:

> Art. 23. Nos doze meses seguintes ao término do exercício do cargo, o ex-diretor estará impedido de prestar, direta ou indiretamente, independentemente da forma ou natureza do contrato, qualquer tipo de serviço às empresas do sistema financeiro que impliquem a utilização das informações a que teve acesso em decorrência do cargo exercido, sob pena de responsabilidade civil e penal.
>
> § 1º Durante o impedimento, ao ex-diretor que não tiver sido destituído ou que pedir afastamento será assegurada a possibilidade de prestar serviço à entidade, mediante remuneração equivalente à do cargo de direção que exerceu ou em qualquer outro órgão da Administração Pública.
>
> § 2º Incorre na prática de advocacia administrativa, sujeitando-se às penas da lei, o ex-diretor que violar o impedimento previsto neste artigo, exceto se retornar ao exercício de cargo ou emprego que ocupava junto ao patrocinador, anteriormente à indicação para a respectiva diretoria-executiva, ou se for nomeado para exercício em qualquer órgão da Administração Pública.

É uma regra que busca preservar o sigilo das informações obtidas pelo ex--diretor em razão do cargo anteriormente ocupado no fundo de pensão, evitando conflito de interesses e o tráfico de influência pelo uso, no mercado, de informações privadas pertencentes às EFPC.

A Lei nº 12.813/2013, que dispõe sobre o conflito de interesses no exercício de cargo ou emprego do Poder Executivo federal e impedimentos posteriores ao exercício do cargo ou emprego[161], embora não aplicável às EPC, com exceção da Funpresp criada pela Lei nº 12.618/2012 (entidade gestora da previdência complementar dos servidores públicos federais que integra a administração indireta federal), conceituou o **conflito de interesses** como *"a situação gerada pelo confronto entre interesses públicos e privados, que possa comprometer o interesse coletivo ou influenciar, de maneira imprópria, o desempenho da função pública"* e **informação privilegiada** *"a que diz respeito a assuntos sigilosos ou aquela relevante ao processo de decisão, que tenha repercussão econômica ou financeira e que não seja de amplo conhecimento público"* (art. 3º).

---

161 Lei nº 12.813/2013: Art. 1º As situações que configuram conflito de interesses envolvendo ocupantes de cargo ou emprego no âmbito do Poder Executivo federal, os requisitos e restrições a ocupantes de cargo ou emprego que tenham acesso a informações privilegiadas, os impedimentos posteriores ao exercício do cargo ou emprego e as competências para fiscalização, avaliação e prevenção de conflitos de interesses regulam-se pelo disposto nesta Lei.
Art. 2º Submetem-se ao regime desta Lei os ocupantes dos seguintes cargos e empregos:
I – de ministro de Estado;
II – de natureza especial ou equivalentes;
III – de presidente, vice-presidente e diretor, ou equivalentes, de autarquias, fundações públicas, empresas públicas ou sociedades de economia mista; e
IV – do Grupo-Direção e Assessoramento Superiores – DAS, níveis 6 e 5 ou equivalentes.
Parágrafo único. Além dos agentes públicos mencionados nos incisos I a IV, sujeitam-se ao disposto nesta Lei os ocupantes de cargos ou empregos cujo exercício proporcione acesso a informação privilegiada capaz de trazer vantagem econômica ou financeira para o agente público ou para terceiro, conforme definido em regulamento.

A PREVIDÊNCIA COMPLEMENTAR COM PATROCÍNIO PÚBLICO

193

A quarentena apresenta-se como uma regra destinada a uma dupla proteção jurídica: do patrimônio do fundo de pensão, velando primordialmente pelo interesse dos participantes e assistidos; e do próprio mercado financeiro, já que, a depender das informações que o ex-diretor tiver conhecimento (por exemplo, relacionadas à política de investimentos da entidade) poderá refletir no apreçamento dos ativos disponibilizados pelo mercado.

Por imposição legal, o instituto da quarentena somente é aplicável às EFPC regidas pela LC nº 108/2001 que administram planos de benefícios patrocinados por entidades públicas, não sendo aplicável às EFPC regidas exclusivamente pela LC nº 109/2001. Não seria possível, pois, a extensão da regra do impedimento aos ex-diretores de EFPC sem patrocínio público para proibir que os mesmos prestem, direta ou indiretamente, independentemente da forma ou natureza do contrato, qualquer tipo de serviço às empresas do sistema financeiro, empreendendo uma interpretação extensiva do art. 23 da LC nº 108/2001, haja vista tratar-se de regra que restringe o exercício de direitos (liberdade da atividade profissional), devendo ser interpretada restritivamente tão somente para incidir sobre aqueles ex-diretores que atuavam em fundos de pensão que recebem recursos de patrocinadores públicos.

Como princípio de hermenêutica jurídica não caberia ao intérprete restringir o exercício de direitos onde o legislador não o fez. No sistema jurídico em vigor apenas há referência de aplicação subsidiária das regras da LC nº 109/2001 para as entidades disciplinadas pela LC nº 108/2001, e não o inverso, como bem observa a redação do art. 2º da LC nº 108/2001:

> Art. 2º As regras e os princípios gerais estabelecidos na Lei Complementar que regula o caput do art. 202 da Constituição Federal aplicam-se às entidades reguladas por esta Lei Complementar, ressalvadas as disposições específicas.

De todo o modo, a proteção das informações obtidas pelo gestor na atividade de previdência complementar poderá ser realizada por fórmulas alternativas. É possível que sejam incluídas no contrato de trabalho firmado entre os dirigentes e a EFPC regida pela LC 109/2001 cláusulas que contemplem o dever de confidencialidade e sigilo do ex-diretor em relação às informações obtidas em razão do cargo, tendo por fonte normativa não a lei em sentido estrito, mas a autonomia da vontade que rege as relações de trabalho.

Durante o impedimento, ao ex-diretor que não tiver sido destituído (dispensa motivada) ou que pedir afastamento será assegurada a possibilidade de prestar serviço à EFPC, mediante remuneração equivalente à do cargo de direção que exerceu, ou em qualquer outro órgão da Administração Pública, sem que isso importe em violação da quarentena, já que nestes casos entende o legislador não haver o risco da transferência indevida de informações da entidade.

Incorre na prática de advocacia administrativa, sujeitando-se às penas da lei, o ex-diretor que violar a regra da quarentena. O crime de advocacia administrativa é capitulado no art. 321 do Código Penal com a seguinte descrição do tipo penal:

Advocacia administrativa

Art. 321 – Patrocinar, direta ou indiretamente, interesse privado perante a administração pública, valendo-se da qualidade de funcionário:

Pena – detenção, de um a três meses, ou multa.

Parágrafo único – Se o interesse é ilegítimo:

Pena – detenção, de três meses a um ano, além da multa.

Um ponto de questionamento relacionado à quarentena diz respeito à forma como o instituto está regulamentado pela Resolução CGPC/MPS nº 04/2003. Conforme prescreve a referida norma, a análise da violação ou não da regra de impedimento caberá ao próprio fundo de pensão, devendo o Conselho Deliberativo da EFPC avaliar as atribuições estatutárias do ex-ocupante do cargo de direção e o perfil do cargo ou serviço a ser exercido pelo mesmo na instituição financeira.

Resolução CGPC/MPS nº 04/2003:

Art. 2º O ex-diretor de entidade fechada de previdência complementar de que trata esta Resolução, pelo prazo de doze meses seguintes ao término do exercício do cargo, estará impedido de prestar, direta ou indiretamente, independentemente da forma ou natureza do contrato, qualquer tipo de serviço às empresas do sistema financeiro, quando for demonstrado que, durante o exercício do cargo, manteve acesso a informações privilegiadas que possam ser utilizadas no mercado financeiro.

§ 1º Entende-se por informação privilegiada aquela que, uma vez utilizada, poderá comprometer a segurança econômico-financeira, a rentabilidade, a solvência ou a liquidez do plano de benefícios administrado pela entidade.

§ 2º A análise da existência de impedimento do ex-diretor deverá ser feita pelo conselho deliberativo da entidade, ao qual caberá levar em consideração:

I – as atribuições estatutárias do cargo ocupado na entidade;

II – o perfil do cargo a ser ocupado ou o serviço a ser prestado na empresa do sistema financeiro, devidamente atestado por instância colegiada de administração ou, na sua falta, por representante legal da referida empresa. (grifamos)

A redação empregada pelo *caput* do art. 23 da LC 108/2001, ao utilizar a expressão *"que impliquem a utilização das informações a que teve acesso em decorrência do cargo exercido"*, padeceu de infeliz técnica redacional, dando azo à interpretação da necessidade de análise subjetiva pelo próprio fundo de pensão sobre a existência ou não de violação à regra de impedimento.

A PREVIDÊNCIA COMPLEMENTAR COM PATROCÍNIO PÚBLICO

A partir do momento que o órgão regulador prevê normativamente que caberá à própria EFPC determinar a ocorrência de violação à regra do impedimento, tal previsão termina por mitigar a finalidade do instituto jurídico que é evitar o conflito de interesses entre as informações estratégicas do fundo de pensão e sua posterior utilização no mercado financeiro pelo ex-diretor.

Observa-se que, em situações similares, a estipulação de proibição do exercício de atividade a ex-dirigente é tratada normativamente de forma objetiva, evitando que sejam levantadas questões que relativizem o fim último da norma, como se observa do regramento da quarentena dos ex-diretores da Previc:

> **Lei nº 12.154/2009:**
>
> Art. 4º A Previc será administrada por uma Diretoria Colegiada composta por 1 (um) Diretor-Superintendente e 4 (quatro) Diretores, escolhidos dentre pessoas de ilibada reputação e de notória competência, a serem indicados pelo Ministro de Estado da Previdência Social e nomeados pelo Presidente da República.
>
> Art. 6º O ex-membro da Diretoria fica impedido, por um período de 4 (quatro) meses, contados da data de sua exoneração, de prestar serviço ou de exercer qualquer atividade no setor sujeito à atuação da Previc.
>
> Parágrafo único. Durante o período de impedimento, é facultado ao ex-membro da Diretoria optar:
>
> I – pelo recebimento da remuneração integral do cargo de Diretor, caso comprove não possuir outra fonte de renda decorrente de atividade remunerada fora das hipóteses previstas no caput; ou
>
> II – pela diferença entre a remuneração integral e a renda da outra fonte, às quais se refere o inciso I, caso esta renda seja inferior àquela remuneração.

Da mesma forma, a recém publicada Lei nº 12.529/2011 que estrutura o Sistema Brasileiro de Defesa da Concorrência e dispõe sobre a prevenção e repressão às infrações contra a ordem econômica:

> Art. 8º Ao Presidente e aos Conselheiros é vedado:
>
> (...)
>
> § 1º É vedado ao Presidente e aos Conselheiros, por um período de 120 (cento e vinte) dias, contado da data em que deixar o cargo, representar qualquer pessoa, física ou jurídica, ou interesse perante o SBDC, ressalvada a defesa de direito próprio.
>
> § 2º Durante o período mencionado no § 1º deste artigo, o Presidente e os Conselheiros receberão a mesma remuneração do cargo que ocupavam.
>
> § 3º Incorre na prática de advocacia administrativa, sujeitando-se à pena prevista no art. 321 do Decreto-Lei no 2.848, de 7 de dezembro de 1940 – Código Penal, o ex-presidente ou ex-conselheiro que violar o impedimento previsto no § 1º deste artigo.

§ 4º É vedado, a qualquer tempo, ao Presidente e aos Conselheiros utilizar informações privilegiadas obtidas em decorrência do cargo exercido.

Desse modo, é recomendável que o órgão regulador (CNPC) realize a revisão da Resolução CGPC nº 04/2003 para que seja garantida a quarentena como regra de aplicação objetiva, deixando para o órgão fiscalizador da previdência complementar fechada avaliar o seu correto cumprimento.

2. A PREVIDÊNCIA COMPLEMENTAR DO SERVIDOR PÚBLICO EFETIVO E A LEI Nº 12.618/2012

O regime previdenciário dos servidores públicos alterou-se nos últimos anos por meio de reformas no texto da Constituição Federal, sendo a previdência complementar do servidor público efetivo a inovação legislativa mais significativa, considerando a mudança de paradigma que provocou no modelo de proteção social do servidor público estatutário.

Passou-se de um regime previdenciário exclusivamente público, que garantia um regime jurídico mais favorável aos servidores sob o ponto de vista financeiro, garantindo proventos de aposentadoria no mesmo patamar da remuneração paga aos servidores da ativa (paridade dos proventos de aposentadoria), sem a participação contributiva dos servidores públicos e com critérios de concessão menos rigorosos, com valores médios dos benefícios pagos pelo RPPS em patamar superior àqueles pagos pelo RGPS, para um regime jurídico previdenciário de natureza mista, sendo o primeiro nível de cobertura previdenciária realizado por um subsistema público (RPPS) e o segundo nível por um subsistema de natureza privada e complementar (Regime Fechado de Previdência Complementar – RFPC), neste caso, cabendo ao Estado-empregador e ao servidor público o custeio paritário dos benefícios previdenciários.

Sobre as reformas previdenciárias promovidas no texto constitucional transcrevemos estudo realizado pelo Ministério da Previdência Social que bem sintetiza o histórico das alterações promovidas nos últimos anos[162]:

Emenda Constitucional nº 20, de 1998

A escassez dos recursos públicos e a consequente insuficiência dos mesmos para fazer face ao custeio dos benefícios previdenciários, que oneram significativamente as despesas de pessoal dos entes (União, Estados, Distrito Federal, Municípios, e militares dos Estados e do Distrito Federal), aliadas às variações demográficas da população brasileira, exigiram uma reforma constitucional, iniciada com a edição da Emenda Constitucional nº 20, de 1998. Essa Emenda imprimiu o caráter previdenciário aos benefícios a serem concedidos ao servidor e seus dependentes.

---

162 Schwarzer, Helmet (Org.). Previdência Social: Reflexões e Desafios. Coleção Previdência Social. Volume 30. 1ª edição. 2009. Brasília: MPS, 2009. Páginas 42 a 46.

A PREVIDÊNCIA COMPLEMENTAR COM PATROCÍNIO PÚBLICO

Na nova redação do **caput** do artigo 40, foram estabelecidos, além dos requisitos de concessão dos benefícios aos beneficiários, os critérios básicos de estruturação e funcionamento do regime próprio para os servidores da União, Estados, Distrito Federal e Municípios, consubstanciados no caráter contributivo e no equilíbrio financeiro e atuarial.

Passou-se a prever a garantia expressa de um regime de previdência próprio, limitando o amparo, nesse regime, aos titulares de cargo efetivo. Os servidores ocupantes exclusivamente de cargo em comissão, cargos temporários ou de emprego público foram vinculados, expressamente, ao RGPS.

Além da exigência de tempo de contribuição, em substituição ao tempo de serviço, foram incluídos os seguintes requisitos para concessão de aposentadorias voluntárias: idade mínima, diferenciada entre homens e mulheres, tempo de efetivo exercício no serviço público e tempo no cargo efetivo. O valor máximo dos benefícios foi limitado à remuneração do servidor no cargo efetivo.

A aposentadoria especial do professor, com redução no tempo de contribuição e na idade, em relação aos demais servidores, foi limitada apenas aos que comprovassem tempo de efetivo exercício nas funções de magistério na educação infantil e no ensino fundamental e médio.

Vedou-se a percepção de mais de uma aposentadoria de regime próprio, ressalvadas as decorrentes de cargos constitucionalmente acumuláveis e a contagem de tempo de contribuição fictício. Determinou-se a aplicação do limite remuneratório definido no art. 37, XI da Constituição à soma dos proventos de inatividade, pagos pelo RPPS ou pelo RGPS, ainda que decorrentes de cargos ou empregos acumuláveis, com remuneração de cargo efetivo, em comissão ou cargo eletivo.

A Emenda nº 20, de 1998, previu, ainda, a possibilidade de limitação dos benefícios dos regimes próprios ao valor do teto dos benefícios pagos pelo RGPS, condicionada à criação de regime de previdência complementar, cujas normas gerais de funcionamento deveriam ser ditadas por Lei Complementar a que se submeteriam todos os entes da federação. Ademais, foi introduzida a primeira ligação dos RPPS com o RGPS, com previsão, no art. 40, § 12, da aplicação subsidiária das regras do RGPS.

Outra alteração substancial foi a determinação de aplicação das normas constantes do art. 40, relativas à aposentadoria e pensão, aos Ministros dos Tribunais de Contas e aos magistrados (art. 73, § 3º e 93, VI). Com a nova redação dada pela Emenda ao art. 249, foi autorizado que a União, os Estados, o Distrito Federal e os Municípios constituam fundos integrados por recursos provenientes de contribuições, por bens, direitos e ativos, a fim de assegurar recursos para o pagamento dos proventos e pensões concedidos aos servidores e dependentes.

Em respeito à expectativa de direito mantida pelos servidores, a Emenda nº 20 previu, no art. 8º, uma regra de transição para concessão de aposentadoria àqueles que tivessem ingressado em cargo efetivo até sua publicação. Nessa regra, os servidores poderiam se aposentar com idade inferior àquela definida na regra geral, desde que cumprido o tempo total de contribuição nela definido, em termos integrais ou proporcionais, que seria variável conforme o período de trabalho cumprido antes da edição da Emenda.

Emenda Constitucional nº 41, de 2003

Em seguimento à reforma iniciada pela Emenda nº 20, a Emenda Constitucional nº 41 inseriu modificações profundas na redação do art. 40. Além do caráter contributivo e equilíbrio atuarial, inseriu-se a característica de regime solidário, mediante participação do ente, dos servidores ativos, dos inativos e dos pensionistas, no custeio do regime.

A contribuição do segurado para o regime também foi estabelecida no art. 149, § 1º da Constituição.

Quanto aos benefícios, foram promovidas diversas alterações, ressaltando-se as seguintes:

a) alteração da forma de cálculo do benefício de aposentadoria, que deixou de corresponder à última remuneração, passando a considerar a média das remunerações que serviram de base para a contribuição do servidor a todos os regimes de previdência a que esse esteve vinculado, mesma regra aplicável no âmbito do RGPS;

b) previsão de redutor no valor das pensões, no percentual de 30% (trinta por cento) sobre o valor da remuneração do servidor ativo falecido ou do provento do inativo, aplicado sobre a parcela recebida em montante superior ao teto dos benefícios do RGPS.

c) mudança na forma de reajustamento dos benefícios de aposentadoria e pensão que, antes, eram revistos pela paridade com a remuneração do servidor ativo, e passaram a ter garantia de manutenção do valor real nos mesmos moldes do RGPS.

Somados a essas alterações, ocorreram outros eventos: a) a previsão de incidência de contribuição sobre proventos e pensões pagos pelo regime próprio acima do teto estabelecido para o RGPS; b) a instituição do abono de permanência, equivalente ao valor de sua contribuição, para o servidor que continuasse em atividade após cumprir todos os requisitos para a obtenção de aposentadoria voluntária integral; c) vedou-se a instituição de mais de um regime próprio e de mais de uma unidade gestora desse regime, em cada ente federativo; d) dispensou-se a exigência de Lei Complementar para disciplinar as normas gerais de previdência complementar do servidor; estas normas poderão ser reguladas em lei de iniciativa de cada Poder Executivo.

Como exceção às novas normas gerais, a Emenda nº 41 instituiu, no art. 6º, uma regra de transição para os servidores que ingressaram no serviço público até a data de sua publicação. Os servidores que cumprirem os requisitos nela previstos poderão se aposentar com proventos correspondentes à sua última remuneração no cargo efetivo, mantendo-se a revisão dos proventos pela paridade com a remuneração dos ativos. A regra de transição contida no art. 8º da Emenda nº 20 foi revogada e instituída outra, no art. 2º da Emenda nº 41, que não mais prevê a hipótese de aposentadoria com proventos proporcionais.

Na nova regra, foram mantidos todos os requisitos para aquisição ao direito, mas o cálculo passou a ser feito pela média de contribuições, aplicando-se redutor no valor dos proventos, de acordo com a idade do servidor. Alterou-se, também, a forma de correção dos benefícios, aos quais foi garantida a manutenção do valor real.

A PREVIDÊNCIA COMPLEMENTAR COM PATROCÍNIO PÚBLICO

> **Emenda Constitucional nº 47, de 2005**
>
> A Emenda nº 47/2005, oriunda de discussão da Proposta de Emenda Constitucional denominada "PEC Paralela", previu novas hipóteses de concessão de aposentadorias especiais. Nos incisos do § 4º do art. 40, estão previstos, como exceção à regra do **caput** desse dispositivo, os servidores portadores de deficiência e os que exercem atividades de risco, além daqueles sujeitos a atividades que prejudiquem a saúde ou a integridade física.
>
> Leis complementares irão dizer as condições de concessão em cada caso.
>
> Com relação à contribuição previdenciária dos segurados, ampliou-se o limite de imunidade quanto ao beneficiário de regime próprio portador de doença incapacitante.
>
> Essa nova previsão abarca todos os beneficiários – aposentados e pensionistas – que forem acometidos por doença incapacitante.
>
> Além disso, foi instituída outra regra de transição. No art. 3º da Emenda nº 47/2005, a Emenda nº 47/2005 estabeleceu mais uma hipótese de concessão de aposentadoria ao servidor que houver ingressado no serviço público até a data de publicação da Emenda nº 20/1998. Nessa hipótese, a aposentadoria desse servidor seria concedida com proventos integrais, correspondentes à sua última remuneração no cargo efetivo, garantindo-se a revisão dos proventos pela paridade com a remuneração dos ativos e com idades inferiores àquelas definidas no art. 40 da Constituição, para o servidor que possuir tempo de contribuição superior ao mínimo definido nesse artigo.
>
> Essa hipótese de aposentadoria assegura a paridade, também, à pensão decorrente do falecimento do servidor inativo, cujos proventos foram concedidos de acordo com suas regras.

As alterações buscavam conferir maior razoabilidade e sustentabilidade no longo prazo ao RPPS, seja ao estabelecer requisitos mais rigorosos para a concessão dos benefícios previdenciários, associando tempo de contribuição e idade do segurado, seja para ampliar as fontes de custeio para incluir a previsão do pagamento de contribuição previdenciária pelos segurados ativos, inativos e pensionistas.

Mas a legislação previdenciária no Brasil continua sofrendo constantes mutações. A crise econômica iniciada em 2008, ao atingir seu auge em terras brasileiras no ano de 2015, abriu a oportunidade política de se promover novas reformas na previdência do servidor público, como a edição da Lei nº 13.135/2015 que alterou as regras da pensão por morte (art. 222 da Lei nº 8.112/90), limitando o seu período de concessão. Na nova redação da Lei nº 8.112/90 o cônjuge, o cônjuge divorciado ou separado judicialmente ou de fato, com percepção de pensão alimentícia estabelecida judicialmente e o companheiro que comprove união estável como unidade familiar deverão atender a período de carência (18 meses) e serão submetidos a regra de temporalidade no recebimento do benefício de acordo com a idade do dependente cônjuge ou companheiro na data do óbito do instituidor da pensão por morte[163].

---

163 Essa a nova redação do art. 222 da Lei nº 8.112/90:

Art. 222. Acarreta perda da qualidade de beneficiário:

I – o seu falecimento;

II – a anulação do casamento, quando a decisão ocorrer após a concessão da pensão ao cônjuge;

III – a cessação da invalidez, em se tratando de beneficiário inválido, o afastamento da deficiência, em se tratando de beneficiário com deficiência, ou o levantamento da interdição, em se tratando de beneficiário com deficiência intelectual ou mental que o torne absoluta ou relativamente incapaz, respeitados os períodos mínimos decorrentes da aplicação das alíneas "a" e "b" do inciso VII; (Redação dada pela Lei nº 13.135, de 2015)

IV – o implemento da idade de 21 (vinte e um) anos, pelo filho ou irmão; (Redação dada pela Lei nº 13.135, de 2015)

V – a acumulação de pensão na forma do art. 225;

VI – a renúncia expressa; e (Redação dada pela Lei nº 13.135, de 2015)

VII – em relação aos beneficiários de que tratam os incisos I a III do **caput** do art. 217: (Incluído pela Lei nº 13.135, de 2015)

a) o decurso de 4 (quatro) meses, se o óbito ocorrer sem que o servidor tenha vertido 18 (dezoito) contribuições mensais ou se o casamento ou a união estável tiverem sido iniciados em menos de 2 (dois) anos antes do óbito do servidor; (Incluído pela Lei nº 13.135, de 2015)

b) o decurso dos seguintes períodos, estabelecidos de acordo com a idade do pensionista na data de óbito do servidor, depois de vertidas 18 (dezoito) contribuições mensais e pelo menos 2 (dois) anos após o início do casamento ou da união estável: (Incluído pela Lei nº 13.135, de 2015)

1) 3 (três) anos, com menos de 21 (vinte e um) anos de idade; (Incluído pela Lei nº 13.135, de 2015)

2) 6 (seis) anos, entre 21 (vinte e um) e 26 (vinte e seis) anos de idade; (Incluído pela Lei nº 13.135, de 2015)

3) 10 (dez) anos, entre 27 (vinte e sete) e 29 (vinte e nove) anos de idade; (Incluído pela Lei nº 13.135, de 2015)

4) 15 (quinze) anos, entre 30 (trinta) e 40 (quarenta) anos de idade; (Incluído pela Lei nº 13.135, de 2015)

5) 20 (vinte) anos, entre 41 (quarenta e um) e 43 (quarenta e três) anos de idade; (Incluído pela Lei nº 13.135, de 2015)

6) vitalícia, com 44 (quarenta e quatro) ou mais anos de idade. (Incluído pela Lei nº 13.135, de 2015)   § 1º A critério da administração, o beneficiário de pensão cuja preservação seja motivada por invalidez, por incapacidade ou por deficiência poderá ser convocado a qualquer momento para avaliação das referidas condições. (Incluído pela Lei nº 13.135, de 2015)

§ 2º Serão aplicados, conforme o caso, a regra contida no inciso III ou os prazos previstos na alínea "b" do inciso VII, ambos do **caput**, se o óbito do servidor decorrer de acidente de qualquer natureza ou de doença profissional ou do trabalho, independentemente do recolhimento de 18 (dezoito) contribuições mensais ou da comprovação de 2 (dois) anos de casamento ou de união estável. (Incluído pela Lei nº 13.135, de 2015)

§ 3º Após o transcurso de pelo menos 3 (três) anos e desde que nesse período se verifique o incremento mínimo de um ano inteiro na média nacional única, para ambos os sexos, correspondente à expectativa de sobrevida da população

A alteração das regras de concessão do benefício de pensão por morte busca evitar constantes burlas à legislação, quando em não raros casos a Administração era obrigada a conceder benefícios a supostos companheiros que se uniam às vésperas do óbito do instituidor, muitas vezes aproveitando-se do estado senil do idoso, com o fim único de receber o benefício, excluindo ou reduzindo a participação financeira de outros familiares no rateio da prestação previdenciária, como filhos, ex-cônjuge, etc. A legislação agora passa a exigir o prazo de 2 (dois) anos entre o casamento ou a união estável e o óbito do instituidor da pensão. Quem não atender a tal interstício somente receberá o benefício por 4 meses.

Trazer uma escala temporal de vigência do benefício da pensão por morte também evita que "jovens viúvas" venham a receber a prestação previdenciária por 50 ou 60 anos, o que demandava contra a sustentabilidade do sistema previdenciário.

Os §§ 14, 15 e 16 do art. 40 da CF/88, com a redação empreendida pelas Emendas Constitucionais nº 20/98 e nº 41/2003, abriram espaço para a implementação da previdência complementar do servidor público, com a possibilidade da criação de uma entidade fechada de previdência complementar (EFPC) para administrar planos de benefícios a serem oferecidos pela Administração Pública aos seus servidores públicos efetivos, o que já era uma realidade em relação aos empregados públicos vinculados às empresas públicas e sociedades de economia mista.

Esse o teor do texto constitucional:

Constituição Federal:

Art. 40. Aos servidores titulares de cargos efetivos da União, dos Estados, do Distrito Federal e dos Municípios, incluídas suas autarquias e fundações, é assegurado regime de previdência de caráter contributivo e solidário, mediante contribuição do respectivo ente público, dos servidores ativos e inativos e dos pensionistas, observados critérios que preservem o equilíbrio financeiro e atuarial e o disposto neste artigo. (Redação dada pela Emenda Constitucional nº 41, 19.12.2003)

(...)

---

brasileira ao nascer, poderão ser fixadas, em números inteiros, novas idades para os fins previstos na alínea "b" do inciso VII do **caput**, em ato do Ministro de Estado do Planejamento, Orçamento e Gestão, limitado o acréscimo na comparação com as idades anteriores ao referido incremento. (Incluído pela Lei nº 13.135, de 2015)

§ 4º O tempo de contribuição a Regime Próprio de Previdência Social (RPPS) ou ao Regime Geral de Previdência Social (RGPS) será considerado na contagem das 18 (dezoito) contribuições mensais referidas nas alíneas "a" e "b" do inciso VII do **caput**. (Incluído pela Lei nº 13.135, de 2015)

§ 14 – A União, os Estados, o Distrito Federal e os Municípios, *desde que instituam regime de previdência complementar* para os seus respectivos servidores titulares de cargo efetivo, poderão fixar, para o valor das aposentadorias e pensões a serem concedidas pelo regime de que trata este artigo, o limite máximo estabelecido para os benefícios do regime geral de previdência social de que trata o art. 201. (Incluído pela Emenda Constitucional nº 20, de 15/12/98)

§ 15. O regime de previdência complementar de que trata o § 14 será instituído por lei de iniciativa do respectivo Poder Executivo, observado o disposto no art. 202 e seus parágrafos, no que couber, por intermédio de entidades fechadas de previdência complementar, de natureza pública, que oferecerão aos respectivos participantes planos de benefícios somente na modalidade de contribuição definida. (Redação dada pela Emenda Constitucional nº 41, 19.12.2003)

§ 16. Somente mediante sua prévia e expressa opção, o disposto nos §§ 14 e 15 poderá ser aplicado ao servidor que tiver ingressado no serviço público até a data da publicação do ato de instituição do correspondente regime de previdência complementar. (Incluído pela Emenda Constitucional nº 20, de 15/12/98) *(grifamos)*

Consistem objetivos do regime fechado de previdência complementar dos servidores públicos efetivos:

- aproximar o tratamento jurídico conferido aos segurados do RGPS e do RPPS, fixando um valor-teto igualitário para o pagamento dos benefícios previdenciários;

- equacionar progressivamente o déficit das contas do RPPS, garantindo sua solvência no longo prazo; e

- criação de um novo investidor institucional (a EFPC), utilizando os recursos captados pelos aportes das contribuições dos servidores e do patrocinador público em investimentos importantes para o país, como ocorre em relação aos recursos previdenciários administrados pelas demais entidades privadas de previdência[164].

A limitação do valor-teto do salário-de-benefício pago pelo RPPS no mesmo valor daquele previsto para o RGPS somente será possível se o ente público criar efetivamente a previdência complementar para seus servidores públicos efetivos, não bastando a edição da lei para o início da vigência do regime de previdência complementar, mas estar o novo regime previdenciário implantado efetivamente.

---

164 A implementação da previdência complementar do servidor público cria um enorme campo de expansão e crescimento desse regime previdenciário, considerando que todos os novos servidores públicos que ingressarem via concurso público nas entidades e órgãos pertencentes à União, aos Estados, ao Distrito Federal e aos Municípios após a implantação do regime previdenciário são potenciais participantes dos planos de benefícios criados por esses entes estatais, além da possibilidade de adesão aos planos de benefícios dos servidores públicos antigos que já se encontravam em exercício no momento da implementação da previdência complementar.

A PREVIDÊNCIA COMPLEMENTAR COM PATROCÍNIO PÚBLICO

Essa a intelecção da expressão *"desde que instituam regime de previdência complementar"* prevista no § 14 do art. 40 da CF/88.

A efetiva instituição do novo regime de previdência complementar ocorrerá após a criação da pessoa jurídica responsável pela gestão dos planos de benefícios (EFPC) e da aprovação de todos os instrumentos jurídicos (estatuto, regulamento e convênio de adesão) que formalizam a relação jurídica previdenciária pelo órgão fiscalizador (Previc).

Como primeiro passo, para a implantação do novo regime previdenciário deverá o Poder Executivo de cada ente político (União, Estados, Municípios e o Distrito Federal) elaborar projeto de lei dispondo sobre o regime de previdência complementar, o qual, após aprovado pelo Poder Legislativo, autoriza a criação do ente privado responsável pela gestão do plano de benefícios da previdência complementar (EFPC).

A EC 41/03 alterou o § 15, art. 40 da CF/88 para exigir não mais lei complementar, mas lei ordinária para disciplinar a previdência complementar do servidor público.

Tal regime, por disposição constitucional, somente poderá ser aplicável aos servidores públicos **efetivos** estatutários, excluindo-se do âmbito subjetivo de aplicação:

a) o servidor ocupante, exclusivamente, de cargo em comissão declarado em lei de livre nomeação e exoneração;

b) o ocupante de cargo público temporário;

c) os militares e membros do Poder Legislativo (vereadores, deputados e senadores), que continuam a ser regidos pelos seus regimes próprios de origem, quando houver.

Se o servidor público efetivo ocupar, concomitantemente, cargo em comissão e cargo efetivo poderá aderir aos planos de previdência complementar. O servidor contratado com base na lei que dispõe sobre a contratação por tempo determinado para atender a necessidade temporária de excepcional interesse público na administração pública federal (Lei nº 8.745/93), ou lei equivalente no âmbito dos Estados e Municípios, não poderá aderir à previdência complementar do servidor público, conforme dispositivo constitucional. Os militares foram excluídos por se submeterem a regime previdenciário próprio, específico em relação ao regime previdenciário fixado para os servidores civis. Da mesma forma, os parlamentares por possuírem regime especial previdenciário[165].

---

165 Lei nº 9.506/97 que instituiu o Plano de Seguridade Social dos Congressistas (PSSC).

Os empregados públicos, aqueles que mantém vínculo empregatício regido pela CLT com entes que integram a administração indireta dos entes federativos (empresas públicas e sociedades de economia mista), já poderiam aderir a planos de previdência complementar, mesmo antes da alteração do texto constitucional, a exemplo dos empregados do Banco do Brasil e da Petrobrás.

A inovação empreendida pela EC nº 20/98, é sempre bom ressaltar, refere-se à criação de planos de benefícios de previdência complementar para os servidores públicos **efetivos estatutários.**

Os primeiros entes políticos que implementaram a previdência complementar para seus servidores públicos efetivos foram o Estado de São Paulo (Lei nº 14.653/2011) e a União (Lei nº 12.618/2012). Seguiram-se os Estados do Rio de Janeiro (Lei nº 6.243/2012) e de Minas Gerais (Lei Complementar 132/2014).

Utilizaremos a regulamentação da **previdência complementar do servidor público federal efetivo (Lei nº 12.618/2012)** para exemplificar como a legislação tem interpretado o permissivo constitucional da criação do novo regime previdenciário.

A Lei nº 12.618/2012, como não poderia ser diferente, reproduz os conceitos utilizados pela LC nº 109/2001, indicando que podem ser patrocinadores, realizando aporte de contribuições em favor do participante do plano de benefícios, a União e sua administração indireta (autarquias e fundações públicas), incluindo todos os poderes desse ente político (Poder Executivo, Legislativo e Judiciário), além do Ministério Público da União e do Tribunal de Contas da União. Como participantes, aqueles que aderem contratualmente ao plano de benefícios, os servidores públicos efetivos vinculados ao patrocinador público.

Embora a lei não preveja expressamente a possibilidade do empregado da EFPC criada (Funpresp) figurar como participante, entendemos que este também poderá aderir ao plano de benefícios por ela administrado, na forma prevista no § 3º, art. 61 do Decreto nº 4.942/2003. Assistido será aquele participante ou o seu beneficiário indicado no plano de benefícios que estiver em gozo do benefício contratado.

Como regra geral, aplica-se o regime de previdência complementar para aqueles servidores concursados que ingressarem na entidade pública após o início efetivo da vigência do regime.

Seriam atingidos pela nova previdência complementar os servidores públicos federais que ingressarem após a data que foi publicada no Diário Oficial da União a Portaria da Previc que aprova o plano de benefícios, o que ocorreu da seguinte forma em relação à Lei nº 12.618/2012:

A PREVIDÊNCIA COMPLEMENTAR COM PATROCÍNIO PÚBLICO

205

- 4 de fevereiro de 2013[166], para os servidores do Poder Executivo;
- 7 de maio de 2013, para os servidores do Poder Legislativo e do Tribunal de Contas da União[167]; e
- 14 de outubro de 2013, para os servidores do Poder Judiciário, Ministério Público da União e Conselho Nacional do Ministério Público[168].

---

166 **PORTARIA Nº 44, DE 31 DE JANEIRO DE 2013 (DOU 04/02/2013).** O DIRETOR DE ANÁLISE TÉCNICA, no uso das atribuições que lhe confere o art. 13 e o inciso I do art. 33, combinado com o art. 5º, todos da Lei Complementar nº 109, de 29 de maio de 2001, e art. 23, inciso I alíneas "a" e "c", do Anexo I do Decreto nº 7.075, de 26 de janeiro de 2010, e tendo em vista a Resolução CGPC nº 14, de 1º de outubro de 2004, considerando as manifestações técnicas exaradas no Processo Previc nº 44011.000035/2013-18, comando nº 360859163, resolve: Art. 1º Aprovar o Regulamento do Plano Executivo Federal, administrado pela Fundação de Previdência Complementar do Servidor Público Federal do Poder Executivo – Funpresp-Exe. Art. 2º Inscrever sob o nº 2013.0003-83, no Cadastro Nacional de Planos de Benefícios, o Plano Executivo Federal. Art. 3º Aprovar o Convênio de Adesão da União, na condição de patrocinadora do Plano Executivo Federal, CNPB nº 2013.0003-83, por meio do Poder Executivo Federal, representado pelo Ministério do Planejamento, Orçamento e Gestão. Art. 4º Fixar o prazo de 180 (cento e oitenta) dias para início de funcionamento do referido plano. Art. 5º Esta Portaria entra em vigor na data de sua publicação.

167 **PORTARIA DITEC/PREVIC Nº 239, DE 6 DE MAIO DE 2013 (DOU 07/05/2013).** O DIRETOR DE ANÁLISE TÉCNICA, no uso das atribuições que lhe confere o art. 13 e o inciso I do art. 33, combinado com o art. 5º, todos da Lei Complementar nº 109, de 29 de maio de 2001, e art. 23, inciso I alíneas "a" e "c", do Anexo I do Decreto nº 7.075, de 26 de janeiro de 2010, e tendo em vista a Resolução CGPC nº 14, de 1º de outubro de 2004, considerando as manifestações técnicas exaradas no Processo Previc nº 44011.000035/2013-18, comando nº 363619198 e juntada nº 364679138, resolve: Art. 1º Aprovar o Regulamento do Plano de Benefícios do Poder Legislativo Federal – LegisPrev, administrado pela Fundação de Previdência Complementar do Servidor Público Federal do Poder Executivo – Funpresp-Exe. Art. 2º Inscrever sob o nº 2013.0006-18, no Cadastro Nacional de Planos de Benefícios, o Plano de Benefícios do Poder Legislativo Federal – LegisPrev. Art. 3º Aprovar o Convênio de Adesão da União, na condição de patrocinadora do Plano de Benefícios do Poder Legislativo Federal – LegisPrev, CNPB nº 2013.0006-18, por meio do Poder Legislativo Federal, representado pela Câmara dos Deputados, pelo Senado Federal e pelo Tribunal de Contas da União. Art. 4º. Fixar o prazo de 180 (cento e oitenta) dias para início de funcionamento do referido plano. Art. 5º Esta Portaria entra em vigor na data de sua publicação.

168 **PORTARIA DITEC/PREVIC Nº 559, DE 11 DE OUTUBRO DE 2013 (DOU 14/10/2013):** O DIRETOR DE ANÁLISE TÉCNICA, no uso das atribuições que lhe confere o art. 13 e o inciso I do art. 33, combinado com o art. 5º, todos da Lei Complementar nº 109, de 29 de maio de 2001, e art. 23, inciso I alíneas "a" e "c", do Anexo I do Decreto nº 7.075, de 26 de janeiro de 2010, e tendo em vista a Resolução CGPC nº 14, de 1º de outubro de 2004, considerando as manifestações técnicas exaradas no Processo Previc nº 44011.000035/2013-18, comando nº 372017227, resolve: Art. 1º Aprovar o Regulamento do Plano de Benefícios do Judiciário da União, do Ministério Público da União e do Conselho Nacional do Ministério Público, a ser administrado pela Fundação de Previdência Complementar do Servidor Público Federal do Poder Judiciário – Funpresp-Jud. Art. 2º Inscrever sob o nº 2013.0017-38 no Cadastro Nacional de Planos de Benefícios, o Plano de Benefícios do Judiciário da União, do Ministério Público da União e do Conselho Nacional do Ministério Público. Art. 3º Aprovar o Convênio de Adesão celebrado entre a União, na condição de patrocinadora do referido plano, por meio do

Aqueles servidores que recebem remuneração em valor abaixo do teto do RGPS podem aderir voluntariamente ao plano de benefícios, sem participação no custeio (aporte de contribuições) por parte dos entes públicos patrocinadores.

Aqueles servidores públicos que ingressaram em momento anterior à implementação do regime de previdência complementar, e que são regidos pelo RPPS, poderão aderir à previdência complementar, exercendo o direito de opção, desde que tenham permanecido no cargo sem perda do vínculo efetivo, quando lhe será facultado o recebimento de um benefício especial, com critério de cálculo diferenciado definido pelo art. 3º, §§ 1º a 6º da Lei nº 12.618/2012.

Importante observar que em relação aos servidores públicos que já se encontravam em exercício no patrocinador (União e administração indireta), o art. 3º da Lei nº 12.618/2012 abriu a possibilidade de um novo regime previdenciário para aqueles que optarem por aderir ao novo regime. Estes servidores optantes receberão, além do benefício previdenciário do RPPS, o benefício especial do art. 3º (que também pertence ao RPPS) e o (s) benefício (s) do regime de previdência complementar.

Os servidores públicos efetivos dos Estados, dos Municípios ou do Distrito Federal que, posteriormente, ingressam no serviço público federal mediante concurso público, poderão figurar como participantes do plano de benefícios.

Essa é a interpretação que deve ser extraída do § 1º, art. 3º e do art. 22 da Lei nº 12.618/2012 que iguala o tratamento jurídico dos servidores de outros entes da federação com aquele servidor público federal em atividade quando da implantação do regime de previdência complementar:

> **Lei nº 12.618/2012:**
>
> Art. 3º Aplica-se o limite máximo estabelecido para os benefícios do regime geral de previdência social às aposentadorias e pensões a serem concedidas pelo regime de previdência da União de que trata o art. 40 da Constituição Federal, observado o disposto na Lei no 10.887, de 18 de junho de 2004, aos servidores e membros referidos no **caput** do art. 1º desta Lei que tiverem ingressado no serviço público:
>
> I – a partir do início da vigência do regime de previdência complementar de que trata o art. 1º desta Lei, independentemente de sua adesão ao plano de benefícios; e

---

Poder Judiciário, representado pelo Supremo Tribunal Federal, e a Fundação de Previdência Complementar do Servidor Público Federal do Poder Judiciário – Funpresp-Jud. Art. 4º Aprovar o Convênio de Adesão celebrado entre a União, na condição de patrocinadora do referido plano, por meio do Ministério Público da União e do Conselho Nacional do Ministério Público, e a Fundação de Previdência Complementar do Servidor Público Federal do Poder Judiciário – Funpresp-Jud. Art. 5º Fixar o prazo de 180 (cento e oitenta) dias para início de funcionamento do referido Plano de Benefícios do Judiciário da União, do Ministério Público da União e do Conselho Nacional do Ministério Público. Art. 6º Esta Portaria entra em vigor na data de sua publicação.

A PREVIDÊNCIA COMPLEMENTAR COM PATROCÍNIO PÚBLICO

II – até a data anterior ao início da vigência do regime de previdência complementar de que trata o art. 1º desta Lei, e nele tenham permanecido sem perda do vínculo efetivo, e que exerçam a opção prevista no § 16 do art. 40 da Constituição Federal.

§ 1º É assegurado aos servidores e membros referidos no inciso II do **caput** deste artigo o direito a um benefício especial calculado com base nas contribuições recolhidas ao regime de previdência da União, dos Estados, do Distrito Federal ou dos Municípios de que trata o art. 40 da Constituição Federal, observada a sistemática estabelecida nos §§ 2º a 3º deste artigo e o direito à compensação financeira de que trata o § 9º do art. 201 da Constituição Federal, nos termos da lei.

Art. 22. Aplica-se o benefício especial de que tratam os §§ 1º a 8º do art. 3º ao servidor público titular de cargo efetivo da União, inclusive ao membro do Poder Judiciário, do Ministério Público e do Tribunal de Contas da União, oriundo, sem quebra de continuidade, de cargo público estatutário de outro ente da federação que não tenha instituído o respectivo regime de previdência complementar e que ingresse em cargo público efetivo federal a partir da instituição do regime de previdência complementar de que trata esta Lei, considerando-se, para esse fim, o tempo de contribuição estadual, distrital ou municipal, assegurada a compensação financeira de que trata o § 9º do art. 201 da Constituição Federal.

Entendemos que a esses servidores deve ser conferido o mesmo tratamento jurídico daqueles servidores públicos federais que já se encontravam no efetivo exercício das suas funções quando da criação da previdência complementar do servidor público federal efetivo, exigindo-se sua opção expressa para ingressar na previdência complementar e para se submeterem ao novo regime do art. 3º da Lei nº 12.618/2012 (benefício do RPPS + benefício especial do art. 3º + benefício da previdência complementar da Funpresp), considerando a regra da contagem recíproca do tempo de contribuição prevista no § 9º do art. 40 da CF (*o tempo de contribuição federal, estadual ou municipal será contado para efeito de aposentadoria e o tempo de serviço correspondente para efeito de disponibilidade*), não entendendo razoável conferir tratamento diverso para aquele que manteve a qualidade de segurado como servidor público, mesmo que vinculado a outro ente federativo.

Aos militares dos Estados e do Distrito-Federal, que também ingressaram no serviço público federal após a implementação da previdência complementar da Lei nº 12.618/2012, também deve ser conferido o mesmo tratamento jurídico.

É bom registrar que esse não vem sendo o entendimento do Ministério do Planejamento, Orçamento e Gestão – MP, responsável pela uniformização dos entendimentos administrativos no âmbito do Plano de Benefícios dos Servidores Públicos Federais Efetivos do Poder Executivo. Segundo o órgão ministerial, os servidores públicos que entraram em exercício em cargos pertencentes ao Poder Executivo da União, e sua administração indireta, após 04/02/2013 (data da aprovação do regulamento do plano de benefícios pelo órgão fiscalizador – Previc) e que vieram originariamente de cargos públicos integrantes de outras unidades da federação (Estados, Municípios e Distrito Federal) terão, automaticamente, seus benefícios limitados ao teto do RGPS, sendo que lhes serão concedidos um benefício especial do RPPS que considerará o tempo de contribuição pretérito exercido em cargos dos demais entes federativos.

> **Orientação Normativa MP nº 17/2013:**
>
> Art. 2º Estão sujeitos ao regime de previdência complementar de que trata a Lei nº 12.618, de 2012, e consequentemente, terão suas contribuições previdenciárias submetidas ao limite máximo estabelecido para os benefícios do Regime Geral de Previdência Social:
>
> I – os servidores federais que ingressaram ou ingressarem em cargos públicos efetivos no Poder Executivo Federal a partir de 04 de fevereiro de 2013;
>
> **II – os servidores egressos de órgãos ou entidades de qualquer dos entes da federação mencionados no parágrafo único do art. 1º desta Orientação Normativa que tenham ingressado ou ingressarem em cargo público efetivo do Poder Executivo Federal a partir de 04 de fevereiro de 2013.**
>
> Parágrafo único. O disposto no inciso II deste artigo aplica-se inclusive aos servidores que tenham tomado posse e entrado em exercício no respectivo órgão ou entidade federal sem descontinuidade.
>
> (...)
>
> Art. 6º Será devido o benefício especial de que trata o caput do art. 4º também ao servidor público titular de cargo efetivo no Poder Executivo Federal, oriundo, sem descontinuidade, de cargo público estatutário de outro ente da federação que não tenha instituído o respectivo regime de previdência complementar e que tenha ingressado em cargo público efetivo federal a partir de 04 de fevereiro de 2013.

A Orientação Normativa MP nº 2/2015 que uniformiza o entendimento nos órgãos e entidades integrantes do Sistema de Pessoal Civil da Administração Federal – Sipec sobre o regime de previdência complementar de que trata a Lei nº 12.618, de 30 de abril de 2012 manteve o mesmo entendimento:

> Art. 2º Estão sujeitos ao regime de previdência complementar de que trata a Lei nº 12.618, de 2012:
>
> I – os servidores públicos federais que tenham ingressado ou venham a ingressar em cargo público efetivo do Poder Executivo Federal a partir de 4 de fevereiro de 2013;
>
> II – os servidores públicos federais egressos de órgãos ou entidades de quaisquer dos entes da federação que tenham ingressado ou venham a ingressar em cargo público efetivo do Poder Executivo Federal a partir de 4 de fevereiro de 2013;
>
> III – os servidores públicos federais egressos das carreiras militares que tenham ingressado ou venham a ingressar em cargo público efetivo do Poder Executivo Federal após 4 de fevereiro de 2013; e
>
> IV – os servidores antes integrantes da Polícia Civil, da Polícia Militar e do Corpo de Bombeiros Militar do Distrito Federal que tenham ingressado ou venham a

A PREVIDÊNCIA COMPLEMENTAR COM PATROCÍNIO PÚBLICO

ingressar em cargo público efetivo no Poder Executivo Federal a partir de 4 de fevereiro de 2013.

§ 1º Consideram-se, para os fins de que trata esta Orientação Normativa:

a) servidores egressos de outros entes da federação, de que trata o inciso II deste artigo, aqueles oriundos de órgãos ou entidades dos Estados, Distrito Federal e Municípios que passaram a ocupar cargo público efetivo do Poder Executivo Federal; e

b) servidores públicos egressos de carreiras militares, de que trata o inciso III deste artigo, aqueles que foram membros das Forças Armadas, das Polícias Militares e do Corpo de Bombeiros Militares.

§ 2º O disposto nos incisos II, III e IV deste artigo aplica-se inclusive aos servidores que tenham tomado posse no respectivo órgão ou entidade federal sem solução de continuidade com o vínculo anterior.

§ 3º Os servidores de que tratam os incisos I a IV terão suas contribuições previdenciárias submetidas ao limite máximo estabelecido para os benefícios do Regime Geral de Previdência Social.

Seção II

Do benefício especial

Art. 3º Será devido benefício especial, conforme estabelecido no art. 3º, inciso II, § 1º da Lei nº 12.618, de 2012, ao servidor detentor de cargo público efetivo no Poder Executivo Federal que tenha ingressado no serviço público federal anteriormente a 4 de fevereiro de 2013, e que tenha optado pela migração para o regime de previdência complementar, nos termos do § 16 do art. 40 da Constituição Federal.

§ 1º O benefício especial, a ser pago pelo órgão competente da União, será devido por ocasião da concessão de aposentadoria ao servidor, inclusive por invalidez, ou pensão por morte pelo próprio regime de previdência da União, de que trata o art. 40 da Constituição Federal, enquanto perdurar o benefício pago por esse regime, inclusive junto com a gratificação natalina.

§ 2º O benefício especial de que trata o caput será devido também ao servidor público titular de cargo efetivo no Poder Executivo Federal, oriundo, sem descontinuidade, de cargo público estatutário de outro ente da federação que não tenha instituído o respectivo regime de previdência complementar e que tenha ingressado em cargo público efetivo federal a partir de 4 de fevereiro de 2013.

§ 3º Não se aplica aos servidores egressos de carreiras militares o direito ao benefício especial de que trata o § 2º, quando ocorrer migração para o regime de previdência complementar na condição de servidor detentor de cargo efetivo.

Veja-se que para a concessão do benefício especial deverá o servidor público advindo de outro ente da federação comprovar a não descontinuidade do tempo de contribuição e o ente público com o qual mantinha vínculo estatutário não ter implantado o regime de previdência complementar.

Da forma entendida pelo Ministério do Planejamento, estariam criados dois regimes jurídicos diversos para servidores públicos estatutários, a depender do último cargo público exercido pelo servidor. Primeiro, para aqueles que eram servidores públicos *federais* na época do início da vigência do novo regime de previdência complementar seria **facultada a opção** para aderir ao novo regime previdenciário, sendo-lhes garantido, no caso de adesão, um benefício concedido pelo RPPS até o valor-teto do salário de benefício pago pelo INSS (RGPS), um benefício especial também do RPPS (art. 3º da Lei nº 12.618/2012) e os benefícios da previdência complementar; segundo, para aqueles que ingressaram no serviço público federal em data posterior à implementação do novo regime de previdência complementar, mas que antes estavam em efetivo exercício em cargo pertencente aos Estados, Municípios ou Distrito Federal, sem solução de continuidade quanto à perda da qualidade de segurado, estará **obrigatoriamente (automaticamente)** submetido ao valor-teto em relação ao benefício futuramente concedido pelo RPPS e receberá um benefício especial.

Entendemos que tal tratamento diferenciado viola o § 4º, art. 40 da CF/88 que aduz ser *"vedada a adoção de requisitos e critérios diferenciados para a concessão de aposentadoria"* aos servidores públicos. A própria Constituição Federal no § 9º, art. 40 prevê a possibilidade da contagem recíproca do tempo de contribuição prestado aos entes da federação, não havendo razão jurídica ou lógica para a diferenciação imposta pela Administração.

Segundo o art. 14 da Lei nº 12.618/2012 poderá permanecer filiado aos respectivos planos de benefícios o participante: I – cedido a outro órgão ou entidade da administração pública direta ou indireta da União, Estados, Distrito Federal e Municípios, inclusive suas empresas públicas e sociedades de economia mista; II – afastado ou licenciado do cargo efetivo temporariamente, com ou sem recebimento de remuneração; III – que optar pelo benefício proporcional diferido ou autopatrocínio, na forma do regulamento do plano de benefícios. Nestas situações, os patrocinadores arcarão com as suas contribuições somente quando a cessão, o afastamento ou a licença do cargo efetivo implicar ônus para a União, suas autarquias e fundações. Havendo cessão com ônus para o cessionário, este deverá recolher às EFPC a contribuição aos planos de benefícios, nos mesmos níveis e condições devidos pelos patrocinadores, na forma definida nos regulamentos dos planos.

No plano de benefícios da Funpresp-Exe para os servidores públicos efetivos do Poder Executivo da União e sua administração indireta foi prevista a qualidade de segurado como ***participante ativo normal e participante ativo alternativo***. O participante ativo normal seria aquele servidor público que aderiu ao plano de benefícios e que ingressou no serviço público federal em momento posterior a 4 de fevereiro de 2013. O participante ativo alternativo seria o servidor público que não estaria submetido ao novo regime de previdência complementar da Lei nº 12.618/2012, ou perceba remuneração menor que o teto do RGPS, mas aderiu voluntariamente ao plano de benefícios, sendo uma forma de ampliar sua

A PREVIDÊNCIA COMPLEMENTAR COM PATROCÍNIO PÚBLICO

proteção previdenciária, sem, no entanto, receber a contrapartida contributiva da União como patrocinadora do plano de benefícios.

Vejamos o regramento empreendido pela Orientação Normativa MP nº 2/2015:

Art. 8º No momento da sua adesão ao Plano Executivo Federal, o servidor público será classificado em uma das seguintes categorias:

I – Participante Ativo Normal: servidor público que esteja submetido ao teto do RGPS e cuja base de contribuição seja superior ao teto RGPS; ou

II – Participante Ativo Alternativo:

a) servidor público que esteja submetido ao teto do RGPS e cuja base de contribuição seja igual ou inferior ao teto do RGPS; e

b) servidor público que não esteja submetido ao teto do RGPS.

§ 1° Para os fins desta Orientação Normativa, considera-se base de contribuição aquela definida pelo § 1° do art. 4° da Lei n° 10.887, de 18 de junho de 2004, podendo o servidor público optar pela inclusão de parcelas remuneratórias percebidas em decorrência do local de trabalho e do exercício de cargo em comissão ou função de confiança, conforme previsto no § 1° do art. 16 da Lei n° 12.618, de 2012.

§ 2° Caso a base de contribuição do servidor público classificado como Participante Ativo Normal seja reduzida a um nível igual ou inferior ao teto do RGPS em razão de perda permanente de remuneração, o servidor poderá, em conformidade com as regras previstas no Regulamento do Plano:

a) optar pelo instituto do Autopatrocínio; ou

b) não optar pelo instituto do Autopatrocínio, sendo reclassificado automaticamente na categoria de Participante Ativo Alternativo.

§ 3º A unidade de Gestão de Pessoas, ao constatar a perda parcial ou total da remuneração do servidor participante do Plano de Benefícios da Funpresp--Exe, deverá proceder à sua imediata notificação para possibilitar o exercício da opção pelo instituto do autopatrocínio ou efetuar a escolha do salário de participação e respectiva alíquota de contribuição na condição de participante ativo alternativo.

§ 4º Se o participante não se manifestar no prazo de até cinco dias, a contar da data do recebimento da notificação, o participante será automaticamente reclassificado para a categoria Participante Ativo Alternativo, nos termos do previsto na alínea 'b' do § 2º deste artigo.

§ 5º Se o participante Ativo Alternativo não indicar o valor de seu salário de participação, será utilizado o valor correspondente a dez URPs vigentes no mês de competência.

§ 6º Na ausência de definição da alíquota da Contribuição Básica e da Contribuição Alternativa pelo participante, aplicar-se-á o percentual de 7,5%.

§ 7° Caso a base de contribuição do servidor público classificado como Participante Ativo Alternativo que esteja submetido ao teto do RGPS seja aumentada a um nível superior ao teto do RGPS em razão de aumento permanente de remuneração, o servidor será reclassificado na categoria de Participante Ativo Normal, conforme previsto no Regulamento do Plano.

§ 8º Na definição da base de contribuição para os fins da classificação e da reclassificação de que tratam o caput e os §§ 2° e 7º° deste artigo, será levada em consideração a remuneração normal devida ao servidor público por um mês regular de trabalho, independentemente de eventuais variações excepcionais e transitórias decorrentes de:

I – pagamento de exercícios anteriores;

II – pagamento de meses anteriores;

III – decisões judiciais;

IV – devoluções diversas;

V – reposições e indenizações ao erário;

VI – faltas;

VII – atrasos;

VIII – aplicação de sanção disciplinar de suspensão;

IX – férias; e

X – outros eventos e ocorrências similares.

§ 9° Em caso de afastamentos e licenças sem direito à remuneração, o servidor público poderá optar pelo instituto do Autopatrocínio, conforme previsto no Regulamento do Plano.

§ 10. Em caso de perda do vínculo funcional, o servidor público poderá optar pelos institutos do Autopatrocínio, do Benefício Proporcional Diferido, da Portabilidade ou do Resgate, conforme previsto no Regulamento do Plano.

A contribuição do servidor público que aderir ao Plano Executivo Federal será de 7,5%, 8% ou 8,5%, de acordo com a opção do servidor, incidente sobre o seu Salário de Participação. Caso o servidor público deseje contribuir regularmente com alíquota superior a 8,5%, deverá fazê-lo na forma de contribuição facultativa, conforme previsto no Regulamento do Plano. O patrocinador público não realiza contribuição superior a 8,5%, mesmo com a opção do servidor.

O Salário de Participação do servidor público classificado na categoria de Participante Ativo Normal será equivalente à parcela da sua base de contribuição que exceder o teto do RGPS[169]. A alíquota da contribuição devida pelo patrocinador público ao plano de benefícios do Participante Ativo Normal será igual à alíquota escolhida pelo servidor e incidirá sobre o seu respectivo Salário de Participação,

---

169 Base de Contribuição é a remuneração do servidor público participante do plano de benefícios, incluídas as vantagens de caráter permanente e excluídas aquelas temporárias e de natureza indenizatória. Já o Salário de Participação é a parte da remuneração que sobeja o valor-teto dos benefícios do RGPS e sobre a qual incidirá a contribuição para o custeio do plano de benefícios da previdência complementar.

A PREVIDÊNCIA COMPLEMENTAR COM PATROCÍNIO PÚBLICO

observado o limite de 8,5% (paridade contributiva). Ao Participante Ativo Alternativo não será realizada qualquer contribuição pelo patrocinador estatal.

Como dito, o salário de participação do servidor público que aderir ao Plano Executivo Federal será o valor da sua remuneração permanente, excluindo verbas de caráter transitório, como valores de cargos em comissão ou gratificações transitórias. Caso opte expressamente, poderá ser incluído no salário de participação, com a incidência de alíquota e destinação de recursos para sua reserva de poupança individual do plano de benefícios complementar, verbas recebidas em decorrência do local de trabalho e do exercício de cargo em comissão ou função de confiança, podendo a opção ser revista a qualquer tempo pelo servidor.

Quanto à estrutura de governança das EFPC gestoras dos planos de benefícios a Lei nº 12.618/2012 previu:

a) a possibilidade da criação de até três entidades fechadas para administrar planos de benefícios dos servidores dos poderes Executivo, Legislativo e Judiciário (Funpresp-Exe, Funpresp-Leg e Funpresp-Jud, respectivamente), podendo, ainda, uma única entidade administrar plano de benefícios destinado a servidores de dois ou mais poderes;

b) as EFPC adotarão a personalidade jurídica de direito privado (fundação), com natureza pública, fazendo parte da administração federal indireta;

c) autonomia administrativa, financeira e gerencial, devendo observância aos princípios constitucionais da Administração Pública (art. 37 da CF);

d) Conselho Deliberativo composto por seis membros, com paridade no número de representantes dos patrocinadores e participantes/assistidos; Conselho Fiscal de quatro membros, com paridade no número de representantes dos patrocinadores e participantes/assistidos; e Diretoria-Executiva com quatro membros;

e) primeira composição provisória dos órgãos estatutários será através da indicação, pelo patrocinador, de servidores para os Conselhos Deliberativos e os Conselhos Fiscais, dispensados da exigência da condição de participante ou assistido dos planos de benefícios. Estes servidores serão nomeados, respectivamente, pelo Presidente da República, pelo Presidente do Supremo Tribunal Federal e por ato conjunto dos Presidentes da Câmara dos Deputados e do Senado Federal, com mandato de 2 (dois) anos, durante os quais será realizada eleição direta para que os participantes e assistidos escolham os seus representantes, e os patrocinadores indiquem seus representantes;

f) funcionamento da Funpresp em até 240 dias da autorização do órgão fiscalizador (Previc); e

g) sede e foro no Distrito Federal.

De fato, foram criadas duas entidades fechadas de previdência complementar. O Decreto nº 7.808/2012 criou a Fundação de Previdência Complementar do Servidor Público Federal do Poder Executivo – Funpresp-Exe, que também passará a gerir os planos de benefícios criados para os servidores do Poder Legislativo e do Tribunal de Contas da União. A Resolução STF nº 496/2012 criou a Fundação de Previdência Complementar do Servidor Público Federal do Poder Judiciário – Funpresp-Jud que administrará planos de benefícios para os membros e servidores do Poder Judiciário e do Ministério Público da União.

O Poder Legislativo, embora a Lei nº 12.618/2012 facultasse a criação da Funpresp-Leg, optou por criar um plano de benefícios específico para seus servidores e os do Tribunal de Contas da União, passando sua gestão à Funpresp-Exe, assinando com esta um convênio de adesão que disciplinará a relação jurídica entre o patrocinador público e a entidade de previdência complementar.

Já os servidores públicos do Ministério Público da União e do Conselho Nacional do Ministério Público aderiram ao plano de benefícios do Poder Judiciário, administrado pela Funpresp-Jud.

A Funpresp possui personalidade jurídica de direito privado (fundação privada), mas com natureza pública, seguindo a regra geral das Leis Complementares nº 108/2001 e 109/2001 que atribuem personalidade jurídica de direito privado às EFPC.

O art. 40, § 15 da CF/88 previu que as entidades fechadas criadas pelos entes públicos para administrarem os planos de benefícios de seus servidores, embora constituídas como pessoas jurídicas de direito privado, teriam a **natureza pública**. Coube ao art. 8º da Lei nº 12.618/2012 esclarecer em que consistiria essa natureza pública, correspondendo à: I – submissão à legislação federal sobre licitação e contratos administrativos; II – realização de concurso público para a contratação de empregados do quadro de pessoal permanente; III – publicação anual, na imprensa oficial ou em sítio oficial da administração pública de seus demonstrativos contábeis, atuariais, financeiros e de benefícios, sem prejuízo do fornecimento de informações aos participantes e assistidos dos planos de benefícios e ao órgão fiscalizador das entidades fechadas de previdência complementar.

Ou seja, adotou-se uma mitigação do regime jurídico privado aplicável às fundações de previdência complementar para exigir a incidência de algumas regras do direito público, assim como ocorre em relação às sociedades de economia mista e empresas públicas.

E é importantíssimo firmar a personalidade jurídica de direito privado das EFPC que administram os fundos de pensão dos servidores públicos efetivos (fundação privada), considerando que outras repercussões jurídicas poderão advir se entendido tratar-se de fundação de direito público, como a submissão ao pagamento de suas dívidas mediante precatório e a imunidade tributária recíproca, o que não ocorre no caso das fundações da Lei nº 12.618/2012.

O Decreto-Lei nº 200/67 (art. 5º, IV) já incluía na administração federal indireta as fundações públicas, dotadas de personalidade jurídica de direito privado, sem fins lucrativos, criada em virtude de autorização legislativa para o desenvolvimento de atividades que não exijam a execução por órgãos ou entidades de direito público, com autonomia administrativa, patrimônio próprio gerido pelos respectivos órgãos de direção, e funcionamento custeado por recursos da União e de outras fontes. Essas entidades adquirem personalidade jurídica (§ 3º, art. 5º) com a inscrição da escritura pública no Registro Civil de Pessoas Jurídicas, não se lhes aplicando as demais disposições do Código Civil concernentes às fundações.

A Funpresp seguiu o desenho legal estabelecido no Decreto-Lei nº 200/67, apenas com o diferencial de ter sido criada por ato normativo do patrocinador público, o Decreto nº 7.808/2012 do Presidente da República, no caso da Funpresp-Exe, e a Resolução nº 496/2012 do Presidente do Supremo Tribunal Federal, no caso da Funpresp-Jud, e não pela inscrição da escritura pública no cartório do registro civil de pessoas jurídicas, considerando que a autorização de criação decorre da própria Lei nº 12.618/2012. O registro do estatuto da EFPC no cartório público é ato complementar necessário à formalização da pessoa jurídica.

No limiar da implementação do novel regime de previdência complementar do servidor público tem-se discutido qual seria o real sentido e extensão da natureza jurídica das fundações responsáveis pela gestão dos recursos previdenciários, se pública ou privada.

Entendemos que em nada se alterará a disciplina jurídica pelo fato da atividade de previdência complementar ser executada por uma pessoa jurídica criada pelo Estado. Por imposição do art. 202 da CF/88, a atividade de previdência complementar é privada, sendo uma atividade econômica regulada pelo Estado. Já o § 15, art. 40 reafirma que os princípios do regime de previdência complementar previstos no art. 202 e parágrafos são aplicáveis à previdência complementar do servidor público.

Servem as lições da professora Maria Sylvia Zanella Di Pietro para encerrar a discussão sobre a natureza jurídica de direito privado da entidade gestora e da atividade de previdência complementar dos servidores públicos:

> Quando o Estado institui pessoa jurídica sob a forma de fundação, ele pode atribuir a ela regime jurídico administrativo, com todas as prerrogativas e sujeições que lhe são próprias, ou subordiná-la ao Código Civil, neste último caso, com derrogações por normas de direito público. Em um e outro caso se enquadram na noção categorial do instituto da fundação, como patrimônio personalizado para a consecução de fins que ultrapassam o âmbito da própria entidade.
>
> Em cada caso concreto, a conclusão sobre a natureza jurídica da fundação – pública ou privada – tem que ser extraída do exame da sua lei instituidora e

dos respectivos estatutos. Ainda que a legislação federal considere a fundação como pessoa jurídica de direito privado, nada impede que a lei instituidora adote regime jurídico-publicístico, derrogando, no caso concreto, as normas gerais estabelecidas pelo Decreto-lei nº 200/67, com as alterações introduzidas pela Lei nº 7.596/87, da mesma forma como tem sido feito em relação às sociedades de economia mista e empresas públicas, instituídas, estas últimas especialmente, sob formas inéditas, não previstas em qualquer lei anterior que discipline as sociedades comerciais.

Trata-se de aplicar o artigo 2º, § 2º, da Lei de Introdução do Código Civil, em consonância com o qual "a lei nova que estabeleça disposições gerais ou especiais a par das já existentes não revoga nem modifica a lei anterior".

À vista dessas considerações, pode-se definir a fundação instituída pelo poder público como o patrimônio, total ou parcialmente público, dotado de personalidade jurídica, de direito público ou privado, e destinado, por lei, ao desempenho de atividades do Estado na ordem social, com capacidade de autoadministração e mediante controle da Administração Pública, nos termos da lei[170].

E a Lei nº 12.618/2012 foi clara ao estabelecer no art. 4º, § 1º que "a Funpresp-Exe, a Funpresp-Leg e a Funpresp-Jud serão estruturadas na forma de fundação, de natureza pública, *com personalidade jurídica de direito privado".*

Quanto aos planos de benefícios, foram previstas pela Lei nº 12.618/2012 as seguintes prestações:

a) Benefícios programados de contribuição definida (cobertura da idade avançada – aposentadorias);

b) Benefícios não-programados de risco (aposentadoria por invalidez, pensão por morte e benefício por sobrevivência);

c) Benefícios extraordinários dos servidores em atividade de risco e insalubre, aos deficientes, aos servidores do magistério e das servidoras mulheres; e

d) Benefício especial para os atuais servidores (§§ 1º a 8º, art. 3º c/c art. 22[171]).

Os planos de benefícios de previdência complementar ofertados pelos entes políticos deverão ser estruturados na modalidade de *contribuição definida*, por imposição do art. 40, § 15 da CF/88 *(o regime de previdência complementar de que trata o § 14 será instituído por lei de iniciativa do respectivo Poder Executivo, observado o disposto no art. 202 e seus parágrafos, no que couber, por intermédio de entidades fechadas de previdência complementar, de natureza pública, que oferecerão aos respectivos participantes planos de benefícios somente na modalidade de*

---

170 Di Pietro, Maria Sylvia Zanella. Direito Administrativo. 23ª edição. São Paulo: Atlas, 2010. Páginas 435-436.

171 Segundo art. 22 da lei do FUNPRESP, os servidores advindos de outros entes da federação também podem ser participantes dos benefícios especiais, desde que posteriormente façam a adesão no prazo de 24 meses do ingresso no cargo público.

contribuição definida.), o que implica na ausência de assunção do patrocinador público dos riscos por eventual desequilíbrio no resultado financeiro do plano (*déficits*), já que nesses planos o valor do benefício contratado dependerá das contribuições vertidas e dos rendimentos obtidos (sabe-se, inicialmente, o valor da contribuição e não o valor do benefício). Os resultados financeiros positivos ou negativos serão absorvidos em favor ou em prejuízo do próprio plano, repercutindo no valor final da prestação devida ao participante a título de benefício previdenciário.

O valor do benefício programado, por obedecer à modalidade de contribuição definida, será calculado de acordo com o montante do saldo da conta acumulado pelo participante, devendo o valor do benefício estar permanentemente ajustado ao referido saldo.

Pela Lei nº 12.618/2012, os benefícios não programados serão definidos nos regulamentos dos planos, devendo ser assegurados, pelo menos, os benefícios decorrentes dos eventos invalidez e morte e, se for o caso, a cobertura de outros riscos atuariais. Estes benefícios de risco terão custeio específico para sua cobertura, podendo a Funpresp contratá-los externamente, com uma seguradora, ou administrá-los em seus próprios planos de benefícios. A transferência da gestão da cobertura previdenciária do benefício de risco para a sociedade seguradora tem por finalidade aproveitar a expertise dessas instituições, mitigando os riscos financeiros inerentes à gestão dessas espécies de benefícios, em que não se pode prever o momento em que irá ocorrer o evento ensejador da proteção previdenciária, nem definir o volume exato dos recursos garantidores necessários ao custeio do benefício previdenciário, diante do grau de incerteza das hipóteses atuariais.

A concessão dos benefícios não programados é condicionada à concessão do benefício similar pelo Regime Próprio de Previdência Social, o que representa uma limitação da autonomia do RPC em relação ao RPPS. Ou seja, se o regulamento do plano de benefícios prever a concessão de benefício por incapacidade temporária deverá o participante comprovar, previamente, a concessão de benefício similar pelo RPPS ao qual está vinculado.

O benefício especial foi o benefício criado para contemplar os servidores públicos que já se encontravam em atividade no momento da implantação da previdência complementar do servidor público e que optou expressamente pelo novo regime previdenciário disciplinado no art. 3º da Lei nº 12.618/2012. Na realidade, este benefício especial faz parte do Regime Próprio de Previdência Social, pois será pago e administrado pelo órgão competente da União, por ocasião da concessão de aposentadoria (§ 5º, art. 3º).

Para esses servidores optantes, ser-lhe-á oferecido um regime previdenciário que abrange a concessão de um benefício pelo RPPS até o limite do valor-teto do RGPS, além do benefício especial e do benefício previsto no plano de previdência complementar. Consiste verdadeira regra de transição para incentivar os servidores antigos a aderirem ao novo regime de previdência complementar.

O benefício especial considerará o tempo de contribuição prestado ao RPPS da União, dos Estados, do Distrito Federal ou dos Municípios, garantida a compensação financeira entre os regimes previdenciários.

O valor do benefício especial corresponderá à diferença entre a média aritmética simples das 80% maiores remunerações anteriores à data de mudança do regime, desde a competência julho de 1994 ou desde a do início da contribuição, e o limite do valor-teto para pagamento do benefício previdenciário fixado pelo RGPS, multiplicado pelo fator de conversão.

Esse o regramento legal do cálculo do benefício especial:

> **Lei nº 12.618/2012:**
>
> Art. 3º (...)
>
> § 1º É assegurado aos servidores e membros referidos no inciso II do caput deste artigo o direito a um benefício especial calculado com base nas contribuições recolhidas ao regime de previdência da União, dos Estados, do Distrito Federal ou dos Municípios de que trata o art. 40 da Constituição Federal, observada a sistemática estabelecida nos §§ 2º a 3º deste artigo e o direito à compensação financeira de que trata o § 9º do art. 201 da Constituição Federal, nos termos da lei.
>
> § 2º **O benefício especial será equivalente à diferença entre a média aritmética simples das maiores remunerações anteriores à data de mudança do regime**, utilizadas como base para as contribuições do servidor ao regime de previdência da União, dos Estados, do Distrito Federal ou dos Municípios, atualizadas pelo Índice Nacional de Preços ao Consumidor Amplo (IPCA), divulgado pela Fundação Instituto Brasileiro de Geografia e Estatística (IBGE), ou outro índice que venha a substituí-lo, correspondentes a 80% (oitenta por cento) de todo o período contributivo desde a competência julho de 1994 ou desde a do início da contribuição, se posterior àquela competência, **e o limite máximo a que se refere o caput deste artigo, na forma regulamentada pelo Poder Executivo, multiplicada pelo fator de conversão.**
>
> § 3º O fator de conversão de que trata o § 2º deste artigo, cujo resultado é limitado ao máximo de 1 (um), será calculado mediante a aplicação da seguinte fórmula:
>
> FC = Tc/Tt
>
> Onde:
>
> FC = fator de conversão;
>
> Tc = quantidade de contribuições mensais efetuadas para o regime de previdência da União de que trata o art. 40 da Constituição Federal, efetivamente pagas pelo servidor titular de cargo efetivo da União ou por membro do Poder Judiciário, do Tribunal de Contas e do Ministério Público da União até a data da opção;

A PREVIDÊNCIA COMPLEMENTAR COM PATROCÍNIO PÚBLICO   **219**

Tt = 455, quando servidor titular de cargo efetivo da União ou membro do Poder Judiciário, do Tribunal de Contas e do Ministério Público da União, se homem, nos termos da alínea "a" do inciso III do art. 40 da Constituição Federal;

Tt = 390, quando servidor titular de cargo efetivo da União ou membro do Poder Judiciário, do Tribunal de Contas e do Ministério Público da União, se mulher, ou professor de educação infantil e do ensino fundamental, nos termos do § 5º do art. 40 da Constituição Federal, se homem;

Tt = 325, quando servidor titular de cargo efetivo da União de professor de educação infantil e do ensino fundamental, nos termos do § 5º do art. 40 da Constituição Federal, se mulher.

§ 4º O fator de conversão será ajustado pelo órgão competente para a concessão do benefício quando, nos termos das respectivas leis complementares, o tempo de contribuição exigido para concessão da aposentadoria de servidor com deficiência, ou que exerça atividade de risco, ou cujas atividades sejam exercidas sob condições especiais que prejudiquem a saúde ou a integridade física, for inferior ao Tt de que trata o § 3º.

O benefício especial será pago pelo órgão da União que concedeu o benefício do RPPS e atualizado pelo mesmo índice aplicável ao benefício de aposentadoria ou pensão mantido pelo RGPS. O legislador ao optar por realizar reajustes dos valores dos benefícios especiais pelo índice adotado pelo RGPS, e não pelo RPPS ao qual o servidor público está vinculado, terminou por criar critério que pode resultar mais favorável ao segurado. Nos dias atuais, o que se observa é que a União tem reajustado anualmente os benefícios do RGPS, enquanto que no RPPS tal reajuste tem se realizado em menor frequência, passando-se vários anos sem a aplicação de atualização monetária da prestação previdenciária, e quando realizada não cobre sequer o apurado da inflação no período, o que, se mantida essa política governamental, favorecerá o segurado.

O plano de custeio para pagamento das despesas com benefícios e despesas administrativas terá periodicidade mínima anual (revisto ao final de cada ano), e estabelecerá o nível de contribuição necessário à constituição das reservas garantidoras de benefícios, fundos, provisões e à cobertura das demais despesas, em conformidade com os critérios fixados pelo órgão regulador e fiscalizador (art. 18 da LC nº 109/2001). Caberá ao regulamento do plano de benefícios fixar o percentual de contribuições a serem vertidas pelos participantes, assistidos e patrocinadores destinado ao pagamento das despesas administrativas, a qual ficarão limitadas aos valores estritamente necessários ao funcionamento da EFPC.

A Funpresp custeará seu funcionamento administrativo com parcela dos recursos (contribuições) que forem direcionados pelos participantes, assistidos e patrocinadores ao plano de benefícios, bem como dos valores decorrentes dos rendimentos obtidos pela aplicação desses recursos no mercado financeiro ou pela valorização do seu patrimônio mobiliário ou imobiliário, podendo receber doações e legados de terceiros.

A Funpresp, sendo EFPC que recebe recursos públicos, é regulada pela LC nº 108/2001 e deve observar a paridade contributiva entre participantes e patrocinadores, quanto às contribuições normais e extraordinárias, incluindo na primeira as despesas administrativas. Sobre o tema, sugerimos a leitura do tópico onde enfrentamos o princípio constitucional da paridade contributiva.

Os patrocinadores serão responsáveis por realizar o aporte das contribuições devidas em nome próprio, bem como recolher na fonte aquelas contribuições devidas pelos participantes do plano (servidores), transferindo integralmente os recursos financeiros para a EFPC (Funpresp).

Os patrocinadores devem pagar de forma centralizada as contribuições. A centralização busca simplificar a arrecadação e o momento do repasse das contribuições vertidas em relação a todos os participantes do plano de benefícios, facilitando o controle dos valores repassados à EFPC.

As contribuições previdenciárias devem ser pagas até o dia 10 do mês seguinte ao período a que se refere a contribuição (ex: contribuição devida do mês de janeiro, vencerá no dia 10 de fevereiro). A mora do patrocinador no repasse das contribuições importará na atualização monetária prevista para os tributos federais (Selic) e apuração da responsabilidade penal e administrativa do responsável pelo repasse tardio dos valores.

Quanto ao cálculo das contribuições devidas pelo patrocinador e pelo participante e assistido, estas incidirão sobre a parcela do valor **base de contribuição** que exceder o limite máximo do valor pago pelo RGPS aos seus segurados[172]. Ou seja, se o participante receber remuneração ou proventos em valor superior a R$ 4.663,75 (quatro mil seiscentos e sessenta e três reais e setenta e cinco centavos), sobre a parcela que exceder esse valor incidirá a alíquota da contribuição para o plano de benefícios da previdência complementar, limitada a base de contribuição ao teto remuneratório dos servidores públicos fixado pelo inciso XI do art. 37 da Constituição Federal[173].

---

172 Atualmente em vigor a Portaria Interministerial MPS/MF nº 13, de 9 de janeiro de 2015 (DOU 12 de janeiro de 2015 (...) Art. 2º A partir de 1º de janeiro de 2015, o salário-de-benefício e o salário-de-contribuição **não poderão ser inferiores a R$ 788,00 (setecentos e oitenta e oito reais), nem superiores a 4.663,75 (quatro mil seiscentos e sessenta e três reais e setenta e cinco centavos).**

173 CF/88. Art. 37. XI – a remuneração e o subsídio dos ocupantes de cargos, funções e empregos públicos da administração direta, autárquica e fundacional, dos membros de qualquer dos Poderes da União, dos Estados, do Distrito Federal e dos Municípios, dos detentores de mandato eletivo e dos demais agentes políticos e os proventos, pensões ou outra espécie remuneratória, percebidos cumulativamente ou não, incluídas as vantagens pessoais ou de qualquer outra natureza, não poderão exceder o subsídio mensal, em espécie, dos Ministros do Supremo Tribunal Federal, aplicando-se como limite, nos Municípios, o subsídio do Prefeito, e nos Estados e no Distrito Federal, o subsídio mensal do Governador no âmbito do Poder Executivo, o subsídio dos Deputados Estaduais e Distritais no âmbito do Poder Legislativo e o sub-sídio dos Desembargadores do Tribunal de Justiça, limitado a noventa inteiros e vinte e cinco centésimos por

A PREVIDÊNCIA COMPLEMENTAR COM PATROCÍNIO PÚBLICO

A base de contribuição será o valor da remuneração do servidor público excluídas as verbas temporárias e as previstas no § 1º do art. 4º da Lei nº 10.887/04[174].

A alíquota da contribuição normal devida pelo patrocinador público será igual à do participante, observado o disposto no regulamento do plano de benefícios, e não poderá exceder o percentual de 8,5%. Além da contribuição normal, o participante poderá contribuir facultativamente, sem contrapartida do patrocinador, na forma do regulamento do plano.

A remuneração do servidor público, quando devida durante afastamentos considerados por lei como de efetivo exercício, será integralmente coberta pelo ente público.

---

cento do subsídio mensal, em espécie, dos Ministros do Supremo Tri-bunal Federal, no âmbito do Poder Judiciário, aplicável este limite aos membros do Ministério Público, aos Procuradores e aos Defensores Públicos; (Redação dada pela Emenda Constitucional nº 41, 19.12.2003)

174 Lei nº 10.887/04. Art. 4º A contribuição social do servidor público ativo de qualquer dos Poderes da União, incluídas suas autarquias e fundações, para a manutenção do respectivo regime próprio de previdência social, será de 11% (onze por cento), incidentes sobre: (...) § 1º Entende-se como base de contribuição o vencimento do cargo efetivo, acrescido das vantagens pecuniárias permanentes estabelecidas em lei, os adicionais de caráter individual ou quaisquer outras vantagens, excluídas:

I – as diárias para viagens;

II – a ajuda de custo em razão de mudança de sede;

III – a indenização de transporte;

IV – o salário-família;

V – o auxílio-alimentação;

VI – o auxílio-creche;

VII – as parcelas remuneratórias pagas em decorrência de local de trabalho;

VIII – a parcela percebida em decorrência do exercício de cargo em comissão ou de função comissionada ou gratificada;

IX – o abono de permanência de que tratam o § 19 do art. 40 da Constituição Federal, o § 5º do art. 2º e o § 1º do art. 3º da Emenda Constitucional nº 41, de 19 de dezembro de 2003;

X – o adicional de férias;

XI – o adicional noturno;

XII – o adicional por serviço extraordinário;

XIII – a parcela paga a título de assistência à saúde suplementar;

XIV – a parcela paga a título de assistência pré-escolar;

XV – a parcela paga a servidor público indicado para integrar conselho ou órgão deliberativo, na condição de representante do governo, de órgão ou de entidade da administração pública do qual é servidor;

XVI – o auxílio-moradia;

XVII – a Gratificação por Encargo de Curso ou Concurso, de que trata o art. 76-A da Lei no 8.112, de 11 de dezembro de 1990;

XVIII – a Gratificação Temporária das Unidades dos Sistemas Estruturadores da Administração Pública Federal (GSISTE), instituída pela Lei no 11.356, de 19 de outubro de 2006;

XIX – a Gratificação de Raio X.

O plano de custeio discriminará o percentual da contribuição do participante e do patrocinador, conforme o caso, para cada um dos benefícios previstos no plano de benefícios.

A Lei nº 12.618/2012 previu a constituição de um Fundo de Cobertura de Benefícios Extraordinários (FCBE), composto por parcela dos recursos arrecadados por força da contribuição paga pelo participante e pelo patrocinador. Os recursos financeiros vertidos para o FCBE serão destinados ao custeio dos seguintes benefícios:

- cobertura do risco morte (pensão por morte) e invalidez (aposentadoria por invalidez) do participante;

- aposentadoria dos portadores de deficiência;

- aposentadoria dos servidores que exerçam atividades de risco;

- aposentadoria dos servidores que exerçam atividades sob condições especiais que prejudiquem a saúde ou a integridade física;

- aposentadoria do professor que comprove exclusivamente tempo de efetivo exercício das funções de magistério na educação infantil e no ensino fundamental e médio;

- aposentadoria das mulheres; e

- sobrevivência do assistido.

A lei denominou de "contribuição extraordinária" a contribuição destinada ao FCBE para o custeio dos benefícios custeados pelo fundo. Com a devida vênia, nada há de extraordinário nas contribuições que compõem o FCBE. É, na realidade, contribuição normal para custeio de benefícios. Permitir a interpretação de que se trataria de contribuição extraordinária, esbarraria no conceito previsto no art. 19, parágrafo único, II da LC 109/2001 que denomina de contribuições extraordinárias aquelas destinadas ao custeio de déficits, serviço passado e outras finalidades não incluídas na contribuição normal. Houve, nesse ponto, atecnia jurídica na redação da Lei nº 12.618/2012.

O FCBE, na realidade, é um fundo financeiro mutualista composto por parcela das contribuições aportadas por participantes e patrocinadores, e que possui tripla finalidade:

- equacionar a necessidade de recursos financeiros adicionais para o pagamento dos benefícios previstos no RPPS para servidores que a legislação prevê um menor tempo de contribuição para aposentadoria (mulheres, servidores em atividade de risco, professores e deficientes);

- criação de um fundo de longevidade (sobrevivência do assistido) que garantirá o financiamento dos benefícios definidos previstos no plano de benefícios até o falecimento do assistido ou beneficiário;

- garantir o pagamento do benefício definido de risco (não programado) previsto no plano de benefícios (pensão por morte e aposentadoria por invalidez).

Como a utilização da modalidade de contribuição definida sugere a possibilidade do esgotamento dos recursos necessários ao custeio do plano de benefícios, criou-se um mecanismo atuarial-financeiro garantidor do pagamento dos benefícios previdenciários contratados.

Ocorre que o FCBE, não obstante ser importante e indispensável para a garantia da solvência do plano de benefícios, produziu uma incompatibilidade com o texto constitucional.

Como dissemos alhures, a Constituição Federal no seu art. 40, § 15 determinou que os planos de benefícios somente seriam estruturados e ofertados aos servidores públicos efetivos na modalidade de contribuição definida.

A criação do FCBE, a *contrario sensu*, reafirma a adoção da modalidade de *benefício definido* para os benefícios de risco e benefícios a serem concedidos aos servidores públicos em condições especiais, ao garantir ao participante/assistido o pagamento de uma renda vitalícia, com valor certo e determinado, tendo como consequência a patente inconstitucionalidade da norma ordinária.

Por fim, como todos os fundos de pensão, a Funpresp manterá o controle das reservas constituídas em nome do participante, registrando contabilmente as contribuições deste e as dos patrocinadores.

CAPÍTULO IV
REGULAÇÃO, SUPERVISÃO E FISCALIZAÇÃO DO ESTADO

1. INTRODUÇÃO À ATUAÇÃO DO ESTADO NA PREVIDÊNCIA COMPLEMENTAR

O sistema de previdência complementar, delineado pelo art. 202 da Constituição Federal, encontra-se caracterizado juridicamente como sendo um serviço privado de interesse público, topologicamente situado como direito social constitucionalmente tutelado, com o colorido peculiar de uma forte atuação do Estado na atividade econômica através de entidades públicas especialmente criadas para *regular, fiscalizar e supervisionar* as atividades desenvolvidas por pessoas jurídicas de direito privado operadoras do sistema (entidades abertas e fechadas de previdência complementar).

Na atividade de previdência complementar, por imposição da ordem constitucional, o Estado atua não como ator da atividade econômica, mas com um claro papel de agente normativo e regulador, exercendo as funções de fiscalização, incentivo e planejamento do setor privado, na fórmula estabelecida pelo art. 174 da Constituição Federal[175].

Como bem estabelecido pelo art. 3º da Lei Complementar nº 109/2001, a ação do Estado será exercida com o objetivo de:

- formular a política de previdência complementar;

- disciplinar, coordenar e supervisionar as atividades reguladas, compatibilizando-as com as políticas previdenciária e de desenvolvimento social e econômico-financeiro;

- determinar padrões mínimos de segurança econômico-financeira e atuarial, com fins específicos de preservar a liquidez, a solvência e o equilíbrio dos planos de benefícios, isoladamente, e de cada entidade de previdência complementar, no conjunto de suas atividades;

- assegurar aos participantes e assistidos o pleno acesso às informações relativas à gestão de seus respectivos planos de benefícios;

- fiscalizar as entidades de previdência complementar, suas operações e aplicar penalidades; e

- proteger os interesses dos participantes e assistidos dos planos de benefícios.

---

175 CF/88: Art. 174. Como agente normativo e regulador da atividade econômica, o Estado exercerá, na forma da lei, as funções de fiscalização, incentivo e planejamento, sendo este determinante para o setor público e indicativo para o setor privado. (...)

Conforme lição de PULINO[176], *"a atividade previdenciária complementar, mesmo em sua modalidade fechada, deve ser incluída no domínio das atividades econômicas em sentido estrito – ou seja, no conjunto total de relações econômicas de produção de bens ou prestação de serviços, pelos agentes econômicos privados, orientados à satisfação de necessidades humanas, não necessariamente (ainda que ordinariamente) em mercado, na busca de lucros".* E continua, *"Assim, apesar das evidenciadas dificuldades em se definir com exatidão o campo de abrangência das atividades econômicas em sentido estrito, é evidente que se pode identificar seu domínio para fins de aplicação da Constituição, para fins de identificação de sua natureza e, assim, de seu regime jurídico, que há de estar interpenetrado pelos princípios enunciados na ordem econômica (plano do dever-ser). É nesse domínio que se deve inserir, portanto, a atividade previdenciária quando desempenhada por entidades particulares e em regime de direito privado, como é o caso das entidades fechadas da previdência complementar".*

Como visto, mesmo nas atividades desempenhadas pelas entidades fechadas sem o intuito lucrativo, há o exercício por particulares de atividade econômica, merecendo a atuação do Estado para regular, fiscalizar e supervisionar o adequado exercício pelos particulares do princípio da livre iniciativa.

Essa função regulamentar do Estado justifica-se no segmento da previdência privada complementar, em que entes privados administram poupanças coletivas de valores vultosos que, em última análise, correspondem a uma renúncia atual de parcela do patrimônio particular para a satisfação, no futuro, da segurança social do participante e de sua família.

Esses recursos financeiros também tem sido utilizados para o financiamento de grandes investimentos de infraestrutura no Brasil (portos, aeroportos, estradas e grandes empreendimentos privados, como *shopping center*, etc.), de modo que o poder de polícia estatal sobre a gestão desses recursos justifica-se plenamente, diante da necessidade de preservação dos valores e do patrimônio do plano de benefícios, a fim de evitar desvios de conduta dos gestores na execução da atividade previdenciária, expondo o patrimônio garantidor dos benefícios contratados a riscos financeiros desnecessários e desarrazoados.

Pelo desenho constitucional brasileiro, que não poderia ser diferente serve de pedra fundamental para a construção das leis previdenciárias, à previdência social pública obrigatória coube a proteção social básica a todos aqueles que, pelo mero exercício de atividade laboral, sujeitam-se às normas previdenciárias protetivas do trabalhador e de sua família, garantindo no futuro uma renda substitutiva do salário, quando ocorrida a contingência social.

A previdência privada atua como um *plus* à proteção social básica do Estado, permitindo que os particulares planejem seu futuro financeiro, até mesmo

---

176 PULINO, Daniel. Previdência complementar: natureza jurídico-constitucional e seu desenvolvimento pelas entidades fechadas. São Paulo: Conceito Editorial, 2011, p.222-223.

REGULAÇÃO, SUPERVISÃO E FISCALIZAÇÃO DO ESTADO

independentemente de estarem exercendo atividade laborativa naquele momento, para que esses recursos garantam uma vida tranquila em momentos que, se lhes falta a força física ou mental para buscar uma melhor retribuição salarial, restarão reservados recursos financeiros que lhes permitirão viver com maior segurança e qualidade de vida.

Três são as competências estatais no âmbito da previdência complementar: regular, supervisionar e fiscalizar a atuação das EFPC.

Como defendido na doutrina, o conceito de regulação compreende tanto a criação de regras de conduta (atos normativos), quanto o controle da atividade econômica, estando ambos abrangidos pelo conceito de poder de polícia.[177]

BANDEIRA DE MELLO[178] discorre sobre a atuação do Estado no exercício do poder de polícia nas atividades econômicas executadas pelos particulares:

> Pelo poder de polícia, o Estado, mediante lei, condiciona, limita o exercício da liberdade e da propriedade dos administrados, a fim de compatibilizá-las com o bem-estar-social. Daí que a Administração fica incumbida de desenvolver certa atividade destinada a assegurar que a atuação dos particulares se mantenha consoante com as exigências legais, o que pressupõe a prática de atos, ora preventivos, ora fiscalizadores e ora repressivos.
>
> Então, em certos casos legalmente previstos, a atuação dos administrados dependerá da prévia outorga pela Administração de licenças, permissões, autorizações, cuja expedição só será feita depois que a Administração se certificar de que os interessados em desempenhá-la preenchem as condições legais para tanto ou então – quando também caiba uma apreciação administrativa discricionária na expedição deles – que as atividades pretendidas não implicarão riscos para o bem-estar social.
>
> Além disso, para cumprir tais encargos a Administração fiscaliza, isto é, inspeciona, tanto o exercício destas atividades que dependeram de prévia manifestação administrativa (verbi gratia, obediência às normas de trânsito, ao estado de segurança dos veículos ou aos prazos de validade na comercialização de remédios e alimentos) quanto de atividades que não dependem destas manifestações administrativas prévias, mas que, evidentemente, também não podem ser efetuadas em descompasso com as leis acauteladoras dos diversos valores socialmente protegidos.

A atividade de regulação do Estado impacta diretamente na relação jurídica de direito privado estabelecida entre a entidade fechada de previdência complementar (vulgarmente conhecida como fundo de pensão) e os patrocinadores ou

---

177 DI PIETRO, Maria Sylvia Zanella. *Limites da Função Reguladora das Agências diante do Princípio da Legalidade*. In *Direito regulatório: temas polêmicos*. 2ª ed. Belo Horizonte: Fórum, 2009, p. 19-50.

178 MELLO, Celso Antônio Bandeira de. *Curso de Direito Administrativo*. 28ª edição. São Paulo: Malheiros, 2011, p.691-692.

instituidores (convênio de adesão), bem como entre aquela e os participantes e assistidos (contrato previdenciário).[179]

As normas jurídicas produzidas pelo órgão regulador estatal interferem diretamente na autonomia privada (princípio da autonomia da vontade) dos contratantes e na formulação das cláusulas do contrato previdenciário, sempre de forma a preservar os interesses dos participantes e assistidos, mantendo o equilíbrio da equação atuarial para o pagamento dos benefícios contratados.

É o característico dirigismo estatal em matéria de previdência complementar.

Eis alguns exemplos de normas que condicionam e afetam diretamente a autonomia privada e a formação do contrato previdenciário: a) necessidade de os planos de benefícios atenderem a padrões mínimos, com o objetivo de assegurar transparência, solvência, liquidez e equilíbrio econômico-financeiro e atuarial (LC nº 109, art. 7º, caput); b) normatização dos planos de benefícios de modo a enquadrarem-se nas modalidades de benefício definido, contribuição definida e contribuição variável, entre outras a serem disciplinadas (LC nº 109, art. 7º, parágrafo único); c) exigência de cláusulas contratuais obrigatórias, como no caso da previsão do benefício proporcional diferido (vesting), da portabilidade do direito acumulado pelo participante para outro plano; do resgate da totalidade das contribuições vertidas ao plano pelo participante, e do autopatrocínio (LC nº 109, art. 14); e d) exigência de que as entidades fechadas possuam uma estrutura organizacional mínima, composta por conselho deliberativo, conselho fiscal e diretoria-executiva (LC nº 109/2001, art. 35, e LC nº 108/2001, art. 9º).

Já a atividade de fiscalização e supervisão da Administração Pública dá-se, por exemplo: a) na necessidade de licença prévia[180] para o próprio funcionamento da entidade fechada de previdência complementar, a aplicação dos respectivos estatutos, dos regulamentos dos planos de benefícios e suas alterações; as operações de fusão, cisão, incorporação ou qualquer outra forma de reorganização societária, as retiradas de patrocinadores; e as transferências de patrocínio, de grupo de partici-

---

179 À formalização do liame jurídico estabelecido entre o patrocinador e a entidade fechada dá-se o nome de "convênio de adesão". Já o instrumento utilizado para regular os direitos e obrigações entre a entidade fechada e os beneficiários dos planos de benefícios, ou seja, os participantes e assistidos, recebe a denominação "contrato previdenciário".

180 Utilizando-se conceito da doutrina majoritária, entende-se que o órgão fiscalizador (Previc) expede licença e não autorização, quando do exercício da fiscalização e supervisão das atividades desempenhadas pelas EFPC, por consistir em ato administrativo vinculado e perene, cujo preenchimento dos requisitos legais cria a obrigação de a entidade pública fiscalizadora permitir a prática do ato jurídico previdenciário ou simplesmente a existência e funcionamento da entidade fechada. JOSÉ DOS SANTOS CARVALHO FILHO define a licença como "ato vinculado por meio do qual a Administração confere ao interessado consentimento para o desempenho de certa atividade (...), verificando, em cada caso, se existem, ou não, óbices legais ou administrativos para o desempenho da atividade reivindicada." (CARVALHO FILHO, José dos Santos. *Manual de Direito Administrativo*. 23ª ed. Rio de Janeiro: Lumen Júris, 2010, p. 155).

REGULAÇÃO, SUPERVISÃO E FISCALIZAÇÃO DO ESTADO

pantes, de planos e de reservas entre entidades fechadas (LC nº 109, art. 33); b) na autorização prévia para a extinção de plano de benefícios (LC nº 109, art. 25); c) na aplicação de sanções administrativas em caso de descumprimento da legislação previdenciária (Decreto nº 4.942/2003); e d) na decretação dos regimes de administração especial, intervenção e liquidação extrajudicial (LC nº 109, arts. 44 a 62).

Embora o conceito de fiscalização das entidades fechadas esteja pragmaticamente mais relacionado à aplicação de sanções administrativas por violação à legislação previdenciária, algumas atividades do órgão fiscalizador imprimem papel pedagógico e direcionador da gestão dessas entidades privadas na condução dos seus fins institucionais. É o caso das atividades conhecidas como de educação previdenciária das entidades fechadas, além das políticas de fomento do sistema, com o desenvolvimento de programas e estudos pelas entidades públicas voltados à ampliação da cobertura previdenciária complementar entre os cidadãos.

A atividade de supervisão, a qual por seu sentido mais amplo inclui também o conceito de fiscalização, confere uma linha diretiva de orientação, coordenação e controle da atuação das entidades fechadas. Não se resume à aplicação de sanções administrativas pelo órgão estatal, consistindo, também, no estabelecimento de diretrizes de atuação para os fundos de pensão, sempre no sentido de se buscar o aprimoramento do funcionamento das entidades reguladas.[181]

O controle externo estatal no segmento de previdência complementar fechada é exercido por entidades públicas distintas, responsáveis pela regulação (Conselho Nacional de Previdência Complementar – CNPC, órgão colegiado desprovido de personalidade jurídica e vinculado ao Ministério da Previdência Social) e pela fiscalização e supervisão das EFPC (Superintendência Nacional de Previdência Complementar – PREVIC, autarquia federal criada pela Lei nº 12.154/2009).[182] [183]

---

181 O Guia Previc de Melhores Práticas em Fundos de Pensão define os níveis de atuação da Autarquia, com base nos princípios da Supervisão Baseada em Risco (SBR), sustentada no tripé *monitoramento, orientação e fiscalização*, criando a possibilidade de as entidades interagirem com as equipes de fiscalização da autarquia.

182 A Lei nº 12.154/2009, além de criar o CNPC e a Previc, com a consequente extinção da Secretaria de Previdência Complementar e do Conselho de Gestão da Previdência Complementar (art. 55), também instituiu a Câmara de Recursos da Previdência Complementar – CRPC do Ministério da Previdência Social (art. 15), com atribuições para decidir sobre a conclusão dos relatórios finais dos processos administrativos iniciados por lavratura de auto de infração ou instauração de inquérito, apurar responsabilidade de pessoa física ou jurídica, decidir sobre a aplicação das penalidades cabíveis; e munida de competência para apreciar e julgar, em primeiro grau, as impugnações referentes aos lançamentos tributários da Taxa de Fiscalização e Controle da Previdência Complementar – TAFIC (Decreto nº 7.075/2010).

183 Lei Complementar nº 109/2001, "Art. 5º: A normatização, coordenação, supervisão, fiscalização e controle das atividades das entidades de previdência complementar serão realizados por órgão ou órgãos regulador e fiscalizador, conforme disposto em lei, observado o disposto no inciso VI do art. 84 da Constituição Federal."

Esse dualismo de atribuições segue o modelo utilizado pelo Estado brasileiro de concentrar as atividades de políticas públicas em órgãos vinculados aos Ministérios deixando a execução das ações relacionadas às atividades reguladas para entidades que integram a Administração Indireta da União (autarquias, fundações e agências reguladoras).

Nos casos em que a fiscalização da PREVIC verifica o desatendimento das normas de previdência complementar ou dos limites e condições de investimento fixados pelo Conselho Monetário Nacional, há a possibilidade de aplicação do regime disciplinar (responsabilidade administrativa – LC nº 109/2001, art. 65), sujeitando-se a pessoa física ou jurídica responsável pela infração às seguintes penalidades: advertência; suspensão do exercício de atividades em entidades de previdência complementar pelo prazo de até cento e oitenta dias; inabilitação, pelo prazo de dois a dez anos, para o exercício de cargo ou função em entidades de previdência complementar, sociedades seguradoras, instituições financeiras e no serviço público; ou multa de dois mil reais a um milhão de reais, aplicável cumulativamente com as demais penalidades a depender da gravidade da conduta do infrator.

O regime disciplinar dos administradores da entidade, dos procuradores com poderes de gestão, dos membros de conselhos estatutários, do interventor, do liquidante, dos administradores dos patrocinadores ou instituidores, dos atuários, dos auditores independentes, dos avaliadores de gestão e outros profissionais que lhe prestem serviços técnicos também abarca a responsabilidade civil pelos danos ou prejuízos que causarem à EFPC, por ação ou omissão, bem como a responsabilidade criminal pela prática de crimes definidos em lei, devendo os fatos serem noticiados ao Ministério Público.

Como dito, o órgão fiscalizador possui poderes administrativos que vão além da possibilidade de aplicar sanções administrativas. Com a finalidade de resguardar os direitos dos participantes e assistidos poderá a PREVIC decretar a intervenção na EFPC, desde que se verifique a ocorrência de uma das hipóteses previstas no art. 44 da LC nº 109/2001.[184]

---

184 LC nº 109/2001: Art. 44. Para resguardar os direitos dos participantes e assistidos poderá ser decretada a intervenção na entidade de previdência complementar, desde que se verifique, isolada ou cumulativamente:

I – irregularidade ou insuficiência na constituição das reservas técnicas, provisões e fundos, ou na sua cobertura por ativos garantidores;

II – aplicação dos recursos das reservas técnicas, provisões e fundos de forma inadequada ou em desacordo com as normas expedidas pelos órgãos competentes;

III – descumprimento de disposições estatutárias ou de obrigações previstas nos regulamentos dos planos de benefícios, convênios de adesão ou contratos dos planos coletivos de que trata o inciso II do art. 26 desta Lei Complementar;

REGULAÇÃO, SUPERVISÃO E FISCALIZAÇÃO DO ESTADO

Quando verificada a inviabilidade de recuperação da entidade de previdência complementar, ou diante da ausência de condição para seu funcionamento, o órgão de fiscalização poderá efetivar, ainda, a liquidação extrajudicial da EFPC.

Em ambas as situações, intervenção e liquidação, a PREVIC fará a indicação dos respectivos interventores e liquidantes, sujeitos aos limites e atribuições fixados no ato de sua nomeação.

Nos casos em que as condições do referido art. 44 forem constatadas em um plano de benefícios específico, a PREVIC poderá nomear um administrador especial, a expensas da entidade, munido de poderes próprios de intervenção e de liquidação extrajudicial, com o objetivo de sanear o plano[185].

Segue quadro-resumo das competências fixadas pela LC nº 109/2001 aos órgãos fiscalizadores do subsistema de previdência complementar, correspondendo às matérias que dependem de prévia e expressa aprovação (licença administrativa) desses órgãos estatais, signo emblemático da atividade de supervisão exercida pelo órgão fiscalizador:

Quadro de matérias – necessidade de licença prévia do órgão fiscalizador	
Previdência complementar aberta	Previdência complementar fechada
– a constituição e o funcionamento das entidades abertas, bem como as disposições de seus estatutos e as respectivas alterações; – a comercialização dos planos de benefícios; – os atos relativos à eleição e conseqüente posse de administradores e membros de conselhos estatutários; e – as operações relativas à transferência do controle acionário, fusão, cisão, incorporação ou qualquer outra forma de reorganização societária.	– a constituição e o funcionamento da entidade fechada, bem como a aplicação dos respectivos estatutos, dos regulamentos dos planos de benefícios e suas alterações; – as operações de fusão, cisão, incorporação ou qualquer outra forma de reorganização societária, relativas às entidades fechadas; – as retiradas de patrocinadores; e – as transferências de patrocínio, de grupo de participantes, de planos e de reservas entre entidades fechadas.

2. ENTIDADES E ÓRGÃOS PÚBLICOS REGULADORES E FISCALIZADORES

Na atividade de previdência complementar várias são as entidades e órgãos públicos que atuam na regulação e fiscalização das entidades de previdência complementar.

IV – situação econômico-financeira insuficiente à preservação da liquidez e solvência de cada um dos planos de benefícios e da entidade no conjunto de suas atividades;

V – situação atuarial desequilibrada;

VI – outras anormalidades definidas em regulamento.

185 BARROS, Allan Luiz Oliveira e outros. O patrocínio público na previdência complementar fechada (Coordenador: Leonardo Vasconcellos Rocha). Salvador: Editora JusPodivm, 2013, p.118-124.

A LC nº 109/2001 previu no art. 5º que *"a normatização, coordenação, supervisão, fiscalização e controle das atividades das entidades de previdência complementar serão realizados por órgão ou órgãos regulador e fiscalizador, conforme disposto em lei, observado o disposto no inciso VI do art. 84 da Constituição Federal".*

E na forma da legislação previdenciária em vigor foram criados entes públicos de fiscalização e de regulação diversos, cabendo a cada ente administrativo cuidar da sua área de atuação, como se observa pelo quadro abaixo:

Quadro Resumo dos Órgãos e Entidades do Subsistema de Previdência Complementar			
–	Órgão regulador	Ente fiscalizador	Órgão ministerial supervisor dos órgãos reguladores e fiscalizadores
Previdência complementar aberta.	CNSP	SUSEP	Ministério da Fazenda
Previdência complementar fechada.	CNPC	PREVIC	Ministério da Previdência Social

O regime fechado de previdência complementar tem como órgão regulador o **Conselho Nacional de Previdência Complementar – CNPC**, órgão vinculado ao Ministério da Previdência Social, criado pela Lei nº 12.154/2009 em substituição ao antigo Conselho de Gestão da Previdência Complementar – CGPC, que emite *Resoluções* para disciplinar vasto campo regulatório deixado pelas LC nº 108/2001 e nº 109/2001 ao órgão regulador. Como ente fiscalizador do sistema foi criada pela Lei nº 12.154/2009 a **Superintendência Nacional de Previdência Complementar – Previc**, autarquia de natureza especial, dotada de autonomia administrativa e financeira, patrimônio próprio, supervisionada pelo Ministério da Previdência Social, e que possui autorização legal para emitir *Instruções* complementares às *Resoluções* emitidas pelo CNPC.

Resumo das atribuições e competências (Lei nº 12.154/2009).		
–	CNPC	PREVIC
Competências institucionais	Art. 13. O Conselho de Gestão da Previdência Complementar, órgão da estrutura básica do Ministério da Previdência Social, passa a denominar-se Conselho Nacional de Previdência Complementar, que exercerá a função de órgão regulador do regime de previdência complementar operado pelas entidades fechadas de previdência complementar.	Art. 2º Compete à Previc: I – proceder à fiscalização das atividades das entidades fechadas de previdência complementar e de suas operações; II – apurar e julgar infrações e aplicar as penalidades cabíveis; III – expedir instruções e estabelecer procedimentos para a aplicação das normas relativas à sua área de competência, de acordo com as diretrizes do Conselho Nacional de Previdência Complementar, a que se refere o inciso XVIII do art. 29 da Lei no 10.683, de 28 de maio de 2003;

REGULAÇÃO, SUPERVISÃO E FISCALIZAÇÃO DO ESTADO

233

Resumo das atribuições e competências (Lei nº 12.154/2009).		
–	CNPC	PREVIC
Competências institucionais	–	IV – autorizar: a) a constituição e o funcionamento das entidades fechadas de previdência complementar, bem como a aplicação dos respectivos estatutos e regulamentos de planos de benefícios; b) as operações de fusão, de cisão, de incorporação ou de qualquer outra forma de reorganização societária, relativas às entidades fechadas de previdência complementar; c) a celebração de convênios e termos de adesão por patrocinadores e instituidores, bem como as retiradas de patrocinadores e instituidores; e d) as transferências de patrocínio, grupos de participantes e assistidos, planos de benefícios e reservas entre entidades fechadas de previdência complementar; V – harmonizar as atividades das entidades fechadas de previdência complementar com as normas e políticas estabelecidas para o segmento; VI – decretar intervenção e liquidação extrajudicial das entidades fechadas de previdência complementar, bem como nomear interventor ou liquidante, nos termos da lei; VII – nomear administrador especial de plano de benefícios específico, podendo atribuir-lhe poderes de intervenção e liquidação extrajudicial, na forma da lei; VIII – promover a mediação e a conciliação entre entidades fechadas de previdência complementar e entre estas e seus participantes, assistidos, patrocinadores ou instituidores, bem como dirimir os litígios que lhe forem submetidos na forma da Lei no 9.307, de 23 de setembro de 1996; IX – enviar relatório anual de suas atividades ao Ministério da Previdência Social e, por seu intermédio, ao Presidente da República e ao Congresso Nacional; e X – adotar as demais providências necessárias ao cumprimento de seus objetivos.

Resumo das atribuições e competências (Lei nº 12.154/2009).		
–	CNPC	PREVIC
Estrutura administrativa	Art. 14. O Conselho Nacional de Previdência Complementar contará com 8 (oito) integrantes, com direito a voto e mandato de 2 (dois) anos, permitida uma recondução, sendo: I – 5 (cinco) representantes do poder público; e II – 3 (três) indicados, respectivamente: a) pelas entidades fechadas de previdência complementar; b) pelos patrocinadores e instituidores; e c) pelos participantes e assistidos.	Art. 4º A Previc será administrada por uma Diretoria Colegiada composta por 1 (um) Diretor-Superintendente e 4 (quatro) Diretores, escolhidos dentre pessoas de ilibada reputação e de notória competência, a serem indicados pelo Ministro de Estado da Previdência Social e nomeados pelo Presidente da República. Art. 5º Ao Diretor-Superintendente e aos Diretores é vedado o exercício de qualquer outra atividade profissional sindical ou de direção político-partidária, salvo a de magistério, desde que em horário compatível, observadas as demais restrições aplicáveis aos servidores públicos federais em geral.

Já o regime aberto de previdência complementar tem como órgão regulador o **Conselho Nacional de Seguros Privados – CNSP** e como ente fiscalizador a **Superintendência de Seguros Privados – Susep,** autarquia federal com autonomia administrativa e financeira, ambos criados e regulamentados pelo Decreto-lei nº 73/66, sendo o primeiro vinculado e o segundo supervisionado pelo Ministério da Fazenda, os quais emitem atos normativos para dispor sobre as matérias de sua competência institucional.

Resumo das atribuições e competências (Decreto-Lei nº 73/66).		
–	CNSP	SUSEP
Competências institucionais	Art. 32. É criado o Conselho Nacional de Seguros Privados – CNSP, ao qual compete privativamente: I – Fixar as diretrizes e normas da política de seguros privados; II – Regular a constituição, organização, funcionamento e fiscalização dos que exercerem atividades subordinadas a êste Decreto-Lei, bem como a aplicação das penalidades previstas; III – Estipular índices e demais condições técnicas sôbre tarifas, investimentos e outras relações patrimoniais a serem observadas pelas Sociedades Seguradoras; IV – Fixar as características gerais dos contratos de seguros; V – Fixar normas gerais de contabilidade e estatística a serem observadas pelas Sociedades Seguradoras;	Art. 36. Compete à SUSEP, na qualidade de executora da política traçada pelo CNSP, como órgão fiscalizador da constituição, organização, funcionamento e operações das Sociedades Seguradoras: a) processar os pedidos de autorização, para constituição, organização, funcionamento, fusão, encampação, grupamento, transferência de contrôle acionário e reforma dos Estatutos das Sociedades Seguradoras, opinar sôbre os mesmos e encaminhá-los ao CNSP; b) baixar instruções e expedir circulares relativas à regulamentação das operações de seguro, de acôrdo com as diretrizes do CNSP; c) fixar condições de apólices, planos de operações e tarifas a serem utilizadas obrigatòriamente pelo mercado segurador nacional;

REGULAÇÃO, SUPERVISÃO E FISCALIZAÇÃO DO ESTADO

Resumo das atribuições e competências (Decreto-Lei nº 73/66).		
–	**CNSP**	**SUSEP**
Competências institucionais	VI – delimitar o capital das sociedades seguradoras e dos resseguradores; VII – Estabelecer as diretrizes gerais das operações de resseguro; VIII – disciplinar as operações de co-seguro; IX – revogado. X – Aplicar às Sociedades Seguradoras estrangeiras autorizadas a funcionar no País as mesmas vedações ou restrições equivalentes às que vigorarem nos países da matriz, em relação às Sociedades Seguradoras brasileiras ali instaladas ou que nêles desejem estabelecer-se; XI – Prescrever os critérios de constituição das Sociedades Seguradoras, com fixação dos limites legais e técnicos das operações de seguro; XII – Disciplinar a corretagem de seguros e a profissão de corretor; XIII – revogado. XIV – Decidir sôbre sua própria organização, elaborando o respectivo Regimento Interno; XV – Regular a organização, a composição e o funcionamento de suas Comissões Consultivas; XVI – Regular a instalação e o funcionamento das Bolsas de Seguro; XVII – fixar as condições de constituição e extinção de entidades autorreguladoras do mercado de corretagem, sua forma jurídica, seus órgãos de administração e a forma de preenchimento de cargos administrativos; XVIII – regular o exercício do poder disciplinar das entidades autorreguladoras do mercado de corretagem sobre seus membros, inclusive do poder de impor penalidades e de excluir membros; XIX – disciplinar a administração das entidades autorreguladoras do mercado de corretagem e a fixação de emolumentos, comissões e quaisquer outras despesas cobradas por tais entidades, quando for o caso.	d) aprovar os limites de operações das Sociedades Seguradoras, de conformidade com o critério fixado pelo CNSP; e) examinar e aprovar as condições de coberturas especiais, bem como fixar as taxas aplicáveis; f) autorizar a movimentação e liberação dos bens e valôres obrigatòriamente inscritos em garantia das reservas técnicas e do capital vinculado; g) fiscalizar a execução das normas gerais de contabilidade e estatística fixadas pelo CNSP para as Sociedades Seguradoras; h) fiscalizar as operações das Sociedades Seguradoras, inclusive o exato cumprimento dêste Decreto-lei, de outras leis pertinentes, disposições regulamentares em geral, resoluções do CNSP e aplicar as penalidades cabíveis; i) proceder à liquidação das Sociedades Seguradoras que tiverem cassada a autorização para funcionar no País; j) organizar seus serviços, elaborar e executar seu orçamento. k) fiscalizar as operações das entidades autorreguladoras do mercado de corretagem, inclusive o exato cumprimento deste Decreto-Lei, de outras leis pertinentes, de disposições regulamentares em geral e de resoluções do Conselho Nacional de Seguros Privados (CNSP), e aplicar as penalidades cabíveis; e l) celebrar convênios para a execução dos serviços de sua competência em qualquer parte do território nacional, observadas as normas da legislação em vigor.

Resumo das atribuições e competências (Decreto-Lei nº 73/66).		
–	CNSP	SUSEP
Estrutura administrativa	Art. 33. O CNSP será integrado pelos seguintes membros: I – Ministro de Estado da Fazenda, ou seu representante; II – representante do Ministério da Justiça; III – representante do Ministério da Previdência e Assistência Social; IV – Superintendente da Superintendência de Seguros Privados – SUSEP; V – representante do Banco Central do Brasil; VI – representante da Comissão de Valores Mobiliários – CVM.	Art. 37. A administração da SUSEP será exercida por um Superintendente, nomeado pelo Presidente da República, mediante indicação do Ministro da Indústria e do Comércio, que terá as suas atribuições definidas no Regulamento dêste Decreto-lei e seus vencimentos fixados em Portaria do mesmo Ministro. Parágrafo único. A organização interna da SUSEP constará de seu Regimento, que será aprovado pelo CNSP.

Outras entidades públicas atuam na atividade de previdência complementar exercendo importantes funções regulatórias e fiscalizatórias. Em matéria de regras de investimentos e aplicação dos recursos garantidores das entidades de previdência complementar, caberá ao **Conselho Monetário Nacional – CMN** a regulação da área, conforme previsão dos §§ 1º e 2º, art. 9º da LC nº 109/2001:

> Art. 9º As entidades de previdência complementar constituirão reservas técnicas, provisões e fundos, de conformidade com os critérios e normas fixados pelo órgão regulador e fiscalizador.
>
> **§ 1º A aplicação dos recursos correspondentes às reservas, às provisões e aos fundos de que trata o caput será feita conforme diretrizes estabelecidas pelo Conselho Monetário Nacional.**
>
> § 2º É vedado o estabelecimento de aplicações compulsórias ou limites mínimos de aplicação. *(grifamos)*

Para tanto foram editadas pelo CMN a Resolução nº 3.308/2005 para disciplinar a aplicação dos recursos das reservas, das provisões e dos fundos das sociedades seguradoras, das sociedades de capitalização e das entidades abertas de previdência complementar, bem como a aceitação dos ativos correspondentes como garantidores dos respectivos recursos, na forma da legislação e da regulamentação em vigor e a Resolução nº 3.792/2009 que dispõe sobre as diretrizes de aplicação dos recursos garantidores dos planos administrados pelas entidades fechadas de previdência complementar.

À **Comissão de Valores Imobiliários – CVM**, entidade autárquica em regime especial, vinculada ao Ministério da Fazenda, criada pela Lei nº 6.385/76, compete fiscalizar permanentemente as atividades e os serviços do mercado de valores mobiliários, bem como a veiculação de informações relativas ao mercado, às pessoas físicas e jurídicas que dele participem, e aos valores nele negociados, o que abrange a possibilidade da aplicação de sanções administrativas às pessoas físicas

REGULAÇÃO, SUPERVISÃO E FISCALIZAÇÃO DO ESTADO

e jurídicas (administradores, membros do conselho fiscal e acionistas de companhias abertas, dos intermediários e dos demais participantes do mercado) que atuam no mercado de valores mobiliários, mediante a instauração de processo administrativo sancionador, em razão de atos ilegais e práticas não eqüitativas.

Outras Instituições que Atuam no Subsistema de Previdência Complementar		
–	Conselho Monetário Nacional – CMN	Comissão de Valores Mobiliários – CVM
Competência	Regula a aplicação dos recursos correspondentes às reservas, às provisões e aos fundos que formam o patrimônio dos planos de benefícios.	Fiscaliza as atividades dos agentes que atuam no mercado financeiro, entre eles, administradores, membros do conselho fiscal e acionistas de companhias abertas, dos intermediários e dos demais participantes do mercado.

3. CONTROLES INTERNO E EXTERNO DAS ENTIDADES DE PREVIDÊNCIA COMPLEMENTAR

O controle dos atos jurídicos de direito privado praticados pelas EPC pode ser realizado de duas formas: o *controle interno* realizado pela própria entidade de previdência complementar, com a colaboração dos demais sujeitos da relação jurídica; e o *controle externo* exercido pelos órgãos ou entidades que integram o sistema de previdência complementar (ente fiscalizador, tribunais de contas, etc.).

Como regra, o controle da atividade previdenciária envolve a avaliação da legalidade dos atos jurídicos produzidos na relação jurídica previdenciária e a observância do princípio da boa gestão administrativa e financeira do patrimônio do plano de benefícios e da entidade gestora.

Podemos considerar que o controle da atividade previdenciária busca, principalmente:

- a aferição prévia da legalidade no momento da elaboração e aprovação pelo ente fiscalizador dos instrumentos jurídicos que formalizam a relação jurídica previdenciária, bem como sua efetiva observância na fase de execução contratual;

- a aferição da legalidade das alterações contratuais (ex: modificações no regulamento do plano) e societárias (fusão, cisão, incorporação e outras reorganizações societárias) produzidas nos instrumentos jurídicos ou na estrutura jurídica dos patrocinadores ou instituidores; e

- a aferição da adequação da atuação dos dirigentes da EPC em face da política de investimentos e política administrativa aprovada pelo Conselho Deliberativo ou Conselho de Administração da entidade.

O **controle interno** é aquele realizado pelos órgãos estatutários da entidade (Conselhos Deliberativo e Conselho Fiscal) e pelos sujeitos que integram a relação jurídica de previdência complementar (participantes, assistidos, beneficiários e patrocinadores). O **controle externo** é aquele realizado pelas entidades estatais que exercem a função de fiscalização e supervisão administrativa das EPC (Previc e Susep) e pelos Tribunais de Contas, estes últimos atuando nos planos de benefícios que recebem patrocínio de recursos públicos.

O Conselho Deliberativo e a Assembleia-Geral, nas entidades fechadas e abertas, respectivamente, possuem como atribuição institucional aprovar os principais instrumentos jurídicos que formalizam a relação jurídica de previdência complementar (estatutos, regulamentos, convênio de adesão, política de investimento, plano de custeio, etc.), além da aprovação dos relatórios emitidos pelo Conselho Fiscal que analisam o funcionamento da entidade e a execução do plano de benefícios, acompanhando a correta aplicação desses instrumentos jurídicos.

ATRIBUIÇÕES DOS ÓRGÃOS ESTATUTÁRIOS2			
Conselho Deliberativo **(EFPC)**	**Conselho Fiscal** **(EFPC)**	**Assembleia-Geral** **(EAPC)**	**Conselho Fiscal** **(EAPC)**
LC 108/2001	**LC 108/2001**	Lei nº 6.404/76 (S/A)	Lei nº 6.404/76 (S/A)
Art. 10. O conselho deliberativo, órgão máximo da estrutura organizacional, é responsável pela definição da política geral de administração da entidade e de seus planos de benefícios.	Art. 14. O conselho fiscal é órgão de controle interno da entidade.	Art. 121. A assembléia-geral, convocada e instalada de acordo com a lei e o estatuto, tem poderes para decidir todos os negócios relativos ao objeto da companhia e tomar as resoluções que julgar convenientes à sua defesa e desenvolvimento.	Art. 163. Compete ao conselho fiscal:
(...)	–	(...)	I – fiscalizar, por qualquer de seus membros, os atos dos administradores e verificar o cumprimento dos seus deveres legais e estatutários;
Art. 13. Ao conselho deliberativo compete a definição das seguintes matérias:		Art. 122. Compete privativamente à assembleia geral:	II – opinar sobre o relatório anual da administração, fazendo constar do seu parecer as informações complementares que julgar necessárias ou úteis à deliberação da assembléia-geral;
I – política geral de administração da entidade e de seus planos de benefícios;	–	I – reformar o estatuto social;	III – opinar sobre as propostas dos órgãos da administração, a serem submetidas à assembléia-geral, relativas a modificação do capital social, emissão de debêntures ou bônus de subscrição, planos de investimento ou orçamentos de capital, distribuição de dividendos, transformação, incorporação, fusão ou cisão;

REGULAÇÃO, SUPERVISÃO E FISCALIZAÇÃO DO ESTADO

ATRIBUIÇÕES DOS ÓRGÃOS ESTATUTÁRIOS2			
Conselho Deliberativo (EFPC)	**Conselho Fiscal (EFPC)**	**Assembleia-Geral (EAPC)**	**Conselho Fiscal (EAPC)**
II – alteração de estatuto e regulamentos dos planos de benefícios, bem como a implantação e a extinção deles e a retirada de patrocinador;	–	II – eleger ou destituir, a qualquer tempo, os administradores e fiscais da companhia, ressalvado o disposto no inciso II do art. 142;	IV – denunciar, por qualquer de seus membros, aos órgãos de administração e, se estes não tomarem as providências necessárias para a proteção dos interesses da companhia, à assembléia-geral, os erros, fraudes ou crimes que descobrirem, e sugerir providências úteis à companhia;
III – gestão de investimentos e plano de aplicação de recursos;	–	III – tomar, anualmente, as contas dos administradores e deliberar sobre as demonstrações financeiras por eles apresentadas	V – convocar a assembléia-geral ordinária, se os órgãos da administração retardarem por mais de 1 (um) mês essa convocação, e a extraordinária, sempre que ocorrerem motivos graves ou urgentes, incluindo na agenda das assembléias as matérias que considerarem necessárias;
IV – autorizar investimentos que envolvam valores iguais ou superiores a cinco por cento dos recursos garantidores;	–	IV – autorizar a emissão de debêntures, ressalvado o disposto nos §§ 1º, 2º e 4º do art. 59;	VI – analisar, ao menos trimestralmente, o balancete e demais demonstrações financeiras elaboradas periodicamente pela companhia;
V – contratação de auditor independente atuário e avaliador de gestão, observadas as disposições regulamentares aplicáveis;	–	V – suspender o exercício dos direitos do acionista (art. 120); VI – deliberar sobre a avaliação de bens com que o acionista concorrer para a formação do capital social;	VII – examinar as demonstrações financeiras do exercício social e sobre elas opinar;
VI – nomeação e exoneração dos membros da diretoria-executiva; e	–	VII – autorizar a emissão de partes beneficiárias;	VIII – exercer essas atribuições, durante a liquidação, tendo em vista as disposições especiais que a regulam.
VII – exame, em grau de recurso, das decisões da diretoria-executiva.	–	VIII – deliberar sobre transformação, fusão, incorporação e cisão da companhia, sua dissolução e liquidação, eleger e destituir liquidantes e julgar-lhes as contas; e	–
–	–	IX – autorizar os administradores a confessar falência e pedir concordata.	–

ATRIBUIÇÕES DOS ÓRGÃOS ESTATUTÁRIOS2			
Conselho Deliberativo (EFPC)	**Conselho Fiscal (EFPC)**	**Assembleia-Geral (EAPC)**	**Conselho Fiscal (EAPC)**
–	–	Parágrafo único. Em caso de urgência, a confissão de falência ou o pedido de concordata poderá ser formulado pelos administradores, com a concordância do acionista controlador, se houver, convocando-se imediatamente a assembléia-geral, para manifestar-se sobre a matéria.	–

No âmbito das entidades fechadas, a Resolução CGPC nº 13, de 1º de outubro de 2004 divulgou os princípios, regras e práticas de governança, gestão e controles internos que deverão ser adotados pelas entidades, de acordo com o porte, a complexidade e os riscos inerentes aos planos de benefícios por elas operados, de modo a assegurar o pleno cumprimento de seus objetivos institucionais, sendo verdadeiras recomendações de boas práticas administrativas que as entidades devem seguir para obter bons resultados na gestão dos planos de benefícios.

O referido ato normativo do órgão regulador do regime fechado de previdência complementar dispôs que:

- as EFPC devem observar padrões de segurança econômico-financeira e atuarial, com fins específicos de preservar a liquidez, a solvência e o equilíbrio dos planos de benefícios, isoladamente, e da própria entidade fechada de previdência complementar, no conjunto de suas atividades;

- as EFPC poderão adotar manual de governança corporativa, que defina as relações entre órgãos estatutários da EFPC com participantes, assistidos, patrocinadores, instituidores, fornecedores de produtos e serviços, autoridades e outras partes interessadas;

- os órgãos de governança da EFPC devem prezar pelo desenvolvimento de uma cultura interna que enfatize e demonstre a importância dos controles internos a todos os níveis hierárquicos;

- os conselheiros, diretores e empregados das EFPC devem manter e promover conduta permanentemente pautada por elevados padrões éticos e de integridade, orientando-se pela defesa dos direitos dos participantes e assistidos dos planos de benefícios que operam e impedindo a utilização da entidade fechada de previdência complementar em prol de interesses conflitantes com o alcance de seus objetivos;

REGULAÇÃO, SUPERVISÃO E FISCALIZAÇÃO DO ESTADO

- recomendável a instituição de código de ética e conduta para seus dirigentes;

- imprescindível a competência técnica e gerencial, compatível com a exigência legal e estatutária e com a complexidade das funções exercidas pelos dirigentes;

- possibilidade do Conselho Deliberativo instituir auditoria interna que a ele se reporte, para avaliar de maneira independente os controles internos da EFPC, podendo os serviços de auditoria ser executado por auditor independente contratado, desde que não seja o mesmo auditor responsável pela auditoria das demonstrações contábeis;

- no quadro de pessoal e de prestadores de serviços da EFPC deve haver uma efetiva segregação de atividades e funções, de forma que uma mesma pessoa não assuma simultaneamente responsabilidades das quais decorram interesses conflitantes, ainda que de forma meramente esporádica ou eventual;

- todos os riscos que possam comprometer a realização dos objetivos da EFPC devem ser continuamente identificados, avaliados, controlados e monitorados;

- os sistemas de controles internos devem ser continuamente reavaliados e aprimorados pela EFPC, com procedimentos apropriados para os riscos mais relevantes identificados nos processos de seus diferentes departamentos ou áreas;

- a EFPC deve adotar regras e procedimentos voltados a prevenir a sua utilização, intencional ou não, para fins ilícitos, por parceiros de negócios, dirigentes, empregados e participantes e assistidos.

Especificamente em relação ao Conselho Fiscal a Resolução CGPC nº 13/2004 exigiu do órgão a elaboração e divulgação periódica de relatórios de controle interno, de modo a verificar a regularidade da atuação dos dirigentes e dos resultados financeiros obtidos, de acordo com a política aprovada pelo conselho deliberativo da entidade. Segundo o art. 19, os relatórios de controles internos serão emitidos pelo menos semestralmente pelo conselho fiscal e devem contemplar, no mínimo: I – as conclusões dos exames efetuados, inclusive sobre a aderência da gestão dos recursos garantidores dos planos de benefícios às normas em vigor e à política de investimentos, a aderência das premissas e hipóteses atuariais e a execução orçamentária; II – as recomendações a respeito de eventuais deficiências, com o estabelecimento de cronograma de saneamento das mesmas, quando for o caso; e III – análise de manifestação dos responsáveis pelas correspondentes áreas, a respeito das deficiências encontradas em verificações anteriores, bem como análise das medidas efetivamente adotadas para saná-las.

O controle interno exercido pelos participantes, assistidos, beneficiários e patrocinadores torna-se possível através do acesso às informações produzidas pela EPC e disponibilizada aos interessados. Ao terem conhecimento de qualquer irregularidade na condução da gestão da EPC ou dos planos de benefícios por ela administrados podem os interessados requerer que o ente fiscalizador (Previc ou Susep) atue para a correção da irregularidade, garantindo o cumprimento das obrigações previdenciárias pela entidade.

As Leis Complementares nº 108/2001 e nº 109/2001 preveem (art. 41, § 2º e art. 25, respectivamente) que a fiscalização a cargo dos entes fiscalizadores estatais não exime os patrocinadores e os instituidores da responsabilidade pela supervisão sistemática das atividades das suas respectivas entidades fechadas, devendo os resultados da fiscalização e do controle exercidos ser encaminhados ao ente fiscalizador, o que evidencia que também os patrocinadores e instituidores podem (e devem) acompanhar as atividades desenvolvidas pela EPC e, no caso de irregularidades, promover junto ao órgão fiscalizador a adequação do ato à política aprovada no âmbito do Conselho Deliberativo, ou sua eventual conformação com a legislação em vigor.

O **controle externo** da atividade previdenciária das EPC é exercido, principalmente, pelos entes de fiscalização estatais arrolados no tópico anterior. A Previc, nas EFPC, e a Susep, nas EAPC, tem por função institucional fiscalizar os principais atos jurídicos praticados pela entidade gestora dos planos de benefícios, mais especificamente aqueles relacionados à criação da entidade e do plano de benefícios, e as alterações contratuais ocorridas no curso da execução do contrato previdenciário, em procedimento administrativo denominado de *licenciamento previdenciário*.

O licenciamento previdenciário no âmbito da Previc abrange a análise da regularidade dos seguintes atos jurídicos (art. 33 da LC nº 109/2001 e art. 2º, IV da Lei nº 12.154/2009)[186]:

- a constituição e o funcionamento da entidade fechada, bem como a aplicação dos respectivos estatutos, dos regulamentos dos planos de benefícios e suas alterações;

- as operações de fusão, cisão, incorporação ou qualquer outra forma de reorganização societária, relativas às entidades fechadas;

- a celebração de convênios e termos de adesão por patrocinadores e instituidores, bem como as retiradas de patrocinadores e instituidores; e

---

186 A Instrução nº 17/2014 estabeleceu as condições para o licenciamento automático na autorização para aplicação imediata de regulamentos de planos de benefícios, de convênios de adesão e de suas alterações. Afirma o ato normativo: "Art. 3º Somente serão admitidos ao licenciamento automático, regulamentos de planos de benefícios na forma dos modelos disponibilizados pela PREVIC em seu portal eletrônico (www.previc.gov.br), cuja utilização estará prévia e expressamente autorizada para aplicação imediata, desde que observadas as disposições previstas nesta Instrução".

REGULAÇÃO, SUPERVISÃO E FISCALIZAÇÃO DO ESTADO

- as transferências de patrocínio, grupos de participantes e assistidos, planos de benefícios e reservas entre entidades fechadas de previdência complementar.

Já a Susep, por força do art. 38 da LC nº 109/2001 e art. 36 do Decreto-lei 73/66, compete fiscalizar:

- a constituição e o funcionamento das entidades abertas, bem como as disposições de seus estatutos e as respectivas alterações;

- a comercialização dos planos de benefícios;

- os atos relativos à eleição e conseqüente posse de administradores e membros de conselhos estatutários; e

- as operações relativas à transferência do controle acionário, fusão, cisão, incorporação ou qualquer outra forma de reorganização societária.

O sistema de controle externo das atividades das EFPC que recebem recursos públicos para o custeio dos planos de benefícios oferecidos aos seus participantes (entidades fechadas com patrocínio público) foi ampliado pela LC nº 108/2001, ao prever no art. 4º a presença de um elemento externo à relação jurídica previdenciária – a figura do *"órgão responsável pela supervisão, pela coordenação e pelo controle do patrocinador"*.

> **LC nº 108/2001:**
>
> Art. 4º Nas sociedades de economia mista e empresas controladas direta ou indiretamente pela União, pelos Estados, pelo Distrito Federal e pelos Municípios, a proposta de instituição de plano de benefícios ou adesão a plano de benefícios em execução será submetida ao órgão fiscalizador, acompanhada de **manifestação favorável do órgão responsável pela supervisão, pela coordenação e pelo controle do patrocinador.**
>
> Parágrafo único. As alterações no plano de benefícios que implique elevação da contribuição de patrocinadores serão objeto de prévia manifestação do órgão responsável pela supervisão, pela coordenação e pelo controle referido no caput.

Segundo a LC nº 108/2001, a proposta de instituição de plano de benefícios ou a adesão a plano de benefícios em execução, bem como nas situações em que a alteração do regulamento do plano de benefícios implique aumento no valor da contribuição devida pelo patrocinador público, deverão as minutas das propostas virem acompanhadas de prévia manifestação do órgão supervisor do patrocinador público, condição de validade para a aprovação dos referidos instrumentos jurídicos contratuais pela Previc.

Na atual estrutura organizacional da Administração Pública Federal, por exemplo, cabe ao Ministério do Planejamento, Orçamento e Gestão, através do seu Departamento de Coordenação e Governança das Empresas Estatais – DEST, avaliar, previamente, as propostas de patrocínio a planos de benefícios; assunção de compromissos financeiros; análise de convênios de adesão, estatutos, regulamentos, planos de custeio e retirada de patrocínio, como forma de exercer um controle externo das obrigações assumidas pela entidade pública no plano de benefícios de previdência complementar.

Decreto nº 7.675/2012:

Art. 6º Ao Departamento de Coordenação e Governança das Empresas Estatais compete:

(...)

IV – manifestar-se sobre os seguintes assuntos relacionados às empresas estatais:

(...)

f) patrocínio de planos de benefícios administrados por entidades fechadas de previdência complementar, no que diz respeito à assunção de compromissos e aos convênios de adesão a serem firmados pelas patrocinadoras, aos estatutos das entidades, à instituição e adesão a planos de benefícios, assim como aos respectivos regulamentos e planos de custeio e à retirada de patrocínio;

Veja-se que a atuação do órgão supervisor do patrocinador em nada se confunde com a atuação do órgão de controle interno da entidade de previdência complementar (Conselho Fiscal), já que tem por finalidade precípua a proteção dos interesses econômicos do patrocinador público, buscando avaliar a regularidade da relação jurídica de patrocínio e das obrigações financeiras assumidas pelo ente público que patrocina o plano de benefícios.

Discute-se na doutrina a possibilidade dos Tribunais de Contas da União, dos Estados ou dos Municípios atuarem como órgãos de controle externo das Entidades Fechadas de Previdência Complementar – EFPC (fundos de pensão), notadamente em relação àquelas EFPC que administram planos de benefícios patrocinados por entes públicos, considerando que já existe autarquia federal (Previc) especialmente criada pela Lei nº 12.154/2009 com competência para supervisionar e fiscalizar as atividades dessas entidades. Admitindo-se a competência dos Tribunais de Contas surge para este órgão de controle a possibilidade de aplicar sanções pecuniárias, concessão de prazo para a correção de condutas irregulares verificadas nas auditorias realizadas, sustação da execução de atos, e representação ao Poder competente sobre irregularidades ou abusos apurados, na forma do art. 71 da Constituição Federal, consectários legais estes também assegurados à Previc no exercício de suas atribuições institucionais.

Sobre o tema, tivemos a oportunidade de defender em obra de autoria coletiva a mitigação da atuação fiscalizatória do Tribunal de Contas da União em matéria de previdência complementar fechada, pedindo vênia para transcrever o nosso pensamento na matéria:

REGULAÇÃO, SUPERVISÃO E FISCALIZAÇÃO DO ESTADO

Vê-se que todos esses consectários legais do poder de fiscalização da Corte de Contas possuem a verve do poder de polícia administrativa, o que também é assegurado à PREVIC no exercício de suas atribuições institucionais.

A solução para esse aparente conflito de atribuições das entidades públicas pode ser encontrada ao se estabelecer critérios que definam o momento em que cessa a possibilidade da ação fiscalizatória do Tribunal de Contas e se inicia a exclusividade de atuação da entidade pública especialmente criada para atuar no segmento fechado de previdência privada.

Parece razoável admitir-se que a atuação da Corte de Contas se esgotaria após a transferência dos recursos públicos do patrocinador para a entidade, quando passariam a fazer parte do patrimônio desta última. A partir desse momento, é forçoso considerar a exclusividade de atribuições da PREVIC, a quem cabe exercer o controle da legalidade das operações administrativas e financeiras praticadas pelas entidades fechadas.

Caberia, então, ao Tribunal de Contas verificar se a contribuição do patrocinador encontra-se de acordo com os limites e condições fixados no regulamento do plano de benefícios. Daí em diante, a competência da PREVIC há de prevalecer, considerando-se não só a existência de previsão legal nesse sentido, mas o fato de seu corpo técnico possuir conhecimento especializado, apto a conferir-lhe melhores condições para exercício do *munus* público de proteger os interesses dos participantes e assistidos, primordialmente quanto ao recebimento futuro dos benefícios contratados.

O entendimento da exclusividade da função fiscalizadora da PREVIC em relação aos recursos carreados pelo patrocinador integrante da Administração Pública às entidades fechadas fundamenta-se também na própria natureza jurídica dessas entidades, categorizadas como fundações de direito privado, atuantes na administração de planos de benefícios de natureza contratual.

Desse modo, nada impede – ao invés, se mostra recomendável –, que haja o intercâmbio de informações e ajuda mútua entre os Tribunais de Contas e a PREVIC na fiscalização exercida sobre os fundos de pensão. Porém, considerada a especialização institucional, deve ser observada a exclusividade da Autarquia na supervisão e fiscalização das entidades fechadas, nos termos dos poderes conferidos pelas Leis Complementares nos 108/2001 e 109/2001, assim como pela Lei nº 12.154/2009[187].

Se compete apenas à Previc a aprovação ou a alteração dos principais instrumentos jurídicos que formalizam a relação jurídica de previdência complementar, a exemplo do estatuto que regula o funcionamento da entidade gestora do plano de benefícios (a EFPC), do regulamento do plano de benefícios onde estão as regras de concessão dos benefícios contratados e do convênio de adesão que disciplina a relação de patrocínio entre o empregador/associação e seus empregados/associados, somente a ela caberia verificar a adequação das regras estabelecidas no regulamento do plano de benefícios e eventual determinação para adequação das cláusulas do contrato previdenciário à legislação em vigor.

---

187 ROCHA, Leonardo Vasconcellos (coord.). O patrocínio Público na previdência complementar fechada. 2013. Editora Juspodivm. Salvador. Páginas 125-128.

O Tribunal de Contas da União tem reafirmado, com certa frequência, a sua competência para a apreciação dos recursos que integram o plano de benefícios patrocinado por entidades públicas, seja na chamada *fiscalização de primeira ordem*, quando expede determinação direta ao ente fiscalizado, seja na denominada *fiscalização de segunda ordem,* quando requer a outro ente público que fiscalize determinado fato que reputa relevante.

Segue a ementa da decisão do TCU que reconheceu sua competência para fiscalização dos fundos de pensão, em consulta realizada pelo Ministério da Previdência Social:

> CONSULTA. CONFLITO DE COMPETÊNCIA PARA FISCALIZAÇÃO DAS EFPC ENTRE TCU E PREVIC. INEXISTÊNCIA. RECURSOS QUE INTEGRAM AS CONTAS INDIVIDUAIS DOS PARTICIPANTES. NATUREZA JURÍDICA DE RECURSOS PÚBLICOS ENQUANTO GERIDOS PELAS EFPC. MARCO LEGAL DA ATUAÇÃO DO TCU: CONSTITUIÇÃO FEDERAL, LEI ORGÂNICA, REGIMENTO INTERNO, INSTRUÇÕES, RESOLUÇÕES E DECISÕES NORMATIVAS PROPRIAS, ALÉM DA LEGISLAÇÃO ESPECÍFICA APLICÁVEL ÀS EFPC. 1. Os recursos que integram as contas individuais dos participantes das EFPC, quer oriundos do patrocínio de órgãos públicos ou de entidade de natureza jurídica de direito privado, quer das contribuições individuais dos participantes, enquanto administrados pelas Entidades Fechadas de Previdência Complementar (EFPC), são considerados de caráter público. 2. O Tribunal, quando for o caso de sua atuação fiscalizatória de primeira ou segunda ordem, sobretudo nas hipóteses de operações que gerem ou possam gerar prejuízos ao erário, verificará o cumprimento dos dispositivos das Constituição Federal, das Leis Complementares nºs 108/2001 e 109/2001, bem como as regulações expedidas pelo Conselho Nacional de Previdência Complementar, pelo Conselho Monetário Nacional entre outras leis e normas infralegais, mediante a utilização dos procedimentos previstos em sua lei orgânica, em seu regimento interno, em suas resoluções administrativas, instruções e decisões normativas, a exemplo de tomadas de contas especiais, inspeções, auditorias, acompanhamentos, monitoramentos, relatórios de gestão etc. 3. A competência constitucional do TCU para fiscalizar a aplicação de recursos pelas EFPC, direta ou indiretamente, não ilide nem se sobrepõe a outros controles previstos no ordenamento jurídico, como o realizado pelos entes patrocinadores, pela Superintendência Nacional de Previdência Complementar e por outros órgãos a quem a lei ou a Constituição Federal atribui competência. Diário Oficial da União: vide data do DOU na ATA 48 – Plenário, de 21/11/2012. (TCU. Acórdão 3133/2012. ATA 48 – Plenário. Processo nº 012.517/2012-7. Relator: Augusto Nardes).

Não obstante o entendimento perfilhado pela corte de contas, no sentido de firmar, de modo irrestrito, a competência do TCU para a fiscalização das EFPC regidas pela Lei Complementar nº 108/2001 (patrocinadas com recursos públicos), continuamos defendendo o entendimento de que deve ser preservada a competência legal especial da Previc para o controle externo da legalidade e da boa técnica da gestão administrativa dos fundos de pensão, com ou sem patrocínio público.

REGULAÇÃO, SUPERVISÃO E FISCALIZAÇÃO DO ESTADO

Veja-se que em alguns casos concretos submetidos à apreciação do TCU, pela ausência de conhecimento técnico especializado, a corte de contas tem determinado a alteração de regulamento de planos de benefícios, com base em interpretação equivocada da legislação de previdência complementar, a exemplo daquela que afirma que a paridade contributiva não abrangeria o custeio dos benefícios concedidos aos beneficiários (pensionistas), contrariando o posicionamento do ente fiscalizador na matéria (Previc) e da própria jurisprudência dominante[188], o que só tem contribuído para a insegurança jurídica do sistema previdenciário, produzindo efeitos prejudiciais para o sistema como um todo.

Não deve ser negada, é bom dizer, de forma integral a competência institucional dos Tribunais de Contas para a fiscalização da atividade das entidades regidas pela LC nº 108/2001. A atuação coordenada da corte de contas e da Previc é algo que deve sempre ser buscado, mas sempre prevalecendo a opinião especializada da Previc quando existirem entendimentos conflitantes. Assim, não haveria qualquer problema sob o aspecto jurídico da realização pelo Tribunal de Contas da conhecida "fiscalização de segunda ordem", já que nestes casos a fiscalização é exercida com a participação do ente fiscalizador da previdência complementar fechada (Previc), cabendo a este realizar a análise técnica dos atos objeto da fiscalização. Já nos casos de "fiscalização de primeira ordem", em que o próprio Tribunal de Contas avalia as supostas irregularidades e emite decisão para que o fundo de pensão cumpra determinada obrigação de fazer ou de não fazer, sob pena das sanções fixadas em lei, entendemos que tal atuação transborda a competência fiscalizatória da instituição, sob o risco, inclusive de provocar a aplicação de sanções em duplicidade sobre o mesmo fato (Tribunal de Contas e órgão fiscalizador), em ofensa ao princípio do *non bis in idem.*

---

188 Sobre o tema da aplicação do princípio da paridade contributiva para o custeio dos benefícios concedidos aos beneficiários (pensionistas), nos autos do Recurso Especial nº 1.111.077 – DF o Superior Tribunal de Justiça enfrentou a matéria. O Ministro João Otávio de Noronha, ao fundamentar a decisão no sentido de inexistir direito adquirido a regime jurídico em face da Constituição Federal, reconheceu como legítimo o repasse de recursos públicos para o patrocínio dos benefícios concedidos aos beneficiários do plano (pensionistas).

CAPÍTULO V
REGIMES ESPECIAIS DE ADMINISTRAÇÃO DAS ENTIDADES DE PREVIDÊNCIA COMPLEMENTAR

1. INTRODUÇÃO

Os regimes especiais de administração previstos na Lei Complementar nº 109/2001 surgem como uma poderosa ferramenta do poder de polícia administrativa sobre o segmento de previdência complementar, possibilidade essa amparada pelo art. 174 da Constituição Federal[189] ao permitir que os órgãos e entidades estatais atuem de forma a garantir o regular funcionamento da atividade previdenciária, praticando, caso necessário, atos de império sobre os atos de gestão da entidade ou sobre o próprio patrimônio representativo dos recursos destinados ao pagamento dos benefícios.

BANDEIRA DE MELLO[190] ao, tecer comentários sobre o poder de polícia da Administração, pondera que *"em todos os casos, necessariamente, a interferência estatal terá que estar volvida à satisfação dos fins dantes aludidos como sendo os caracterizadores do Estado brasileiro; e jamais – sob pena de nulidade – poderá expressar tendência ou diretriz antinômica ou gravosa àqueles valores"*.

Esses valores constitucionais, dentre os quais o direito à previdência social, ensejam uma atuação diretiva do Estado sobre os interesses tutelados e, no caso da previdência complementar, uma atuação destinada a preservar os interesses dos destinatários da proteção social.

A atuação do órgão de fiscalização do sistema de previdência complementar tem em vista, primordialmente, supervisionar o funcionamento das entidades gestoras e dos planos de benefícios por elas administrados, somente utilizando o poder administrativo de decretar os regimes especiais em situações pontuais e excepcionais, quando verificada a existência de irregularidades no funcionamento das entidades que impossibilitem a normal administração dos planos de benefícios, pondo em risco os recursos garantidores do plano de benefícios.

---

189 Art. 174. Como agente normativo e regulador da atividade econômica, o Estado exercerá, na forma da lei, as funções de fiscalização, incentivo e planejamento, sendo este determinante para o setor público e indicativo para o setor privado.

190 BANDEIRA DE MELLO, Celso Antônio. Curso de Direito Administrativo. 28. ed. São Paulo: Malheiros, 2011, p.802.

Estando às mãos do Estado outros meios que possibilitem trazer à normalidade o funcionamento das atividades exercidas pelas EFPC, a exemplo das penalidades fixadas no Decreto nº 4.942/2003, que regula o processo administrativo sancionador no âmbito da previdência complementar fechada, deve o Estado lançar mão das mesmas, somente se utilizando da decretação dos regimes especiais para as situações de desequilíbrio patrimonial que ocasionam déficit financeiro de improvável ou impossível equacionamento[191].

Não é demais realçar que a decretação do regime especial deve ser devidamente justificada, de modo a demonstrar os motivos que levaram o ente fiscalizador a optar pela medida administrativa interventiva que afeta o normal funcionamento da EPC.

Se possível seja sintetizar qual seria o principal papel do Estado na fiscalização das EPC, apontaríamos a proteção jurídica dos interesses dos participantes e assistidos quanto aos direitos e obrigações pactuados nos regulamentos dos planos de benefícios, princípio informador este que se encontra positivado na lei geral da previdência complementar (inciso VI do art. 3º LC nº 109/2001).

Esse o traço marcante da atuação do Estado na atividade de previdência complementar: coadjuvar traçando as políticas públicas de previdência complementar para o sistema (incluindo as ações de fomento) e exigindo das EPC o cumprimento das respectivas normas jurídicas por ele produzidas; ou, em situações excepcionais que ponham em risco o recebimento dos benefícios contratados pelos participantes, tomar para si o papel de protagonista na gestão da entidade previdenciária, indicando temporariamente profissional que atuará como uma *longa manus* estatal, ficando responsável por administrar o patrimônio da entidade, na tentativa de trazer à normalidade aspectos ligados à governança, gestão patrimonial e equilíbrio financeiro-atuarial dos planos de benefícios, visando ao cumprimento dos compromissos previdenciários assumidos pela entidade no contrato previdenciário.

2. REGIME JURÍDICO APLICÁVEL

A disciplina normativa básica dos regimes especiais de administração encontra-se delineada nos artigos 42 a 62 da LC nº 109/2001, aplicando-se,

---

191 O sistema de previdência complementar fechado possui previsão normativa de outros meios de composição consensual e administrativa (não-jurisdicional) dos conflitos de interesses previdenciários e que ganharam destaque nas normas do segmento, a exemplo da previsão de arbitragem no inciso VIII, art. 2º da Lei nº 12.154/2009 c/c art. 21, VI do Decreto nº 7.075/2010 e do termo de ajustamento de conduta do inciso VI, art. 22 do Decreto nº 7.075/2010.

REGIMES ESPECIAIS DE ADMINISTRAÇÃO DAS ENTIDADES DE PREVIDÊNCIA COMPLEMENTAR **251**

subsidiariamente, os dispositivos da Lei nº 6.024/74 que dispõe sobre o regime de intervenção e liquidação das instituições financeiras[192].

Importante ressaltar que a relação hermenêutica existente entre a LC nº 109/2001 e a Lei nº 6.024/74 é de subsidiariedade e não de especialidade. Ou seja, não seria o caso de lacuna no sistema normativo vigente pela ausência de norma jurídica para regular os regimes especiais de administração das EPC, mas de aplicação subsidiária, complementar, entre um regime jurídico aplicável às entidades e aquele mais detalhista aplicável às instituições financeiras.

A aproximação do regramento normativo entre as EPC e as instituições financeiras justifica-se na medida em que ambas se identificam quanto a natureza da atividade desenvolvida na administração de recursos de terceiros. As pessoas jurídicas que atuam nesses segmentos exercem atividades econômicas com forte atuação no mercado financeiro, possuindo o Estado papel fundamental na regulação e fiscalização por meio dos seus entes fiscalizador e regulador que, no caso das instituições financeiras, pertencem ao Banco Central do Brasil e ao Ministério da Fazenda, respectivamente.

Uma questão possível de ser aventada, já suscitada pela doutrina, seria questionar a aplicação subsidiária também das regras constantes na Lei nº 11.101/2005, que trata da recuperação judicial, extrajudicial e a falência do empresário e da sociedade empresária, aos casos envolvendo a liquidação extrajudicial das EPC.

O regime de execução concursal previsto pela lei de falências (Lei nº 11.101/2005) é plenamente aplicável às instituições financeiras, sem prejuízo da adoção dos institutos da intervenção e liquidação extrajudicial previstos pela Lei nº 6.024/74, como bem apontado por Fábio Ulhoa Coelho:

> Na forma prevista pela Lei nº 6.024, de 1974, as instituições financeiras estão sujeitas a um regime de execução concursal de natureza extrajudicial. Esse regime não exclui, em caráter absoluto, a falência dos comerciantes dessa categoria, que, em determinadas hipóteses, pode ser decretada. Assim, se a instituição financeira não estiver sob liquidação extrajudicial ou sob intervenção decretada pelo Banco Central, ela poderá, nas mesmas condições previstas para os demais exercentes de atividade mercantil, ter a sua falência decretada judicialmente. Quando houver impontualidade injustificada ou prática de ato de falência de sua parte, poderão os seus credores requerer a decretação da quebra. Além disso, estando sob o regime de liquidação extrajudicial ou intervenção, o Banco Central deve, nos casos delineados pela lei (LILE, arts. 21, b, e 12, d), autorizar o oferecimento de pedido judicial da falência

---

192 Nesse sentido, o art. 62 da LC 109/2001 ao afirmar que "aplicam-se à intervenção e à liquidação das entidades de previdência complementar, no que couber, os dispositivos da legislação sobre a intervenção e liquidação extrajudicial das instituições financeiras, cabendo ao órgão regulador e fiscalizador as funções atribuídas ao Banco Central do Brasil".

da instituição, que será feito, respectivamente, pelo liquidante ou pelo interventor[193].

Encontra-se em vigor dispositivo da LC nº 109/2001 que não admite, de forma expressa, a aplicação do regime jurídico da concordata ou da falência para as entidades fechadas: "*Art. 47. As entidades fechadas não poderão solicitar concordata e não estão sujeitas a falência, mas somente a liquidação extrajudicial*".

Não vislumbramos a aplicação dos institutos do direito comercial previstos na Lei nº 11.101/2005 às EFPC pelas seguintes razões.

A Lei nº 11.101/2005 que regula a recuperação judicial, a extrajudicial e a falência do empresário e da sociedade empresária possui, em seu art. 2º, II, dispositivo negando eficácia do referido diploma normativo à "empresa pública, sociedade de economia mista, instituição financeira pública ou privada, cooperativa de crédito, consórcio, *entidade de previdência complementar*, sociedade operadora de plano de assistência à saúde, sociedade seguradora, sociedade de capitalização e outras entidades legalmente equiparadas às anteriores" *(grifamos)*.

O art. 26 do Decreto-Lei nº 73/66 também previu a não aplicação do regime de falência e recuperação judicial às sociedades seguradoras *(não poderão requerer concordata e não estão sujeitas à falência, salvo, neste último caso, se decretada a liquidação extrajudicial, o ativo não for suficiente para o pagamento de pelo menos a metade dos credores quirografários, ou quando houver fundados indícios da ocorrência de crime falimentar)*.

De fato, as atividades desempenhadas pelas entidades fechadas de previdência social possuem algumas características que as diferenciam da atividade comercial das sociedades empresárias do Código Civil, cabendo destacar a ausência de finalidade lucrativa e a existência de regras próprias (lei especial) para a intervenção estatal nessas pessoas jurídicas de direito privado, o que permite concluirmos pela não aplicação da lei de falência às EFPC.

Outros atos normativos editados pelos órgãos regulador e fiscalizador do sistema fechado de previdência complementar também disciplinam situações que repercutem no funcionamento desses regimes especiais, a exemplo da Resolução CGPC nº 24/2007 e das Instruções SPC nº 16/2007 e nº 17/2007 que dispõem, respectivamente, sobre parâmetros para a fixação da remuneração dos administradores especiais, interventores e liquidantes, limites das despesas realizadas por estes gestores no exercício do regime especial e da obrigatoriedade da emissão de relatório mensal de informações e encaminhamento ao órgão fiscalizador.

---

193 COELHO, Fábio Ulhoa. Manual de Direito Comercial. 15. ed. São Paulo: Saraiva, 2004.p.402.

3. DISPOSIÇÕES COMUNS AOS REGIMES ESPECIAIS DE ADMINISTRAÇÃO

A Lei nº 12.154/2009[194] e o Decreto-Lei 73/66 outorgaram poderes à Previc e à Susep, respectivamente, na qualidade de ente fiscalizador e supervisor do sistema de previdência complementar, para decretar os regimes especiais e nomear os gestores responsáveis por executar tal tarefa.

Os gestores designados (diretor fiscal, administrador especial, interventor e liquidante) praticam atos de gestão administrativa em busca da recuperação da entidade, trazendo-a à normalidade administrativa, contábil e financeira.

A decretação dos regimes especiais tem por finalidade evitar o encerramento prematuro das atividades das EPC, e objetiva, em última análise, garantir a higidez do sistema previdenciário, evitando prejuízos sistêmicos que afetem a credibilidade do regime de previdência complementar perante a sociedade.

Cabe ao ente fiscalizador do sistema a nomeação do novo gestor, estabelecendo as condições, limites, alcance e período de duração em que será exercido o regime especial, delimitando os poderes de gestão da pessoa indicada (o diretor-fiscal não possui poderes de gestão), conferindo poderes de representação, ora para sanear plano de benefício específico (casos de administração especial), ora para sanar irregularidade verificada por sua área de fiscalização (intervenção), e ora para, nas situações extremas em que há inviabilidade de recuperação da EPC ou pela ausência de condição para seu funcionamento, designar o liquidante para realizar o ativo e liquidar o passivo da entidade, estabelecendo o quadro geral de credores e preferências para pagamento dos débitos da entidade.

Por essas razões, são relacionados os seguintes poderes administrativos conferidos por lei ao ente fiscalizador:

- decretar o regime especial;

- designar o diretor-fiscal, administrador especial, interventor e liquidante, fixando os limites e as condições em que o regime será exercido;

- aprovar os atos de gestão que importem em oneração ou disposição do patrimônio das entidades;

- aprovar o plano de recuperação da entidade, no caso da intervenção; e

- encerrar, quando for o caso, o regime de liquidação com a aprovação das contas finais do liquidante e com a baixa nos devidos registros.

---

194 Art. 2º Compete à Previc: [...] I – proceder à fiscalização das atividades das entidades fechadas de previdência complementar e de suas operações; II – apurar e julgar infrações e aplicar as penalidades cabíveis; [...] *VI – decretar intervenção e liquidação extrajudicial das entidades fechadas de previdência complementar, bem como nomear interventor ou liquidante, nos termos da lei;(grifamos)*

4. REGIMES ESPECIAIS DE ADMINISTRAÇÃO EM ESPÉCIE

Podemos conceituar os *regimes especiais* como o conjunto de atos administrativos de intervenção na ordem econômica praticados por pessoa designada pelo Estado, com a finalidade de resguardar o bom funcionamento das entidades de previdência complementar, os ativos garantidores e o pagamento dos benefícios contratados pelos participantes e assistidos.

Ressalte-se que a disciplina legal prevista na LC nº 109/2001 abrange a aplicação das regras concernentes aos regimes especiais tanto no âmbito das entidades abertas, quanto nas fechadas.

A depender das irregularidades verificadas nas EPC poderá a autoridade administrativa vir a decretar o regime de administração especial, intervenção ou liquidação extrajudicial, ou, nas entidades abertas, designar o diretor-fiscal.

Preliminarmente, antes de adentrar à disciplina jurídica dos regimes especiais, impõe-se o registro para firmar a natureza administrativa (não jurisdicional, portanto, como é o caso da falência nas sociedades empresárias) desses regimes especiais, o que não impede, por óbvio, o controle *a posteriori* do Poder Judiciário em relação aos atos administrativos praticados durante o curso do regime especial.

A possibilidade da indicação de um *administrador especial*, com poderes próprios de intervenção e de liquidação extrajudicial, surge como a primeira hipótese conferida ao ente fiscalizador, com o *objetivo de sanear plano de benefícios específico,* caso seja constatada a ocorrência de alguma das situações previstas nos artigos 44 e 48 da LC nº 109/2001.

A natureza cautelar do regime de administração especial assemelha-se à designação do Diretor-Fiscal nas entidades abertas (art. 43 da LC 109[195]), com a diferença deste último não possuir poderes de gestão, mas com poderes de propor ao órgão fiscalizador (no caso, a Superintendência de Seguros Privados – Susep) a decretação da intervenção ou da liquidação extrajudicial.

A atuação do administrador especial difere do papel conferido ao interventor, por consistir medida administrativa cirúrgica destinada a sanear plano de

---

195 LC nº 109/2001: Art. 43. O órgão fiscalizador poderá, em relação às entidades abertas, desde que se verifique uma das condições previstas no art. 44 desta Lei Complementar, nomear, por prazo determinado, prorrogável a seu critério, e a expensas da respectiva entidade, um diretor-fiscal. § 1º O diretor-fiscal, sem poderes de gestão, terá suas atribuições estabelecidas pelo órgão regulador, cabendo ao órgão fiscalizador fixar sua remuneração. § 2º Se reconhecer a inviabilidade de recuperação da entidade aberta ou a ausência de qualquer condição para o seu funcionamento, o diretor-fiscal proporá ao órgão fiscalizador a decretação da intervenção ou da liquidação extrajudicial. § 3º O diretor-fiscal não está sujeito à indisponibilidade de bens, nem aos demais efeitos decorrentes da decretação da intervenção ou da liquidação extrajudicial da entidade aberta.

REGIMES ESPECIAIS DE ADMINISTRAÇÃO DAS ENTIDADES DE PREVIDÊNCIA COMPLEMENTAR **255**

benefício específico, enquanto na intervenção a atuação do gestor se realiza num aspecto mais amplo, abrangendo a atividade da entidade fechada como um todo, inclusive quanto ao plano de benefícios.

A *intervenção* consiste medida de natureza cautelar que pode ser decretada pelo ente fiscalizador ou por requerimento justificado do patrocinador, do instituidor, dos órgãos estatutários ou em conjunto pela administração da entidade quando constatada a prática de má gestão da entidade, reiteradas violações à lei, irregularidades graves ou atos que comprometam sua solvência, mediante a nomeação de um interventor, que detém plenos poderes de administração e representação, e tem por missão resguardar os direitos dos participantes e promover a recuperação da entidade.

São hipóteses que justificam a decretação da administração especial e da intervenção:

> **LC 109/2001:**
>
> Art. 44. Para resguardar os direitos dos participantes e assistidos poderá ser decretada a intervenção na entidade de previdência complementar, desde que se verifique, isolada ou cumulativamente:
>
> I – irregularidade ou insuficiência na constituição das reservas técnicas, provisões e fundos, ou na sua cobertura por ativos garantidores;
>
> II – aplicação dos recursos das reservas técnicas, provisões e fundos de forma inadequada ou em desacordo com as normas expedidas pelos órgãos competentes;
>
> III – descumprimento de disposições estatutárias ou de obrigações previstas nos regulamentos dos planos de benefícios, convênios de adesão ou contratos dos planos coletivos de que trata o inciso II do art. 26 desta Lei Complementar;
>
> IV – situação econômico-financeira insuficiente à preservação da liquidez e solvência de cada um dos planos de benefícios e da entidade no conjunto de suas atividades;
>
> V – situação atuarial desequilibrada;
>
> VI – outras anormalidades definidas em regulamento.

A legislação permite a decretação da administração especial e da intervenção se presentes um ou alguns dos motivos elencados no art. 44 da LC nº 109/2001, associados ou não entre si.

Ressalte-se que a administração especial é o instituto destinado à um plano de benefícios específico administrado pela entidade, restando intocáveis os poderes de gestão administrativa do fundo de pensão em relação aos demais planos de benefícios porventura ofertados aos grupos de participantes (entidades multiplano).

Observa-se que a maioria dos incisos do citado dispositivo refere-se a situações em que há insuficiência de recursos garantidores para pagamentos dos benefícios ou má-gestão administrativa, seja pela inadequada execução da política de investimentos da entidade, situação bastante comum de desenquadramento às normas do Conselho Monetário Nacional (Resolução CMN nº 3.792/2009), seja por atuação dos dirigentes de modo contrário aos dispositivos estatutários que disciplinam as regras de governança interna da EPC.

A atuação das pessoas designadas como gestores temporários da entidade objetiva garantir a solvência dos benefícios contratados, a manutenção da estabilidade das reservas técnicas e dos compromissos contratuais assumidos pela entidade.

Ao interventor são conferidos poderes de administração e representação da EPC, havendo a necessidade de autorização do ente fiscalizador quanto aos atos de gestão administrativa que importem em oneração ou disposição do patrimônio da entidade (parágrafo único, art. 45 LC 109).

Esses poderes de gestão permitem que o interventor reorganize a entidade sob o aspecto administrativo e financeiro, contratando ou demitindo funcionários da entidade, nos valores e limites fixados pelo órgão fiscalizador[196], como tem reconhecido a jurisprudência do Superior Tribunal de Justiça:

> CONSTITUCIONAL E ADMINISTRATIVO. ENTIDADE PRIVADA SOB INTERVENÇÃO. MODIFICAÇÃO DOS ESTATUTOS PELO INTERVENTOR. POSSIBILIDADE. ESTANDO A ENTIDADE DE PREVIDENCIA PRIVADA SOB REGIME DE INTERVENÇÃO, O INTERVENTOR PASSA A EXERCER, COM EXCLUSIVIDADE, OS ATOS DE GESTÃO E ADMINISTRAÇÃO, INCLUSIVE PARA PROPOR ALTERAÇÕES ESTATUTARIAS EM ORDEM A PROMOVER A RECUPERAÇÃO DA ENTIDADE. SEGURANÇA DENEGADA.
>
> (STJ. MS 3964/DF. Relator Ministro CESAR ASFOR ROCHA. Órgão Julgador: S1 – PRIMEIRA SECAO. Data do Julgamento: 26/09/1995. Data da Publicação/Fonte: DJ 30/10/1995).

Após investir-se no encargo deve o interventor inventariar e arrecadar todos os documentos e bens da entidade, dando ciência aos ex-gestores, os quais farão os registros por escrito que julgarem necessários.

A intervenção perdurará pelo tempo necessário à recuperação da entidade, prevendo o art. 8º da Resolução CGPC Nº 24/2007, para as EFPC, o prazo de até

---

196 A Resolução CGPC nº 24/2007 e as Instruções SPC nº 16/2007 e nº 17/2007 dispõem, respectivamente, sobre parâmetros para a fixação da remuneração dos administradores especiais, interventores e liquidantes, limites das despesas realizadas por estes gestores no exercício do regime especial e da obrigatoriedade da emissão de relatório mensal de informações e encaminhamento ao órgão fiscalizador.

180 dias, prorrogável a critério do ente fiscalizador[197]. Por haver referência na norma reguladora da possibilidade de prorrogação do prazo de duração da intervenção, sem qualquer limitação quanto à possibilidade de várias prorrogações, deve-se entender que caberá ao órgão de fiscalização verificar, em cada caso concreto, qual será a duração da medida interventiva e prorrogá-la pelo tempo necessário à conclusão do regime especial.

Diversamente a regulamentação da matéria no âmbito das instituições financeiras, em que o art. 4º da Lei nº 6.024/74 expressamente prevê que o período da intervenção não excederá a seis meses, o qual, por decisão do Banco Central do Brasil, poderá ser prorrogado uma única vez, até o máximo de outros seis meses. O menor tempo de duração dos regimes especiais nas instituições financeiras justifica-se pelo maior universo de pessoas que podem ser atingidas nesse segmento, o que instauraria no mercado financeiro uma insegurança jurídica nociva para as relações bancárias e para o sistema como um todo.

O interventor apresentará ao ente fiscalizador, ao final do regime especial, relatório com a situação da entidade ou do plano de benefícios, apresentando plano de recuperação ou proposta de liquidação extrajudicial, conforme o caso.

A intervenção cessará quando aprovado o plano de recuperação da entidade pelo ente fiscalizador ou se decretada a sua liquidação extrajudicial.

A *liquidação extrajudicial* é o regime especial decretado pelo ente fiscalizador quando constatada a inexistência de condições para o funcionamento da entidade ou a inviabilidade de sua recuperação, mediante a nomeação de liquidante com amplos poderes de representação, administração e liquidação, com a finalidade básica de organizar o quadro geral de credores, realizar o ativo e liquidar o passivo da entidade.

A liquidação extrajudicial geralmente é precedida da intervenção. Pode ser levantada a qualquer tempo, desde que constatados fatos supervenientes que viabilizem a recuperação da entidade de previdência complementar.

Entende-se por ausência de condição para funcionamento de entidade de previdência complementar o não atendimento às condições mínimas estabelecidas pelo órgão regulador e fiscalizador.

Consistem deveres básicos dos administradores dos regimes especiais:

a) gestão e representação da entidade (exceto, no caso do diretor-fiscal que não possui esses poderes), com a prudência própria daqueles que administram recursos de terceiros (princípio do homem prudente);

---

197 Art. 8º Na decretação do regime especial de intervenção será estabelecido prazo de duração de até 180 (cento e oitenta) dias, prorrogável, excepcionalmente, a critério da Secretaria de Previdência Complementar, pelo prazo que esta estabelecer.

b) envio ao ente fiscalizador de relatório mensal com informações circunstanciadas acerca do andamento dos trabalhos, de sua remuneração e de eventuais assistentes ou assessores contratados, bem como das respectivas despesas decorrentes do exercício do encargo (diárias, hospedagem, transporte e moradia); e

c) buscar, sempre que possível, a recuperação da entidade, reconduzindo-a à normalidade administrativa.

O diretor-fiscal, administrador especial, interventor e liquidante nomeados receberão remuneração da EPC, cujo valor será proporcional ao porte do plano ou planos de benefícios submetidos ao regime especial, ou ao porte da EPC, no conjunto dos seus planos, quando tratar-se de intervenção ou liquidação extrajudicial. Os critérios para fixação da remuneração estão definidos na Resolução CGPC nº 24/2007 e nas Instruções SPC nº 16/2007 e nº 17/2007.

A Previc atualiza com certa freqüência o valor máximo a ser pago aos gestores dos regimes especiais, regulamentação prevista no art. 3º da Resolução CGPC nº 24/2007. Caso o gestor designado seja servidor público, será considerada a soma das remunerações percebidas no órgão público cedente e na entidade fechada cessionária para os fins de conformação ao teto remuneratório fixado aos servidores públicos no inciso XI, art. 37 da Constituição Federal.

Os gestores também serão ressarcidos das despesas com hospedagem, alimentação e deslocamento, além de poderem contratar técnicos para auxiliar no encargo legal.

5. EFEITOS DA DECRETAÇÃO DA INTERVENÇÃO E DA LIQUIDAÇÃO EXTRAJUDICIAL

A LC nº 109/2001 elenca alguns efeitos que são automáticos em razão da decretação da intervenção e da liquidação extrajudicial, alguns aplicáveis a ambos os regimes especiais, outros tão somente à liquidação extrajudicial.

Dentre os efeitos comuns da decretação da intervenção e da liquidação situam-se a perda do mandato dos administradores e dos membros dos conselhos estatutários das entidades (Diretoria Executiva, Conselho Deliberativo e Conselho Fiscal), sejam titulares ou suplentes e a indisponibilidade dos bens dos administradores, controladores e membros de conselhos estatutários das entidades de previdência complementar.

Há de se observar que após a decretação da intervenção ou da liquidação extrajudicial a apuração da responsabilidade dos antigos gestores da EPC deve ser apurada mediante a instauração pelo ente fiscalizador de inquérito administrativo, momento em que será conferida ampla defesa e o contraditório aos gestores investigados.

REGIMES ESPECIAIS DE ADMINISTRAÇÃO DAS ENTIDADES DE PREVIDÊNCIA COMPLEMENTAR **259**

O inquérito administrativo será iniciado com a publicação de Portaria do ente fiscalizador no Diário Oficial da União e concluído com o relatório elaborado pela Comissão de Inquérito, o qual será, ao final, submetido para aprovação ou não da autoridade fiscalizadora.

Os efeitos jurídicos automáticos possuem natureza cautelar e visam a evitar qualquer tipo de influência dos antigos gestores que participaram direta ou indiretamente das operações que resultaram na situação fática que engendrou a decretação da intervenção ou da liquidação extrajudicial.

A indisponibilidade dos bens dos administradores, controladores e membros de conselhos estatutários das entidades de previdência complementar visa impedir a alienação e oneração dos bens pertencentes a esses ex-gestores, até a apuração e liquidação final de suas responsabilidades.

Importante observar que o diretor-fiscal não está sujeito à indisponibilidade de bens, nem aos demais efeitos decorrentes da decretação da intervenção ou da liquidação extrajudicial da entidade aberta.

Serão alcançados pela constrição administrativa os bens dos ex-gestores que atuaram na entidade nos 12 (doze) meses anteriores à decretação do regime especial, não podendo, por qualquer forma, direta ou indireta, aliená-los ou onerá-los, até a apuração e liquidação final de suas responsabilidades, bem como os bens desses mesmos ex-gestores que tenham sido adquirido por terceiros, desde que haja seguros elementos de convicção de alienação fraudulenta.

Não serão objeto da constrição administrativa os bens inalienáveis ou impenhoráveis, qualificados como tal pela legislação em vigor, e aqueles cujos contratos foram levados a registro público até doze meses antes da data de decretação do regime de intervenção ou liquidação extrajudicial.

Não será adotada a indisponibilidade de bens dos ex-gestores quando os motivos da decretação sejam totalmente desvinculados do exercício das atribuições dos ex-dirigentes perante a EPC, situação esta que pode ser comprovada no curso do inquérito administrativo.

Podemos exemplificar a ausência do nexo causal entre a decretação do regime especial e a participação dos ex-gestores nos casos em que ficou demonstrado que a depreciação dos recursos garantidores decorreu de aplicações realizadas no mercado financeiro que, embora tenham seguido os padrões de prudência e conformidade com a política de investimentos da entidade, tenham resultado em perdas significativas dos ativos financeiros, em razão de força maior, como ocorre nas crises sistêmicas do mercado financeiro.

260

Após a declaração da indisponibilidade dos bens deve o interventor ou o liquidante providenciar o registro do gravame dos bens nos órgãos competentes, procedendo à publicação do edital para conhecimento de terceiros[198].

Tal providência administrativa impedirá que os órgãos competentes para o registro realizem a transferência do patrimônio garantidor, mantendo os bens indisponíveis até a conclusão do inquérito administrativo.

Ao final do inquérito administrativo, aprovado o relatório final pelo órgão fiscalizador, duas as conclusões possíveis: a) o reconhecimento da inexistência de prejuízo à EPC, o que proporcionará o arquivamento do processo no ente fiscalizador; e b) verificada a existência de prejuízo, o ente fiscalizador encaminhará o inquérito administrativo, com o respectivo relatório, ao órgão do Ministério Público competente para a apuração das responsabilidades civil e criminal dos responsáveis pela lesão ao patrimônio da EPC e dos recursos garantidores do plano de benefícios.

O liquidante ou aqueles contra os quais foi decretada a indisponibilidade dos bens, sem que o relatório do inquérito administrativo tenha concluído pela existência de culpa, poderão solicitar ao ente fiscalizador, se este assim não agiu de ofício, o levantamento do gravame perante os órgãos competentes, de forma a lhe devolver a plenitude do direito de propriedade (uso, gozo e disposição sobre os bens, art. 1.228 do Código Civil).

Será mantida a indisponibilidade com relação às pessoas indiciadas no inquérito, após aprovação do respectivo relatório pelo ente fiscalizador.

Situação recorrente que tem sido objeto de apreciação do ente fiscalizador consiste na liberação dos bens dos gestores que não tiveram reconhecida sua responsabilidade nas irregularidades apuradas no inquérito administrativo, mas que o ente fiscalizador, em razão do número de envolvidos e da presença de indícios de práticas criminosas, por cautela, encaminha os autos para o Ministério Público, na forma do art. 64 da LC nº 109/2001[199], para apuração da responsabilidade civil e crimi-

---

198 LC nº 109/2001: Art. 60. O interventor ou o liquidante comunicará a indisponibilidade de bens aos órgãos competentes para os devidos registros e publicará edital para conhecimento de terceiros.

Parágrafo único. A autoridade que receber a comunicação ficará, relativamente a esses bens, impedida de:

I – fazer transcrições, inscrições ou averbações de documentos públicos ou particulares;

II – arquivar atos ou contratos que importem em transferência de cotas sociais, ações ou partes beneficiárias;

III – realizar ou registrar operações e títulos de qualquer natureza; e

IV – processar a transferência de propriedade de veículos automotores, aeronaves e embarcações.

199 LC nº 109/2001: Art. 64. O órgão fiscalizador competente, o Banco Central do Brasil, a Comissão de Valores Mobiliários ou a Secretaria da Receita Federal, constatando a existência de práticas irregulares ou indícios de crimes em entidades de previdência complementar, noticiará ao

REGIMES ESPECIAIS DE ADMINISTRAÇÃO DAS ENTIDADES DE PREVIDÊNCIA COMPLEMENTAR

nal, incluindo o nome de investigados que, embora não tenham praticado infração administrativa, possam ter participado de alguma forma das irregularidades com repercussão nas demais esferas de responsabilização.

Com a remessa dos autos ao *parquet,* tem entendido o ente fiscalizador que cumpriu sua função administrativa, cabendo ao Ministério Público avaliar sobre os desdobramentos da investigação administrativa, inclusive quanto à liberação dos bens dos ex-gestores da entidade.

Como o poder de decretar o regime especial foi conferido pela LC nº 109/2001 ao ente fiscalizador, com maior razão também lhe é conferida a possibilidade de, no momento da análise do relatório final do inquérito administrativo, fazer constar a liberação dos bens daqueles ex-gestores que, comprovadamente, não participaram dos atos lesivos à entidade ou ao plano de benefícios por ela administrado.

Nessas situações, há de ser levada em conta a independência das esferas de responsabilização, devendo o ente fiscalizador decidir, fundamentadamente, sobre a liberação ou não dos bens e em relação a quais investigados persistirá a constrição administrativa.

O envio dos autos do inquérito administrativo ao Ministério Público e a respectiva dúvida do ente fiscalizador acerca dos poderes de liberação dos bens dos ex-gestores quando os autos já se encontrarem no *parquet* tem gerado discussões judiciais que trazem prejuízo à livre administração do patrimônio dos particulares que participaram da gestão da entidade.

O Tribunal Regional Federal da 2ª região, em pelo menos duas oportunidades, manifestou-se no sentido de ser atribuição do ente fiscalizador apreciar os pedidos de liberação de bens, como observado nos julgados a seguir transcritos:

> DIREITO ADMINISTRATIVO. ENTIDADE DE PREVIDÊNCIA PRIVADA. INTERVENÇÃO EXTRAJUDICIAL. INDISPONIBILIDADE DE BENS DOS ADMINISTRADORES E MEMBROS DOS CONSELHOS CONSULTIVOS E FISCAIS INDICIADOS. [...] Terminado o regime de intervenção em 2004, malgrado a revogação daquele diploma legal pela Lei Complementar nº 109, de 29/05/2001, tal previsão foi mantida, nos moldes do artigo 59. – No tocante à apuração e liquidação final das responsabilidades dos administradores faz-se necessária a remissão à Lei nº 6.024/74, nos moldes do art. 62 citado anteriormente, com especial atenção ao art. 46. – *Finalizados os procedimentos administrativos concluiu o Ministério Público Estadual/RJ por não promover a persecução do Autor na esfera civil, penal ou administrativa. Cumpre considerar, ainda, a manifestação do órgão ministerial e da Secretaria de Previdência Complementar do MPS pela inexistência de óbice ao desbloqueio dos bens do Autor, porquanto encerrado o regime de intervenção do GASIUS, arquivados os correspondentes procedimentos administrativos*

Ministério Público, enviando-lhe os documentos comprobatórios. Parágrafo único. O sigilo de operações não poderá ser invocado como óbice à troca de informações entre os órgãos mencionados no caput, nem ao fornecimento de informações requisitadas pelo Ministério Público.

e cumpridas as respectivas sanções administrativas aplicadas pela Comissão de Inquérito. - Nesse panorama e à luz dos ditames legais, a postura adotada pela Administração de manter indisponíveis os bens do Autor revela-se juridicamente insustentável, tendo em vista a inexistência de interesse ou conveniência para o resguardo dos bens e valores. - Irrepreensível, portanto, a r. sentença que, equacionando com absoluta propriedade a questão, julgou procedente, em parte, os pedidos para determinar a liberação integral dos bens do Autor. - No que se refere aos honorários advocatícios, contudo, o julgado merece reforma, afinal, julgado improcedente o pedido de pagamento de danos morais, a pretensão autoral foi acolhida em parte. Desta feita, entendo caracterizada a sucumbência recíproca e aplicável o preceito do artigo 21, caput, do CPC. - Remessa necessária não provida. Recurso parcialmente provido para estabelecer a compensação entre as partes dos ônus processuais. (TRF 2ª região. 7ª turma. PELRE 503845. Relator: Desembargador Federal Flavio de Oliveira Lucas. E-DJF2R - Data::03/06/2011).

ADMINISTRATIVO - ENTIDADE DE PREVIDÊNCIA PRIVADA - INTERVENÇÃO LEVADA A EFEITO PELO MPAS - INDISPONIBILIDADE DE BENS DOS AMINISTRADORES E MEMBROS DOS CONSELHOS DELIBERATIVOS, CONSULTIVOS, FISCAIS E ASSEMELHADOS - ART. 71 DA LEI Nº 6435/77 - CONSELHEIRO FISCAL NÃO INDICIADO PELA COMISSÃO DE INQUÉRITO - AUSÊNCIA DE IRREGULARIDADE NO EXERCÍCIO DE SUAS FUNÇÕES - DESFAZIMENTO DO ATO CONSTRITIVO - COMPETÊNCIA DO ÓRGÃO INTERVENTOR. I - Consoante o disposto no art. 71 da Lei nº 6.435/77, "os administradores e membros de conselhos deliberativos, consultivos, fiscais ou assemelhados, das entidades de previdência privada sob intervenção ou em liquidação extrajudicial, ficarão com todos os seus bens indisponíveis, não podendo, por qualquer forma, direta ou indireta, aliená-los ou onerá-los, até apuração e liquidação final de suas responsabilidades." II - A indisponibilidade em questão é conseqüência imediata do decreto de intervenção, devendo servir como elemento assecuratório da efetividade dos trabalhos de investigação e fiscalização implementados pela Comissão de Inquérito. III - *Uma vez constatada pela Comissão a ausência de quaisquer indícios de irregularidade de conduta do Autor quando do exercício de suas funções de Conselheiro Fiscal junto à instituição alvo da intervenção, e, por consectário lógico, deixando o mesmo de ser indiciado ao final do inquérito administrativo, é de rigor a liberação dos bens anteriormente declarados indisponíveis, dando-se efetividade, assim, à orientação que deflui da redação do art. 71 da Lei nº 6.435/77, parte final. IV - É do órgão interventor, e não do Ministério Público, a competência para determinar o desfazimento do ato que decreta a indisponibilidade dos bens das pessoas referenciadas no art. 71 da Lei nº 6.435/77.* V - Apelação e remessa oficial desprovidas. (TRF 2ª região. 7ª turma. AC 200251010053123. Relator: Desembargador Federal Sergio Schwaitzer. DJU 08/03/2006. Página: 195).

Desse modo, entendemos que, embora o momento mais adequado para a avaliação sobre a liberação ou não dos bens seja quando da elaboração do relatório final da Comissão de Inquérito, se o ente fiscalizador, por qualquer motivo, não tenha apreciado a questão, encaminhando os autos ao Ministério Público, se este não o fizer em prazo razoável, não diligenciando para proceder à responsabilização civil e criminal ou arquivamento dos autos, é possível ente fiscalizador decidir sobre a questão considerando que possui autorização legal para conduzir os regimes especiais no âmbito da previdência complementar.

REGIMES ESPECIAIS DE ADMINISTRAÇÃO DAS ENTIDADES DE PREVIDÊNCIA COMPLEMENTAR **263**

Outros efeitos específicos fixados pelo art. 49 da LC nº 109/2001 para as hipóteses de decretação da liquidação extrajudicial, e que atingem a órbita de interesses (direitos e obrigações) da entidade, dos participantes e de terceiros que de alguma forma se relacionam com a entidade de previdência complementar, são os seguintes:

a) Suspensão das ações e execuções iniciadas sobre direitos e interesses relativos ao acervo da entidade liquidanda;

b) Vencimento antecipado das obrigações da liquidanda;

c) Não incidência de penalidades contratuais contra a entidade por obrigações vencidas em decorrência da decretação da liquidação extrajudicial;

d) Não fluência de juros contra a liquidanda enquanto não integralmente pago o passivo;

e) Interrupção da prescrição em relação às obrigações da entidade em liquidação;

f) Suspensão de multa e juros em relação às dívidas da entidade;

g) Inexigibilidade de penas pecuniárias por infrações de natureza administrativa; e

h) Interrupção do pagamento à liquidanda das contribuições dos participantes e dos patrocinadores, relativas aos planos de benefícios.

São situações que dizem respeito diretamente à obrigação pecuniária que fará parte do passivo da EPC e recebem tratamento especial da legislação, de modo a permitir um *"congelamento"* do passivo da entidade, permitindo o início dos trabalhos de levantamento dos valores devidos e pagamento dos credores, segundo a ordem preferencial.

A liquidação extrajudicial, se não afetar apenas um ou alguns planos de benefícios da entidade, acarretará a extinção da pessoa jurídica pelo órgão fiscalizador.

6. ASPECTOS GERAIS RELACIONADOS À LIQUIDAÇÃO EXTRAJUDICIAL DAS ENTIDADES FECHADAS

As atribuições do liquidante envolvem a prática de atos próprios da execução concursal, dentre as quais: a) organizar o quadro geral de credores; b) realizar o ativo; e c) liquidar o passivo.

Esse o sentido do art. 50 da LC nº 109/2001:

> Art. 50. O liquidante organizará o quadro geral de credores, realizará o ativo e liquidará o passivo.

§ 1º Os participantes, inclusive os assistidos, dos planos de benefícios ficam dispensados de se habilitarem a seus respectivos créditos, estejam estes sendo recebidos ou não.

§ 2º Os participantes, inclusive os assistidos, dos planos de benefícios terão privilégio especial sobre os ativos garantidores das reservas técnicas e, caso estes não sejam suficientes para a cobertura dos direitos respectivos, privilégio geral sobre as demais partes não vinculadas ao ativo.

§ 3º Os participantes que já estiverem recebendo benefícios, ou que já tiverem adquirido este direito antes de decretada a liquidação extrajudicial, terão preferência sobre os demais participantes.

§ 4º Os créditos referidos nos parágrafos anteriores deste artigo não têm preferência sobre os créditos de natureza trabalhista ou tributária.

Para as entidades abertas de previdência complementar os efeitos da decretação da liquidação incidem somente em relação às suas atividades de natureza previdenciária, já que tais entidades também podem possuir autorização estatal para executar outras atividades que não o fornecimento de produtos previdenciários.

Na formação da ordem de preferência dos credores, os créditos dos participantes e assistidos possuem preferência em relação a todos os demais créditos da massa, e, dentro dessa espécie de crédito, os créditos dos assistidos e dos elegíveis que já satisfizeram as condições para a concessão dos benefícios previstos no regulamento preferem aos créditos dos demais participantes do plano.

Por disposição legal, os créditos trabalhistas e tributários preferem a todos os demais. Os credores quirografários, aqueles que não possuem qualquer tipo de preferência especial ao pagamento, serão os últimos a verem seus créditos satisfeitos.

Podemos assim resumir o quadro de credores:

a) Credor trabalhista ou tributário;

b) Participantes e assistidos que já recebem benefício ou os elegíveis antes da decretação da liquidação;

c) Participantes e assistidos;

d) Credores quirografários.

Os participantes e assistidos dos planos de benefícios ficam dispensados de se habilitarem a seus respectivos créditos, estejam estes sendo recebidos ou não, tendo o privilégio especial sobre os ativos garantidores das reservas técnicas e, caso estes não sejam suficientes para a cobertura dos direitos respectivos, privilégio geral sobre as demais partes não vinculadas ao ativo.

A organização do quadro geral de credores e o estabelecimento da ordem de preferência em relação aqueles que primeiro terão os seus créditos satisfeitos impõe uma prévia reflexão sobre a natureza jurídica do patrimônio das entidades

REGIMES ESPECIAIS DE ADMINISTRAÇÃO DAS ENTIDADES DE PREVIDÊNCIA COMPLEMENTAR

265

de previdência e dos seus planos de benefícios, e sobre o universo patrimonial sobre o qual recairá a satisfação das obrigações da entidade nos casos de liquidação extrajudicial.

A importância dessa questão exige a leitura atenta da redação do § 2º, art. 50 da LC nº 109/2001 que estabelece a existência de *privilégio especial* dos créditos dos participantes e assistidos sobre os ativos garantidores das reservas técnicas e, caso estes não sejam suficientes para a cobertura dos direitos respectivos, privilégio geral sobre as demais partes não vinculadas ao ativo.

Uma questão que se nos afigura de extrema importância, e que tem levado a equívocos hermenêuticos principalmente na seara judicial, é o tema da *independência patrimonial dos planos de benefícios*, seja em relação ao patrimônio da entidade fechada, seja em relação à pluralidade de patrimônios quando presentes vários planos de benefícios administrados pela mesma entidade fechada.

As entidades fechadas de previdência complementar são constituídas sob a forma de fundações civis sem finalidade lucrativa.

Como bem discorrem Cristiano Chaves de Farias e Nelson Rosenvald, *"as fundações são, no dizer de Gustavo Saad Diniz, organizações com patrimônio afetado por uma finalidade específica determinada pelo instituidor, com personalidade jurídica atribuída por lei"*[200].

Embora somente a entidade fechada possua personalidade jurídica, várias delas, e essa é uma tendência atual considerando o custo de operação das EFPC, oferecem vários planos de benefícios de natureza contratual abrangendo vários grupos diferentes de participantes e assistidos, como é o caso das entidades qualificadas multiplano[201].

Os planos de benefícios, por não possuírem personalidade jurídica, mas tão somente Cadastro Nacional de Planos de Benefícios – CNPB (Resolução CGPC nº 14, de 01 de outubro de 2004) destinado à individualização dos patrimônios dos planos perante o órgão fiscalizador, estão, com freqüência, sujeitos ao risco de entendimentos jurisprudenciais que consideram os patrimônios dos planos de benefícios e da entidade fechada como sendo uma universalidade indivisível, sem realizar a separação dos respectivos patrimônios.

---

200 FARIAS, Cristiano Chaves de; ROSENVALD, Nelson. *Direito civil*: teoria geral. 9. ed. Rio de Janeiro: Lumen Juris, 2011.p.389.

201 LC 109/2001. Art. 34. As entidades fechadas podem ser qualificadas da seguinte forma, além de outras que possam ser definidas pelo órgão regulador e fiscalizador: I – de acordo com os planos que administram: a) de plano comum, quando administram plano ou conjunto de planos acessíveis ao universo de participantes; e b) *com multiplano*, quando administram plano ou conjunto de planos de benefícios para diversos grupos de participantes, *com independência patrimonial*; [...]

É princípio clássico do direito civil que a garantia do pagamento das obrigações do devedor está no patrimônio deste, e que o patrimônio das pessoas físicas que integram uma pessoa jurídica é distinto do patrimônio daquelas, e eventuais obrigações nascidas em face de um não se comunica ao outro.

Inegável a existência no nosso ordenamento jurídico de entes despersonalizados que podem figurar em relações jurídicas, a exemplo da massa falida, a herança vacante, a herança jacente e o espólio, inclusive com capacidade judiciária para figurar no pólo da relação processual em juízo.

A doutrina, inclusive, "vem incluindo outras figuras jurídicas na categoria de entidades despersonalizadas, como os grupos de consórcio e os grupos de convênio médico e eventuais fundos criados no mercado de capital – de ações, imobiliários *ou de pensão*[202]".

Não se pretende com essa linha argumentativa professar a defesa da personalidade jurídica dos planos de benefícios, mas apenas chamar a atenção que a segregação de patrimônios e a responsabilização individualizada podem ocorrer mesmo em entes despersonalizados, não sendo uma novidade jurídica.

Sobre o tema, segue interessante abordagem de Sérgio de Andrea Ferreira[203]:

> Para que se tenha a compreensão exata dessa caracterização do processo de liquidação extrajudicial de uma EFPC e, como detalharemos, da diferença da situação jurídica dos participantes e assistidos, de um lado e, de outro, dos credores externos da EFPC, é mister atentar para o que o § 2º do art. 50 da LC nº 109/01 se refere como "ativos garantidores das reservas técnicas" e "demais partes não vinculadas ao ativo.
>
> É que uma EFPC tem o que, juridicamente, se chama de: (a) um patrimônio geral; e (b) um ou mais patrimônios especiais ou separados.
>
> [...]
>
> Não se exige, na caracterização do patrimônio especial, uma administração separada, eis que pode ser a mesma pessoa a gestora do patrimônio geral e de um, ou mais, patrimônios especiais.
>
> Neste passo, é pertinente lembrar que a Lei nº 6.435/77 foi editada em uma época na qual se confundiam EFPC e respectivo plano, porquanto para cada uma daquelas só havia, na sua quase totalidade, um único dos últimos, objeto do regulamento básico, o que a evolução do setor veio a alterar.
>
> A EFPC é a estrutura organizacional que abriga Planos, e respectivos fundos garantidores, a eles finalisticamente afetados como patrimônios

---

202 FARIAS; ROSENVALD. op.cit. p.403.

203 FERREIRA, Sérgio de Andréa. Caracterização jurídica do processo de liquidação extrajudicial de entidade de previdência complementar. *Revista de Direito da Procuradoria Geral da Superintendência de Seguros Privados*. Rio de Janeiro, v.1, p.19-56, jan./dez. 2002.

REGIMES ESPECIAIS DE ADMINISTRAÇÃO DAS ENTIDADES DE PREVIDÊNCIA COMPLEMENTAR

separados, em relação ao patrimônio geral da entidade, que é aquela parte não vinculada do ativo, na dicção do art. 67, § 1º, da Lei nº 6.435/77 e do art. 50, § 2º, da LC nº 109/01.

Como bem definido no art. 202 da Constituição Federal, o regime de previdência privada *é baseado na constituição de reservas que garantam o benefício contratado*, sendo essas reservas os recursos que garantirão o pagamento dos benefícios.

Na passagem do citado art. 34, I, *b* da LC 109/2001 consta, expressamente, a separação do patrimônio dos planos de benefícios administrados pelas entidades multiplano. A mesma interpretação de separação patrimonial deve ser compreendida em relação às dívidas da entidade fechada e dos planos de benefícios que ela administra.

A lógica é bem simples: como os recursos garantidores decorrem da soma das contribuições dos próprios participantes, dos patrocinadores e dos resultados das aplicações financeiras realizadas no mercado financeiro, a estes devem ser totalmente revertidos o produto final dos recursos formados no período de acumulação.

Desse modo, existe o patrimônio da entidade fechada, pessoa jurídica com personalidade própria, e o patrimônio afetado ao pagamento de benefícios, segregado do patrimônio do ente que o administra[204].

Nessa linha de raciocínio, questiona-se qual seria o universo patrimonial sobre o qual recairá o pagamento dos credores nos casos de liquidação extrajudicial?

Cremos que a resposta mais adequada seria considerar, o que já prevê expressamente o § 2º do art. 50 da LC 109/2001, no sentido de que o patrimônio de cada plano de benefício responda pelos créditos dos participantes e assistidos inscritos no plano de benefícios e, caso insuficientes os recursos para saldarem a totalidade dos débitos (leia-se, se os créditos dos participantes superarem o universo patrimonial do plano de benefícios), as demais partes não vinculadas ao ativo do plano de benefícios servirão como garantia do crédito dos participantes e assistidos.

Nas entidades abertas, por executarem atividade com fim lucrativo, essa parte não vinculada ao pagamento de benefícios previdenciários poderá ser significativa e cobrir a totalidade dos débitos existentes, pois existem recursos financeiros contabilizados em nome da pessoa jurídica responsável pela gestão dos recursos previdenciários. Já nas entidades fechadas, por não existir um patrimônio contabilizado em nome do ente gestor, em razão do exercício de atividade sem ânimo de lucro, reduz-se a possibilidade da satisfação dos débitos da entidade.

---

204 Importante dar nota que por meio da Resolução CGPC nº 14/2004 foi criado o Cadastro Nacional de Planos de Benefícios, em que um número específico é dado a cada plano de benefícios administrado pela entidade fechada, com o propósito da segregação dos recursos.

Por fim, no encerramento do regime de liquidação, há a necessidade de aprovação das contas finais do liquidante pelo ente fiscalizador, com a baixa nos devidos registros.

Na eventualidade da comprovação pelo liquidante da inexistência de ativos para satisfazer a possíveis créditos reclamados contra a entidade, deverá tal situação ser comunicada ao juízo competente e efetivados os devidos registros, para o encerramento do processo de liquidação.

Sendo insuficiente o patrimônio garantidor e finalizada a liquidação, deve ser encerrada a atividade da EPC, com baixa no cartório de registro público e no cadastro nacional de pessoa jurídica da Receita Federal.

Segundo o disposto no art. 24 da Lei nº 6.024/74 os credores, no caso de não se conformarem com a prática de algum ato de gestão do liquidante, podem apresentar recurso administrativo no prazo de dez (10) dias, contados da data em que forem notificados da decisão.

CAPÍTULO VI

DIREITO ADMINISTRATIVO SANCIONADOR NA PREVIDÊNCIA COMPLEMENTAR

1. INTRODUÇÃO

Os artigos 63 a 67 da LC nº 109/2001 dispõem sobre o *regime disciplinar* no âmbito da previdência complementar. Os dispositivos legais pretendem regulamentar os níveis de responsabilidade pela prática de irregularidades no exercício da atividade de previdência complementar.

Senão vejamos o teor do capítulo VII da LC nº 109/2001 que trata do regime disciplinar:

> Art. 63. Os administradores de entidade, os procuradores com poderes de gestão, os membros de conselhos estatutários, o interventor e o liquidante responderão civilmente pelos danos ou prejuízos que causarem, por ação ou omissão, às entidades de previdência complementar.
>
> Parágrafo único. São também responsáveis, na forma do caput, os administradores dos patrocinadores ou instituidores, os atuários, os auditores independentes, os avaliadores de gestão e outros profissionais que prestem serviços técnicos à entidade, diretamente ou por intermédio de pessoa jurídica contratada.
>
> Art. 64. O órgão fiscalizador competente, o Banco Central do Brasil, a Comissão de Valores Mobiliários ou a Secretaria da Receita Federal, constatando a existência de práticas irregulares ou indícios de crimes em entidades de previdência complementar, noticiará ao Ministério Público, enviando-lhe os documentos comprobatórios.
>
> Parágrafo único. O sigilo de operações não poderá ser invocado como óbice à troca de informações entre os órgãos mencionados no caput, nem ao fornecimento de informações requisitadas pelo Ministério Público.
>
> Art. 65. A infração de qualquer disposição desta Lei Complementar ou de seu regulamento, para a qual não haja penalidade expressamente cominada, sujeita a pessoa física ou jurídica responsável, conforme o caso e a gravidade da infração, às seguintes penalidades administrativas, observado o disposto em regulamento:
>
> I – advertência;
>
> II – suspensão do exercício de atividades em entidades de previdência complementar pelo prazo de até cento e oitenta dias;
>
> III – inabilitação, pelo prazo de dois a dez anos, para o exercício de cargo ou função em entidades de previdência complementar, sociedades seguradoras, instituições financeiras e no serviço público; e

IV – multa de dois mil reais a um milhão de reais, devendo esses valores, a partir da publicação desta Lei Complementar, ser reajustados de forma a preservar, em caráter permanente, seus valores reais. (...)

Inicialmente, convém realizar uma crítica à expressão "regime disciplinar" utilizada pela LC nº 109/2001 quando denomina dessa forma os meios empregados pelo Estado para apurar os atos ilícitos praticados no âmbito da atividade de previdência complementar.

A expressão "regime disciplinar" tem sido utilizada pela legislação pátria, diversamente do sentido empregado na lei de previdência complementar, nas relações jurídicas em que os sujeitos que delas participam estão ligados juridicamente por uma relação hierárquica, de submissão da vontade de um sujeito em relação ao outro. Exemplo clássico é o da relação jurídica que se estabelece nas relações de trabalho, quando o empregador possui poder diretivo ou hierárquico em relação ao seu empregado (também aplicável na relação do ente público com seu servidor, nas relações estatutárias) e qualquer violação das normas trabalhistas importa na apuração e aplicação de sanções funcionais[205].

Estabelece-se, assim, normas de conduta de cumprimento obrigatório por parte dos trabalhadores (empregados ou servidores públicos), sob pena da aplicação de sanções em razão do seu descumprimento.

Muito elucidativa a diferenciação realizada por Regis Fernandes de Oliveira entre o *poder de polícia* e o *poder disciplinar* do Estado. O citado administrativista, com base em relevantes opiniões doutrinárias, afirma haver no poder punitivo estatal diversas ordens de sanções, sendo aquelas decorrentes da violação de normas do poder de polícia e do poder disciplinar as mais comuns[206]:

> Diríamos que o poder sancionador do Estado se desenvolve em diferentes direções. O *poder de polícia*, fruto da supremacia geral do Estado sobre todos os cidadãos, implica a imposição de abstenção de certos comportamentos, limitando os direitos de propriedade e de liberdade, com a finalidade de assegurar o exato exercício de tais direitos.
>
> (...)
>
> Mayse Verzola esclarece que, "no âmbito específico do Direito Administrativo Sancionador, a proibição do abuso de direito tem por alicerce normativo

---

205 Veja os artigos 116 a 142 da Lei nº 8.112/90 que disciplinam o regime jurídico dos servidores públicos civis da União, das autarquias e das fundações públicas federais. O conjunto de direitos e obrigações que disciplina a relação de trabalho estatutária foi inserido em título do regime disciplinar, enquanto que o processo administrativo para apuração e aplicação de eventuais sanções administrativas-funcionais foi deslocado para os artigos 143 a 182 sob o título do processo administrativo disciplinar.

206 OLIVEIRA, Regis Fernandes de. Infrações e Sanções Administrativas. 3ª edição. São Paulo: Revista dos Tribunais, 2012. p-58-59.

DIREITO ADMINISTRATIVO SANCIONADOR NA PREVIDÊNCIA COMPLEMENTAR

a imposição legal de conformação do interesse particular o interesse público, dada a supremacia deste. Este é o fundamento do poder de polícia.

Caso as ordens emanadas do Poder Público se dirijam a certas pessoas, qualificativamente determinadas, vinculadas ao Poder Público por elo especial de sujeição, falamos em *poder disciplinar*. Aplicam-se aos que mantêm vínculo especial de sujeição com o Estado, vínculo este criado por um estatuto.

Para Marcelo Caetano, "ao poder disciplinar cabe aplicar sanções corretivas aos agentes que pelo seu procedimento embaracem ou de qualquer modo prejudiquem este, expulsando-os até se for o caso disso". De acordo com Paul Laband, "o fundamento da sanção disciplinar é uma relação especial de serviços e não mais de soberania".

(...)

Para Themístocles Cavalcanti, "a subordinação é fator elementar para que exerça o poder disciplinar. A outra consequência do poder hierárquico e de maior importância, é a competência para exercer função disciplinar". Cumpre salientar que, diferentemente do poder hierárquico, o poder disciplinar tem caráter punitivo. Essa é a característica que também diferencia a *potestade disciplinar* da *potestade regulamentar.*

No âmbito da previdência complementar não existe uma relação de poder hierárquico ou disciplinar entre o titular do *ius puniendi* estatal (entes públicos responsáveis pela fiscalização) e o sujeito ativo do ilícito administrativo (autor da infração).

Os entes estatais que fiscalizam a atividade de previdência complementar atuam como um agente externo à atividade previdenciária e buscam tão somente verificar a adequação do exercício da atividade realizada pelo dirigente da entidade de previdência complementar em relação às normas da previdência complementar.

Atuam os entes estatais para que o contrato previdenciário seja respeitado e a proteção previdenciária se realize nos moldes inicialmente contratados.

Feitas essas considerações, entendemos que a norma de previdência complementar deveria fazer referência ao *poder de polícia* dos entes do Estado na fiscalização dos planos de benefícios ou ao *direito administrativo sancionador (ou ao processo administrativo sancionador do qual é parte)* para julgamento das infrações administrativas dessa natureza, e não referir-se a *regime disciplinar* como faz o Capítulo VII da LC nº 109/2001[207].

O direito administrativo sancionador abrangeria tanto a descrição dos princípios e regras para a verificação da ocorrência dos fatos típicos passíveis de sanção

---

207 Sugere-se como leitura complementar para aqueles que queiram aprofundar-se na matéria a obra de Fábio Medina Osório: Direito Administrativo Sancionador. 4ª edição. São Paulo: Revista dos Tribunais, 2011.

(direito material) quanto os meios ou caminhos utilizados pela Administração para a aplicação do direito material através do *processo administrativo* de caráter instrumental.

2. ATO ILÍCITO NA PREVIDÊNCIA COMPLEMENTAR E ESFERAS DE RESPONSABILIZAÇÃO (CÍVEL, CRIMINAL E ADMINISTRATIVA)

A LC nº 109/2001 reconhece, e não poderia ser diferente, que os atos ilícitos praticados na atividade de previdência complementar são passíveis de responsabilidade civil, criminal e administrativa.

Ou seja, uma única conduta humana poderá proporcionar a responsabilização do autor do fato, ou do responsável previsto em lei, em três diferentes regimes jurídicos sancionadores: o cível, o criminal e o administrativo. Este último objeto central do nosso estudo.

Essas esferas de responsabilização são independentes e tutelam bens jurídicos distintos. Não existe, em verdade, uma diferença ontológica quanto à natureza jurídica do ilícito, mas apenas de enquadramento da conduta reprovável pelo legislador de acordo com a valoração do bem jurídico que se busca proteger e a maior ou menor repercussão ou repulsa social da conduta. Assim, seriam considerados crimes ou contravenções a violação a bem jurídicos fundamentais à paz social (ex: proteção jurídica do direito à vida) e apenados com sanção administrativa ou cível quando necessário coibir condutas que violassem bens jurídicos de menor importância social (proteção ao patrimônio). No primeiro caso (ilícito criminal), seriam aplicáveis penas privativas de liberdade e nos demais casos (ilícito civil ou administrativo) penas pecuniárias (ex: multas), de limitação ao exercício de direitos (ex: suspensão do exercício profissional), dentre outras. O que não impede a imposição de multa ou restrição de direitos como sanção criminal de caráter acessório ou secundário, ou substitutiva da pena privativa de liberdade. Tudo dependerá da escolha e categorização da conduta pelo legislador.

Nesses termos, a irretocável doutrina de Magalhães Noronha[208]:

> 57. Ilícito penal e ilícito civil. Várias teorias têm sido excogitadas para se traçar uma linha divisória entre o ilícito penal e o civil; porém nenhuma delas satisfaz, nenhuma resistiu às críticas que lhe foram opostas.
>
> Realmente, não há distinção ontológica entre o delito penal e o delito civil. A ilicitude é uma só. Em regra devia importar sempre uma pena, porém esta é um mal, não só para o delinquente e para sua família (que por ele sempre paga) como para o próprio Estado, obrigado a gastos e dispêndios.
>
> Conseqüentemente, toda vez que a ordem jurídica se contenta com sanção diversa penal, não há razão para não ser aplicada.

---

208 NORONHA, E. Magalhães. Direito Penal. Volume 1. São Paulo: Saraiva, 1998, p-107.

DIREITO ADMINISTRATIVO SANCIONADOR NA PREVIDÊNCIA COMPLEMENTAR

O problema é antes valorativo. A sanção penal destina-se, em regra, às ofensas de maior vulto, que mais seriamente atentam contra os interesses sociais. Cabe ao legislador a valorização do bem jurídico, determinando quais os que devem ficar sob a égide da sanção extrema que é a pena.

Diferença de essência não apresentam, assim, os dois ilícitos. A distinção reside na gravidade da violação à ordem jurídica.

Diga-se o mesmo do ilícito administrativo.

Fábio Medina Osório discorre sobre a identidade do ilícito penal e administrativo, e da dificuldade em se estabelecer padrões a serem seguidos pela legislação dos Estados, afirmando[209]:

> Na sequência do que vem sendo exposto, percebe-se uma enorme dificuldade em diferenciar ilícitos penais e administrativos pelo critério do conteúdo ou qualidade das penas, salvo em raras limitações constitucionais, precisamente no que diz respeito às penas privativas de liberdade, cujos regimes jurídicos ostentam clara vinculação à sua natureza penal. Diante da ausência de elementos diferenciadores no plano moral, ético ou qualitativo, percebe-se que a comparação dos elementos entre as infrações penais e administrativas conduziria a uma substancial identidade entre os ilícitos penais e administrativos. Prova dessa inegável realidade seria o fato de que o legislador ostenta amplos poderes discricionários na administrativização de ilícitos penais ou na penalização de ilícitos administrativos. Pode um ilícito hoje ser penal e no dia seguinte amanhecer administrativo ou vice-versa. Não há um critério qualitativo a separar esses ilícitos e tampouco um critério rigorosamente quantitativo, porque algumas sanções administrativas são mais severas do que as penais. Pode haver, claro, tendências, em termos de política do Direito Punitivo. Isto não significa que haja espaços demarcados por critérios qualitativos, salvo em raras e excepcionais situações contempladas nas Cartas Constitucionais, onde se torna possível discriminar situações de obrigatória tipificação penal ou, ao revés, de tipificação penal interditada.

Assim, podemos falar da existência de condutas contrárias à ordem jurídica denominadas de:

a) *Ilícito civil*: tutela o interesse particular do lesado, seu patrimônio e, comumente, tem como efeito jurídico o dever de indenizar (reparação econômica do prejuízo sofrido pela vítima do dano)[210];

b) *Ilícito penal ou criminal*: tutela o interesse coletivo, a paz social e gera sanções mais graves que privam a liberdade, restringem o exercício de direitos ou fixam multas aos autores da infração;

---

209 OSÓRIO, Fábio Medina. Direito Administrativo Sancionador. 4ª edição. São Paulo: Revista dos Tribunais, 2011, p.116.

210 Código Civil: Art. 186. Aquele que, por ação ou omissão voluntária, negligência ou imprudência, violar direito e causar dano a outrem, ainda que exclusivamente moral, comete ato ilícito.

c) Ilícito administrativo: tutela o interesse coletivo e a boa execução dos serviços públicos e privados, exigindo um padrão de conduta por parte dos particulares ou das pessoas que mantém vínculo contratual ou estatutário com o poder público, impondo-lhes uma obrigação de dar, de fazer ou de não fazer algo em prol desse interesse coletivo.

Em algumas passagens a legislação ressalta a independência das esferas de responsabilização.

O Código Civil no art. 935 prescreve que *"a responsabilidade civil é independente da criminal, não se podendo questionar mais sobre a existência do fato, ou sobre quem seja o seu autor, quando estas questões se acharem decididas no juízo criminal".*

Segundo consagra o estatuto civil, mesmo reconhecendo a independência das instâncias civil e criminal, afirma existir, em algumas situações, prejudicialidade da segunda em relação à primeira. Se transitar em julgado a sentença criminal no sentido de condenar o réu como autor do crime, não poderá o juízo cível imputar a conduta lesiva a outra pessoa física, nem perquirir se o ato lesivo realmente ocorreu no mundo dos fatos.

A lei penal confere efeito automático da sentença criminal no juízo cível impondo ao autor do crime o dever de indenizar civilmente pelos danos causados. Nestes termos, o Código Penal ao prescrever no art. 91 como efeito da condenação *"tornar certa a obrigação de indenizar o dano causado pelo crime".* A sentença criminal será utilizada como título executivo no juízo cível para a satisfação da indenização pelo ato ilícito praticado pelo autor, sendo necessário apenas proceder à liquidação da sentença criminal no juízo cível[211].

O poder punitivo estatal será exercido por instituições diversas, de acordo com a esfera de responsabilidade. Será da competência do poder judiciário realizar a apuração e a persecução penal e cível, e caberá à Administração (leia-se: poder executivo, como regra, e poder legislativo e judiciário, estes quando vestidos da função administrativa) apurar os ilícitos administrativos e aplicar as respectivas sanções.

O art. 63 da LC nº 109/2001 prevê a responsabilidade civil no regime de previdência complementar, dispondo que os administradores de entidade, os procuradores com poderes de gestão, os membros de conselhos estatutários, o interventor e o liquidante, os administradores dos patrocinadores ou instituidores, os atuários, os auditores independentes, os avaliadores de gestão e outros profissionais que prestem serviços técnicos à entidade, diretamente ou por

---

211 Código de Processo Civil: Art. 475-N. São títulos executivos judiciais: (...) II – a sentença penal condenatória transitada em julgado;

DIREITO ADMINISTRATIVO SANCIONADOR NA PREVIDÊNCIA COMPLEMENTAR

275

intermédio de pessoa jurídica contratada, responderão civilmente pelos danos ou prejuízos que causarem, por ação ou omissão, às entidades de previdência complementar. A apuração e a aplicação da sanção dependerão da demonstração da culpa do agente, seguindo as regras gerais da responsabilidade subjetiva do direito civil.

Já o art. 64 da LC nº 109/2001 dispõe sobre a responsabilidade criminal dos gestores das EPC. O dispositivo não cria tipos penais relacionados à atividade de previdência complementar, mas apenas descreve procedimento para apuração do suposto ilícito criminal. Os órgãos fiscalizadores (Previc e Susep), o Banco Central do Brasil, a Comissão de Valores Mobiliários e a Secretaria da Receita Federal do Brasil, constatando a existência de práticas irregulares ou indícios de crimes em entidades de previdência complementar, noticiará o fato ao Ministério Público, enviando-lhe os documentos comprobatórios. Na apuração dos fatos relacionados às irregularidades os órgãos e entidades públicos envolvidos não poderá arguir a presença de sigilo nas operações realizadas pelas entidades previdenciárias, nem em relação àquelas custodiadas pelos órgãos públicos, devendo ser remetida todas as informações necessárias ao elucidamento das irregularidades ao Ministério Público.

3. RESPONSABILIDADE ADMINISTRATIVA NO REGIME DE PREVIDÊNCIA COMPLEMENTAR

3.1. Considerações gerais

Como consequência natural da competência atribuída pela Constituição, ou por lei, ao fixar poderes de regulação e fiscalização a entes estatais, surge a competência para a criação de sanções administrativas às pessoas físicas e jurídicas que exercem atividade na respectiva área de regulação econômica.

Esse poder punitivo dos entes estatais decorre, como visto, do poder de política administrativa[212] presente na atuação dos entes públicos quando da regulação e fiscalização das atividades econômicas.

---

212 Lapidar a conceituação do poder de polícia utilizado pelo art. 78 do Código Tributário Nacional, que pode muito bem ser empregada, de uma forma geral, no regime administrativo sancionador da previdência complementar: *"Art. 78. Considera-se poder de polícia atividade da administração pública que, limitando ou disciplinando direito, interêsse ou liberdade, regula a prática de ato ou abstenção de fato, em razão de intêresse público concernente à segurança, à higiene, à ordem, aos costumes, à disciplina da produção e do mercado, ao exercício de atividades econômicas dependentes de concessão ou autorização do Poder Público, à tranqüilidade pública ou ao respeito à propriedade e aos direitos individuais ou coletivos. Parágrafo único. Considera-se regular o exercício do poder de polícia quando desempenhado pelo órgão competente nos limites da lei aplicável, com observância do processo legal e, tratando-se de atividade que a lei tenha como discricionária, sem abuso ou desvio de poder".*

A competência dos entes estatais para a fixação de sanções administrativas decorrentes do poder de polícia, em última análise, funda-se no art. 174 da CF/88 que prevê a intervenção do Estado na ordem econômica como agente normativo e regulador, exercendo, na forma da lei, as funções de fiscalização dos serviços regulados.

A regulação das atividades econômicas é medida essencial para, através da criação de regras de conduta, possa o Estado exercer o controle de algumas atividades privadas (polícia administrativa), corrigindo deficiências e garantindo o funcionamento equilibrado dos serviços de interesse público[213]. Algumas vezes a regulação estatal se estabelece sobre atividades que podem apresentar-se nocivas à coletividade de uma maneira geral, como as atividades que afetam o meio-ambiente (ex: extração de minérios e produtos florestais), noutras situações busca a legislação dotar entes administrativos de poderes punitivos para salvaguardar o interesse patrimonial dos particulares, como ocorre no caso da atividade de previdência complementar e nas atividades bancárias.

Podemos, assim, afirmar que o exercício do poder punitivo dos entes estatais na atividade de previdência complementar (Previc e Susep) decorre da necessidade de se estabelecer padrões de comportamento que garantam o cumprimento da proteção previdenciária firmada no contrato previdenciário.

Nesse sentido, o disposto no art. 3º da LC nº 109/2001 quando estabelece como objetivo do Estado na atividade de previdência complementar: formular a política de previdência complementar; disciplinar, coordenar e supervisionar as atividades reguladas, compatibilizando-as com as políticas previdenciária e de desenvolvimento social e econômico-financeiro; determinar padrões mínimos de segurança econômico-financeira e atuarial, com fins específicos de preservar a liquidez, a solvência e o equilíbrio dos planos de benefícios, isoladamente, e de cada entidade de previdência complementar, no conjunto de suas atividades; assegurar aos participantes e assistidos o pleno acesso às informações relativas à gestão de seus respectivos planos de benefícios; fiscalizar as entidades de previdência complementar, suas operações e aplicar penalidades; e proteger os interesses dos participantes e assistidos dos planos de benefícios.

A responsabilidade administrativa recairá contra a pessoa física ou jurídica que violar as normas da previdência complementar, sejam aquelas produzidas pelo poder legislativo, sejam aquelas editadas pelo respectivo órgão regulador, quando houver delegação legislativa nesse sentido.

---

213 DI PIETRO, Maria Sylvia Zanella. Limites da Função Reguladora das Agências diante do Princípio da Legalidade. *In* Direito Regulatório: temas polêmicos. 2ª edição. Belo Horizonte: Editora Fórum, 2009, p.19-50.

DIREITO ADMINISTRATIVO SANCIONADOR NA PREVIDÊNCIA COMPLEMENTAR

3.2. Fontes formais

PROCESSO SISTEMÁTICO

130 – Consiste o *Processo Sistemático* em comparar o dispositivo sujeito a exegese, com outros do mesmo repositório ou de leis diversas, mas referentes ao mesmo objeto.

Por umas normas se conhece o espírito das outras. Procura-se conciliar as palavras antecedentes com as consequentes, e do exame das regras em conjunto deduzir o sentido de cada uma.

Em toda ciência, o resultado do exame de um só fenômeno adquire presunção de certeza quando confirmado, *contrasteado* pelo estudo de outros, pelo menos dos casos próximos, conexos; à análise sucede a síntese; do complexo de verdades particulares, descobertas, demonstradas, chega-se até à verdade real.

Possui todo corpo órgãos diversos; porém a autonomia das funções não importa em separação; operam-se, coordenados, os movimentos, e é difícil, por isso mesmo compreender bem um elemento sem conhecer os outros, sem os comparar, verificar a recíproca interdependência, por mais que à primeira vista pareça imperceptível. O processo sistemático encontra fundamento na lei da solidariedade entre os fenômenos coexistentes.

Não se encontra um princípio isolado, em ciência alguma; acha-se cada um em conexão íntima com outros. O Direito objetivo não é um conglomerado caótico de preceitos; constitui vasta unidade, organismo regular, sistema, conjunto harmônico de normas coordenadas, em interdependência metódica, embora fixada cada uma no seu lugar próprio. De princípios jurídicos mais ou menos gerais deduzem corolários; uns e outros se condicionam e restringem reciprocamente, embora se desenvolvam de modo que constituem elementos autônomos operando em campos diversos.

Cada preceito, portanto, é membro de um grande todo; por isso do exame em conjunto resulta bastante luz para o caso em apreço[214].

O regime sancionador da previdência complementar está imbricado tanto no direito previdenciário quanto no direito administrativo. Utiliza-se do primeiro em relação ao direito material, na fixação das regras que disciplinarão o direito punitivo estatal, e do segundo para disciplinar o veículo pelo qual a *potestade* estatal será exercida, por meio de um processo administrativo sancionador.

A fonte formal básica do processo sancionador, como de todo o direito pátrio, é a Constituição Federal. A carta de princípios, principalmente no seu art. 5º, encarta uma série de garantias e direitos que busca proteger o particular de condutas arbitrárias que atentem contra a sua liberdade e seu patrimônio, balizando a atuação da Administração no exercício do seu poder punitivo.

Também inevitável a observância do disposto na Lei nº 9.784/99, que é a lei geral do processo administrativo no âmbito federal. O processo sancionador na

---

214 MAXIMILIANO, Carlos. Hermenêutica e aplicação do direito. 12ª edição. Rio de Janeiro: Forense, 1992, p.128.

previdência complementar é espécie do gênero *processo administrativo*, conforme dizer do art. 66 da LC nº 109/2001, em que as infrações serão apuradas mediante processo administrativo, na forma do regulamento, aplicando-se, no que couber, o disposto na Lei nº 9.784/99.

A utilização da expressão "no que couber" pelo art. 66 da LC nº 109/2001 não significa que as normas editadas para disciplinar especificamente o processo administrativo sancionador na previdência complementar possam sobrepor-se hierarquicamente ao disposto na Lei nº 9.784/99. Ao contrário, sua regulamentação deve estar em sintonia com essa norma geral, sob pena de nulidade dos seus preceitos.

No âmbito da *previdência complementar fechada* foi editado o Decreto nº 4.942/2003 que regulamenta o processo administrativo para apuração de responsabilidade por infração à legislação de previdência complementar, dispondo sobre regras de procedimento e definindo os tipos administrativos e suas respectivas sanções. O Decreto nº 7.123/2010 disciplina o funcionamento da Câmara de Recursos da Previdência Complementar – CRPC, órgão recursal colegiado pertencente à estrutura organizacional do Ministério da Previdência Social, com competência para apreciar e julgar, encerrando a instância administrativa, os recursos interpostos contra decisão da Diretoria Colegiada da Superintendência Nacional de Previdência Complementar – Previc.

Na *previdência complementar aberta*, o art. 108 do Decreto-Lei 73/66 trata do *regime repressivo* da atividade exercida pelas entidades abertas de previdência complementar. O Decreto nº 2.824/98 aprova o Regimento Interno do Conselho de Recursos do Sistema Nacional de Seguros Privados, de Previdência Privada Aberta e de Capitalização, órgão recursal que pertence à estrutura orgânica do Ministério da Fazenda. A Resolução CNSP nº 243/2011 dispõe sobre as infrações e as sanções administrativas no âmbito das atividades de previdência complementar aberta e disciplina o processo administrativo sancionador no âmbito da Superintendência de Seguros Privados – SUSEP.

Uma questão que merece atenção diz respeito à definição de qual dispositivo seria aplicável no processo sancionador das entidades abertas, considerando que tanto o art. 108 do Decreto-Lei 73/66, quanto o art. 65 da LC nº 109/2001 dispõem sobre a mesma matéria.

> **Decreto-Lei 73/66:**
>
> Art. 108. A infração às normas referentes às atividades de seguro, cosseguro, resseguro, retrocessão e capitalização sujeita, na forma definida pelo órgão regulador de seguros, a pessoa natural ou jurídica responsável às seguintes penalidades administrativas, aplicadas pelo órgão fiscalizador de seguros:
>
> I – advertência;
>
> II – suspensão do exercício das atividades ou profissão abrangidas por este Decreto-Lei pelo prazo de até 180 (cento e oitenta) dias;

DIREITO ADMINISTRATIVO SANCIONADOR NA PREVIDÊNCIA COMPLEMENTAR

III – inabilitação, pelo prazo de 2 (dois) anos a 10 (dez) anos, para o exercício de cargo ou função no serviço público e em empresas públicas, sociedades de economia mista e respectivas subsidiárias, entidades de previdência complementar, sociedades de capitalização, instituições financeiras, sociedades seguradoras e resseguradores;

IV – multa de R$ 10.000,00 (dez mil reais) a R$ 1.000.000,00 (um milhão de reais); e

V – suspensão para atuação em 1 (um) ou mais ramos de seguro ou resseguro.

VI – (revogado);

VII – (revogado);

VIII – (revogado);

IX – (revogado).

§ 1º A penalidade prevista no inciso IV do caput deste artigo será imputada ao agente responsável, respondendo solidariamente o ressegurador ou a sociedade seguradora ou de capitalização, assegurado o direito de regresso, e poderá ser aplicada cumulativamente com as penalidades constantes dos incisos I, II, III ou V do caput deste artigo.

§ 2º Das decisões do órgão fiscalizador de seguros caberá recurso, no prazo de 30 (trinta) dias, com efeito suspensivo, ao órgão competente.

§ 3º O recurso a que se refere o § 2º deste artigo, na hipótese do inciso IV do caput deste artigo, somente será conhecido se for comprovado pelo requerente o pagamento antecipado, em favor do órgão fiscalizador de seguros, de 30% (trinta por cento) do valor da multa aplicada.

§ 4º Julgada improcedente a aplicação da penalidade de multa, o órgão fiscalizador de seguros devolverá, no prazo máximo de 90 (noventa) dias a partir de requerimento da parte interessada, o valor depositado.

§ 5º Em caso de reincidência, a multa será agravada até o dobro em relação à multa anterior, conforme critérios estipulados pelo órgão regulador de seguros.

LC nº 109/2001:

Art. 65. A infração de qualquer disposição desta Lei Complementar ou de seu regulamento, para a qual não haja penalidade expressamente cominada, sujeita a pessoa física ou jurídica responsável, conforme o caso e a gravidade da infração, às seguintes penalidades administrativas, observado o disposto em regulamento:

I – advertência;

II – suspensão do exercício de atividades em entidades de previdência complementar pelo prazo de até cento e oitenta dias;

III – inabilitação, pelo prazo de dois a dez anos, para o exercício de cargo ou função em entidades de previdência complementar, sociedades seguradoras, instituições financeiras e no serviço público; e

IV – multa de dois mil reais a um milhão de reais, devendo esses valores, a partir da publicação desta Lei Complementar, ser reajustados de forma a preservar, em caráter permanente, seus valores reais.

§ 1º A penalidade prevista no inciso IV será imputada ao agente responsável, respondendo solidariamente a entidade de previdência complementar, assegurado o direito de regresso, e poderá ser aplicada cumulativamente com as constantes dos incisos I, II ou III deste artigo.

§ 2º Das decisões do órgão fiscalizador caberá recurso, no prazo de quinze dias, com efeito suspensivo, ao órgão competente.

§ 3º O recurso a que se refere o parágrafo anterior, na hipótese do inciso IV deste artigo, somente será conhecido se for comprovado pelo requerente o pagamento antecipado, em favor do órgão fiscalizador, de trinta por cento do valor da multa aplicada. (Vide Súmula Vinculante nº 21)

§ 4º Em caso de reincidência, a multa será aplicada em dobro.

Observe que em relação aos valores da multa e do prazo para interposição de recurso administrativo constata-se uma antinomia entre os dispositivos normativos.

Embora, em um primeiro olhar, possa parecer que a adoção do método sistemático de interpretação conduziria à aplicação do art. 65 da LC nº 109/2001, considerando tratar-se de dispositivo inserido em lei complementar de hierarquia superior ao extinto decreto-lei, entendemos que o disposto no art. 108 do Decreto-Lei nº 73/66 deve prevalecer em razão da sua natureza especial e por ter sido recepcionado pela constituição como lei complementar, considerando ser esta espécie legislativa a prevista no art. 202 da CF/88 como apta a disciplinar a previdência complementar. O próprio art. 108 do Decreto-Lei nº 73/66 tem sofrido alterações por lei complementar, o que ratifica a tese ora defendida.

3.3. Princípios constitucionais aplicáveis ao direito administrativo sancionador

A carta fundamental traz uma série de garantias e direitos que se traduz em verdadeiros princípios informadores do processo administrativo sancionador. Alguns deles nitidamente concebidos para serem aplicados no processo penal, mas, por dispor sobre o exercício do poder punitivo estatal, também devem ser aplicados no âmbito do processo administrativo sancionador por representar a proteção contra abusos da autoridade pública e a garantia para o administrado da boa condução do processo de julgamento das infrações administrativas.

São *"princípios garantísticos de contenção do poder punitivo estatal, independentemente de a sanção ser aplicada pelo Estado Administração ou pelo Estado Juiz"*[215].

---

215 MOREIRA NETO, Diogo de Figueiredo; GARCIA, Flávio Amaral. A principiologia no Direito Administrativo Sancionador. Revista Brasileira de Direito Público – RBDP, Belo Horizonte, ano 11, nº 43, p. 928, out./dez. 2013.

DIREITO ADMINISTRATIVO SANCIONADOR NA PREVIDÊNCIA COMPLEMENTAR

3.3.1. Legalidade ou reserva legal. Criação de infrações por ato normativo

O princípio da legalidade ou da reserva legal está encartado no art. 5º da Constituição Federal no sentido de que *"ninguém será obrigado a fazer ou deixar de fazer alguma coisa senão em virtude de lei"* (inciso II, art. 5º).

É uma garantia legal criada, principalmente, para coibir abusos autoritários do poder público, salvaguardando o direito à liberdade dos indivíduos, como bem decidiu o Supremo Tribunal Federal:

> O princípio da reserva de lei atua como expressiva limitação constitucional ao poder do Estado, cuja competência regulamentar, por tal razão, não se reveste de suficiente idoneidade jurídica que lhe permita restringir direitos ou criar obrigações. Nenhum ato regulamentar pode criar obrigações ou restringir direitos, sob pena de incidir em domínio constitucionalmente reservado ao âmbito de atuação material da lei em sentido formal. O abuso de poder regulamentar, especialmente nos casos em que o Estado atua contra legem ou praeter legem, não só expõe o ato transgressor ao controle jurisdicional, mas viabiliza, até mesmo, tal a gravidade desse comportamento governamental, o exercício, pelo Congresso Nacional, da competência extraordinária que lhe confere o art. 49, inciso V, da CF, e que lhe permite 'sustar os atos normativos do Poder Executivo que exorbitem do poder regulamentar (...). Doutrina. Precedentes: RE 318.873-AgR/SC, Rel. Min. Celso de Mello, v.g. (AC 1.033-AgR-QO, Rel. Min. Celso de Mello, julgamento em 25-5-2006, Plenário, DJ de 16-6-2006.)

No Estado Democrático de Direito não se admite a atuação dos entes estatais, e de seus agentes públicos, senão quando prevista em lei, razão pela qual o princípio da legalidade também está recepcionado no art. 37 da CF/88 como um dos princípios informadores da Administração Pública *(Art. 37. A administração pública direta e indireta de qualquer dos Poderes da União, dos Estados, do Distrito Federal e dos Municípios obedecerá aos princípios de legalidade, impessoalidade, moralidade, publicidade e eficiência e, também, ao seguinte: ...).*

Na esfera do direito punitivo estatal o princípio da reserva legal vai mais além ao prever que *"não há crime sem lei anterior que o defina, nem pena sem prévia cominação legal"* (CF/88, inciso XXXIX).

A exigência de previsão legal quanto à descrição da infração administrativa é medida que assegura aos destinatários da norma uma previsibilidade da conduta proibida e maior proteção jurídica contra atos arbitrários da autoridade de plantão.

O princípio da legalidade é o anteparo prévio de segurança jurídica que garante o exercício do direito ao devido processo legal, evitando que medidas casuisticamente criadas pela Administração atinjam a esfera de interesses do cidadão. Conhecida a assertiva cunhada por Seabra Fagundes, na obra *"controle dos atos administrativos pelo poder judiciário"*[216], de que administrar seria aplicar a lei

---

216 FAGUNDES, Miguel Seabra. Controle dos atos administrativos pelo poder judiciário. Forense. 2010.

de ofício, no sentido de ser legítima a atuação do agente público apenas se houver previsão legal autorizativa, ao contrário dos particulares cujo campo de atuação possui espectro bem mais amplo, com ampla liberdade de atuação, desde que não haja lei em sentido contrário.

Como regra geral, podemos afirmar que a infração administrativa deve estar prevista em lei editada pelo poder legislativo competente. Dúvida surge sobre a possibilidade da criação de infrações ou tipos administrativos através de atos normativos infralegais editados pelo poder executivo ou pelo poder judiciário no exercício da sua função administrativa.

A aplicação de sanções administrativas aos responsáveis por violar a legislação de previdência complementar possui fundamento de validade nos artigos 65 e 66 da LC nº 109/2001, os quais remetem ao regulamento a definição dos tipos administrativos que, caso ocorridos os fatos nele previstos, implicará na configuração do ilícito punível e a aplicação das sanções capituladas no ato normativo.

> **LC 109/2001:**
>
> Art. 65. A infração de qualquer disposição desta Lei Complementar ou de seu regulamento, para a qual não haja penalidade expressamente cominada, sujeita a pessoa física ou jurídica responsável, conforme o caso e a gravidade da infração, às seguintes penalidades administrativas, observado o disposto em regulamento:
>
> I – advertência;
>
> II – suspensão do exercício de atividades em entidades de previdência complementar pelo prazo de até cento e oitenta dias;
>
> III – inabilitação, pelo prazo de dois a dez anos, para o exercício de cargo ou função em entidades de previdência complementar, sociedades seguradoras, instituições financeiras e no serviço público; e
>
> IV – multa de dois mil reais a um milhão de reais, devendo esses valores, a partir da publicação desta Lei Complementar, ser reajustados de forma a preservar, em caráter permanente, seus valores reais.
>
> (...)
>
> Art. 66. As infrações serão apuradas mediante processo administrativo, *na forma do regulamento*, aplicando-se, no que couber, o disposto na Lei nº 9.784, de 29 de janeiro de 1999. *(grifamos)*

A lei complementar descreve as espécies de penalidades administrativas (sanções), deixando para o regulamento dispor sobre os tipos administrativos. Exceção à regra a presença da infração administrativa do art. 67 da LC nº 109/2001, conhecida na *práxis* jurídica como *mercado marginal ("o exercício de atividade de previdência complementar por qualquer pessoa, física ou jurídica, sem a autorização devida do órgão competente, inclusive a comercialização de planos de benefícios, bem como a captação ou a administração de recursos de terceiros com o objetivo de, direta ou indiretamente, adquirir ou conceder benefícios previdenciários*

DIREITO ADMINISTRATIVO SANCIONADOR NA PREVIDÊNCIA COMPLEMENTAR

sob qualquer forma, submete o responsável à penalidade de inabilitação pelo prazo de dois a dez anos para o exercício de cargo ou função em entidade de previdência complementar, sociedades seguradoras, instituições financeiras e no serviço público, além de multa aplicável de acordo com o disposto no inciso IV do art. 65 desta Lei Complementar, bem como noticiar ao Ministério Público"), que se encontra prevista na própria LC nº 109/2001.

Na seara da previdência complementar couberam ao Decreto nº 4.942/2003, no regime *fechado* de previdência complementar, e à Resolução CNSP nº 243/2011, no regime *aberto* de previdência complementar, detalhar quais seriam as condutas tidas como relevantes à preservação do sistema de previdência privada, criando os tipos administrativos e fixando as sanções de acordo com os parâmetros da LC nº 109/2001.

A técnica utilizada pela legislação de previdência complementar foi deixar a criação dos tipos administrativos para os atos regulamentares (Decreto nº 4.942/2003 e Resolução CNSP nº 243/2011), cabendo ao Presidente da República, no caso do RFPC, e ao Conselho Nacional de Seguros Privados, no caso do RAPC, fixar, dentro da margem de delegação do art. 65 da LC nº 109/2001, a penalidade atribuível a cada ato ilícito.

Podemos citar o exemplo do art. 9º da LC nº 109/2001 que dispõe que *"as entidades de previdência complementar constituirão reservas técnicas, provisões e fundos, de conformidade com os critérios e normas fixados pelo órgão regulador e fiscalizador".* Por sua vez, os artigos 74 e 75 do Decreto nº 4.942/2003 criaram infrações administrativas para os casos em que a EPC não mantém os recursos garantidores das reservas técnicas para a cobertura dos compromissos assumidos, ou quando dê destinação diversa da prevista pela norma regulamentadora.

> **Decreto nº 4.942/2003:**
>
> Art. 74. Deixar de manter, em cada plano de benefícios, os recursos garantidores das reservas técnicas, provisões e fundos suficientes à cobertura dos compromissos assumidos, conforme regras do Conselho de Gestão da Previdência Complementar e da Secretaria de Previdência Complementar.
>
> Penalidade: multa de R$ 20.000,00 (vinte mil reais), podendo ser cumulada com suspensão pelo prazo de até cento e oitenta dias ou inabilitação de dois a dez anos.
>
> Art. 75. Utilizar para outros fins as reservas constituídas para prover o pagamento de benefícios de caráter previdenciário, ainda que por meio de procedimentos contábeis ou atuariais.
>
> Penalidade: multa de R$ 15.000,00 (quinze mil reais), podendo ser cumulada com suspensão por até sessenta dias.

Como ocorre em outros ramos do direito sancionador, a exemplo das infrações ambientais (artigos 70 a 76 da Lei nº 9.605/98), não há qualquer inconstitucionalidade na delegação da competência legal para o ato normativo que cria os tipos infracionais.

Fábio Medina Osório reconhece a maior *flexibilidade* do princípio da legalidade no campo das atuações estatais sancionadoras, afirmando que os tipos do processo administrativo sancionador são mais elásticos que os tipos penais, considerando a dinâmica existente no terreno administrativo. Aduz o administrativista:

> Necessário, sem embargo, tanto no Direito Penal quanto no Direito Administrativo Sancionador, embora em medidas distintas, observar o respeito ao princípio da tipicidade, formal e material, de modo a não ser possível que o legislador outorgue, de forma total e completa, a competência tipificante à autoridade administrativa, pois assim estaria esvaziando o princípio da legalidade. Esta limitação sofrerá cortes importantes no campo das relações de especial sujeição, marcadamente nas sujeições especialíssimas, onde as delegações são encaradas com naturalidade e dentro de uma funcionalidade pertinente às peculiaridades dessas relações. Se uma relação estritamente especial permite, com razoabilidade, ao infrator o conhecimento das proibições, na velocidade exigível do Estado, não se pode pretender o engessamento dessas relações, a partir do transplante inadequado e imprudente dos princípios penalísticos[217].

Eduardo Sens dos Santos defende a mitigação do princípio da legalidade na tipificação das infrações administrativas. Segundo o autor, *"o princípio da legalidade não exige sempre e indiscriminadamente que as infrações sejam previstas por lei em sentido formal. Por certo, haverá casos em que não restará ferido o princípio da legalidade se apenas de modo genérico na lei for prevista a infração. E isso ocorrerá principalmente se, nesses casos, resultar i) menor intervenção na esfera jurídica particular, ou ii) se for a sanção cominada à vista de especial relação de sujeição entre o Estado Sancionador e o sancionado, ou, ainda, iii) se se justificar à vista da necessidade de célere adaptação dos comandos repressivos à evolução dos interesses tutelados. Caberá, é claro, aos atos normativos da Administração especificar as situações de forma mais minudente"*[218].

E a relação jurídica de previdência complementar, em razão do seu caráter multidisciplinar que tangencia campo de conhecimento da atuária, da contabilidade e das finanças, exige dos órgãos estatais reguladores e fiscalizadores uma constante atividade normativa, em busca do aprimoramento do seu sistema de normas e do equilíbrio econômico-financeiro dos planos de benefícios. Cuida-se de atividade econômica cambiante e especializada, o que torna inviável aguardar o processo legislativo ordinário para a disciplina das sanções administrativas.

---

217 OSÓRIO, Fábio Medina. Direito Administrativo Sancionador. 4ª edição. São Paulo: Revista dos Tribunais, 2011, p.215-217.

218 SANTOS, Eduardo Sens dos. Tipicidade, antijuridicidade e culpabilidade nas infrações administrativas. *Fórum Administrativo – Direito Público – FA*, Belo Horizonte, ano 4, nº 42, ago. 2004. Disponível em: <http://www.bidforum.com.br/bid/PDI0006.aspx?pdiCntd=5344>. Acesso em: 24 abr. 2014.

DIREITO ADMINISTRATIVO SANCIONADOR NA PREVIDÊNCIA COMPLEMENTAR

Vejamos apenas alguns exemplos da especial dinâmica existente na atividade de previdência complementar. Recentemente, o governo federal, com o objetivo de ampliar o consumo das famílias e incentivar o aquecimento da economia, realizou a redução da taxa SELIC que serve de referencial para os juros cobrados nos empréstimos bancários. Essa mudança pode também repercutir na redução dos juros pagos pelas instituições financeiras aos investidores que adquiram títulos bancários (renda fixa, renda variável, ações, etc.) negociados pelas instituições financeiras e empresas de capital aberto (negociação de suas ações na bolsa de valores), títulos estes adquiridos pelas entidades de previdência complementar como forma de ampliar os rendimentos dos recursos garantidores para pagamento de benefícios previdenciários. Com taxas de retorno dos investimentos menores, reduz-se a perspectiva de ganhos nos investimentos realizados pelas entidades de previdência complementar, reduzindo o "bolo" de recursos para pagamento de benefícios previdenciários, o que exige a revisão do plano de custeio dos planos de benefícios. Considerando esse panorama econômico, o Conselho Nacional de Previdência Complementar editou a Resolução nº 9/2012 reduzindo progressivamente a taxa mínima a ser fixada pelas EPC como meta atuarial, tornando mais factível o seu cumprimento diante do quadro econômico do momento.

Outra área em que a delegação legislativa realiza-se é da regulação dos investimentos financeiros realizados pelas EPC. O § 1º, art. 9º da LC nº 109/2001 prescreve que *"a aplicação dos recursos correspondentes às reservas, às provisões e aos fundos (...) será feita conforme diretrizes estabelecidas pelo Conselho Monetário Nacional".* Cabe a este órgão colegiado do Ministério da Fazenda editar atos normativos dispondo sobre as diretrizes de aplicação dos recursos garantidores dos planos administrados pelas entidades de previdência complementar, matéria com alto grau de complexidade e especialidade, e cuja velocidade das alterações normativas certamente não seria alcançada pelo processo legislativo.

A jurisprudência reconhece não ferir o princípio da legalidade a utilização de atos infralegais para criar infrações administrativas e fundamentar autos de infração expedidos pelo Estado no exercício do poder de polícia:

> ADMINISTRATIVO – AUTO DE INFRAÇÃO – CONMETRO E INMETRO – LEIS 5.966/1973 E 9.933/1999 – ATOS NORMATIVOS REFERENTES À METROLOGIA – CRITÉRIOS E PROCEDIMENTOS PARA APLICAÇÃO DE PENALIDADES – PROTEÇÃO DOS CONSUMIDORES – TEORIA DA QUALIDADE.
>
> (...)
>
> 2. Estão revestidas de legalidade as normas expedidas pelo CONMETRO e INMETRO, e suas respectivas infrações, com o objetivo de regulamentar a qualidade industrial e a conformidade de produtos colocados no mercado de consumo, seja porque estão esses órgãos dotados da competência legal atribuída pelas Leis 5.966/1973 e 9.933/1999, seja porque seus atos tratam de interesse público e agregam proteção aos consumidores finais. Precedentes do STJ.

3. Essa sistemática normativa tem como objetivo maior o respeito à dignidade humana e a harmonia dos interesses envolvidos nas relações de consumo, dando aplicabilidade a ratio do Código de Defesa do Consumidor e efetividade à chamada Teoria da Qualidade.

4. Recurso especial conhecido e provido. Acórdão sujeito às disposições previstas no art. 543-C do CPC e na Resolução 8/2008-STJ.

(RESP nº 1.102.578 – MG. Relatora Ministra Eliana Calmon).

ADMINISTRATIVO. PROCESSUAL CIVIL. IBAMA. PENALIDADE IMPOSTA COM BASE NOS ARTIGOS 38 DA LEI Nº 9.605/98 E 14, I E IV, DA LEI Nº 6.938/81. POSSIBILIDADE. LEGALIDADE DO AUTO DE INFRAÇÃO. VALOR DA MULTA. OBSERVÂNCIA DOS LIMITES NORMATIVOS. 1. A competência para a aplicação de multa por infração do art. 38 da Lei nº 9.605/98 é privativa do Poder Judiciário, por se tratar, no caso, de infração de natureza penal. 2. O Superior Tribunal de Justiça pacificou o entendimento no sentido de que o disposto no art. 70 da Lei 9.605/98 confere lastro à aplicação de uma sanção administrativa, quando combinado com normas regulamentares que, detalhando os fatos constitutivos das infrações ambientais nitidamente descrevem condutas similares às mencionadas pela fiscalização. 3. O art. 14, I, da Lei nº 6.938/81 cominado com o art. 34, IV, do Decreto nº 99.274/90, que regulamentou a referida Lei, respaldam a multa imposta à autora, pelo ato de destruir/danificar florestas e demais formas de vegetação consideradas de preservação permanente, degradando o meio ambiente. 4. O valor da multa, fixado em R$ 4.960,00 (quatro mil novecentos e sessenta reais), não se mostra exorbitante, estando de acordo com a gradação estabelecida no artigo 6º, da Lei 9605/98 e tabela fixada na Portaria 92/96, vigente na data dos fatos. 5. Nega-se provimento ao recurso de apelação. (TRF 1ª região. AC 200341000051689. Relator Juiz Federal Rodrigo Navarro de Oliveira. Fonte: e-DJF1 27/11/2012).

3.3.2. Devido processo legal. Contraditório e ampla defesa. Proporcionalidade das sanções administrativas

O art. 5º da CF prevê preceitos garantistas aos cidadãos dispondo que *"ninguém será privado da liberdade ou de seus bens sem o devido processo legal"* (inciso LIV) e *"aos litigantes, em processo judicial ou administrativo, e aos acusados em geral são assegurados o contraditório e ampla defesa, com os meios e recursos a ela inerentes"* (inciso LV).

A doutrina reconhece que pela abrangência do conteúdo jurídico do princípio do devido processo legal (*due process of law*) também estariam a ele integrados outros princípios constitucionais como o do contraditório e da ampla defesa, do duplo grau de jurisdição, do juiz natural, da proporcionalidade, da proibição da prova ilícita, da duração razoável do processo, etc., apresentando-se como verdadeiro sobreprincípio[219] aglutinador de uma série de princípios voltados a garantir outros direitos constitucionais.

---

219 BULOS, Uadi Lammêgo. Direito Constitucional ao alcance de todos. 2ª edição. São Paulo: Saraiva, 2010, p.325.

Alexandre de Moraes discorre que *"o devido processo legal configura dupla proteção ao indivíduo, atuando tanto no âmbito material de proteção ao direito de liberdade, quanto no âmbito formal, ao assegurar-lhe paridade total de condições com o Estado-persecutor e plenitude de defesa (direito a defesa técnica, à publicidade do processo, à citação, de produção ampla de provas, de ser processado e julgado pelo juiz competente, aos recursos, à decisão imutável, à revisão criminal)*[220]*".*

A apuração e o julgamento da infração administrativa devem ser realizados através de regras claras e objetivas, de caráter geral, que garantam aos acusados pelo cometimento da infração o sagrado direito de defesa, a produção das provas que entender necessárias à demonstração de sua situação jurídica e a realização de um julgamento por autoridade competente previamente definida na legislação, evitando a designação casuística do órgão julgador pela Administração.

A Lei nº 9.784/99 dá o sentido e o alcance do princípio do devido processo legal, ao fixar como direitos dos administrados (art. 3º), sem prejuízo de outros que lhe sejam assegurados: I – ser tratado com respeito pelas autoridades e servidores, que deverão facilitar o exercício de seus direitos e o cumprimento de suas obrigações; II – ter ciência da tramitação dos processos administrativos em que tenha a condição de interessado, ter vista dos autos, obter cópias de documentos neles contidos e conhecer as decisões proferidas; III – formular alegações e apresentar documentos antes da decisão, os quais serão objeto de consideração pelo órgão competente; IV – fazer-se assistir, facultativamente, por advogado, salvo quando obrigatória a representação, por força de lei.

O veículo instrumental por meio do qual tornar-se-á efetivo o direito ao devido processo legal é o *processo administrativo*, conjunto de atos praticados de forma coordenada e com base em preceito normativo de caráter geral, requisito essencial para a apuração e julgamento das infrações administrativas, conforme previsão do art. 66 da LC nº 109/2001.

LC 109/2001:

> Art. 66. As infrações serão apuradas mediante processo administrativo, na forma do regulamento, aplicando-se, no que couber, o disposto na Lei no 9.784, de 29 de janeiro de 1999. (Vide Decreto nº 4.942, de 30.12.2003)

O Decreto nº 4.942/2003 e a Resolução CNSP nº 243/2011 definem o procedimento para julgamento das infrações administrativas na previdência complementar fechada e aberta, respectivamente.

A atuação do órgão fiscalizador responsável pela condução do processo administrativo sancionador também deverá observar o princípio da *proporcionalidade* ou *razoabilidade*, vedada a imposição de obrigações, restrições e sanções em

---

220 MORAES, Alexandre de. Direito Constitucional. 26ª edição. São Paulo: Atlas, 2010, p.107.

medida superior àquelas estritamente necessárias ao atendimento do interesse público, conforme o ditame do inciso VI, art. 2º da Lei nº 9.784/99.

Atenderá ao princípio da proporcionalidade a atuação administrativa necessária e adequada ao interesse jurídico que busca proteger.

Como leciona Eduardo Sens dos Santos, *"o princípio da proporcionalidade, visto por alguns como implícito no sistema constitucional brasileiro, e por outros como decorrência de um aspecto material do princípio do devido processo legal, determina que uma restrição a um direito fundamental só será legítima quando for: a) necessária; b) adequada e c) proporcional em sentido estrito. (...) Basta dizer que é necessária a restrição se não houver forma menos restritiva de outros direitos postos em jogo. É adequada a restrição quando se mostra a mais consentânea com os objetivos que se tem em vista, ou seja, quando a medida eleita seja idônea em relação aos fins propostos. Por fim, as restrições têm de guardar certa relação de proporcionalidade (aqui em sentido estrito) entre fins e meios, ponderando o intérprete com os valores em exame"*[221].

3.3.3. Segurança jurídica. Proteção ao ato jurídico perfeito, ao direito adquirido e à coisa julgada. Irretroatividade da lei nova

O sistema jurídico brasileiro sempre manteve a tradição de contemplar nas suas Constituições princípios que garantissem a proteção das situações jurídicas consolidadas, seja prevendo a irretroatividade da lei nova a fatos jurídicos ocorridos no passado, seja para que esta não produza efeitos sobre o ato jurídico perfeito (o já consumado segundo a lei vigente ao tempo em que se efetuou), o direito adquirido (aquele em que seu titular, ou alguém por ele, possa exercer) e à coisa julgada (a decisão judicial de que já não caiba recurso).

Assim o fez a Constituição Federal de 1988 ao prescrever no inciso XXXVI, art. 5º que *"a lei não prejudicará o direito adquirido, o ato jurídico perfeito e a coisa julgada"* e no inciso XL *"a lei penal não retroagirá, salvo para beneficiar o réu"*.

Pretende o ordenamento jurídico garantir ao cidadão que o ato ou negócio jurídico por ele praticado seja preservado, desde que aperfeiçoado segundo a legislação vigente no momento da sua prática.

A LC nº 109/2001 trata aquele que possui direito adquirido à concessão do benefício como ser *elegível*, a exemplo da previsão do parágrafo único, art. 17[222].

---

221 SANTOS, Eduardo Sens dos. Tipicidade, antijuridicidade e culpabilidade nas infrações administrativas. *Fórum Administrativo – Direito Público – FA*, Belo Horizonte, ano 4, nº 42, ago. 2004. Disponível em: <http://www.bidforum.com.br/bid/PDI0006.aspx?pdiCntd=5344>. Acesso em: 24 abr. 2014.

222 LC nº 109/2001: Art. 17. As alterações processadas nos regulamentos dos planos aplicam-se a todos os participantes das entidades fechadas, a partir de sua aprovação pelo órgão regulador e fiscalizador, observado o direito acumulado de cada participante. Parágrafo único. Ao

DIREITO ADMINISTRATIVO SANCIONADOR NA PREVIDÊNCIA COMPLEMENTAR **289**

Sobre o princípio da segurança jurídica e sua incidência na previdência complementar, um ponto merece ser esclarecido. Na atividade de previdência complementar vários atos e negócios jurídicos são praticados. Para iniciar a atividade previdenciária deve ser criada a pessoa jurídica responsável pela gestão dos recursos financeiros do plano de benefícios, elaborando um Estatuto e submetendo-o à aprovação do órgão fiscalizador. O participante adere a um contrato de adesão para poder figurar como sujeito de direitos e obrigações, de acordo com as regras estabelecidas em um regulamento (contrato previdenciário). O empregador para ser incluído na relação jurídica previdenciária deve pactuar com a entidade de previdência complementar celebrando um convênio de adesão, que nada mais é que um contrato estabelecendo os direitos e obrigações do patrocinador em relação ao plano de benefícios previdenciário que pretende fazer aportes financeiros. No curso da execução do plano de benefícios são firmados acordos privados entre a entidade de previdência complementar e o patrocinador/instituidor, como nos casos de reconhecimento de dívida relacionada a contribuições previdenciárias não pagas ou não repassadas pelo patrocinador no prazo estipulado contratualmente. Nas migrações entre planos de benefícios, quando a EPC cria um novo plano e incentiva os participantes a aderirem (migrarem) para esse novo plano, abrindo mão das regras do plano anterior (ex: a migração de um plano da modalidade de benefício definido para um de contribuição definida), também com frequência são estabelecidas contratualmente regras que incentivam a migração, a exemplo da assunção integral pelo patrocinador do pagamento das despesas administrativas do novo plano de benefícios.

Nessas situações, esses atos e negócios jurídicos devem sempre atender aos dispositivos constitucionais e legais vigentes no momento da celebração do ato ou negócio jurídico privado, sob pena de nulidade[223].

Assim, será nulo o ato ou negócio jurídico realizado quando vigente dispositivo da Constituição Federal ou da legislação previdenciária dispondo em sentido contrário (art. 166 do Código Civil).

Em relação à contrariedade dos atos e negócios jurídicos previdenciários praticados em face da Constituição, estes não se sustentam sequer frente a normas constitucionais editadas posteriormente pelo poder constituinte derivado (emendas constitucionais).

O Supremo Tribunal Federal tem reafirmado, com frequência, a ausência de direito adquirido em face de dispositivo constitucional, como podemos depreender dos seguintes julgados:

---

participante que tenha cumprido os requisitos para obtenção dos benefícios previstos no plano é assegurada a aplicação das disposições regulamentares vigentes na data em que se tornou elegível a um benefício de aposentadoria.

223 Sugerimos a leitura do tópico que abordamos a nulidade dos atos e negócios jurídicos na previdência complementar.

DIREITO ADMINISTRATIVO E PREVIDENCIÁRIO. SERVIDORES OCUPANTES DE CARGO EM COMISSÃO. ART. 40, § 13, DA CONSTITUIÇÃO FEDERAL. EMENDA CONSTITUCIONAL 20/1998. VINCULAÇÃO AO REGIME GERAL DA PREVIDÊNCIA SOCIAL. AS RAZÕES DO AGRAVO NÃO SÃO APTAS A INFIRMAR OS FUNDAMENTOS QUE LASTREARAM A DECISÃO AGRAVADA. ACÓRDÃO RECORRIDO PUBLICADO EM 08.7.2009. (...) Jurisprudência firmada no âmbito deste Supremo Tribunal Federal, no sentido de que não há direito adquirido a regime jurídico, inclusive o previdenciário, razão pela qual não se divisa a alegada ofensa aos dispositivos constitucionais suscitados. Precedentes. Agravo regimental conhecido e não provido. (STF. AI 803861. Relatora Min. Rosa Weber. Julgamento: 12/11/2013).

AGRAVO REGIMENTAL NO RECURSO EXTRAORDINÁRIO COM AGRAVO. SERVIDOR MILITAR. TRANSFERÊNCIA PARA RESERVA REMUNERADA. ADICIONAL DE INATIVIDADE. DIREITO ADQUIRIDO A REGIME JURÍDICO. INEXISTÊNCIA. LEGISLAÇÃO LOCAL. REEXAME DE FATOS E PROVAS. IMPOSSIBILIDADE. PRECEDENTES. 1. É pacífica a jurisprudência da Corte de que não há direito adquirido a regime jurídico, inclusive o previdenciário, aplicando-se à aposentadoria a norma vigente à época do preenchimento dos requisitos para sua concessão. 2. O Tribunal de origem concluiu, com fundamento na Lei pernambucana nº 10.426/90, na Constituição estadual e nos fatos e nas provas dos autos, que o adicional de inatividade pago aos militares que se transferiam para a reserva já havia sido revogado quando o ora agravante preencheu os requisitos para a aposentadoria. 3. Inadmissível, em recurso extraordinário, a análise da legislação local e o reexame de fatos e provas dos autos. Incidência das Súmulas nºs 280 e 279/STF. 4. Agravo regimental não provido. (ARE 744672. Relator Min. Dias Toffoli. Julgamento: 03/09/2013).

Sobre o tema da paridade contributiva *(CF/88: art. 202. § 3º É vedado o aporte de recursos a entidade de previdência privada pela União, Estados, Distrito Federal e Municípios, suas autarquias, fundações, empresas públicas, sociedades de economia mista e outras entidades públicas, salvo na qualidade de patrocinador, situação na qual, em hipótese alguma, sua contribuição normal poderá exceder a do segurado)*, regra instituída com o advento da Emenda Constitucional nº 20/98 e disciplinada pela LC nº 109/2001, o Superior Tribunal de Justiça reconheceu a ausência de direito adquirido ao regime de contribuições anterior disciplinado por regulamento de plano de benefícios, entendendo pela necessidade da alteração do regulamento, adequando-se à novel norma constitucional.

PROCESSUAL CIVIL. PREVIDÊNCIA PRIVADA FECHADA. EC N. 20/1998. LEI COMPLEMENTAR N. 108/2001. PARIDADE CONTRIBUTIVA. AUSÊNCIA DE LITISCONSÓRCIO NECESSÁRIO ENTRE PATROCINADOR E FUNDO DE PENSÃO. IDEM COM RELAÇÃO À UNIÃO. DIREITO ADQUIRIDO A DETERMINADO PERCENTUAL DE CONTRIBUIÇÃO. INEXISTÊNCIA. 1. Não há relação jurídica entre o fundo de pensão e o patrocinador que exija a presença deste em processo em que se discute a respeito da paridade contributiva instituída pela EC nº 20/98. 2. A atuação meramente normativa e fiscalizadora da Secretaria de Previdência Complementar não gera, por si só, interesse jurídico em relação a lide entre particulares, de modo a atrair a presença da União como litisconsorte necessário. 3. A decisão que reconhece, no caso concreto, a ocorrência de direito adquirido, do ato jurídico perfeito e da coisa julgada situa-se no campo do direito infraconstitucional, devendo ser impugnada por recurso especial. 4. Nos planos previdenciários de benefício definido, não há direito adquirido a determinado regime de contribuições, as quais podem ser alteradas para manter o equilíbrio atuarial do plano sempre que ocorrerem situações que o recomendem ou exijam. 5. Recurso especial provido. (STJ. 4ª turma. RESP 1111077. Relator João Otávio de Noronha. DJE DATA: 19/12/2011).

3.3.4. Princípio da culpabilidade

A Constituição prescreve que *"ninguém será considerado culpado até o trânsito em julgado de sentença penal condenatória"* (art. 5º, LVII). É a presunção de inocência, de onde se conclui que ninguém será condenado, administrativa ou judicialmente, sem a demonstração ao menos da culpa do acusado quanto a consumação do ato ilícito.

A aplicação de sanções administrativas depende da realização de uma ação ou omissão prevista como infração pela legislação. O poder punitivo estatal somente recairá sobre a pessoa física ou jurídica que tiver participado, dolosa ou culposamente, da ação ou omissão punível.

O dolo é o desejo, a intenção do agente em praticar o ato ilícito. A culpa é a prática não intencional da conduta ilícita, por negligência, imprudência ou imperícia.

Rafael Munhoz de Mello dá os contornos jurídicos do princípio da culpabilidade:

> A culpabilidade exige que a sanção administrativa seja imposta unicamente a quem, devendo agir de outro modo, pratica a conduta típica. O sujeito que age de tal maneira é culpado pela ocorrência da infração administrativa. "Ser culpado" significa contribuir para a ocorrência da infração administrativa em situações em que era exigível comportamento diverso. De modo singelo, pode-se afirmar que "ser culpado" significa não ser inocente: *em su sentido más amplio, el término culpabilidad se contrapone al de inocencia*, no dizer de José Cerezo Mir. O princípio da culpabilidade veda a imposição de sanção retributiva a pessoas que não contribuíram de modo algum para a ocorrência da infração administrativa, ou o fizeram a despeito de terem agido licitamente e adotado a diligência exigida no caso concreto.
>
> Pelo que foi afirmado, percebe-se que são duas as decorrências do princípio da culpabilidade: (i) exigência de dolo ou culpa e (ii) vedação à imposição ou transmissão da sanção a terceiros que não participaram da conduta típica[224].

A responsabilidade administrativa no processo sancionador é subjetiva, não se aplicando a responsabilidade objetiva independente de culpa.

---

224 MELLO, Rafael Munhoz de. Princípios constitucionais de direito administrativo sancionador. As sanções administrativas à luz da Constituição Federal de 1988. São Paulo: Malheiros, 2007, p.184.

Fazendo-se uma adaptação do art. 29 do Código Penal, a sanção administrativa será aplicada a quem, de qualquer modo, concorreu para a infração, incidindo nas penas a esta cominada, na medida de sua culpabilidade.

3.3.5. Pessoalidade da sanção administrativa

As penalidades impostas em caráter definitivo ao autor da infração são pessoais e não serão transferidas aos seus herdeiros ou a outras pessoas físicas e jurídicas que não fizeram parte do processo administrativo sancionador.

Essa a razão do inciso XLV, art. 5º da CF/88 quando afirma que *"nenhuma pena passará da pessoa do condenado, podendo a obrigação de reparar o dano e a decretação do perdimento de bens ser, nos termos da lei, estendidas aos sucessores e contra eles executadas, até o limite do valor do patrimônio transferido"*.

Como bem dispõe o dispositivo constitucional, no caso de falecimento do autor sem o pagamento da multa aplicada pela Administração, o valor inscrito em dívida ativa será transmitido aos seus herdeiros, caso o patrimônio objeto da sucessão hereditária comporte o pagamento da obrigação deixada pelo falecido.

3.3.6. Sigilo das informações pessoais

A CF/88 garante a inviolabilidade da intimidade, da vida privada, da honra e da imagem das pessoas, assegurado o direito a indenização pelo dano material ou moral decorrente de sua violação (inciso X, art. 5º), correspondendo a direitos de personalidade assegurados a todas as pessoas físicas e jurídicas.

A atividade de previdência complementar envolve o conhecimento, custódia e repasse de informações pessoais entre a entidade responsável pela gestão do plano de benefícios e os patrocinadores, instituidores, participantes, assistidos e beneficiários. São dados pessoais de identificação das pessoas físicas e jurídicas, informações bancárias, de investimentos realizados no mercado financeiro, benefícios recebidos ou concedidos e contribuições aportadas aos planos de benefícios.

São informações que se utilizadas sem o consentimento da respectiva pessoa física ou jurídica poderá ensejar a responsabilidade civil e criminal daquele que violar o dever constitucional de sigilo.

Vejamos um exemplo da necessidade da preservação do sigilo de informações na atividade de previdência complementar. O conhecimento e o repasse indevido de informações relacionadas à política de investimentos de uma entidade de previdência complementar poderão influenciar no apreçamento de ativos financeiros, inclusive aqueles negociados em bolsa de valores (ações de companhias abertas), considerando que essas EPC, na qualidade de investidores institucionais, movimentam enorme quantidade de recursos financeiros e despertam o interesse de outros atores do mercado para a realização de parceria na execução de grandes projetos (ex: obras de infraestrutura, shoppings centers, edifícios comerciais, etc.).

DIREITO ADMINISTRATIVO SANCIONADOR NA PREVIDÊNCIA COMPLEMENTAR

Essas informações relacionadas aos investimentos realizados pela EPC podem fazer parte de um processo administrativo sancionador, por exemplo, nas situações em que o gestor está sendo acusado de aplicar os recursos financeiros dos planos de benefícios em desacordo com as regras estipuladas pelo Conselho Monetário Nacional. Nesses casos, indispensável a restrição da publicidade dos documentos e atos praticados no processo somente às partes interessadas.

A LC nº 109/2001 (art. 64) prescreve que não haverá sigilo na troca de informações entre os órgãos públicos que regulam e fiscalizam o sistema financeiro (Banco Central do Brasil, a Comissão de Valores Mobiliários ou a Secretaria da Receita Federal) e de previdência complementar (Previc e Susep), bem como entre estes e o Ministério Público, quando destinada a investigar a existência de práticas irregulares ou indícios de crimes em entidades de previdência complementar.

Assim, deve ser garantido o sigilo das informações pertencentes aos acusados e à EPC durante o transcorrer do processo administrativo sancionador, vedada a transferência a terceiros, exceto nas situações autorizadas por lei.

3.3.7. Princípios da Administração Pública

Por se materializar através de uma atividade administrativa vinculada, o processo administrativo sancionador deverá observar os princípios específicos de atuação da Administração Pública estabelecidos no art. 37 da CF/88, dentre os quais, o da legalidade, da impessoalidade, da moralidade, da publicidade e da eficiência, bem como aqueles fixados complementarmente pelo art. 2º da Lei nº 9.784/99 (finalidade, motivação, razoabilidade, proporcionalidade, ampla defesa, contraditório, segurança jurídica e interesse público) e outros que decorram da atividade exercida pelos entes estatais no exercício da sua função administrativa.

3.4. Aplicação por analogia dos princípios e normas do direito penal no processo administrativo sancionador

> O conceito de antijuridicidade é comum aos diversos ramos do direito; pertence à teoria geral do direito. Por isso não se distinguem os ilícitos civil, criminal e administrativo, em sua essência; ontologicamente, são uma e mesma coisa. Nos primeiros casos, a questão é de grau de valores encampados pelo sistema, dependendo da maior ou menor repulsa do ordenamento jurídico à ação ou omissão antijurídica. Isto leva à consequência jurídica ou forma de reação ao dano causado.
>
> A distinção entre o ilícito civil e penal do ilícito administrativo depende do órgão que impõe a sanção, no exercício de sua função típica ou atípica[225].

---

225 OLIVEIRA, Regis Fernandes de. Infrações e sanções administrativas. 3ª edição. São Paulo: Editora Revista dos Tribunais, 2012, p.33.

Como vimos, por não existir diferença ontológica entre o ilícito penal e o ilícito administrativo por vezes nos deparamos com a seguinte pergunta: Seriam aplicáveis os princípios e normas do direito penal ao direito administrativo sancionador? Podemos afirmar que a resposta à indagação seria, em regra, positiva, mas com a necessidade de alguns temperamentos a depender do princípio analisado.

O direito penal encontra-se muito mais avançado cientificamente no campo do direito punitivo estatal que o direito administrativo, em razão da pródiga produção literária e legislativa dessa área do conhecimento jurídico, cujas construções doutrinárias e normativas encontram-se muito mais consolidadas e podem muito bem auxiliar o administrador no momento do exercício do poder punitivo, desde que a legislação do direito administrativo não disponha sobre a matéria de forma contrária.

Assim, passaremos a estudar alguns princípios do direito penal que reputamos os mais importantes e úteis para sua aplicação ao processo administrativo sancionador.

3.4.1. A retroatividade da norma mais benéfica. Ultratividade das normas excepcionais e temporárias. Infrações continuadas e permanentes

O estudo da aplicação temporal das leis e dos atos normativos é fundamental para a definição do regime jurídico a ser aplicável ao caso concreto.

A definição de qual norma jurídica seria aplicável a determinado fato, fenômeno conhecido como *subsunção normativa,* realizar-se-á, como regra, adotando-se o princípio do *tempus regit actum,* a norma que disciplinará o fato será aquela vigente no momento da ação ou omissão prevista no tipo administrativo sancionador.

Como regra, a lei é editada para vigorar para o futuro, não atingindo os fatos pretéritos praticados antes do início de sua vigência.

Nesse sentido, o Decreto-Lei nº 4.657/42 conhecido como a Lei de Introdução às normas do Direito Brasileiro.

> Art. 1° Salvo disposição contrária, a lei começa a vigorar em todo o país quarenta e cinco dias depois de oficialmente publicada.
>
> (...)
>
> Art. 2° Não se destinando à vigência temporária, a lei terá vigor até que outra a modifique ou revogue.
>
> (...)
>
> Art. 6º A Lei em vigor terá efeito imediato e geral, respeitados o ato jurídico perfeito, o direito adquirido e a coisa julgada.
>
> (...)

DIREITO ADMINISTRATIVO SANCIONADOR NA PREVIDÊNCIA COMPLEMENTAR

Também cediço na ordem jurídica que as leis de direito processual são aplicáveis imediatamente e as leis que veiculem direito material somente vigoram para o futuro. Esse entendimento tem uma finalidade garantista, no sentido de permitir que a lei processual, por não atingir a esfera de direitos e obrigações da pessoa física e jurídica, mas apenas tratar de procedimentos, poderia ser aplicada imediatamente, e a lei de direito material somente para o futuro.

O sistema jurídico brasileiro adotou no processo penal para apuração dos crimes e contravenções a retroatividade da lei posterior que beneficia o réu, dispondo nossa Constituição que *"a lei penal não retroagirá, salvo para beneficiar o réu"* (art. 5º. XL).

O nosso Código Penal foi mais além e dispôs (art. 2º) que *"ninguém pode ser punido por fato que lei posterior deixa de considerar crime, cessando em virtude dela a execução e os efeitos penais da sentença condenatória"* e que *"a lei posterior, que de qualquer modo favorecer o agente, aplica-se aos fatos anteriores, ainda que decididos por sentença condenatória transitada em julgado".*

A retroatividade de lei que não mais considera o fato como criminoso aparece como uma das causas de extinção da punibilidade, conforme art. 107, III do Código Penal.

A doutrina tem admitido a aplicação no processo administrativo sancionador da retroatividade da norma mais benéfica.

Nesse sentido, Regis Fernandes de Oliveira:

> Caso haja alteração do regime jurídico, pode beneficiar-se o infrator com a retroação benigna. Aplica-se o inc. XL do art. 5º da CF, porque a norma constitui-se em garantia constitucional, não se limitando seu conteúdo a albergar o fato criminal, mas também o administrativo. É dedutível do ordenamento jurídico o entendimento. Isto é, se houver redução da penalidade imposta, beneficiar-se-á o infrator, ou, então quando a infração legal deixar de existir[226].

Para Fábio Medina Osório:

> Não há dúvidas de que, na órbita penal, vige, em sua plenitude, o princípio da retroatividade da norma benéfica ou descriminalizante, em homenagem a garantias constitucionais expressas e a uma razoável e racional política jurídica de proteger valores socialmente relevantes, como a estabilidade institucional e a segurança jurídica das relações punitivas. Se esta é a política do Direito Penal, não haverá de ser outra a orientação do Direito Punitivo em geral, notadamente do Direito Administrativo Sancionador, dentro do devido processo legal.
>
> Se há uma mudança nos padrões valorativos da sociedade, nada mais razoável do que estender essa mudança ao passado, reconhecendo uma evolução do padrão axiológico, preservando-se, assim, o princípio constitucional da igualdade e os valores relacionados à justiça e à atualização das normas jurídicas

---

226 Idem. p.86.

que resguardam direitos fundamentais. O engessamento das normas defasadas e injustas não traria nenhuma vantagem social. A retroatividade decorre de um imperativo ético de atualização do Direito Punitivo, em face dos efeitos da isonomia[227].

A Superintendência Nacional de Previdência Complementar (Previc) reconheceu a aplicação da retroatividade da norma mais benéfica, editando entendimento sumular, com o seguinte teor:

> Súmula Previc nº 2: *"Aplica-se na Previdência Complementar Fechada o princípio da retroatividade da norma mais benéfica, inclusive na hipótese de enquadramento decorrente da alteração promovida pela Resolução CMN nº 3.792, de 24.09.2009".*

Na previdência complementar aberta é reconhecida a retroatividade benéfica como uma das causas de extinção da punibilidade no processo administrativo sancionador:

> **Resolução CNSP nº 243/2011.**
>
> Art. 15. Extingue-se a punibilidade:
>
> *(...)*
>
> *III – pela retroatividade de lei que deixe de considerar determinada conduta como infração.*

Visto a aceitação da doutrina e da legislação quanto à aplicação do princípio da retroatividade da norma benéfica no processo administrativo sancionador, para finalizar, apresentaremos as exceções à aplicação do princípio.

São as situações em que a sanção é aplicada em razão da violação de normas de caráter excepcional ou temporário.

O Código Penal (art. 3º) possui dispositivo que prescreve que *"a lei excepcional ou temporária, embora decorrido o período de sua duração ou cessadas as circunstâncias que a determinaram, aplica-se ao fato praticado durante sua vigência".* É a ultratividade da lei penal.

No primeiro caso, ela é excepcional por pretender disciplinar determinado evento específico (ex: normas editadas para permitir a antecipação do pagamento de benefícios previdenciários às vítimas de catástrofes naturais); no segundo, as normas temporárias são transitórias por natureza e busca regulamentar fatos ocorridos no seu período de vigência, cessando seus efeitos quando decorrido o prazo fixado na norma (ex: Lei nº 12.663/2012 editada para disciplinar medidas relativas à Copa das Confederações FIFA 2013, à Copa do Mundo FIFA 2014 e à Jornada Mundial da Juventude – 2013 realizadas no Brasil).

---

227 OSÓRIO, Fábio Medina. Direito Administrativo Sancionador. 4ª edição. São Paulo: Revista dos Tribunais, 2011, p.277.

DIREITO ADMINISTRATIVO SANCIONADOR NA PREVIDÊNCIA COMPLEMENTAR

Leciona Cezar Roberto Bitencourt:

> As leis excepcionais e temporárias são leis que vigem por período predeterminado, pois nascem com a finalidade de regular circunstâncias transitórias especiais que, em situação normal, seriam desnecessárias. Leis temporárias são aquelas cuja vigência vem previamente fixada pelo legislador, e são leis excepcionais as que vigem durante situações de emergência[228].

Nesses casos, a lei posterior mais benéfica não retroagiria preservando os efeitos jurídicos da norma excepcional ou temporária.

Na previdência complementar é possível que o órgão regulador edite normas excepcionais ou temporárias para a proteção do patrimônio do plano de benefício, por exemplo, quando o país venha atravessando crise econômica que coloque em risco o equilíbrio financeiro e atuarial do plano de benefícios.

Em tais hipóteses, inaplicável o princípio da retroatividade da norma mais benéfica, afastando-se, assim, a aplicação da Súmula Previc nº 2.

Para finalizar este tópico relacionado ao conflito temporal de normas, será aplicada a lei posterior nas *infrações continuadas e nas infrações permanentes*. Nas infrações continuadas[229] são praticados atos ilícitos da mesma espécie (pluralidade de condutas) e, pelas condições de tempo, lugar, maneira de execução e outras semelhantes, devem os subseqüentes ser havidos como continuação do primeiro. Já as infrações permanentes são aquelas em que a conduta proibida pela norma se protrai no tempo, não se consumando com a ação ilícita.

O STF na Súmula 711 reconheceu a aplicação da lei penal posterior mais gravosa: *"A lei penal mais grave aplica-se ao crime continuado ou ao crime permanente, se a sua vigência é anterior à cessação da continuidade ou da permanência".*

O art. 31 do Decreto nº 4.942/2003 ao tratar da prescrição quinquenal da pretensão punitiva estatal, no exercício do poder de polícia, reconhece a situação especial da infração continuada ou permanente ao afirmar que a contagem do prazo prescricional iniciará, no caso de infração permanente, do dia em que tiver ela cessado, ou, no caso de infração continuada, do último ato praticado.

Exemplo de infração permanente seria a fixada no art. 92 do Decreto nº 4.942/2003 *(instituir ou manter estrutura organizacional em desacordo com a forma determinada pela legislação ou manter membros nos órgãos deliberativo,*

---

228 BITENCOURT, Cezar Roberto. Tratado de direito penal: parte geral. 17ª edição. São Paulo: Saraiva, 2012, p.125.

229 Código Penal: Crime continuado. Art. 71 – Quando o agente, mediante mais de uma ação ou omissão, pratica dois ou mais crimes da mesma espécie e, pelas condições de tempo, lugar, maneira de execução e outras semelhantes, devem os subseqüentes ser havidos como continuação do primeiro, aplica-se-lhe a pena de um só dos crimes, se idênticas, ou a mais grave, se diversas, aumentada, em qualquer caso, de um sexto a dois terços.

executivo ou fiscal sem o preenchimento dos requisitos exigidos pela legislação). Enquanto a EFPC mantiver sua estrutura organizacional em desacordo com a LC nº 109/2001 e 108/2001 considera-se em execução o ilícito administrativo. Exemplo de infração continuada seria aquela do art. 64 do Decreto nº 4.942/2003 *(aplicar os recursos garantidores das reservas técnicas, provisões e fundos dos planos de benefícios em desacordo com as diretrizes estabelecidas pelo Conselho Monetário Nacional).* Podem os gestores das EFPC realizar vários investimentos que configurem a continuidade infracional em desacordo com as normas do CMN. Em ambos os casos deverá ser aplicada a lei posterior, ainda que mais gravosa.

3.4.2. Princípio do *non bis in idem*

O princípio do *"non bis in idem"* tem como conteúdo dogmático a proibição da aplicação de mais de uma penalidade ou sanção em razão da prática de uma mesma conduta infracional.

O poder punitivo estatal, nas suas diversas esferas de responsabilização, deve ser proporcional ao mal praticado pelo autor do fato, sem produzir excessos que desencadeiem na múltipla punição do acusado.

É um princípio que não recebe um tratamento legislativo adequado para solucionar os casos concretos surgidos com frequência, razão pela qual caberá ao aplicador do direito, caso a caso, afastar a excessiva repulsa da ordem jurídica em relação à conduta ilícita, estabelecendo temperamentos ao poder punitivo estatal.

A existência de competências administrativas sobrepostas titularizadas por entes ou órgãos públicos distintos torna o ambiente propício para o surgimento potencial da múltipla responsabilização administrativa, promovendo insegurança jurídica no acusado e prejudicando a compreensão do direito como um sistema ordenado de normas jurídicas.

Em linhas atrás discorremos sobre a independência existente entre as instâncias cível, criminal e administrativa na apuração dos ilícitos, e da possibilidade da repercussão da condenação criminal na esfera cível e administrativa: a) a sentença criminal transitada em julgado torna certa a obrigação do autor do delito de indenizar o dano causado pelo crime; b) se o juízo criminal decidiu pela existência do fato, ou sobre quem seja seu autor, tais questões não podem ser rediscutidas no juízo cível ou administrativo.

Senão vejamos algumas decisões da suprema corte sobre a matéria:

> O Supremo Tribunal Federal firmou o entendimento de que a aplicação de penalidade na instância administrativa é independente das esferas penal, cível e de improbidade administrativa. (STF. RE-AgR 736351. Relator: Ministro Luis Roberto Barroso. Decisão: 12.11.2013).

> Súmula 18 do STF: Pela falta residual, não compreendida na absolvição pelo juízo criminal, é admissível a punição administrativa do servidor público.

DIREITO ADMINISTRATIVO SANCIONADOR NA PREVIDÊNCIA COMPLEMENTAR

> A absolvição na esfera criminal, não traz consequências ao âmbito administrativo, porque o fato que não constitui infração penal, pode perfeitamente constituir infração administrativo-disciplinar. Atendidos os pressupostos de competência, finalidade, forma, motivo e objeto, tem-se por garantia a validade e eficácia do ato administrativo. (STF. ARE-AgR 664930. Relator: Ministro Luiz Fux. Decisão: 16.10.2012).

> Sentença proferida em processo penal poderá servir de prova em processos administrativos apenas se a decisão concluir pela não-ocorrência material do fato ou pela negativa de autoria. Exceção ao princípio da independência e autonomia das instâncias administrativa e penal. (STF. MS 23625. Relator: Ministro Maurício Corrêa. Decisão: 30/09/03).

Possível será um mesmo fato tipificado como um ilícito cível, criminal e administrativo, sem a violação ao princípio do *non bis in idem*.

O que se propõe evitar com o princípio do *non bis in idem* é a duplicidade de sanção em uma mesma esfera de responsabilidade.

Assim, se um mesmo fato seja subsumível em mais de uma infração deve o aplicador do direito se utilizar de alguns critérios para a escolha da sanção mais adequada para fazer face ao exercício do poder punitivo estatal.

Os tipos especiais preferem aos tipos genéricos. Se existem duas infrações administrativas e uma delas possui elementos ou características específicas, a qual se subsume a conduta do autor, deve ser aplicado o tipo especial.

Quando o autor do fato, mediante uma só ação ou omissão, pratica duas ou mais infrações, idênticas ou não, aplica-se a sanção mais grave ou, se iguais, somente uma delas, sendo possível considerar a gravidade da conduta no momento da dosimetria da penalidade.

São soluções encontradas no direito penal e que são plenamente aplicáveis ao processo administrativo sancionador.

Ainda não se encontra bem solucionada na legislação a situação na qual um mesmo fato é punível na esfera administrativa em mais de um regime jurídico sancionador (regime de especial sujeição).

Pode ocorrer que uma única ação seja punível perante o órgão fiscalizador da previdência complementar (Previc ou Susep) e o mesmo fato seja punível perante o Tribunal de Contas[230] (nos fundos de pensão que recebem recursos públicos) e/ou na Comissão de Valores Mobiliários (CVM)[231]. Servem de exemplo eventu-

---

230 Constituição: Art. 71. O controle externo, a cargo do Congresso Nacional, será exercido com o auxílio do Tribunal de Contas da União, ao qual compete: (...) VIII – aplicar aos responsáveis, em caso de ilegalidade de despesa ou irregularidade de contas, as sanções previstas em lei, que estabelecerá, entre outras cominações, multa proporcional ao dano causado ao erário;

231 Lei nº 6.385/76: Art. 11. A Comissão de Valores Mobiliários poderá impor aos infratores das normas desta Lei, da lei de sociedades por ações, das suas resoluções, bem como de outras normas legais cujo cumprimento lhe incumba fiscalizar, as seguintes penalidades: I – advertência;

ais atos ilícitos praticados por gestores dos recursos previdenciários que podem sofrer sanções administrativas do órgão fiscalizador da previdência complementar e da Comissão de Valores Mobiliários.

Nesses casos, como as sanções administrativas decorrem de regimes jurídicos distintos e independentes, fundados em leis especiais diversas, entendemos que as sanções eventualmente aplicadas são legítimas e o processo administrativo juridicamente válido, o que não impede a aplicação do princípio da proporcionalidade/razoabilidade quando da realização da dosimetria na escolha da penalidade administrativa[232] do processo administrativo concluído por último.

3.4.3. Princípio do *in dubio pro reo*

A aplicação da sanção administrativa em desfavor do acusado dependerá da demonstração de sua culpa em relação ao ato ilícito. Será fundamental a apresentação de provas pela Administração que demonstrem a ocorrência do ato ilícito e sua autoria. Através do contraditório será possível ao acusado apresentar provas que contraponham a imputação da infração feita pela Administração e demonstrem a veracidade dos argumentos apresentados na sua defesa, de modo a afastar a responsabilidade administrativa em relação ao ato ilícito.

Se as provas apresentadas pela Administração e pelo acusado não sejam suficientes a firmar a convicção do órgão julgador acerca da existência da infração ou da culpa do acusado deverá a autoridade competente absolver o acusado da infração administrativa, aplicando o princípio *in dubio pro reo*.

II – multa; III – suspensão do exercício do cargo de administrador ou de conselheiro fiscal de companhia aberta, de entidade do sistema de distribuição ou de outras entidades que dependam de autorização ou registro na Comissão de Valores Mobiliários; IV – inabilitação temporária, até o máximo de vinte anos, para o exercício dos cargos referidos no inciso anterior; V – suspensão da autorização ou registro para o exercício das atividades de que trata esta Lei; VI – cassação de autorização ou registro, para o exercício das atividades de que trata esta Lei; VII – proibição temporária, até o máximo de vinte anos, de praticar determinadas atividades ou operações, para os integrantes do sistema de distribuição ou de outras entidades que dependam de autorização ou registro na Comissão de Valores Mobiliários; VIII – proibição temporária, até o máximo de dez anos, de atuar, direta ou indiretamente, em uma ou mais modalidades de operação no mercado de valores mobiliários. (...)

232 MELLO, Rafael Munhoz de. Princípios constitucionais de direito administrativo sancionador. As sanções administrativas à luz da Constituição Federal de 1988. São Paulo: Malheiros, 2007, p.210-212. O autor defende a impossibilidade da Administração Pública aplicar sanções administrativas, mesmo que por órgãos de diferentes esferas de competência. Ocorre que justifica sua linha de raciocínio nas multas aplicadas pelos órgãos federal, estadual e municipal do Sistema de Proteção ao Consumidor do art. 105 e seguintes da Lei nº 8.078/1990. O exemplo dado reafirma nossa posição de que a vedação do *bis in idem* somente seria aplicável dentro de um mesmo regime jurídico sancionador, no exemplo citado o da Lei nº 8.078/90.

DIREITO ADMINISTRATIVO SANCIONADOR NA PREVIDÊNCIA COMPLEMENTAR

Nesse sentido, a doutrina:

> Se a prova dos autos não permite que a autoridade administrativa competente para o julgamento forme convicção segura acerca da culpa ou da inocência do acusado, a garantia da presunção de inocência impõe a absolvição. A máxima *in dúbio pro reo* tem aplicação no direito administrativo sancionador, de modo que, "se houver reciprocidade dos meios de prova (o administrado apresenta idênticos meios de prova trazidos pela Administração), deve prevalecer o entendimento em prol do infrator"[233].

3.4.4. Proibição da *reformatio in pejus*

O princípio da vedação ou proibição da *reformatio in pejus*, que corresponde à impossibilidade do agravamento da sanção em face de nova decisão de caráter recursal emitida pelo poder público no processo sancionador, não se aplica na mesma intensidade no processo administrativo como ocorre no processo penal em que é aplicável na sua inteireza[234].

No processo administrativo sancionador a impossibilidade do agravamento da sanção imposta pela autoridade administrativa somente se realiza após o trânsito em julgado da decisão administrativa. Antes desse momento, em razão da supremacia do interesse público em relação ao interesse privado do acusado, permite-se que a Administração em grau de recurso, avaliando melhor as provas existentes, possa alterar a decisão administrativa originária e, se for o caso, agravar a situação do acusado. O julgador, vislumbrando a possibilidade de agravamento da decisão *a quo* deverá oportunizar ao acusado o contraditório e a ampla defesa, mediante a notificação para apresentação de alegações e das provas que entender suficientes à demonstração dos fatos apresentados.

Essa a disciplina da Lei nº 9.784/99:

> Art. 64. O órgão competente para decidir o recurso poderá confirmar, modificar, anular ou revogar, total ou parcialmente, a decisão recorrida, se a matéria for de sua competência.
>
> **Parágrafo único. Se da aplicação do disposto neste artigo puder decorrer gravame à situação do recorrente, este deverá ser cientificado para que formule suas alegações antes da decisão.**

Os artigos 130 e 131 da Resolução CNSP nº 243/2011 (disciplina o processo sancionador previdência complementar aberta) reproduz o conteúdo da lei do processo administrativo federal.

---

233 Idem. p.249.

234 Código de Processo Penal: Art. 617. O tribunal, câmara ou turma atenderá nas suas decisões ao disposto nos arts. 383, 386 e 387, no que for aplicável, não podendo, porém, ser agravada a pena, quando somente o réu houver apelado da sentença.

Somente no pedido de **revisão** de "decisão administrativa definitiva"[235], fundada em novas provas, não poderá haver agravamento da decisão final do processo administrativo sancionador, aplicando-se na sua inteireza o princípio da vedação da *reformatio in pejus*, conforme previsto no art. 65 da Lei nº 9.784/99.

> **Lei nº 9.784/99:**
>
> Art. 65. Os processos administrativos de que resultem sanções poderão ser revistos, a qualquer tempo, a pedido ou de ofício, quando surgirem fatos novos ou circunstâncias relevantes suscetíveis de justificar a inadequação da sanção aplicada.
>
> Parágrafo único. Da revisão do processo não poderá resultar agravamento da sanção.

3.5. Elementos da infração administrativa

3.5.1. Bem jurídico tutelado

O bem jurídico principal tutelado pelo processo administrativo sancionador é a higidez do sistema de previdência complementar, sendo o bem jurídico secundário a garantia da proteção social do participante do plano de benefícios.

A criação de tipos administrativos no processo administrativo sancionador da previdência complementar tem por finalidade desestimular a prática de condutas que coloquem em risco o patrimônio previdenciário pertencente aos participantes e assistidos.

O não cumprimento dos contratos previdenciários e a liquidação extrajudicial dos planos e das entidades de previdência complementar são situações indesejadas que contribuem para o descrédito do sistema previdenciário como um todo.

Qual o incentivo que teria uma pessoa física em aderir a um plano de previdência complementar se tem conhecimento na imprensa de frequentes irregularidades perpetradas por gestores de entidades de previdência complementar que resultaram no não pagamento, ou no pagamento a menor, dos benefícios previdenciários contratados?

As infrações administrativas são criadas tanto para reprimir a conduta do autor do ilícito, quanto para prevenir a prática de condutas assemelhadas pelos demais membros do corpo social, sempre em busca de dar credibilidade ao subsistema de previdência privada e proteger o interesse dos participantes e assistidos.

---

235 Utilizamos o termo "decisão administrativa definitiva" (com aspas) no mesmo sentido de coisa julgada administrativa, como sendo aquela decisão não mais passível de recurso, produzida no curso do processo administrativo. É o conceito do art. 19 do Decreto nº 4.942/2003 *(Art. 19. É definitiva a decisão proferida contra a qual não caiba mais recurso)*. Essa definitividade é apenas relativa e interna ao processo administrativo, considerando que a decisão ainda seria passível de controle jurisdicional, com a possibilidade de reforma do ato administrativo decisório.

DIREITO ADMINISTRATIVO SANCIONADOR NA PREVIDÊNCIA COMPLEMENTAR **303**

3.5.2. O tipo administrativo

Os elementos necessários para a ocorrência da infração administrativa devem estar previstos na legislação previdenciária. Se a conduta proibida não estiver descrita na legislação como punível não haverá que se cogitar da ilicitude do fato, nem da existência de infração administrativa.

A conduta do sujeito ativo da infração corresponderá a uma ação ou omissão punível. A conduta deverá amoldar-se à infração administrativa por ter o sujeito ativo realizado o fato descrito na legislação punitiva, através de uma ação ou omissão.

As infrações administrativas reproduzem normas proibitivas ou normas imperativas. Ou seja, veda determinada conduta ou obriga que o sujeito ativo realize determinada conduta ordenada na norma jurídica.

De regra, as infrações administrativas previdenciárias descrevem obrigação de fazer correspondente a mandamentos previstos nas normas da previdência complementar.

Exemplo: O art. 14 da LC nº 109/2001 prescreve que os planos de benefícios deverão prever os institutos do benefício proporcional diferido, da portabilidade, do resgate e do autopatrocínio. Em razão da norma imperativa, o Decreto nº 4.942/2003 previu no art. 70 a seguinte infração: *"Deixar de prever no plano de benefícios qualquer um dos institutos previstos no art. 14 da Lei Complementar nº 109, de 29 de maio de 2001, ou cercear a faculdade de seu exercício pelo participante, observadas as normas estabelecidas pelo Conselho de Gestão da Previdência Complementar e pela Secretaria de Previdência Complementar. Penalidade: multa de R$ 15.000,00 (quinze mil reais), podendo ser cumulada com suspensão pelo prazo de até trinta dias".*

3.5.3. Conduta dolosa ou culposa

A responsabilidade administrativa é subjetiva e dependerá da comprovação de que o autor do fato agiu com dolo ou culpa. Não haverá, no processo administrativo sancionador, responsabilidade objetiva independente de culpa, como ocorre em relação a algumas matérias no direito civil e no direito administrativo (ex: responsabilidade civil do Estado por atos lesivos praticados por seus servidores[236]).

Bebendo da fonte do direito penal, seria *infração dolosa* quando o agente quis o resultado ou assumiu o risco de produzi-lo e *infração culposa* quando o agente

---

236 CF/88: Art. 37, § 6º – As pessoas jurídicas de direito público e as de direito privado prestadoras de serviços públicos responderão pelos danos que seus agentes, nessa qualidade, causarem a terceiros, assegurado o direito de regresso contra o responsável nos casos de dolo ou culpa.

deu causa ao resultado por imprudência, negligência ou imperícia (art. 18 do Código Penal).

A legislação da previdência complementar não exige, como regra, a presença do dolo ou da intenção manifesta do autor do fato em relação ao cometimento do ato ilícito, mas tão somente que a pessoa física esteja normativamente vinculada em relação à conduta descrita como ilícita, agindo ou omitindo-se culposamente.

Retornando ao exemplo anterior, se cabe ao Conselho Deliberativo, por força de previsão em Estatuto, elaborar e aprovar o regulamento do plano de benefícios, incluindo os institutos obrigatórios, então deverão figurar como sujeito ativo da infração do art. 70 do Decreto nº 4.942/2003 os membros desse órgão estatutário, o que não impede a aplicação de penalidades a outras pessoas físicas que participaram do ato ilícito.

A existência do dolo servirá para aferir a culpabilidade do autor do fato e dosar a aplicação da penalidade administrativa.

A doutrina especializada trata do tema nos seguintes termos[237]:

> Evidentemente que se exige uma ação ou omissão ilícita do agente para efeitos de responsabilidade. Não há diferenças substanciais, do ponto de vista normativo, entre ações e omissões, porque estão pautadas, as duas, pela nota da transgressão reprovável de normas. Ambas vinculam-se à tipicidade e à inobservância de deveres gerais de conduta, sendo seus resultados dependentes da estrutura normativa aplicável à espécie. Na ação, o agente viola deveres de abstenção. Nas omissões, viola deveres de ação. Porém, não há, *a priori,* uma escala hierárquica de valores a delimitar maior severidade nas ações ou nas omissões.
>
> A omissão há de significar uma violação de um dever de agir, estabelecendo-se uma relação de causalidade puramente normativa entre a conduta e o resultado. O agente se omite de uma conduta que lhe era juridicamente exigível. Essa omissão, em regra, pode ser culposa ou dolosa, mas depende do tipo sancionador essa escolha legítima.

Uma classificação importante dos tipos infracionais são as *infrações formais e as infrações materiais,* conceitos também emprestados do direito penal.

Como ensina Bitencourt[238]:

> O crime material ou de resultado descreve a conduta cujo resultado integra o próprio tipo penal, isto é, para a sua consumação é indispensável a produção de um resultado separado do comportamento que o precede. O fato típico se compõe da conduta humana e da modificação do mundo exterior por ela operada. (...)

---

237 OSÓRIO, Fábio Medina. Direito Administrativo Sancionador. 4ª edição. São Paulo: Revista dos Tribunais, 2011, p.367.

238 BITENCOURT, Cezar Roberto. Tratado de direito penal: parte geral I. 17ª edição. São Paulo: Saraiva, 2012, p.479-480.

DIREITO ADMINISTRATIVO SANCIONADOR NA PREVIDÊNCIA COMPLEMENTAR **305**

O crime formal também descreve um resultado, que, contudo, não precisa verificar-se para ocorrer a consumação.

Podemos dizer que nas infrações administrativas materiais o legislador exige para sua consumação que o resultado naturalístico nelas previsto seja concretizado, com a transformação do mundo exterior. Exemplo: infração do art. 71 do Decreto nº 4.942/2003 *"Permitir que os recursos financeiros correspondentes à portabilidade do direito acumulado transitem pelos participantes dos planos de benefícios, sob qualquer forma. Penalidade: multa de R$ 20.000,00 (vinte mil reais), podendo ser cumulada com suspensão de até sessenta dias".* Deve estar comprovado que os recursos financeiros correspondentes ao valor portado para outro plano de benefícios tenha transitado pelas contas individuais dos participantes e assistidos (alteração do mundo exterior).

Nas infrações formais o resultado naturalístico é dispensado, bastando apenas a conduta dolosa ou culposa do autor do fato para a configuração do ilícito punível. Essas infrações também são conhecidas *infrações de mera conduta*. O nexo causal entre a conduta e o resultado é apenas normativo, não havendo alteração do mundo fático.

Vários são os exemplos de infrações formais ou de mera conduta em que o resultado naturalístico é dispensado. Citemos algumas delas, todas do Decreto nº 4.942/2003:

> Art. 67. Deixar de contratar operação de resseguro, quando a isso estiver obrigada a entidade fechada de previdência complementar.
>
> Penalidade: multa de R$ 15.000,00 (quinze mil reais) ou suspensão por até cento e oitenta dias.
>
> Art. 78. Deixar de adotar as providências, previstas em lei, para equacionamento do resultado deficitário do plano de benefícios ou fazê-lo em desacordo com as normas estabelecidas pelo Conselho de Gestão da Previdência Complementar e pela Secretaria de Previdência Complementar.
>
> Penalidade: multa de R$ 20.000,00 (vinte mil reais), podendo ser cumulada com suspensão pelo prazo de até cento e oitenta dias.

3.5.4. Sujeito ativo e sujeito passivo

O sujeito passivo da infração administrativa (sujeito ativo do processo sancionador) será o órgão ou a entidade pública competente para exercer o poder punitivo estatal. A lei definirá a quem caberá a formalização da acusação da existência de infração administrativa e a aplicação da respectiva sanção.

O sujeito passivo da infração administrativa será o ente federativo competente para legislar na matéria. Como cabe à União, nos termos do art. 21, VIII fiscalizar a previdência privada[239], então caberá a órgão ou entidade desta apurar as irregularidades e aplicar as sanções previstas na legislação que trata da matéria.

Na previdência complementar aberta será sujeito ativo do processo sancionador a Superintendência de Seguros Privados (Susep) e, na previdência complementar fechada, a Superintendência Nacional de Previdência Complementar (Previc).

O sujeito ativo da infração administrativa será a pessoa física ou jurídica responsável pela prática do ato ilícito. É essa a previsão do art. 65 da LC nº 109/2001, quando afirma que *"a infração de qualquer disposição desta Lei Complementar ou de seu regulamento, para a qual não haja penalidade expressamente cominada, sujeita a pessoa física ou jurídica responsável, conforme o caso e a gravidade da infração, às seguintes penalidades administrativas, observado o disposto em regulamento: (...)"*.

Como regra, as sanções ou penalidades administrativas serão aplicadas à pessoa física (ou ao grupo de pessoas físicas que integram determinado órgão estatutário) responsável pela prática do ato ou pela abstenção do cumprimento de obrigação de fazer imposta pela legislação.

Algumas das penalidades previstas na legislação são exclusivas das pessoas físicas, como é o caso da advertência, da suspensão do exercício de atividades em entidades de previdência complementar pelo prazo de até cento e oitenta dias e da inabilitação, pelo prazo de dois a dez anos, para o exercício de cargo ou função em entidades de previdência complementar, sociedades seguradoras, instituições financeiras e no serviço público.

Mas a pessoa jurídica também poderá ser responsabilizada no âmbito da previdência complementar. À entidade de previdência complementar poderá ser aplicada, solidariamente à pessoa física responsável, a penalidade de multa, sendo assegurado o direito de regresso da EPC em relação ao responsável pela infração.

É importante observar que no regime fechado de previdência complementar não seria adequada a penalização pecuniária da pessoa jurídica, considerando que esta exerce atividade sem qualquer finalidade lucrativa. Eventual sanção pecuniária acabaria por atingir o patrimônio dos planos de benefícios por ela administrado, pois os custos decorrentes do pagamento da multa seriam incluídos como despesa administrativa e assumidos, em última análise, pelos patrocinadores, participantes e assistidos, mediante o repasse de parcela das contribuições normais vertidas ao plano, o que acabaria por refletir negativamente por deixar de repassar recursos que poderiam ser destinados ao pagamento de benefícios. Nesses

---

239 CF/88: Art. 21. Compete à União: (...) VIII – administrar as reservas cambiais do País e fiscalizar as operações de natureza financeira, especialmente as de crédito, câmbio e capitalização, bem como as de seguros e de previdência privada;

DIREITO ADMINISTRATIVO SANCIONADOR NA PREVIDÊNCIA COMPLEMENTAR **307**

casos, a sanção atingiria não a pessoa jurídica, mas as pessoas físicas dos participantes e assistidos.

Já no regime aberto de previdência complementar a aplicação da multa à pessoa jurídica mostra-se adequada e servirá como repulsa ao ato ilícito praticado, considerando a diminuição patrimonial da EAPC, reduzindo a margem de lucro pelo exercício da atividade previdenciária.

As pessoas físicas ou jurídicas que prestam serviços à EPC, bem como os dirigentes do patrocinador ou instituidor, poderão figurar como sujeito ativo da infração. Embora a LC nº 109/2001 tenha deixado aberta essa possibilidade quando apenas previu no art. 63 a **responsabilidade civil** pelos danos ou prejuízos causados às entidades de previdência complementar (e aos planos de benefícios por estas administrados) dos *"administradores dos patrocinadores ou instituidores, os atuários, os auditores independentes, os avaliadores de gestão e outros profissionais que prestem serviços técnicos à entidade, diretamente ou por intermédio de pessoa jurídica contratada".* Seriam essas pessoas físicas ou jurídicas aquelas contratadas para a prestação de determinados serviços e que não teriam obrigação estatutária quanto aos serviços realizados.

Embora não haja previsão de imputação de **responsabilidade administrativa** a essas pessoas físicas no art. 65 da LC 109/2001, entendemos ser possível a aplicação de sanção no âmbito da previdência complementar. Podemos exemplificar quando a EPC contrata terceiros para operacionalizar sua política de investimentos e este agente financeiro exorbita o mandato delegado pela entidade previdenciária. Deve o responsável pela aplicação financeira ser responsabilizado por ter atuado com excesso de poderes do mandato, sem prejuízo da apuração de responsabilidade em outro regime jurídico sancionador, a exemplo daquele instaurado pela Comissão de Valores Mobiliários ou pelo Banco Central do Brasil, em relação às operações realizadas no mercado financeiro e nos serviços bancários, respectivamente.

Desse modo, pensamos que poderá figurar como sujeito ativo da infração administrativa (ou sujeito passivo do processo sancionador) os dirigentes das entidades que compõem os órgãos estatutários (Conselho Deliberativo, Conselho Fiscal e Diretoria Executiva, nas EFPC e a Assembleia Geral, o Conselho de Administração ou Diretoria e o Conselho Fiscal, nas EAPC), de acordo com suas obrigações funcionais previstas no Estatuto, ou em razão de ter contribuído de qualquer forma para a consumação do ato ilícito, a própria entidade de previdência complementar e terceiros que tenham contribuído para a consumação do ato ilícito.

Alguns critérios podem ser considerados para a indicação do sujeito ativo da infração administrativa.

A análise do núcleo do tipo infracional, correspondente à ação ou omissão prevista como punível, materializada no verbo utilizado na infração *(deixar de constituir reservas técnicas..., aplicar os recursos garantidores..., deixar de fornecer aos participantes..., divulgar informação diferente..., etc.)*, será fundamental para a indicação do responsável pela infração.

A verificação da competência estatutária de quem caberia agir, ou se abster, em relação ao fato punível é o primeiro passo para se individualizar o sujeito ativo da infração. Se o Estatuto da entidade de previdência complementar fixa como obrigação do Conselho Deliberativo aprovar a compra de determinado ativo financeiro com recursos do plano de benefícios, devem os seus respectivos membros ser indicados no pólo passivo do auto de infração, no caso de irregularidades no processo de aquisição desses ativos. Como a efetivação dessas operações de aquisição de ativos financeiros é realizada pela Diretoria Executiva, então os gestores desse órgão estatutário que participaram da operação também devem figurar no polo passivo do auto de infração.

Em alguns casos a própria legislação indica qual pessoa física deverá figurar no polo passivo do processo administrativo sancionador ao atribuir a responsabilidade funcional em relação a determinado ato de gestão realizado perante a EPC, como ocorre nas irregularidades relacionadas à realização de investimentos com os recursos garantidores dos planos de benefícios, em que o responsável pelas aplicações é previamente definido pela EPC e informado ao ente fiscalizador, conhecido como Administrador Estatutário Tecnicamente Qualificado – AETQ, expressão criada pela Resolução CMN nº 3.792/2009 (art. 7º[240]) para disciplinar o art. 35, § 5º e art. 39, II da LC nº 109/2001.

> **LC nº 109/2001:**
>
> Art. 35. As entidades fechadas deverão manter estrutura mínima composta por conselho deliberativo, conselho fiscal e diretoria-executiva.
>
> (...)
>
> § 5º Será informado ao órgão regulador e fiscalizador o responsável pelas aplicações dos recursos da entidade, escolhido entre os membros da diretoria-executiva.
>
> § 6º Os demais membros da diretoria-executiva responderão solidariamente com o dirigente indicado na forma do parágrafo anterior pelos danos e prejuízos causados à entidade para os quais tenham concorrido.
>
> (...)
>
> Art. 39. As entidades abertas deverão comunicar ao órgão fiscalizador, no prazo e na forma estabelecidos:
>
> I – os atos relativos às alterações estatutárias e à eleição de administradores e membros de conselhos estatutários; e

---

240 Resolução CMN nº 3.792/2009: Art. 7º A EFPC pode designar um administrador estatutário tecnicamente qualificado (AETQ) para cada segmento de aplicação previsto nesta Resolução.

DIREITO ADMINISTRATIVO SANCIONADOR NA PREVIDÊNCIA COMPLEMENTAR **309**

II – o responsável pela aplicação dos recursos das reservas técnicas, provisões e fundos, escolhido dentre os membros da diretoria-executiva.

Não será motivo para a exclusão da culpabilidade em relação à infração o fato do dirigente ou do órgão estatutário delegar algumas atribuições a terceiros. A delegação de poderes a terceiros para que este pratique determinados atos que pelo Estatuto seria da atribuição do órgão ou do dirigente detentor do poder de delegação não elide a responsabilidade administrativa do delegante no caso da ocorrência de infração à legislação de previdência complementar pelo delegado. É o caso do Comitê de Investimentos da EPC criado para realizar investimentos de menor valor. Quando este realiza, dentro dos poderes delegados, a operação autorizada pelo Estatuto ou por ato da EPC, que originariamente seria do Conselho Deliberativo da EFPC, adquirindo determinado ativo cuja operação posteriormente é considerada irregular, serão designados como sujeitos ativos da infração os membros do Conselho Deliberativo e, conforme o caso, os membros do Comitê de Investimentos.

3.6. Penalidades ou sanções administrativas

A sanção ou penalidade administrativa é a resposta da ordem jurídica ao cometimento da infração administrativa. A sanção possui tanto a característica da reprimenda à conduta ilícita do autor do fato, como contribui para a criação da cultura de desestímulo social de novas práticas infracionais semelhantes (prevenção).

Como bem pontua Fábio Medina Osório:

> Consiste a sanção administrativa, portanto, em um mal ou castigo, porque tem efeitos aflitivos, com alcance geral e potencialmente *pro futuro*, imposto pela Administração Pública, materialmente considerada, pelo Judiciário ou por corporações de direito público, a um administrado, jurisdicionado, agente público, pessoa física ou jurídica, sujeitos ou não a especiais relações de sujeição com o Estado, como consequência de uma conduta ilegal, tipificada em norma proibitiva, com uma finalidade repressora ou disciplinar, no âmbito de aplicação formal e material do Direito Administrativo[241].

O art. 65 da LC nº 109/2001 prevê como espécies de penalidade administrativa:

a) advertência;

b) suspensão do exercício de atividades em entidades de previdência complementar pelo prazo de até cento e oitenta dias;

c) inabilitação, pelo prazo de dois a dez anos, para o exercício de cargo ou função em entidades de previdência complementar, sociedades seguradoras, instituições financeiras e no serviço público; e

---

241 OSÓRIO, Fábio Medina. Direito Administrativo Sancionador. 4ª edição. São Paulo: Revista dos Tribunais, 2011, p.100.

d) multa de dois mil reais a um milhão de reais.

Um primeiro ponto que merece ser observado é que, pelo princípio da legalidade, não será possível ao órgão julgador da infração administrativa impor ao acusado espécie de penalidade não prevista no dispositivo correspondente à infração violada. É que demandaria contra a segurança jurídica se o acusado não conhecesse previamente qual o grau de reprovabilidade da ordem jurídica em relação à conduta praticada, o que implicaria em reduzir o alcance do exercício regular ao sagrado direito constitucional do contraditório e da ampla defesa.

A *advertência* é a penalidade destinada ao infrator primário, possui caráter admoestativo, para que não sobrevenha nova ocorrência, destinando-se à infração de pequena monta[242]. A *suspensão* do exercício de atividades em entidades de previdência complementar corresponde ao impedimento do infrator de atuar profissionalmente no âmbito do sistema de previdência complementar, seja ele no segmento aberto, seja no segmento fechado[243]. Pode ser aplicada a suspensão pelo prazo de até cento e oitenta dias. É uma penalidade destinada às infrações mais graves ou quando ocorrer a reincidência da infração, haja vista que afeta diretamente o direito constitucional do livre exercício de trabalho, ofício ou profissão (XIII, art. 5º da CF/88). Na suspensão do exercício de atividades a vedação não impede o labor do condenado no ente patrocinador ou instituidor, ou mesmo em outras entidades públicas e privadas. A *inabilitação* para o exercício de cargo ou função em entidades de previdência complementar, sociedades seguradoras, instituições financeiras e no serviço público é a penalidade mais gravosa prevista pelo art. 65 da LC nº 109/2001, considerando seu caráter abrangente no cerceamento do exercício de atividade profissional não somente em entidades de previdência complementar, mas nas sociedades seguradoras, instituições financeiras e no serviço público de uma forma geral. A inabilitação pode ser aplicada pelo prazo de dois a dez anos. A *multa* poderá ser aplicada isolada ou cumulativamente com as demais penalidades descritas anteriormente, sendo bastante comum que ela seja aplicada isoladamente, mesmo com a previsão no tipo administrativo de sua aplicação conjunta com outra espécie de penalidade.

Vê-se que buscou o legislador criar espécies distintas de penalidades administrativas para permitir à autoridade competente escolher a sanção proporcional ao grau da ofensa do ato ilícito à ordem jurídica.

---

242 MARTINEZ, Wladimir Novaes. Comentários à Lei Básica da Previdência Complementar. São Paulo: LTr, 2003, p.657-658.

243 Essa a melhor interpretação do art. 65 da LC nº 109/2001, ao entender que a aplicação da pena de suspensão do exercício de atividades em entidades de previdência complementar abrange o exercício de atividade em entidades abertas e fechadas, considerando que o art. 65 faz parte do Capítulo VII que dispõe sobre normas destinadas a regular os regimes fechado e aberto de previdência complementar.

Assim, caberia a pena de advertência e a de multa para infrações consideradas mais leves, e a suspensão do exercício de atividades e a inabilitação para o exercício de cargo ou função para as infrações mais graves.

A Resolução CNSP nº 243/2011 que disciplina o processo sancionador no RAPC é bastante didádica em relação aos critérios de aplicação das penalidades administrativas.

Resolução CNSP nº 243/2011:

Art. 3º A pena de advertência poderá ser aplicada quando a infração, relacionada às atividades de seguro, cosseguro, resseguro, retrocessão, previdência complementar aberta, capitalização, auditoria independente ou de autorregulação do mercado de corretagem, for, a juízo da SUSEP, de menor gravidade, desde que o infrator não seja reincidente.

Art. 4º A multa administrativa será aplicada, de acordo com os limites e critérios indicados nesta Resolução, sempre que, a juízo da SUSEP, a aplicação exclusiva da pena de advertência for inadequada ou insuficiente para cumprir com os objetivos da repressão e da prevenção da pena.

(...)

Art. 5º A pena de suspensão do exercício de atividade ou de profissão, pelo período mínimo de trinta dias e máximo de cento e oitenta dias, será aplicada nas infrações graves, que gerem efetivo prejuízo à entidade ou a terceiros, sempre que o infrator for considerado reincidente ou, ainda, quando não der cumprimento à determinação da SUSEP.

Art. 6º A pena de inabilitação, pelo período mínimo de dois e máximo de dez anos, será aplicada à pessoa natural que tiver sido punida com pena de suspensão nos últimos cinco anos por infração da mesma natureza ou, em qualquer caso, sempre que a infração cometida também for capitulada como crime ou, ainda, quando o infrator tiver sofrido condenação criminal, com transito em julgado, por ato praticado no exercício da profissão.

§ 1º Aplica-se a pena prevista neste artigo àquele que realizar operação de previdência complementar aberta sem autorização da SUSEP.

§ 2º Nas hipóteses de infração de "lavagem" ou ocultação de bens, direitos e valores, a inabilitação temporária será aplicada quando for verificada infração grave ou quando ocorrer reincidência específica, devidamente caracterizada em transgressões anteriormente punidas com multa.

Afora a multa, as demais penalidades administrativas somente podem ser aplicadas às pessoas físicas dos gestores e empregados da entidade de previdência complementar que de qualquer forma contribuíram para a consumação do ato ilícito.

O valor da multa será reajustado anualmente por ato do ente fiscalizador. A Previc Publicou Portaria nº 697, de 24 de dezembro de 2014, atualizando os valores das penalidades administrativas de multa pecuniária, nos termos do inciso IV, art. 65 da LC nº 109/2001, fixando como valor mínimo R$ 4.798,69 e máximo R$

2.399.342,79. De acordo com a infração administrativa, a atualização dos valores da multa no regime fechado de previdência complementar ficou da seguinte forma:

Dispositivo Legal	Valor Atualizado em R$
Arts. 65, 66, 69, 72, 76, 77, 84, 90, 92, 93, 97, 98, 104, 105, 106, 107, 108 e 110	23.993,43
Arts. 67, 70, 75, 79, 80, 81, 82, 83, 87, 88 e 109	35.990,14
Arts. 63, 64, 71, 73, 74, 78, 85, 86, 89, 91, 94,95, 96, 99, 100 e 103	47.986,86
Arts. 68 e 101	59.983,57
Art. 102	4.798,69 a 2.399.342,79
Art. 22, IV, c/c, art. 26 § 2º	4.798,69 a 2.399.342,79

O Conselho Nacional de Seguros Privados atualizará o valor das multas em relação ao regime aberto de previdência complementar (art. 120 do Decreto-Lei nº 73/66[244]).

O § 4º, art. 65 da LC nº 109/2001 estabeleceu que, em caso de reincidência, a multa será aplicada em dobro, sem conceituar em qual situação se daria a reincidência no âmbito do processo administrativo sancionador. Coube ao § 5º do art. 23 do Decreto nº 4.942/2003 (regula o processo sancionador nas EFPC) dispor que *"caracteriza a reincidência a infração ao mesmo dispositivo legal, pela mesma pessoa, no período de cinco anos, contados da decisão condenatória administrativa definitiva"*. Seria a reincidência uma das agravantes ensejadoras da majoração da penalidade administrativa. As infrações cometidas na vigência da Lei nº 6.435, de 15 de julho de 1977 não seriam consideradas para efeito de reincidência, por previsão do próprio Decreto nº 4.942/2003.

Nas entidades abertas, o art. 14 da Resolução nº 243/2011 dispõe que ocorre *"a reincidência quando o infrator comete nova infração, da mesma natureza, no período de três anos subseqüente à decisão condenatória administrativa definitiva".*

Observe que o traço diferencial entre a disciplina da reincidência nos normativos que disciplinam o processo sancionador nas EFPC e nas EAPC é o prazo de reabilitação do infrator, sendo de cinco anos na primeira, e três anos na segunda. Esse prazo de reabilitação identifica-se com o prazo prescricional da pretensão punitiva fixado pela legislação para que o Estado venha a apurar e julgar o ilícito administrativo. Ultrapassado o prazo, as infrações anteriores a ele não mais serão consideradas para efeito de reincidência.

---

244 Decreto-Lei nº 73/66: Art 120. Os valores monetários das penalidades previstas nos artigos precedentes ficam sujeitos à correção monetária pelo CNSP.

DIREITO ADMINISTRATIVO SANCIONADOR NA PREVIDÊNCIA COMPLEMENTAR **313**

A multa poderá ser imputada ao agente responsável pelo ato ilícito, respondendo solidariamente[245] a entidade de previdência complementar, assegurado o direito de regresso desta em relação àquele. Na práxis administrativa do RFPC a multa tem sido aplicada tão somente à pessoa física responsável pela conduta infracional. E o motivo é bastante simples: a aplicação da multa à pessoa jurídica acabaria por atingir o patrimônio dos planos de benefícios por ela administrados, pois os custos decorrentes do pagamento da multa seriam incluídos como despesa administrativa e assumidos pelos patrocinadores, participantes e assistidos, mediante o repasse de parcela das contribuições normais vertidas ao plano, o que tornaria inócua a sanção, pois deixaria de repassar recursos que poderiam ser destinados ao pagamento de benefícios.

3.7. Dosimetria das penalidades

O art. 23 do Decreto nº 4.942/2003 aplicável ao **regime fechado de previdência complementar – RFPC** prevê as seguintes circunstâncias atenuantes e agravantes:

• Atenuantes:

a) a inexistência de prejuízos à entidade fechada de previdência complementar, ao plano de benefícios por ela administrado ou ao participante; e

b) a regularização do ato que ensejou a infração, até a decisão administrativa de primeira instância;

A inexistência de prejuízo econômico pode ser considerada tanto uma circunstância atenuante, quanto uma causa de extinção da punibilidade, a depender do momento em que o ressarcimento à entidade, ao plano de benefícios ou ao participante seja realizado. O § 2º, art. 22 do Decreto nº 4.942/2003 descreve que desde que não tenha havido prejuízo à entidade, ao plano de benefícios por ela administrado ou ao participante e não se verifique circunstância agravante, se o infrator corrigir a irregularidade cometida no prazo fixado pela Previc, não será lavrado o auto de infração. Então, atendidos estes requisitos antes da lavratura do auto de infração não haverá sequer o início do processo administrativo sancionador, sendo esta uma causa de extinção da punibilidade. Muitas são as infrações que não implicam diretamente um prejuízo econômico ao plano de benefícios, mas apenas o descumprimento de uma norma de previdência complementar de

---

245 Código Civil: Art. 264. Há solidariedade, quando na mesma obrigação concorre mais de um credor, ou mais de um devedor, cada um com direito, ou obrigado, à dívida toda. Art. 265. A solidariedade não se presume; resulta da lei ou da vontade das partes. Art. 266. A obrigação solidária pode ser pura e simples para um dos co-credores ou co-devedores, e condicional, ou a prazo, ou pagável em lugar diferente, para o outro.

conteúdo acessório, como o dever da EPC fornecer aos participantes, quando de sua inscrição no plano de benefícios, o certificado de participante.

A outra circunstância atenuante é a regularização do ato que ensejou a infração, até a decisão administrativa de primeira instância. É efeito secundário natural da aplicação da sanção administrativa a correção do ato que deu causa à aplicação da sanção. A ausência da correção da irregularidade caracteriza a permanência da infração e a possibilidade da aplicação de sanção mais gravosa.

Para cada atenuante verificada a penalidade de multa será reduzida em vinte por cento do seu valor original e nas hipóteses de suspensão e inabilitação, os prazos serão reduzidos em dez por cento, respeitados os prazos mínimos fixados na legislação.

- Agravantes:

    a) reincidência;

    b) cometimento de infração com a obtenção de vantagens indevidas, de qualquer espécie, em benefício próprio ou de outrem; e

    c) não adoção de providências no sentido de evitar ou reparar atos lesivos dos quais tenha tomado conhecimento.

A reincidência é uma circunstância agravante clássica e que impõe a majoração da sanção administrativa. Caracteriza a reincidência a infração ao mesmo dispositivo legal, pela mesma pessoa, no período de cinco anos, contados da decisão condenatória administrativa definitiva. Além da aplicação em dobro da multa, poderá o condenado sofrer um agravamento na dosimetria das demais sanções administrativas previstas no tipo administrativo. O Decreto nº 4.942/2003 (§ 6º, art. 23) favoreceu os condenados por infrações cometidas no período anterior à LC nº 109/2001 (na vigência da Lei nº 6.435/77), não considerando as infrações praticadas nesse período para os fins de configurar a reincidência pelo cometimento da mesma infração.

O cometimento de infração com a obtenção de vantagens indevidas, de qualquer espécie, em benefício próprio ou de outrem, é a segunda circunstância agravante. A obtenção de vantagem indevida, para si ou para outrem, é fato que, caso demonstrado, amplia a repulsa social ao ato ilícito. A vantagem pode ser econômica (ex: obtenção de comissão pecuniária por investimento realizado com recursos do plano de benefícios) ou de outra natureza (ex: promessa da indicação de parentes em determinado cargo ou função na EPC ou no patrocinador), beneficiando o próprio sujeito ativo da infração ou terceiros.

A não adoção de providências no sentido de evitar ou reparar atos lesivos dos quais tenha tomado conhecimento é a última circunstância agravante. A regularização do ato que ensejou a infração é um efeito secundário à condenação. Logo após a ocorrência da infração está o sujeito ativo obrigado a evitar danos colaterais

DIREITO ADMINISTRATIVO SANCIONADOR NA PREVIDÊNCIA COMPLEMENTAR

que decorram da conduta ilícita e que prejudiquem o patrimônio da EPC, do plano de benefícios, dos participantes e assistidos ou de terceiros.

Para cada agravante verificada, a penalidade de multa será aumentada em vinte por cento do seu valor original, exceto no caso de reincidência, quando se aplica em dobro o valor da multa, e nas hipóteses de suspensão e inabilitação, os prazos serão aumentados em dez por cento, respeitados os prazos máximos previstos para essa espécie de penalidade administrativa.

A existência de uma das agravantes exclui a incidência das atenuantes.

No **regime aberto de previdência complementar – RAPC**, os critérios de aplicação das penalidades administrativas surgem bem mais detalhados nos artigos 9º a 12 da Resolução CNSP nº 243/2011.

Além das circunstâncias atenuantes e agravantes, foram estabelecidos limites para a aplicação da multa no valor máximo de R$ 1.000.000,00 (um milhão de reais)[246], ressalvada a hipótese de condenação pelo exercício de atividade não autorizada pela Susep, em que pode ser fixada multa em valor superior.

Também foram criadas as denominadas *circunstâncias administrativas da infração*. Segundo o art. 10 da Resolução CNSP nº 243/2011, *"a autoridade julgadora, considerando a gravidade da infração e seus efeitos, a capacidade econômica do infrator e antecedentes, bem como o ganho obtido com o ato ilícito, estabelecerá, conforme seja necessário e suficiente para a reprovação e a prevenção do ilícito administrativo, dentro dos limites previstos, a sanção administrativa aplicável".* Em relação às pessoas físicas *"a autoridade julgadora atentará para a sua culpabilidade, considerando para tanto, quando for o caso, as suas funções e responsabilidades no âmbito ou em relação à pessoa jurídica à qual esteja vinculada".*

Vê-se que essas circunstâncias administrativas possuem o caráter subjetivo e muito se assemelham às circunstâncias judiciais do direito penal previstas no art. 59 do Código Penal. Essas circunstâncias administrativas conferem certa margem discricionária à autoridade responsável pela aplicação da penalidade administrativa, considerando que a ela caberá aferir requisitos subjetivos como a culpabilidade, a relação entre a infração e o patrimônio lesado, capacidade econômica do infrator, proporcionalidade entre a sanção e o ilícito, etc.

A incidência das circunstâncias administrativas não poderá conduzir a aumento do valor de multa ou prazo de suspensão ou de inabilitação superior a cinqüenta por cento da diferença entre o valor mínimo e máximo previstos para a respectiva infração.

---

246 Esse valor será atualizado pelo CNSP.

Os artigos 11 e 12 da Resolução CNSP nº 243/2011 preveem as seguintes circunstâncias atenuantes e agravantes:

- Atenuantes:

   a) ter o infrator utilizado, na tentativa de resolução de conflito de interesses, de ouvidoria ou de sistema similar reconhecido pela Susep;

   b) ter o infrator evitado ou mitigado as conseqüências da infração, até o julgamento do processo em primeira instância; e

   c) a confissão da infração.

O órgão regulador fixou como circunstância atenuante o fato do acusado ter se utilizado das ferramentas internas de ouvidoria para solucionar conflito de interesses. Conflito de interesses é a situação gerada pelo confronto entre interesses contrapostos, que possa comprometer o interesse coletivo dos participantes e assistidos, bem como o bom desenvolvimento da atividade de previdência complementar. O dirigente de entidade previdenciária que age em conflito de interesses não atua tendo em vista os interesses previdenciários dos destinatários da proteção social, mas busca atingir fim diverso, geralmente de natureza patrimonial e em benefício próprio ou de terceiros. Se o infrator buscou os mecanismos internos de controle da EPC ou qualquer outra forma reconhecida pelo órgão fiscalizador (Susep) para resolver o conflito de interesses, poderá ser beneficiado com a redução da penalidade administrativa. Veja que a redação da norma não exige que a situação fática causadora do conflito de interesses seja saneada ou eliminada, mas apenas ter o infrator tentado solucionar o conflito de interesses.

O fato de o infrator ter evitado ou mitigado as consequências da infração, desde que o resultado obtido tenha se realizado até o julgamento em 1ª instância administrativa, bem como se confessou a prática ilícita, também é visto pelo legislador como uma postura passível de redução da penalidade administrativa. Como uma das finalidades do direito punitivo estatal é prevenir a ocorrência de novas infrações, o reconhecimento espontâneo do infrator da prática ilícita é algo que merece ser incentivado, considerando o comportamento do infrator como passível de redução da penalidade administrativa.

As atenuantes da Resolução CNSP nº 243/2011 assemelham-se àquelas fixadas no art. 65, III, "b e d" do Código Penal[247]. O órgão regulador quis premiar o infrator que minimiza os efeitos lesivos de sua conduta ou que colabora com o julgamento administrativo reconhecendo ser o autor do ato ilícito.

---

247 Código Penal: Art. 65 – São circunstâncias que sempre atenuam a pena: (...) III – ter o agente: b) procurado, por sua espontânea vontade e com eficiência, logo após o crime, evitar-lhe ou minorar-lhe as conseqüências, ou ter, antes do julgamento, reparado o dano; d) confessado espontaneamente, perante a autoridade, a autoria do crime;

DIREITO ADMINISTRATIVO SANCIONADOR NA PREVIDÊNCIA COMPLEMENTAR

Cada circunstância atenuante implicará na redução de até vinte por cento da diferença entre os limites máximo e mínimo, limitada ao mínimo previsto para a respectiva infração.

* Agravantes:

    a) ter o infrator obtido vantagem indevida ou dissimulado a natureza ilícita da infração;

    b) ter a infração ocorrido em detrimento de menor de dezoito, maior de sessenta anos ou de pessoa portadora de deficiência física, mental ou sensorial, interditada ou não; e

    c) deixar o infrator de atender a recomendação da Susep para tomar providências que evitem ou mitiguem as conseqüências da infração.

As circunstâncias agravantes são situações fáticas que geram maior reprovação social e justificam a aplicação de uma penalidade mais severa. Se o infrator obteve vantagem indevida ou dissimulou a natureza ilícita da infração, utilizando, por exemplo, de escrituração contábil baseada em dados falsos, deve ser majorada a penalidade administrativa. Se a infração foi cometida em prejuízo dos interesses de pessoas físicas em condição de vulnerabilidade física, biológica, psíquica, etc., seja pela tenra idade (menor de 18) ou pela idade avançada (maior de 60 anos), seja por serem portadoras de deficiência física, mental ou sensorial, interditada ou não, o que as fazem mais vulneráveis socialmente, deve ser aplicada uma penalidade mais severa. Do mesmo modo, quando a Susep intima o infrator para realizar providências que evitem ou mitiguem os efeitos lesivos da infração e o responsável queda-se inerte.

Cada circunstância agravante implicará o acréscimo máximo de vinte por cento da diferença entre os limites mínimos e máximos previstos para a respectiva sanção.

3.8. Efeitos secundários da condenação administrativa definitiva

A aplicação da sanção administrativa e o seu cumprimento não eximem o infrator da obrigação de corrigir as irregularidades que deram origem à sanção. É a previsão do art. 59 do Decreto nº 4.942/2003 que deve também ser aplicado às EAPC. Assim, se a condenação é relacionada a *"deixar de prever no plano de benefícios qualquer um dos institutos previstos no art. 14 da LC nº 109/2001"* (resgate, portabilidade, benefício proporcional definido, autopatrocínio), deve o Conselho Deliberativo da EPC propor a alteração do regulamento do plano de benefícios para a inserção dos institutos, caso contrário considera-se não cessada a violação à legislação.

A condenação administrativa definitiva também produz alguns outros efeitos reflexos e indiretos que podemos denominar de *efeitos secundários da condenação administrativa.* O cometimento de infrações administrativas tem o condão de gerar efeitos externos ao sistema de previdência complementar, mais especificamente em relação às searas trabalhista e civil.

As penalidades de suspensão e de inabilitação repercutem diretamente no contrato de trabalho ou no contrato de prestação de serviços pactuado entre o empregador/contratante (EPC) e o empregado/contratado (dirigente da EPC), pois impedirá o normal exercício da atividade laboral do condenado. Seria uma causa de suspensão do contrato de prestação de serviços que poderá ensejar até mesmo a rescisão contratual se assim o quiser o contratante. Se o condenado estiver ocupando cargo ou função em que é estabelecido mandato, seu contrato será suspenso até o cumprimento total da penalidade administrativa, ou rescindido, conforme o caso concreto.

Nesse sentido, o art. 24 do Decreto nº 4.942/2003:

> Art. 24. Na hipótese de aplicação da penalidade prevista no inciso II do art. 22, o infrator não fará jus à remuneração paga pela entidade fechada de previdência complementar, durante o período em que perdurar a suspensão.

Além do mencionado efeito nas relações de trabalho, naquelas infrações que causam prejuízo financeiro à EPC ou a seus planos de benefícios deverá o gestor da entidade previdenciária buscar a reparação civil dos prejuízos financeiros, inclusive com o ajuizamento pela EPC de ação regressiva de cobrança e/ou indenizatória contra o condenado e terceiros que deram causa ao prejuízo. A ausência da conduta do gestor em buscar a reparação civil é tipificada como uma infração administrativa independente, como se observa pela transcrição do art. 79 do Decreto nº 4.942/2003:

> Art. 79. Deixar de adotar as providências para apuração de responsabilidades e, quando for o caso, deixar de propor ação regressiva contra dirigentes ou terceiros que deram causa a dano ou prejuízo à entidade fechada de previdência complementar ou a seus planos de benefícios.
>
> Penalidade: multa de R$ 15.000,00 (quinze mil reais), podendo ser cumulada com suspensão pelo prazo de até noventa dias.

3.9. Causa excludente da punibilidade (§ 2º, art. 22 do Decreto nº 4.942/2003)

O § 2º do art. 22 do Decreto nº 4.942/2003 criou, no âmbito das EFPC, uma causa de exclusão do poder punitivo do Estado ao permitir que, desde que não tenha havido prejuízo à entidade, ao plano de benefícios por ela administrado ou ao participante e não se verifique circunstância agravante prevista no inciso II do art. 23, se o infrator corrigir a irregularidade cometida no prazo fixado pelo órgão fiscalizador (Previc), não será lavrado o auto de infração.

Se o infrator atendeu aos requisitos da ausência de prejuízo e de circunstância agravante (reincidência; cometimento de infração com a obtenção de vantagens indevidas, de qualquer espécie, em benefício próprio ou de outrem; e não

DIREITO ADMINISTRATIVO SANCIONADOR NA PREVIDÊNCIA COMPLEMENTAR

adoção de providências no sentido de evitar ou reparar atos lesivos dos quais tenha tomado conhecimento) e realizada a correção da irregularidade, a fiscalização estará impedida de formalizar a ocorrência do ilícito administrativo, através da lavratura do auto de infração.

Uma questão que se impõe é se a situação descrita no § 2º, art. 22 somente seria aplicável nas chamadas infrações materiais, aquelas que produzem resultado naturalístico, ou também para as infrações formais ou de mera conduta, em que a demonstração do resultado naturalístico (transformação do mundo exterior) não se apresenta necessária. A dúvida surge em razão da utilização da expressão "desde que não tenha havido prejuízo", o que poderia levar o intérprete à conclusão de que somente nas infrações materiais seria possível a aplicação dessa causa de exclusão da punibilidade.

Entendemos que a norma de exclusão da punibilidade pode ser aplicada em qualquer espécie de infração. A maioria das infrações administrativas da previdência complementar são infrações que não exigem a demonstração do prejuízo ou do resultado naturalístico para que estejam configurados os elementos do tipo administrativo. A mera realização do núcleo do tipo administrativo, que se confunde com o verbo correspondente à ação ilícita, converte o fato social em ato ilícito.

Assim, não haverá prejuízo financeiro para o plano de benefícios caso os dirigentes da EPC celebrem convênio de adesão com o patrocinador sem submetê-lo à prévia autorização da Previc (art. 68). A análise do convênio de adesão pelo órgão fiscalizador é uma exigência do art. 13 da LC nº 109/2001[248] e busca legitimar o instrumento contratual pactuado entre a EFPC e o patrocinador, sendo condição de validade do negócio jurídico, mas sua ausência não necessariamente vai resultar em prejuízo financeiro para os participantes.

Não caberia restringir a aplicação da causa extintiva de punibilidade quando o legislador não o fez expressamente.

O órgão de fiscalização deve oportunizar ao infrator a comprovação do atendimento dos requisitos do § 2º, art. 22 do Decreto nº 4.942/2003 antes da lavratura do auto de infração, sob pena de nulidade do processo administrativo sancionador.

3.10. Causas que extinguem a punibilidade (morte do autor e prescrição)

O art. 34 do Decreto nº 4.942/2003 (RFPC) prevê como causas que extinguem a punibilidade a morte do infrator e a prescrição administrativa.

---

248 LC nº 109/2001: Art. 13. A formalização da condição de patrocinador ou instituidor de um plano de benefício dar-se-á mediante convênio de adesão a ser celebrado entre o patrocinador ou instituidor e a entidade fechada, em relação a cada plano de benefícios por esta administrado e executado, mediante prévia autorização do órgão regulador e fiscalizador, conforme regulamentação do Poder Executivo.

A extinção da punibilidade pela morte do infrator é uma consequência do princípio da pessoalidade da sanção administrativa, com base constitucional (inciso XLV, art. 5º da CF/88: *nenhuma pena passará da pessoa do condenado, podendo a obrigação de reparar o dano e a decretação do perdimento de bens ser, nos termos da lei, estendidas aos sucessores e contra eles executadas, até o limite do valor do patrimônio transferido*).

Como a sanção não poderá ser transmitida para os herdeiros do falecido, então se extingue a pretensão punitiva do Estado.

A prescrição da ação punitiva do Estado é o lapso temporal em que o ente fiscalizador deverá atuar para dar início ao julgamento da infração administrativa. A inércia estatal em prazo superior ao fixado na legislação implicará na perda da possibilidade do ente estatal exercer o seu *ius puniendi*.

No RFPC o prazo prescricional será de 5 anos (art. 31 do Decreto nº 4.942/2003) contado: a) como regra geral, da prática do ato; b) no caso de infração permanente (efeitos da infração se protraem pelo tempo), a partir de quando a conduta ilícita houver cessado; ou c) no caso de infração continuada (sujeito ativo, mediante mais de uma ação ou omissão, pratica duas ou mais infrações da mesma espécie), a partir do último ato praticado.

Haverá *prescrição intercorrente* se durante o curso do processo administrativo sancionador este ficar paralisado por mais de 3 anos, pendente de julgamento ou despacho (art. 32 do Decreto nº 4.942/2003).

Para fins de verificação da ocorrência da prescrição é importante conhecer as causas que interrompem o prazo prescricional. Pelo art. 33 do Decreto nº 4.942/2003 interrompe-se a prescrição: I – pela notificação do autuado, inclusive por meio de edital; II – por qualquer ato inequívoco que importe apuração do fato; ou III – pela decisão condenatória recorrível. Nesses casos, o prazo prescricional recomeçará a fluir desde o seu início.

A Resolução CNSP nº 243/2011 disciplina a prescrição de maneira idêntica ao Decreto nº 4.942/2003:

> Art. 16. Prescreve em cinco anos, contados da data da prática do ato ou, no caso de infração permanente ou continuada, do dia em que houver cessado, a ação punitiva objetivando apurar infração à legislação.
>
> § 1º Incide a prescrição no procedimento administrativo paralisado por mais de três anos, pendente de julgamento ou despacho, cujos autos serão arquivados de ofício ou mediante requerimento da parte interessada, sem prejuízo da apuração da responsabilidade funcional decorrente da paralisação, se for o caso.
>
> § 2º Interrompe-se a prescrição:
>
> I – pela intimação do acusado, inclusive por meio de edital;
>
> II – por qualquer ato inequívoco que importe apuração do fato;

DIREITO ADMINISTRATIVO SANCIONADOR NA PREVIDÊNCIA COMPLEMENTAR

321

III – pela decisão condenatória recorrível; ou

IV – por qualquer ato inequívoco que importe em manifestação expressa de tentativa de solução conciliatória no âmbito interno da administração pública federal.

§ 3º Considera-se infração permanente aquela cuja execução se prolonga no tempo, terminando somente quando cessa a conduta descrita no tipo sancionador.

3.11. Rito procedimental do processo administrativo sancionador nas entidades fechadas (Decreto nº 4.942/2003)

No âmbito das entidades fechadas, o processo administrativo sancionador poderá ser iniciado mediante a lavratura de *auto de infração* ou instauração de *inquérito administrativo*.

O auto de infração é o resultado da atuação da área de fiscalização da Previc, quando o servidor competente, após a colheita de provas, conclui pela existência de infração administrativa e expede um ato administrativo formal descrevendo a conduta infracional, com a indicação do dispositivo legal violado[249] e os fundamentos fáticos que embasaram a autuação.

O inquérito administrativo nada mais é que um processo administrativo para apuração de irregularidades graves, resultante da decretação de intervenção ou liquidação extrajudicial, do oferecimento de denúncia ou representação, bem como decorrente da mera atividade de fiscalização. É instaurado com a publicação no Diário Oficial da União de portaria expedida pelo Diretor-Superintendente da Previc, que designará comissão de inquérito, composta por, no mínimo, três servidores federais ocupantes de cargo efetivo. Essa comissão de inquérito emitirá, ao final da fase de instrução, um relatório final, do qual poderão ser arroladas as infrações administrativas porventura praticadas na gestão da entidade fechada, remetendo o relatório para aprovação da Diretoria Colegiada da Previc.

A Lei nº 12.154/2009 que criou a Previc previu no art. 60 que os procedimentos de fiscalização das atividades e operações das entidades fechadas de previdência complementar seriam atribuição privativa dos Auditores-Fiscais da Receita Federal do Brasil, podendo estes servidores públicos lavrar ou propor a lavratura de auto de infração, aplicar ou propor a aplicação de penalidade administrativa ao responsável por infração objeto de processo administrativo decorrente de ação fiscal, representação, denúncia ou outras situações previstas em lei, assegurando--lhes o livre acesso às dependências e às informações dos entes objeto da ação fiscal, de acordo com as respectivas áreas de competência, caracterizando-se

---

249 A Instrução Normativa SPC Nº 02, de 23 de abril de 2004, define o modelo de auto de infração a que se refere o art. 8º do Decreto nº 4.942, de 30 de dezembro de 2003 e dá outras providências.

embaraço à fiscalização, punível nos termos da lei, qualquer dificuldade oposta à consecução desse objetivo.

O processo sancionador iniciado por auto de infração passará pelas seguintes fases processuais[250]:

- Lavratura do auto de infração;

- Notificação do autuado e concessão do prazo de 15 dias para apresentação de defesa;

- Instrução probatória com a apresentação de documentos pelos autuados e pela fiscalização;

- Alegações finais dos autuados;

- Elaboração do relatório de fiscalização com o resumo do ocorrido nos autos administrativos;

- Julgamento do auto de infração pela Diretoria Colegiada da Previc;

- Emissão da decisão-notificação do autuado para dar ciência da decisão de 1ª instância;

- Possibilidade da interposição de recurso voluntário pelo autuado à Câmara de Recursos da Previdência Complementar – CRPC/MPS, no prazo de 15 dias, contados do recebimento da decisão-notificação, recurso este com efeito suspensivo;

- Recebido o recurso, há a possibilidade da Previc reconsiderar sua decisão no prazo de 15 dias;

- Existência de recurso de ofício das decisões da Diretoria Colegiada da Previc que anula ou cancela o auto de infração, bem como quando há reconsideração da autarquia;

- Decisão emitida pela CRPC, após o julgamento do recurso voluntário ou de ofício, e de eventuais embargos declaratórios, tem o caráter definitivo no âmbito administrativo.

O § 3º do art. 65 da LC nº 109/2001 prevê como condição de procedibilidade do recurso voluntário o pagamento ao órgão fiscalizador de depósito recursal de trinta por cento do valor da multa aplicada. Tal dispositivo legal foi considerado inconstitucional pelo Supremo Tribunal Federal, o que resultou na edição da **Súmula Vinculante STF nº 21** com o seguinte teor: *"É inconstitucional a exigência*

---

250 O funcionamento da Câmara de Recursos de Previdência Complementar – CRPC é disciplinado pelo Decreto nº 7.123/2010 e pela Portaria MPS nº 282/2011 que aprova seu Regimento Interno.

DIREITO ADMINISTRATIVO SANCIONADOR NA PREVIDÊNCIA COMPLEMENTAR

de depósito ou arrolamento prévios de dinheiro ou bens para admissibilidade de recurso administrativo".

O processo sancionador iniciado por inquérito administrativo passará pelas seguintes fases processuais:

- A Previc publica Portaria no Diário Oficial da União que conterá as seguintes informações: objeto do inquérito, designação do Presidente da Comissão de Inquérito e prazo para conclusão dos trabalhos;

- Notificação dos autuados e da EFPC;

- Instrução probatória com a oitiva dos envolvidos, diligências, perícias, documentos, etc;

- Emissão de um documento denominado de "ultimação da instrução", em que o Presidente da Comissão formaliza a acusação, descreve a irregularidade, o tipo administrativo violado, agente responsável pela infração e a pena a ser imposta ao acusado;

- Apresentação de defesa no prazo de 15 dias;

- Reabertura de nova fase instrutória;

- Relatório conclusivo encaminhado à Previc, considerando as provas produzidas e a defesa apresentada pelo acusado;

- Previc emite decisão administrativa sobre os fatos apurados no curso do inquérito administrativo;

- Possibilidade da interposição de recurso administrativo em 15 dias, com efeito suspensivo, para a Câmara de Recursos da Previdência Complementar;

- Decisão emitida pela CRPC, após o julgamento do recurso voluntário ou de ofício, e de eventuais embargos declaratórios, tem o caráter definitivo no âmbito administrativo.

Tipos administrativos do RFPC (Decreto nº 4.942/2003)
Art. 63. Deixar de constituir reservas técnicas, provisões e fundos, de conformidade com os critérios e normas fixados pelo Conselho de Gestão da Previdência Complementar e pela Secretaria de Previdência Complementar. Penalidade: multa de R$ 20.000,00 (vinte mil reais), podendo ser cumulada com suspensão pelo prazo de até cento e oitenta dias ou com inabilitação pelo prazo de dois a dez anos.
Art. 64. Aplicar os recursos garantidores das reservas técnicas, provisões e fundos dos planos de benefícios em desacordo com as diretrizes estabelecidas pelo Conselho Monetário Nacional. Penalidade: multa de R$ 20.000,00 (vinte mil reais), podendo ser cumulada com suspensão pelo prazo de até cento e oitenta dias ou com inabilitação pelo prazo de dois a dez anos.
Art. 65. Deixar de fornecer aos participantes, quando de sua inscrição no plano de benefícios, o certificado de participante, cópia do regulamento atualizado, material explicativo em linguagem simples e precisa ou outros documentos especificados pelo Conselho de Gestão da Previdência Complementar e pela Secretaria de Previdência Complementar. Penalidade: advertência ou multa de R$ 10.000,00 (dez mil reais).

Tipos administrativos do RFPC (Decreto nº 4.942/2003)
Art. 66. Divulgar informação diferente das que figuram no regulamento do plano de benefícios ou na proposta de inscrição ou no certificado de participante. Penalidade: advertência ou multa de R$ 10.000,00 (dez mil reais).
Art. 67. Deixar de contratar operação de resseguro, quando a isso estiver obrigada a entidade fechada de previdência complementar. Penalidade: multa de R$ 15.000,00 (quinze mil reais) ou suspensão por até cento e oitenta dias.
Art. 68. Celebrar convênio de adesão com patrocinador ou instituidor e iniciar a operação do plano de benefícios, sem submetê-lo a prévia autorização da Secretaria de Previdência Complementar ou iniciar a operação de plano sem celebrar o convênio de adesão. Penalidade: multa de R$ 25.000,00 (vinte e cinco mil reais), podendo ser cumulada com inabilitação de dois a dez anos.
Art. 69. Iniciar a operação de plano de benefícios sem observar os requisitos estabelecidos pelo Conselho de Gestão da Previdência Complementar ou pela Secretaria de Previdência Complementar para a modalidade adotada. Penalidade: advertência ou multa de R$ 10.000,00 (dez mil reais).
Art. 70. Deixar de prever no plano de benefícios qualquer um dos institutos previstos no art. 14 da Lei Complementar nº 109, de 29 de maio de 2001, ou cercear a faculdade de seu exercício pelo participante, observadas as normas estabelecidas pelo Conselho de Gestão da Previdência Complementar e pela Secretaria de Previdência Complementar. Penalidade: multa de R$ 15.000,00 (quinze mil reais), podendo ser cumulada com suspensão pelo prazo de até trinta dias.
Art. 71. Permitir que os recursos financeiros correspondentes à portabilidade do direito acumulado transitem pelos participantes dos planos de benefícios, sob qualquer forma. Penalidade: multa de R$ 20.000,00 (vinte mil reais), podendo ser cumulada com suspensão de até sessenta dias.
Art. 72. Deixar a entidade fechada de previdência complementar de oferecer plano de benefícios a todos os empregados ou servidores do patrocinador ou associados ou membros do instituidor, observada a exceção prevista no § 3º do art. 16 da Lei Complementar nº 109, de 29 de maio de 2001. Penalidade: advertência ou multa de R$ 10.000,00 (dez mil reais).
Art. 73. Utilizar no cálculo das reservas matemáticas, fundos e provisões, bem como na estruturação do plano de custeio, métodos de financiamento, regime financeiro e bases técnicas que não guardem relação com as características da massa de participantes e de assistidos e da atividade desenvolvida pelo patrocinador ou pelo instituidor, ou em desacordo com as normas emanadas do Conselho de Gestão da Previdência Complementar e da Secretaria de Previdência Complementar. Penalidade: multa de R$ 20.000,00 (vinte mil reais), podendo ser cumulada com suspensão de até cento e oitenta dias.
Art. 74. Deixar de manter, em cada plano de benefícios, os recursos garantidores das reservas técnicas, provisões e fundos suficientes à cobertura dos compromissos assumidos, conforme regras do Conselho de Gestão da Previdência Complementar e da Secretaria de Previdência Complementar. Penalidade: multa de R$ 20.000,00 (vinte mil reais), podendo ser cumulada com suspensão pelo prazo de até cento e oitenta dias ou inabilitação de dois a dez anos.
Art. 75. Utilizar para outros fins as reservas constituídas para prover o pagamento de benefícios de caráter previdenciário, ainda que por meio de procedimentos contábeis ou atuariais. Penalidade: multa de R$ 15.000,00 (quinze mil reais), podendo ser cumulada com suspensão por até sessenta dias.
Art. 76. Utilizar de forma diversa da prevista na legislação o resultado superavitário do exercício ou deixar de constituir as reservas de contingência e a reserva especial para revisão do plano de benefícios; bem como deixar de realizar a revisão obrigatória do plano de benefícios. Penalidade: multa de R$ 10.000,00 (dez mil reais), podendo ser cumulada com suspensão pelo prazo de até cento e oitenta dias.

DIREITO ADMINISTRATIVO SANCIONADOR NA PREVIDÊNCIA COMPLEMENTAR

Tipos administrativos do RFPC (Decreto nº 4.942/2003)
Art. 77. Efetuar redução de contribuições em razão de resultados superavitários do plano de benefícios em desacordo com a legislação. Penalidade: multa de R$ 10.000,00 (dez mil reais), podendo ser cumulada com suspensão pelo prazo de até cento e oitenta dias.
Art. 78. Deixar de adotar as providências, previstas em lei, para equacionamento do resultado deficitário do plano de benefícios ou fazê-lo em desacordo com as normas estabelecidas pelo Conselho de Gestão da Previdência Complementar e pela Secretaria de Previdência Complementar. Penalidade: multa de R$ 20.000,00 (vinte mil reais), podendo ser cumulada com suspensão pelo prazo de até cento e oitenta dias.
Art. 79. Deixar de adotar as providências para apuração de responsabilidades e, quando for o caso, deixar de propor ação regressiva contra dirigentes ou terceiros que deram causa a dano ou prejuízo à entidade fechada de previdência complementar ou a seus planos de benefícios. Penalidade: multa de R$ 15.000,00 (quinze mil reais), podendo ser cumulada com suspensão pelo prazo de até noventa dias.
Art. 80. Deixar de estabelecer o nível de contribuição necessário por ocasião da instituição do plano de benefícios ou do encerramento do exercício, ou realizar avaliação atuarial sem observar os critérios de preservação da solvência e equilíbrio financeiro e atuarial dos planos de benefícios, estabelecidos pelo Conselho de Gestão da Previdência Complementar. Penalidade: multa de R$ 15.000,00 (quinze mil reais), podendo ser cumulada com suspensão pelo prazo de até trinta dias.
Art. 81. Deixar de divulgar aos participantes e aos assistidos, na forma, no prazo ou pelos meios determinados pelo Conselho de Gestão da Previdência Complementar e pela Secretaria de Previdência Complementar, ou pelo Conselho Monetário Nacional, informações contábeis, atuariais, financeiras ou de investimentos relativas ao plano de benefícios ao qual estejam vinculados. Penalidade: multa de R$ 15.000,00 (quinze mil reais), podendo ser cumulada com suspensão de até sessenta dias.
Art. 82. Deixar de prestar à Secretaria de Previdência Complementar informações contábeis, atuariais, financeiras, de investimentos ou outras previstas na regulamentação, relativamente ao plano de benefícios e à própria entidade fechada de previdência complementar, no prazo e na forma determinados pelo Conselho de Gestão da Previdência Complementar e pela Secretaria de Previdência Complementar. Penalidade: multa de R$ 15.000,00 (quinze mil reais), podendo ser cumulada com suspensão de até sessenta dias.
Art. 83. Descumprir as instruções do Conselho de Gestão da Previdência Complementar e da Secretaria de Previdência Complementar sobre as normas e os procedimentos contábeis aplicáveis aos planos de benefícios da entidade fechada de previdência complementar ou deixar de submetê-los a auditores independentes. Penalidade: multa de R$ 15.000,00 (quinze mil reais), podendo ser cumulada com suspensão pelo prazo de até sessenta dias.
Art. 84. Deixar de atender a requerimento formal de informação, encaminhado pelo participante ou pelo assistido, para defesa de direitos e esclarecimento de situação de interesse pessoal específico, ou atendê-la fora do prazo fixado pelo Conselho de Gestão da Previdência Complementar e pela Secretaria de Previdência Complementar. Penalidade: advertência ou multa de R$ 10.000,00 (dez mil reais).
Art. 85. Promover a extinção de plano de benefícios ou a retirada de patrocínio sem autorização da Secretaria de Previdência Complementar. Penalidade: multa de R$ 20.000,00 (vinte mil reais), podendo ser cumulada com inabilitação de dois a dez anos.
Art. 86. Admitir ou manter como participante de plano de benefícios pessoa sem vínculo com o patrocinador ou com o instituidor, observadas as excepcionalidades previstas na legislação. Penalidade: multa de R$ 20.000,00 (vinte mil reais), podendo ser cumulada com inabilitação de dois a dez anos.

Tipos administrativos do RFPC (Decreto nº 4.942/2003)
Art. 87. Deixar, a entidade fechada de previdência complementar constituída por pessoas jurídicas de caráter profissional, classista ou setorial, de terceirizar a gestão dos recursos garantidores das reservas técnicas. Penalidade: multa de R$ 15.000,00 (quinze mil reais) ou inabilitação pelo prazo de dois anos.
Art. 88. Deixar de segregar o patrimônio do plano de benefícios do patrimônio do instituidor ou da instituição gestora dos recursos garantidores. Penalidade: multa de R$ 15.000,00 (quinze mil reais) ou inabilitação pelo prazo de dois anos.
Art. 89. Prestar serviços que não estejam no âmbito do objeto das entidades fechadas de previdência complementar. Penalidade: multa de R$ 20.000,00 (vinte mil reais), podendo ser cumulada com suspensão de até cento e oitenta dias.
Art. 90. Descumprir cláusula do estatuto da entidade fechada de previdência complementar ou do regulamento do plano de benefícios, ou adotar cláusula do estatuto ou do regulamento sem submetê-la à prévia e expressa aprovação da Secretaria de Previdência Complementar. Penalidade: multa de R$ 10.000,00 (dez mil reais), podendo ser cumulada com suspensão pelo prazo de até cento e oitenta dias.
Art. 91. Realizar operação de fusão, cisão, incorporação ou outra forma de reorganização societária da entidade fechada de previdência complementar ou promover a transferência de patrocínio ou a transferência de grupo de participantes ou de assistidos, de plano de benefícios e de reservas entre entidades fechadas sem prévia e expressa autorização da Secretaria de Previdência Complementar. Penalidade: multa de R$ 20.000,00 (vinte mil reais), podendo ser cumulada com inabilitação de dois a dez anos.
Art. 92. Instituir ou manter estrutura organizacional em desacordo com a forma determinada pela legislação ou manter membros nos órgãos deliberativo, executivo ou fiscal sem o preenchimento dos requisitos exigidos pela legislação. Penalidade: multa de R$ 10.000,00 (dez mil reais), podendo ser cumulada com inabilitação de dois a cinco anos.
Art. 93. Deixar de prestar, manter desatualizadas ou prestar incorretamente as informações relativas ao diretor responsável pelas aplicações dos recursos do plano de benefícios da entidade fechada de previdência complementar, bem como descumprir o prazo ou a forma determinada. Penalidade: multa de R$ 10.000,00 (dez mil reais), podendo ser cumulada com suspensão pelo prazo de até cento e oitenta dias.
Art. 94. Deixar de atender à Secretaria de Previdência Complementar quanto à requisição de livros, notas técnicas ou quaisquer documentos relativos aos planos de benefícios da entidade fechada de previdência complementar, bem como quanto à solicitação de realização de auditoria, ou causar qualquer embaraço à fiscalização do referido órgão. Penalidade: multa de R$ 20.000,00 (vinte mil reais), podendo ser cumulada com suspensão pelo prazo de até cento e oitenta dias.
Art. 95. Deixar de prestar ou prestar fora do prazo ou de forma inadequada informações ou esclarecimentos específicos solicitados formalmente pela Secretaria de Previdência Complementar. Penalidade: multa de R$ 20.000,00 (vinte mil reais), podendo ser cumulada com suspensão de até cento e oitenta dias.
Art. 96. Deixar os administradores e conselheiros ou ex-administradores e ex-conselheiros de prestar informações ou esclarecimentos solicitados por administrador especial, interventor ou liquidante. Penalidade: multa de R$ 20.000,00 (vinte mil reais), podendo ser cumulada com suspensão de até cento e oitenta dias.
Art. 97. Deixar, o interventor, de solicitar aprovação prévia e expressa da Secretaria de Previdência Complementar para os atos que impliquem oneração ou disposição do patrimônio do plano de benefícios da entidade fechada de previdência complementar, nos termos disciplinados pelo referido órgão. Penalidade: multa de R$ 10.000,00 (dez mil reais).

DIREITO ADMINISTRATIVO SANCIONADOR NA PREVIDÊNCIA COMPLEMENTAR

327

Tipos administrativos do RFPC (Decreto nº 4.942/2003)
Art. 98. Incluir, o liquidante, no quadro geral de credores habilitação de crédito indevida ou omitir crédito de que tenha conhecimento. Penalidade: multa de R$ 10.000,00 (dez mil reais).
Art. 99. Deixar de promover a execução judicial de dívida do patrocinador de plano de benefícios de entidade fechada de previdência complementar, nos termos do art. 62 deste Decreto. Penalidade: multa de R$ 20.000,00 (vinte mil reais), podendo ser cumulada com suspensão de até cento e oitenta dias ou com inabilitação de dois a dez anos.
Art. 100. Deixar de comunicar à Secretaria de Previdência Complementar a inadimplência do patrocinador pela não-efetivação das contribuições normais ou extraordinárias a que estiver obrigado, na forma do regulamento do plano de benefícios ou de outros instrumentos contratuais. Penalidade: multa de R$ 20.000,00 (vinte mil reais), podendo ser cumulada com suspensão de até cento e oitenta dias.
Art. 101. Alienar ou onerar, sob qualquer forma, bem abrangido por indisponibilidade legal resultante de intervenção ou de liquidação extrajudicial da entidade fechada de previdência complementar. Penalidade: multa de R$ 25.000,00 (vinte e cinco mil reais), podendo ser cumulada com inabilitação pelo prazo de dois a cinco anos.
Art. 102. Exercer atividade própria das entidades fechadas de previdência complementar sem a autorização devida da Secretaria de Previdência Complementar, inclusive a comercialização de planos de benefícios, bem como a captação ou a administração de recursos de terceiros com o objetivo de, direta ou indiretamente, adquirir ou conceder benefícios previdenciários sob qualquer forma. Penalidade: multa de R$ 2.000,00 (dois mil reais) a R$ 1.000.000,00 (um milhão de reais) e inabilitação pelo prazo de dois a dez anos.
Art. 103. Realizar em nome da entidade fechada de previdência complementar operação comercial ou financeira, vedada pela legislação, com pessoas físicas ou jurídicas. Penalidade: multa de R$ 20.000,00 (vinte mil reais), podendo ser cumulada com suspensão pelo prazo de até sessenta dias.
Art. 104. Permitir que participante, vinculado a plano de benefícios patrocinado por órgão, empresa ou entidade pública, entre em gozo de benefício sem observância dos incisos I e II do art. 3º da Lei Complementar no 108, de 2001. Penalidade: multa de R$ 10.000,00 (dez mil reais), podendo ser cumulada com suspensão pelo prazo de até trinta dias.
Art. 105. Permitir o repasse de ganhos de produtividade, abono ou vantagens de qualquer natureza para o reajuste dos benefícios em manutenção em plano de benefícios patrocinado por órgão ou entidade pública. Penalidade: advertência ou multa de R$ 10.000,00 (dez mil reais).
Art. 106. Elevar a contribuição de patrocinador sem prévia manifestação do órgão responsável pela supervisão, pela coordenação e pelo controle de patrocinador na esfera de órgão ou entidade pública. Penalidade: advertência ou multa de R$ 10.000,00 (dez mil reais).
Art. 107. Cobrar do patrocinador na esfera de órgão ou entidade pública contribuição normal excedente à do conjunto dos participantes e assistidos a eles vinculados ou encargos adicionais para financiamento dos planos de benefícios, além dos previstos no plano de custeio. Penalidade: advertência ou multa de R$ 10.000,00 (dez mil reais).
Art. 108. Cobrar despesa administrativa do patrocinador na esfera de órgão ou entidade pública ou dos participantes e assistidos sem observância dos limites e critérios estabelecidos pelo Conselho de Gestão da Previdência Complementar ou pela Secretaria de Previdência Complementar. Penalidade: advertência ou multa de R$ 10.000,00 (dez mil reais).

Tipos administrativos do RFPC (Decreto nº 4.942/2003)
Art. 109. Exercer em nome de entidade fechada de previdência complementar patrocinada por órgão ou entidade pública o controle de sociedade anônima ou participar em acordo de acionistas, que tenha por objeto formação de grupo de controle de sociedade anônima, sem prévia e expressa autorização do patrocinador e do seu respectivo ente controlador. Penalidade: multa de R$ 15.000,00 (quinze mil reais), podendo ser cumulada com inabilitação pelo prazo de dois anos.
Art. 110. Violar quaisquer outros dispositivos das Leis Complementares nos 108 e 109, de 2001, e dos atos normativos regulamentadores das referidas Leis Complementares. Penalidade: multa de R$ 10.000,00 (dez mil reais), podendo ser cumulada com suspensão pelo prazo de até cento e oitenta dias ou com inabilitação pelo prazo de dois anos até dez anos.

3.12. Rito procedimental do processo administrativo sancionador nas entidades abertas (Resolução CNSP nº 243/2011)

O art. 118 do Decreto-Lei nº 73/66 dispõe que, no âmbito do regime aberto de previdência complementar, *"as infrações serão apuradas mediante processo administrativo que tenha por base o auto, a representação ou a denúncia positivando fatos irregulares, e o CNSP disporá sobre as respectivas instaurações, recursos e seus efeitos, instâncias, prazos, perempção e outros atos processualísticos"*.

O processo sancionador iniciado por auto de infração passará pelas seguintes fases processuais:

- O processo inicia-se mediante a lavratura de auto de infração pela área de fiscalização da Susep, pela denúncia realizada por qualquer pessoa interessada, que demonstre a presença de violação a dispositivo da legislação de previdência complementar aberta, ou por representação de qualquer servidor da Susep;

- A abertura de processo administrativo sancionador depende da existência de provas da materialidade e da autoria da infração. Nos casos de denúncia de terceiros ou representação sem que se verifique a presença de provas suficientes à abertura do processo sancionador, caberá à área de fiscalização da Susep realizar uma melhor instrução dos autos para colher provas da materialidade da infração e sua autoria;

- Defesa no prazo de 30 dias, apresentada à Susep, que deve ser instruída com os documentos na qual esteja fundamentada, firmada pelo interessado, seu representante legal ou mandatário com poderes expressos;

- Decorrido o prazo para apresentação de defesa, com ou sem manifestação do interessado, o servidor responsável pela instrução do processo elaborará relatório circunstanciado, podendo, previamente à emissão do relatório, solicitar audiência ou manifestação do setor técnico cuja área de atuação seja afeta aos indícios da irregularidade de que trata o processo;

DIREITO ADMINISTRATIVO SANCIONADOR NA PREVIDÊNCIA COMPLEMENTAR

- Havendo orientação jurídica anterior sobre a questão debatida no processo, firmada em parecer da Procuradoria Federal junto à Susep e acatada pelo Conselho Diretor da Susep como parecer de orientação, que deverá ser citado e juntado por cópia, os autos serão encaminhados para decisão do órgão responsável pelo julgamento. Inexistindo parecer de orientação, os autos serão remetidos à Procuradoria Federal junto à SUSEP para análise jurídica e posterior encaminhamento ao órgão responsável pelo julgamento do processo;

- Ficam sujeitas à confirmação pelo Conselho Diretor da Susep, independentemente de nova intimação do interessado, as decisões que resultem na aplicação de multa igual ou superior a R$ 200.000,00 (duzentos mil reais), na suspensão do exercício de atividade ou profissão, na inabilitação para o exercício de cargo ou função;

- Da decisão de primeira instância caberá recurso, total ou parcial, com efeito suspensivo, ao Conselho de Recursos do Sistema Nacional de Seguros Privados, de Previdência Privada Aberta e de Capitalização (CRSNSP), órgão do Ministério da Fazenda, no prazo de 30 (trinta) dias, contados da ciência efetiva ou da divulgação oficial da decisão recorrida;

- Os processos administrativos de que resultem sanções poderão ser revistos, a qualquer tempo, a pedido ou de ofício, quando surgirem fatos novos ou circunstâncias relevantes suscetíveis de justificar a inadequação da sanção aplicada. Da revisão do processo não poderá resultar agravamento da sanção;

- A CRSNSP consiste a segunda e última instância administrativa;

- Faculdade do autuado de pagar a multa com desconto de até 25% (vinte e cinco por cento), com redução, limitada à pena mínima prevista para a respectiva infração, desde que renuncie ao direito de recorrer e efetue o pagamento dentro do prazo de 30 (trinta) dias, contados da intimação da decisão condenatória.

O processo sancionador iniciado por inquérito administrativo passará pelas seguintes fases processuais:

- O inquérito administrativo é o procedimento que tem por objeto a apuração da materialidade, da autoria e da responsabilidade por infrações administrativas. Tem origem na denúncia, na atividade de controle e fiscalização para apuração da conduta irregular da pessoa natural ou jurídica ou na decretação de intervenção ou de liquidação extrajudicial pela Susep;

- O órgão da Susep responsável pela análise dos indícios de irregularidade, sempre que constatar a existência de provas de materialidade e de autoria de infração administrativa, deverá instaurar processo administrativo sancionador, mediante apresentação de relatório de acusação;

- Os autos do inquérito administrativo serão arquivados quando não houver infração administrativa, não houver provas suficientes para formular a acusação ou quando verificar a ocorrência de alguma causa extintiva da punibilidade; e

- Na hipótese de surgimento de novas provas ou de documentos antes desconhecidos, a autoridade competente poderá, a pedido do interessado ou de ofício, por meio de despacho fundamentado, desarquivar o inquérito administrativo e dar continuidade à atividade de apuração de materialidade e autoria de ilícito administrativo.

A exigência de prévio depósito recursal, no percentual de 30% do valor da multa, prevista como condição de procedibilidade do recurso administrativo no art. 108, § 3º do Decreto-Lei nº 73/66, encontra-se suspensa pela inconstitucionalidade declarada na Súmula Vinculante STF nº 21.

Tipos administrativos do RAPC (Resolução CNSP nº 243/2011)
Art. 18. Realizar atividade de corretagem, de auditoria ou de previdência complementar aberta sem a devida autorização.
Sanção: multa de R$ 50.000,00 (cinqüenta mil) a R$ 1.000.000,00 (um milhão de reais).
Art. 19. Não escriturar as operações nos livros e registros da contabilidade, com atualidade ou fidedignidade, nos termos da legislação.
Sanção: multa de R$ 10.000,00 (dez mil reais) a R$ 200.000,00 (duzentos mil reais).
Art. 20. Não manter na matriz e nas filiais, sucursais, agências e representações os registros exigidos, com escrituração completa das operações realizadas, em conformidade com a legislação.
Sanção: multa de R$ 10.000,00 (dez mil reais) a R$ 100.000,00 (cem mil reais).
Parágrafo único. Incorre, também, na sanção aquele que:
I – não mantiver conta corrente exclusiva de intermediação de resseguro; ou
II – não mantiver conta em moeda estrangeira, quando obrigatória, ou utilizá-la em desacordo com a legislação.
Art. 21. Não enviar à SUSEP, no prazo e na forma previstos na legislação, documentos referentes a nomeações de administradores, assembléias-gerais e a modificações na diretoria, no conselho de administração, no conselho fiscal ou assemelhado, bem como balanços, demonstrações financeiras e demais documentos que lhe forem solicitados.
Sanção: multa de R$ 10.000,00 (dez mil reais) a R$ 100.000,00 (cem mil reais).
Parágrafo único. Incorre, também, na sanção prevista neste artigo a entidade aberta de previdência complementar que não enviar, em adição ao disposto no caput deste artigo, a documentação pertinente às reuniões de conselhos deliberativos, nomeações de diretores, conselheiros fiscais, conselheiros deliberativos, conselheiros consultivos ou assemelhados, modificações do conselho deliberativo, conselho consultivo ou assemelhado.
Art. 22. Não manter atualizadas, perante a SUSEP, informações sobre a instalação ou alteração de filiais, sucursais, agências ou representações, seus atos constitutivos ou não comunicar qualquer alteração relativa a sua atividade.
Sanção: multa de R$ 10.000,00 (dez mil reais) a R$ 100.000,00 (cem mil reais).
Art. 23. Não realizar assembléia geral ordinária no prazo fixado pela legislação.
Sanção: multa de R$ 10.000,00 (dez mil reais) a R$ 100.000,00 (cem mil reais).
Art. 24. Não promover, no prazo previsto, o arquivamento de ata de assembléia-geral no registro do comércio, bem como a publicação desse registro.
Sanção: multa de R$ 10.000,00 (dez mil reais) a R$ 50.000,00 (cinqüenta mil reais).

DIREITO ADMINISTRATIVO SANCIONADOR NA PREVIDÊNCIA COMPLEMENTAR

331

Tipos administrativos do RAPC (Resolução CNSP nº 243/2011)
Art. 25. Arquivar ou publicar atas de atos societários sem a prévia homologação da SUSEP. Sanção: multa de R$ 10.000,00 (dez mil reais) a R$ 50.000,00 (cinqüenta mil reais).
Art. 26. Não arquivar o instrumento de nomeação do seu representante legal no País no registro de comércio. Sanção: multa de R$ 10.000,00 (dez mil reais) a R$ 50.000,00 (cinqüenta mil reais).
Art. 27. Não publicar ou publicar as demonstrações financeiras em desacordo com a legislação. Sanção: multa de R$ 10.000,00 (dez mil reais) a R$ 100.000,00 (cem mil reais).
Art. 28. Dar posse a membro da diretoria, conselho de administração ou conselho fiscal ou assemelhado, em desacordo com a legislação ou sem a prévia homologação da SUSEP. Sanção: multa de R$ 10.000,00 (dez mil reais) a R$ 100.000,00 (cem mil reais).
Art. 29. Não cumprir ou retardar o cumprimento de obrigação assumida em contrato ou instrumento congênere. Sanção: multa de R$ 10.000,00 (dez mil reais) a R$ 300.000,00 (trezentos mil reais). § 1º Não cumprir a obrigação prevista no caput após intimação ou recomendação da SUSEP para fazê-lo. Sanção: multa de R$ 40.000,00 (quarenta mil reais) a R$ 800.000,00 (oitocentos mil reais). § 2º Não haverá a infração prevista no caput e no parágrafo anterior nas hipóteses em que o cumprimento de obrigação assumida em contrato ou instrumento congênere estiver sub judice.
Art. 30. Divulgar prospecto, publicar anúncio, expedir correspondência ou promover qualquer outra veiculação de caráter publicitário sobre contrato que contenha informação total ou parcialmente falsa. Sanção: multa de R$ 10.000,00 (dez mil reais) a R$ 500.000,00 (quinhentos mil reais).
Art. 31. Emitir apólice ou bilhete de seguro, proposta, certificado, produto de qualquer natureza, título de capitalização ou de plano de previdência ou contrato de resseguro em desacordo com a legislação ou, ainda, contrato de resseguro com características diversas da estabelecida na nota de cobertura. Sanção: multa de R$ 10.000,00 (dez mil reais) a R$ 500.000,00 (quinhentos mil reais).
Art. 32. Não concluir a formalização de contratos de operações de que trata esta Resolução no prazo previsto na legislação. Sanção: multa de R$ 10.000,00 (dez mil reais) a R$ 100.000,00 (cem mil reais).
Art. 34. Pagar ou creditar comissão de corretagem a pessoa natural ou jurídica que não seja corretor, pessoa natural ou jurídica, registrado na SUSEP e autorizado a atuar no respectivo ramo. Sanção: multa de R$ 10.000,00 (dez mil reais) a R$ 50.000,00 (cinqüenta mil reais).
Art. 36. Omitir ou sonegar informações que deva comunicar à SUSEP. Sanção: multa de R$ 10.000,00 (dez mil reais) a R$ 500.000,00 (quinhentos mil de reais).
Art. 37. Encaminhar na forma incorreta ou incompleta à SUSEP as informações que deve prestar, nos termos da legislação. Sanção: multa de R$ 10.000,00 (dez mil reais) a R$ 100.000,00 (cem mil reais).
Art. 38. Impedir ou dificultar, por qualquer forma, o exercício do poder de polícia administrativa da SUSEP, tais como: I – não fornecer relatórios, demonstrações financeiras, livros e registros obrigatórios ou contas estatísticas, quando solicitado; II – não atender, no prazo e na forma fixada, às solicitações da autarquia; III – impedir ao acesso às dependências da fiscalizada. Sanção: multa de R$ 20.000,00 (vinte mil reais) a R$ 500.000,00 (quinhentos mil reais).
Art. 39. Falsificar quaisquer documentos ou prestar informação falsa à SUSEP. Sanção: multa de R$ 50.000,00 (cinqüenta mil reais) a R$ 1.000.000,00 (um milhão de reais).

Tipos administrativos do RAPC (Resolução CNSP nº 243/2011)
Art. 40. Não zelar pela qualidade do sistema de controles internos, relacionada aos seguintes elementos: I – Ambiente de Controle; II – Avaliação de Riscos; III – Atividades de Controle; IV – Processos de Informação e Comunicação; ou V – Monitoração. Sanção: multa de R$ 20.000,00 (vinte mil reais) a R$ 100.000,00 (cem mil reais).
Art. 41. Alienar ou prometer alienar ou de qualquer forma gravar bens garantidores de provisões técnicas, fundos especiais ou quaisquer outras provisões exigidas, inclusive os bens garantidores da conta em moeda estrangeira, sem prévia e expressa autorização da SUSEP. Sanção: multa de R$ 20.000,00 (vinte mil reais) a R$ 1.000.000,00 (um milhão de reais).
Art. 42. Aplicar ou vincular os recursos exigidos no País para garantia das operações da matriz ou os recursos garantidores das provisões técnicas e fundos especiais garantidores de suas operações e outras provisões exigidas, em desacordo com a legislação. Sanção: multa de R$ 20.000,00 (vinte mil reais) a R$ 500.000,00 (quinhentos mil reais).
Art. 43. Não observar os limites de retenção ou cessão, na forma da legislação. Sanção: multa de R$ 20.000,00 (vinte mil reais) a R$ 200.000,00 (duzentos mil reais).
Art. 44. Não observar a exigência de capital mínimo ou de margem de solvência para a respectiva atividade, na forma da legislação. Sanção: multa de R$ 20.000,00 (vinte mil reais) a R$ 200.000,00 (duzentos mil reais).
Art. 45. Não constituir, constituir de forma inadequada ou fora do prazo provisão técnica ou fundo especial garantidor das operações de que trata esta Resolução. Sanção: multa de R$ 20.000,00 (vinte mil reais) a R$ 200.000,00 (duzentos mil reais).
Art. 49 Realizar qualquer atividade de que trata esta Resolução ou operação comercial ou financeira em desacordo com a legislação. Sanção: multa de R$ 10.000,00 (dez reais) a R$ 100.000,00 (cem mil reais).
Art. 56. Não repassar imediatamente à sociedade seguradora, resseguradora, de previdência complementar aberta ou de capitalização, na forma da legislação, o valor recebido em razão de atividade de intermediação. Sanção: multa de R$ 5.000,00 (cinco mil reais) a R$ 50.000,00 (cinqüenta mil reais).
Art. 58. Exercer a atividade de corretagem tendo vínculo profissional, em desacordo com a legislação, com sociedade seguradora, resseguradora, de capitalização ou de previdência complementar aberta. Sanção: multa de R$ 5.000,00 (cinco mil reais) a R$ 200.000,00 (duzentos mil reais).
Art. 60. Realizar auditoria ou avaliação atuarial inepta ou fraudulenta. Sanção: multa de R$ 50.000,00 (cinqüenta mil reais) a R$ 1.000.000,00 (um milhão de reais).
Art. 61. Permitir que terceiros tenham acesso a informações a que tenha tido acesso em decorrência do exercício da atividade de auditoria ou avaliação atuarial. Sanção: multa de R$ 20.000,00 (vinte mil reais) a R$ 200.000,00 (duzentos mil reais).
Art. 62. Gerir a empresa de forma fraudulenta, em prejuízo dos sócios ou de terceiros. Sanção: multa de R$ 100.000,00 (cem mil reais) a R$ 1.000.000,00 (um milhão de reais).
Art. 63. Gerir a empresa de forma temerária, colocando em risco o seu equilíbrio financeiro ou a solvência dos compromissos assumidos. Sanção: multa de R$ 50.000,00 (cinqüenta mil reais) a R$ 1.000.000,00 (um milhão de reais).

DIREITO ADMINISTRATIVO SANCIONADOR NA PREVIDÊNCIA COMPLEMENTAR

333

Tipos administrativos do RAPC (Resolução CNSP nº 243/2011)
Art. 65. Apropriar-se de recursos da empresa ou de terceiros. Sanção: multa de R$ 20.000,00 (vinte mil reais) a R$ 1.000.000,00 (um milhão de reais).
Art. 69. Não manter, quando exigido, representante legal no País. Sanção: multa de R$ 25.000,00 (vinte e cinco mil reais) a R$ 200.000,00 (duzentos mil reais).
Art. 70. Atuar em desacordo com as normas legais ou de regulação que disciplinam o regime de previdência complementar. Sanção: multa de R$ 15.000,00 (quinze mil reais) a R$ 30.000,00 (trinta mil reais), podendo ser cumulada com advertência.
Art. 73. Não identificar seus clientes ou não manter cadastro atualizado, nos termos de instruções emanadas pelas autoridades competentes. Sanção: multa de R$ 10.000,00 (dez mil reais) a R$ 200.000,00 (duzentos mil reais) Parágrafo único. Incorrerá nas mesmas penas quem: I – Não manter registro de toda transação em moeda nacional ou estrangeira, títulos e valores mobiliários, títulos de crédito, metais, ou qualquer ativo passível de ser convertido em dinheiro, que ultrapassar limite fixado pela autoridade competente e nos termos de instruções por esta expedidas; II – Não atender, no prazo fixado pelo órgão judicial competente, as requisições formuladas pelo COAF – Conselho de Controle de Atividades Financeiras, que se processarão em segredo de justiça; e III – Descumprir a vedação ou deixarem de fazer a comunicação das operações que se subsumam aos critérios definidos pela autoridade competente.
Art. 77. Deixar o liquidante de observar a legislação e as exigências da SUSEP na condução de liquidação extrajudicial ou ordinária. Sanção: multa de R$ 10.000,00 (dez mil reais) a R$ 500.000,00 (quinhentos mil reais). Parágrafo único. Gerir de forma fraudulenta ou temerária o patrimônio da massa liquidanda. Sanção: multa de R$ 50.000,00 (cinqüenta mil reais) a R$ 1.000.000,00 (um milhão de reais).

3.13. Cobrança administrativa e judicial das multas aplicadas pelo órgão fiscalizador (Previc e Susep). Parcelamento do crédito da autarquia

Quando não mais possível a modificação da decisão administrativa emitida pelos entes fiscalizadores, ocorrido o trânsito em julgado administrativo, seja por não ter o autuado recorrido no prazo legal, seja por não mais existir recurso administrativo cabível para a reforma da decisão, deve o autuado, agora na condição de devedor, cumprir voluntariamente a penalidade da multa imposta pela autoridade competente, sob pena da cobrança coercitiva administrativa e judicial.

Terá, para tanto, 15 (quinze) dias no RFPC, e 30 (trinta) dias no RAPC, para realizar o pagamento da multa pecuniária.

A multa pecuniária poderá ser recolhida através do preenchimento da Guia de Recolhimento da União – GRU. Se a multa for recolhida fora do prazo estabelecido será corrigida pela taxa Selic, considerando que a Lei nº 10.522/2002 unificou o sistema de cobrança dos créditos não-tributários pertencentes às autarquias federais, utilizando os mesmos critérios de cálculo que a Secretaria da Receita Federal do Brasil utiliza para a atualização dos tributos federais.

Orientações para preenchimento da GRU

(Créditos tributários ou não-tributários da Previc):

A GRU poderá ser emitida pela página do Tesouro Nacional: https://consulta.tesouro.fazenda.gov.br/gru/gru_simples.asp, utilizando-se os seguintes parâmetros:

Unidade Gestora (UG): 333001.

Gestão: 33206 – Superintendência Nacional de Previdência Complementar.

Código de Recolhimento: 80051-1 – PGF/RDA/PREVIC-MULTA PREVIST LEG PREV COMPLEM.

Número de Referência: Número do processo administrativo sancionador.

Competência: Data da constituição definitiva do crédito – 16º dia posterior à data da ciência da decisão administrativa definitiva (mês/ano).

Vencimento: Último dia para pagamento do crédito (15º dia da notificação administrativa) ou prazo fixado pelo juiz, se o pagamento decorrer de ação judicial.

Valor Principal: Valor original do crédito.

Mora/Multa: Valor da multa de mora.

Juros/Encargos: Somatório do valor da atualização monetária (até dez/2008) com o valor correspondente a aplicação da Selic (posterior a dez/2008).

Outros Acréscimos: Valor dos encargos legais (honorários advocatícios – 10% se não ajuizada a ação, e 20% se existir ação judicial de execução do crédito).

Valor Total: Valor consolidado total.

Vencido o prazo para pagamento administrativo da multa perante o ente fiscalizador, será o processo administrativo sancionador encaminhado ao órgão jurídico responsável para inscrição do crédito em dívida ativa e ajuizamento da execução fiscal.

Como os créditos correspondentes às multas fixadas no processo administrativo sancionador ingressam como patrimônio dos entes fiscalizadores (Previc e Susep), sendo estes autarquias federais, competirá aos órgãos jurídicos da Procuradoria-Geral Federal, integrante da estrutura organizacional da Advocacia-Geral da União, a apuração da liquidez e certeza dos créditos tributários e não-tributários, inscrevendo-os em dívida ativa, para fins de cobrança amigável ou judicial (art. 10 da Lei nº 10.480/2002).

Após a inscrição em dívida ativa é extraída uma Certidão de Dívida Ativa – CDA que servirá como título executivo extrajudicial para o ajuizamento da Ação de Execução Fiscal[251].

---

251 CPC: Art. 585. São títulos executivos extrajudiciais: (...) VII – a certidão de dívida ativa da Fazenda Pública da União, dos Estados, do Distrito Federal, dos Territórios e dos Municípios, correspondente aos créditos inscritos na forma da lei;

DIREITO ADMINISTRATIVO SANCIONADOR NA PREVIDÊNCIA COMPLEMENTAR

Os créditos dos entes fiscalizadores inscritos em dívida ativa serão também inscritos no Cadastro Informativo de Créditos Não Quitados do Setor Público Federal (Cadin), disciplinado pela Lei nº 10.522/2002.

A inscrição do nome do devedor no Cadin traz restrições para a realização de alguns negócios jurídicos pelo devedor, tais como (art. 6º da Lei nº 10.522/2002): I – realização de operações de crédito que envolvam a utilização de recursos públicos; II – concessão de incentivos fiscais e financeiros; III – celebração de convênios, acordos, ajustes ou contratos que envolvam desembolso, a qualquer título, de recursos públicos, e respectivos aditamentos.

Inscrito o crédito da autarquia em dívida ativa, os autos administrativos são encaminhados para ajuizamento da Ação de Execução Fiscal, cabendo ao órgão jurídico da Procuradoria-Geral Federal localizado no município do devedor ajuizar a ação no foro da Justiça Federal competente.

Aplica-se a Lei nº 6.830/80 (Lei de Execução Fiscal) na cobrança judicial das multas aplicadas no processo administrativo sancionador.

Os valores devidos aos órgãos fiscalizadores podem ser pagos em qualquer momento ou estágio processual, desde que realizada a atualização monetária do débito. Se o pagamento for realizado após a inscrição em dívida ativa, mas antes do ajuizamento da ação de execução fiscal, será acrescido ao débito um encargo de 10% sobre o valor calculado. Se o pagamento for posterior à judicialização da cobrança, serão acrescidos 20% a título de encargo.

Conforme a previsão do art. 37-B da Lei nº 10.522/2002, os créditos das autarquias e fundações públicas federais, de qualquer natureza, poderão ser parcelados em até 60 (sessenta) prestações mensais, sendo da atribuição do órgão da Procuradoria-Geral Federal realizar os procedimentos destinados ao aperfeiçoamento do pedido de parcelamento.

O parcelamento terá sua formalização condicionada ao prévio pagamento da primeira prestação, conforme o montante do débito e o prazo solicitado, ficando o devedor obrigado a recolher o valor correspondente a uma prestação enquanto não deferido o pedido de parcelamento pela unidade jurídica competente.

O parcelamento judicial fundamenta-se no artigo 2º da Lei nº 9.469/97 que apresenta a seguinte redação:

> Art. 2º. O Procurador-Geral da União, o Procurador-Geral Federal e os dirigentes máximos das empresas públicas federais e do Banco Central do Brasil poderão autorizar a realização de acordos, homologáveis pelo Juízo, nos autos do processo judicial, para o pagamento de débitos de valores não superiores a R$ 100.000,00 (cem mil reais), em parcelas mensais e sucessivas até o máximo de 30 (trinta). (Redação dada pela Lei nº 11.941, de 2009)
>
> § 1º. O valor de cada prestação mensal, por ocasião do pagamento, será acrescido de juros equivalentes à taxa referencial do Sistema Especial de Liquidação

e de Custódia – SELIC para títulos federais, acumulada mensalmente, calculados a partir do mês subsequente ao da consolidação até o mês anterior ao do pagamento, e de 1% (um por cento) relativamente ao mês em que o pagamento estiver sendo efetuado. (Redação dada pela Lei nº 11.941, de 2009)

§ 2º Inadimplida qualquer parcela, pelo prazo de trinta dias, instaurar-se-á o processo de execução ou nele prosseguir-se-á, pelo saldo. (grifos nossos).

A Lei nº 12.249/2010 criou uma forma especial de parcelamento, também conhecido como "Refis" das dívidas contraídas com autarquias e fundações públicas federais, prevendo o art. 65 condições bastante vantajosas para os devedores que tiverem dívidas vencidas até 30 de novembro de 2008, senão vejamos:

Art. 65. Poderão ser pagos ou parcelados, em até 180 (cento e oitenta) meses, nas condições desta Lei, os débitos administrados pelas autarquias e fundações públicas federais e os débitos de qualquer natureza, tributários ou não tributários, com a Procuradoria-Geral Federal. (Vide Lei nº 12.865, de 2013)

§ 1º O disposto neste artigo aplica-se aos créditos constituídos ou não, inscritos ou não como dívida ativa das autarquias e fundações, mesmo em fase de execução fiscal já ajuizada.

§ 2º Para os fins do disposto no caput deste artigo, poderão ser pagas ou parceladas as dívidas vencidas até 30 de novembro de 2008, de pessoas físicas ou jurídicas, consolidadas pelo sujeito passivo, com exigibilidade suspensa ou não, inscritas ou não em dívida ativa, consideradas isoladamente, mesmo em fase de execução fiscal já ajuizada, assim considerados:

I – os débitos de qualquer natureza, tributários ou não, inscritos em dívida ativa no âmbito da Procuradoria-Geral Federal e os que não estejam inscritos em dívida ativa perante as autarquias e fundações públicas federais;

II – os demais débitos de qualquer natureza, tributários ou não, com as autarquias e fundações.

§ 3º Observados o disposto nesta Lei e os requisitos e as condições estabelecidos em ato da Advocacia-Geral da União, a ser editado no prazo de 120 (cento e vinte) dias a partir da data de publicação desta Lei, os débitos a que se refere este artigo poderão ser pagos ou parcelados da seguinte forma:

I – pagos à vista, com redução de 100% (cem por cento) das multas de mora e de ofício, de 40% (quarenta por cento) das isoladas, de 45% (quarenta e cinco por cento) dos juros de mora e de 100% (cem por cento) sobre o valor do encargo legal;

II – parcelados em até 30 (trinta) prestações mensais, com redução de 90% (noventa por cento) das multas de mora e de ofício, de 35% (trinta e cinco por cento) das isoladas, de 40% (quarenta por cento) dos juros de mora e de 100% (cem por cento) sobre o valor do encargo legal;

III – parcelados em até 60 (sessenta) prestações mensais, com redução de 80% (oitenta por cento) das multas de mora e de ofício, de 30% (trinta por cento) das isoladas, de 35% (trinta e cinco por cento) dos juros de mora e de 100% (cem por cento) sobre o valor do encargo legal;

DIREITO ADMINISTRATIVO SANCIONADOR NA PREVIDÊNCIA COMPLEMENTAR

337

IV – parcelados em até 120 (cento e vinte) prestações mensais, com redução de 70% (setenta por cento) das multas de mora e de ofício, de 25% (vinte e cinco por cento) das isoladas, de 30% (trinta por cento) dos juros de mora e de 100% (cem por cento) sobre o valor do encargo legal; ou

V – parcelados em até 180 (cento e oitenta) prestações mensais, com redução de 60% (sessenta por cento) das multas de mora e de ofício, de 20% (vinte por cento) das isoladas, de 25% (vinte e cinco por cento) dos juros de mora e de 100% (cem por cento) sobre o valor do encargo legal.

CAPÍTULO VII
REGIME TRIBUTÁRIO

O principal incentivo que o governo pode instituir para incitar o ingresso de participantes e a participação de patrocinadores na Previdência Privada é pela via tributária. Esta via também serve como inibidora de retirada do sistema, com uma tributação maior para períodos curtos de aplicação previdenciária[252].

1. EVOLUÇÃO HISTÓRICA DA MATÉRIA

A relação jurídica de previdência complementar perdura durante quase toda a vida laboral do segurado, desde a adesão do participante ao plano de benefícios, passando pelo período de acúmulo dos recursos financeiros, até a efetiva concessão e gozo do benefício previdenciário.

Assumir compromissos financeiros no longo prazo não é uma decisão fácil para qualquer pessoa, algumas preferindo usufruir hoje suas reservas financeiras ao invés de acumular para sua utilização em momento de necessidade material futura.

A legislação criou alguns mecanismos de incentivo à entrada e permanência dos participantes no plano de benefícios, certamente visando ao crescimento sustentável do sistema previdenciário, sendo o regime tributário um dos fatores de fomento que leva os empregadores a criar planos de benefícios para seus empregados e às pessoas físicas a aderirem espontaneamente aos planos ofertados pelas entidades de previdência complementar.

Mas até se chegar ao quadro legal atual, o sistema de previdência complementar enfrentou alguns percalços até encontrar um ambiente normativo favorável ao crescimento da atividade previdenciária.

No período anterior à CF/88 as **entidades fechadas** eram imunes aos impostos, com base no art. 19, III, "c" da CF/67 c/c § 3º, art. 39 da revogada Lei nº 6.435/77 que as considerava como entidades complementares ao sistema de assistência social, diante da ausência de finalidade lucrativa.

O art. 39, § 3º da Lei nº 6.435/77 dispunha expressamente que *"as entidades fechadas são consideradas instituições de assistência social, para os efeitos da letra c do item II do artigo 19 da Constituição"*, dispositivo constitucional este que tratava da vedação à União, aos Estados, ao Distrito Federal e aos Municípios instituir

---

252 Weintraub, Arthur Bragança de Vasconcellos. Previdência Privada. São Paulo. Quartier Latin. 2005. Página 214.

imposto sobre o patrimônio, a renda ou os serviços dos partidos políticos e de instituições de educação ou de assistência social. Tal tratamento assemelhado certamente decorria da ausência de finalidade lucrativa da atividade previdenciária desenvolvida pelas entidades fechadas, onde os recursos são integralmente alocados para o pagamento de benefícios previdenciários e para o custeio do funcionamento da entidade gestora, sem reversão de lucros.

O Decreto-Lei nº 2.065/83[253] revogou o § 3º, art. 39 da Lei nº 6.435/77, tornando isenta a entidade de previdência privada fechada sem fins lucrativos do imposto sobre a renda, exceto nos casos de percepção de dividendos, juros e demais rendimentos de capital, os quais seriam devidos na fonte. A tributação incidiria na fase de acumulação dos recursos, não sobre o aporte de contribuições, mas sobre os rendimentos obtidos pela entidade ao investir esses recursos no mercado.

Com essa alteração, a discussão sobre o modelo de tributação dos planos de previdência privada passou do campo da imunidade para a isenção tributária.

Veja-se que naquele momento histórico a legislação tratava da incidência tributária sobre a entidade-pessoa jurídica e não sobre os planos de benefícios por ela administrados. Os fundos multipatrocinados e as entidades abertas ou sociedades seguradoras que administram vários planos de benefícios ainda não eram uma realidade social.

O art. 6º da Lei nº 7.713/88 (lei do imposto de renda), com as alterações empreendidas pela Lei nº 9.250/95, prescreveu estarem isentos do imposto de renda das pessoas físicas os seguintes rendimentos:

> *Art. 6º (...)*
>
> *VII – os seguros recebidos de entidades de previdência privada decorrentes de morte ou invalidez permanente do participante.* (Redação dada pela Lei nº 9.250, de 1995)
>
> *VIII – as contribuições pagas pelos empregadores relativas a programas de previdência privada em favor de seus empregados e dirigentes;*
>
> *XIII – capital das apólices de seguro ou pecúlio pago por morte do segurado, bem como os prêmios de seguro restituídos em qualquer caso, inclusive no de renúncia do contrato;*

---

253 Decreto-Lei nº 2.065/83: Art. 6º – As entidades de previdência privada referidas nas letras "a"do item I e "b", do item II, do Art. 4, da Lei nº 6.435, de 15 de julho de 1977, estão isentas do Imposto sobre a Renda de que trata o Art. 24 do Decreto-Lei nº 1.967 de 23 de novembro de 1982. § 1º – A isenção de que trata este artigo não se aplica ao imposto incidente na fonte sobre dividendos, juros e demais rendimentos de capital recebidos pelas referidas entidades. § 2º – O imposto de que trata o parágrafo anterior será devido exclusivamente na fonte, não gerando direito à restituição. § 3º – Fica revogado o § 3, do Art. 39, da Lei nº 6.435, de 15 de julho de 1977.

REGIME TRIBUTÁRIO

341

> *XV – os rendimentos provenientes de aposentadoria e pensão, de transferência para a reserva remunerada ou de reforma pagos pela Previdência Social da União, dos Estados, do Distrito Federal e dos Municípios, por qualquer pessoa jurídica de direito público interno ou por entidade de previdência privada, a partir do mês em que o contribuinte completar 65 (sessenta e cinco) anos de idade, sem prejuízo da parcela isenta prevista na tabela de incidência mensal do imposto, até o valor de:*(Redação dada pela Lei nº 11.482, de 2007)
>
> (...)
>
> g) R$ 1.710,78 (mil, setecentos e dez reais e setenta e oito centavos), por mês, para o ano-calendário de 2013; (Incluída pela Lei nº 12.469, de 2011)
>
> h) R$ 1.787,77 (mil, setecentos e oitenta e sete reais e setenta e sete centavos), por mês, a partir do ano-calendário de 2014.(Incluída pela Lei nº 12.469, de 2011)

A Lei nº 9.250/95 fixou no art. 4º, V que *"na determinação da base de cálculo sujeita à incidência mensal do imposto de renda poderão ser deduzidas (...) as contribuições para as entidades de previdência privada domiciliadas no País, cujo ônus tenha sido do contribuinte, destinadas a custear benefícios complementares assemelhados aos da Previdência Social"*. Também previu a dedução da base de cálculo do IR (art. 4º, VI) da quantia de R$ 900,00 (novecentos reais), a partir do mês em que o contribuinte completar sessenta e cinco anos de idade, correspondente à parcela isenta dos rendimentos pagos por entidade de previdência privada, valor este que vem sendo atualizado até os dias atuais[254].

A Lei nº 9.532/97 (art. 11) permitiu que as contribuições aportadas pelos participantes (*pessoas físicas*) aos planos de benefícios administrados pelas entidades de previdência privada fossem deduzidas em até 12% (doze por cento) do total dos rendimentos computados na determinação da base de cálculo do imposto devido na declaração de rendimentos, condicionada ao recolhimento, também, de contribuições para o regime geral de previdência social ou, quando for o caso, para regime próprio de previdência social dos servidores titulares de cargo efetivo da União, dos Estados, do Distrito Federal ou dos Municípios. Já os patrocinadores (*pessoas jurídicas)* poderiam deduzir, na determinação do lucro real e da base de cálculo da contribuição social sobre o lucro líquido, o valor pago a título de

---

254 Lei nº 9.250/95: Art. 4º. Na determinação da base de cálculo sujeita à incidência mensal do imposto de renda poderão ser deduzidas: (...) VI – a quantia, correspondente à parcela isenta dos rendimentos provenientes de aposentadoria e pensão, transferência para a reserva remunerada ou reforma, pagos pela Previdência Social da União, dos Estados, do Distrito Federal e dos Municípios, por qualquer pessoa jurídica de direito público interno ou por entidade de previdência privada, a partir do mês em que o contribuinte completar 65 (sessenta e cinco) anos de idade, de: (Redação dada pela Lei nº 11.482, de 2007) (...) g) R$ 1.710,78 (mil, setecentos e dez reais e setenta e oito centavos), por mês, para o ano-calendário de 2013; h) R$ 1.787,77 (mil, setecentos e oitenta e sete reais e setenta e sete centavos), por mês, a partir do ano-calendário de 2014.

contribuições ao plano de benefícios, limitado a 20% (vinte por cento) do total dos salários dos empregados e da remuneração dos dirigentes da empresa, vinculados ao referido plano. Estas regras ainda são aplicáveis nos dias atuais.

Com a Medida Provisória nº 2.222, de 4 de setembro de 2001, foram promovidas as seguintes modificações:

- A partir de 1º de janeiro de 2002, os rendimentos e ganhos auferidos nas aplicações de recursos das provisões, reservas técnicas e fundos de **entidades abertas** de previdência complementar e de sociedades seguradoras que operam planos de benefícios de caráter previdenciário, ficariam sujeitos à incidência do imposto de renda de acordo com as normas de tributação aplicáveis às pessoas físicas e às pessoas jurídicas não-financeiras. O imposto correspondente à parcela do rendimento ou ganho apropriada ao participante ou assistido pelo plano não poderia ser compensado com qualquer imposto ou contribuição devidos pelas entidades ou pela pessoa física participante ou assistida (art. 1º);

- A **entidade aberta ou fechada** de previdência complementar, a sociedade seguradora e o administrador do Fundo de Aposentadoria Programada Individual – FAPI poderão optar por regime especial de tributação, no qual o resultado positivo, auferido em cada trimestre-calendário, dos rendimentos e ganhos das provisões, reservas técnicas e fundos será tributado pelo imposto de renda à alíquota de vinte por cento (art. 2º);

- A incidência do imposto de renda na fonte sobre as importâncias pagas ou creditadas à pessoa física participante ou assistida (art. 4º);

- A isenção do imposto de renda sobre os rendimentos e ganhos auferidos, a partir de 1/01/2002, nas aplicações de recursos de provisões, reservas técnicas e fundos referentes a planos de benefícios e FAPI, constituídos exclusivamente com recursos de pessoa física ou destas e de pessoa jurídica imune (art. 6º).

Como apontado por Arthur Weintraub[255], a MP 2.222/2001 criou duas hipóteses de incidência tributária sobre os planos de benefícios que acabavam por desincentivar a adesão dos participantes. A referida norma previa a tributação de 12% sobre o aporte trimestral de recursos auferidos com a contribuição do empregador ao fundo previdenciário e de 20% sobre os ganhos oriundos das aplicações em renda fixa.

2. A ATUAL REGRA TRIBUTÁRIA DOS PLANOS DE PREVIDÊNCIA COMPLEMENTAR

O regime tributário especial aplicável sobre os planos de benefícios até a edição da LC nº 109/2001 envolvia a possibilidade da dedução das contribuições

---

255 WEINTRAUB, Arthur Bragança de Vasconcellos. Previdência Privada. Doutrina e Jurisprudência. São Paulo: Quartier Latin, 2005. p.219-220.

REGIME TRIBUTÁRIO   **343**

aportadas ao plano de benefícios pelas pessoas físicas (participantes) e jurídicas (patrocinadores) da base de cálculo de tributos federais (imposto de renda e CSLL, conforme o caso), sendo realizada a tributação sobre os rendimentos e ganhos auferidos em razão dos investimentos realizados pelas EPC.

Com a edição da LC nº 109/2001 (art. 69) manteve-se a dedução da base de cálculo do imposto de renda em relação às contribuições vertidas para os planos de benefícios como medida de estímulo à adesão dos participantes ao plano de benefícios, e a instituição de planos de benefícios pelos patrocinadores, nos limites e condições previstos em lei, bem como a não tributação sobre as contribuições vertidas ao plano por participantes e patrocinadores, e em relação aos recursos objeto da portabilidade entre planos de benefícios titularizados pelo mesmo participante.

> **LC 109/2001:**
>
> Art. 69. **As contribuições** vertidas para as entidades de previdência complementar, destinadas ao custeio dos planos de benefícios de natureza previdenciária, **são dedutíveis** para fins de incidência de imposto sobre a renda, nos limites e nas condições fixadas em lei.
>
> § 1º **Sobre as contribuições** de que trata o caput **não incidem tributação** e contribuições de qualquer natureza.
>
> § 2º **Sobre a portabilidade** de recursos de reservas técnicas, fundos e provisões entre planos de benefícios de entidades de previdência complementar, titulados pelo mesmo participante, **não incidem tributação** e contribuições de qualquer natureza. *(grifamos)*

A Lei nº 11.053/2004, produto da conversão da MP 209/2004, revogou a MP 2.222/2001 e normas complementares, trazendo novas regras de tributação dos planos de benefícios de previdência complementar, estando estas regras em vigor até os dias atuais.

O regime tributário da atividade de previdência complementar apresenta as seguintes características:

- **Diferimento da incidência do Imposto sobre a Renda:** Estabeleceu-se, de forma definitiva, a técnica do diferimento da incidência tributária, com a não incidência do imposto de renda sobre as contribuições, os rendimentos e os ganhos auferidos nas aplicações de recursos das provisões, reservas técnicas e fundos de planos de benefícios. Tributa-se a fase de gozo ou de pagamento do benefício, inclusive nos casos de resgate dos recursos garantidores, e não a fase de acumulação desses recursos previdenciários – § 1º, art. 69 da LC nº 109/2001 e art. 5º da Lei 11.053/2004[256].

---

256 Lei 11.053/2004: Art. 5º A partir de 1º de janeiro de 2005, ficam dispensados a retenção na fonte e o pagamento em separado do imposto de renda sobre os rendimentos e ganhos auferidos nas aplicações de recursos das provisões, reservas técnicas e fundos de planos de benefícios

- **Opção pelo regime tributário**[257]: O participante que ingressou a partir de 1º de janeiro de 2005 em planos de benefícios de caráter previdenciário, estruturados nas modalidades de contribuição definida ou contribuição variável pode optar por dois regimes de tributação sobre os benefícios recebidos e resgates realizados: *a) Regime de Tributação Progressiva (regra geral):* permanecer no modelo de tributação do Imposto sobre a Renda com a aplicação das alíquotas de 0, 15 ou 27,5% do imposto de renda, de acordo com o montante recebido pelo participante, assistido ou beneficiário, seguindo as regras gerais do IR para as pessoas físicas; *b) Regime de Tributação Regressiva:* optar expressamente pela regra do imposto de renda incidente em alíquota regressiva, de acordo com o período de permanência dos recursos no plano de benefícios, o que estimula a "afetação à natureza previdenciária" dos recursos financeiros.

Tabela Regressiva da Lei 11.053/2004
Alíquota do Imposto sobre a Renda: planos de benefício de contribuição definida ou contribuição variável.
35% – período de acumulação de até 2 anos;
30% – período de acumulação de 2 a 4 anos;
25% – período de acumulação de 4 a 6 anos;
20% – período de acumulação de 6 a 8 anos;
15% – período de acumulação de 8 a 10 anos; e
10% – período de acumulação por mais de 10 anos.

---

de entidade de previdência complementar, sociedade seguradora e FAPI, bem como de seguro de vida com cláusula de cobertura por sobrevivência. Parágrafo único. Aplica-se o disposto no caput deste artigo aos fundos administrativos constituídos pelas entidades fechadas de previdência complementar e às provisões, reservas técnicas e fundos dos planos assistenciais de que trata o art. 76 da Lei Complementar no 109, de 29 de maio de 2001.

257 Lei 11.053/2004: Art. 1º É facultada aos participantes que ingressarem a partir de 1º de janeiro de 2005 em planos de benefícios de caráter previdenciário, estruturados nas modalidades de contribuição definida ou contribuição variável, das entidades de previdência complementar e das sociedades seguradoras, a opção por regime de tributação no qual os valores pagos aos próprios participantes ou aos assistidos, a título de benefícios ou resgates de valores acumulados, sujeitam-se à incidência de imposto de renda na fonte às seguintes alíquotas:

I – 35% (trinta e cinco por cento), para recursos com prazo de acumulação inferior ou igual a 2 (dois) anos;

II – 30% (trinta por cento), para recursos com prazo de acumulação superior a 2 (dois) anos e inferior ou igual a 4 (quatro) anos;

III – 25% (vinte e cinco por cento), para recursos com prazo de acumulação superior a 4 (quatro) anos e inferior ou igual a 6 (seis) anos;

IV – 20% (vinte por cento), para recursos com prazo de acumulação superior a 6 (seis) anos e inferior ou igual a 8 (oito) anos;

V – 15% (quinze por cento), para recursos com prazo de acumulação superior a 8 (oito) anos e inferior ou igual a 10 (dez) anos; e

VI – 10% (dez por cento), para recursos com prazo de acumulação superior a 10 (dez) anos.

REGIME TRIBUTÁRIO

Tabela Progressiva Mensal da Lei nº 11.482/2007 (alterada pela Lei nº 13.149/2015)		
Base de Cálculo (R$)	Alíquota (%)	Parcela a Deduzir do IR (R$)
Até 1.903,98	-	-
De 1.903,99 até 2.826,65	7,5	142,80
De 2.826,66 até 3.751,05	15	354,80
De 3.751,06 até 4.664,68	22,5	636,13
Acima de 4.664,68	27,5	869,36

Nos benefícios não programados (ex: pensão ou invalidez) com prazo de acumulação inferior a 6 anos, incide a alíquota de 25%.

O prazo de acumulação considerado para fins de enquadramento na tabela regressiva é o tempo decorrido entre o aporte de recursos no plano de benefícios mantido por entidade de previdência complementar, por sociedade seguradora ou em FAPI e o pagamento relativo ao resgate ou ao benefício, calculado na forma a ser disciplinada em ato conjunto da Secretaria da Receita Federal e do respectivo ente fiscalizador das entidades de previdência complementar, sociedades seguradoras e FAPI, considerando-se o tempo de permanência, a forma e o prazo de recebimento e os valores aportados. Esta a previsão do § 3º, art. 1º da Lei 11.053/2004.

Ou seja, pelo critério legal, será considerado individualmente cada aporte realizado para os fins de enquadramento e aplicação da alíquota do imposto sobre a renda. Se os recursos financeiros foram objeto de portabilidade, será considerado o período de acumulação no plano originário e no plano receptor (de destino dos recursos).

A opção pelo regime tributário deverá ser exercida até o último dia útil do mês subseqüente ao do ingresso do participante nos planos de benefícios operados por entidade de previdência complementar, por sociedade seguradora ou em FAPI, e serão *irretratáveis*, mesmo nas hipóteses de portabilidade de recursos e de transferência de participantes e respectivas reservas.

A regra, no caso de omissão do participante, é o modelo da tributação progressiva.

A disciplina estabelecida pela Lei nº 11.053/2004 trouxe alguns inconvenientes. Confere tratamento diferenciado aos participantes que ingressarem em planos de benefícios de caráter previdenciário antes de 1º de janeiro de 2005, não permitindo que esse contingente de participantes usufrua da tabela regressiva prevista no seu art. 1º, o que fere a isonomia que deve haver quanto aos direitos e obrigações de natureza previdenciária disciplinados pelo regulamento do plano de benefícios.

Outro ponto que dificultará a determinação da alíquota regressiva aplicável é a definição do prazo de permanência da contribuição no plano de benefícios. Como será possível identificar se a contribuição vertida pelo participante e pelo patrocinador no ano de 1990 foi utilizada no pagamento da prestação mensal correspondente ao mês de março de 2001 (a reserva de poupança é formada por um patrimônio indiviso), cumprindo o requisito de permanência do recurso financeiro por prazo superior a dez anos e a aplicação da alíquota de 10% do imposto de renda? Então se o período contributivo do participante se operou entre 1984 e 2014 (30 anos de contribuição), as contribuições vertidas no ano de 2014 somente teriam aplicável a alíquota de 10% no ano de 2024?

Talvez os sistemas informatizados da Secretaria da Receita Federal possam realizar adequadamente a indicação da alíquota aplicável, mas para os participantes e assistidos a técnica tributária utilizada não se apresenta, à primeira vista, transparente e de fácil compreensão.

Não é demais registrar que para os benefícios que adotam a modalidade de benefício definido não é aplicável a tabela regressiva, por literal disposição do art. 1º da Lei 11.053/2004, e sim a tabela progressiva do imposto de renda.

- **Dedução das contribuições:** As contribuições vertidas pela *pessoa física* (participante) ao plano de benefícios são dedutíveis para fins de apuração do Imposto Sobre a Renda de Pessoa Física – IRPF, até 12% dos rendimentos tributáveis anuais do contribuinte (art. 11 da Lei nº 9.532/97). Há a necessidade de o participante estar recolhendo simultaneamente contribuições para o RGPS ou para o RPPS para beneficiar-se da isenção fiscal.

> **Lei nº 9.532/97:**
>
> Art. 11. As deduções relativas às contribuições para entidades de previdência privada, a que se refere a alínea e do inciso II do art. 8º da Lei no 9.250, de 26 de dezembro de 1995, e às contribuições para o Fundo de Aposentadoria Programada Individual – Fapi, a que se refere a Lei no 9.477, de 24 de julho de 1997, cujo ônus seja da própria pessoa física, ficam condicionadas ao recolhimento, também, de contribuições para o regime geral de previdência social ou, quando for o caso, para regime próprio de previdência social dos servidores titulares de cargo efetivo da União, dos Estados, do Distrito Federal ou dos Municípios, observada a contribuição mínima, e limitadas a 12% (doze por cento) do total dos rendimentos computados na determinação da base de cálculo do imposto devido na declaração de rendimentos. (Redação dada pela Lei nº 10.887, de 2004)

Para a *pessoa jurídica* (patrocinador), as contribuições vertidas por esta ao plano de benefícios de seus empregados e dirigentes são dedutíveis para fins de determinação do lucro real e da base de cálculo da contribuição social sobre o lucro líquido – CSLL, no percentual de até 20% do total dos salários dos empregados e da remuneração dos dirigentes da empresa, vinculados ao referido plano.

REGIME TRIBUTÁRIO **347**

Lei nº 9.532/97:

Art. 11. (...)

§ 2º Na determinação do lucro real e da base de cálculo da contribuição social sobre o lucro líquido, o valor das despesas com contribuições para a previdência privada, a que se refere o inciso V do art. 13 da Lei nº 9.249, de 26 de dezembro de 1995, e para os Fundos de Aposentadoria Programada Individual – Fapi, a que se refere a Lei nº 9.477, de 24 de julho de 1997, cujo ônus seja da pessoa jurídica, não poderá exceder, em cada período de apuração, a 20% (vinte por cento) do total dos salários dos empregados e da remuneração dos dirigentes da empresa, vinculados ao referido plano.

§ 3º O somatório das contribuições que exceder o valor a que se refere o § 2º deste artigo deverá ser adicionado ao lucro líquido para efeito de determinação do lucro real e da base de cálculo da contribuição social sobre o lucro líquido.

Embora o dispositivo do § 2º, art. 11 da Lei nº Lei nº 9.532/97 não fale expressamente que as contribuições aportadas pela pessoa jurídica patrocinadora do plano de benefícios serão deduzidas do Imposto de Renda devido, como o faz taxativamente o art. 69 da LC nº 109/2001, deixando a entender que sua dedução dar-se-ia tão somente da base de cálculo da contribuição social sobre o lucro líquido – CSLL, a dedução das contribuições na definição do lucro real influenciará na definição da base de cálculo sobre a qual incidirá a tributação do imposto de renda da pessoa jurídica[258].

• **Isenção e não incidência:** Segundo a Instrução Normativa SRF nº 588/2005 (art. 17[259]), as entidades fechadas de previdência complementar estão isentas do imposto sobre a renda devido pela pessoa jurídica e da contribuição social sobre o lucro líquido. As entidades abertas *sem fins lucrativos* do art. 77 da LC 109/2001 são isentas em relação ao imposto sobre a renda da pessoa jurídica.

---

258 Código Tributário Nacional: Art. 43. O imposto, de competência da União, sobre a renda e proventos de qualquer natureza tem como fato gerador a aquisição da disponibilidade econômica ou jurídica: I – de renda, assim entendido o produto do capital, do trabalho ou da combinação de ambos; II – de proventos de qualquer natureza, assim entendidos os acréscimos patrimoniais não compreendidos no inciso anterior. § 1º A incidência do imposto independe da denominação da receita ou do rendimento, da localização, condição jurídica ou nacionalidade da fonte, da origem e da forma de percepção. § 2º Na hipótese de receita ou de rendimento oriundos do exterior, a lei estabelecerá as condições e o momento em que se dará sua disponibilidade, para fins de incidência do imposto referido neste artigo. Art. 44. A base de cálculo do imposto é o montante, real, arbitrado ou presumido, da renda ou dos proventos tributáveis. Art. 45. Contribuinte do imposto é o titular da disponibilidade a que se refere o artigo 43, sem prejuízo de atribuir a lei essa condição ao possuidor, a qualquer título, dos bens produtores de renda ou dos proventos tributáveis. Parágrafo único. A lei pode atribuir à fonte pagadora da renda ou dos proventos tributáveis a condição de responsável pelo imposto cuja retenção e recolhimento lhe caibam.

259 A Instrução Normativa SRF nº 588/2005 dispõe sobre a tributação dos planos de benefício de caráter previdenciário, Fapi e seguros de vida com cláusula de cobertura por sobrevivência e dá outras providências.

348   ALLAN LUIZ OLIVEIRA BARROS

- **Resgates:** A partir de 1º de janeiro de 2005, os resgates, parciais ou totais, de recursos acumulados relativos a participantes que não tenham efetuado a opção pela tributação regressiva sujeitam-se à incidência de imposto de renda na fonte à alíquota de 15% (quinze por cento), como antecipação do devido na declaração de ajuste da pessoa física, calculado sobre os valores de resgate, no caso de planos de previdência, inclusive FAPI. Se o participante fez a opção, incidirá a tabela regressiva estudada anteriormente, com a incidência das alíquotas do IRPF de 35% a 10%, conforme o tempo de permanência dos recursos no plano de benefícios.

Visto o atual tratamento jurídico-tributário do regime de previdência complementar, oportuno realizar alguns comentários sobre o modelo adotado.

O nosso Código Tributário Nacional (art. 43) descreve que *"o imposto, de competência da União, sobre a renda e proventos de qualquer natureza tem como fato gerador a aquisição da disponibilidade econômica ou jurídica da renda, assim entendido o produto do capital, do trabalho ou da combinação de ambos e de proventos de qualquer natureza, assim entendidos os acréscimos patrimoniais não compreendidos no conceito de renda".*

O imposto de renda incide sobre os ganhos decorrentes do trabalho, do capital ou da combinação de ambos. Para as pessoas físicas excluem-se os ganhos de natureza indenizatória e hipóteses de isenção do art. 6º da Lei nº 7.713/88 (lei do imposto de renda).

Como bem elucida Sacha Calmon Navarro Coêlho, há um tratamento jurídico diferenciado na legislação quando o assunto é tributar a renda de pessoas físicas e jurídicas. Segundo o renomado tributarista *"no caso do imposto de renda das pessoas jurídicas prevalece a teoria do balanço (renda é o acréscimo patrimonial líquido) e no caso das pessoas físicas prevalece a teoria da renda ganha, independentemente de o contribuinte vir a ter o patrimônio negativo ao término do período aquisitivo da renda"* [260]. Na pessoa jurídica o que importa é o resultado do balanço patrimonial líquido no final do exercício financeiro, enquanto na pessoa física o que ela auferiu de renda no exercício financeiro.

Desse modo, a ausência de tributação das contribuições aportadas por participantes, assistidos e patrocinadores não poderia se enquadrar no conceito de renda ou proventos de qualquer natureza, pois não traduzem um acréscimo patrimonial em favor dos participantes, nem das empresas patrocinadoras dos planos de benefícios, indo bem a legislação nesse sentido.

---

260 COELHO, Sacha Calmon Navarro. Curso de Direito Tributário Brasileiro. 12ª edição. Rio de Janeiro: Forense, 2012. p-427.

Como as entidades fechadas de previdência complementar não possuem sequer patrimônio contabilizado em seu nome, e não exercem atividade lucrativa, os recursos por ela administrados não podem ser tributados[261].

Já a ausência de tributação dos rendimentos obtidos pelos investimentos realizados com os recursos garantidores pertencentes ao patrimônio dos planos de benefícios (frutos decorrentes da valorização dos ativos patrimoniais), embora possível, em tese, sua descrição como fato gerador do imposto de renda, foi afastada sua tributação, criando-se regra de isenção fiscal, como forma de estimular o desenvolvimento do segmento de previdência complementar e a poupança de longo prazo no Brasil.

A técnica da tributação diferida, ou postergada, utilizada pelo sistema tributário brasileiro sobre a atividade de previdência complementar, em que isenta da incidência do imposto de renda as contribuições aportadas por participantes e patrocinadores, bem como os respectivos rendimentos, mas tributa-se a renda proveniente das prestações obtidas pelos participantes e beneficiários, e os resgates dos recursos garantidores, traduz o papel que deve ser exigido do Estado quanto ao incentivo (fomento) do desenvolvimento da atividade previdenciária[262].

A ausência de tributação das contribuições e dos rendimentos possibilita que um volume maior de recursos seja capitalizado e proporcione, ao final, um valor maior na prestação a ser paga aos assistidos.

3. A SÚMULA 730 DO SUPREMO TRIBUNAL FEDERAL IMUNIDADE TRIBUTÁRIA DOS PLANOS DE BENEFÍCIOS *NÃO-CONTRIBUTIVOS* ADMINISTRADOS PELAS ENTIDADES FECHADAS.

Vimos que no período anterior à CF/88 as EFPC eram consideradas imunes aos impostos, com base na previsão do § 3º, art. 39 da revogada Lei nº 6.435/77 que as considerava como entidades complementares ao sistema de assistência social, diante da ausência de finalidade lucrativa, numa referência à imunidade tributária prevista no art. 19, III, "c" da CF/67.

Na época da Lei nº 6.435/77 era permitido às entidades fechadas oferecer benefícios e serviços de natureza assistencial aos seus participantes, a exemplo

---

261 Embora entendamos que, contabilmente, deveria ser reconhecida a existência de um patrimônio mínimo pertencente à pessoa jurídica gestora do plano de benefícios, como defendemos no tópico que tratamos da "proteção patrimonial dos planos de benefícios".

262 A tributação das prestações previdenciárias justifica-se pela efetiva disponibilização econômica da renda em favor dos segurados. Já em relação à tributação do resgate dos recursos garantidores titularizados pelo participante, a tributação serve como desestímulo à saída dos recursos afetados à finalidade de proteção social previdenciária, servindo como fator de "desincentivo" ao participante em realizar o resgate quando sabedor que tal ato de retirada de sua reserva de poupança produzirá uma perda patrimonial significativa pela incidência tributária.

dos serviços de assistência à saúde, o que passou a ser vedado pelo art. 32 c/c art. 76 da LC nº 109/2001.

Naquela época, estava aberta a interpretação jurídica do tratamento tributário semelhante das entidades de assistência social e das entidades fechadas de previdência complementar, considerando que em ambas as instituições não haveria ânimo de lucro no exercício de sua atividade.

Como no caso das instituições de assistência social havia previsão na Constituição de 1967 da imunidade tributária, como ainda há na Constituição de 1988[263], proibindo a instituição de impostos sobre o patrimônio, a renda e os serviços das instituições de assistência social, então passou-se a entender que também haveria imunidade tributária na atividade desenvolvida pelas EFPC.

Sobre os debates jurisprudenciais travados para a definição do regime tributário dos planos de benefícios de previdência complementar interessante a transcrição da abordagem do tema realizada por Heloísa Hernandez Derzi e Fabiana Ulson Zappa[264]:

> A Constituição Federal de 1988, em seu artigo 150, VI, c, manteve tal imunidade. Entretanto, a essas alturas, o art. 39, da Lei nº 6.435/77, já havia sido revogado pelos Decretos-lei nº 2.064/83 e 2.065/83, determinando que os fundos de pensão estariam sujeitos à tributação com relação aos dividendos, juros e demais rendimentos de capital recebidos, uma vez consideradas como entidades isentas e não imunes.
>
> Inúmeras ações judiciais foram propostas, visando basicamente o reconhecimento da imunidade tributária e, consequentemente, a declaração de inconstitucionalidade do artigo 6º do Decreto-lei nº 2.065/83, uma vez consideradas instituições de "assistência social".
>
> Em meio à discussão judicial que se travava, foi publicada a Lei nº 9.532/97, que determinou fossem consideradas de "assistência social" apenas as entidades que prestassem serviços em caráter complementar às atividades do Estado e os colocassem à disposição da "população em geral", *in verbis:* (...)
>
> Da simples leitura do dispositivo acima, verifica-se a exclusão dos fundos de pensão do campo da imunidade tributária, com relação aos rendimentos e ganhos de capital auferidos em aplicações financeiras de renda fixa ou de renda variável.
>
> (...)

---

263 **CF/88:** Art. 150. Sem prejuízo de outras garantias asseguradas ao contribuinte, é vedado à União, aos Estados, ao Distrito Federal e aos Municípios: (...) VI – instituir impostos sobre: (...) c) patrimônio, renda ou serviços dos partidos políticos, inclusive suas fundações, das entidades sindicais dos trabalhadores, das instituições de educação e de assistência social, sem fins lucrativos, atendidos os requisitos da lei;

264 DERZI, Heloisa Hernandez e ZAPPA, Fabiana Ulson. A tributação e o caráter social da previdência complementar. Revista de Previdência nº 4. UERJ. 2006. p.59-84.

REGIME TRIBUTÁRIO

351

De qualquer forma, em que pese os inúmeros posicionamentos doutrinários em defesa da imunidade dos fundos de pensão patrocinados por empregado e empregador, a questão restou superada. Isto porque, com a edição da Lei nº 11.053, de 29 de dezembro de 2004, foi concedida ampla isenção, a partir de 1º de janeiro de 2005, do imposto de renda sobre os rendimentos e ganhos auferidos nas aplicações de recursos das provisões, reservas técnicas e fundos de planos de benefícios previdenciários, administrados não só por fundos de pensão, mas igualmente por entidades abertas de previdência complementar e sociedades seguradoras.

O Supremo Tribunal Federal – STF, certamente influenciado pelo histórico legislativo na matéria e pelo conceito trazido pela Lei nº 9.532/97 (art. 12) para o que seria *instituição de assistência social*, editou a Súmula 730 (aprovada na sessão plenária de 26/11/2003), com o seguinte teor:

> **STF. Súmula 730**: A imunidade tributária conferida a instituições de assistência social sem fins lucrativos pelo art. 150, VI, "c", da constituição, somente alcança as entidades fechadas de previdência social privada se não houver contribuição dos beneficiários.

Ou seja, existiria a imunidade tributária nos planos de benefícios de previdência complementar fechada (não nas entidades abertas!), nos casos de plano de benefícios não-contributivos, ou seja, aquele cujo custeio é exclusivo do patrocinador, sem contribuição vertida ao plano pelo participante e assistido.

Nesse mesmo sentido, recente decisão do STF:

> A esse respeito o STF já decidiu (RE 259.756, DJ 29/08/2003) quais as entidades estariam abrangidas pela imunidade, quais sejam, as entidades de previdência complementar custeadas, exclusivamente, pelo ente patrocinador (STF. RE 612686. Relator Min. Luiz Fux. Julgamento: 05/03/2013. Órgão Julgador: Primeira Turma).

Com a devida vênia do entendimento firmado no âmbito do excelso pretório, cremos que o mesmo não se coaduna com a natureza jurídica dos planos de previdência complementar. Muitos são os argumentos jurídicos para sedimentar entendimento contrário ao entabulado na Súmula 730. As entidades de previdência complementar não desenvolvem atividade de natureza assistencial, nos moldes disciplinados pelo art. 12 da Lei nº 9.532/97[265] que regula o tratamento tributário das instituições de assistência social, senão vejamos:

---

265 **Lei nº 9.532/97:** Art. 12. Para efeito do disposto no art. 150, inciso VI, alínea "c", da Constituição, considera-se imune a instituição de educação ou de assistência social que preste os serviços para os quais houver sido instituída e os coloque à disposição da população em geral, em caráter complementar às atividades do Estado, sem fins lucrativos. § 1º Não estão abrangidos pela imunidade os rendimentos e ganhos de capital auferidos em aplicações financeiras de renda fixa ou de renda variável. § 2º Para o gozo da imunidade, as instituições a que se refere este artigo, estão obrigadas a atender aos seguintes requisitos: a) não remunerar, por qualquer forma, seus dirigentes pelos serviços prestados; b) aplicar integralmente seus recursos na manutenção e desenvolvimento dos seus objetivos sociais; c) manter escrituração completa

- As entidades de previdência complementar não podem ser enquadradas como instituição de assistência social, pois não disponibilizam seus planos de benefícios à população em geral, a exemplo dos planos administrados por entidades fechadas que são destinados a grupos específicos de pessoas físicas (aos empregados de uma empresa ou grupo de empresas e aos servidores da União, dos Estados, do Distrito Federal e dos Municípios, entes denominados patrocinadores; e aos associados ou membros de pessoas jurídicas de caráter profissional, classista ou setorial, denominadas instituidores);

- As entidades de previdência complementar operam planos de benefício de natureza previdenciária, destinado a ofertar a seus participantes, e aos beneficiários por eles indicados, prestações de natureza pecuniária em razão da ocorrência da contingência social prevista em contrato, e não serviços assistenciais (embora, por força de regra de transição, o art. 76 da LC nº 109/2001 admida a oferta de serviços assistenciais à saúde para aquelas entidades que na data da edição da lei já executavam esses serviços);

- As entidades abertas atuam com ânimo lucrativo, não aplicando, integralmente, seus recursos na manutenção e desenvolvimento dos seus objetivos institucionais, como é exigido para as instituições de assistência social;

---

de suas receitas e despesas em livros revestidos das formalidades que assegurem a respectiva exatidão; d) conservar em boa ordem, pelo prazo de cinco anos, contado da data da emissão, os documentos que comprovem a origem de suas receitas e a efetivação de suas despesas, bem assim a realização de quaisquer outros atos ou operações que venham a modificar sua situação patrimonial; e) apresentar, anualmente, Declaração de Rendimentos, em conformidade com o disposto em ato da Secretaria da Receita Federal; f) recolher os tributos retidos sobre os rendimentos por elas pagos ou creditados e a contribuição para a seguridade social relativa aos empregados, bem assim cumprir as obrigações acessórias daí decorrentes; g) assegurar a destinação de seu patrimônio a outra instituição que atenda às condições para gozo da imunidade, no caso de incorporação, fusão, cisão ou de encerramento de suas atividades, ou a órgão público; h) outros requisitos, estabelecidos em lei específica, relacionados com o funcionamento das entidades a que se refere este artigo. § 3º Considera-se entidade sem fins lucrativos a que não apresente superávit em suas contas ou, caso o apresente em determinado exercício, destine referido resultado, integralmente, à manutenção e ao desenvolvimento dos seus objetivos sociais. § 4º A exigência a que se refere a alínea "a" do § 2º não impede: I – a remuneração aos diretores não estatutários que tenham vínculo empregatício; e II – a remuneração aos dirigentes estatutários, desde que recebam remuneração inferior, em seu valor bruto, a 70% (setenta por cento) do limite estabelecido para a remuneração de servidores do Poder Executivo federal. § 5º A remuneração dos dirigentes estatutários referidos no inciso II do § 4º deverá obedecer às seguintes condições: I – nenhum dirigente remunerado poderá ser cônjuge ou parente até 3º (terceiro) grau, inclusive afim, de instituidores, sócios, diretores, conselheiros, benfeitores ou equivalentes da instituição de que trata o **caput** deste artigo; e II – o total pago a título de remuneração para dirigentes, pelo exercício das atribuições estatutárias, deve ser inferior a 5 (cinco) vezes o valor correspondente ao limite individual estabelecido neste parágrafo. § 6º O disposto nos §§ 4º e 5º não impede a remuneração da pessoa do dirigente estatutário ou diretor que, cumulativamente, tenha vínculo estatutário e empregatício, exceto se houver incompatibilidade de jornadas de trabalho.

REGIME TRIBUTÁRIO

353

- Os planos administrados pelas entidades abertas ou fechadas podem, e é recomendável que assim seja, ter resultado superavitário; e

- Os dirigentes estatutários das entidades de previdência complementar são remunerados de acordo com as regras de mercado, tendo a EPC liberdade na fixação da política salarial dos seus empregados e dirigentes.

O próprio STF já tinha, em momento anterior à edição da Súmula 730, reconhecido a não equiparação das atividades desenvolvidas pelas instituições de assistência social e de previdência complementar.

> RECURSO EXTRAORDINÁRIO. CONSTITUCIONAL. PREVIDÊNCIA PRIVADA. IMUNIDADE TRIBUTÁRIA. INEXISTÊNCIA. 1. Entidade fechada de previdência privada. Concessão de benefícios aos filiados mediante recolhimento das contribuições pactuadas. Imunidade tributária. Inexistência, dada a ausência das características de universalidade e generalidade da prestação, próprias dos órgãos de assistência social. 2. As instituições de assistência social, que trazem ínsito em suas finalidades a observância ao princípio da universalidade, da generalidade e concede benefícios a toda coletividade, independentemente de contraprestação, não se confundem e não podem ser comparadas com as entidades fechadas de previdência privada que, em decorrência da relação contratual firmada, apenas contempla uma categoria específica, ficando o gozo dos benefícios previstos em seu estatuto social dependente do recolhimento das contribuições avençadas, conditio sine qua non para a respectiva integração no sistema. Recurso extraordinário conhecido e provido. (STF. Órgão Julgador: Tribunal Pleno. RE 202700/DF. Relator Min. MAURÍCIO CORRÊA. Julgamento: 08/11/2001. DJ 01-03-2002).

As regras de tributação das entidades de previdência complementar devem circundar o instituto jurídico da isenção tributária, e não da imunidade tributária aplicável às instituições de assistência social, de modo que caberá ao legislador ordinário, e não ao legislador constituinte (como ocorre na imunidade tributária), a definição das situações em que será afastada a incidência dos tributos sobre o fato gerador da exação fiscal (hipótese de incidência tributária).

Ademais, a aplicação da Súmula 730 do STF nos dias atuais terá pouco efeito prático, considerando que a quase totalidade dos planos de benefícios tem seu custeio realizado por aporte de contribuições do participante e do patrocinador, ou somente do primeiro, como nos planos administrados pelas entidades abertas e pelos fundos instituídos.

ANEXO I –
LEGISLAÇÃO DE PREVIDÊNCIA COMPLEMENTAR

LEI COMPLEMENTAR Nº 108, DE 29 DE MAIO DE 2001

Dispõe sobre a relação entre a União, os Estados, o Distrito Federal e os Municípios, suas autarquias, fundações, sociedades de economia mista e outras entidades públicas e suas respectivas entidades fechadas de previdência complementar, e dá outras providências.

O PRESIDENTE DA REPÚBLICA Faço saber que o Congresso Nacional decreta e eu sanciono a seguinte Lei Complementar:

CAPÍTULO I –
INTRODUÇÃO

Art. 1º A relação entre a União, os Estados, o Distrito Federal e os Municípios, inclusive suas autarquias, fundações, sociedades de economia mista e empresas controladas direta ou indiretamente, enquanto patrocinadores de entidades fechadas de previdência complementar, e suas respectivas entidades fechadas, a que se referem os §§ 3º, 4º, 5º e 6º do art. 202 da Constituição Federal, será disciplinada pelo disposto nesta Lei Complementar.

Art. 2º As regras e os princípios gerais estabelecidos na Lei Complementar que regula o caput do art. 202 da Constituição Federal aplicam-se às entidades reguladas por esta Lei Complementar, ressalvadas as disposições específicas.

CAPÍTULO II –
DOS PLANOS DE BENEFÍCIOS

SEÇÃO I –
DISPOSIÇÕES ESPECIAIS

Art. 3º Observado o disposto no artigo anterior, os planos de benefícios das entidades de que trata esta Lei Complementar atenderão às seguintes regras:

I – carência mínima de sessenta contribuições mensais a plano de benefícios e cessação do vínculo com o patrocinador, para se tornar elegível a um benefício de prestação que seja programada e continuada; e

II – concessão de benefício pelo regime de previdência ao qual o participante esteja filiado por intermédio de seu patrocinador, quando se tratar de plano na modalidade benefício definido, instituído depois da publicação desta Lei Complementar.

Parágrafo único. Os reajustes dos benefícios em manutenção serão efetuados de acordo com critérios estabelecidos nos regulamentos dos planos de benefícios, vedado o repasse de ganhos de produtividade, abono e vantagens de qualquer natureza para tais benefícios.

Art. 4º Nas sociedades de economia mista e empresas controladas direta ou indiretamente pela União, pelos Estados, pelo Distrito Federal e pelos Municípios, a proposta de instituição de plano de benefícios ou adesão a plano de benefícios em execução será submetida ao órgão fiscalizador, acompanhada de manifestação favorável do órgão responsável pela supervisão, pela coordenação e pelo controle do patrocinador.

Parágrafo único. As alterações no plano de benefícios que implique elevação da contribuição de patrocinadores serão objeto de prévia manifestação do órgão responsável pela supervisão, pela coordenação e pelo controle referido no caput.

Art. 5º É vedado à União, aos Estados, ao Distrito Federal e aos Municípios, suas autarquias, fundações, empresas públicas, sociedades de economia mista e outras entidades públicas o aporte de recursos a entidades de previdência privada de caráter complementar, salvo na condição de patrocinador.

SEÇÃO II –
DO CUSTEIO

Art. 6º O custeio dos planos de benefícios será responsabilidade do patrocinador e dos participantes, inclusive assistidos.

§ 1º A contribuição normal do patrocinador para plano de benefícios, em hipótese alguma, excederá a do participante, observado o disposto no art. 5º da Emenda Constitucional no 20, de 15 de dezembro de 1998, e as regras específicas emanadas do órgão regulador e fiscalizador.

§ 2º Além das contribuições normais, os planos poderão prever o aporte de recursos pelos participantes, a título de contribuição facultativa, sem contrapartida do patrocinador.

§ 3º É vedado ao patrocinador assumir encargos adicionais para o financiamento dos planos de benefícios, além daqueles previstos nos respectivos planos de custeio.

Art. 7º A despesa administrativa da entidade de previdência complementar será custeada pelo patrocinador e pelos participantes e assistidos, atendendo a limites e critérios estabelecidos pelo órgão regulador e fiscalizador.

Parágrafo único. É facultada aos patrocinadores a cessão de pessoal às entidades de previdência complementar que patrocinam, desde que ressarcidos os custos correspondentes.

CAPÍTULO III –
DAS ENTIDADES DE PREVIDÊNCIA COMPLEMENTAR PATROCINADAS PELO PODER PÚBLICO E SUAS EMPRESAS

SEÇÃO I –
DA ESTRUTURA ORGANIZACIONAL

Art. 8º A administração e execução dos planos de benefícios compete às entidades fechadas de previdência complementar mencionadas no art. 1º desta Lei Complementar.

Parágrafo único. As entidades de que trata o caput organizar-se-ão sob a forma de fundação ou sociedade civil, sem fins lucrativos.

Art. 9º A estrutura organizacional das entidades de previdência complementar a que se refere esta Lei Complementar é constituída de

conselho deliberativo, conselho fiscal e diretoria-executiva.

SEÇÃO II –
DO CONSELHO DELIBERATIVO E DO CONSELHO FISCAL

Art. 10. O conselho deliberativo, órgão máximo da estrutura organizacional, é responsável pela definição da política geral de administração da entidade e de seus planos de benefícios.

Art. 11. A composição do conselho deliberativo, integrado por no máximo seis membros, será paritária entre representantes dos participantes e assistidos e dos patrocinadores, cabendo a estes a indicação do conselheiro presidente, que terá, além do seu, o voto de qualidade.

§ 1º A escolha dos representantes dos participantes e assistidos dar-se-á por meio de eleição direta entre seus pares.

§ 2º Caso o estatuto da entidade fechada, respeitado o número máximo de conselheiros de que trata o caput e a participação paritária entre representantes dos participantes e assistidos e dos patrocinadores, preveja outra composição, que tenha sido aprovada na forma prevista no seu estatuto, esta poderá ser aplicada, mediante autorização do órgão regulador e fiscalizador.

Art. 12. O mandato dos membros do conselho deliberativo será de quatro anos, com garantia de estabilidade, permitida uma recondução.

§ 1º O membro do conselho deliberativo somente perderá o mandato em virtude de renúncia, de condenação judicial transitada em julgado ou processo administrativo disciplinar.

§ 2º A instauração de processo administrativo disciplinar, para apuração de irregularidades no âmbito de atuação do conselho deliberativo da entidade fechada, poderá determinar o afastamento do conselheiro até sua conclusão.

§ 3º O afastamento de que trata o parágrafo anterior não implica prorrogação ou permanência no cargo além da data inicialmente prevista para o término do mandato.

§ 4º O estatuto da entidade deverá regulamentar os procedimentos de que tratam os parágrafos anteriores deste artigo.

ANEXO I – LEGISLAÇÃO DE PREVIDÊNCIA COMPLEMENTAR

357

Art. 13. Ao conselho deliberativo compete a definição das seguintes matérias:

I – política geral de administração da entidade e de seus planos de benefícios;

II – alteração de estatuto e regulamentos dos planos de benefícios, bem como a implantação e a extinção deles e a retirada de patrocinador;

III – gestão de investimentos e plano de aplicação de recursos;

IV – autorizar investimentos que envolvam valores iguais ou superiores a cinco por cento dos recursos garantidores;

V – contratação de auditor independente atuário e avaliador de gestão, observadas as disposições regulamentares aplicáveis;

VI – nomeação e exoneração dos membros da diretoria-executiva; e

VII – exame, em grau de recurso, das decisões da diretoria-executiva.

Parágrafo único. A definição das matérias previstas no inciso II deverá ser aprovada pelo patrocinador.

Art. 14. O conselho fiscal é órgão de controle interno da entidade.

Art. 15. A composição do conselho fiscal, integrado por no máximo quatro membros, será paritária entre representantes de patrocinadores e de participantes e assistidos, cabendo a estes a indicação do conselheiro presidente, que terá, além do seu, o voto de qualidade.

Parágrafo único. Caso o estatuto da entidade fechada, respeitado o número máximo de conselheiros de que trata o caput e a participação paritária entre representantes dos participantes e assistidos e dos patrocinadores, preveja outra composição, que tenha sido aprovada na forma prevista no seu estatuto, esta poderá ser aplicada, mediante autorização do órgão regulador e fiscalizador.

Art. 16. O mandato dos membros do conselho fiscal será de quatro anos, vedada a recondução.

Art. 17. A renovação dos mandatos dos conselheiros deverá obedecer ao critério de proporcionalidade, de forma que se processe parcialmente a cada dois anos.

§ 1º Na primeira investidura dos conselhos, após a publicação desta Lei Complementar, os seus membros terão mandato com prazo diferenciado.

§ 2º O conselho deliberativo deverá renovar três de seus membros a cada dois anos e o conselho fiscal dois membros com a mesma periodicidade, observada a regra de transição estabelecida no parágrafo anterior.

Art. 18. Aplicam-se aos membros dos conselhos deliberativo e fiscal os mesmos requisitos previstos nos incisos I a III do art. 20 desta Lei Complementar.

SEÇÃO III –
DA DIRETORIA-EXECUTIVA

Art. 19. A diretoria-executiva é o órgão responsável pela administração da entidade, em conformidade com a política de administração traçada pelo conselho deliberativo.

§ 1º A diretoria-executiva será composta, no máximo, por seis membros, definidos em função do patrimônio da entidade e do seu número de participantes, inclusive assistidos.

§ 2º O estatuto da entidade fechada, respeitado o número máximo de diretores de que trata o parágrafo anterior, deverá prever a forma de composição e o mandato da diretoria-executiva, aprovado na forma prevista no seu estatuto, observadas as demais disposições desta Lei Complementar.

Art. 20. Os membros da diretoria-executiva deverão atender aos seguintes requisitos mínimos:

I – comprovada experiência no exercício de atividade na área financeira, administrativa, contábil, jurídica, de fiscalização, atuarial ou de auditoria;

II – não ter sofrido condenação criminal transitada em julgado;

III – não ter sofrido penalidade administrativa por infração da legislação da seguridade social, inclusive da previdência complementar ou como servidor público; e

IV – ter formação de nível superior.

Art. 21. Aos membros da diretoria-executiva é vedado:

I – exercer simultaneamente atividade no patrocinador;

II – integrar concomitantemente o conselho deliberativo ou fiscal da entidade e, mesmo depois do término do seu mandato na diretoria-executiva, enquanto não tiver suas contas aprovadas; e

III – ao longo do exercício do mandato prestar serviços a instituições integrantes do sistema financeiro.

Art. 22. A entidade de previdência complementar informará ao órgão regulador e fiscalizador o responsável pelas aplicações dos recursos da entidade, escolhido entre os membros da diretoria-executiva.

Parágrafo único. Os demais membros da diretoria-executiva responderão solidariamente com o dirigente indicado na forma do caput pelos danos e prejuízos causados à entidade para os quais tenham concorrido.

Art. 23. Nos doze meses seguintes ao término do exercício do cargo, o ex-diretor estará impedido de prestar, direta ou indiretamente, independentemente da forma ou natureza do contrato, qualquer tipo de serviço às empresas do sistema financeiro que impliquem a utilização das informações a que teve acesso em decorrência do cargo exercido, sob pena de responsabilidade civil e penal.

§ 1º Durante o impedimento, ao ex-diretor que não tiver sido destituído ou que pedir afastamento será assegurada a possibilidade de prestar serviço à entidade, mediante remuneração equivalente à do cargo de direção que exerceu ou em qualquer outro órgão da Administração Pública.

§ 2º Incorre na prática de advocacia administrativa, sujeitando-se às penas da lei, o ex-diretor que violar o impedimento previsto neste artigo, exceto se retornar ao exercício de cargo ou emprego que ocupava junto ao patrocinador, anteriormente à indicação para a respectiva diretoria-executiva, ou se for nomeado para exercício em qualquer órgão da Administração Pública.

CAPÍTULO IV –
DA FISCALIZAÇÃO

Art. 24. A fiscalização e controle dos planos de benefícios e das entidades fechadas de previdência complementar de que trata esta Lei Complementar competem ao órgão regulador e fiscalizador das entidades fechadas de previdência complementar.

Art. 25. As ações exercidas pelo órgão referido no artigo anterior não eximem os patrocinadores da responsabilidade pela supervisão e fiscalização sistemática das atividades das suas respectivas entidades de previdência complementar.

Parágrafo único. Os resultados da fiscalização e do controle exercidos pelos patrocinadores serão encaminhados ao órgão mencionado no artigo anterior.

CAPÍTULO V –
DISPOSIÇÕES GERAIS

Art. 26. As entidades fechadas de previdência complementar patrocinadas por empresas privadas permissionárias ou concessionárias de prestação de serviços públicos subordinam-se, no que couber, às disposições desta Lei Complementar, na forma estabelecida pelo órgão regulador e fiscalizador.

Art. 27. As entidades de previdência complementar patrocinadas por entidades públicas, inclusive empresas públicas e sociedades de economia mista, deverão rever, no prazo de dois anos, a contar de 16 de dezembro de 1998, seus planos de benefícios e serviços, de modo a ajustá-los atuarialmente a seus ativos, sob pena de intervenção, sendo seus dirigentes e seus respectivos patrocinadores responsáveis civil e criminalmente pelo descumprimento do disposto neste artigo.

Art. 28. A infração de qualquer disposição desta Lei Complementar ou de seu regulamento, para a qual não haja penalidade expressamente cominada, sujeita a pessoa física ou jurídica responsável, conforme o caso e a gravidade da infração, às penalidades administrativas previstas na Lei Complementar que disciplina o caput do art. 202 da Constituição Federal.

ANEXO I – LEGISLAÇÃO DE PREVIDÊNCIA COMPLEMENTAR

Art. 29. As entidades de previdência privada patrocinadas por empresas controladas, direta ou indiretamente, pela União, Estados, Distrito Federal e Municípios, que possuam planos de benefícios definidos com responsabilidade da patrocinadora, não poderão exercer o controle ou participar de acordo de acionistas que tenha por objeto formação de grupo de controle de sociedade anônima, sem prévia e expressa autorização da patrocinadora e do seu respectivo ente controlador.

Parágrafo único. O disposto no caput não se aplica às participações acionárias detidas na data de publicação desta Lei Complementar.

Art. 30. As entidades de previdência complementar terão o prazo de um ano para adaptar sua organização estatutária ao disposto nesta Lei Complementar, contados a partir da data de sua publicação.

Art. 31. Esta Lei Complementar entra em vigor na data de sua publicação.

Art. 32. Revoga-se a Lei no 8.020, de 12 de abril de 1990.

Brasília, 29 de maio de 2001; 180º da Independência e 113º da República.

FERNANDO HENRIQUE CARDOSO
José Gregori
Pedro Malan
Roberto Brant

Este texto não substitui o publicado no DOU de 30.5.2001

LEI COMPLEMENTAR Nº 109, DE 29 DE MAIO DE 2001

Dispõe sobre o Regime de Previdência Complementar e dá outras providências.

O PRESIDENTE DA REPÚBLICA Faço saber que o Congresso Nacional decreta e eu sanciono a seguinte Lei Complementar:

CAPÍTULO I – INTRODUÇÃO

Art. 1º O regime de previdência privada, de caráter complementar e organizado de forma autônoma em relação ao regime geral de previdência social, é facultativo, baseado na constituição de reservas que garantam o benefício, nos termos do caput do art. 202 da Constituição Federal, observado o disposto nesta Lei Complementar.

Art. 2º O regime de previdência complementar é operado por entidades de previdência complementar que têm por objetivo principal instituir e executar planos de benefícios de caráter previdenciário, na forma desta Lei Complementar.

Art. 3º A ação do Estado será exercida com o objetivo de:

I - formular a política de previdência complementar;

II - disciplinar, coordenar e supervisionar as atividades reguladas por esta Lei Complementar, compatibilizando-as com as políticas previdenciária e de desenvolvimento social e econômico-financeiro;

III - determinar padrões mínimos de segurança econômico-financeira e atuarial, com fins específicos de preservar a liquidez, a solvência e o equilíbrio dos planos de benefícios, isoladamente, e de cada entidade de previdência complementar, no conjunto de suas atividades;

IV - assegurar aos participantes e assistidos o pleno acesso às informações relativas à gestão de seus respectivos planos de benefícios;

V - fiscalizar as entidades de previdência complementar, suas operações e aplicar penalidades; e

VI - proteger os interesses dos participantes e assistidos dos planos de benefícios.

Art. 4º As entidades de previdência complementar são classificadas em fechadas e abertas, conforme definido nesta Lei Complementar.

Art. 5º A normatização, coordenação, supervisão, fiscalização e controle das atividades das entidades de previdência complementar serão realizados por órgão ou órgãos regulador e fiscalizador, conforme disposto em lei, observado o disposto noinciso VI do art. 84 da Constituição Federal.

CAPÍTULO II –
DOS PLANOS DE BENEFÍCIOS

SEÇÃO I –
DISPOSIÇÕES COMUNS

Art. 6º As entidades de previdência complementar somente poderão instituir e operar planos de benefícios para os quais tenham autorização específica, segundo as normas aprovadas pelo órgão regulador e fiscalizador, conforme disposto nesta Lei Complementar.

Art. 7º Os planos de benefícios atenderão a padrões mínimos fixados pelo órgão regulador e fiscalizador, com o objetivo de assegurar transparência, solvência, liquidez e equilíbrio econômico-financeiro e atuarial.

Parágrafo único. O órgão regulador e fiscalizador normatizará planos de benefícios nas modalidades de benefício definido, contribuição definida e contribuição variável, bem como outras formas de planos de benefícios que reflitam a evolução técnica e possibilitem flexibilidade ao regime de previdência complementar.

Art. 8º Para efeito desta Lei Complementar, considera-se:

I - participante, a pessoa física que aderir aos planos de benefícios; e

II - assistido, o participante ou seu beneficiário em gozo de benefício de prestação continuada.

Art. 9º As entidades de previdência complementar constituirão reservas técnicas, provisões e fundos, de conformidade com os critérios e normas fixados pelo órgão regulador e fiscalizador.

§ 1º A aplicação dos recursos correspondentes às reservas, às provisões e aos fundos de que trata o caput será feita conforme diretrizes estabelecidas pelo Conselho Monetário Nacional.

§ 2º É vedado o estabelecimento de aplicações compulsórias ou limites mínimos de aplicação.

Art. 10. Deverão constar dos regulamentos dos planos de benefícios, das propostas de inscrição e dos certificados de participantes condições mínimas a serem fixadas pelo órgão regulador e fiscalizador.

§ 1º A todo pretendente será disponibilizado e a todo participante entregue, quando de sua inscrição no plano de benefícios:

I - certificado onde estarão indicados os requisitos que regulam a admissão e a manutenção da qualidade de participante, bem como os requisitos de elegibilidade e forma de cálculo dos benefícios;

II - cópia do regulamento atualizado do plano de benefícios e material explicativo que descreva, em linguagem simples e precisa, as características do plano;

III - cópia do contrato, no caso de plano coletivo de que trata o inciso II do art. 26 desta Lei Complementar; e

IV - outros documentos que vierem a ser especificados pelo órgão regulador e fiscalizador.

§ 2º Na divulgação dos planos de benefícios, não poderão ser incluídas informações diferentes das que figurem nos documentos referidos neste artigo.

Art. 11. Para assegurar compromissos assumidos junto aos participantes e assistidos de planos de benefícios, as entidades de previdência complementar poderão contratar operações de resseguro, por iniciativa própria ou por determinação do órgão regulador e fiscalizador, observados o regulamento do respectivo plano e demais disposições legais e regulamentares.

Parágrafo único. Fica facultada às entidades fechadas a garantia referida no caput por meio de fundo de solvência, a ser instituído na forma da lei.

SEÇÃO II –
DOS PLANOS DE BENEFÍCIOS
DE ENTIDADES FECHADAS

Art. 12. Os planos de benefícios de entidades fechadas poderão ser instituídos por patrocinadores e instituidores, observado o disposto no art. 31 desta Lei Complementar.

Art. 13. A formalização da condição de patrocinador ou instituidor de um plano de benefício dar-se-á mediante convênio de adesão

ANEXO I – LEGISLAÇÃO DE PREVIDÊNCIA COMPLEMENTAR

361

a ser celebrado entre o patrocinador ou instituidor e a entidade fechada, em relação a cada plano de benefícios por esta administrado e executado, mediante prévia autorização do órgão regulador e fiscalizador, conforme regulamentação do Poder Executivo.

§ 1º Admitir-se-á solidariedade entre patrocinadores ou entre instituidores, com relação aos respectivos planos, desde que expressamente prevista no convênio de adesão.

§ 2º O órgão regulador e fiscalizador, dentre outros requisitos, estabelecerá o número mínimo de participantes admitido para cada modalidade de plano de benefício.

Art. 14. Os planos de benefícios deverão prever os seguintes institutos, observadas as normas estabelecidas pelo órgão regulador e fiscalizador:

I - benefício proporcional diferido, em razão da cessação do vínculo empregatício com o patrocinador ou associativo com o instituidor antes da aquisição do direito ao benefício pleno, a ser concedido quando cumpridos os requisitos de elegibilidade;

II - portabilidade do direito acumulado pelo participante para outro plano;

III - resgate da totalidade das contribuições vertidas ao plano pelo participante, descontadas as parcelas do custeio administrativo, na forma regulamentada; e

IV - faculdade de o participante manter o valor de sua contribuição e a do patrocinador, no caso de perda parcial ou total da remuneração recebida, para assegurar a percepção dos benefícios nos níveis correspondentes àquela remuneração ou em outros definidos em normas regulamentares.

§ 1º Não será admitida a portabilidade na inexistência de cessação do vínculo empregatício do participante com o patrocinador.

§ 2º O órgão regulador e fiscalizador estabelecerá período de carência para o instituto de que trata o inciso II deste artigo.

§ 3º Na regulamentação do instituto previsto no inciso II do caput deste artigo, o órgão regulador e fiscalizador observará, entre outros requisitos específicos, os seguintes:

I - se o plano de benefícios foi instituído antes ou depois da publicação desta Lei Complementar;

II - a modalidade do plano de benefícios.

§ 4º O instituto de que trata o inciso II deste artigo, quando efetuado para entidade aberta, somente será admitido quando a integralidade dos recursos financeiros correspondentes ao direito acumulado do participante for utilizada para a contratação de renda mensal vitalícia ou por prazo determinado, cujo prazo mínimo não poderá ser inferior ao período em que a respectiva reserva foi constituída, limitado ao mínimo de quinze anos, observadas as normas estabelecidas pelo órgão regulador e fiscalizador.

Art. 15. Para efeito do disposto no inciso II do caput do artigo anterior, fica estabelecido que:

I - a portabilidade não caracteriza resgate; e

II - é vedado que os recursos financeiros correspondentes transitem pelos participantes dos planos de benefícios, sob qualquer forma.

Parágrafo único. O direito acumulado corresponde às reservas constituídas pelo participante ou à reserva matemática, o que lhe for mais favorável.

Art. 16. Os planos de benefícios devem ser, obrigatoriamente, oferecidos a todos os empregados dos patrocinadores ou associados dos instituidores.

§ 1º Para os efeitos desta Lei Complementar, são equiparáveis aos empregados e associados a que se refere o caput os gerentes, diretores, conselheiros ocupantes de cargo eletivo e outros dirigentes de patrocinadores e instituidores.

§ 2º É facultativa a adesão aos planos a que se refere o caput deste artigo.

§ 3º O disposto no caput deste artigo não se aplica aos planos em extinção, assim considerados aqueles aos quais o acesso de novos participantes esteja vedado.

Art. 17. As alterações processadas nos regulamentos dos planos aplicam-se a todos os participantes das entidades fechadas, a partir de sua aprovação pelo órgão regulador e fiscalizador, observado o direito acumulado de cada participante.

Parágrafo único. Ao participante que tenha cumprido os requisitos para obtenção dos benefícios previstos no plano é assegurada a aplicação das disposições regulamentares vigentes na data em que se tornou elegível a um benefício de aposentadoria.

Art. 18. O plano de custeio, com periodicidade mínima anual, estabelecerá o nível de contribuição necessário à constituição das reservas garantidoras de benefícios, fundos, provisões e à cobertura das demais despesas, em conformidade com os critérios fixados pelo órgão regulador e fiscalizador.

§ 1º O regime financeiro de capitalização é obrigatório para os benefícios de pagamento em prestações que sejam programadas e continuadas.

§ 2º Observados critérios que preservem o equilíbrio financeiro e atuarial, o cálculo das reservas técnicas atenderá às peculiaridades de cada plano de benefícios e deverá estar expresso em nota técnica atuarial, de apresentação obrigatória, incluindo as hipóteses utilizadas, que deverão guardar relação com as características da massa e da atividade desenvolvida pelo patrocinador ou instituidor.

§ 3º As reservas técnicas, provisões e fundos de cada plano de benefícios e os exigíveis a qualquer título deverão atender permanentemente à cobertura integral dos compromissos assumidos pelo plano de benefícios, ressalvadas excepcionalidades definidas pelo órgão regulador e fiscalizador.

Art. 19. As contribuições destinadas à constituição de reservas terão como finalidade prover o pagamento de benefícios de caráter previdenciário, observadas as especificidades previstas nesta Lei Complementar.

Parágrafo único. As contribuições referidas no caput classificam-se em:

I - normais, aquelas destinadas ao custeio dos benefícios previstos no respectivo plano; e

II - extraordinárias, aquelas destinadas ao custeio de déficits, serviço passado e outras finalidades não incluídas na contribuição normal.

Art. 20. O resultado superavitário dos planos de benefícios das entidades fechadas, ao final do exercício, satisfeitas as exigências regulamentares relativas aos mencionados planos, será destinado à constituição de reserva de contingência, para garantia de benefícios, até o limite de vinte e cinco por cento do valor das reservas matemáticas.

§ 1º Constituída a reserva de contingência, com os valores excedentes será constituída reserva especial para revisão do plano de benefícios.

§ 2º A não utilização da reserva especial por três exercícios consecutivos determinará a revisão obrigatória do plano de benefícios da entidade.

§ 3º Se a revisão do plano de benefícios implicar redução de contribuições, deverá ser levada em consideração a proporção existente entre as contribuições dos patrocinadores e dos participantes, inclusive dos assistidos.

Art. 21. O resultado deficitário nos planos ou nas entidades fechadas será equacionado por patrocinadores, participantes e assistidos, na proporção existente entre as suas contribuições, sem prejuízo de ação regressiva contra dirigentes ou terceiros que deram causa a dano ou prejuízo à entidade de previdência complementar.

§ 1º O equacionamento referido no caput poderá ser feito, dentre outras formas, por meio do aumento do valor das contribuições, instituição de contribuição adicional ou redução do valor dos benefícios a conceder, observadas as normas estabelecidas pelo órgão regulador e fiscalizador.

§ 2º A redução dos valores dos benefícios não se aplica aos assistidos, sendo cabível, nesse caso, a instituição de contribuição adicional para cobertura do acréscimo ocorrido em razão da revisão do plano.

§ 3º Na hipótese de retorno à entidade dos recursos equivalentes ao déficit previsto no caput deste artigo, em conseqüência de apuração de responsabilidade mediante ação judicial ou administrativa, os respectivos valores deverão ser aplicados necessariamente na redução

ANEXO I – LEGISLAÇÃO DE PREVIDÊNCIA COMPLEMENTAR

proporcional das contribuições devidas ao plano ou em melhoria dos benefícios.

Art. 22. Ao final de cada exercício, coincidente com o ano civil, as entidades fechadas deverão levantar as demonstrações contábeis e as avaliações atuariais de cada plano de benefícios, por pessoa jurídica ou profissional legalmente habilitado, devendo os resultados ser encaminhados ao órgão regulador e fiscalizador e divulgados aos participantes e aos assistidos.

Art. 23. As entidades fechadas deverão manter atualizada sua contabilidade, de acordo com as instruções do órgão regulador e fiscalizador, consolidando a posição dos planos de benefícios que administram e executam, bem como submetendo suas contas a auditores independentes.

Parágrafo único. Ao final de cada exercício serão elaboradas as demonstrações contábeis e atuariais consolidadas, sem prejuízo dos controles por plano de benefícios.

Art. 24. A divulgação aos participantes, inclusive aos assistidos, das informações pertinentes aos planos de benefícios dar-se-á ao menos uma vez ao ano, na forma, nos prazos e pelos meios estabelecidos pelo órgão regulador e fiscalizador.

Parágrafo único. As informações requeridas formalmente pelo participante ou assistido, para defesa de direitos e esclarecimento de situações de interesse pessoal específico deverão ser atendidas pela entidade no prazo estabelecido pelo órgão regulador e fiscalizador.

Art. 25. O órgão regulador e fiscalizador poderá autorizar a extinção de plano de benefícios ou a retirada de patrocínio, ficando os patrocinadores e instituidores obrigados ao cumprimento da totalidade dos compromissos assumidos com a entidade relativamente aos direitos dos participantes, assistidos e obrigações legais, até a data da retirada ou extinção do plano.

Parágrafo único. Para atendimento do disposto no caput deste artigo, a situação de solvência econômico-financeira e atuarial da entidade deverá ser atestada por profissional devidamente habilitado, cujos relatórios serão encaminhados ao órgão regulador e fiscalizador.

SEÇÃO III – DOS PLANOS DE BENEFÍCIOS DE ENTIDADES ABERTAS

Art. 26. Os planos de benefícios instituídos por entidades abertas poderão ser:

I - individuais, quando acessíveis a quaisquer pessoas físicas; ou

II - coletivos, quando tenham por objetivo garantir benefícios previdenciários a pessoas físicas vinculadas, direta ou indiretamente, a uma pessoa jurídica contratante.

§ 1º O plano coletivo poderá ser contratado por uma ou várias pessoas jurídicas.

§ 2º O vínculo indireto de que trata o inciso II deste artigo refere-se aos casos em que uma entidade representativa de pessoas jurídicas contrate plano previdenciário coletivo para grupos de pessoas físicas vinculadas a suas filiadas.

§ 3º Os grupos de pessoas de que trata o parágrafo anterior poderão ser constituídos por uma ou mais categorias específicas de empregados de um mesmo empregador, podendo abranger empresas coligadas, controladas ou subsidiárias, e por membros de associações legalmente constituídas, de caráter profissional ou classista, e seus cônjuges ou companheiros e dependentes econômicos.

§ 4º Para efeito do disposto no parágrafo anterior, são equiparáveis aos empregados e associados os diretores, conselheiros ocupantes de cargos eletivos e outros dirigentes ou gerentes da pessoa jurídica contratante.

§ 5º A implantação de um plano coletivo será celebrada mediante contrato, na forma, nos critérios, nas condições e nos requisitos mínimos a serem estabelecidos pelo órgão regulador.

§ 6º É vedada à entidade aberta a contratação de plano coletivo com pessoa jurídica cujo objetivo principal seja estipular, em nome de terceiros, planos de benefícios coletivos.

Art. 27. Observados os conceitos, a forma, as condições e os critérios fixados pelo órgão regulador, é assegurado aos participantes o direito à portabilidade, inclusive para plano de benefício de entidade fechada, e ao resgate de recursos das reservas técnicas, provisões e fundos, total ou parcialmente.

§ 1º A portabilidade não caracteriza resgate.

§ 2º É vedado, no caso de portabilidade:

I - que os recursos financeiros transitem pelos participantes, sob qualquer forma; e

II - a transferência de recursos entre participantes.

Art. 28. Os ativos garantidores das reservas técnicas, das provisões e dos fundos serão vinculados à ordem do órgão fiscalizador, na forma a ser regulamentada, e poderão ter sua livre movimentação suspensa pelo referido órgão, a partir da qual não poderão ser alienados ou prometidos alienar sem sua prévia e expressa autorização, sendo nulas, de pleno direito, quaisquer operações realizadas com violação daquela suspensão.

§ 1º Sendo imóvel, o vínculo será averbado à margem do respectivo registro no Cartório de Registro Geral de Imóveis competente, mediante comunicação do órgão fiscalizador.

§ 2º Os ativos garantidores a que se refere o caput, bem como os direitos deles decorrentes, não poderão ser gravados, sob qualquer forma, sem prévia e expressa autorização do órgão fiscalizador, sendo nulos os gravames constituídos com infringência do disposto neste parágrafo.

Art. 29. Compete ao órgão regulador, entre outras atribuições que lhe forem conferidas por lei:

I - fixar padrões adequados de segurança atuarial e econômico-financeira, para preservação da liquidez e solvência dos planos de benefícios, isoladamente, e de cada entidade aberta, no conjunto de suas atividades;

II - estabelecer as condições em que o órgão fiscalizador pode determinar a suspensão da comercialização ou a transferência, entre entidades abertas, de planos de benefícios; e

III - fixar condições que assegurem transparência, acesso a informações e fornecimento de dados relativos aos planos de benefícios, inclusive quanto à gestão dos respectivos recursos.

Art. 30. É facultativa a utilização de corretores na venda dos planos de benefícios das entidades abertas.

Parágrafo único. Aos corretores de planos de benefícios aplicam-se a legislação e a regulamentação da profissão de corretor de seguros.

CAPÍTULO III –
DAS ENTIDADES FECHADAS DE PREVIDÊNCIA COMPLEMENTAR

Art. 31. As entidades fechadas são aquelas acessíveis, na forma regulamentada pelo órgão regulador e fiscalizador, exclusivamente:

I - aos empregados de uma empresa ou grupo de empresas e aos servidores da União, dos Estados, do Distrito Federal e dos Municípios, entes denominados patrocinadores; e

II - aos associados ou membros de pessoas jurídicas de caráter profissional, classista ou setorial, denominadas instituidores.

§ 1º As entidades fechadas organizar-se-ão sob a forma de fundação ou sociedade civil, sem fins lucrativos.

§ 2º As entidades fechadas constituídas por instituidores referidos no inciso II do caput deste artigo deverão, cumulativamente:

I - terceirizar a gestão dos recursos garantidores das reservas técnicas e provisões mediante a contratação de instituição especializada autorizada a funcionar pelo Banco Central do Brasil ou outro órgão competente;

II - ofertar exclusivamente planos de benefícios na modalidade contribuição definida, na forma do parágrafo único do art. 7º desta Lei Complementar.

§ 3º Os responsáveis pela gestão dos recursos de que trata o inciso I do parágrafo anterior deverão manter segregados e totalmente isolados o seu patrimônio dos patrimônios do instituidor e da entidade fechada.

§ 4º Na regulamentação de que trata o caput, o órgão regulador e fiscalizador estabelecerá o tempo mínimo de existência do instituidor e o seu número mínimo de associados.

Art. 32. As entidades fechadas têm como objeto a administração e execução de planos de benefícios de natureza previdenciária.

Parágrafo único. É vedada às entidades fechadas a prestação de quaisquer serviços que

ANEXO I – LEGISLAÇÃO DE PREVIDÊNCIA COMPLEMENTAR

365

não estejam no âmbito de seu objeto, observado o disposto no art. 76.

Art. 33. Dependerão de prévia e expressa autorização do órgão regulador e fiscalizador:

I - a constituição e o funcionamento da entidade fechada, bem como a aplicação dos respectivos estatutos, dos regulamentos dos planos de benefícios e suas alterações;

II - as operações de fusão, cisão, incorporação ou qualquer outra forma de reorganização societária, relativas às entidades fechadas;

III - as retiradas de patrocinadores; e

IV - as transferências de patrocínio, de grupo de participantes, de planos e de reservas entre entidades fechadas.

§ 1º Excetuado o disposto no inciso III deste artigo, é vedada a transferência para terceiros de participantes, de assistidos e de reservas constituídas para garantia de benefícios de risco atuarial programado, de acordo com normas estabelecidas pelo órgão regulador e fiscalizador.

§ 2º Para os assistidos de planos de benefícios na modalidade contribuição definida que mantiveram esta característica durante a fase de percepção de renda programada, o órgão regulador e fiscalizador poderá, em caráter excepcional, autorizar a transferência dos recursos garantidores dos benefícios para entidade de previdência complementar ou companhia seguradora autorizada a operar planos de previdência complementar, com o objetivo específico de contratar plano de renda vitalícia, observadas as normas aplicáveis.

Art. 34. As entidades fechadas podem ser qualificadas da seguinte forma, além de outras que possam ser definidas pelo órgão regulador e fiscalizador:

I - de acordo com os planos que administram:

a) de plano comum, quando administram plano ou conjunto de planos acessíveis ao universo de participantes; e

b) com multiplano, quando administram plano ou conjunto de planos de benefícios para diversos grupos de participantes, com independência patrimonial;

II - de acordo com seus patrocinadores ou instituidores:

a) singulares, quando estiverem vinculadas a apenas um patrocinador ou instituidor; e

b) multipatrocinadas, quando congregarem mais de um patrocinador ou instituidor.

Art. 35. As entidades fechadas deverão manter estrutura mínima composta por conselho deliberativo, conselho fiscal e diretoria-executiva. (Regulamento)

§ 1º O estatuto deverá prever representação dos participantes e assistidos nos conselhos deliberativo e fiscal, assegurado a eles no mínimo um terço das vagas.

§ 2º Na composição dos conselhos deliberativo e fiscal das entidades qualificadas como multipatrocinadas, deverá ser considerado o número de participantes vinculados a cada patrocinador ou instituidor, bem como o montante dos respectivos patrimônios.

§ 3º Os membros do conselho deliberativo ou do conselho fiscal deverão atender aos seguintes requisitos mínimos:

I - comprovada experiência no exercício de atividades nas áreas financeira, administrativa, contábil, jurídica, de fiscalização ou de auditoria;

II - não ter sofrido condenação criminal transitada em julgado; e

III - não ter sofrido penalidade administrativa por infração da legislação da seguridade social ou como servidor público.

§ 4º Os membros da diretoria-executiva deverão ter formação de nível superior e atender aos requisitos do parágrafo anterior.

§ 5º Será informado ao órgão regulador e fiscalizador o responsável pelas aplicações dos recursos da entidade, escolhido entre os membros da diretoria-executiva.

§ 6º Os demais membros da diretoria-executiva responderão solidariamente com o dirigente indicado na forma do parágrafo anterior pelos danos e prejuízos causados à entidade para os quais tenham concorrido.

§ 7º Sem prejuízo do disposto no § 1º do art. 31 desta Lei Complementar, os membros da diretoria-executiva e dos conselhos deliberativo e fiscal poderão ser remunerados pelas entidades fechadas, de acordo com a legislação aplicável.

§ 8º Em caráter excepcional, poderão ser ocupados até trinta por cento dos cargos da diretoria-executiva por membros sem formação de nível superior, sendo assegurada a possibilidade de participação neste órgão de pelo menos um membro, quando da aplicação do referido percentual resultar número inferior à unidade.

CAPÍTULO IV –
DAS ENTIDADES ABERTAS DE PREVIDÊNCIA COMPLEMENTAR

Art. 36. As entidades abertas são constituídas unicamente sob a forma de sociedades anônimas e têm por objetivo instituir e operar planos de benefícios de caráter previdenciário concedidos em forma de renda continuada ou pagamento único, acessíveis a quaisquer pessoas físicas.

Parágrafo único. As sociedades seguradoras autorizadas a operar exclusivamente no ramo vida poderão ser autorizadas a operar os planos de benefícios a que se refere o caput, a elas se aplicando as disposições desta Lei Complementar.

Art. 37. Compete ao órgão regulador, entre outras atribuições que lhe forem conferidas por lei, estabelecer:

I - os critérios para a investidura e posse em cargos e funções de órgãos estatutários de entidades abertas, observado que o pretendente não poderá ter sofrido condenação criminal transitada em julgado, penalidade administrativa por infração da legislação da seguridade social ou como servidor público;

II - as normas gerais de contabilidade, auditoria, atuária e estatística a serem observadas pelas entidades abertas, inclusive quanto à padronização dos planos de contas, balanços gerais, balancetes e outras demonstrações financeiras, critérios sobre sua periodicidade, sobre a

publicação desses documentos e sua remessa ao órgão fiscalizador;

III - os índices de solvência e liquidez, bem como as relações patrimoniais a serem atendidas pelas entidades abertas, observado que seu patrimônio líquido não poderá ser inferior ao respectivo passivo não operacional; e

IV - as condições que assegurem acesso a informações e fornecimento de dados relativos a quaisquer aspectos das atividades das entidades abertas.

Art. 38. Dependerão de prévia e expressa aprovação do órgão fiscalizador:

I - a constituição e o funcionamento das entidades abertas, bem como as disposições de seus estatutos e as respectivas alterações;

II - a comercialização dos planos de benefícios;

III - os atos relativos à eleição e conseqüente posse de administradores e membros de conselhos estatutários; e

IV - as operações relativas à transferência do controle acionário, fusão, cisão, incorporação ou qualquer outra forma de reorganização societária.

Parágrafo único. O órgão regulador disciplinará o tratamento administrativo a ser emprestado ao exame dos assuntos constantes deste artigo.

Art. 39. As entidades abertas deverão comunicar ao órgão fiscalizador, no prazo e na forma estabelecidos:

I - os atos relativos às alterações estatutárias e à eleição de administradores e membros de conselhos estatutários; e

II - o responsável pela aplicação dos recursos das reservas técnicas, provisões e fundos, escolhido dentre os membros da diretoria-executiva.

Parágrafo único. Os demais membros da diretoria-executiva responderão solidariamente com o dirigente indicado na forma do inciso II deste artigo pelos danos e prejuízos causados à entidade para os quais tenham concorrido.

ANEXO I – LEGISLAÇÃO DE PREVIDÊNCIA COMPLEMENTAR

367

Art. 40. As entidades abertas deverão levantar no último dia útil de cada mês e semestre, respectivamente, balancetes mensais e balanços gerais, com observância das regras e dos critérios estabelecidos pelo órgão regulador.

Parágrafo único. As sociedades seguradoras autorizadas a operar planos de benefícios deverão apresentar nas demonstrações financeiras, de forma discriminada, as atividades previdenciárias e as de seguros, de acordo com critérios fixados pelo órgão regulador.

CAPÍTULO V –
DA FISCALIZAÇÃO

Art. 41. No desempenho das atividades de fiscalização das entidades de previdência complementar, os servidores do órgão regulador e fiscalizador terão livre acesso às respectivas entidades, delas podendo requisitar e apreender livros, notas técnicas e quaisquer documentos, caracterizando-se embaraço à fiscalização, sujeito às penalidades previstas em lei, qualquer dificuldade oposta à consecução desse objetivo.

§ 1º O órgão regulador e fiscalizador das entidades fechadas poderá solicitar dos patrocinadores e instituidores informações relativas aos aspectos específicos que digam respeito aos compromissos assumidos frente aos respectivos planos de benefícios.

§ 2º A fiscalização a cargo do Estado não exime os patrocinadores e os instituidores da responsabilidade pela supervisão sistemática das atividades das suas respectivas entidades fechadas.

§ 3º As pessoas físicas ou jurídicas submetidas ao regime desta Lei Complementar ficam obrigadas a prestar quaisquer informações ou esclarecimentos solicitados pelo órgão regulador e fiscalizador.

§ 4º O disposto neste artigo aplica-se, sem prejuízo da competência das autoridades fiscais, relativamente ao pleno exercício das atividades de fiscalização tributária.

Art. 42. O órgão regulador e fiscalizador poderá, em relação às entidades fechadas, nomear administrador especial, a expensas da entidade, com poderes próprios de intervenção e de liquidação extrajudicial, com o objetivo de sanear plano de benefícios específico, caso seja constatada na sua administração e execução alguma das hipóteses previstas nos arts. 44 e 48 desta Lei Complementar.

Parágrafo único. O ato de nomeação de que trata o caput estabelecerá as condições, os limites e as atribuições do administrador especial.

Art. 43. O órgão fiscalizador poderá, em relação às entidades abertas, desde que se verifique uma das condições previstas no art. 44 desta Lei Complementar, nomear, por prazo determinado, prorrogável a seu critério, e a expensas da respectiva entidade, um diretor-fiscal.

§ 1º O diretor-fiscal, sem poderes de gestão, terá suas atribuições estabelecidas pelo órgão regulador, cabendo ao órgão fiscalizador fixar sua remuneração.

§ 2º Se reconhecer a inviabilidade de recuperação da entidade aberta ou a ausência de qualquer condição para o seu funcionamento, o diretor-fiscal proporá ao órgão fiscalizador a decretação da intervenção ou da liquidação extrajudicial.

§ 3º O diretor-fiscal não está sujeito à indisponibilidade de bens, nem aos demais efeitos decorrentes da decretação da intervenção ou da liquidação extrajudicial da entidade aberta.

CAPÍTULO VI –
DA INTERVENÇÃO E DA
LIQUIDAÇÃO EXTRAJUDICIAL

SEÇÃO I –
DA INTERVENÇÃO

Art. 44. Para resguardar os direitos dos participantes e assistidos poderá ser decretada a intervenção na entidade de previdência complementar, desde que se verifique, isolada ou cumulativamente:

I - irregularidade ou insuficiência na constituição das reservas técnicas, provisões e fundos, ou na sua cobertura por ativos garantidores;

II - aplicação dos recursos das reservas técnicas, provisões e fundos de forma inadequada ou em desacordo com as normas expedidas pelos órgãos competentes;

III - descumprimento de disposições estatutárias ou de obrigações previstas nos regulamentos dos planos de benefícios, convênios de adesão ou contratos dos planos coletivos de que trata o inciso II do art. 26 desta Lei Complementar;

IV - situação econômico-financeira insuficiente à preservação da liquidez e solvência de cada um dos planos de benefícios e da entidade no conjunto de suas atividades;

V - situação atuarial desequilibrada;

VI - outras anormalidades definidas em regulamento.

Art. 45. A intervenção será decretada pelo prazo necessário ao exame da situação da entidade e encaminhamento de plano destinado à sua recuperação.

Parágrafo único. Dependerão de prévia e expressa autorização do órgão competente os atos do interventor que impliquem oneração ou disposição do patrimônio.

Art. 46. A intervenção cessará quando aprovado o plano de recuperação da entidade pelo órgão competente ou se decretada a sua liquidação extrajudicial.

SEÇÃO II –
DA LIQUIDAÇÃO EXTRAJUDICIAL

Art. 47. As entidades fechadas não poderão solicitar concordata e não estão sujeitas a falência, mas somente a liquidação extrajudicial.

Art. 48. A liquidação extrajudicial será decretada quando reconhecida a inviabilidade de recuperação da entidade de previdência complementar ou pela ausência de condição para seu funcionamento.

Parágrafo único. Para os efeitos desta Lei Complementar, entende-se por ausência de condição para funcionamento de entidade de previdência complementar:

I - (VETADO)

II - (VETADO)

III - o não atendimento às condições mínimas estabelecidas pelo órgão regulador e fiscalizador.

Art. 49. A decretação da liquidação extrajudicial produzirá, de imediato, os seguintes efeitos:

I - suspensão das ações e execuções iniciadas sobre direitos e interesses relativos ao acervo da entidade liquidanda;

II - vencimento antecipado das obrigações da liquidanda;

III - não incidência de penalidades contratuais contra a entidade por obrigações vencidas em decorrência da decretação da liquidação extrajudicial;

IV - não fluência de juros contra a liquidanda enquanto não integralmente pago o passivo;

V - interrupção da prescrição em relação às obrigações da entidade em liquidação;

VI - suspensão de multa e juros em relação às dívidas da entidade;

VII - inexigibilidade de penas pecuniárias por infrações de natureza administrativa;

VIII - interrupção do pagamento à liquidanda das contribuições dos participantes e dos patrocinadores, relativas aos planos de benefícios.

§ 1º As faculdades previstas nos incisos deste artigo aplicam-se, no caso das entidades abertas de previdência complementar, exclusivamente, em relação às suas atividades de natureza previdenciária.

§ 2º O disposto neste artigo não se aplica às ações e aos débitos de natureza tributária.

Art. 50. O liquidante organizará o quadro geral de credores, realizará o ativo e liquidará o passivo.

§ 1º Os participantes, inclusive os assistidos, dos planos de benefícios ficam dispensados de se habilitarem a seus respectivos créditos, estejam estes sendo recebidos ou não.

§ 2º Os participantes, inclusive os assistidos, dos planos de benefícios terão privilégio especial sobre os ativos garantidores das reservas técnicas e, caso estes não sejam suficientes para a cobertura dos direitos respectivos,

ANEXO I – LEGISLAÇÃO DE PREVIDÊNCIA COMPLEMENTAR

privilégio geral sobre as demais partes não vinculadas ao ativo.

§ 3º Os participantes que já estiverem recebendo benefícios, ou que já tiverem adquirido este direito antes de decretada a liquidação extrajudicial, terão preferência sobre os demais participantes.

§ 4º Os créditos referidos nos parágrafos anteriores deste artigo não têm preferência sobre os créditos de natureza trabalhista ou tributária.

Art. 51. Serão obrigatoriamente levantados, na data da decretação da liquidação extrajudicial de entidade de previdência complementar, o balanço geral de liquidação e as demonstrações contábeis e atuariais necessárias à determinação do valor das reservas individuais.

Art. 52. A liquidação extrajudicial poderá, a qualquer tempo, ser levantada, desde que constatados fatos supervenientes que viabilizem a recuperação da entidade de previdência complementar.

Art. 53. A liquidação extrajudicial das entidades fechadas encerrar-se-á com a aprovação, pelo órgão regulador e fiscalizador, das contas finais do liquidante e com a baixa nos devidos registros.

Parágrafo único. Comprovada pelo liquidante a inexistência de ativos para satisfazer a possíveis créditos reclamados contra a entidade, deverá tal situação ser comunicada ao juízo competente e efetivados os devidos registros, para o encerramento do processo de liquidação.

SEÇÃO III –
DISPOSIÇÕES ESPECIAIS

Art. 54. O interventor terá amplos poderes de administração e representação e o liquidante plenos poderes de administração, representação e liquidação.

Art. 55. Compete ao órgão fiscalizador decretar, aprovar e rever os atos de que tratam os arts. 45, 46 e 48 desta Lei Complementar, bem como nomear, por intermédio do seu dirigente máximo, o interventor ou o liquidante.

Art. 56. A intervenção e a liquidação extrajudicial determinam a perda do mandato dos administradores e membros dos conselhos estatutários das entidades, sejam titulares ou suplentes.

Art. 57. Os créditos das entidades de previdência complementar, em caso de liquidação ou falência de patrocinadores, terão privilégio especial sobre a massa, respeitado o privilégio dos créditos trabalhistas e tributários.

Parágrafo único. Os administradores dos respectivos patrocinadores serão responsabilizados pelos danos ou prejuízos causados às entidades de previdência complementar, especialmente pela falta de aporte das contribuições a que estavam obrigados, observado o disposto no parágrafo único do art. 63 desta Lei Complementar.

Art. 58. No caso de liquidação extrajudicial de entidade fechada motivada pela falta de aporte de contribuições de patrocinadores ou pelo não recolhimento de contribuições de participantes, os administradores daqueles também serão responsabilizados pelos danos ou prejuízos causados.

Art. 59. Os administradores, controladores e membros de conselhos estatutários das entidades de previdência complementar sob intervenção ou em liquidação extrajudicial ficarão com todos os seus bens indisponíveis, não podendo, por qualquer forma, direta ou indireta, aliená-los ou onerá-los, até a apuração e liquidação final de suas responsabilidades.

§ 1º A indisponibilidade prevista neste artigo decorre do ato que decretar a intervenção ou liquidação extrajudicial e atinge todos aqueles que tenham estado no exercício das funções nos doze meses anteriores.

§ 2º A indisponibilidade poderá ser estendida aos bens de pessoas que, nos últimos doze meses, os tenham adquirido, a qualquer título, das pessoas referidas no caput e no parágrafo anterior, desde que haja seguros elementos de convicção de que se trata de simulada transferência com o fim de evitar os efeitos desta Lei Complementar.

§ 3º Não se incluem nas disposições deste artigo os bens considerados inalienáveis ou impenhoráveis pela legislação em vigor.

§ 4º Não são também atingidos pela indisponibilidade os bens objeto de contrato de alienação, de promessas de compra e venda e de cessão de direitos, desde que os respectivos instrumentos tenham sido levados ao competente registro público até doze meses antes da data de decretação da intervenção ou liquidação extrajudicial.

§ 5º Não se aplica a indisponibilidade de bens das pessoas referidas no caput deste artigo no caso de liquidação extrajudicial de entidades fechadas que deixarem de ter condições para funcionar por motivos totalmente desvinculados do exercício das suas atribuições, situação esta que poderá ser revista a qualquer momento, pelo órgão regulador e fiscalizador, desde que constatada a existência de irregularidades ou indícios de crimes por elas praticados.

Art. 60. O interventor ou o liquidante comunicará a indisponibilidade de bens aos órgãos competentes para os devidos registros e publicará edital para conhecimento de terceiros.

Parágrafo único. A autoridade que receber a comunicação ficará, relativamente a esses bens, impedida de:

I - fazer transcrições, inscrições ou averbações de documentos públicos ou particulares;

II - arquivar atos ou contratos que importem em transferência de cotas sociais, ações ou partes beneficiárias;

III - realizar ou registrar operações e títulos de qualquer natureza; e

IV - processar a transferência de propriedade de veículos automotores, aeronaves e embarcações.

Art. 61. A apuração de responsabilidades específicas referida no caput do art. 59 desta Lei Complementar será feita mediante inquérito a ser instaurado pelo órgão regulador e fiscalizador, sem prejuízo do disposto nos arts. 63 a 65 desta Lei Complementar.

§ 1º Se o inquérito concluir pela inexistência de prejuízo, será arquivado no órgão fiscalizador.

§ 2º Concluindo o inquérito pela existência de prejuízo, será ele, com o respectivo relatório, remetido pelo órgão regulador e fiscalizador ao Ministério Público, observados os seguintes procedimentos:

I - o interventor ou o liquidante, de ofício ou a requerimento de qualquer interessado que não tenha sido indiciado no inquérito, após aprovação do respectivo relatório pelo órgão fiscalizador, determinará o levantamento da indisponibilidade de que trata o art. 59 desta Lei Complementar;

II - será mantida a indisponibilidade com relação às pessoas indiciadas no inquérito, após aprovação do respectivo relatório pelo órgão fiscalizador.

Art. 62. Aplicam-se à intervenção e à liquidação das entidades de previdência complementar, no que couber, os dispositivos da legislação sobre a intervenção e liquidação extrajudicial das instituições financeiras, cabendo ao órgão regulador e fiscalizador as funções atribuídas ao Banco Central do Brasil.

CAPÍTULO VII –
DO REGIME DISCIPLINAR

Art. 63. Os administradores de entidade, os procuradores com poderes de gestão, os membros de conselhos estatutários, o interventor e o liquidante responderão civilmente pelos danos ou prejuízos que causarem, por ação ou omissão, às entidades de previdência complementar.

Parágrafo único. São também responsáveis, na forma do caput, os administradores dos patrocinadores ou instituidores, os atuários, os auditores independentes, os avaliadores de gestão e outros profissionais que prestem serviços técnicos à entidade, diretamente ou por intermédio de pessoa jurídica contratada.

Art. 64. O órgão fiscalizador competente, o Banco Central do Brasil, a Comissão de Valores Mobiliários ou a Secretaria da Receita Federal, constatando a existência de práticas irregulares ou indícios de crimes em entidades de previdência complementar, noticiará ao Ministério Público, enviando-lhe os documentos comprobatórios.

Parágrafo único. O sigilo de operações não poderá ser invocado como óbice à troca de informações entre os órgãos mencionados

ANEXO I – LEGISLAÇÃO DE PREVIDÊNCIA COMPLEMENTAR

371

no caput, nem ao fornecimento de informações requisitadas pelo Ministério Público.

Art. 65. A infração de qualquer disposição desta Lei Complementar ou de seu regulamento, para a qual não haja penalidade expressamente cominada, sujeita a pessoa física ou jurídica responsável, conforme o caso e a gravidade da infração, às seguintes penalidades administrativas, observado o disposto em regulamento:

I - advertência;

II - suspensão do exercício de atividades em entidades de previdência complementar pelo prazo de até cento e oitenta dias;

III - inabilitação, pelo prazo de dois a dez anos, para o exercício de cargo ou função em entidades de previdência complementar, sociedades seguradoras, instituições financeiras e no serviço público; e

IV - multa de dois mil reais a um milhão de reais, devendo esses valores, a partir da publicação desta Lei Complementar, ser reajustados de forma a preservar, em caráter permanente, seus valores reais.

§ 1º A penalidade prevista no inciso IV será imputada ao agente responsável, respondendo solidariamente a entidade de previdência complementar, assegurado o direito de regresso, e poderá ser aplicada cumulativamente com as constantes dos incisos I, II ou III deste artigo.

§ 2º Das decisões do órgão fiscalizador caberá recurso, no prazo de quinze dias, com efeito suspensivo, ao órgão competente.

§ 3º O recurso a que se refere o parágrafo anterior, na hipótese do inciso IV deste artigo, somente será conhecido se for comprovado pelo requerente o pagamento antecipado, em favor do órgão fiscalizador, de trinta por cento do valor da multa aplicada. (Vide Súmula Vinculante nº 21)

§ 4º Em caso de reincidência, a multa será aplicada em dobro.

Art. 66. As infrações serão apuradas mediante processo administrativo, na forma do regulamento, aplicando-se, no que couber, o disposto na Lei no 9.784, de 29 de janeiro de 1999. (Regulamento)

Art. 67. O exercício de atividade de previdência complementar por qualquer pessoa, física ou jurídica, sem a autorização devida do órgão competente, inclusive a comercialização de planos de benefícios, bem como a captação ou a administração de recursos de terceiros com o objetivo de, direta ou indiretamente, adquirir ou conceder benefícios previdenciários sob qualquer forma, submete o responsável à penalidade de inabilitação pelo prazo de dois a dez anos para o exercício de cargo ou função em entidade de previdência complementar, sociedades seguradoras, instituições financeiras e no serviço público, além de multa aplicável de acordo com o disposto no inciso IV do art. 65 desta Lei Complementar, bem como noticiar ao Ministério Público.

CAPÍTULO VIII –
DISPOSIÇÕES GERAIS

Art. 68. As contribuições do empregador, os benefícios e as condições contratuais previstos nos estatutos, regulamentos e planos de benefícios das entidades de previdência complementar não integram o contrato de trabalho dos participantes, assim como, à exceção dos benefícios concedidos, não integram a remuneração dos participantes.

§ 1º Os benefícios serão considerados direito adquirido do participante quando implementadas todas as condições estabelecidas para elegibilidade consignadas no regulamento do respectivo plano.

§ 2º A concessão de benefício pela previdência complementar não depende da concessão de benefício pelo regime geral de previdência social.

Art. 69. As contribuições vertidas para as entidades de previdência complementar, destinadas ao custeio dos planos de benefícios de natureza previdenciária, são dedutíveis para fins de incidência de imposto sobre a renda, nos limites e nas condições fixadas em lei.

§ 1º Sobre as contribuições de que trata o caput não incidem tributação e contribuições de qualquer natureza.

§ 2º Sobre a portabilidade de recursos de reservas técnicas, fundos e provisões entre planos de benefícios de entidades de previdência complementar, titulados pelo mesmo participante, não incidem tributação e contribuições de qualquer natureza.

Art. 70. (VETADO)

Art. 71. É vedado às entidades de previdência complementar realizar quaisquer operações comerciais e financeiras:

I - com seus administradores, membros dos conselhos estatutários e respectivos cônjuges ou companheiros, e com seus parentes até o segundo grau;

II - com empresa de que participem as pessoas a que se refere o inciso anterior, exceto no caso de participação de até cinco por cento como acionista de empresa de capital aberto; e

III - tendo como contraparte, mesmo que indiretamente, pessoas físicas e jurídicas a elas ligadas, na forma definida pelo órgão regulador.

Parágrafo único. A vedação deste artigo não se aplica ao patrocinador, aos participantes e aos assistidos, que, nessa condição, realizarem operações com a entidade de previdência complementar.

Art. 72. Compete privativamente ao órgão regulador e fiscalizador das entidades fechadas zelar pelas sociedades civis e fundações, como definido no art. 31 desta Lei Complementar, não se aplicando a estas o disposto nos arts. 26 e 30 do Código Civil e 1.200 a 1.204 do Código de Processo Civil e demais disposições em contrário.

Art. 73. As entidades abertas serão reguladas também, no que couber, pela legislação aplicável às sociedades seguradoras.

Art. 74. Até que seja publicada a lei de que trata o art. 5º desta Lei Complementar, as funções do órgão regulador e do órgão fiscalizador serão exercidas pelo Ministério da Previdência e Assistência Social, por intermédio, respectivamente, do Conselho de Gestão da Previdência Complementar (CGPC) e da Secretaria de Previdência Complementar (SPC), relativamente às entidades fechadas, e pelo Ministério da Fazenda, por intermédio do Conselho Nacional de Seguros Privados (CNSP) e da Superintendência de Seguros Privados (Susep), em relação,

respectivamente, à regulação e fiscalização das entidades abertas.

Art. 75. Sem prejuízo do benefício, prescreve em cinco anos o direito às prestações não pagas nem reclamadas na época própria, resguardados os direitos dos menores dependentes, dos incapazes ou dos ausentes, na forma do Código Civil.

Art. 76. As entidades fechadas que, na data da publicação desta Lei Complementar, prestarem a seus participantes e assistidos serviços assistenciais à saúde poderão continuar a fazê-lo, desde que seja estabelecido um custeio específico para os planos assistenciais e que a sua contabilização e o seu patrimônio sejam mantidos em separado em relação ao plano previdenciário.

§ 1º Os programas assistenciais de natureza financeira deverão ser extintos a partir da data de publicação desta Lei Complementar, permanecendo em vigência, até o seu termo, apenas os compromissos já firmados.

§ 2º Consideram-se programas assistenciais de natureza financeira, para os efeitos desta Lei Complementar, aqueles em que o rendimento situa-se abaixo da taxa mínima atuarial do respectivo plano de benefícios.

Art. 77. As entidades abertas sem fins lucrativos e as sociedades seguradoras autorizadas a funcionar em conformidade com a Lei no 6.435, de 15 de julho de 1977, terão o prazo de dois anos para se adaptar ao disposto nesta Lei Complementar.

§ 1º No caso das entidades abertas sem fins lucrativos já autorizadas a funcionar, é permitida a manutenção de sua organização jurídica como sociedade civil, sendo-lhes vedado participar, direta ou indiretamente, de pessoas jurídicas, exceto quando tiverem participação acionária:

I - minoritária, em sociedades anônimas de capital aberto, na forma regulamentada pelo Conselho Monetário Nacional, para aplicação de recursos de reservas técnicas, fundos e provisões;

II - em sociedade seguradora e/ou de capitalização.

ANEXO I – LEGISLAÇÃO DE PREVIDÊNCIA COMPLEMENTAR

373

§ 2º É vedado à sociedade seguradora e/ou de capitalização referida no inciso II do parágrafo anterior participar majoritariamente de pessoas jurídicas, ressalvadas as empresas de suporte ao seu funcionamento e as sociedades anônimas de capital aberto, nas condições previstas no inciso I do parágrafo anterior.

§ 3º A entidade aberta sem fins lucrativos e a sociedade seguradora e/ou de capitalização por ela controlada devem adaptar-se às condições estabelecidas nos §§ 1º e 2º, no mesmo prazo previsto no caput deste artigo.

§ 4º As reservas técnicas de planos já operados por entidades abertas de previdência privada sem fins lucrativos, anteriormente à data de publicação da Lei no 6.435, de 15 de julho de 1977, poderão permanecer garantidas por ativos de propriedade da entidade, existentes à época, dentro de programa gradual de ajuste às normas estabelecidas pelo órgão regulador sobre a matéria, a ser submetido pela entidade ao órgão fiscalizador no prazo máximo de doze meses a contar da data de publicação desta Lei Complementar.

§ 5º O prazo máximo para o término para o programa gradual de ajuste a que se refere o parágrafo anterior não poderá superar cento e vinte meses, contados da data de aprovação do respectivo programa pelo órgão fiscalizador.

§ 6º As entidades abertas sem fins lucrativos que, na data de publicação desta Lei Complementar, já vinham mantendo programas de assistência filantrópica, prévia e expressamente autorizados, poderão, para efeito de cobrança, adicionar às contribuições de seus planos de benefícios valor destinado àqueles programas, observadas as normas estabelecidas pelo órgão regulador.

§ 7º A aplicabilidade do disposto no parágrafo anterior fica sujeita, sob pena de cancelamento da autorização previamente concedida, à prestação anual de contas dos programas filantrópicos e à aprovação pelo órgão competente.

§ 8º O descumprimento de qualquer das obrigações contidas neste artigo sujeita os administradores das entidades abertas sem fins lucrativos e das sociedades seguradora e/ou de capitalização por elas controladas ao Regime Disciplinar previsto nesta Lei Complementar, sem prejuízo da responsabilidade civil por danos ou prejuízos causados, por ação ou omissão, à entidade.

Art. 78. Esta Lei Complementar entra em vigor na data de sua publicação.

Art. 79. Revogam-se as Leis no 6.435, de 15 de julho de 1977, e no 6.462, de 9 de novembro de 1977.

Brasília, 29 de maio de 2001; 180º da Independência e 113º da República.

FERNANDO HENRIQUE CARDOSO
José Gregori
Pedro Malan
Roberto Brant

Este texto não substitui o publicado no DOU de 30.5.2001

ANEXO II –
MODELOS CONTRATUAIS

RESOLUÇÃO CGPC Nº 08, DE 19 DE FEVEREIRO DE 2004

Dispõe sobre normas procedimentais para a formalização de processos de estatutos, regulamentos de plano de benefícios, convênios de adesão e suas alterações.

O PLENÁRIO DO CONSELHO DE GESTÃO DA PREVIDÊNCIA COMPLEMENTAR em sua 77ª Reunião Ordinária, realizada no dia 19 de fevereiro de 2004, no uso de sua competência que lhe confere o art. 5º, combinado com o art. 74 da Lei Complementar nº 109, de 29 de maio de 2001 e o art. 1º do Decreto nº 4.678, de 24 de abril de 2003, resolve:

Art. 1º O estatuto, convênio de adesão e regulamento de plano de benefícios das entidades fechadas de previdência complementar, e suas alterações, deverão observar o disposto nesta Resolução.

CAPÍTULO I –
DAS DISPOSIÇÕES DO ESTATUTO, CONVÊNIO DE ADESÃO E REGULAMENTO DO PLANO DE BENEFÍCIOS

SEÇÃO I –
DO ESTATUTO

Art. 2º O estatuto das entidades fechadas de previdência complementar deverá dispor sobre:

I – denominação, sede e foro;

II – objeto da entidade;

III – prazo de duração, que deverá ser indeterminado;

IV – indicação das pessoas físicas ou jurídicas que, na qualidade de participante, assistido, patrocinador ou instituidor, podem se vincular a plano de benefícios administrado pela entidade;

V – estrutura organizacional – órgãos e suas atribuições, composição, forma de acesso, duração e término do mandato dos seus membros.

§ 1º O estatuto da entidade fechada de previdência complementar deverá observar a terminologia constante da Lei Complementar nº 109, de 2001, e, no que couber, da Lei Complementar nº 108, de 29 de maio de 2001.

§ 2º O estatuto não deverá dispor sobre matéria específica de regulamento de plano de benefícios.

SEÇÃO II –
DO CONVÊNIO DE ADESÃO

Art. 3º O convênio de adesão deverá conter:

I – qualificação das partes e seus representantes legais;

II – indicação do plano de benefícios a que se refere a adesão;

III – cláusulas referentes aos direitos e às obrigações de patrocinador ou instituidor e da entidade fechada de previdência complementar;

IV – cláusula com indicação do início da vigência do convênio de adesão;

V – cláusula com indicação de que o prazo de vigência será por tempo indeterminado;

VI – condição de retirada de patrocinador ou instituidor;

VII – previsão de solidariedade ou não, entre patrocinadores ou entre instituidores, com relação aos respectivos planos;

VIII – foro para dirimir todo e qualquer questionamento oriundo do convênio de adesão.

SEÇÃO III –
DO REGULAMENTO DO PLANO DE BENEFÍCIOS

Art. 4º O regulamento de plano de benefícios deverá dispor sobre:

I – glossário;

II – nome do plano de benefícios;

III – participantes e assistidos e condições de admissão e saída;

IV – benefícios e seus requisitos para elegibilidade;

V – base e formas de cálculo, de pagamento e de atualização dos benefícios;

VI – data de pagamento dos benefícios;

VII – institutos do benefício proporcional diferido, da portabilidade, do resgate e do autopatrocínio;

VIII – fontes de custeio dos benefícios e das despesas administrativas;

IX – data certa dos repasses das contribuições e cláusula penal na hipótese de atraso.

§ 1º Os institutos referidos no inciso VII deverão estar disciplinados em capítulo específico do regulamento, cada instituto em uma seção, e uma seção para as disposições comuns a todos os institutos.

§ 2º O regulamento de plano de benefícios não deverá dispor sobre matéria estatutária, empréstimos e financiamentos a participantes e assistidos, planos assistenciais à saúde e outras matérias não relacionadas a plano de benefícios.

§ 3º O regulamento do plano de benefícios deverá observar a terminologia constante da Lei Complementar nº 109, de 2001, e, no que couber, da Lei Complementar nº 108, de 2001.

CAPÍTULO II –
DA DOCUMENTAÇÃO E DOS REQUISITOS PARA ENCAMINHAMENTO

Art. 5º A análise de requerimento para aprovação ou alteração de estatutos, regulamentos de planos de benefícios e convênios de adesão, encaminhados à Secretaria de Previdência Complementar, será realizada a partir do recebimento de toda a documentação prevista nos incisos do § 1º deste artigo, de acordo com o objeto de cada pleito, observada a legislação que rege a matéria.

§ 1º O requerimento deverá estar acompanhado dos seguintes documentos, quando se tratar de:

I – aprovação de estatuto:

a) proposta de estatuto;

b) declaração do representante legal de todos os patrocinadores e instituidores da entidade, manifestando ciência e concordância com o inteiro teor do estatuto proposto;

c) relação de patrocinadores e instituidores;

d) comprovação do tempo mínimo de existência e número mínimo de associados do instituidor, no caso de criação de entidade por este.

II – alteração de estatuto:

a) texto consolidado do estatuto pretendido, com as alterações propostas em destaque;

b) quadro comparativo com texto vigente e texto proposto, com respectiva justificativa;

c) ata do órgão competente da entidade aprovando a alteração do estatuto;

d) comprovação pela EFPC da ciência aos patrocinadores e instituidores do inteiro teor da proposta de alteração, com prazo mínimo de trinta e máximo de sessenta dias para manifestação expressa de eventual discordância, exceto no caso de patrocinadores sujeitos à Lei Complementar nº 108, de 29 de maio de 2001, os quais deverão manifestar sua expressa concordância; e (Redação dada pela Resolução CNPC nº 5, de 18 de abril de 2011)

e) Revogado. (Pelo artigo 2º da Resolução MPS/CNPC nº 6, de 15 de agosto de 2011)

III – aprovação de convênio de adesão:

a) convênio de adesão assinado pelas partes, ou minuta de convênio de adesão, com vigência condicionada à apresentação, a posteriori, de instrumento devidamente assinado, para aprovação;

b) demonstrativo de resultados da avaliação atuarial;

c) ata do órgão competente da entidade aprovando o ingresso do patrocinador ou instituidor;

ANEXO II – MODELOS CONTRATUAIS

d) comprovação do tempo mínimo de existência e número mínimo de associados do instituidor, no caso de adesão por este a plano de benefícios.

IV – alteração de convênio de adesão:

a) texto consolidado, na forma de termo aditivo sequencialmente numerado, com as alterações propostas em destaque; e

b) quadro comparativo com texto vigente e texto proposto, com respectiva justificativa. (Redação dada pela Resolução nº 27, de 29 de setembro de 2008.)

V – aprovação de regulamento de planos de benefícios:

a) proposta de regulamento do plano de benefícios;

b) demonstrativo de resultados da avaliação atuarial;

c) nota técnica atuarial;

d) declaração do representante legal dos patrocinadores e instituidores do plano de benefícios, manifestando ciência e concordância com o inteiro teor da proposta do respectivo regulamento, do demonstrativo de resultados da avaliação atuarial e da nota técnica atuarial;

e) ata do órgão competente da entidade com aprovação da proposta de regulamento.

VI – alteração de regulamento de plano de benefícios:

a) texto consolidado do regulamento pretendido, com as alterações propostas em destaque;

b) quadro comparativo com texto vigente e texto proposto, com respectiva justificativa;

c) parecer atuarial ou demonstrativo de resultados da avaliação atuarial, quando necessário;

d) nota técnica atuarial, quando necessário;

e) ata do órgão competente da entidade aprovando a alteração do regulamento;

f) comprovação pela EFPC da ciência aos patrocinadores e instituidores do inteiro teor da proposta de alteração do respectivo regulamento e, quando for o caso, do parecer atuarial ou do demonstrativo de resultados da avaliação atuarial, e da nota técnica atuarial, com prazo mínimo de trinta e máximo de sessenta dias para manifestação expressa de eventual discordância, exceto no caso de patrocinadores sujeitos à Lei Complementar nº 108, de 29 de maio de 2001, os quais deverão manifestar sua expressa concordância; e (Redação dada pela Resolução CNPC nº 5, de 18 de abril de 2011)

g) Revogado. (Pelo artigo 2° da Resolução MPS/CNPC Nº 06 , de 15 de agosto de 2011.)

§ 2º Além dos documentos referidos nos incisos do § 1º deste artigo, a Secretaria de Previdência Complementar poderá exigir outros documentos necessários à análise do requerimento.

§ 3º Quando se tratar de autorização para funcionamento de entidade, o convênio de adesão deve ser formalizado tão logo se efetive sua constituição jurídica.

§ 4ºNa hipótese de alteração do estatuto ou de regulamento de plano de benefícios, a entidade deverá instruir o processo respectivo com a comprovação de ter comunicado a síntese das alterações aos participantes e assistidos pelos meios de comunicação usualmente utilizados pela entidade, com antecedência mínima de 30 (trinta) dias da remessa do requerimento de alteração à Superintendência Nacional de Previdência Complementar, devendo o inteiro teor da proposta ser disponibilizado na sede da entidade e em seu sítio na rede mundial de computadores. (Incluído pela Resolução MPS/CNPC nº 06, de 15 de agosto de 2011)

Art. 6º Os requerimentos encaminhados à Secretaria de Previdência Complementar devem atender estritamente aos seguintes requisitos:

I – a documentação deverá ser anexada ao formulário-padrão de encaminhamento, fornecido pela Secretaria de Previdência Complementar, devidamente preenchido;

II – a documentação, ao ser encaminhada, deverá ser acompanhada de índice que aponte a localização dos itens mínimos previstos no Capítulo I desta Resolução;

III – os itens obrigatórios, descritos no Capítulo I, devem aparecer nos respectivos textos propostos, de forma destacada, quando se tratar de criação de entidade, implantação de plano de benefícios ou celebração de convênio de adesão.

Parágrafo único. A Secretaria de Previdência Complementar poderá exigir, a qualquer tempo, o envio da documentação em mais de uma via ou por meio eletrônico.

CAPÍTULO III –
DAS DISPOSIÇÕES GERAIS E TRANSITÓRIAS

Art. 7º Revogado (pela Instrução MPS/Previc/DC nº 04, de 26 de agosto de 2011).

Art. 8º A Secretaria de Previdência Complementar poderá fixar e adotar critérios de certificação prévia de estatutos, regulamentos e convênios de adesão, desde que suas cláusulas sejam, na forma e no conteúdo, previamente examinada e aprovada pelo referido órgão.

Art. 9º As entidades fechadas de previdência complementar regidas pela Lei Complementar nº 108, de 2001, deverão apresentar, quando exigido pelas normas vigentes, juntamente com a documentação indicada no Capítulo II desta Resolução, parecer favorável do órgão responsável pela supervisão e controle do patrocinador, quanto aos pleitos encaminhados à Secretaria de Previdência Complementar, relativamente à matéria objeto desta Resolução.

Art. 10. Os regulamentos e notas técnicas atuariais de planos de benefícios deverão ser adaptados ao disposto na Lei Complementar nº 109, de 2001, e na Resolução CGPC nº 6, de 30 de outubro de 2003, nos seguintes prazos:

I – até 30 de junho de 2004 para planos cuja modelagem de acumulação do recurso garantidor do benefício pleno programado seja de contribuição definida, em relação às entidades fechadas de previdência complementar não regidas pela Lei Complementar nº 108, de 2001;

II – até 31 de agosto de 2004, para os demais planos.

Art. 11. O disposto no inciso I do caput do art. 4º e no § 1º do mesmo artigo desta Resolução aplica-se somente aos regulamentos de novos planos cuja aprovação tenha sido requerida à Secretaria de Previdência Complementar na vigência desta Resolução.

Art. 11-A. A Secretaria de Previdência Complementar poderá estabelecer procedimentos simplificados de análise dos processos de que trata esta Resolução, inclusive mediante o uso de meio eletrônico. (Redação acrescentada pela Resolução nº 27, de 29 de setembro de 2008.)

Art. 12. Fica a Secretaria de Previdência Complementar incumbida de baixar instruções complementares que eventualmente se fizerem necessária para o pleno cumprimento desta Resolução.

Art. 13. Revoga-se o art. 32 da Resolução CGPC nº 6, de 30 de outubro de 2003.

Art. 14. Esta Resolução entra em vigor na data de sua publicação.

AMIR LANDO

Presidente do Conselho

ANEXO III –
MODELOS CONTRATUAIS

ESTATUTO DA FUNDAÇÃO DE PREVIDÊNCIA COMPLEMENTAR DO SERVIDOR PÚBLICO FEDERAL DO PODER EXECUTIVO (FUNPRESP-EXE)[1]:

CAPÍTULO I –
DAS DISPOSIÇÕES PRELIMINARES

SEÇÃO I –
DA DENOMINAÇÃO, NATUREZA, FINALIDADE, SEDE E DURAÇÃO

Art. 1º A Fundação de Previdência Complementar do Servidor Público Federal do Poder Executivo – Funpresp-Exe, entidade fechada de previdência complementar, estruturada na forma de fundação, de natureza pública, com personalidade jurídica de direito privado e autonomia administrativa, financeira e gerencial, tem por finalidade administrar e executar planos de benefícios de caráter previdenciário, na modalidade de contribuição definida.

Parágrafo único. A Funpresp-Exe tem sede e foro na cidade de Brasília, Distrito Federal, e atuação em todo o território nacional.

Art. 2º A Funpresp-Exe será regida pelo presente Estatuto, pela Lei n°12.618, de 30 de abril de 2012, pelo Decreto n° 7.808, de 20 d e setembro de 2012, e pelas demais disposições legais e regulamentares aplicáveis às entidades fechadas de previdência complementar.

Art. 3º O prazo de duração da Funpresp--Exe é indeterminado.

---

1 Modelo extraído do site da Fundação de Previdência Complementar do Servidor Público Federal do Poder Executivo – Funpresp-Exe (www.funpresp-exe.com.br).

SEÇÃO II –
DAS NORMAS GERAIS DE ADMINISTRAÇÃO

Art. 4° A administração da Funpresp-Exe observará os princípios que regem a administração pública, especialmente os da eficiência e da economicidade, devendo adotar mecanismos de gestão operacional que maximizem a utilização de recursos, de forma a otimizar o atendimento aos participantes e assistidos e diminuir as despesas administrativas.

§ 1° As despesas administrativas referidas no **caput** deste artigo serão custeadas pelos patrocinadores e pelos participantes e assistidos na forma dos regulamentos dos planos de benefícios e ficarão limitadas aos valores estritamente necessários à sustentabilidade do funcionamento da Funpresp-Exe.

§ 2° O montante de recursos destinados à cobertura das despesas administrativas será revisto ao final de cada ano, com vistas ao atendimento do disposto neste artigo.

Art. 5° A administração da Funpresp-Exe observará a s disposições do Código de Ética e de Conduta aprovado pelo Conselho Deliberativo.

§ 1°O Código de Ética e de Conduta disporá, entre outras matérias, sobre regras para prevenir conflito de interesses e proibir operações dos dirigentes com partes relacionadas.

§ 2°O Código de Ética e de Conduta será amplamente divulgado, especialmente entre os participantes e assistidos e as partes relacionadas, cabendo ao Conselho Fiscal assegurar o seu cumprimento.

Art. 6° Além da sujeição às normas de direito público que decorram de sua instituição pela União como fundação de direito privado, integrante da sua administração indireta, a natureza pública da Funpresp-Exe consiste na:

I – submissão à legislação federal sobre licitação e contratos administrativos;

II – realização de concurso público para a contratação de pessoal, no caso de empregos permanentes, ou de processo seletivo simplificado, no caso de contrato temporário, observado o disposto na Lei n°8.745, de 9 de dezembro de 1993; e

III – publicação anual, na imprensa oficial ou em sítio oficial da administração pública certificado digitalmente por autoridade para esse fim credenciada no âmbito da Infraestrutura de Chaves Públicas Brasileira (ICP Brasil), de suas demonstrações contábeis, atuariais, financeiras e de benefícios, sem prejuízo do fornecimento de informações aos participantes e assistidos dos planos de benefícios e ao órgão fiscalizador das entidades fechadas de previdência complementar.

Art. 7° O regime jurídico de pessoal Funpresp-Exe será o previsto na legislação trabalhista.

Art. 8° As demonstrações contábeis, atuariais, fina nceiras e de benefícios da Funpresp-Exe serão regidas pela legislação aplicável às entidades fechadas de previdência complementar, observadas as normas expedidas pelo órgão regulador.

Art. 9°O orçamento geral da Funpresp-Exe para cada exercício financeiro conterá a estimativa das receitas e a fixação das despesas de cada um dos planos de benefícios administrados pela entidade, observadas as normas expedidas pelo órgão regulador.

Parágrafo único. O exercício financeiro da Funpresp-Exe coincidirá com o ano civil.

Art. 10. Os membros dos Conselhos Deliberativo e Fiscal e da Diretoria-Executiva serão remunerados com recursos do Plano de Gestão Administrativa da Funpresp-Exe.

§ 1° A remuneração e as vantagens de qualquer natureza dos membros da Diretoria-Executiva serão fixadas pelo Conselho Deliberativo em valores compatíveis com os níveis prevalecentes no mercado de trabalho para profissionais de graus equivalentes de formação profissional e de especialização, observado o disposto no inciso XI do art. 37 da Constituição.

§ 2° A remuneração mensal dos membros do Conselho Deliberativo, titulares e suplentes, é limitada a 10% (dez por cento) do valor da média aritmética simples da remuneração mensal fixada para o Diretor-Presidente e para os demais Diretores;

§ 3º A remuneração mensal dos membros do Conselho Fiscal, titulares e suplentes, é limitada a 10% (dez por cento) do valor da remuneração mensal fixada para os Diretores de Investimentos, de Seguridade e de Administração;

§ 4° Os suplentes somente serão remunerados quando participarem com direito a voto das reuniões do respectivo Conselho.

CAPÍTULO II –
DOS PATROCINADORES, PARTICIPANTES, ASSISTIDOS E BENEFICIÁRIOS

SEÇÃO I –
DOS PATROCINADORES

Art. 11. São patrocinadores de plano de benefícios administrado pela Funpresp- Exe, mediante a celebração do respectivo convênio de adesão:

I – os órgãos da administração direta, as autarquias e as fundações do Poder Executivo Federal;

II – a Câmara dos Deputados, o Senado Federal e o Tribunal de Contas da União.

SEÇÃO II –
DOS PARTICIPANTES, ASSISTIDOS E BENEFICIÁRIOS

Art. 12. São participantes os servidores públicos titulares de cargo efetivo, inclusive os membros, dos patrocinadores de que trata o art. 11 que aderirem a plano de benefícios a eles oferecido, contratado na forma e nas condições previstas no regulamento do respectivo plano.

Art. 13. São assistidos os participantes ou seus beneficiários em gozo de benefício de prestação continuada.

Art. 14. São beneficiários as pessoas indicadas pelos participantes para gozarem de benefício de prestação continuada ou as pessoas assim qualificadas nos termos do regulamento

ANEXO III - MODELOS CONTRATUAIS

381

do respectivo plano de benefícios, observado o disposto no § 5°do art. 12 da Lei n° 12.618, de 2012.

CAPÍTULO IIII -
DA FORMAÇÃO E APLICAÇÃO DO PATRIMÔNIO

SEÇÃO I -
DA FORMAÇÃO DO PATRIMÔNIO

Art. 15. O patrimônio dos planos de benefícios administrados pela Funpresp-Exe será formado a partir:

I – das contribuições dos patrocinadores, participantes e assistidos, previstas nos regulamentos dos respectivos planos de benefícios;

II – das rendas de bens e serviços;

III – do rendimento das aplicações do patrimônio dos planos de benefícios; e

IV – das doações e legados de qualquer natureza.

§ 1° O patrimônio de cada plano de benefícios é independente e não tem comunicabilidade com os demais.

§ 2° As reservas técnicas, fundos e provisões dos planos de benefícios serão apresentados de forma segregada nas demonstrações contábeis, atuariais, financeiras e de benefícios da Funpresp-Exe, observadas as normas expedidas pelo órgão regulador.

SEÇÃO II -
DA APLICAÇÃO DO PATRIMÔNIO

Art. 16. A Funpresp-Exe aplicará o patrimônio dos planos de benefícios de acordo com a legislação pertinente e as políticas aprovadas pelo Conselho Deliberativo, observando condições de segurança, rentabilidade, liquidez, transparência e solvência compatíveis com os compromissos dos planos de benefícios.

Art. 17. A aplicação dos recursos garantidores correspondentes às reservas, às provisões e aos fundos dos planos de benefícios da Funpresp-Exe obedecerá às diretrizes e aos limites prudenciais estabelecidos pelo Conselho Monetário Nacional (CMN).

§ 1° A gestão dos recursos garantidores dos planos de benefícios administrados pela Funpresp-Exe poderá ser realizada por meio de carteira própria, carteira administrada ou fundos de investimento.

§ 2° A Funpresp-Exe contratará, para a gestão dos recursos garantidores prevista neste artigo, somente instituições, administradores de carteiras ou fundos de investimento que estejam autorizados e registrados na Comissão de Valores Mobiliários – CVM.

§ 3° A contratação das instituições a que se refer e o § 2° deste artigo será feita mediante licitação, cujos contratos terão prazo total máximo de execução de cinco anos.

§ 4° O edital da licitação previsto no § 3° deste artigo estabelecerá, entre outras, disposições relativas aos limites de taxa de administração e de custos que poderão ser imputados aos fundos, bem como, no que concerne aos administradores, a solidez, o porte e a experiência em gestão de recursos.

§ 5° Cada instituição contratada na forma deste artigo poderá administrar, no máximo, 20% (vinte por cento) dos recursos garantidores correspondentes às reservas técnicas, aos fundos e às provisões.

§ 6° As instituições referidas no § 5° deste artigo não poderão ter qualquer ligação societária com outra instituição que esteja concorrendo na mesma licitação ou que já administre reservas, provisões e fundos da Funpresp-Exe.

CAPÍTULO IV -
DA ORGANIZAÇÃO E FUNCIONAMENTO

Seção I

Das Disposições Gerais

Art. 18. Compõem a estrutura organizacional básica da Funpresp-Exe:

I – o Conselho Deliberativo;

II – o Conselho Fiscal; e

III – a Diretoria-Executiva.

Art. 19. Os Conselhos Deliberativo e Fiscal terão composição paritária entre representantes dos patrocinadores e dos participantes e assistidos.

§ 1° Cada membro titular dos Conselhos Deliberativo e Fiscal terá um suplente, que o substituirá nas suas ausências, afastamentos e impedimentos, aplicando-se a ele as mesmas condições, critérios e requisitos aplicáveis à escolha e designação do titular.

§ 2° Os membros dos Conselhos Deliberativo e Fiscal serão servidores públicos federais, ativos ou aposentados, dos patrocinadores.

§ 3°Além da condição prevista no § 2°deste artigo, os membros dos Conselhos Deliberativo e Fiscal representantes dos participantes e assistidos serão participantes ou assistidos com pelo menos três anos de contribuição a plano de benefícios administrado pela Funpresp-Exe.

§ 4° Os membros dos Conselhos Deliberativo e Fiscal representantes dos patrocinadores serão designados pelo Presidente da República.

§ 5° Os membros dos Conselhos Deliberativo e Fiscal representantes dos participantes e assistidos serão escolhidos por meio de eleição direta entre seus pares, cabendo à Diretoria-Executiva coordenar as eleições com base no Regulamento Eleitoral aprovado pelo Conselho Deliberativo.

§ 6° Na eleição direta de que trata o § 5° deste artigo, cada eleitor votará em uma chapa, que conterá a lista completa dos candidatos, titulares e suplentes, a todos os cargos a serem preenchidos nos Conselhos Deliberativo e Fiscal, observado o disposto no Regulamento Eleitoral, sendo assegurada uma vaga para um representante dos participantes e uma vaga para um representante dos assistidos em cada um dos Conselhos.

§ 7° A representação dos participantes e assistidos nos Conselhos Deliberativo e Fiscal deverá observar critérios de proporcionalidade entre patrocinadores e categorias funcionais, sendo vedada a eleição de dois representantes do quadro de pessoal do mesmo patrocinador ou pertencentes à mesma categoria funcional, observado o disposto no Regulamento Eleitoral.

Art. 20. Compõem a estrutura organizacional da Funpresp-Exe os seguintes órgãos auxiliares:

I – Comitês de Assessoramento Técnico, de caráter consultivo, para cada plano de benefícios, com competência para apresentar propostas, sugestões e recomendações prudenciais quanto à gestão da entidade e sua política de investimentos e à situação financeira e atuarial do respectivo plano de benefícios, vinculados ao Conselho Deliberativo; e

II – Auditoria Interna, vinculada ao Conselho Deliberativo.

§ 1° Os Comitês de Assessoramento Técnico de que trata o inciso I do **caput** deste artigo serão compostos por seis membros, sendo três representantes dos patrocinadores, designados pelo Presidente do Conselho Deliberativo, e três representantes dos participantes e assistidos, eleitos pelos seus pares, cabendo à Diretoria-Executiva coordenar as eleições com base no Regulamento Eleitoral aprovado pelo Conselho Deliberativo.

§ 2° O Regimento Interno da Funpresp-Exe disporá sobre a organização, funcionamento e competências dos órgãos auxiliares de que trata o **caput** deste artigo, observadas as normas deste Estatuto.

§ 3°Poderá ser criado na estrutura organizacional da Funpresp-Exe um Comitê de Investimentos e Riscos, de caráter consultivo, com competência para avaliar as propostas de investimentos a serem realizados pela entidade e seus respectivos riscos, vinculado à Diretoria-Executiva, observado o disposto no Regimento Interno.

§ 4° A participação nos Comitês de que tratam o inciso I do **caput** e o § 3° deste artigo não será remunerada.

§ 5° Aplicam-se aos membros do Comitê de que trata o § 3° deste artigo os mesmos requisitos e vedações previstos nos arts. 21 a 24.

SEÇÃO II –
DOS REQUISITOS, VEDAÇÕES E PRERROGATIVAS

Art. 21. Os membros dos órgãos estatutários de que tratam os arts. 18 e 20 deverão atender aos seguintes requisitos mínimos:

I – comprovada experiência no exercício de atividade na área financeira, administrativa,

ANEXO III – MODELOS CONTRATUAIS

383

contábil, jurídica, de fiscalização, atuarial ou de auditoria;

II – não ter sofrido condenação criminal transitada em julgado;

III – não ter sofrido penalidade administrativa por infração da legislação da seguridade social, inclusive da previdência complementar ou como servidor público; e

IV – ter formação de nível superior.

Art. 22. A investidura nos cargos dos órgãos estatutários de que tratam os arts. 18 e 20 será feita por meio de termo subscrito pelo Presidente do Conselho Deliberativo e pelo membro empossado.

Parágrafo único. No caso de o empossado ser o Presidente do Conselho Deliberativo, ele assinará o termo conjuntamente com o membro do Conselho Deliberativo que estiver no exercício da Presidência.

Art. 23. Os membros dos órgãos estatutários de que tratam os arts. 18 e 20 deverão apresentar declaração de bens e valores à Funpresp-Exe ao assumirem e deixarem o cargo e anualmente até o dia 15 de maio.

Art. 24. É vedado aos membros dos órgãos estatutários de que tratam os arts. 18 e 20:

I – integrar concomitantemente outro órgão estatutário da Funpresp-Exe;

II – exercer mandato concomitante, mesmo que parcialmente, com cônjuge, companheiro ou parente em linha reta ou colateral, por consanguinidade ou afinidade, até o terceiro grau;

III – fornecer, transmitir, reproduzir ou divulgar, quando protegidos por sigilo legal, informações e documentos sobre atos e fatos relativos à Funpresp-Exe e aos planos de benefícios, dos quais tenham conhecimento em razão do exercício do cargo;

IV – celebrar contratos ou realizar negócios de qualquer natureza com a Funpresp-Exe, salvo para usufruir benefícios e concessões colocados à disposição de todos os participantes e assistidos; e

V – exercer quaisquer outras atividades na Funpresp-Exe que possam gerar conflito de interesses.

§ 1º As vedações previstas nos incisos IV e V do **caput** deste artigo são extensivas ao cônjuge, companheiro ou parente em linha reta ou colateral, por consanguinidade ou afinidade, até o terceiro grau, de membro de órgão estatutário da Funpresp-Exe.

§ 2º A vedação prevista no inciso V do **caput** deste artigo inclui as sociedades simples ou empresárias das quais o membro de órgão estatutário da Funpresp-Exe participe na qualidade de diretor, gerente, cotista ou acionista majoritário, empregado ou procurador.

Art. 25. Além das vedações previstas no art. 24, aos membros da Diretoria- Executiva é vedado:

I – exercer simultaneamente outro cargo, emprego ou função em qualquer dos patrocinadores e suas empresas ou coligadas;

II – após o término do mandato, integrar os Conselhos Deliberativo e Fiscal da Funpresp-Exe, enquanto não tiver suas contas aprovadas, observados os prazos previstos na legislação;

III – ao longo do exercício do mandato, prestar serviços a instituições integrantes do sistema financeiro, empresas de seguro ou entidades de previdência complementar; e

IV – nos doze meses seguintes ao término do mandato, prestar, direta ou indiretamente, independentemente da forma ou natureza do contrato, qualquer tipo de serviço a instituições integrantes do sistema financeiro, empresas de seguro ou entidades de previdência complementar que implique a utilização das informações sigilosas às quais teve acesso em razão do exercício do cargo, sob pena de responsabilidade civil e penal.

§ 1º Durante o impedimento previsto no inciso IV do **caput** deste artigo, ao ex- Diretor que não tiver sido destituído por condenação em processo administrativo ou judicial e nem tenha pedido afastamento do cargo será assegurada a possibilidade de prestar serviço à Funpresp-Exe, mediante remuneração equivalente à do cargo de direção que exerceu, ou a qualquer outro órgão ou entidade da administração pública.

§ 2º Incorre na prática de advocacia administrativa, sujeitando-se às penas da lei, o ex- Diretor que violar o impedimento previsto no inciso IV do **caput** deste artigo, exceto se retornar ao exercício de cargo ou emprego que ocupava em órgão ou entidade da administração pública anteriormente à indicação para a Diretoria-Executiva, ou se for nomeado para exercício em qualquer órgão ou entidade da administração pública.

§ 3º A análise da existência de impedimento previsto no inciso IV do **caput** deste artigo será feita pelo Conselho Deliberativo, que levará em consideração as atribuições do cargo ocupado na Funpresp-Exe em comparação com o perfil do cargo, emprego ou função a ser ocupado na instituição, empresa ou entidade, no intuito de evitar a utilização de informação privilegiada que possa comprometer a segurança econômico-financeira e atuarial, a rentabilidade, a solvência ou a liquidez dos planos de benefícios administrados pela Funpresp- Exe.

Art. 26. Os membros dos Conselhos Deliberativo e Fiscal somente perderão o mandato em virtude de:

I – renúncia;

II – condenação judicial transitada em julgado;

III – decisão proferida em processo administrativo disciplinar;

IV – perda das condições previstas nos §§ 2º e 3º do art. 19 e no § 3º do art. 41, equivalendo tal fato à renúncia do mandato; ou

V – morte ou invalidez permanente.

§ 1º A ausência injustificada a duas reuniões conse cutivas ou a quatro alternadas, em um período de doze meses consecutivos, acarretará a instauração de processo administrativo disciplinar para a cassação do mandato, cujo rito será simplificado.

§ 2º Na hipótese de perda de mandato do membro titular, ele será substituído pelo respectivo suplente até o término do mandato.

§ 3º Na hipótese de perda de mandato do membro titular e do respectivo suplente:

I – em se tratando de representante do patrocinador, os substitutos, titular e suplente, serão designados pelo Presidente da República para o cumprimento do restante do mandato dos substituídos, observados as mesmas condições, critérios e requisitos para a designação dos substituídos; e

II – em se tratando de representante dos participantes e assistidos, será realizada nova eleição para a escolha dos substitutos que cumprirão o restante do mandato dos substituídos, observados as mesmas condições, critérios e requisitos de elegibilidade, em conformidade com o disposto no Regulamento Eleitoral.

Art. 27. Além das hipóteses previstas nos incisos I, II, III e V do **caput** do art. 26, os membros da Diretoria-Executiva poderão perder o mandato, a qualquer tempo, por decisão fundamentada da maioria absoluta do Conselho Deliberativo.

Parágrafo único. Na hipótese de perda de mandato de membro da Diretoria- Executiva, o substituto será nomeado pelo Conselho Deliberativo para o cumprimento do restante do mandato do substituído.

Art. 28. A instauração de processo administrativo disciplinar para a apuração de irregularidade que envolva membro dos Conselhos Deliberativo e Fiscal e da Diretoria- Executiva poderá determinar, até a sua conclusão, o afastamento do cargo do Conselheiro ou Diretor, o qual será substituído:

I – pelo seu suplente, no caso de membro dos Conselhos Deliberativo e Fiscal; e

II – pelo substituto escolhido pelo Conselho Deliberativo, no caso de membro da Diretoria-Executiva.

§ 1º Na hipótese de o processo envolver também o suplente do Conselheiro, o Conselho Deliberativo ou o Conselho Fiscal poderá determinar a sua substituição por outro membro suplente do respectivo colegiado, observada a paridade entre patrocinadores e participantes e assistidos.

ANEXO III – MODELOS CONTRATUAIS

§ 2ºO afastamento de que trata o **caput** deste artigo não implica prorrogação ou permanência no cargo além da data inicialmente prevista para o término do mandato.

Art. 29. As decisões sobre instauração de processo administrativo disciplinar e afastamento temporário do cargo serão adotadas por maioria simples:

I – do Conselho Deliberativo, quando o investigado for membro deste colegiado ou da Diretoria-Executiva; e

II – do Conselho Fiscal, quando o investigado for membro deste colegiado.

Parágrafo único. Em qualquer das hipóteses previstas no **caput** deste artigo, o investigado ficará impedido de votar.

Art. 30. Terminado o prazo do mandato dos membros dos Conselhos Deliberativo e Fiscal e da Diretoria-Executiva, eles permanecerão em pleno exercício do cargo até a posse do novo titular ou a renovação do respectivo mandato.

Art. 31. A Funpresp-Exe assegurará o custeio da defesa dos seus dirigentes, ex- dirigentes, empregados e ex-empregados em processos administrativos e judiciais decorrentes de ato regular de gestão, nas condições e limites definidos pelo Conselho Deliberativo.

§ 1ºO custeio da defesa de que trata o **caput** deste artigo poderá ser assegurado por meio da contratação de seguro.

§ 2º Os custos decorrentes da defesa de que trata o **caput** deste artigo, inclusive na hipótese de contratação de seguro, serão cobertos com recursos do Plano de Gestão Administrativa da Funpresp-Exe.

§ 3º Em caso de condenação judicial transitada em julgado, o dirigente, ex- dirigente, empregado ou ex-empregado deverá ressarcir a Funpresp-Exe de todos os custos incorridos com a sua defesa, além dos eventuais prejuízos que tiver causado à entidade.

SEÇÃO III –
DO CONSELHO DELIBERATIVO

Art. 32. O Conselho Deliberativo, órgão máximo da estrutura organizacional, é responsável pela definição da política geral de administração da Funpresp-Exe e dos seus planos de benefícios e sua ação será exercida por meio do estabelecimento de diretrizes e normas gerais de organização, funcionamento, administração e operação.

Art. 33. O Conselho Deliberativo será composto por seis membros, sendo três representantes dos patrocinadores e três representantes dos participantes e assistidos.

§ 1º O Presidente do Conselho Deliberativo será des ignado pelo Presidente da República entre os representantes dos patrocinadores, cabendo-lhe, além do voto ordinário, o voto de qualidade para desempate.

§ 2º Nos casos de ausência, afastamento ou impedimento do Presidente do Conselho Deliberativo, o cargo será exercido pelo Conselheiro representante dos patrocinadores previamente indicado pelo Presidente da República no ato de designação.

§ 3º O mandato dos membros do Conselho Deliberativo será de quatro anos, com garantia de estabilidade, permitida uma única recondução.

§ 4º O Conselho Deliberativo renovará a metade dos seus membros a cada dois anos, mediante a substituição de representantes dos patrocinadores e dos participantes e assistidos.

Art. 34. Sem prejuízo das demais atribuições previstas neste Estatuto, compete ao

Conselho Deliberativo a definição das seguintes matérias:

I – política geral de administração da Funpresp-Exe e dos seus planos de benefícios;

II – Alteração deste Estatuto, aprovação, alteração e extinção dos planos de benefícios e adesão e retirada de patrocinadores, assim como alteração dos respectivos convênios de adesão, observado o disposto no **caput** e nos §§ 1º e 2º do art. 19 da Lei nº 12.618, de 2012;

III – política e gestão de investimentos, plano de aplicação de recursos e políticas de alçada;

IV – autorização de investimentos e desinvestimentos que envolvam valores iguais ou superiores a cinco por cento dos recursos garantidores das reservas técnicas, fundos e provisões dos planos de benefícios;

V – autorização para a aquisição, construção e alienação de bens imóveis e para a constituição de ônus ou direitos reais sobre tais bens;

VI – planos de custeio dos planos de benefícios, orçamentos anuais e programas e planos plurianuais e estratégicos;

VII – política de gestão de pessoas e plano de cargos e salários dos empregados da Funpresp-Exe;

VIII – contratação de auditor independente, atuário externo e avaliador de gestão, observadas as disposições regulamentares aplicáveis;

IX – nomeação e exoneração dos membros da Diretoria-Executiva, designação do Diretor-Presidente e definição das regras e procedimentos para a contratação de Diretores;

X – designação dos substitutos do Diretor-Presidente e dos demais Diretores nas suas ausências, afastamentos e impedimentos;

XI – organização, funcionamento e competências das Diretorias;

XII – remuneração dos membros da Diretoria-Executiva e dos Conselhos Deliberativo e Fiscal, observado o disposto no art. 10;

XIII – definição das regras e procedimentos para a contratação de ex-Diretores pelo período de doze meses seguintes ao término do mandato, nos termos da legislação aplicável e observado o disposto no § 1°do art. 25;

XIV – incidência de impedimento dos ex-Diretores nos doze meses seguintes ao término do mandato, observado o disposto no § 3°do art. 25;

XV – realização de inspeções, auditagens, estudos, pareceres e tomadas de contas;

XVI – aprovação das demonstrações contábeis, atuariais, financeiras e de benefícios anuais e das contas da Diretoria-Executiva, após a devida apreciação por parte do Conselho Fiscal;

XVII – exame e julgamento de recursos interpostos contra decisões da Diretoria- Executiva, na forma do Regimento Interno;

XVIII – designação do Auditor-Chefe da Auditoria Interna e aprovação do seu plano de trabalho;

XIX – condições e limites para o custeio da defesa de dirigentes, ex-dirigentes, empregados e ex-empregados em processos administrativos e judiciais decorrentes de ato regular de gestão, observado o disposto no art. 31;

XX – aceitação de doações e legados de qualquer natureza;

XXI – relatório anual de atividades;

XXII – aprovação do Regimento Interno, do Código de Ética e de Conduta e do Regulamento Eleitoral; e

XXIII – casos omissos neste Estatuto.

Art. 35. O Conselho Deliberativo se reunirá ordinariamente uma vez por mês e extraordinariamente mediante convocação do seu Presidente ou do Diretor-Presidente da Funpresp-Exe, sempre com a presença de, no mínimo, quatro dos seus membros, nela incluída o Presidente do Conselho ou o seu substituto no exercício da Presidência.

§ 1° As convocações ordinárias serão feitas com antecedência mínima de cinco dias úteis, podendo este prazo ser reduzido para até três dias úteis quando se tratar de convocação extraordinária.

§ 2° É facultada a participação dos suplentes nas reuniões, com direito a voz e sem direito a voto, exceto, neste último caso, quando estiver substituindo o titular.

§ 3° A convocação de suplente será feita pelo Presidente do Conselho Deliberativo nos casos de ausência, afastamento ou impedimento do titular, quando comunicado com até 48 horas de antecedência.

§ 4° Ultrapassado o prazo de 48 horas, a responsabilidade da convocação do suplente sera do conselheiro titular.

§ 5° As decisões do Conselho Deliberativo serão adotadas por maioria simples, por meio de resolução ou recomendação.

§ 6° O Presidente do Conselho Deliberativo, além do voto ordinário, terá o voto de qualidade para desempate.

ANEXO III – MODELOS CONTRATUAIS

Art. 36. A iniciativa de proposições ao Conselho Deliberativo será do seu Presidente, do Diretor-Presidente da Funpresp-Exe ou de pelo menos três membros do colegiado.

Parágrafo único. Antes de constituírem objeto de análise, as proposições de iniciativa dos membros do Conselho Deliberativo serão instruídas pela Diretoria-Executiva, nas hipóteses definidas pelo próprio colegiado.

Art. 37. Os membros do Conselho Deliberativo tomarão conhecimento dos atos praticados pela Diretoria-Executiva por meio das atas de reunião desta ou por qualquer outro meio legítimo de que dispuserem ou que entenderem conveniente.

Art. 38. A requisição de informações e documentos à Diretoria-Executiva, necessários ao exercício regular do cargo de Conselheiro, deverá ser feita por intermédio do Presidente do Conselho Deliberativo.

Parágrafo único. Caberá ao Presidente do Conselho Deliberativo aprovar a requisição ou, em caso de rejeição, submetê-la à deliberação do colegiado.

Art. 39. Aplicam-se ao Conselho Deliberativo as demais disposições previstas no art.19 e na Seção II do Capítulo IV.

SEÇÃO IV –
DO CONSELHO FISCAL

Art. 40. O Conselho Fiscal é o órgão de fiscalização e controle interno da Funpresp-Exe.

Art. 41. O Conselho Fiscal será composto por quatro membros, sendo dois representantes dos patrocinadores e dois representantes dos participantes e assistidos.

§ 1º O Presidente do Conselho Fiscal será o represe ntante dos participantes e assistidos escolhido em conformidade com o disposto nos §§ 4ºe 5ºdo art. 60, cabendo-lhe, além do voto ordinário, o voto de qualidade para desempate.

§ 2º Nos casos de ausência, afastamento ou impedimento do Presidente do Conselho Fiscal, o cargo será exercido pelo outro Conselheiro representante dos participantes e assistidos.

§ 3º Os representantes dos patrocinadores, designados pelo Presidente da República, serão:

I – um servidor da Secretaria do Tesouro Nacional do Ministério da Fazenda, como membro titular, e um servidor do Ministério do Planejamento, Orçamento e Gestão, como membro suplente, indicados pelos respectivos Ministros de Estado; e

II – um servidor ou membro do Tribunal de Conta da União, como membro titular, mediante indicação do Presidente do Tribunal de Contas da União, e um servidor, indicado pelo Ministro do Planejamento, Orçamento e Gestão, como membro suplente.

§ 4º O mandato dos membros do Conselho Fiscal será de quatro anos, com garantia de estabilidade, vedada a recondução.

§ 5º O Conselho Fiscal renovará a metade dos seus membros a cada dois anos, substituindo-se, de um lado, um representante dos patrocinadores e, de outro, um representante dos participantes e assistidos.

Art. 42. Sem prejuízo das demais atribuições previstas neste Estatuto e observadas as normas expedidas pelo órgão regulador, compete ao Conselho Fiscal:

I – examinar as demonstrações contábeis mensais da Funpresp-Exe;

II – examinar e emitir parecer sobre as demonstrações contábeis, atuariais, financeiras e de benefícios anuais da Funpresp-Exe e sobre as contas da Diretoria-Executiva;

III – lavrar as atas e reduzir a termo os resultados dos exames procedidos;

IV – acompanhar a aplicação e assegurar o cumprimento do Código de Ética e de

Conduta aplicável aos dirigentes e aos empregados da Funpresp-Exe;

V – informar o Conselho Deliberativo sobre as eventuais irregularidades apuradas, recomendando, se cabível, medidas saneadoras; e

VI – emitir, semestralmente, relatório de controle interno.

Art. 43. O Conselho Fiscal se reunirá ordinariamente uma vez por mês e extraordinariamente mediante convocação do seu Presidente ou da maioria dos Conselheiros, sempre com a presença de, no mínimo, três dos seus membros, nela incluída o Presidente do Conselho ou seu substituto no exercício da Presidência.

§ 1º As convocações ordinárias serão feitas com antecedência mínima de cinco dias úteis, podendo este prazo ser reduzido para até três dias úteis quando se tratar de convocação extraordinária.

§ 2º É facultada a participação dos suplentes nas reuniões, com direito a voz e sem direito a voto, exceto, neste último caso, quando estiver substituindo o titular.

§ 3º A convocação de suplente para substituir o titular será feita pelo Presidente do Conselho Fiscal nos casos de ausência, afastamento ou impedimento.

§ 4º As decisões do Conselho Fiscal serão adotadas por maioria simples, por meio de resolução ou recomendação.

§ 5º O Presidente do Conselho Fiscal, além do voto ordinário, terá o voto de qualidade para desempate.

Art. 44. O Conselho Fiscal poderá, sempre que julgar necessário, solicitar ao Conselho Deliberativo a realização de inspeções, auditagens, estudos, pareceres e tomadas de contas que sejam necessários ao cumprimento de suas funções.

Parágrafo único. O Presidente do Conselho Deliberativo submeterá o requerimento à deliberação do colegiado na primeira reunião subsequente à apresentação do requerimento.

Art. 45 A requisição de informações e documentos à Diretoria Executiva, necessários ao exercício regular do cargo de Conselheiro, deverá ser feita por intermédio do Presidente do Conselho Fiscal.

Parágrafo único. Caberá ao Presidente do Conselho Fiscal aprovar a requisição ou, em caso de rejeição, submetê-la à deliberação do colegiado.

Art. 46. Aplicam-se ao Conselho Fiscal as demais disposições previstas no art. 19 e na

Seção II do Capítulo IV.

SEÇÃO V –
DA DIRETORIA-EXECUTIVA

SUBSEÇÃO I –
DAS DISPOSIÇÕES GERAIS

Art. 47. A Diretoria-Executiva é o órgão de administração e gestão da Funpresp- Exe, cabendo-lhe executar as diretrizes e a política de administração estabelecidas pelo Conselho Deliberativo.

Art. 48. A Diretoria-Executiva será composta por quatro membros, nomeados pelo

Conselho Deliberativo para as seguintes funções:

I – Diretor-Presidente;

II – Diretor de Investimentos;

III – Diretor de Seguridade; e

IV – Diretor de Administração.

§ 1º Nos casos de ausência, afastamento ou impedime nto do Diretor-Presidente e dos demais Diretores, o cargo será exercido pelo substituto designado pelo Conselho Deliberativo.

§ 2ºO substituto do Diretor-Presidente será escolh ido entre os demais Diretores.

§ 3º O mandato dos membros da Diretoria-Executiva s erá de três anos, permitida a recondução, observado o disposto no art. 27.

Art. 49. Sem prejuízo das demais atribuições previstas neste Estatuto, compete à Diretoria-Executiva:

I – submeter ao Conselho Deliberativo propostas relativas às matérias de que tratam os incisos I a VII, X, XI, XV, XVI e XIX a XXII do art. 34;

II – autorizar a delegação das competências do Diretor-Presidente previstas nos incisos

I, II e III do art. 54 aos demais Diretores, a procuradores ou a empregados da Funpresp-Exe;

III – coordenar as eleições para a escolha de representantes dos participantes e assistidos nos órgãos estatutários da Funpresp-Exe, com base no Regulamento Eleitoral aprovado pelo Conselho Deliberativo;

IV – apreciar e julgar os recursos interpostos contra os atos do Diretor-Presidente e dos demais Diretores, na forma do Regimento Interno;

V – fixar a lotação do pessoal da Funpresp-Exe;

ANEXO III – MODELOS CONTRATUAIS

VI – publicar anualmente, na imprensa oficial ou em sítio oficial da administração pública certificado digitalmente por autoridade para esse fim credenciada no âmbito da Infraestrutura de Chaves Públicas Brasileira (ICP Brasil), as demonstrações contábeis, atuariais, financeiras e de benefícios, sem prejuízo do fornecimento de informações aos participantes e assistidos e ao órgão fiscalizador;

VII – encaminhar aos patrocinadores, de forma centralizada, as informações necessárias à supervisão e à fiscalização sistemática das atividades da Funpresp-Exe relacionadas aos seus respectivos planos de benefícios, de ofício ou por requisição;

VIII – encaminhar aos Conselhos Deliberativo e Fiscal relatório das suas atividades, trimestralmente ou, a qualquer momento, quando por eles solicitado;

IX – fornecer aos Conselhos Deliberativo e Fiscal as informações e documentos que lhe forem requisitados, conforme previsto nos arts. 38 e 45; e

X – realizar as demais atividades administrativas e de gestão que lhe forem atribuídas pelo Conselho Deliberativo.

Art. 50. A Funpresp-Exe informará ao órgão fiscalizador o membro da Diretoria- Executiva responsável pela aplicação dos recursos garantidores dos planos de benefícios.

§ 1º Os demais membros da Diretoria--Executiva responderão solidariamente com o dirigente de que trata o **caput** deste artigo pelos atos ilícitos para os quais tenham concorrido que causem danos e prejuízos à Funpresp-Exe.

§ 2º Exime-se da responsabilidade solidária o dirigente que manifestar sua oposição ao ato ilícito, fazendo registro desse posicionamento em ata ou em comunicação formal ao Presidente do Conselho Deliberativo.

Art. 51. A Diretoria-Executiva se reunirá ordinariamente uma vez por semana e extraordinariamente mediante convocação do Diretor-Presidente, sempre com a presença de, no mínimo, três Diretores, nela incluída o Diretor--Presidente ou o seu substituto no exercício da Presidência.

§ 1º As decisões da Diretoria-Executiva serão adotadas por maioria simples de votos.

§ 2º O Diretor-Presidente, além do voto ordinário, terá o voto de qualidade para desempate.

§ 3º As reuniões da Diretoria-Executiva poderão contar com a participação de profissionais ou especialistas convidados, sem direito a voto, sempre que essa presença for necessária ao esclarecimento ou tratamento de matéria de interesse da Funpresp-Exe.

Art. 52. Aplicam-se à Diretoria-Executiva as demais disposições previstas na Seção II do Capítulo IV.

SUBSEÇÃO II – DO DIRETOR-PRESIDENTE E DOS DEMAIS DIRETORES

Art. 53. O Diretor-Presidente é o responsável pela direção e coordenação dos trabalhos da Diretoria-Executiva.

Art. 54. Sem prejuízo das demais atribuições previstas neste Estatuto, compete ao

Diretor-Presidente:

I – representar a Funpresp-Exe judicial e extrajudicialmente;

II – celebrar contratos, acordos, convênios e outros ajustes em nome da Funpresp- Exe;

III – movimentar, juntamente com o Diretor competente, os recursos financeiros da

Funpresp-Exe;

IV – praticar os atos de gestão de pessoas no âmbito da Funpresp-Exe;

V – supervisionar a administração e gestão da Funpresp-Exe quanto ao cumprimento deste Estatuto e das decisões adotadas pelo Conselho Deliberativo e pela Diretoria- Executiva;

VI – convocar e presidir as reuniões da Diretoria-Executiva;

VII – convocar as reuniões extraordinárias do Conselho Deliberativo, das quais participará como convidado, sem direito a voto, observado o disposto no art. 36;

VIII – fornecer às autoridades competentes as informações e documentos que lhe forem solicitados, observadas as disposições legais e regulamentares aplicáveis; e

IX – praticar outros atos de administração e gestão não compreendidos na competência da Diretoria-Executiva.

§ 1º O Diretor-Presidente poderá delegar as competências previstas nos incisos I, II e III do **caput** deste artigo aos demais Diretores, a procuradores ou a empregados da Funpresp- Exe, mediante autorização da Diretoria-Executiva.

§ 2º Na hipótese de delegação da competência previs ta no inciso I do **caput** deste artigo, o instrumento deverá especificar o prazo da delegação e os atos que o delegado poderá praticar.

§ 3º O Diretor-Presidente poderá delegar a competên cia prevista no inciso IV do **caput** deste artigo aos demais Diretores e a titulares de unidades subordinadas à Diretoria- Executiva, sendo desnecessária a autorização da Diretoria-Executiva.

Art. 55. Compete aos demais Diretores exercer as funções de direção, coordenação, orientação, controle e supervisão das atividades inseridas nas suas respectivas áreas de competência, na forma do Regimento Interno.

Art. 56. Os Diretores somente poderão se afastar do exercício de suas funções por motivo justificado e com autorização do Diretor-Presidente.

Parágrafo único. Aplica-se o disposto no **caput** deste artigo ao Diretor-Presidente, cujo afastamento será autorizado pelo Presidente do Conselho Deliberativo.

CAPÍTULO V –
DO PESSOAL

Art. 57. A contratação de pessoal pela Funpresp-Exe será realizada em conformidade com a política de gestão de pessoas e o plano de cargos e salários aprovados pelo Conselho Deliberativo, observado o disposto no art. 4º, no inciso II do art. 6ºe no art. 7º.

Art. 58. A Funpresp-Exe poderá contar com servidores públicos cedidos pelos Patrocinadores no seu quadro de pessoal, desde que sejam ressarcidos os custos correspondentes, observada a legislação vigente sobre cessão de pessoal.

CAPÍTULO VI –
DAS DISPOSIÇÕES FINAIS E TRANSITÓRIAS

Art. 59. Os Conselhos Deliberativo e Fiscal serão compostos provisoriamente por servidores públicos federais dos patrocinadores designados pelo Presidente da República para um mandato de dois anos, contados da data da autorização de funcionamento da Funpresp-Exe pelo órgão fiscalizador.

§ 1º Para a designação dos membros provisórios de que trata o **caput** deste artigo, será dispensada a exigência da condição de ser o membro participante ou assistido de plano de benefícios administrado pelo Funpresp-Exe.

§ 2º Durante o mandato previsto no **caput** deste artigo, o Conselho Deliberativo e a Diretoria-Executiva realizarão eleição direta para a escolha dos representantes dos participantes e assistidos nos Conselhos Deliberativo e Fiscal.

§ 3º Na primeira eleição direta de que trata o § 2º deste artigo, será dispensada a exigência de que trata o § 3º do art. 19 para a escolha dos representantes dos participantes e assistidos.

§ 4º Nos dez primeiros anos contados da data da aut orização de funcionamento da Funpresp-Exe pelo órgão fiscalizador, será dispensada a reserva de uma vaga para os representantes dos assistidos nos Conselhos Deliberativo e Fiscal de que trata a última parte do § 6ºdo art. 19.

Art. 60. Na primeira investidura dos membros dos Conselhos Deliberativo e Fiscal após o mandato dos membros provisórios de que trata o art. 59, os novos Conselheiros terão mandatos com prazos diferenciados, de acordo com os seguintes critérios:

I – será reduzido para dois anos o mandato inicial de:

a) dois representantes dos patrocinadores e um representante dos participantes e assistidos no Conselho Deliberativo;

ANEXO III – MODELOS CONTRATUAIS

391

b) um representante dos patrocinadores e um representante dos participantes e assistidos no Conselho Fiscal;

II – a redução do mandato dos representantes dos participantes e assistidos recairá sobre os candidatos previamente indicados na lista de candidatos da chapa vencedora;

III – a redução do mandato dos representantes dos patrocinadores recairá sobre os membros previamente indicados pelo Presidente da República no ato de designação.

§ 1° O mandato dos novos Conselheiros terá início n a data do encerramento do mandato dos membros provisórios.

§ 2° O mandato dos membros provisórios será encerrado na data da posse dos novos Conselheiros.

§ 3° O mandato dos novos Conselheiros será considerado para fins de recondução, observado o disposto no § 3° do art. 33 e no § 4°do art. 41.

§ 4° O Presidente do Conselho Fiscal será o representante dos participantes e assistidos previamente indicado na lista de candidatos da chapa vencedora.

§ 5° Terminado o prazo do mandato do Presidente do Conselho Fiscal de que trata o §

4°deste artigo, o novo Presidente será o outro representante dos participantes e assistidos que já estiver no exercício do mandato de Conselheiro e assim sucessivamente.

Art. 61. O mandato dos membros da Diretoria-Executiva nomeados pelo Conselho Deliberativo provisório de que trata o art. 59 será encerrado no prazo de sessenta dias contados da data da posse dos novos Conselheiros de que trata o art. 60, observado o disposto no art. 30.

Art. 62. Para fins de implantação e funcionamento inicial, a Funpresp-Exe poderá contratar pessoal técnico e administrativo por tempo determinado.

Parágrafo único. As contratações observarão o disposto no caput do art. 3°, no art. 6°, no inciso II do art. 7°e nos arts. 9°e 12 da Lei n°8.745, de 1993, e não poderão exceder o prazo de dois anos.

Art. 63. Até que seja promovida a contratação na forma prevista no § 3º do art. 17, a totalidade dos recursos garantidores correspondentes às reservas técnicas, aos fundos e às provisões dos planos de benefícios da Funpresp-Exe será administrada por instituição financeira federal, mediante taxa de administração praticada a preço de mercado, vedada a cobrança de taxas de performance.

Art. 64. O Regimento Interno da Funpresp-Exe deverá ser aprovado **até 31 de março de 2014**.

Parágrafo único. O Regimento Interno deverá ser amplamente divulgado, inclusive por meio da sua disponibilização no sítio eletrônico da Funpresp-Exe.

CONVÊNIO DE ADESÃO DO PLANO DE BENEFÍCIOS DOS SERVIDORES PÚBLICOS FEDERAIS DO PODER EXECUTIVO (FUNPRESP-EXE):[2]

CONVÊNIO DE ADESÃO QUE CELEBRAM A UNIÃO E A FUNDAÇÃO DE PREVIDÊNCIA COMPLEMENTAR DO SERVIDOR PÚBLICO FEDERAL DO PODER EXECUTIVO – FUNPRESP-EXE TENDO POR OBJETO O PLANO EXECUTIVO FEDERAL NA FORMA ABAIXO:

Das PARTES:

De um lado, a **UNIÃO**, por meio do Poder Executivo Federal, representada nos termos do inciso II do art. 4º do Decreto nº 7.808, de 20 de setembro de 2012, pelo Ministério do Planejamento, Orçamento e Gestão, com sede na Esplanada dos Ministérios, Bloco K, na cidade de Brasília, Distrito Federal, inscrito no CNPJ sob o nº 00.489.828/0002-36, neste ato representado pela Ministra de Estado Miriam Belchior, inscrita no CPF sob o nº 056.024.938-16, no uso de suas competências, doravante denominado

---

2   Extraído do site da Fundação de Previdência Complementar do Servidor Público Federal – Funpresp-Exe (www.funpresp-exe.com.br).

PATROCINADOR, e, de outro lado, a **FUNDAÇÃO DE PREVIDÊNCIA COMPLEMENTAR DO SERVIDOR PÚBLICO FEDERAL DO PODER EXECUTIVO – FUNPRESP-EXE**, com sede no SAIS Área 2-A – CEP 70610-900 – Brasília – DF, Sala nº 126, Telefone (61) 2020-3140, inscrita no CNPJ sob o n.º 17.312.597/0001-02, neste ato representada na forma de seu Estatuto por seu Diretor-Presidente, o Sr. Ricardo Pena Pinheiro, brasileiro, economista, CRE/MG nº 4671.1, portador da Cédula de Identidade RG nº M/3.832.994, SSP-MG, e inscrito no CPF sob nº 603.884.046-04, doravante denominada ENTIDADE, celebram o presente Convênio de Adesão, com especial atenção ao disposto no art. 13 da Lei Complementar nº 109, de 29 de maio de 2001, na Lei Complementar nº 108, de 29 de maio de 2001, e no art. 19 da Lei nº 12.618, de 30 de abril de 2012, que se regerá pelas seguintes cláusulas e condições:

CLÁUSULA PRIMEIRA – DO OBJETO

1.1 O objeto do presente Convênio de Adesão é a formalização da situação jurídica do PATROCINADOR do PLANO, sob a administração da ENTIDADE, na forma aqui ajustada.

1.2 O PLANO, plano de benefícios previdenciários complementares, destina-se aos servidores públicos federais titulares de cargo efetivo dos órgãos da administração direta, autarquias e fundações do Poder executivo Federal, listados no Anexo I, representados pelo Ministério do Planejamento, Orçamento e Gestão.

CLÁUSULA SEGUNDA – DA ADESÃO E SUAS CONDIÇÕES

2.1 O PATROCINADOR, pelo presente Convênio de Adesão, adere ao PLANO, o que é aceito pela ENTIDADE, nos termos deste instrumento.

2.2 O PATROCINADOR declara, neste ato, que conhece todas as disposições previstas no Estatuto da ENTIDADE, aprovado pela Portaria nº 608, de 19 de outubro de 2012, e no Regulamento do PLANO, aceitando-as na sua integralidade.

CLÁUSULA TERCEIRA – DAS OBRIGAÇÕES DO PATROCINADOR

3.1 São obrigações do PATROCINADOR:

a) cumprir e fazer cumprir, fielmente, as disposições legais, regulatórias, do Estatuto da ENTIDADE, do Regulamento do PLANO, e do Plano de Custeio, acompanhado da Nota Técnica Atuarial, assumindo os deveres e responsabilidades que lhe são atribuídos por essas disposições e pelo presente Convênio de Adesão, cujos documentos relacionados poderão sofrer alterações, observada a legislação e as condições neles próprios estabelecidos;

b) divulgar e oferecer a inscrição no PLANO a todos os potenciais participantes, na forma prevista no seu Regulamento;

c) recepcionar e encaminhar à ENTIDADE as propostas de inscrição dos interessados em participar do PLANO, bem como os termos de requerimentos e de opções previstos no Regulamento, na forma ajustada entre as PARTES;

d) contribuir para o PLANO, em conformidade com as regras aplicáveis;

e) descontar, da remuneração de seus servidores participantes do PLANO, as contribuições por eles devidas, bem como, tempestivamente, nos termos regulamentares, recolher essas contribuições e as que sejam de sua própria responsabilidade, bem como as demais prestações que lhe couberem, arcando com os encargos que lhe competirem por atraso nesse recolhimento, conforme a legislação, as disposições regulatórias, o Estatuto, o Regulamento do PLANO, e respectivo Plano de Custeio;

f) fornecer à ENTIDADE, em tempo hábil, todas as informações e dados necessários, que lhe forem requeridos, bem como toda a documentação legalmente exigida, dentro das especificações que entre si venham a ajustar ou da forma exigida pelas autoridades competentes, responsabilizando-se pelos encargos, inclusive pelo pagamento de multas, que sejam imputadas à ENTIDADE, em decorrência de não observância, por parte do PATROCINADOR, das obrigações oriundas da legislação, da regulação, deste Convênio de Adesão, do Estatuto e do Regulamento do PLANO, complementado pelo Plano de Custeio e a Nota Técnica Atuarial;

g) fornecer à ENTIDADE, sempre que necessário, os dados cadastrais de seus servidores e respectivos dependentes, que participem

ANEXO III – MODELOS CONTRATUAIS

do PLANO, assim como, de imediato, as alterações funcionais e de remuneração que ocorrerem; e

h) comunicar, imediatamente, à ENTIDADE a perda da condição de servidor, se participante do PLANO.

CLÁUSULA QUARTA – DAS OBRIGAÇÕES DA ENTIDADE

4.1 A ENTIDADE obriga-se a:

a) atuar como administradora do PLANO, no cumprimento de seus deveres, obrigações e responsabilidades e no exercício de seus poderes, direitos e faculdades;

b) aceitar, nos termos do item 1.2, a inscrição dos servidores do PATROCINADOR, que preencham os requisitos pertinentes, e queiram aderir, como participantes, ao PLANO, bem como a inscrição dos respectivos beneficiários, assim reconhecidos no Regulamento do referido PLANO;

c) receber, do PATROCINADOR, as contribuições e demais prestações que forem devidas, assim como as contribuições de seus servidores vertidas ao PLANO, conforme a legislação aplicável, o Estatuto da ENTIDADE, o Regulamento do PLANO, e o Plano de Custeio;

d) remeter demonstrativos gerenciais periódicos ao PATROCINADOR, relativos ao PLANO, especialmente relatórios mensais de investimentos e os balancetes, bem como as informações por este solicitadas;

e) dar ciência, ao PATROCINADOR, dos demais atos que se relacionem com sua condição de patrocinador do PLANO;

f) manter a independência patrimonial do PLANO, em relação aos demais planos administrados pela ENTIDADE, bem como em face de seu patrimônio não vinculado e do patrimônio do PATROCINADOR;

g) aplicar os recursos garantidores das reservas técnicas do PLANO nos ativos financeiros que estejam em acordo com a legislação em vigor e com a Política de Investimentos do referido plano de benefícios, aplicando essa regra aos ativos financeiros que permanecerem sob gestão da ENTIDADE assim como sob a gestão de terceiros; e

h) autorizar, a qualquer momento, a realização de auditorias pelo PATROCINADOR.

CLÁUSULA QUINTA – DA CONFIDENCIALIDADE

5.1 As PARTES convenentes se comprometem a garantir o tratamento confidencial das informações levantadas ou fornecidas pelas mesmas, assumindo as seguintes obrigações:

a) não divulgar quaisquer informações relativas aos respectivos bancos de dados e relatórios de cruzamento de informações; e

b) não utilizar as informações constantes nos relatórios gerados para fins não aprovados e acordados entre as partes, observadas as obrigações legais.

5.2 O dever de confidencialidade não é oponível à ordem judicial ou determinação de autoridade pública competente para o acesso às informações.

CLÁUSULA SEXTA – DO CUSTEIO DO PLANO E DA SOLIDARIEDADE

6.1 A participação do PATROCINADOR, no custeio do PLANO, dar-se-á conforme estabelecido no Regulamento desse plano de benefícios e no seu Plano de Custeio, inclusive a responsabilidade pelo custeio administrativo, observados os limites legais e regulatórios aplicáveis.

6.2 Não haverá solidariedade obrigacional entre o PATROCINADOR e quaisquer outros patrocinadores do PLANO e, igualmente, não haverá solidariedade com a ENTIDADE, enquanto administradora do referido plano de benefícios.

6.3. O PATROCINADOR do PLANO não responde pelas obrigações assumidas pela ENTIDADE em relação a qualquer outro plano de benefícios sob a sua administração.

6.3.1. A ENTIDADE manterá escrituração própria dos recursos destinados ao PLANO, identificando-os separadamente como lhe determinam as regras legais aplicáveis.

CLÁUSULA SÉTIMA – DA RETIRADA DE PATROCÍNIO

7.1 O PATROCINADOR, nos termos da autorização legal, poderá, justificadamente, denunciar, por escrito, o presente Convênio de

Adesão, observadas as disposições estatutárias, as regras legais aplicáveis e normas regulamentares desse plano, atendendo ainda ao disposto nos itens 7.2 a 7.4 desta Cláusula.

7.2. A manifestação do PATROCINADOR, no caso de requerimento de sua retirada do PLANO, será encaminhada, nos termos estatutários, ao Conselho Deliberativo da ENTIDADE, assim como ao órgão fiscalizador das entidades fechadas de previdência complementar, para a sua prévia aprovação.

7.3. O PATROCINADOR retirante observará o cumprimento da totalidade de seus compromissos legais, regulatórios, estatutários e regulamentares com o PLANO, no tocante aos direitos da ENTIDADE e dos participantes e assistidos, assumidos até a data base da retirada.

7.4 A retirada do PATROCINADOR não poderá acarretar quaisquer obrigações financeiras para a ENTIDADE.

CLÁUSULA OITAVA – DAS SANÇÕES

8.1 O PATROCINADOR fica sujeito às sanções cíveis e administrativas cominadas pela legislação aplicável, pelo Estatuto da ENTIDADE e pelo Regulamento do PLANO no caso de descumprimento das obrigações contraídas.

CLÁUSULA NONA – DO EXERCÍCIO DOS DIREITOS

9.1 A abstenção do exercício, por parte da ENTIDADE, de quaisquer direitos ou faculdades que lhe assistam, em virtude de lei, ato regulatório, contrato, regulamento ou deste Convênio de Adesão, não implicará em novação, nem impedirá a ENTIDADE de exercer, a qualquer momento, esses direitos e faculdades.

CLÁUSULA DÉCIMA – DA DURAÇÃO DO CONVÊNIO

10.1 O presente Convênio de Adesão entrará em vigor na data da sua aprovação pelo órgão fiscalizador das entidades fechadas de previdência complementar e terá vigência por prazo indeterminado.

CLÁUSULA DÉCIMA PRIMEIRA – DA SOLUÇÃO DE QUESTÕES

11.1 As questões referentes ao presente Convênio de Adesão serão resolvidas com base nas disposições legais, regulatórias e regulamentares aplicáveis, e submetidas, se necessário, aos órgãos competentes.

CLÁUSULA DÉCIMA SEGUNDA – FORO

12.1 Fica eleito o Foro da cidade de Brasília, Distrito Federal, para qualquer litígio oriundo do presente Convênio, renunciando, as PARTES, a qualquer outro, por mais privilegiado que seja.

E, por estarem assim justas e acordadas as PARTES, seus representantes firmam o presente instrumento, em 03 (três) vias, de igual teor, forma e eficácia na presença das testemunhas abaixo assinadas.

REGULAMENTO DO PLANO DE BENEFÍCIOS DOS SERVIDORES PÚBLICOS FEDERAIS DO PODER EXECUTIVO (FUNPRESP-EXE):3

CAPÍTULO I – DO PLANO DE BENEFÍCIOS

Art. 1º. O presente Regulamento tem por finalidade dispor sobre o plano de benefícios previdenciários denominado **Plano Executivo Federal**, doravante designado **Plano**, estruturado na modalidade de contribuição definida, destinado aos servidores públicos titulares de cargo efetivo do Poder Executivo Federal e seus respectivos beneficiários.

Parágrafo único. O **Plano** deverá ser executado de acordo com legislação aplicável e as deliberações do Conselho Deliberativo da Entidade, observadas as disposições estatutárias e do convênio de adesão firmado entre os Patrocinadores e a Entidade.

CAPÍTULO II – DAS DEFINIÇÕES

Art. 2º. Para os fins deste Regulamento, as expressões, palavras, abreviações ou siglas

---

3   Extraído do site da Fundação de Previdência Complementar do Servidor Público Federal – Funpresp-Exe (www.funpresp-exe.com.br).

ANEXO III – MODELOS CONTRATUAIS

a seguir indicadas deverão ser grafadas com a primeira letra maiúscula e correspondem aos seguintes significados:

I – ASSISTIDO: O Participante ou o seu Beneficiário em gozo de benefício de prestação continuada.

II -ATUÁRIO: Profissional legalmente habilitado, graduado em Ciências Atuariais em curso reconhecido pelo Ministério da Educação, ou pessoa jurídica sob a responsabilidade daquele profissional que tenha como objeto social a execução de serviços atuariais, a quem compete privativamente, no âmbito de sua especialidade, a elaboração dos planos técnicos, a avaliação de riscos, a fixação de contribuições e indenizações e a avaliação das reservas matemáticas das entidades fechadas de previdência complementar.

III – AVALIAÇÃO ATUARIAL: Estudo técnico desenvolvido por atuário, tendo por base a massa de Participantes, de Assistidos e de Beneficiários do plano de benefícios, admitidas hipóteses biométricas, demográficas, econômicas e financeiras, com o objetivo principal de dimensionar os compromissos do plano de benefícios, estabelecer o plano de custeio de forma a manter o equilíbrio e a solvência atuarial e definir o montante das provisões matemáticas e fundos previdenciais.

IV – BASE DE CONTRIBUIÇÃO: Subsídio ou vencimento do servidor no cargo efetivo, acrescido das vantagens pecuniárias permanentes estabelecidas em lei, os adicionais de caráter individual ou quaisquer outras vantagens, excluídas as vantagens previstas na legislação aplicável ao Regime Próprio de Previdência Social da União, podendo o participante optar pela inclusão de parcelas remuneratórias percebidas em decorrência do local de trabalho e do exercício de cargo em comissão ou função de confiança.

V – BENEFICIÁRIO: Dependente do Participante para fins de recebimento dos benefícios previstos neste Regulamento, desde que seja reconhecido como dependente no RPPS ou, caso o Participante não mais esteja vinculado ao RPPS, atenda as condições de reconhecimento como dependente no RPPS.

VI – BENEFICIÁRIO ASSISTIDO: Beneficiário em gozo de benefícios de prestação continuada.

VII -BENEFÍCIO NÃO PROGRAMADO: Benefício de caráter previdenciário cuja concessão depende da ocorrência de eventos não previsíveis, como a morte, a invalidez ou a sobrevivência.

VIII – BENEFÍCIO PROGRAMADO: Benefício de caráter previdenciário cuja concessão decorre de eventos previsíveis estabelecidos neste Regulamento.

IX – CONTA INDIVIDUAL: Conta individualmente mantida no Plano para cada Participante, onde serão alocadas as cotas, indispensáveis à formação da reserva garantidora dos benefícios previstos neste Regulamento.

X – CONTRIBUIÇÃO ADMINISTRATIVA: Contribuição, ou parcela de contribuição, devida por Patrocinadores, Participantes e Assistidos, em montantes definidos no Plano de Custeio, destinada ao custeio das despesas administrativas da Entidade.

XI – CONTRIBUIÇÃO ALTERNATIVA: Contribuição realizada pelo Participante Ativo Alternativo, de caráter obrigatório, destinada à constituição de reservas com a finalidade de prover o pagamento de benefícios.

XII – CONTRIBUIÇÃO BÁSICA: Contribuição realizada pelo Patrocinador, pelo Participante Ativo Normal e pelo Participante Autopatrocinado de caráter obrigatório, destinada à constituição de reservas com a finalidade de prover o pagamento de benefícios.

XIII – CONTRIBUIÇÃO DEFINIDA: Modalidade deste plano de benefícios, em que os benefícios programados têm seu valor permanentemente ajustado ao saldo de conta mantido em favor do Participante, inclusive na fase de percepção de benefícios, considerando o resultado líquido de sua aplicação, os valores aportados e os benefícios pagos.

XIV – CONTRIBUIÇÃO FACULTATIVA: Contribuição realizada pelo Participante Ativo Normal, pelo Participante Ativo Alternativo, pelo Participante Autopatrocinado ou pelo Participante Vinculado, de forma voluntária, sem contrapartida do Patrocinador, nos termos da Seção I do Capítulo V.

XV – ENTIDADE: A Fundação de Previdência Complementar do Servidor Público Federal do Poder Executivo – Funpresp-Exe, entidade fechada de previdência complementar estruturada na forma de fundação de natureza pública, com personalidade jurídica de direito privado e autonomia administrativa, financeira e gerencial.

XVI – FCBE: Fundo de Cobertura de Benefícios Extraordinários, de natureza coletiva, para cobertura dos benefícios não programados e dos aportes extraordinários, nos termos do Capítulo VI.

XVII -FUNDO PREVIDENCIAL: Valor definido por ocasião da avaliação atuarial anual, com objetivos específicos e segregados das provisões matemáticas, devidamente justificado, com apresentação da metodologia de cálculo pelo atuário do **Plano** na Nota Técnica Atuarial.

XVIII – ÍNDICE DO PLANO: Índice Nacional de Preços ao Consumidor Amplo, IPCA, do Instituto Brasileiro de Geografia e Estatística – IBGE ou outro índice que vier a substituí-lo.

XIX – INSTITUTOS: São os relativos ao Autopatrocínio, ao Benefício Proporcional Diferido – BPD, à Portabilidade e ao Resgate, referidos no Capítulo IX.

XX – NOTA TÉCNICA ATUARIAL: Documento técnico elaborado por Atuário contendo as expressões de cálculo das provisões, reservas e fundos de natureza atuarial, contribuições e metodologia de cálculo para apuração de perdas e ganhos atuariais, de acordo com as hipóteses biométricas, demográficas, financeiras e econômicas, modalidade dos benefícios constantes do Regulamento, métodos atuariais e metodologia de cálculo.

XXI – PARTICIPANTE: Pessoa física que aderir e permanecer filiada ao **Plano**, podendo estar enquadrada em diversas situações, conforme definido na Seção II do Capítulo III.

XXII – PARTICIPANTE ASSISTIDO: Participante em gozo de benefício de prestação continuada.

XXIII – PATROCINADOR: Os órgãos da administração direta, as autarquias e as fundações do Poder Executivo Federal, conforme previsto na Seção I do Capítulo III.

XXIV – PERFIS DE INVESTIMENTOS: Ferramenta de gestão de recursos previdenciários que permite ao Participante optar, sob o seu inteiro risco e sob a sua exclusiva responsabilidade, por uma das Carteiras de Investimentos do Plano disponibilizadas pela Entidade para a aplicação dos recursos alocados nas suas respectivas Contas Individuais, nos termos do Capítulo VII.

XXV – PLANO DE CUSTEIO: Documento elaborado, com periodicidade mínima anual, pelo Atuário responsável pelo **Plano** e aprovado pelo Conselho Deliberativo da Entidade, no qual é estabelecido o nível de contribuição necessário à constituição das suas reservas garantidoras de benefícios, fundos e provisões, e à cobertura das demais despesas, em conformidade com os critérios fixados pelo órgão regulador e fiscalizador e por este Regulamento e divulgado aos participantes, assistidos e beneficiários.

XXVI – PREVIC: Superintendência Nacional de Previdência Complementar, autarquia de natureza especial vinculada ao Ministério da Previdência Social, responsável pela fiscalização e supervisão das atividades das entidades fechadas de previdência complementar e pela execução das políticas para o regime de previdência complementar operado pelas entidades fechadas de previdência complementar.

XXVII -PROVISÃO MATEMÁTICA DE BENEFÍCIOS A CONCEDER: Corresponde ao valor atual dos compromissos relativos a benefícios ainda não concedidos, destinado aos Participantes que ainda não entraram em gozo de benefício pelo **Plano**.

XXVIII – PROVISÃO MATEMÁTICA DE BENEFÍCIOS CONCEDIDOS: Corresponde ao valor atual dos compromissos relativos a benefícios já concedidos aos Assistidos.

XXIX – RESULTADO LÍQUIDO DOS INVESTIMENTOS: Retorno líquido auferido com a aplicação dos ativos financeiros do **Plano**, deduzidos dos custos com tributos e com as despesas realizadas para a execução desses investimentos, na forma da Política de Investimentos aprovada pelo Conselho Deliberativo da Entidade.

XXX – RGPS: Regime Geral de Previdência Social.

ANEXO III - MODELOS CONTRATUAIS

XXXI - RPPS: Regime Próprio de Previdência Social.

XXXII - SALÁRIO DE PARTICIPAÇÃO: Valor sobre o qual incidem contribuições para o **Plano**, na forma definida no Capítulo IV.

XXXIII - TAXA DE CARREGAMENTO: Taxa incidente sobre a Contribuição Básica e sobre a Contribuição Alternativa destinada ao custeio das despesas administrativas da Entidade.

XXXIV - TAXA DE ADMINISTRAÇÃO: Taxa incidente sobre o montante dos recursos garantidores do **Plano**, inclusive sobre o saldo das contas de natureza individual, destinada ao custeio das despesas administrativas da Entidade.

XXXV - TETO DO RGPS: Limite máximo estabelecido para os benefícios do RGPS, aplicável às aposentadorias e pensões a serem concedidas pelo RPPS.

XXXVI - URP: Unidade de Referência do Plano, correspondente a **R$ 100,00 (cem reais)** na data de início de operação do **Plano**, devendo ser atualizada anualmente, no mês de dezembro, pelo Índice do Plano.

XXXVII - VÍNCULO FUNCIONAL: Vínculo estatutário existente entre o servidor público titular de cargo efetivo e algum dos Patrocinadores da Entidade.

CAPÍTULO III -
DOS MEMBROS DO PLANO

Art. 3º. São membros do **Plano**:

I - Patrocinadores;

II - Participantes, Assistidos e Beneficiários.

SEÇÃO I -
DOS PATROCINADORES

Art. 4º. São Patrocinadores do **Plano** os órgãos da administração direta, as autarquias e as fundações do Poder Executivo Federal.

§ 1º. A adesão de Patrocinador ao **Plano** dar-se-á por meio de convênio de adesão, firmado entre o Poder Executivo Federal e a Entidade, desde que prevista no estatuto da Entidade e autorizada pela Previc.

§ 2º. Os termos do convênio de adesão em nenhuma hipótese contrariarão as premissas e limites fixados neste Regulamento.

SEÇÃO II -
DOS PARTICIPANTES, ASSISTIDOS
E BENEFICIÁRIOS

Art. 5º. Os Participantes do **Plano** são classificados em:

I - **Participante Ativo Normal:** o servidor público titular de cargo efetivo dos órgãos da administração direta, autarquias e fundações do Poder Executivo Federal que aderir ao **Plano** e se encontrar nas seguintes situações:

a) esteja submetido ao Teto do RGPS; e

b) possua Base de Contribuição superior ao Teto do RGPS.

II - **Participante Ativo Alternativo:** o servidor público titular de cargo efetivo dos órgãos da administração direta, autarquias e fundações do Poder Executivo Federal que aderir ao **Plano** e se encontrar em pelo menos uma das seguintes situações:

a) não esteja submetido ao Teto do RGPS; ou

b) possua Base de Contribuição igual ou inferior ao Teto do RGPS.

III - **Participante Autopatrocinado:** o Participante Ativo Normal ou o Participante Ativo Alternativo que optar pelo instituto do Autopatrocínio, nos termos da Seção II do Capítulo IX, em razão de perda parcial ou total de sua remuneração, inclusive pela perda do Vínculo Funcional.

IV - **Participante Vinculado:** o Participante Ativo Normal ou o Participante Ativo Alternativo que optar pelo instituto do Benefício Proporcional Diferido, nos termos da Seção III do Capítulo IX, em razão da perda do vínculo funcional.

V - **Participante Assistido:** o Participante em gozo de benefício de prestação continuada.

§ 1º. A inscrição do Participante no **Plano** será realizada por meio do preenchimento e assinatura de formulário próprio, ocasião na qual serão disponibilizadas ao Participante cópias do estatuto da Entidade e do presente Regulamento, assim como outros documentos previstos na legislação vigente.

§ 2º. A inscrição de que trata o § 1° deste artigo terá efeitos a partir da data do protocolo na unidade de recursos humanos do Patrocinador ou diretamente na Entidade, caso o Participante já esteja no exercício do cargo, ou, caso contrário, na data em que o Participante entrar em exercício do cargo.

§ 3º. O Participante Ativo Normal ou o Participante Ativo Alternativo cedido a outro órgão ou entidade da administração pública direta ou indireta da União, Estados, Distrito Federal e Municípios, inclusive suas empresas públicas e sociedades de economia mista, com ou sem ônus para o Patrocinador, permanecerá filiado ao **Plano**, mantendo-se inalterada a responsabilidade do Patrocinador pelo recolhimento à Entidade das contribuições do Participante e, no caso de Participante Ativo Normal, também das contribuições do Patrocinador.

§ 4º. Quando a cessão de que trata o § 3º deste artigo se der sem ônus para o Patrocinador, este adotará as medidas necessárias para ser ressarcido pelo cessionário e para que o cessionário efetue os descontos das contribuições do Participante incidentes sobre a sua respectiva remuneração.

§ 5º. O Participante Ativo Normal ou o Participante Ativo Alternativo afastado ou licenciado temporariamente do cargo efetivo, com direito à remuneração, permanecerá filiado ao **Plano**, mantendo-se inalterada a responsabilidade do Patrocinador pelo recolhimento à Entidade das contribuições do Participante e, no caso de Participante Ativo Normal, também das contribuições do Patrocinador.

§ 6º. O Participante Ativo Normal afastado ou licenciado temporariamente do cargo efetivo, sem direito à remuneração, poderá permanecer filiado ao **Plano**, desde que mantenha o aporte da sua contribuição e da contribuição de responsabilidade do respectivo Patrocinador, através do instituto do Autopatrocínio, nos termos da Seção II do Capítulo IX.

§ 7º. O Participante Ativo Alternativo afastado ou licenciado temporariamente do cargo efetivo, sem direito à remuneração, poderá

permanecer filiado ao **Plano**, desde que mantenha o aporte da sua contribuição, através do instituto do Autopatrocínio, nos termos da Seção II do Capítulo IX.

§ 8º. Terá a sua filiação ao **Plano** cancelada o Participante que:

I – falecer;

II – requerer o cancelamento, ocasião na qual será considerado ex-Participante do Plano e lhe será assegurado o valor equivalente ao instituto do Resgate na data em que ocorrer a perda do Vínculo Funcional;

III – na qualidade de Participante Ativo Normal ou Participante Ativo Alternativo afastado ou licenciado temporariamente do cargo efetivo, sem direito à remuneração, não optar pelo instituto do Autopatrocínio, nos termos dos §§ 6° e 7° deste artigo, ocasião na qual será considerado ex-Participante do Plano e lhe será assegurado o valor equivalente ao instituto do Resgate na data em que ocorrer a perda do Vínculo Funcional.

IV – na qualidade de Participante Ativo Normal ou Participante Ativo Alternativo, perder o Vínculo Funcional e optar pelo institutos da Portabilidade ou do Resgate, observado, neste último caso, o disposto nos §§ 2º e 3º do art. 33;

V – na qualidade de Participante Autopatrocinado, formalizar a desistência do instituto do Autopatrocínio e optar pelos institutos da Portabilidade ou do Resgate, observado, neste último caso, o disposto nos §§ 2º e 3º do art. 33;

VI – na qualidade de Participante Vinculado, formalizar a desistência do instituto do Benefício Proporcional Diferido e optar pelos institutos da Portabilidade ou do Resgate, observado, neste último caso, o disposto nos §§ 2º e 3º do art. 33;

VII – na qualidade de Participante Autopatrocinado ou de Participante Vinculado, deixar de aportar a sua contribuição mensal por 3 (três) meses consecutivos e não atender à notificação prevista no § 9° deste artigo, sendo-lhe assegurado o valor equivalente ao instituto do Resgate na data em que ocorrer a perda do Vínculo Funcional.

ANEXO III - MODELOS CONTRATUAIS

§ 9º. O Participante Autopatrocinado e o Participante Vinculado que deixar de recolher as contribuições no prazo devido, depois de notificado pela Entidade, terá um prazo de 30 (trinta) dias para pagar o débito, contados a partir da data do recebimento da notificação.

Art. 6º. São Assistidos do **Plano** os Participantes ou os seus Beneficiários em gozo de benefício de prestação continuada.

Art. 7º. São beneficiários do Plano os dependentes do Participante para fins de recebimento dos benefícios previstos neste Regulamento, desde que sejam reconhecidos como dependentes no RPPS ou, caso o Participante não mais esteja vinculado ao RPPS, atendam as condições de reconhecimento como dependentes no RPPS.

Parágrafo Único. Perderá a condição de Beneficiário do **Plano** aquele que:

I - falecer; ou

II - perder a condição de dependente do Participante no RPPS ou, caso o Participante não mais esteja vinculado ao RPPS, deixar de preencher as condições para ser reconhecido como dependente no RPPS.

SEÇÃO III -
DAS TRANSIÇÕES ENTRE AS
CATEGORIAS DE PARTICIPANTES

Art. 8º. O **Participante Ativo Normal** poderá vir a se tornar:

I - Participante Ativo Alternativo, no caso de redução da sua Base de Contribuição a um nível igual ou inferior ao Teto do RGPS e não opção pelo instituto do Autopatrocínio, previsto na Seção II do Capítulo IX, a fim de recompor o seu Salário de Participação ao nível anterior ao da perda de remuneração;

II - Participante Autopatrocinado, no caso de perda parcial ou total de sua remuneração, inclusive pela perda do vínculo funcional e opção pelo instituto do Autopatrocínio, nos termos da Seção II do Capítulo IX;

III - Participante Vinculado, no caso de perda do vínculo funcional e opção pelo instituto do Benefício Proporcional Diferido, nos termos da Seção III do Capítulo IX; ou

IV - Participante Assistido, no caso de concessão da Aposentadoria Normal ou da Aposentadoria por Invalidez, nos termos das seções I e II do Capítulo VIII, respectivamente.

Art. 9º. O **Participante Ativo Alternativo** poderá vir a se tornar:

I - Participante Ativo Normal, no caso de estar submetido ao Teto do RGPS e a sua Base de Contribuição aumentar a um nível superior ao Teto do RGPS;

II - Participante Autopatrocinado, no caso de perda do Vínculo Funcional e opção pelo instituto do Autopatrocínio, nos termos da Seção II do Capítulo IX;

III - Participante Vinculado, no caso de perda do Vínculo Funcional e opção pelo instituto do Benefício Proporcional Diferido, nos termos da Seção III do Capítulo IX; ou

IV - Participante Assistido, no caso de concessão do Benefício Suplementar, nos termos da Seção VI do Capítulo VIII.

Art. 10. O **Participante Autopatrocinado** poderá vir a se tornar:

I - Participante Ativo Normal, no caso de recomposição parcial ou total de sua remuneração, inclusive pela formação de novo vínculo funcional, cuja Base de Contribuição seja superior ao Teto do RGPS e opção por essa condição, através de formulário próprio a ser fornecido pela Entidade;

II - Participante Ativo Alternativo, no caso de formação de novo vínculo funcional cuja Base de Contribuição seja igual ou inferior ao Teto do RGPS e opção por essa condição, através de formulário próprio a ser fornecido pela Entidade;

III - Participante Vinculado, no caso de opção pelo instituto do Benefício Proporcional Diferido, nos termos da Seção III do Capítulo IX; ou

IV - Participante Assistido, no caso de concessão da Aposentadoria Normal ou da Aposentadoria por Invalidez, nos termos das seções I e II do Capítulo VIII, respectivamente, ou no caso de concessão do Benefício Suplementar, nos termos da Seção VI do Capítulo VIII, conforme o caso.

Art. 11. O **Participante Vinculado** poderá vir a se tornar:

I – Participante Ativo Normal, no caso de formação de novo vínculo funcional cuja Base de Contribuição seja superior ao Teto do RGPS e opção por essa condição, através de formulário próprio a ser fornecido pela Entidade;

II – Participante Ativo Alternativo, no caso de formação de novo vínculo funcional cuja Base de Contribuição seja igual ou inferior ao Teto do RGPS e opção por essa condição, através de formulário próprio a ser fornecido pela Entidade; ou

III – Participante Assistido, no caso de concessão da Aposentadoria Normal, nos termos da seção I do Capítulo VIII, ou no caso de concessão do Benefício Suplementar, nos termos da Seção VI do Capítulo VIII, conforme o caso.

CAPÍTULO IV –
DO SALÁRIO DE PARTICIPAÇÃO

Art. 12.   Entende-se por Salário de Participação:

I – para o Participante Ativo Normal, a parcela da sua Base de Contribuição que exceder o Teto do RGPS;

II – para o Participante Ativo Alternativo, mediante sua opção, qualquer valor limitado à sua Base de Contribuição, tendo como mínimo o valor correspondente a 10 (dez) URP's vigentes no mês da competência;

III – para o Participante Autopatrocinado, o seu Salário de Participação vigente no mês anterior ao da data da perda parcial ou total de remuneração;

IV – para o Participante Vinculado, o seu Salário de Participação vigente no mês anterior ao da data da perda do Vínculo Funcional; e

V – para o Assistido, o seu respectivo benefício de prestação continuada, na forma deste Regulamento.

§ 1º. Nos termos da legislação aplicável, o Participante poderá optar pela inclusão na Base de Contribuição de parcelas remuneratórias percebidas em decorrência do local de trabalho e do exercício de cargo em comissão ou função de confiança.

§ 2º. Os Salários de Participação de que tratam os incisos III e IV do *caput* deste artigo serão atualizados anualmente, no mês de janeiro, pelo Índice do Plano acumulado nos

12 (doze) meses anteriores, ressalvada a primeira atualização, que será feita com base no Índice do Plano acumulado no período compreendido entre o mês da data da perda de remuneração ou da perda do Vínculo Funcional e o mês de dezembro.

§ 3º. A gratificação natalina será considerada como Base de Contribuição no mês de dezembro de cada ano.

CAPÍTULO V –
DO CUSTEIO DO PLANO

SEÇÃO I –
DAS RECEITAS DO PLANO

Art. 13. O **Plano** será mantido a partir das receitas previstas a seguir, em conformidade com o Plano de Custeio Anual:

I – Contribuições de Participantes e Assistidos:

a) Contribuição Básica: a ser aportada pelo Participante Ativo Normal e pelo Participante Autopatrocinado, decorrente de opção de Participante Ativo Normal, de caráter obrigatório e mensal, correspondente a uma alíquota escolhida pelo Participante e incidente sobre o respectivo Salário de Participação, observado o disposto no § 1º deste artigo, com a seguinte destinação:

1) constituição da Reserva Acumulada pelo Participante – RAP, Conta Participante – CPART;

2) constituição do Fundo de Cobertura de Benefícios Extraordinários – FCBE; e

3) custeio das Despesas Administrativas, mediante cobrança de Taxa de Carregamento.

b) Contribuição Alternativa: a ser aportada pelo Participante Ativo Alternativo, de caráter obrigatório e mensal, correspondente a uma alíquota escolhida pelo Participante e incidente sobre o respectivo Salário de Participação, observado o disposto no § 1º deste artigo, com a seguinte destinação:

ANEXO III – MODELOS CONTRATUAIS

1) constituição da Reserva Acumulada Suplementar – RAS, Conta de Contribuições Alternativas – CCA; e

2) custeio das Despesas Administrativas, mediante cobrança de Taxa de Carregamento.

c) Contribuição Facultativa: a ser aportada pelo Participante Ativo Normal, pelo Participante Ativo Alternativo, pelo Participante Autopatrocinado ou pelo Participante Vinculado, sem contrapartida do Patrocinador, de caráter voluntário, de periodicidade mensal ou esporádica, em moeda corrente nacional, com valor definido livremente pelo Participante, observado o limite mínimo de 7,5% (sete inteiros e cinco décimos por cento) do respectivo Salário de Participação, a ser destinada integralmente à Reserva Acumulada Suplementar – RAS, Conta de Contribuições Facultativas – CCF; e

d) Contribuição Administrativa: contribuição devida pelo Assistido e pelo Participante Vinculado, de caráter obrigatório e mensal, incidente sobre o respectivo Salário de Participação e Reserva Acumulada do Participante, destinada ao custeio das despesas administrativas do **Plano**.

II – Contribuições de Patrocinadores:

a) Contribuição Básica: a ser aportada pelo Patrocinador, em favor de cada Participante Ativo Normal, de caráter obrigatório e mensal, correspondente a 100% (cem por cento) da Contribuição Básica do Participante Ativo Normal, observado o limite máximo de 8,5% (oito inteiros e cinco décimos por cento) do Salário de Participação do respectivo Participante Ativo Normal, com a seguinte destinação:

1) constituição da Reserva Acumulada pelo Participante – RAP, Conta Patrocinador – CPATR;

2) constituição do Fundo de Cobertura de Benefícios Extraordinários – FCBE; e

3) custeio das Despesas Administrativas, mediante cobrança de Taxa de Carregamento.

III – Portabilidade:

a) Recursos Portados de Entidade Aberta: correspondente aos valores recebidos de entidade aberta de previdência complementar, oriundos de portabilidade, a serem alocados integralmente na respectiva Reserva Acumulada Suplementar – RAS, Conta de Recursos Portados de EAPC – CRPA; e

b) Recursos Portados de Entidade Fechada: correspondente aos valores recebidos de entidade fechada de previdência complementar, oriundos de portabilidade, a serem alocados integralmente na respectiva Reserva Acumulada Suplementar – RAS, Conta de Recursos Portados de EFPC – CRPF.

IV – Resultado dos Investimentos; e

V – Doações, legados e outras receitas não previstas nos incisos anteriores, desde que admitidos pela legislação vigente.

§ 1º As alíquotas da Contribuição Básica e da Contribuição Alternativa de responsabilidade do Participante serão de sua escolha, dentre as seguintes:

I – 8,5 % (oito inteiros e cinco décimos por cento);

II – 8,0% (oito inteiros por cento); ou

III – 7,5% (sete inteiros e cinco décimos por cento).

§ 2º O Plano de Custeio definirá o percentual da Contribuição Básica destinado ao custeio do FCBE, a Taxa de Carregamento, a Taxa de Administração e a alíquota da Contribuição Administrativa devida pelo Assistido e pelo Participante Vinculado, nos termos da Seção II do Capítulo V, devendo ser amplamente divulgado pela Entidade no prazo de até 30 (trinta) dias contados da data da sua aprovação pelo Conselho Deliberativo da Entidade.

§ 3º Observado o disposto no § 1º deste artigo, o Participante Ativo Normal, o Participante Ativo Alternativo e o Participante Autopatrocinado poderão redefinir, anualmente, no mês de abril, a alíquota da sua Contribuição Básica ou da sua Contribuição Alternativa, conforme o caso, que passará a vigorar a partir do mês de junho subsequente.

§ 4º Caso o Participante Ativo Normal, o Participante Ativo Alternativo e o Participante Autopatrocinado desejem contribuir regularmente com alíquota superior a 8,5% (oito inteiros e cinco décimos por cento), devem fazê-lo na forma de Contribuição Facultativa.

§ 5º A Contribuição Básica, a Contribuição Alternativa, a Contribuição Facultativa e a Contribuição Administrativa também serão devidas no mês de dezembro, incidindo sobre o Salário de Participação decorrente da gratificação natalina.

§ 6º O Participante Ativo Normal que se tornar Participante Autopatrocinado passará a arcar com a parcela da Contribuição Básica do Patrocinador que deixar de ser aportada em razão de perda parcial ou total de remuneração, observado o disposto no inciso III do art. 12.

§ 7º O Patrocinador não aportará qualquer contribuição em favor do Participante Ativo Alternativo, do Participante Vinculado e do Participante Autopatrocinado, ressalvado o caso do Participante Ativo Normal que se tornar Participante Autopatrocinado em razão de perda parcial de remuneração, hipótese na qual a Contribuição Básica devida pelo Patrocinador incidirá sobre a parcela da Base de Contribuição do Participante que exceder o Teto do RGPS.

§ 8º É vedado aos Patrocinadores o aporte ao **Plano** de recursos não previstos neste Regulamento, bem como no Plano de Custeio Anual, salvo o aporte da União, a título de adiantamento de contribuições futuras, necessário ao regular funcionamento inicial da Entidade.

SEÇÃO II –
DAS DESPESAS ADMINISTRATIVAS

Art. 14. As despesas administrativas do **Plano** serão custeadas a partir das fontes de recursos descritas neste Regulamento, observado o Plano de Gestão Administrativa – PGA e o Plano de Custeio Anual.

Parágrafo único. O Plano de Gestão Administrativa – PGA deverá ter regulamento próprio aprovado pelo Conselho Deliberativo da entidade, que fixará os critérios quantitativos e qualitativos das despesas administrativas, bem como as metas para os indicadores de gestão para avaliação objetiva das despesas administrativas, inclusive gastos com pessoal, nos termos da legislação aplicável.

SEÇÃO III –
DA DATA CERTA DO REPASSE DAS CONTRIBUIÇÕES E DAS PENALIDADES POR ATRASO

Art. 15. A Contribuição Básica do Participante Ativo Normal e a Contribuição Alternativa do Participante Ativo Alternativo serão descontadas de sua respectiva remuneração e, juntamente com a Contribuição Básica do Patrocinador, quando for o caso, serão recolhidas à Entidade de forma centralizada pelo órgão do Poder Executivo responsável pela coordenação e controle da folha de pagamento dos servidores públicos federais até o dia 10 (dez) do mês seguinte ao de sua competência.

Parágrafo único. O repasse das contribuições referidas no caput deverá ocorrer, no máximo, até três dias depois do pagamento dos vencimentos devidos pelo Patrocinador, sob pena de ensejar a aplicação dos acréscimos de mora previstos para os tributos federais e sujeitar o responsável às sanções penais e administrativas cabíveis.

Art. 16. A Contribuição Básica ou a Contribuição Alternativa devida pelo Participante Autopatrocinado, conforme o caso, e a Contribuição Administrativa devida pelo Participante Vinculado serão recolhidas por eles diretamente à Entidade até o dia 10 (dez) do mês seguinte ao de sua competência, em conformidade com as regras e procedimentos aprovados pelo Conselho Deliberativo da Entidade.

Parágrafo único. O atraso no recolhimento das contribuições de que trata o *caput* ensejará a aplicação dos acréscimos de mora previstos para os tributos federais, sem prejuízo do disposto no inciso VII do § 8º e no § 9º do art. 5º.

Art. 17. Os valores arrecadados em decorrência do descumprimento das obrigações previstas nesta Seção serão alocados no Plano de Gestão Administrativa e serão utilizados em conformidade com as diretrizes aprovadas pelo Conselho Deliberativo da Entidade.

CAPÍTULO VI –
DAS PROVISÕES, CONTAS E FUNDOS PREVIDENCIAIS

Art. 18. As contribuições destinadas ao custeio dos benefícios do **Plano** serão

ANEXO III - MODELOS CONTRATUAIS

403

convertidas em cotas e segregadas nas seguintes reservas, contas e fundos:

I - Reserva Acumulada pelo Participante - RAP, de natureza individual, a ser contabilizada no âmbito das Provisões Matemáticas de Benefícios a Conceder, resultante do somatório do saldo das seguintes subcontas:

a) Conta Participante - CPART: correspondente à acumulação da parcela da Contribuição Básica realizada pelo Participante Ativo Normal e, conforme o caso, pelo Participante Autopatrocinado, prevista no item 1 da alínea "a" do inciso I do Art. 13; e

b) Conta Patrocinador - CPATR: correspondente à acumulação da parcela da Contribuição Básica realizada pelo Patrocinador, prevista no item 1 na alínea "a" do inciso II do Art. 13.

II - Reserva Acumulada Suplementar - RAS, de natureza individual, a ser contabilizada no âmbito das Provisões Matemáticas de Benefícios a Conceder, resultante do somatório do saldo das seguintes subcontas:

a) Conta de Contribuições Alternativas - CCA: correspondente à acumulação da parcela da Contribuição Alternativa realizada pelo Participante Ativo Alternativo e, conforme o caso, pelo Participante Autopatrocinado, prevista no item "1" da alínea "b" do inciso I do Art. 13;

b) Conta de Contribuições Facultativas - CCF: correspondente à acumulação das Contribuições Facultativas realizadas pelo Participante, previstas na alínea "c" do inciso I do Art. 13;

c) Conta de Recursos Portados de EAPC - CRPA: correspondente à acumulação dos recursos portados oriundos de Entidade Aberta de Previdência Complementar - EAPC, previstos na alínea "a" do inciso III do Art. 13; e

d) Conta de Recursos Portados de EFPC - CRPF: correspondente à acumulação dos recursos portados oriundos de Entidade Fechada de Previdência Complementar - EFPC, previstos na alínea "b" do inciso III do Art. 13.

III - Reserva Individual de Benefício Concedido Normal - RIBCN, de natureza individual, a ser contabilizada no âmbito das Provisões Matemáticas de Benefícios Concedidos,

resultante da reversão do saldo da respectiva Reserva Acumulada pelo Participante - RAP e, quando for o caso, de parcela a ser transferida mensalmente do Fundo de Cobertura de Benefícios Extraordinários - FCBE, a título de Aporte Extraordinário de Aposentadoria Normal - AEAN, por ocasião da concessão da Aposentadoria Normal, na forma prevista no § 5º do art. 21;

IV - Reserva Individual de Benefício Concedido de Invalidez - RIBCI, de natureza individual, a ser contabilizada no âmbito das Provisões Matemáticas de Benefícios Concedidos, resultante da reversão do saldo da respectiva Reserva Acumulada pelo Participante - RAP e, quando for o caso, de parcela a ser transferida mensalmente do Fundo de Cobertura de Benefícios Extraordinários - FCBE, a título de Aporte Extraordinário de Aposentadoria por Invalidez - AEAI, por ocasião da concessão da Aposentadoria por Invalidez, na forma prevista no § 5º do art. 22;

V - Reserva Individual de Benefício Concedido por Morte do Participante Ativo Normal e do Participante Autopatrocinado - RIBCMAt, de natureza individual, a ser contabilizada no âmbito das Provisões Matemáticas de Benefícios Concedidos, resultante da reversão do saldo da respectiva Reserva Acumulada pelo Participante - RAP e, quando for o caso, de parcela a ser transferida mensalmente do Fundo de Cobertura de Benefícios Extraordinários - FCBE, a título de Aporte Extraordinário por Morte do Participante Ativo Normal e do Participante Autopatrocinado - AEMAt, por ocasião da concessão da Pensão por Morte do Participante Ativo Normal e do Participante Autopatrocinado, na forma prevista no § 5º do art. 23;

VI - Reserva Individual de Benefício Concedido por Morte do Participante Assistido - RIBCMAss, de natureza individual, a ser contabilizada no âmbito das Provisões Matemáticas de Benefícios Concedidos, resultante da reversão do saldo da respectiva Reserva Individual de Benefício Concedido Normal - RIBCN ou da Reserva Individual de Benefício Concedido de Invalidez - RIBCI, e, quando for o caso, de parcela a ser transferida mensalmente do Fundo de Cobertura de Benefícios Extraordinários - FCBE, a título de Aporte Extraordinário por Morte do Participante Assistido - AEMAss, por ocasião da concessão da Pensão por Morte do Participante Assistido, na forma prevista no § 3º do art. 24;

VII – Reserva Individual de Benefício Concedido Suplementar – RIBCS, de natureza individual, a ser contabilizada no âmbito das Provisões Matemáticas de Benefícios Concedidos, resultante da reversão do saldo da respectiva Reserva Acumulada Suplementar – RAS, por ocasião da concessão do Benefício Suplementar, na forma prevista no art. 26;

VIII – Fundo de Cobertura de Benefícios Extraordinários – FCBE, de natureza coletiva, a ser contabilizado no âmbito das Provisões Matemáticas de Benefícios a Conceder e das Provisões Matemáticas de Benefícios Concedidos, conforme o caso, correspondente aos compromissos do **Plano** relativos ao:

a) Aporte Extraordinário de Aposentadoria Normal – AEAN, montante equivalente ao módulo da diferença entre a Reserva Acumulada pelo Participante – RAP e o montante desta mesma reserva multiplicado pela razão entre 35 (trinta e cinco) e o número de anos de contribuição exigido para a concessão do benefício pelo RPPS, apurado na data da concessão da Aposentadoria Normal, na forma prevista no § 5º do art. 21, e destinado somente ao Participante Ativo Normal e ao Participante Autopatrocinado, quando decorrente de opção de Participante Ativo Normal que tenha mantido o vínculo funcional, desde que esteja incluído em alguma das hipóteses previstas nos incisos III e IV do § 2º do art. 17 da Lei nº 12.618, de 2012;

b) Aporte Extraordinário de Aposentadoria por Invalidez – AEAI, montante apurado na data de concessão da Aposentadoria por Invalidez, prevista no art. 22, destinado ao pagamento do benefício na hipótese de insuficiência do saldo da respectiva RIBCI, na forma prevista no § 5º do art. 22;

c) Aporte Extraordinário por Morte do Participante Ativo Normal e do Participante Autopatrocinado – AEMAt, montante apurado na data de concessão da Pensão por Morte do Participante Ativo Normal e do Participante Autopatrocinado, prevista no art. 23, destinado ao pagamento do benefício na hipótese de insuficiência do saldo da respectiva RIBCMAt, na forma prevista no § 5º do art. 23;

d) Aporte Extraordinário por Morte do Participante Assistido – AEMAss, montante apurado na data de concessão da Pensão por Morte do Participante Assistido, prevista no art. 24, destinado ao pagamento do benefício na hipótese de insuficiência do saldo da respectiva RIBCMAss, na forma prevista no § 3º do art. 24; e

e) Benefício por Sobrevivência do Assistido, previsto na Seção V do Capítulo VIII.

IX – Fundo de Recursos não Resgatados, montante decorrente das seguintes fontes:

a) recursos não contemplados no direito do Participante que perdeu o vínculo funcional e optou pelo instituto do Resgate, previsto na Seção V do Capítulo IX; e

b) saldos remanescentes das contas individuais de Participantes ou de Assistidos cujos benefícios se extinguiram pela inexistência de Beneficiários e que não sejam reivindicados por eventuais herdeiros legais, nos termos deste Regulamento.

§ 1º. Os recursos alocados no FCBE possuem natureza coletiva e não serão objeto de direito sucessório.

§ 2º. Os recursos oriundos do Fundo de Recursos não Resgatados serão transferidos, anualmente, ao **Fundo de Cobertura de Benefícios Extraordinários – FCBE**, cujo custeio será revisto por ocasião da elaboração do Plano de Custeio Anual.

§ 3º. Os recursos garantidores correspondentes às provisões, contas e fundos do **Plano** serão aplicados em observância às diretrizes e aos limites prudenciais estabelecidos pelo Conselho Monetário Nacional (CMN) e à política de investimentos definida pelo Conselho Deliberativo da Entidade.

§ 4º. A cota representativa das provisões, contas individuais e fundos referidos neste artigo terá, na data da implantação do **Plano**, o valor unitário original de R$ 1,00 (um real).

§ 5º. O valor da cota de que trata o § 4º deste artigo será diariamente determinado em função da oscilação do patrimônio do **Plano**, e mediante a divisão do valor total das provisões,

ANEXO III – MODELOS CONTRATUAIS

405

contas e fundos, em moeda corrente, pelo número de cotas existentes, conforme metodologia aprovada pelo Conselho Deliberativo da Entidade.

CAPÍTULO VII – DOS PERFIS DE INVESTIMENTOS

Art. 19. O Conselho Deliberativo da Entidade poderá instituir Perfis de Investimentos distintos a serem escolhidos pelos Participantes, sob o seu inteiro risco e sob a sua exclusiva responsabilidade, para a aplicação dos recursos alocados nas suas respectivas Contas Individuais, em conformidade com as regras e procedimentos aprovados pelo Conselho Deliberativo sobre a composição das carteiras de investimentos e os limites de aplicação.

§ 1º. A decisão do Conselho Deliberativo da Entidade que instituir os Perfis de Investimentos deverá ser fundamentada de acordo com critérios técnicos e econômicos e deverá ser amplamente divulgada aos Participantes, especialmente em relação aos riscos associados a cada Perfil de Investimentos.

§ 2º. A instituição dos Perfis de Investimentos deverá ser acompanhada da aprovação de Manual Técnico pelo Conselho Deliberativo da Entidade contendo regras para a operacionalização dos Perfis de Investimentos, especialmente em relação à definição dos Perfis de Investimentos e aos prazos para opção por parte dos Participantes.

§ 3º. As regras do Manual Técnico de que trata o § 2° também deverão estar contidas na Nota Técnica Atuarial.

CAPÍTULO VIII – DOS BENEFÍCIOS DO PLANO

Art. 20. O **Plano** oferecerá aos seus Participantes e Beneficiários os seguintes Benefícios, observadas as condições estabelecidas neste Regulamento:

I – Aposentadoria Normal;

II – Aposentadoria por Invalidez;

III – Pensão por Morte do Participante Ativo Normal e do Participante Autopatrocinado;

IV – Pensão por Morte do Participante Assistido;

V – Benefício por Sobrevivência do Assistido;

VI – Benefício Suplementar.

Seção I

Da aposentadoria normal

Art. 21. A Aposentadoria Normal será concedida ao Participante Ativo Normal, ao Participante Autopatrocinado e ao Participante Vinculado, caso a opção pelos institutos tenha sido efetuada por Participante Ativo Normal, desde que requerida pelo Participante e atendidas, simultaneamente, as seguintes condições:

I – Para o Participante Ativo Normal e para o Participante Autopatrocinado que possua vínculo funcional com o Patrocinador:

a) concessão de aposentadoria voluntária ou aposentadoria compulsória pelo RPPS; e

b) carência de 60 (sessenta) meses de filiação ao **Plano**, exceto no caso de concessão de aposentadoria compulsória pelo RPPS.

II – Para o Participante Autopatrocinado que não possua vínculo funcional com o Patrocinador:

a) cumprimento dos mesmos requisitos de tempo de contribuição e idade mínima exigidos para a concessão de aposentadoria voluntária pelo RPPS ou cumprimento do mesmo requisito de idade máxima exigido para a concessão de aposentadoria compulsória pelo RPPS, exigidos na data da perda do vínculo funcional com o Patrocinador; e

b) carência de 60 (sessenta) meses de filiação ao **Plano**, exceto no caso de cumprimento do mesmo requisito de idade máxima exigido para a concessão de aposentadoria compulsória pelo RPPS.

III – Para o Participante Vinculado:

a) cumprimento do mesmo requisito de idade mínima exigido para a concessão de aposentadoria voluntária pelo RPPS ou cumprimento do mesmo requisito de idade máxima exigido para a concessão de aposentadoria compulsória pelo RPPS, exigidos na data da perda do vínculo funcional com o Patrocinador; e

b) carência de 60 (sessenta) meses de filiação ao **Plano**, exceto no caso de cumprimento do mesmo requisito de idade máxima exigido para a concessão de aposentadoria compulsória pelo RPPS.

§ 1º. A Aposentadoria Normal corresponderá a uma renda temporária por um prazo, em meses, correspondente à expectativa de sobrevida do Participante na data da concessão do Benefício, obtida a partir da Tábua de Mortalidade Geral, segmentada por sexo, adotada para o **Plano**, calculada na data da concessão, cujo valor inicial será obtido de acordo com a seguinte fórmula:

$$\frac{RAP + AEAN}{Fator(Exp; i\%)}$$

Onde:

RAP: Reserva Acumulada pelo Participante, conforme definida no inciso I do Art. 18, apurada na data da concessão do Benefício;

AEAN: Aporte Extraordinário de Aposentadoria Normal, conforme definido na alínea "a" do inciso VIII do Art. 18, Equivalente a $RAP \times \left(\frac{35}{TC} - 1 \right)$, apurado apenas para fins de cálculo do Benefício, mas que nõa compõe a reserva individual do participante;

TC: Número de anos de contribuição exigido para a concessão do benefício de Aposentadoria Voluntária pelo RPPS;

Fator(Exp;i%): Fator financeiro de conversão de saldo em renda, baseado na taxa de juros atuarial anual i% adotada para o **plano**, convertida em taxa mensal, e em prazo, em meses, correspondente à expectativa de sobrevida do Participante na data de concessão do Benefício, obtida a partir da Tábua de Mortalidade Geral, segmentada por sexo, adotada para o **Plano**.

§ 2º. A formulação do fator financeiro de conversão de saldo em renda de que trata o §1º deste artigo será detalhada em Nota Técnica Atuarial elaborada pelo Atuário do **Plano**.

§ 3º. O pagamento da Aposentadoria Normal será mensal, efetuado no 1º (primeiro) dia útil do mês subsequente ao da competência, recalculado anualmente a partir:

I – do saldo de conta remanescente da respectiva Reserva Individual de Benefício Concedido Normal – RIBCN, originado da reversão do saldo da respectiva Reserva Acumulada pelo Participante – RAP na data da concessão do benefício;

II – do prazo restante, na forma do § 1º deste artigo; e

III – de eventual saldo a título de Aporte Extraordinário de Aposentadoria Normal – AEAN.

§ 4º. Na hipótese da renda mensal, calculada na forma do § 1º deste artigo, ser inferior ao valor de 2 (duas) URPs, o Participante poderá, a seu critério, optar por receber o saldo da respectiva Reserva Individual de Benefício Concedido Normal – RIBCN em parcela única, quitando-se, assim, qualquer compromisso do **Plano** para com o Participante e seus Beneficiários.

§ 5º. O Aporte Extraordinário de Aposentadoria Normal – AEAN, se devido, será mantido no FCBE e transformado em cotas na data da concessão do Benefício, sendo sua reversão à respectiva RIBCN efetuada mensalmente, a partir do mês em que o saldo da RIBCN decorrente da RAP não for suficiente para o pagamento do respectivo Benefício e no montante necessário para a sua cobertura.

§ 6º. O Participante Vinculado e o Participante Autopatrocinado sem vínculo funcional não terão direito ao Aporte Extraordinário de Aposentadoria Normal – AEAN.

§ 7º. A atualização da Aposentadoria Normal tomará como referência o mês de janeiro, passando a vigorar, a partir deste mês, o novo valor do benefício.

SEÇÃO II –
DA APOSENTADORIA POR INVALIDEZ

Art. 22. A Aposentadoria por Invalidez será concedida ao Participante Ativo Normal e ao Participante Autopatrocinado, caso a opção pelo instituto tenha sido efetuada por Participante Ativo Normal, desde que atendidas, simultaneamente, as seguintes condições:

ANEXO III – MODELOS CONTRATUAIS

I – Para o Participante Ativo Normal e para o Participante Autopatrocinado que possua vínculo funcional com o Patrocinador:

a) carência de **12** (doze) meses de filiação ao **Plano**, exceto no caso de acidente em serviço; e

b) concessão de aposentadoria por invalidez permanente pelo RPPS.

II – Para o Participante Autopatrocinado que não possua vínculo funcional com o Patrocinador:

a) carência de **12** (doze) meses de filiação ao **Plano**; e

b) cumprimento dos mesmos requisitos para a concessão de aposentadoria por invalidez permanente pelo RPPS.

§ 1º. A Aposentadoria por Invalidez corresponderá a uma renda temporária pelo prazo, em meses, correspondente à expectativa de sobrevida do Participante na data de concessão do benefício, obtida a partir da Tábua de Mortalidade de Inválidos, segmentada por sexo, adotada para o **Plano**, calculada na data da concessão, cujo valor inicial será obtido de acordo com a seguinte fórmula:

$$[\text{Média}(BC_{80\%}) - \text{RPPS}] \cdot \frac{\%MC}{8,5\%}$$

Onde:

Média (BC80%) = média aritmética simples das maiores remunerações, utilizadas como base para as contribuições do Participante aos regimes de previdência a que esteve vinculado, correspondentes a 80% (oitenta por cento) de todo o período contributivo desde a competência julho de 1994 ou desde a do início da contribuição, se posterior àquela competência;

RPPS = Valor da aposentadoria por invalidez permanente concedida pelo RPPS ou, para o Participante Autopatrocinado que não possua vínculo funcional com o Patrocinador, o Teto do RGPS; e

%MC = Média dos percentuais da Contribuição Básica aportada pelo Participante, apurada entre a data de filiação ao Plano e a data de concessão da Aposentadoria por Invalidez,

limitada a 8,5% (oito inteiros e cinco décimos por cento).

§ 2º. Para o Beneficiário do Participante Autopatrocinado que não possuía vínculo funcional com o Patrocinador, o valor da **Média (BC80%)**, definido no § 1º deste artigo, será o apurado no mês da perda do vínculo funcional com o Patrocinador, atualizado pelo índice do plano até o mês de concessão do benefício.

§ 3º. Na hipótese da renda mensal, calculada na forma do § 1º deste artigo, ser inferior ao valor de 2 (duas) URPs, será devido ao Participante um benefício mensal no valor de 2 (duas) URPs.

§ 4º. O pagamento da Aposentadoria por Invalidez será mensal, efetuado no 1º (primeiro) dia útil do mês subsequente ao da competência, atualizado anualmente pelo Índice do **Plano**, e terá como base o saldo de conta da respectiva Reserva Individual de Benefício Concedido de Invalidez – RIBCI, originado da reversão da respectiva Reserva Acumulada pelo Participante – RAP na data da concessão do Benefício.

§ 5º. Esgotados os recursos da RIBCI e não findo o prazo definido no § 1º deste artigo, a Aposentadoria por Invalidez será paga através de recursos oriundos do FCBE, vertidos mensalmente à RIBCI, a título de Aporte Extraordinário de Aposentadoria por Invalidez

– AEAI.

§ 6º. A atualização da Aposentadoria por Invalidez tomará como referência o mês de janeiro, passando a vigorar, a partir deste mês, o novo valor do benefício.

SEÇÃO III –
DA PENSÃO POR MORTE DO PARTICIPANTE ATIVO NORMAL E DO PARTICIPANTE AUTOPATROCINADO

Art. 23. A Pensão por Morte do Participante Ativo Normal e do Participante Autopatrocinado será concedida ao Beneficiário do Participante Ativo Normal e do Participante Autopatrocinado, caso a opção pelo instituto tenha sido efetuada por Participante Ativo Normal, desde que atendidas as seguintes condições:

I – Para o Beneficiário do Participante Ativo Normal e do Participante Autopatrocinado que possuía vínculo funcional com o Patrocinador:

a) concessão de pensão por morte pelo RPPS; e

II -Para o Beneficiário do Participante Autopatrocinado que não possuía vínculo funcional com o Patrocinador:

b) cumprimento dos mesmos requisitos para a concessão da pensão por morte pelo RPPS.

§ 1º. A Pensão por Morte do Participante Ativo Normal e do Participante Autopatrocinado corresponderá a uma renda temporária pelo prazo, em meses, correspondente à expectativa de sobrevida do Participante Ativo Normal ou do Participante Autopatrocinado na data de concessão do benefício, obtida a partir da Tábua de Mortalidade Geral, segmentada por sexo, adotada para o **Plano**, calculada na data da concessão do Benefício, cujo valor inicial será obtido de acordo com a seguinte fórmula:

$$[\text{Média}(BC_{80\%}) - RPPS] \cdot \frac{\%MC}{8,5\%} \cdot 70\%$$

Onde:

Média (BC80%) = média aritmética simples das maiores remunerações, utilizadas como base para as contribuições do Participante aos regimes de previdência a que esteve vinculado, correspondentes a 80% (oitenta por cento) de todo o período contributivo desde a competência julho de 1994 ou desde a do início da contribuição, se posterior àquela competência;

RPPS = Valor do benefício de pensão por morte concedido pelo RPPS ou, para o Participante Autopatrocinado que não possua vínculo funcional com o Patrocinador, o Teto do RGPS; e

%MC = Média dos percentuais da Contribuição Básica aportada pelo Participante, apurada entre a data de filiação ao Plano e a data de concessão da Pensão por Morte, limitada a 8,5% (oito inteiros e cinco décimos por cento).

§ 2º. Para o Beneficiário do Participante Autopatrocinado que não possuía vínculo funcional com o Patrocinador, o valor da **Média (BC80%)**, definido no § 1º deste artigo, será o

apurado no mês da perda do vínculo funcional com o Patrocinador, atualizado pelo índice do plano até o mês de concessão do benefício.

§ 3º. Na hipótese da renda mensal, calculada na forma do § 1º deste artigo, ser inferior ao valor de 2 **(duas)** URPs, será devido aos Beneficiários um benefício total mensal no valor de 2 **(duas)** URPs.

§ 4º. O pagamento da Pensão por Morte será mensal, efetuado no 1º (primeiro) dia útil do mês subsequente ao da competência, atualizado anualmente pelo Índice do Plano.

§ 5º. Esgotados os recursos da RIBCMAt e não findo o prazo definido no § 1º deste artigo, a Pensão por Morte será paga através de recursos oriundos do FCBE, vertidos mensalmente à respectiva RIBCMAt, a título de Aporte Extraordinário por Morte do Participante Ativo – AEMAt.

§ 6º. A Pensão por Morte será rateada em partes iguais entre todos os Beneficiários e a cota individual correspondente a cada Beneficiário lhe será paga até o fim do prazo definido no § 1º ou até a perda do direito à percepção da pensão por morte pelo RPPS, o que ocorrer primeiro.

§ 7º. Na hipótese de perda do direito da Pensão por Morte, a cota individual do Beneficiário será automaticamente revertida em favor dos Beneficiários remanescentes.

§ 8º. A atualização da Pensão por Morte tomará como referência o mês de janeiro, passando a vigorar, a partir deste mês, o novo valor do benefício.

§ 9º. Inexistindo Beneficiários e ainda restando saldo na RIBCMAt, este será pago em parcela única aos herdeiros legais, sendo destes a responsabilidade pelo seu requerimento e pela comprovação dessa condição sucessória.

SEÇÃO IV –
DA PENSÃO POR MORTE DO PARTICIPANTE ASSISTIDO

Art. 24. A Pensão por Morte do Participante Assistido será concedida aos Beneficiários do Participante Ativo Normal e do Participante Autopatrocinado, caso a opção pelo instituto tenha sido efetuada por Participante Ativo Normal, que tenha se tornado Participante Assistido

ANEXO III – MODELOS CONTRATUAIS

e que tenha, posteriormente, falecido, desde que atendidas as seguintes condições:

I – Para o Beneficiário do Participante Assistido que estava vinculado ao RPPS, a concessão da pensão por morte pelo RPPS; e

II – Para o Beneficiário do Participante Assistido que não estava vinculado ao RPPS, o cumprimento dos mesmos requisitos para a concessão da pensão por morte pelo RPPS.

§ 1º A Pensão por Morte do Participante Assistido corresponderá a uma renda temporária, calculada na data da concessão do Benefício, cujo valor inicial será equivalente a 70% (setenta por cento) da renda mensal percebida pelo Participante Assistido na data do falecimento, e será paga com base no saldo da respectiva RIBCMAss, resultante da reversão de saldo da RIBCN ou da RIBCI, na data da concessão do Benefício, ou de parcela do FCBE, conforme o caso.

§ 2º O pagamento da Pensão por Morte do Participante Assistido será mensal, efetuado no 1º (primeiro) dia útil do mês subsequente ao da competência, atualizado anualmente pelo Índice do Plano, pelo prazo, em meses, correspondente à expectativa de sobrevida do Participante Assistido na data da concessão do Benefício, obtida a partir da Tábua de Mortalidade Geral, segmentada por sexo, adotada para o **Plano**.

§ 3º Esgotados os recursos da RIBCMAss e não findo o prazo definido no § 2º deste artigo, a Pensão por Morte do Participante Assistido será paga através de recursos oriundos do FCBE, vertidos mensalmente à respectiva RIBCMAss, a título de Aporte Extraordinário por Morte do Participante Assistido – AEMAss.

§ 4º A atualização da Pensão por Morte do Participante Assistido tomará como referência o mês de janeiro, passando a vigorar, a partir deste mês, o novo valor do benefício.

§ 5º O valor da Pensão por Morte do Participante Assistido será rateado entre os Beneficiários em partes iguais e a cota individual correspondente a cada Beneficiário lhe será paga até o fim do prazo definido no § 2º deste artigo ou até a perda do direito à percepção da pensão por morte pelo RPPS, o que ocorrer primeiro.

§ 6º Na hipótese de perda do direito à Pensão por Morte do Participante Assistido, a cota individual do Beneficiário será automaticamente revertida em favor dos Beneficiários remanescentes.

SEÇÃO V –
DO BENEFÍCIO POR SOBREVIVÊNCIA DO ASSISTIDO

Art. 25. O Benefício por Sobrevivência do Assistido será concedido ao Assistido que sobreviver ao prazo de pagamento da Aposentadoria Normal, da Aposentadoria por Invalidez, da Pensão por Morte do Participante Ativo Normal e do Participante Autopatrocinado ou da Pensão por Morte do Participante Assistido, conforme o caso.

§ 1º O Benefício por Sobrevivência do Assistido corresponderá a uma renda vitalícia, baseada em parcela do FCBE, com valor inicial equivalente a 80% (oitenta por cento) da última prestação mensal percebida pelo Assistido relativa à respectiva Aposentadoria Normal, Aposentadoria por Invalidez, Pensão por Morte do Participante Ativo Normal e do Participante Autopatrocinado, ou Pensão por Morte do Participante Assistido, conforme o caso.

§ 2º O pagamento do Benefício por Sobrevivência do Assistido será mensal, efetuado no 1º (primeiro) dia útil do mês subsequente ao da competência, e seu valor será atualizado anualmente pelo Índice do **Plano**.

§ 3º A atualização do Benefício por Sobrevivência do Assistido tomará como referência o mês de janeiro, passando a vigorar, a partir deste mês, o novo valor do benefício.

§ 4º Para o Participante Assistido que estiver em gozo de Aposentadoria Normal sem direito ao Aporte Extraordinário de Aposentadoria Normal – AEAN, o Benefício por Sobrevivência do Assistido será devido a partir do mês em que o saldo da RIBCN decorrente da RAP não for suficiente para o pagamento do respectivo Benefício e no montante necessário para a sua cobertura.

§ 5º O valor do Benefício por Sobrevivência do Assistido devido a Beneficiários será rateado entre estes em partes iguais e a cota individual correspondente a cada Beneficiário lhe será paga até a perda do direito à percepção da pensão por morte pelo RPPS.

§ 6º Na hipótese de perda do direito ao Benefício por Sobrevivência do Assistido, a cota individual do Beneficiário será automaticamente revertida em favor dos Beneficiários remanescentes.

§ 7º O Benefício por Sobrevivência do Assistido não será devido, em hipótese alguma, aos Beneficiários do Participante Ativo Alternativo que tenha se tornado Participante Assistido.

SEÇÃO VI –
DO BENEFÍCIO SUPLEMENTAR

Art. 26. O Benefício Suplementar será concedido ao Participante Ativo Normal, ao Participante Ativo Alternativo, ao Participante Autopatrocinado e ao Participante Vinculado, ou aos seus respectivos Beneficiários, caso haja saldo na respectiva Reserva Acumulada Suplementar – RAS, desde que atendidas as seguintes condições:

I – Para o Participante Ativo Normal ou dele decorrente:

a) concessão da Aposentadoria Normal; ou

b) concessão da Aposentadoria por Invalidez.

II -Para o Participante Ativo Alternativo ou dele decorrente:

a) concessão da aposentadoria voluntária pelo RPPS; ou

b) concessão da aposentadoria compulsória pelo RPPS; ou

c) concessão da aposentadoria por invalidez permanente pelo RPPS; ou

d) caso o Participante não esteja mais vinculado ao RPPS, cumprimento dos mesmos requisitos para a concessão de qualquer um dos benefícios listados nas alíneas "a", "b" e "c".

III – Para o Beneficiário:

a) concessão da pensão por morte no RPPS; ou

b) caso se trate de Beneficiário de Participante que não mais estava vinculado ao RPPS,

cumprimento dos mesmos requisitos para a concessão da pensão por morte pelo RPPS.

§ 1º. O Benefício Suplementar corresponderá a uma renda temporária, calculada na data da concessão, cujo valor inicial será obtido da seguinte forma:

I – Para os casos previstos nos itens I e II do *caput* deste artigo e no caso de falecimento de Participante Ativo Normal, Participante Ativo Alternativo ou Participante Autopatrocinado:

$$\frac{RIBCS}{Fator(x; i\%)}$$

Onde:

RIBCS = Reserva Individual de Benefício Concedido Suplementar, conforme definida no inciso VII do Art. 18, resultante da reversão da respectiva RAS, deduzida a eventual parcela paga ao assistido (%RAS);

RAS = Reserva Acumulada Suplementar, conforme definida no inciso II do Art. 18, apurada na data da concessão do benefício;

% RAS = Parcela da *RAS* paga à vista ao assistido, em percentual de sua escolha no momento da concessão do Benefício, limitada a 25% (vinte e cinco por cento) do saldo;

Fator(x;i%) = Fator financeiro de conversão de saldo em renda, baseado na taxa de juros atuarial anual i% adotada para o **Plano** na data da concessão, convertida em taxa mensal, e em prazo, em meses, a ser definido pelo Participante, de no mínimo 60 (sessenta) meses e no máximo a expectativa de sobrevida no **Plano** do Participante na data de concessão do Benefício, obtida a partir da Tábua de Mortalidade Geral ou da Tábua de Mortalidade de Inválidos, segmentada por sexo, conforme o caso, adotada para o **Plano**.

II – Para o caso previsto no item III do *caput* deste artigo, o valor do Benefício Suplementar percebido pelo Participante na ocasião do seu falecimento, a ser pago no prazo estipulado originalmente pelo Participante.

§ 2º. A formulação do fator financeiro de conversão de saldo em renda de que trata o inciso I do § 1° deste artigo será detalhada em

ANEXO III – MODELOS CONTRATUAIS

Nota Técnica Atuarial elaborada pelo atuário do **Plano**.

§ 3º. O pagamento do Benefício Suplementar será mensal, efetuado no 1º (primeiro) dia útil do mês subsequente ao da competência, e seu valor será recalculado anualmente, em função do respectivo saldo da RIBCS remanescente e do prazo remanescente, conforme a forma de concessão do benefício, definida no § 1º deste artigo.

§ 4º. O recálculo do Benefício Suplementar tomará como referência o saldo da RIBCS apurado no mês de dezembro, passando a vigorar o novo valor do benefício no mês de janeiro.

§ 5º. O Benefício Suplementar devido a Beneficiários será rateado entre estes em partes iguais e a cota individual correspondente a cada Beneficiário lhe será paga enquanto houver saldo na respectiva RIBCS ou até a perda do direito à percepção da pensão por morte pelo RPPS, o que ocorrer primeiro.

§ 6º. Inexistindo Beneficiários e ainda restando saldo na RIBCS, este será pago em parcela única aos herdeiros legais do Participante, sendo destes a responsabilidade pelo seu requerimento e pela comprovação dessa condição sucessória.

CAPÍTULO IX –
DOS INSTITUTOS

SEÇÃO I –
DAS DISPOSIÇÕES COMUNS

Art. 27. Desde que preenchidos os requisitos necessários previstos neste Capítulo, o Participante que não estiver em gozo de benefício poderá optar por um dos institutos previstos neste Capítulo, elencados a seguir:

I – Autopatrocínio;

II – Benefício Proporcional Diferido;

III – Portabilidade; e

IV – Resgate.

Art. 28. Para fins da opção prevista no art. 27, a Entidade fornecerá extrato ao Participante, no prazo máximo de 30 (trinta) dias, contados da data do recebimento da comunicação da cessação do vínculo funcional com o Patrocinador ou da data do requerimento protocolado pelo Participante perante a Entidade, contendo as informações exigidas pela legislação vigente.

§ 1º Após o recebimento do extrato, o Participante terá o prazo de até 60 (sessenta) dias para optar pelo Autopatrocínio, pelo Benefício Proporcional Diferido, pelo Resgate ou pela Portabilidade, mediante protocolo de Termo de Opção formalizado junto à Entidade.

§ 2º O Participante que não fizer sua opção no prazo previsto no parágrafo anterior terá presumida, na forma da legislação vigente, sua opção pelo Benefício Proporcional Diferido, desde que atendidas as condições previstas na Seção III deste Capítulo.

§ 3º Na hipótese do § 2° deste artigo, caso o Participante não atenda às condições exigidas para se habilitar ao Benefício Proporcional Diferido, restará a ele unicamente a opção pelo instituto do Resgate, na forma da Seção V deste Capítulo.

§ 4º O prazo para a formalização da opção pelos institutos, previsto no § 1º deste artigo, será suspenso na hipótese do Participante apresentar, durante o referido prazo, questionamento devidamente formalizado junto à Entidade, no tocante às informações constantes do extrato de que trata o *caput* este artigo, até que sejam prestados pela Entidade os pertinentes esclarecimentos, no prazo máximo de 15 (quinze) dias úteis contados do protocolo do respectivo pedido de esclarecimentos.

SEÇÃO II –
DO AUTOPATROCÍNIO

Art. 29. Em caso de perda parcial ou total da remuneração, o Participante Ativo Normal e o Participante Ativo Alternativo poderão optar pelo instituto do Autopatrocínio, devendo, para tanto, manter o pagamento da respectiva Contribuição Básica ou da Contribuição Alternativa, conforme o caso, além da Contribuição Básica de responsabilidade do Patrocinador, se aplicável, relativamente à parcela correspondente à referida perda, na forma deste Regulamento e conforme critérios estabelecidos no Plano de Custeio Anual, como forma de assegurar a percepção dos benefícios nos níveis correspondentes àquela remuneração.

§ 1º A cessação do vínculo funcional com o Patrocinador deverá ser entendida como uma das formas de perda total da remuneração recebida.

§ 2º No caso de perda parcial da remuneração com manutenção do vínculo funcional com o Patrocinador, o Participante poderá assumir a sua contribuição e a que seria vertida pelo Patrocinador, calculada sobre a diferença entre o Salário de Participação observado no mês imediatamente anterior ao da referida perda e o novo Salário de Participação, visando à manutenção da constituição das reservas no mesmo nível anterior à perda.

§ 3º O Participante Ativo Alternativo que optar pelo instituto do Autopatrocínio deverá manter o pagamento da sua respectiva Contribuição Alternativa, observado o disposto no inciso III do art. 12 e os critérios previstos no Plano de Custeio.

§ 4º Para efetivação da opção pelo Autopatrocínio, o Participante deverá recolher à Entidade, até o dia 10 (dez) do mês subsequente ao da referida opção, todas as contribuições em atraso desde o mês da perda da remuneração.

§ 5º Considera-se como data de início do Autopatrocínio o dia imediatamente posterior ao da perda total ou parcial da remuneração.

§ 6º A opção pelo Autopatrocínio não impede a posterior opção pelos institutos do Benefício Proporcional Diferido, do Resgate ou da Portabilidade, observadas as disposições contidas neste Regulamento aplicáveis a cada instituto.

SEÇÃO III –
DO BENEFÍCIO PROPORCIONAL DIFERIDO

Art. 30. O Participante Ativo Normal, o Participante Ativo Alternativo e o Participante Autopatrocinado poderão optar pelo instituto do Benefício Proporcional Diferido, interrompendo o pagamento da respectiva Contribuição Básica ou Contribuição Alternativa, conforme o caso, desde que preenchidos os seguintes requisitos, cumulativamente:

I – cessação do vínculo funcional com o Patrocinador;

II – ausência de preenchimento dos requisitos de elegibilidade à Aposentadoria Normal ou ao Benefício Suplementar, conforme o caso;

III – carência de 3 (três) anos ininterruptos de filiação ao **Plano**; e

IV – não tenha optado pelos institutos da Portabilidade ou do Resgate.

§ 1º A opção pelo Benefício Proporcional Diferido implicará, a partir da data do requerimento, na obrigação de pagamento da Contribuição Administrativa ao **Plano**, prevista na alínea "d" do inciso I do art. 13.

§ 2º O Participante Vinculado poderá autorizar o desconto da Contribuição Administrativa diretamente do saldo da respectiva Reserva Acumulada pelo Participante – RAP ou da Reserva Acumulada Suplementar – RAS, conforme o caso, em conformidade com as regras e procedimentos aprovados pelo Conselho Deliberativo da Entidade.

§ 3º O Participante Vinculado que mantinha a condição de Participante Ativo Normal antes da opção pelo Benefício Proporcional Diferido manterá o direito à Aposentadoria Normal e, conforme o caso, ao Benefício Suplementar, quando cumpridos os requisitos de elegibilidade para a Aposentadoria Normal, previstos na Seção I do Capítulo VIII.

§ 4º O Participante Vinculado que mantinha a condição de Participante Ativo Alternativo antes da opção pelo Benefício Proporcional Diferido manterá o direito ao Benefício Suplementar, quando cumpridos os requisitos de elegibilidade para a Aposentadoria Normal, previstos na Seção I do Capítulo VIII.

§ 5º No caso de falecimento do Participante Vinculado, o saldo da respectiva Reserva Acumulada pelo Participante – RAP e da Reserva Acumulada Suplementar – RAS, conforme o caso, será pago, em parcela única, aos seus Beneficiários ou, na falta destes, aos seus herdeiros legais, cessando todos os compromissos do **Plano** para com o Participante e seus respectivos Beneficiários e herdeiros legais.

§ 6º Na hipótese do Participante Vinculado se tornar Assistido e vier a falecer, o saldo remanescente da respectiva Reserva Individual de Benefício Concedido Normal – RIBCN ou

ANEXO III – MODELOS CONTRATUAIS

da Reserva Individual de Benefício Concedido Suplementar – RIBCS, conforme o caso, será pago, em parcela única, aos seus Beneficiários ou, na falta destes, aos seus herdeiros legais, cessando todos os compromissos do **Plano** para com o Participante e seus respectivos Beneficiários e herdeiros legais.

§ 7º A opção pelo Benefício Proporcional Diferido não impede a posterior opção pelos institutos do Resgate ou da Portabilidade, observadas as disposições contidas neste Regulamento aplicáveis a cada instituto.

SEÇÃO IV –
DA PORTABILIDADE

Art. 31. O Participante Ativo Normal, o Participante Ativo Alternativo, o Participante Autopatrocinado e o Participante Vinculado poderão optar pelo instituto da Portabilidade de seu direito acumulado para outro plano de benefícios operado por Entidade de previdência complementar ou sociedade seguradora autorizada a operar plano de benefícios de caráter previdenciário, desde que preenchidos os seguintes requisitos, cumulativamente:

I – cessação do vínculo funcional com o Patrocinador;

II – carência de 3 (três) anos ininterruptos de filiação ao **Plano**;

III – o Participante não esteja em gozo de qualquer benefício previsto neste Regulamento; e

IV – o Participante não tenha optado pelo instituto do Resgate.

§ 1º Não será exigida a carência prevista no inciso II do *caput* deste artigo para a portabilidade de recursos portados oriundos de outro plano de benefícios de previdência complementar.

§ 2º Será considerado direito acumulado para fins de Portabilidade o somatório dos saldos da Reserva Acumulada pelo Participante – RAP e da Reserva Acumulada Suplementar – RAS, apurados na data de cessação das contribuições para o **Plano**.

§ 3º Na hipótese de Portabilidade após opção pelo Benefício Proporcional Diferido e antes da concessão da Aposentadoria Normal ou do Benefício Suplementar, conforme o caso, o direito acumulado consistirá nos saldos da Reserva Acumulada pelo Participante – RAP e da Reserva Acumulada Suplementar – RAS, apurados na data do protocolo na Entidade do requerimento da Portabilidade.

§ 4º O direito acumulado, apurado nos termos deste artigo, será atualizado pela variação da cota do **Plano** até a data da efetiva transferência dos recursos ao plano receptor, com base na cota apurada no dia anterior ao da transferência.

§ 5º Após o recebimento do Termo de Opção de que trata o § 1º do art. 28, a Entidade elaborará o Termo de Portabilidade e terá o prazo de até 10 (dez) dias úteis para encaminhá-lo à entidade que administra o plano de benefícios receptor, contendo todas as informações exigidas pela legislação aplicável.

§ 6º A transferência do direito acumulado dar-se-á em moeda corrente nacional, até o 5º (quinto) dia útil do mês subsequente à data do protocolo do Termo de Portabilidade na entidade receptora, atendidas as condições previstas neste Regulamento e na legislação aplicável.

§ 7º A Portabilidade não caracteriza resgate, sendo vedado que os recursos financeiros transitem, sob qualquer forma, pelos participantes do **Plano**.

§ 8º A opção pela Portabilidade é direito inalienável do Participante e será exercida em caráter irrevogável e irretratável, cessando, com a transferência da totalidade dos recursos financeiros para a entidade receptora, todo e qualquer direito previsto neste **Plano** relativo ao Participante e seus Beneficiários.

Art. 32. O **Plano** poderá receber recursos portados de outras entidades de previdência complementar ou de sociedade seguradora autorizada a operar plano de benefícios de caráter previdenciário, desde que observado o disposto neste Regulamento e na legislação aplicável.

Parágrafo único. Os recursos portados recebidos de outras entidades de previdência complementar ou de sociedade seguradora serão mantidos em separado das demais contribuições e alocados em uma das seguintes contas:

I – Reserva Acumulada Suplementar – RAS, Conta de Recursos Portados de EAPC – CRPA, se oriundos de Entidade Aberta de Previdência Complementar – EAPC ou sociedade seguradora; ou

II – Reserva Acumulada Suplementar – RAS, Conta de Recursos Portados de EFPC – CRPF, se oriundos de Entidade Fechada de Previdência Complementar – EFPC.

SEÇÃO V –
DO RESGATE

Art. 33. O Participante Ativo Normal, o Participante Ativo Alternativo, o Participante Autopatrocinado e o Participante Vinculado poderão optar pelo instituto do Resgate, por meio do recebimento dos respectivos recursos individuais alocados no **Plano**, já descontadas as parcelas do custeio administrativo e do FCBE, desde que preenchidos os seguintes requisitos, cumulativamente:

I – cessação do vínculo funcional com o Patrocinador;

II – o Participante não esteja em gozo de qualquer benefício previsto neste Regulamento; e

III – o Participante não tenha optado pelo instituto da Portabilidade.

§ 1º Os recursos individuais de que trata o **caput** deste artigo correspondem ao somatório dos saldos das seguintes contas:

I – Reserva Acumulada pelo Participante – RAP, Conta Participante – CPART;

II – Reserva Acumulada Suplementar – RAS, observados os §§ 2º e 3º deste artigo; e

III – Percentual, não cumulativo, da Reserva Acumulada pelo Participante – RAP, Conta Patrocinador – CPATR, conforme tabela a seguir:

Tempo de Serviço no Patrocinador	% da CPATR/Conta Patrocinador
até 3 anos	0%
a partir de 3 anos	5%

Tempo de Serviço no Patrocinador	% da CPATR/Conta Patrocinador
a partir de 6 anos	15%
a partir de 9 anos	25%
a partir de 12 anos	35%
a partir de 15 anos	40%
a partir de 18 anos	50%
a partir de 21 anos	60%
a partir de 24 anos	70%

§ 2º É facultado o resgate de valores portados constituídos em plano de previdência complementar administrado por Entidade Aberta de Previdência Complementar – EAPC ou sociedade seguradora, acumulados na respectiva Conta de Recursos Portados de EAPC – CRPA.

§ 3º É vedado o resgate de valores portados constituídos em plano de previdência complementar administrado por Entidade Fechada de Previdência Complementar – EFPC, acumulados na respectiva Conta de Recursos Portados de EFPC – CRPF.

§ 4º O Participante que optar por manter no **Plano** o saldo das contas referidas nos §§ 2º e 3º deste artigo será considerado Participante Vinculado, desde que observe as disposições contidas neste Regulamento aplicáveis a cada instituto.

§ 5º O valor correspondente ao Resgate, conforme descrito no § 1º deste artigo, será obtido com base nos saldos das contas apurados na data de cessação das contribuições para o **Plano**, passando a ser atualizado pela variação da cota do **Plano** até a data efetiva do pagamento, com base na cota apurada no dia anterior ao do pagamento.

§ 6º Quando do pagamento do valor correspondente ao Resgate, serão efetuados os descontos previstos em lei e os decorrentes de decisões judiciais.

§ 7º É facultado ao Participante optar pelo recebimento do Resgate em parcela única ou em até 12 (doze) parcelas mensais e consecutivas, atualizadas pela variação da cota do **Plano** verificada entre a data do cálculo e a dos respectivos pagamentos.

ANEXO III – MODELOS CONTRATUAIS

§ 8º O pagamento da parcela única ou da primeira parcela mensal será efetuado no prazo de até 30 (trinta) dias contados da data de protocolo do Termo de Opção.

§ 9º Uma vez exercido o Resgate, cessará todo e qualquer direito do Participante e de seus Beneficiários ou, na ausência destes, de seus herdeiros legais, em relação ao **Plano**, exceto quanto às prestações vincendas no caso de opção pelo pagamento parcelado ou de eventuais recursos oriundos de Portabilidade não resgatados.

CAPÍTULO X –
DAS DISPOSIÇÕES TRANSITÓRIAS E FINAIS

Art. 34. Os casos omissos deste Regulamento serão decididos pelo Conselho Deliberativo da Entidade, observada a legislação vigente.

Art. 35. Quaisquer alterações no presente Regulamento deverão ser objeto de manifestação favorável do Ministério do Planejamento, Orçamento e Gestão e do Ministério da Fazenda.

Art. 36. As hipóteses biométricas, demográficas, econômicas e financeiras adotadas na avaliação atuarial do **Plano** deverão ser objeto de reavaliação pelo menos uma vez a cada 3 (três) anos, a fim de aferir a sua adequabilidade ao grupo de Participantes, Assistidos e Beneficiários do **Plano**.

Art. 37. A Entidade poderá, mediante licitação, contratar coberturas para os benefícios não programados, previstos nos incisos II a V do art. 20 deste Regulamento e no § 4° art. 12 da Lei Federal nº 12.618, de 30 de abril de 2012.

Art. 38. Este Regulamento entrará em vigor na data da publicação pela Previc da autorização

REFERÊNCIAS BIBLIOGRÁFICAS

ALMEIDA, Amador Paes de. Manual das sociedades comerciais (direito de empresa). 20ª edição. São Paulo: Saraiva, 2012.

ASSAF NETO, Alexandre. Mercado Financeiro. 10ª Ed. São Paulo. Atlas. 2011.

AVENA, Lygia. A relação civil-previdenciária entre as Entidades Fechadas de Previdência Complementar e os seus participantes. A incompetência da Justiça do Trabalho. Revista da Previdência nº 5. Rio de Janeiro: 2006, p.93-104.

BALERA, Wagner. Sistema de seguridade social. 4ª edição. São Paulo: LTr, 2006.

BANDEIRA DE MELLO, Celso Antônio. Curso de direito administrativo. 28ª edição. São Paulo: Malheiros, 2011.

BARRA, Juliano Sarmento. Fundos de pensão instituídos na previdência privada brasileira. São Paulo: LTr, 2008.

BARROS, Allan Luiz Oliveira. O patrocínio público na previdência complementar fechada (Coordenador: Leonardo Vasconcellos Rocha). Salvador: Editora JusPodivm, 2013.

_____. Aspectos jurídicos relacionados aos regimes de administração especial, intervenção e liquidação extrajudicial das entidades fechadas de previdência complementar. Revista de Previdência. Rio de Janeiro: Gramma, 2012, p.211-233.

_____. Previdência complementar como direito fundamental. Jus Navigandi, Teresina, ano 17, nº 3443, 4 dez. 2012. Disponível em: <http://jus.com.br/artigos/23151>. Acesso em: 28 ago. 2013.

_____. A proteção patrimonial dos planos de benefícios da previdência complementar fechada. Jus Navigandi, Teresina, ano 18, nº 3808, 4 dez. 2013. Disponível em: <http://jus.com.br/artigos/25986>. Acesso em: 6 fev. 2014.

BERBEL, Fábio Lopes Vilela. Teoria Geral da Previdência Privada. Florianópolis: Conceito editorial, 2012.

BITENCOURT, Cezar Roberto. Tratado de direito penal: parte geral. 17ª edição. São Paulo: Saraiva, 2012.

BOBBIO, Norberto. Teoria do ordenamento jurídico. Brasília: Editora Universidade de Brasília, 10ª edição, 1999.

BULOS, Uadi Lammêgo. Direito Constitucional ao alcance de todos. 2ª edição. São Paulo: Saraiva, 2010.

CARVALHO FILHO, José dos Santos. Manual de Direito Administrativo. 23ª Ed. Rio de Janeiro: Lumen Juris, 2010.

CASSA, Ivy. Contrato de previdência privada. São Paulo: MP Ed, 2009.

CASTRO, Fernanda Vieira de. A aplicabilidade do princípio da *non reformatio in pejus* no processo administrativo sancionador. *Fórum Administrativo – Direito Público – FA*, Belo Horizonte, ano 10, nº 109, mar.2010.

CAZETTA, Luís Carlos. Previdência Privada: o regime jurídico das entidades fechadas. Porto Alegre: Sérgio Fabris, Ed. 2006.

CHAN, Betty Lilian; SILVA, Fabiana Lopes da; MARTINS, Gilberto de Andrade Martins. Fundamentos da previdência complementar: da atuária à contabilidade. 2ª edição. São Paulo: Atlas, 2010.

COELHO, Fábio Ulhoa. Curso de direito civil. Volume 2. 5ª edição. São Paulo: Saraiva, 2012.

_____Curso de direito civil. Volume 3. Contratos. 5ª edição. São Paulo: Saraiva, 2012.

_____Manual de Direito Comercial. 15. ed. São Paulo: Saraiva, 2004.

COELHO, Sacha Calmon Navarro. Curso de Direito Tributário Brasileiro. 12ª edição. Rio de Janeiro: Forense, 2012.

DERZI, Heloisa Hernandez e ZAPPA, Fabiana Ulson. A tributação e o caráter social da previdência complementar. Revista de Previdência nº 4. UERJ. 2006. p-59-84.

DI PIETRO, Maria Sylvia Zanella. Direito Administrativo. 23ª edição. São Paulo: Atlas, 2010.

_____Limites da Função Reguladora das Agências diante do Princípio da Legalidade. *In* Direito Regulatório: temas polêmicos. 2ª edição. Belo Horizonte: Editora Fórum, 2009, p.19-50.

DINIZ, Maria Helena. Lei de Introdução ao Código Civil Brasileiro Interpretada. 9ª edição. São Paulo: Saraiva, 2002.

FAGUNDES, Miguel Seabra. Controle dos atos administrativos pelo poder judiciário. Forense. 2010.

FARIAS, Cristiano Chaves de; ROSENVALD, Nelson. Direito dos contratos. Rio de Janeiro: Lumen Juris, 2011.

_____. Direito Civil: teoria geral. 9ª edição. Rio de Janeiro: Lumen Juris, 2011.

FERREIRA, Sérgio de Andréa. Caracterização jurídica do processo de liquidação extrajudicial de entidade de previdência complementar. *Revista de Direito da Procuradoria Geral da Superintendência de Seguros Privados*. Rio de Janeiro, v.1, p.19-56, jan./dez. 2002.

FERREIRA FILHO, Manoel Gonçalves. Curso de direito constitucional. 38ª edição. São Paulo: Saraiva, 2012.

FUNDOS DE PENSÃO. Coletânea de normas. Brasília. MPS-SPPC. 2012. Acesso http://www.previdencia.gov.br/arquivos/office/1_121019-143715-068.pdf.

FUNDOS DE PENSÃO. Revista da ABRAPP-ICSS-SINDAPP. Ano XXXIII. Número 395. Novembro--Dezembro de 2014. Os números da Inscrição Automática no Reino Unido. Página 151 a 156.

GIANNETTI, Eduardo. O valor do amanhã: ensaio sobre a natureza dos juros. São Paulo: Companhia das Letras, 2005.

GOMES, Orlando. Introdução ao direito civil. 11ª edição. Rio de Janeiro: Forense, 1995.

GONÇALVES, Carlos Roberto. Direito civil brasileiro. Volume 1. Parte geral. 10ª edição. São Paulo: Saraiva, 2012.

_____. Direito civil brasileiro. Volume 3: contratos e atos unilaterais. 9ª edição. São Paulo: Saraiva, 2012.

Guia PREVIC Melhores Práticas de Governança para Entidades Fechadas de Previdência Complementar. 1ª edição. Brasília: 2012. Acesso http://www.previdencia.gov.br/arquivos/office/1_130730-162556-548.pdf

Guia PREVIC Melhores Práticas em Licenciamento. 1ª edição. Brasília: 2012. Acesso: http://www.previdencia.gov.br/arquivos/office/29_130913-100936-289.pdf.

Guia PREVIC de Melhores Práticas em Fundos de Pensão. 1ª edição. Brasília: 2010. Acesso: http://www.previdencia.gov.br/arquivos/office/3_101112-163932-055.pdf.

REFERÊNCIAS BIBLIOGRÁFICAS

GUSHIKEN, Luiz; FERRARI, Augusto Tadeu; FREITAS, Wanderley de. Previdência complementar e regime próprio: complexidade e desafios. Indaiatuba/SP: Instituto Integrar, 2002.

LEITÃO, André Studart. Teoria Geral da Filiação Previdenciária – Controvérsia sobre a filiação obrigatória e a filiação facultativa. São Paulo: Conceito Editorial, 2012.

LOBO, Paulo Luiz Netto. Direito civil: Contratos. São Paulo: Saraiva, 2011.

MARTINEZ, Wladimir Novaes. Portabilidade na previdência complementar. São Paulo: LTr, 2004.

_____ Comentários à Lei Básica da Previdência Complementar. São Paulo: LTr, 2003.

MARTINS, Danilo Miranda Ribeiro; e COELHO, Fábio Henrique de Sousa. Cooperativas de Crédito e Entidades Fechadas de Previdência Complementar – Possibilidades Inexploradas. Revista de Previdência nº 11. Rio de Janeiro: Gramma, p.157-164.

MAXIMILIANO, Carlos. Hermenêutica e aplicação do direito. 12ª edição. Rio de Janeiro: Forense, 1992.

MELLO, Rafael Munhoz de. Princípios constitucionais de direito administrativo sancionador. As sanções administrativas à luz da Constituição Federal de 1988. São Paulo: Malheiros, 2007.

MENESES, Fabrício Cardoso de. Considerações quanto à viabilidade jurídica de adoção da denominada filiação automática no âmbito da previdência fechada. Revista de Previdência nº 11. Rio de Janeiro: Gramma, 2012, p.165-176.

MESSINA, Roberto Eiras. Lei da previdência complementar anotada. São Paulo: Saraiva, 2011.

_____ Independência Patrimonial dos planos de benefícios das entidades fechadas de previdência complementar: uma realidade! Fundos de Pensão – aspectos jurídicos fundamentais (Organizador: Adacir Reis). São Paulo. ABRAPP/ICSS/SINDAPP. 2009. Páginas 137 a 159.

MIRANDA, Pontes de. Tratado de direito privado: Tomo I. Campinas: Bookseller, 2000.

MORAES, Alexandre de. Direito Constitucional. 26ª edição. São Paulo: Atlas, 2010.

MOREIRA NETO, Diogo de Figueiredo; GARCIA, Flávio Amaral. A principiologia no Direito Administrativo Sancionador. Revista Brasileira de Direito Público – RBDP, Belo Horizonte, ano 11, nº 43, p. 928, out./dez. 2013.

NORONHA, E. Magalhães. Direito Penal. Volume 1. São Paulo. Saraiva. 1998.

OLIVEIRA, Regis Fernandes de. Infrações e sanções administrativas. 3ª edição. São Paulo: Editora Revista dos Tribunais, 2012.

OSÓRIO, Fábio Medina. Direito Administrativo Sancionador. 4ª edição. São Paulo: Revista dos Tribunais, 2011.

PULINO, Daniel. Previdência complementar: natureza jurídico-constitucional e seu desenvolvimento pelas entidades fechadas. São Paulo: Conceito Editorial, 2011.

REIS, Adacir. Curso Básico de Previdência Complementar. São Paulo. Editora Revista dos Tribunais. 2014.

RODRIGUES, Flávio Martins. Previdência complementar: conceitos e elementos jurídicos fundamentais. Revista da Previdência nº 3. Rio de Janeiro: Gramma, 2005.

_____. Previdência Complementar e os Riscos de Natureza Jurídica. In Revista de Previdência nº 9. Universidade Estadual do Rio de Janeiro. Faculdade de Direito. Centro de Estudos e Pesquisas no Ensino do Direito (CEPED). Rio de Janeiro. Gramma. 2010. Páginas 95 a 114.

SANTOS, Eduardo Sens dos. Tipicidade, antijuridicidade e culpabilidade nas infrações administrativas. Fórum Administrativo – Direito Público – FA, Belo Horizonte, ano 4, nº 42, ago. 2004.

SARLET, Ingo Wolfgang. A eficácia dos direitos fundamentais. 2ª edição. Porto Alegre: Livraria do Advogado, 2001.

SILVA, Dirlene Gregório Pires da. A possibilidade da entidade fechada de previdência privada constituir-se como patrocinadora de plano de benefícios ofertados a seus empregados. Revista de Previdência nº 11. Rio de Janeiro: Gramma, p.289-312.

SCHWARZER, Helmet (Org.). Previdência Social: Reflexões e Desafios. Coleção Previdência Social. Volume 30. 1ª edição. 2009. Brasília: MPS, 2009.

TÔRRES, Maurício Corrêa Sette e FILHO, Ivan Jorge Bechara Filho. Independência Patrimonial dos Planos de Previdência Complementar. In Revista de Previdência nº 5. Universidade Estadual do Rio de Janeiro. Faculdade de Direito. Centro de Estudos e Pesquisas no Ensino do Direito (CEPED). Rio de Janeiro. Gramma. 2006. Páginas 03 a 30.

VENOSA, Sílvio de Salvo. Direito civil: parte geral. 10ª edição. São Paulo: Atlas, 2010.

_____ Direito civil: direitos reais. Volume V. 10ª ed. São Paulo. Atlas. 2010.

WALD, Arnold. A reforma da previdência privada (a constitucionalidade do Decreto 3.721, de 08.01.2001). São Paulo: Revista dos Tribunais, Vol. 791, p.11. Set / 2001.

WEINTRAUB, Arthur Bragança de Vasconcellos. Previdência Privada. Doutrina e Jurisprudência. São Paulo: Quartier Latin, 2005.